CLT COMENTADA POR ADVOGADOS

Atualizada até a Lei nº 14.289/2022
Com comentários à legislação esparsa do período pandêmico

Dra. Adriana Rocha de Oliveira Andrade | Dra. Agnes Marian Ghtait Moreira das Neves | Dr. Akauã Silva | Dra. Alessiane Lima de Lima | Dr. Alexandre Heinrich Wienbeck | Dr. Aliomar Alves Silveira | Dra. Ana Paula Araújo Amazonas | Dra. Ana Paula Rocha | Dr. André Sant Ana da Silva | Dra. Andreia Elias Paulino Alves | Dra. Bárbara da Silva Baracho | Dra. Beatriz de Albuquerque Tuono | Dr. Bruno da Costa Batista | Dr. Bruno Ferreira Bego | Dra. Carolinsk de Marco | Dra. Cleunice Lage Ferreira | Dra. Cristina Costa Carnauba | Dr. Daniel Formica | Dr. Daniel Maiochi | Dra. Daniela de Paula Carvalho Nizzola | Dra. Daniela Nogueira Almeida Costa Guilherme | Dra. Daniele Cristine de Oliveira Coutinho Slivinski | Dra. Danúbia Raquelle Mendes | Dra. Denise Vicente da Cruz | Dr. Diego Franklin de Sá Pereira | Dr. Diogo de Souza Bastos | Dra. Disleine Soares dos Santos França | Dr. Douglas Arnaldo Silva de Medeiros | Dr. Edmar Pereira Gadelha | Dra. Elaine de Jesus da Silva Costa Azevedo | Dra. Elizabete Costa | Dr. Fábio de Barros Melo | Dr. Felipe Gomes da Costa | Dra. Fernanda Willers | Dr. Filipe Fernandes Padovani Contó | Dra. Flávia Modesto Barbosa | Dr. Gerardo Carlos Hardy Neto | Dra. Gislaine Cristina de Souza | Dr. Gustavo Cavallin de Araújo | Dra. Ingrid dos Santos Sousa | Dr. Jadson Soares Gomes | Dr. Jhone Oliveira de Jesus | Dr. José Roberto da Costa Junior | Dra. Júlia de Andrade Neves Dias Brites | Dra. Juliana Martins Florio | Dra. Juliana Salício Lafore | Dra. Kadine Rodrigues Siqueira | Dra. Katia Teixeira Viegas | Dra. Katiúcia Carneiro Araujo Rocha | Dra. Keila Gonçalves Barreto | Dra. Keli Cristina Cândido de Moraes | Dra. Kelly Gimenes | Dra. Kissila Rodrigues Valle | Dra. Laíse Virginia Soares Senna | Dra. Lara Ludimila Alencar Antunes | Dra. Larissa Lopes Matos | Dra. Larissa Pereira | Dra. Laryce Mayara de Oliveira Araújo | Dra. Laura Junqueira Hereny | Dr. Leandro Franco Geraldo | Dra. Liana Maciel Nobre | Dra. Lilian Pinho Dias | Dra. Lorena Conceição Alcantara | Dra. Luciana Gabriela Lustosa da Silva Santos | Dr. Lucinei da Silva Pantolfo | Dra. Magda Maria Izeppe | Dra. Maria Célia Souza de Jesus | Dra. Maria Roselane de Abreu | Dra. Mariana Amorim Marinho Braga | Dra. Marina M. L. Formica | Dr. Mário André Izeppe | Dr. Mario Tabosa Filho | Dr. Mário Zózzoro Júnior | Dr. Matheus Henrique Perpétuo | Dra. Meiriane Rodrigues Araújo do Nascimento | Dra. Meriane Almeida de Andrade | Dra. Mérope Ortiz de Oliveira | Dra. Michelli Giacomossi | Dr. Milton Ventorim Junior | Dra. Najara Aparecida Rodrigues | Dra. Nathalia Barbosa Areal | Dr. Naziazeno Alves da Silva | Dr. Paulo Vitor Lima Ribeiro | Dr. Phablo Alves Pinto | Dra. Priscila Spirlandelli | Dra. Raíssa Matioli Costa | Dra. Raquel Benigno | Dra. Reese Costa da Silva | Dr. Renato Simões da Cunha | Dr. Rodrigo Lion Machado | Dr. Ronaldo Orlando Vicente | Dra. Roseli de Oliveira Silva | Dra. Rosilaine Ramalho | Dr. Samir Oswaldo Fasson Skaf | Dra. Sandra Maria Fonseca de Oliveira | Dra. Silvana Gomes Abreu | Dra. Simone Maria Mozelli da Silva | Dra. Stelita Muniz Lima Coutinho de Souza | Dra. Valéria de Almeida Franco | Dr. Vanderlei Luis Collioni Ramos | Dra. Viviane Coutinho Leal | Dr. Werberty Alves Mariano | Dra. Willamar Ribeiro de Sales | Dra. Wilina Clarice Soares Teodomiro de Carvalho Cavalcante

CIP-BRASIL. CATALOGAÇÃO NA PUBLICAÇÃO
SINDICATO NACIONAL DOS EDITORES DE LIVROS, RJ

C578

CLT comentada por advogados : atualizada até a Lei nº 14.289/2022 /

organização Daniel Meirelles Leite Formica. - 1. ed. - São Paulo : Letras Jurídicas, 2022.

1088 p. ; 23 cm.

Inclui bibliografia
ISBN 9786589565260

1. Direito do trabalho - Brasil. 2. Brasil. [Consolidação das leis do trabalho (1943)]. I. Formica, Daniel Meirelles Leite.

21-74606

CDU: 349.2(81)

Camila Donis Hartmann - Bibliotecária - CRB-7/6472

19/11/2021 22/11/2021

Dr. DANIEL MEIRELLES LEITE FORMICA
Organizador

CLT
COMENTADA POR ADVOGADOS

Atualizada até a Lei nº 14.289/2022

Com comentários à legislação esparsa do período pandêmico

1ª Edição – 2022 – São Paulo – SP

LETRAS Jurídicas

Capa / Diagramação:
@armenioalmeidadesigner

Revisão:
Dr. Daniel Meirelles Leite Formica

Editor:
Cláudio P. Freire

1a Edição – 2022 – São Paulo – SP

LETRAS Jurídicas

LETRAS JURÍDICAS EDITORA
Rua Eduardo Prado, 28, Casa 1 – Vila Bocaina
CEP 09310-500 – MAUÁ – SP.
Telefone/Fax (11) 3107-6501 – Celular (11) 9-9352-5354
Site: www.letrasjuridicas.com.br;
E-mail: vendas@letrasjuridicas.com.br;

IMPRESSO NO BRASIL

APRESENTAÇÃO

CLT Comentada por Advogados é uma obra coletiva com a colaboração de advogados de quase todos os Estados da Federação. Os artigos da Consolidação das Leis do Trabalho (Decreto-Lei 5452/1943) foram fragmentados em tópicos temáticos de aproximadamente dez artigos cada, sendo, então, minuciosamente comentados por cada um dos co-autores.

Plural, de acordo com a Reforma Trabalhista (Lei n.º 13.467/2017, em essência) e atenta às mudanças legislativas durante o enfrentamento da pandemia de Covid-19, o livro visa apresentar ao leitor o significado que doutrina, jurisprudência e prática forense têm atribuído a cada um dos dispositivos da CLT.

Desejou-se criar uma obra de fácil leitura e assimilação, voltada ao incremento dos estudos acadêmicos de Direito do Trabalho e à facilitação do trabalho cotidiano daqueles que começam a atuar e atuam na seara trabalhista: estudantes, estagiários, advogados, servidores, magistrados, membros do ministério público do trabalho, professores e interessados.

Esperamos, sinceramente, que o livro atinja sua finalidade de divulgar as mais recorrentes interpretações da legislação trabalhista em vigor, com simples e prazeroso manuseio!

Daniel Formica
Organizador
05.01.2022

SUMÁRIO

Dr. Daniel Formica

Bacharel em direito pela Universidade de São Paulo.

Dra. Flávia Modesto Barbosa

Advogada trabalhista, Cível e de família, bacharel em Direito pela faculdade Faminas BH, Pós graduada em direito Laboral e Processual do Trabalho pela Faculdade Arnaldo; cursando a Pós Graduação em Direito Civil e Processual Civil pelo Instituto Elpídio Donizetti. Atualmente Advogada no Grupo Barcelos Assessoria Jurídica e Empresarial.

Dra. Katia Teixeira Viegas

Advogada, graduada em Direito pela Universidade de Franca, Estado de São Paulo. Pós-graduanda em Direito Empresarial, Direito Tributário, Direito do Trabalho e Auditoria todos pela Faculdade Faveni, Estado do Espirito Santo, cursos de prática em Direito do Trabalho e Processo do Trabalho, Direito Empresarial, Direito Tributário, processo Tributário, Direito Previdenciário, Gestão de Negócios, Direito de Família e Sucessões, Direito Penal e Processo Penal, Direito do Consumidor, Direito Administrativo, curso de atualização do NCPC., Processo do Trabalho e a Nova Reforma Trabalhista todos pela instituição CERS, do Doutor Renato Saraiva.

Dra. Stelita Muniz Lima Coutinho de Souza

Advogada, bacharel em Direito pela Faculdade Mauricio de Nassau.

Dra. Fernanda Willers

Advogada, atuante no Direito do Trabalho e no Direito Previdenciário, bacharel em Ciências Jurídicas pela Universidade do Vale dos Sinos - UNISINOS; Pós Graduação em Direito do Trabalho e Previdenciário pela Laureate International Universities - UNIRITTER; Pós Graduação em Direito Acidentário pela Universidade Cândido Mendes - UCAM. MBA em Direito do Trabalho e Direito Previdenciário pela Universidade Cândido Mendes - UCAM.

Dra. Maria Célia Souza de Jesus

Advogada trabalhista, bacharel em Direito pela Universidade Nove de Julho.

Dra. Melriane Rodrigues Araújo do Nascimento

Advogada, bacharela em Direito pela Faculdade Católica do Tocantins (2016/2), pós-graduada em Direito do Trabalho e

Processo do Trabalho pelo Instituto Damásio de Direito (ano 2019), pós-graduanda em Direito Civil e Processo Civil pelo Instituto Júlio Cesar Sanchez núcleo de ensino da Faculdade Inesp e pós-graduanda em Direito e Processo Previdenciário pelo Instituto Damásio de Direito.

Dra. Larissa Pereira

Advogada trabalhista, bacharel em direito e pós-graduanda em direito do trabalho e direito previdenciário na atualidade pela Pontifícia Universidade Católica de Minas Gerais.

Dra. Kadine Rodrigues Siqueira

Advogada trabalhista, Bacharel em direito pela Universidade Brasil - Faculdade Diadema, formada em 2016.

Dra. Kelly Gimenes

Advogada, bacharel em direito pela Faculdade Anhanguera, pós graduada em direito do trabalho e processo do trabalho pelo Damasio Educacional, pós graduada em Direito Previdenciário pela Faculdade Legale, pós graduanda em acidente do trabalho pela Faculdade Legale.

Dra. Mérope Ortiz de Oliveira

Advogada atuante na área cível, com ênfase no direito bancário, graduada pelo Centro Universitário Franciscano.

Dr. Naziazeno Alves da Silva

Advogado trabalhista, previdenciário e empresarial. Bacharel em Direito pela Faculdade Carlos Drummond de Andrade, pós-graduado em direito Previdenciário pela Faculdade Damásio de Jesus, mestrando pela Universidade Brasil, professor e palestrante.

Dra. Cleunice Lage Ferreira

Advogada trabalhista, cível e previdenciário, bacharel em Direito pela Instituição de Ensino de Inhumas-FacMais, cursando pós-Graduação em Direito do Trabalho e Previdenciário pela Instituição de Ensino de Inhumas-FacMais.

Dr. Daniel Maiochi

Advogado, professor, graduado em Direito pela Pontifícia Universidade Católica (PUC-Minas), especialista em Direito e Processo do Trabalho pela Universidade Estácio de Sá (RJ).

Dra. Laura Junqueira Hereny

Advogada, Especialista em Direito Processual do Trabalho e em Direito Processual Civil pela Escola Paulista de Direito (EPD). Bacharel pela Faculdade de Direito de São Bernardo do Campo (FDSBC).

Dra. Keila Gonçalves Barreto

Advogada trabalhista, bacharel em Direito pelo CENTRO UNIVERSITÁRIO FIEO - UNIFIEO.

Dr. Edmar Pereira Gadelha

Advogado trabalhista, Bacharel em direito pela Universidade Brasil - Faculdade Diadema, formado em 2016.

Dr. Mario Tabosa Filho

Advogado, formado em Direito e especializado em Direito Imobiliário, pela FESP Faculdades; ADMINISTRADOR, pela Fundação de Ensino Superior de Garanhuns AESGA, especializado em Gestão de Qualidade e Produtividade, pela UFPB, Estratégia Empresarial, pelo UNIPÊ e Financias Empresariais, pela FGV-SP, acumulando também formação em Tecnólogo em Contabilidade, pela Escola Técnica Álvaro Lins - ETAL. Autor de Gestão de Condomínio, pela Editora Lexia e de Gestão de Condomínios, Direto ao Assunto e Ferramentas de Gestão de Resultados, estes pela Editora SENAC, Brasília, DF.

Dr. Alexandre Heinrich Wienbeck

Advogado trabalhista, bacharel em Direito pela Universidade Estadual de Maringá/PR. Pós-graduado nas áreas de: direito e processo do trabalho; advocacia trabalhista e direito administrativo pela Universidade Anhanguera Uniderp e pós-graduado em gestão pública pela Universidade Estadual de Maringá/PR.

Dra. Daniele Cristine de Oliveira Coutinho Slivinski

Advogado trabalhista, bacharel em Direito pela Pontifícia Universidade Católica do Paraná e Especialista em direito material e processual do trabalho pela Universidade Castelo Branco do Rio de Janeiro.

Dra. Michelli Giacomossi

Advogada, palestrante, professora. Mestre em Gestão de Políticas Públicas. Especialista em Direito do Trabalho e Previdenciário. Especialista em Gestão Pública. Especialista em Docência no Ensino Superior. Graduada em Direito pela Universidade do Vale do Itajaí Campus de Tijucas - SC (condecorada com a Láurea Universitária no Curso de Bacharelado em Direito 2012/II) Presidente da Comissão Jovens Advogados OAB Subseção Vale do Rio Tijucas e Costa Esmeralda (triênio 2013/2015). Delegada da CAASC Subseção Vale do Rio Tijucas e Costa Esmeralda (triênio 2016/2018). Membro da Comissão Estadual de Direito do Trabalho - SC. Professora da Escola Superior de Advocacia ESA/SC (ministrante de palestras e cursos). Professora do Curso de Direito Univali de Balneário Camboriú/SC. Professora Convidada, ministra aulas em Cursos de Especializações: Pós Graduação Unidavi, Direito e Processo do Trabalho - Pós Graduação Unifebe, Direito do Trabalho e Previdenciário.

Dr. Jhone Oliveira de Jesus

Advogado, bacharel em Direito pela Faculdade do Sul da Bahia – FASB, especialista em direito do trabalho pelo Centro Universitário das Faculdades Metropolitanas Unidas (FMU), especialista em Direito Público pela Anhanguera Educacional e Pós graduando em Compliance e integração coorporativa pela Pontifícia Universidade Católica de Minas Gerais.

Dr. Filipe Fernandes Padovani Contó

Advogado civil e trabalhista, bacharel em Direito pela Universidade de Ribeirão Preto.

Dr. Phablo Alves Pinto

Advogado, Bacharel em Direito pelas Faculdades Integradas Vianna Júnior; Pós-graduado em Direito e Processo do Trabalho e Direito Previdenciário pelo Centro Universitário Estácio de Sá; Perito em cálculos trabalhistas; Membro da AMAT- Associação Mineira dos Advogados Trabalhistas.

Dra. Júlia de Andrade Neves Dias Brites

Advogada, bacharel em direito pela Pontifícia Universidade Católica do Rio Grande do Sul, especializada em Direito do Trabalho e Processo do Trabalho pelo Instituto de Desenvolvimento Cultural.

Dra. Lilian Pinho Dias

Advogada, Especialista em Direito Material e Processual do Trabalho pela Universidade Anhanguera-Uniderp, Professora de Direito do Trabalho e Processual do Trabalho no curso técnico na Rede de Ensino CECON - Unidade Juiz de Fora/MG.

Dra. Daniela de Paula Carvalho Nizzola

Advogada, bacharel em Direito pela Universidade Paulista (2009). Especialista em Direito e Processo do Trabalho pela Universidade Anhanguera - Uniderp (2012). Especialista em Direito Empresarial e Advocacia Empresarial pela Universidade Anhanguera - Uniderp (2014). Especialista em Direito Processual Civil pela Faculdade de Sorocaba - FADI (2016).

Dr. Samir Oswaldo Fasson Skaf

Advogado e funcionário público municipal, pós graduado

em Direito Eleitoral pela Pontifícia Universidade Católica de Minas Gerais.

Dra. Laíse Virgínia Soares Senna

Advogada Trabalhista e Previdenciarista, Graduada na Universidade Estácio de Sá, Teresina-PI - 2016, Especialista em Direito Previdenciário pela Faculdade Integrada Jacarepaguá- FIJ, Co-autora do livro Temas de Direito do Trabalho Aplicado VOL. 01, Editora Dinâmica Jurídica.

Dra. Marina M. L. Formica

Procuradora do Município de Campinas, especialista em Direito Administrativo pela PUC-SP.

Dr. Jhone Oliveira de Jesus

Advogado, bacharel em Direito pela Faculdade do Sul da Bahia – FASB, especialista em direito do trabalho pelo Centro Universitário das Faculdades Metropolitanas Unidas (FMU), especialista em Direito Público pela Anhanguera Educacional e Pós graduando em Compliance e integração coorporativa pela Pontifícia Universidade Católica de Minas Gerais.

Dra. Danúbia Raquelle Mendes

Advogada, bacharel em Direito pela FAVAG - Faculdade Vale do Gorutuba, especializada na área trabalhista, pós graduanda em Direito Tributário - FGV e MBA em Direito do Trabalho e Previdenciário - Legale.

Dra. Mariana Amorim Marinho Braga

Advogada com atuação em Direito Bancário e Trabalhista, bacharel em Direito pela Universidade Presbiteriana Mackenzie, Pós – Graduada pela Escola Paulista de Direito em Direito Civil e Processual Civil, Pós-Graduanda pela Faculdade Damásio em Direito e Processo do Trabalho.

Dra. Elaine de Jesus da Silva Costa Azevedo

Advogada trabalhista e previdenciária. Pós-Graduada em Direito e Processo do Trabalho pela Faculdade de Direito de Campos e Bacharel em Direito pela Universidade Salgado de Oliveira.

Dr. Daniel Formica

Bacharel em direito pela Universidade de São Paulo.

Dra. Marina M. L. Formica

Procuradora do Município de Campinas, especialista em Direito Administrativo pela PUC-SP.

Dra. Elizabete Costa

Advogada, bacharel em Direito pelo Centro Universitário da Grande Dourados - UNIGRAN, pós-graduada (Lato Sensu) em Direito Constitucional pelo Centro Universitário da Grande Dourados - UNIGRAN e em Advocacia Trabalhista pela Universidade Anhanguera-Uniderp.

Dra. Denise Vicente da Cruz

Advogada trabalhista , bacharel em Direito pela UTP - Universidade Tuiuti do Paraná , membro da Comissão de Direito do Trabalho da OAB Paraná , Especialização em Teoria Geral do Direito pela Universidade de Málaga na Espanha.

Dra. Roseli de Oliveira Silva

Advogada atuante nas áreas trabalhista, previdenciária e cível, Professora de Direito do Trabalho, Administração Previdenciária, Direito Empresarial e Tributário na Unidade de Ensino de Ciências Gerenciais do Centro Universitário de Sete Lagoas - UNIFEMM. Mestra em Administração pela UNIPEL, Especialista em Direito do Trabalho, Especialista em Direito Público e Especialista em Educação a Distância. Professora Orientadora de Estágios no Núcleo de Carreiras UNIFEMM.

Dra. Daniela Nogueira Almeida Costa Guilherme

Advogada trabalhista e cível, Pós-Graduada em Direito Processual Civil pela Universidade Presbiteriana Mackenzie, MBA em Direito do Trabalho e Previdenciário pela Faculdade Legale.

Dra. Liana Maciel Nobre

Advogada cível e trabalhista, bacharel em Direito pela Faculdade Devry Martha Falcão, Manaus-Amazonas.

Dr. Matheus Henrique Perpétuo

Advogado, Graduado em Direito pela Universidade Federal

de Juiz de Fora (UFJF), Pós-Graduado em Direito do Trabalho e Previdenciário pela Faculdade Legale.

Dra. Ingrid dos Santos Sousa

Advogada, Bacharel em Direito pela UNITAU - Universidade de Taubaté desde 2015.

Dr. José Roberto da Costa Junior

Advogado, pós graduado em Direito e Processo do Trabalho (Estácio - UNISEB), membro da Comissão de Empreendedorismo Jurídico da 12ª Subseção OAB/SP.

Dr. Daniel Formica

Bacharel em direito pela Universidade de São Paulo.

Dra. Reese Costa da Silva

Advogada Trabalhista, Graduada pela Faculdade de Teologia, Filosofia e Ciências Humanas Gamaliel (FATEFIG) Tucuruí/ PA. Pós-graduada lato sensu em Direito do Trabalho pela Universidade Candido Mendes.

Dr. Paulo Vitor Lima Ribeiro

Advogado trabalhista, família e sucessões, bacharel em Direito pela Universidade UNIC SUL Tangará da Serra-MT.

Dra. Najara Aparecida Rodrigues

Advogada cível, trabalhista, direito digital e compliance, bacharel em Direito pela Universidade de Franca UNIFRAN, Coordenadora da Comissão de Combate a Violência contra a Mulher da OAB Franca, Membro da Comissão de Direitos Humanos da OAB Franca, Membro da Comissão de Retórica Jurídica da OAB Franca.

Dra. Juliana Martins Florio

Advogada formada pela Universidade Paulsita - UNIP, desde 2000, pós graduada em Direito Processual pela Universidade Paulista - UNIP em 2012 e com ampla experiências nas áreas cível e trabalhista. Palestrante e professora auxiliar de Direito Processual Civil.

Dr. Lucinei da Silva Pantolfo

Advogado trabalhista e previdenciário, bacharel em Direito pela Pontifícia Universidade Católica de Minas Gerais - PUC Minas, Vice-presidente da Comissão de Defesa dos Direitos das Pessoas com Deficiência (2016/2017), Conselheiro no Conselho Municipal de Defesa dos Direitos das Pessoas com Deficiência de Contagem/MG (2016/2017).

Dr. André Sant Ana da Silva

Advogado estatal federal, lotado em Brasília-DF, professor universitário, bacharel em Direito pela Faculdade Bertioga- FABE, pós graduado em Direito Público pela Faculdade Damásio de Jesus, pós graduando em Processo Civil pela Faculdade Damásio de Jesus, pós graduando em Compliance e direito anticorrupção, ex Advogado do Conselho Regional de Odontologia de São Paulo – atuando na Comissão de Ética, aprovado nos concursos de: Advogado DATAPREV, Procurador do Conselho Federal de

Odontologia, Procurador da Prefeitura de Mongaguá, Procurador da Prefeitura de São Caetano, Procurador da Prefeitura de Cotia, Procurador da Câmara Municipal de Registro, Procurador da Câmara Municipal de Poá, Procurador do Município de Praia Grande, Procurador do Município de São Bernardo do Campo, Técnico do TST, Analista do TST, Analista do Ministério Público Federal.

Dr. Rodrigo Lion Machado

Graduado na Universidade Bandeirantes de São Paulo em 2009, MBA em Direito do Trabalho e Previdenciário pelo Legale Educacional; cursando Pós em Direito Empresarial pelo Legale Educacional. Especialização em Execução e Cálculos Trabalhistas pelo Legale Educacional.

Dra. Rosilaine Ramalho

Advogada trabalhista, bacharel em direito pela Universidade Braz Cubas na cidade de Mogi das Cruzes – SP, Pós graduanda pela Escola Brasileira de Direito – EBRADI em advocacia Civil, Trabalho e Processo do trabalho.

Dra. Meriane Almeida de Andrade

Advogada atuante nas principais áreas do direito com ênfase na área trabalhista, bacharel em direito pela Universidade Braz Cubas de Mogi das Cruzes/SP.

Dra. Lorena Conceição Alcantara

Advogada, Bacharel em Direito pela Faculdade Vale do Cricaré (FVC). Pós-graduada em Direito Ambiental (UNISAM). Pós-graduada em Direito Civil e Processo Civil (UNISAM).

Pós-graduada em Direito Processual Constitucional (FVC). Pós-graduada em Direito Do Trabalho e Processo do Trabalho (FVC). Pós-graduada em Docência Do Ensino Superior (FVC).

Dra. Raquel Benigno

Advogada, Formada em Direito pela Faculdade Metropolitana de Manaus, pós graduada em Direitos humanos e Segurança Publica pela ESA - Escola Superior de Advocacia do Amazonas, atua na área trabalhista, Civil, família e consumidor.

Dra. Katiúcia Carneiro Araujo Rocha

Advogada, Oficial do Exército Brasileiro, bacharelada em Direito pela Universidade Católica de Brasília no ano de 2007.

Dr. Milton Ventorim Junior

Advogado trabalhista, bacharel em Direito pela Faculdade de Ilhéus - BA. Pós graduando em Direito do Trabalho e Previdenciário pela Legale - São Paulo e MBA em Gestão Pública: Política e Gestão Governamental pela Escola Paulista de Direito. Membro do Conselho Consultivo da OAB - Jovem - Subseção de Ilhéus - BA.

Dra. Ana Paula Rocha

Advogada, bacharel em Direito pela Universidade Paranaense campus Paranavaí, licenciada em Letras pela Unespar-Universidade Estadual do Paraná campos de Paranavaí e pós graduada em Educação Especial: Área da Surdez - Libras pelas Faculdades Integradas do Vale do Ivaí - Univale.

Dra. Larissa Pereira

Advogada trabalhista, bacharel em direito e pós-graduanda em direito do trabalho e direito previdenciário na atualidade pela Pontifícia Universidade Católica de Minas Gerais.

Dr. Gerardo Carlos Hardy Neto

Advogado, bacharel em Direito pela Universidade Estadual Vale do Acaraú - Sobral/CE, Advogado atuante na área trabalhista e sindical.

Dra. Willamar Ribeiro de Sales

Advogada, Pós Graduada em Direito Imobiliário pela Faculdade Legale, Conciliadora/Mediadora com formação pela ESA/OABSP.

Dr. Diego Franklin de Sá Pereira

Advogado atuante na área trabalhista, bacharel em Direito pela Universidade Federal de Juiz de Fora - MG (UFJF), pós graduado pela Faculdade Estácio de Sá em Direito e Processo do Trabalho e Direito Previdenciário.

Dra. Luciana Gabriela Lustosa da Silva Santos

Advogada formada pela Faculdade das Atividades Empresariais de Teresina, inscrita na Ordem dos Advogados do Brasil -Secção Piauí.

Dr. Aliomar Alves Silveira

Advogado, pós graduado em Direito e Processo do Trabalho e Direito Previdenciário pela Escola Paulista de Direito - EPD-SP.

Dra. Kissila Rodrigues Valle

Mestranda em Ciências Jurídico Forenses pela Universidade Portucalense, situada no distrito do Porto, Portugal.

Dr. Douglas Arnaldo Silva de Medeiros

Advogado, bacharel em Direito pela PUC Minas, pós-graduando em Direito do Trabalho e Previdenciário pela mesma instituição.

Dra. Carolinsk de Marco

Advogada, professora, Mestre em Direito do Trabalho e Relações Laborais Internacionais; especialista em Direito do Trabalho e Normas Internacionais do Trabalho; membro da Comissão Especial de Direito Sindical e do Centro de Documentação e Pesquisa da OAB/RJ.

Dra. Viviane Coutinho Leal

Advogada, bacharel em Direito pela Universidade Federal do Piauí, Pós Graduanda em Direito Administrativo pela Faculdade Dois de Julho, Pós Graduanda em Mediação de Conflitos pela Faculdade Estácio de Sá.

Dr. Fábio de Barros Melo

Advogado, bacharel em Direito pela Uninassau, Pós Graduado em Direito do Trabalho pela Damásio Educacional.

Dr. Renato Simões da Cunha

Advogado, Graduado pela Faculdade de Direito da Pontifícia Universidade Católica do Rio Grande do Sul (PUC/RS), Especialista em Direito Empresarial pela Pontifícia Universidade Católica do Rio Grande do Sul (PUC/RS), Especialista em Direito Ambiental Nacional e Internacional pela Universidade Federal do Rio Grande do Sul (UFRGS), Curso de Formação de Auditor em Medicina e Segurança no Trabalho na NN-Treinamentos Ltda., Presidente do Instituto IDEIA.

Dra. Silvana Gomes Abreu

Advogada, bacharel em Direito pela Pontifícia Universidade Católica de Minas Gerais, pós graduada em Direito do Trabalho pela Pontifícia Universidade Católica de Minas Gerais.

Dra. Keli Cristina Cândido de Moraes

Advogada. Bacharel em Direito pela Universidade Paulista, pós graduada em Direito do Trabalho e Previdenciário, pós graduada em Direito de Família e Sucessões, especialista em Direito Civil e Processo Civil. Mediadora e Conciliadora capacitada pela Escola Paulista da Magistratura.

Dr. Werberty Alves Mariano

Advogado, Presidente da Comissão Especial de Direito e Economia da 181° Subseção da OAB/SP pelo mandato letivo de 2019/2021, bacharel em Direito pelo Centro Universitário UNIFIEO, com Especialização em Direito e Economia pela Universidade Estadual de Campinas (Unicamp), MBA em Direito do Trabalho e Previdenciário pela Faculdade Legale, Pós-Graduado em Direito Imobiliário e em Direito Público pela Faculdade LEGALE, com Extensão no Curso de Reforma Trabalhista pela Escola Superior de Advocacia (ESA-SP).

Dra. Laryce Mayara de Oliveira Araújo

Advogada bacharela em Direito pela Faculdade de Ciências e Tecnologia Mater Christi, Mossoró/RN. Especialista em Direito do Trabalho e Processo do Trabalho pelo Centro Universitário do Rio Grande do Norte e Pós-Graduanda em Direito Público com Ênfase em Contratos e Licitações pela Faculdade FAEL.

Dr. Akauã Silva

Advogado especialista em direito tributário pela Universidade Cândido Mendes - UCAM, bacharel em Direito pela Faculdade Estácio do Recife - FIR.

Dra. Priscila Spirlandelli

Advogada trabalhista, bacharel em Direito pela Universidade São Judas Tadeu e Pós Graduada em Direito do Trânsito pela Faculdade Verbo Jurídico.

Dra. Bárbara da Silva Baracho

Advogada trabalhista, bacharel em Direito pela Universidade Federal do Ceará, Pós-Graduada em Direito e Processo do Trabalho e Direito Previdenciário pela Universidade Estácio de Sá.

Dr. Diogo de Souza Bastos

Servidor público municipal, bacharel em Direito pela Universidade Federal de Juiz de Fora, especialista em Direito e Processo Previdenciário pela Faculdade Damásio.

Dr. Leandro Franco Geraldo

Advogado Trabalhista, Bacharel em Direito pela Fundação Presidente Antônio Carlos de Ubá - MG, Curso de atualização em Direito do Trabalho e Processo do Trabalho em Prime Cursos.

Dra. Nathalia Barbosa Areal

Advogada, Bacharel em Direito pela Universidade do Grande Rio (Unigranrio), em 2015. Pós-graduada em Direito Processual Civil pela Universidade Cândido Mendes concluída em 2018. Advogada trabalhista, civilista, de família e consumidor, com 2 anos de inscrição nos quadros da Ordem dos Advogados do Brasil Conselho Seccional do Rio de Janeiro sob n.º 207.927. Monitora do Núcleo de Prática Jurídica na área de Direito de Família, durante o último período, no escritório modelo da universidade onde se graduou. Coordenadora da Comissão da Mulher Advogada da Seccional do Rio de Janeiro, na subseção de Duque de Caxias.

Dra. Andreia Elias Paulino Alves

Advogada nas áreas trabalhista, consumidor, família e tributário, bacharel pela Faculdades Integrada do Extremo Sul da Bahia-UNISUL, pós graduada em Direito do Trabalho pela Universidade Cândido Mendes, pós graduanda em Direito Tributário pelo Intituto Pró Saber Serviços Educacionais.

Dra. Ana Paula Araújo Amazonas

Advogada trabalhista, bacharel em Direito pela Universidade da Amazônia, Belém, PA; Especialista Pós-Graduada em Direito Empresarial - Universidade Anhanguera Uniderp (2017), Pós Graduanda em Direito Digital pela EBRADI 2019.

Dr. Jadson Soares Gomes

Advogado, bacharel em Direito pela Pontifícia Universidade Católica de Minas Gerais.

Dr. Gustavo Cavallin de Araújo

Advogado, formado pela Universidade Positivo; Pós Graduado em Direito Aplicado pela Escola da Magistratura do Parana e em Direito Público pela Unibrasil.

Dr. Vanderlei Luís Collioni Ramos

Advogado, Graduado pela UniRitter Canoas - RS, Pós graduação em direito do trabalho e processo do trabalho. UniRitter Canoas - RS., Membro da comissão de direito do trabalho da OAB de Canoas - RS., Membro da comissão de direito previdenciário da OAB de Canoas - RS. Membro da comissão de ética da OAB de Canoas - RS.

Dra. Valéria de Almeida Franco

Advogada trabalhista militante, bacharel em Direito pelo Centro Universitário Salesiano de São Paulo.

Dr. Mário Zózzoro Júnior

Advogado, bacharel em Direito pela Faculdade Politécnica de Campinas-S.P. Bacharel em Administração de Empresas, Ciências Econômicas e Contábeis pela Pontifícia Universidade Católica de Campinas-S.P. Pós-graduação em Administração Financeira e Marketing pela FECAP- S.P. Pós-graduação em Direito do Trabalho e Processo do Trabalho pela FMB de Campinas. Docência nas Faculdades Anhembi Morumbi e Senac. Conciliador e Mediador do TJSP e TRF-3. Curso de Capacitação em Conciliação, Mediação e Arbitragem Judicial e Privada pela Mediata. Curso de O Novo Código de Processo Civil pela Faculdade Metropolitana de Campinas-S.P. Curso de Mediação e Conciliação no Novo CPC pela OAB-Campinas. Curso de Reforma Trabalhista pela OAB-Campinas.

Dra. Larissa Lopes Matos

Advogada. Professora. Doutoranda em Direito do Trabalho pela Universidade de São Paulo (USP). Mestre em Direito do Trabalho pela Universidad de Palermo (UP). Especialista em Direito do Trabalho pela Universidade Potiguar (UNP). Graduada em Direito pela Universidade Federal do Rio Grande do Norte (UFRN). Foi Professora de graduação na UFRN e UNI-RN. Professora de pós graduação. Integrante do corpo docente da ABRAT. Pesquisadora visitante na Universidade de Barcelona (Doutorado sanduíche - bolsista do programa CAPES-PRINT).

Dra. Maria Roselane de Abreu

Advogada atuante na área trabalhista, bacharel em Direito pela Universidade Estácio de Sá. Com especialização também em Direito tributário pela Pontíficia Universidade Católica de Minas Gerais.

Dra. Willna Clarice Soares Teodomiro de Carvalho Cavalcante

Advogada, Bacharel em Direito pela UNESC - Faculdade São Gabriel, Pós-graduada em direito público e privado pela ESMEPI-Escola Superior da Magistratura do Piauí.

Dra. Lara Ludimila Alencar Antunes

Advogada, Mestranda em Direito Civil e Processo Civil pela Universidade de Lisboa. Pós graduada em Direito Civil e Processo Civil Unitoledo de Araçatuba - SP, especialista em Direito Previdenciário pela Universidade Cândido Mendes do Rio de Janeiro. Pós-graduanda em Direito Tributário e Empresarial pela Unitoledo.

Dra. Disleine Soares dos Santos França

Advogada, graduada em Direito pela Universidade São Judas Tadeu, MBA direito do Trabalho e Previdenciário em andamento.

Dr. Felipe Gomes da Costa

Advogado trabalhista. Graduado em Direito e pós-graduado em Processo Civil com Ênfase em Processo Empresarial pela Faculdade de Direito Professor Damásio de Jesus (São Paulo/SP). Pós-

-graduando em Direito e Processo do Trabalho pela Faculdade LEGALE. Atuação nas áreas do Direito do Trabalho, Empresarial e Cível.

Dra. Alessiane Lima de Lima

Advogada Trabalhista, OAB/PI n.º 7.044. Bacharel em Direito pela UNINOVAFAPI em Teresina - PI. Pós-Graduada em Direito do Trabalho e Processo do Trabalho, pela UNIVERSIDADE ANHANGUERA UNIDERP, Campo Grande (MS)

Dr. Ronaldo Orlando Vicente

Servidor público federal do Tribunal Regional Eleitoral do Estado de São Paulo, ex-policial civil do Estado de São Paulo, bacharel em Direito pela Universidade Federal de Mato Grosso do Sul, aprovado no 137º Exame da Ordem dos Advogados do Brasil – Seção de São Paulo (Certificado n. 186.305), Pós-Graduado 'Latu Sensu' pela Universidade Anhanguera--Uniderp, com Especialização em Direito e Processo do Trabalho e Formação para o Magistério Superior, na área de Direito, também na Universidade Anhanguera-Uniderp.

Dra. Cristina Costa Carnauba

Advogada atuante em direito trabalhista e empresarial, bacharel em Direito pela Faculdade Metrocamp.

Dra. Simone Maria Mozelli da Silva

Advogada nas áreas trabalhista, cível e criminal. Atuante na Defensoria Pública de Santo André. Cursou Direito pela Universidade Metodista de SP. Pós graduada na área trabalhista pela Faculdade Damásio de Jesus. Atualmente cursando MBA em Gestão Pública pela USCS de São Caetano do Sul. Consultora jurídica da Assistência Social da Prefeitura de Ribeirão Pires.

Dra. Beatriz de Albuquerque Tuono

Advogada, Bacharel em Direito pela PUC - pontifícia universidade católica de São Paulo, L.LM em direito tributário pelo Insper.

Dra. Agnes Marian Ghtait Moreira das Neves

Advogada trabalhista, bacharel em Direito pela Universidade Presbiteriana Mackenzie e mestre em Direito do Trabalho pela Universidade de São Paulo.

Dra. Raíssa Matioli Costa

Advogada trabalhista, bacharel em Direito pela Universidade Federal de Juiz de Fora e especialista em Direito e Processo do Trabalho pela Universidade Estácio de Sá.

Dr. Bruno Ferreira Bego

Advogado desde 2009, formado em direito pela Universidade Braz Cubas, formado em Marketing pela FATEC Sebrae. Pós graduando em Direito Tributário pela faculdade Legale.

Dra. Marina M. L. Formica

Procuradora do Município de Campinas, especialista em Direito Administrativo pela PUC-SP.

Dra. Sandra Maria Fonseca de Oliveira

Advogada cível, previdenciário, administrativo e trabalhista, bacharel em Direito pela Universidade de Uberaba-UNIUBE, especialista em Administração dos Serviços de Saúde (Saúde Pública e Administração Hospitalar) pela Universidade de Ribeirão Preto – UNAERP, especialista em Direito Civil pela Faculdades Integradas de Jacarepaguá – FIJ.

Dra. Gislaine Cristina de Souza

Advogada trabalhista, bacharel em Direito pela Pontifícia Universidade Católica do Paraná, Especialista em Direito do Trabalho Processo e Mercado pela Faculdade Opet.

Dr. Bruno da Costa Batista

Advogado, bacharel em Direito pela Universidade Estácio de Sá.

Dra. Magda Maria Izeppe

Advogada trabalhista, bacharel em Direito pela Universidade Presbiteriana Mackenzie.

Dra. Juliana Salicio Lafore

Advogada, bacharel em direito pela Universidade Santa Cecília, pós-graduada pela Faculdade Legale em Direito da Seguridade Social, pós-graduanda em Direito Contratual pela Faculdade Legale, membro da comissão de Direito Aeronáutico da OAB/SP biênio 2016/2018; membro da comissão de Direito e Liberdade Religiosa da OAB/SP biênio 2016/2018, membro da comissão de Direito de Direito Administrativo OAB/SP biênio 2016/2018; membro da comissão de Estudos da Advocacia Preventiva biênio 2016/2018, detentora da Comenda Excelência Brasil 2018 outorgada pela Associação Brasileira de Liderança; palestrante e autora de artigos.

Dr. Mário André Izeppe

Advogado trabalhista, bacharel em Direito pela Instituição Toledo de Ensino (ITE/Bauru) desde Junho/1988. Pós-Graduado com Licenciatura em Direito Civil e Processo Civil pela ESA/Jaú.

Dra. Daniela de Paula Carvalho Nizzola

Advogada, bacharel em Direito pela Universidade Paulista (2009). Especialista em Direito e Processo do Trabalho pela Universidade Anhanguera - Uniderp (2012). Especialista em Direito Empresarial e Advocacia Empresarial pela Universidade Anhanguera - Uniderp (2014). Especialista em Direito Processual Civil pela Faculdade de Sorocaba - FADI (2016).

Dra. Adriana Rocha de Oliveira Andrade

Advogada atuante em Direito do Trabalho, Cível e Militar, bacharela em Direito pela Faculdade de Pará de Minas - FAPAM em 2013, especialista em Direito Médico, professora conteudista EAD em Direito Administrativo, Direito Civil e Direito Constitucional, professora de Sociologia e Filosofia.

BREVE RETROSPECTIVA HISTÓRICA

Em 31/08/2016, foi cassado o mandato da então Presidente da República (CRFB, art. 76) **Dilma** Vana Rousseff via processo de *impeachment* (CRFB, arts. 51, I, 85 e 86; Lei n.º 1.079/1950). Assumiu o cargo o Vice-Presidente (CRFB, art. 79, *caput*).

Entre 31/08/2016 e 31/12/2018, exerceu o cargo de presidente do país, Michel Miguel Elias **Temer** Lulia. Durante o governo de Michel Temer, foi aprovada no Congresso Nacional a chamada "*Reforma Trabalhista*" (Lei n.º 13.467/2017). Na sequência, foram aprovados diplomas normativos alteradores da CLT de relativa menor importância. Medida provisória instituída imediatamente após a entrada em vigor da Reforma Trabalhista, por exemplo, perdeu vigência sem ser votada no Congresso (MPV 808/2017).

Em 01/01/2019, após disputada eleição (CRFB, art. 77), Jair Messias **Bolsonaro** assumiu a Presidência da República. No mesmo dia, foi adotada medida provisória que reorganizou os órgãos do Poder Executivo Federal (MP n.º 870/2019). Uma das maiores inovações foi a incorporação do Ministério do Trabalho no Ministério da Economia.

Em 01/03/2019, Bolsonaro editou medida provisória que dispôs exclusivamente sobre contribuições sindicais (MP n.º 873/2019). Referida medida, porém, caducou sem ser votada pelo Congresso Nacional.

Em 05/06/2019, adveio lei sobre a inclusão de adolescentes usuários do Sistema Nacional de Políticas Públicas sobre Drogas em vagas de aprendizagem (Lei n.º 13.840/2019).

Ao longo de 2020, então, sucederam-se diversas medidas provisórias e leis para combate à pandemia de Covid-19.

Em 07/02/2020, foi publicada a Lei n.º 13.979/2020 que dispôs sobre medidas para enfrentamento da emergência de saúde pública decorrente do "*coronavírus responsável por surto de 2019*". Disciplinou, por exemplo, que autoridades públicas, dentro de suas competências, poderiam adotar medidas de isolamento social e quarentena.

Em 26/02/2020, notícias de jornalísticas apontam que foi oficialmente confirmado o primeiro caso de coronavírus no Brasil. Reportagens narram que o infectado era um homem de 61 anos que teria viajado para a Itália no começo de fevereiro.

Em 20/03/2020, foi publicado no Diário Oficial da União decreto legislativo em que o Congresso Nacional reconheceu estado de calamidade pública no Brasil (Decreto Legislativo n.º 6/2020), com efeitos até 31/12/2020, diante da emergência de saúde pública de importância internacional relacionada ao coronavírus (Covid-19). O estado de calamidade pública foi reconhecido exclusivamente para fins da chamada Lei de Responsabilidade Fiscal (LC n.º 101/2000).

Em 22/03/2020, foi publicada medida provisória sobre *medidas trabalhistas para enfrentamento do estado de calamidade pública* decorrente do coronavírus (MP n.º 927/2020).

Em 01/04/2020, adveio o *Programa Emergencial de Manutenção do Emprego e da Renda*, com benefício a ser pago nas hipóteses de redução proporcional de jornadas e de salários ou de suspensão dos contratos individuais de trabalho (MP n.º 936/2020).

Em 02/04/2020, foi criado o chamado "*coronavaucher*" de R$ 600,00 mensais para trabalhadores informais (Lei n.º 13.982/2020).

Em 03/04/2020, veio o *Programa Emergencial de Suporte a*

Empregos voltado à criação de linhas de crédito para empresas (MP n.º 944/2020).

Ao longo do ano de 2020, com muitas audiências e sessões virtuais, algumas medidas provisórias foram convertidas em lei, outras não, bem como vieram decretos regulamentadores.

Em 17/01/2021, foi amplamente divulgada na mídia a aplicação da primeira dose da vacina contra Covid-19 no Brasil aprovada pela Anvisa. A enfermeira Mônica Calazans de 54 anos foi quem recebeu a injeção. À época, o país acumulava o triste histórico de mais de duzentas mil vidas ceifadas pelo coronavírus SARS-CoV-2.

Em 18/03/2021, institui-se um Auxílio Emergencial de 2021 de quatro parcelas mensais de R$ 250,00 voltado para famílias economicamente vulneráveis (MP n.º 1039/2021)

Em 26/03/2021, foi prevista compensação financeira de 50 mil reais para trabalhadores da saúde incapacitados no combate à pandemia (Lei n.º 14.128/2021)

Em 30/03/2021, foi convertida em lei medida provisória de aumento do percentual possível de crédito consignado (Lei n.º 14.131/2021).

Em 01/04/2021, surgiu a Nova Lei de Licitações (Lei n.º 14.133/2021).

Em 08/04/2021, reportagens jornalísticas expuseram que o Brasil registrou o assustador número de 4.249 óbitos registrados por Covid-19 no lapso temporal de apenas 24h. Momento no qual o número de mortes oficiais para a doença estava ao redor de 345 mil.

Em 27/04/2021, adveio o Novo Programa Emergencial de Manutenção do Emprego e da Renda (MP n.º 1045/2021) e foram editadas medidas trabalhistas adicionais para combate à pandemia de Covid-19 (MP n.º 1046/2021).

Em 12/05/2021, foi determinado afastamento de gestantes de trabalho presencial (Lei n.º 14.151/2021).

Em 01/06/2021, foi criado o marco legal das startups (Lei n.º 182/2021)

Em 02/06/2021, foi convertida em lei a medida provisória que majorou o salário-mínimo no Brasil para R$ 1100,00 (Lei n.º 14.158/2021).

Em 19/06/2021, foi noticiado nos mais diversos veículos de comunicação que o Brasil atingiu a triste marca de meio milhão de óbitos para a Covid-19.

Em de 27/07/2021, foi recriado o Ministério do Trabalho e Previdência Social via medida provisória (MP nº 1058/2021).

Em 20/10/2021, foi julgada pelo STF a ADI nº 5766 sobre justiça gratuita e honorários advocatícios sucumbenciais na Justiça do Trabalho.

Em 10/11/2021, foi editado o Marco Regulatório Trabalhista Infralegal (Decreto nº 10.854/2021).

Em 29/12/2021, foram instituídos o Programa Auxílio Brasil e o Programa Alimenta Brasil (Lei nº 14.284/2021).

Em 30/12/2021, o salário mínimo foi majorado para R$ 1.212,00 (MP nº 1.091).

Em 03/01/2022, adveio a lei que consignou ser obrigatória a preservação do sigilo sobre a condição de pessoa que vive com infecção pelos vírus da imunodeficiência humana (HIV) e das hepatites crônicas (HBV e HCV) e de pessoa com hanseníase e com tuberculose. (Lei nº 14.289/2022)

EXTINÇÃO E RECRIAÇÃO DO MINISTÉRIO DO TRABALHO

Tem-se como marco temporal de criação de um "Ministério do Trabalho" no Brasil a data de 26 de novembro de 1930 quando Getúlio Vargas decretou a criação de "Secretaria de Estado" com a denominação "*Ministério dos Negócios do Trabalho, Indústria e Comércio*" (Decreto nº 19.433/1930, art. 1º). Curiosamente, os dispositivos originários da Consolidação das Leis do Trabalho (Decreto-Lei nº 5452/1945) carregaram denominação ligeiramente diferente: "*Ministério do Trabalho, Industria e Comercio*" (*v.g.*, CLT, artigos 48 e 75).

Trinta anos depois, em 1º de fevereiro de 1961, a instituição ganhou a denominação de "*Ministério do Trabalho e Previdência Social*" (Lei nº 3.782/1960, art. 10º). Dispositivos ainda em vigor da Consolidação com redação dada pelo Decreto-Lei nº 926/1969 sobre Carteira de Trabalho, por exemplo, utilizam esta denominação (*v.g.*, CLT, artigo 13, §1º, II).

Nos anos que se seguiram, o órgão ganhou inúmeros outros nomes e teve suas funções ora cindidas, ora concentradas, sendo possível, por isso, encontrarmos, atualmente, díspares referências à instituição na Consolidação das Leis do Trabalho, tais como apenas "*Ministério do Trabalho*" (*v.g.*, CLT, art. 41) e "*Ministério do Trabalho e Emprego*" (*v.g.*, CLT, art. 193).

Em 1º de janeiro de 2019, foi publicada no Diário Oficial da União a Medida Provisória nº 870 da Presidência da República (CRFB, art. 62) que reorganizou a estrutura dos ministérios do Poder Executivo da União (CRFB, art. 2º). A Medida Provisória nº 870 foi convertida na Lei nº 13.844/2019, publicada em 18/06/19.

A medida provisória e a lei, entre outras disposições, extinguiram o quase nonagenário Ministério do Trabalho que foi transformado, junto com Ministério da Fazenda, o Ministério do Planejamento, Desenvolvimento e Gestão e Ministério da Indústria, Comércio Exterior e Serviços em Ministério da Economia (MP nº 870/2019, art. 57, I; Lei nº 13.844/2019, art. 57, I). As competências do Ministério do Trabalho foram transferidas (Lei nº 13.844/2019, art. 83, I): "*I - para o Ministério da Justiça e Segurança Pública: a) a Coordenação-Geral de Imigração; b) o Conselho Nacional de Imigração; II - para o Ministério da Cidadania: a) a Subsecretaria de Economia Solidária; e b) o Conselho Nacional de Economia Solidária; e III - para o Ministério da Economia: as demais unidades administrativas e órgãos colegiados.*"

No início de 2019, ganhou repercussão na mídia a transferência da competência de registro sindical (CLT, art. 518) para o Ministério da Justiça e Segurança Pública (MP nº 870/2019, art. 57, I), mas, posteriormente, o setor também ficou com o Ministério da Economia (Lei nº 13.844/2019, art. 31, inciso XLI inserido pela MP nº 886/2019, convertida na Lei nº 13.901/2019).

Não lograram sucesso os questionamentos judiciais à extinção da entidade do Ministério do Trabalho. A ADPF 561 foi rejeitada por ilegitimidade ativa da parte requerente e transitou em julgado em 18/11/2020 e a ADPF 562 também foi rejeitada por ilegitimidade ativa do requerente e transitou em julgado em 02/08/2019.

Com o transcorrer dos meses, o legislador chegou até mesmo a inserir na CLT a denominação "*Ministério da Economia*". Digno de menção, neste sentido, por exemplo, o §2º do art. 13 do texto celetista, com redação dada pela Lei nº 13.874/2019.

Entretanto, em 27/07/2021, o Ministério do Trabalho foi, para a surpresa de todos, recriado via medida provisória (MP nº 1058/2021), com o nome "*Ministério do Trabalho e Previdência*" (Lei nº 13.844/2019, art. 48-A). Deu-se, assim, início a um processo de destacamento da "*Secretaria Especial de Previdência e Trabalho*" do Ministério da Economia (Lei nº 13.844/2019, art. 32, V), porém, com a angustiante incerteza quanto ao deslinde favorável ou desfavorável da medida provisória no Congresso Nacional.

O Congresso Nacional entendeu por bem manter a recriação do Ministério do Trabalho. Assim, em 16/12/2021, surgiu a Lei nº 14.261/2021, resultado da conversão em lei da MP nº 1058/2021. O órgão ficou responsável por questões previdenciárias, políticas de geração de emprego, fiscalização das relações de trabalho e registro sindical (Lei nº 13.844/2019, art. 48-A).

Na Consolidação das Leis do Trabalho, hodiernamente, portanto, onde se lê "*Ministério do Trabalho*" ou derivados ou mesmo "*Ministério da Economia*", deve-se compreender referência a órgão da União com competência sobre relações de trabalho.

05/01/2022

LEGISLAÇÃO TRABALHISTA RECENTE ORGANIZADA EM ORDEM CRONOLÓGICA

Lei n.º 3.467 de 13/07/2017 (Temer)

A chamada "Reforma Trabalhista". Efetuou profundas alterações no direito material e processual do trabalho, especialmente com a inserção do instituto dos honorários advocatícios sucumbenciais (CLT, art. 791-A) em desfavor de reclamantes sucumbentes em seus pedidos. De acordo com a exposição de motivos do projeto de lei (EM n.º 00036/2016 MTB), buscou-se valorizar a negociação coletiva.

Altera: arts. 2º, 4, 8º, 11, 47, 58, 58-A, 59, 60, 61, 62, 71, 134, 396, 443, 444, 457, 458, 461, 468, 477, 482, 545, 578, 579, 582, 583, 587, 602, 614, 620, 634, 652, 702, 775, 789, 790, 790-B, 800, 818, 840, 841, 843, 844, 847, 876, 878, 879, 882, 884, 896, 896-A, 899.

Acresce: arts. 10-A, 11-A, 47-A, 59-A, 59-B, 75-A, 75-B, 75-C, 75-D, 75-E, 223-A, 223-B, 223-C, 223-D, 223-E, 223-F, 223-G, 394-A, 442-B, 448-A, 452-A, 456-A, 477-A, 477-B, 484-A, 507-A, 507-B, 510-A, 510-B, 507-C, 507-D, 611-A, 611-B, 791-A, 793-A, 793-B, 793-C, 793-D, 855-A, 855-B, 855-C, 855-D, 855-E, 883-A.

Lei n.º 3.475 de 28/08/2017

Dispõe sobre o exercício da profissão de tripulante de aeronave, denominado aeronauta; e revoga a Lei n.º 7.183, de 5 de abril de 1984. Ganhou o apelido de "*nova Lei do Aeronauta*". É uma lei extensa com 82 artigos. Prevê limites de horas de voo e de pousos em uma mesma jornada de trabalho (arts. 31 e 32) e limites mensais e anuais de horas de voo (art. 33). Em "aviões convencionais", por exemplo, tem-se o limite de 960 horas de voo por ano e de 100 horas de voo por mês (art. 33, III).

MPV 808 de 14/11/2017

Tinha o objetivo declarado em exposição de motivos (EM n.º 00023/2017 MTB) de complementar a Lei n.º 13.467/2017 em aspectos pontuais que poderiam ser aperfeiçoados. Perdeu vigência sem ser votada no Congresso, contudo.

Altera: arts. 59-A, 223-C, 223-G, 394-A, 442-B, 452-A, 457, 611-A.

Acresce: arts. 452-B, 452-C, 452-D, 452-E, 452-F, 452-G, 452-H, 510-E, 911-A.

Revoga os incisos I, II e III do *caput* do art. 394-A; OS § 4º, § 5º E § 8º do art. 452-A; e o inciso XIII do *caput* do art. 611-A.

Lei 13.509 de 22/11/2017

Entre alterações no ECA e no Código Civil, mudou a CLT para estender expressamente garantias trabalhistas (estabilidade provisória, licença-maternidade de 120 dias e intervalos para amamentação) a empregadas adotantes de crianças ou adolescentes. Anteriormente, os dispositivos não se atentavam expressamente às situações de mães adotantes. Por oportuno, diga-se que a chamada "licença-paternidade" é prevista na Constituição da República como de apenas 5 dias (ADCT, art. 10, §1º), sendo que essa discrepância costuma ser justificada pelo fato de o homem não ter que carregar o filho na barriga durante a gestação, nem ter que se submeter a trabalho de parto.

Altera: arts. 391-A, 392-A, 396.

Lei 13.545 de 19/12/2017

Incluiu na CLT o artigo 775-A para dispor sobre a suspensão de prazos processuais entre os dias 20-dez e 20-jan ("recesso forense"), mantido, porém, o trabalho de servidores público no período. O artigo foi uma mimetização do art. 220 do CPC/2015. Ao longo do ano, é frequentemente esperado por aqueles que atuam na Justiça do Trabalho que o enxergam, em regra, como um período de descanso. Antes desta lei, já existia previsão legal para um "recesso" entre 20/Dez e 6/Jan (Lei n.º 5.010/1966, art. 62, I), dias até hoje tidos como feriado pela Justiça do Trabalho (cf. p.ex., TRT-2, Portaria GP N.º 36/2020).

Altera: art. 775

Acresce: art. 775-A

Lei 13.595 de 05/01/2018

Altera a Lei n.º 11.350, de 5 de outubro de 2006, para dispor sobre a reformulação das atribuições, a jornada e as condições de trabalho, o grau de formação profissional, os cursos de formação técnica e continuada e a indenização de transporte dos profissionais Agentes Comunitários de Saúde e Agentes de Combate às Endemias.

A Lei n.º 11.350/2006 regulamenta as atividades de Agente Comunitário de Saúde ("ACS") e de Agente de Combate às Endemias (art. 1º). Estes profissionais contam com pisos salariais diferenciados (art. 9º-A). São profissões constitucionalmente previstas (CRFB, art. 198, §5º).

Lei 13.601 de 09/01/2018

Regulamenta o exercício da profissão de Técnico em Biblioteconomia. Prevê requisitos para o exercício desta profissão. Não prevê, entretanto, nenhum direito especial, tais como jornadas ou formas diferenciadas de remuneração.

Lei 13.653 de 18/04/2018

Dispõe sobre a regulamentação da profissão de arqueólogo e dá outras providências. A lei prevê quem pode exercer a profissão de arqueólogo e quais as atribuições destes profissionais. Assegura participação de toda a equipe científica em todas as etapas de execução do projeto (art. 14). Obriga que missões estrangeiras de arqueologia no Brasil contem com profissionais brasileiros na proporção de metade da equipe (art. 15). Entretanto, a lei não prevê condições especiais de trabalho, tais como como jornadas ou formas diferenciadas de remuneração.

Lei 13.660 de 08/05/2018

Dispôs sobre o ônus de arcar com despesas de intérprete quando ouvida testemunha que não sabe falar a língua nacional. Na prática forense, é situação relativamente pouco comum o depoimento de partes e testemunhas que não sabem falar a língua nacional, mas o legislador não a deixou de regulamentar. Reclamações trabalhistas de profissionais do alto escalão empresarial e que necessitam falar mais de um idioma no dia a dia é que às vezes contém testemunhas que não falam português. O mesmo raciocínio jurídico do artigo é possível de ser enxergado na fixação de honorários periciais (CLT, art. 790-B) que são de responsabilidade pela parte sucumbente no objeto da perícia.

Altera: O § 2° do art. 819

Lei 13.691 de 10/07/2018

Dispõe sobre o exercício da profissão de físico e dá outras providências. Prevê condições e exigências para o exercício da profissão de físico, bem como atribuições da ocupação. A lei não prevê condições especiais de trabalho, como jornadas reduzidas, nem salários diferenciados.

Lei 13.695 de 12/07/2018

Regulamenta a profissão de corretor de moda. Prevê necessidade de diploma de conclusão de ensino médio e diploma de conclusão de curso específico para formação de corretor de moda (art. 2º), resguardados os direitos daqueles que já exerciam a profissão antes da entrada em vigor da lei (art. 2º, parágrafo único). A lei não prevê condições especiais de trabalho para os corretores de moda.

Lei 13.708 de 14/08/2018

Seis meses depois da Lei 13.595 de 05/01/2018, foram efetuadas novas modificações na Lei n.º 11.350/2006 sobre Agentes Comunitários de Saúde ("ACS") e dos Agentes de Combate às Endemias. Foram alterados os pisos salariais mensais destes profissionais. Em 01/01/2021, previu-se um piso salarial de R$ 1.550,00.

Lei 13.725 de 04/10/2018

Dispõe sobre normas de Direito Processual do Trabalho.

Foi revogado o art. 16 da Lei n.º 5.584/1970 que preconizava que os honorários advocatícios pagados pela parte vencida revertiam em favor do sindicato assistente.

Em contrapartida, foram acrescidos parágrafos 6º e 7º no art. 22 da Lei n.º 8.906/1994 (Estatuto da OAB) que versa sobre direito dos advogados aos honorários de sucumbência. Previu-se que advogados de entidades de classe (leia-se, "sindicatos") possuem direitos aos honorários assistenciais fixados em ações coletivas, bem como aos convencionais. Além disso, foi previsto que beneficiários de ações coletivas estariam imersos, sem mais formalidades, nas regras do contrato de honorários originário celebrado com a entidade de classe, caso optem por adquirir os direitos obtidos nestas demandas.

Lei 13.767 de 18/12/2018

Criou mais uma hipótese legal de interrupção do contrato de trabalho. Empregados com câncer possuem três dias a cada ano de trabalho para fazer exames preventivos.

Acresce: inciso XII ao *caput* do art. 473

MPV 870 de 01/01/2019 (Bolsonaro)

Reorganiza a estrutura do Poder Executivo Federal. Entre as mudanças, o Ministério do Trabalho é incorporado ao Ministério da Economia. Foi convertida na Lei n.º 13.844/2019. Foi uma das primeiras medidas do novo Presidente da República e ganhou o noticiário nacional à época como o fim de um ministério de oitenta e oito anos.

Lei n.º 13.794 de 03/01/2019

Dispõe sobre a regulamentação da atividade profissional de psicomotricista e autoriza a criação dos Conselhos Federal e Regionais de Psicomotricidade.

A Psicomotricidade costuma ser definida como a ciência que estuda o homem através do seu corpo em movimento e em relação ao seu mundo interno e externo. É tida como um campo de estudo multidisciplinar com atuação, por exemplo, na área educacional.

A Lei prevê requisitos para intitular-se psicomotricista e competências destes profissionais, mas não prevê condições especiais de trabalho.

MPV 873 de 01/03/2019

Primeira alteração direta na CLT promovida durante o governo de Jair Messias Bolsonaro, eleito Presidente da República. Dispôs sobre contribuições sindicais. Perdeu vigência sem ser votada em 28/06/2019, porém.

Altera: arts. 545, 578, 579, 579-A E 582;

Revoga: parágrafo único do art. 545.

MPV n.° 81 de 30/04/2019

Institui a Declaração de Direitos de Liberdade Econômica, estabelece garantias de livre mercado, análise de impacto regulatório, e dá outras providências.

Foi medida provisória que causou enorme impacto midiático e com o intuito declarado em exposição de motivos de estabelecer garantias de livre mercado, empoderar a atuação particular dos cidadãos e expandir proteções contra a intervenção estatal. Justificou-se a urgência da medida na necessidade de recuperação econômica e de aumento da empregabilidade no país.

Veio a ser convertida na Lei n.° 13.874/2019.

Lei 13.822 de 03/05/2019

Altera a lei de contratação de consórcios públicos (CRFB, art. 241; Lei n.° 11.107/2005), para dispor que consórcios admitirão pessoal pelo regime da Consolidação das Leis do Trabalho, seja o consórcio revestido de personalidade jurídica de direito privado, seja revestido de personalidade jurídica de direito público. A redação anterior da lei de consórcios (art. 6°, §2°) não fazia expressamente essa previsão em relação aos consórcios de direito público.

Entes da Federação (CRFB, art. 18) podem celebrar contratos de consórcio público para a realização de objetivos de interesse comum (Lei n.° 11.107/2005, arts. 1°, *caput*, e 2°; Decreto n.° 6.017/2007, art. 6°). Consórcios públicos são formados exclusivamente por entes da Federação (Decreto n.° 6.017/2007, art. 2°, I). O consórcio constitui *associação pública* ou *pessoa jurídica de direito privado* (art. 1°, §1°). Os entes da Federação consorciados respondem subsidiariamente pelas obrigações do consórcio público (Decreto n.° 6.017/2007, art. 9°, *caput*).

O TST já decidiu pela obrigação de consórcios terem o dever de contratar mediante concurso público (CRFB, art. 37, II; TST, julgado de 2006, RR - 339600-19.2003.5.09.0019; TST, julgado de 2010, RR - 200-09.2005.5.09.0017; TST, julgado de 2018, RR - 807-24.2014.5.15.0022).

Lei 13.840 de 05/06/2019

O tema da lei foram disposições sobre o Sistema Nacional de Políticas Públicas sobre Drogas (SISNAD). Foi alterada a redação do §3° do artigo 429 da CLT para versar sobre a inclusão de adolescentes usuários do SISNAD em vagas de aprendizagem.

Altera: art. 429

Lei 13.844 de 18/06/2019

Estabelece a organização básica dos órgãos da Presidência da República e dos Ministérios. É resultado da conversão em lei da MP n.° 870/2019 que havia sido editada em 01/01/2019.

Foi mantida a incorporação do Ministério do Trabalho pelo Ministério da Economia (art. 57, I).

MPV 886 de 18/06/2019

Originalmente, a MP n.° 870/2019 (organização da Presidência da República), art. 83, I, 'b', previa que o registro sindical ficaria com o Ministério da Justiça e Segurança Pública.

A MP 886/2019 incluiu expressamente o "*registro sindical*" (CLT, art. 518) entre as competências do Ministério da Economia, via inclusão de um inciso XLI no art. 31 da Lei n.° 13.844/2019.

Posteriormente, a medida provisória foi convertida na Lei n.° 13.901/2019 que manteve essa competência no Ministério da Economia.

MPV 889 de 24/07/2019

Instituiu, entre outras disposições, o chamado "saque aniversário do Fundo de Garantia do Tempo de Serviço (FGTS)" via alteração na Lei do FGTS (Lei n.° 8.036/1990). Passou-se a prever a possibilidade de saque de parcela do FGTS depositado no mês de aniversário do trabalhador (Lei n.° 83036/1990, art. 20, incisos XX) e, respeitadas certas condições, da integralidade do FGTS quando seu saldo for inferior a R$ 80,00 (Lei n.° 83036/1990, art. 20, incisos XXI).

Referida medida provisória foi convertida na Lei n.° 13.932/2019 e a redação dos dois novos incisos foi discretamente alterada.

Lei 13.874 de 20/09/2019

Referida lei resultou da aprovação da MP n.° 881/2019. A MP n.° 881 de 31/04/2019 não previa originariamente alterações na CLT, mas durante sua tramitação no Congresso, foram incluídas. A lei ganhou o apelido de "Lei da Liberdade Econômica". Na mídia, a medida provisória e a lei foram bastante associadas ao titular do Ministério da Economia, Paulo Roberto Nunes Guedes. Essencialmente, as alterações na CLT trazidas por esta lei criaram a CTPS eletrônica e aumentaram o número de estabelecimentos dispensados de manterem registros de controle de jornada. Antes, estabelecimentos com mais de 10 empregados eram obrigados a manter cartões de ponto. Atualmente, apenas estabelecimentos com mais de 20 empregados. No mais, foram revogados antigos artigos da CLT sobre CTPS do trabalhador menor.

Altera: arts. 13, 14, 15, 16, 29, 40, 74 e 135.

Revoga: arts. 17; 20; 21; 25; 26; 30; 31; 32; 33; 34; inciso II do art. 40; 53; 54; 56; 141; parágrafo único do art. 415; 417; 419; 420; 421; 422; e 633.

Lei 13.876 de 20/09/2019

Entre outras disposições, alterou o artigo 832 da CLT para acrescer dois parágrafos a respeito de recolhimento de contribuições previdenciárias em condenações e em homologações de acordos.

Altera: art. 832

Lei n.º 13.877 de 27/09/2019

Entre mudanças legislativas aplicáveis às eleições, dispôs que a CLT não se aplica às atividades de direção e assessoramento nos órgãos, institutos e fundações dos partidos, assim definidas em normas internas de organização partidária.

Altera: art. 7º

Decreto n.º 10.088 de 05/11/2019

Consolida atos normativos editados pelo Poder Executivo Federal que dispõem sobre a promulgação de convenções e recomendações da Organização Internacional do Trabalho - OIT ratificadas pela República Federativa do Brasil. O Decreto possuí apenas seis artigos e entrou em vigor em 06/05/2020 (art. 6º). Foram revogados oitenta decretos (art. 5º) e reunidas setenta e sete convenções da OIT (art. 2º).

Lei n.º 13.901 de 11/11/2019

Resulta da conversão em lei da MP n.º 886/2019 que alterou alguns dispositivos da Lei n.º 13.844/2019 (organização da Presidência da República). No que tange à área trabalhista, merece destaque a manutenção do "registro sindical" (CLT, art. 518) entre as competências do Ministério da Economia (Lei n.º 13.844/2019, art. 31, XLI).

Originalmente, a MP n.º 870/2019 (organização da Presidência da República), art. 83, I, 'b', previa que o registro sindical ficaria com o Ministério da Justiça e Segurança Pública.

MPV 905 de 11/11/2019

Foi apelidada de "*MP dos Contratos de Trabalho Verde e Amarelos*" porque criava mais uma modalidade de contratação de pessoas para postos de trabalho. À época de sua edição, foi bastante criticada do ponto de vista da proteção dos trabalhadores, especialmente por prever uma alíquota de recolhimento de FGTS pelo empregador de 2% para os contratos "verde e amarelos" (art. 7º), percentual bem inferior aos tradicionais 8% (Lei n.º 8.036/1990, art. 15). Além disso, a medida provisória mudava a CLT em temas como trabalho aos sábados em bancos, inspiração do trabalho, valor de multas de autos de infração, fornecimento de alimentação pelo empregador e gorjetas.

A MP 905/2019, porém, foi revogada pela MP n.º 955 de 20/04/2020 quando estava na iminência de caducar por falta de votação pelo Congresso Nacional.

A MP n.º 955/2020, por sua vez, também caducou, tendo sido certificado o encerramento de sua vigência em 19/08/2020 (Ato Declaratório do Presidente da Mesa do Congresso Nacional n.º 113, de 2020).

Acresce: arts. 12-A, 47-A, 47-B, 457-A, 627-A, 627-B, 628-A, 634-A, 634-B, 634-C, 637-A

Altera: arts. 29, 39, 47, 51, 52, 55, 67, 68, 70, 75, 120, 153, 156, 161, 167, 188, 201, 224, 304, 347, 351, 401, 434, 457, 458, 477, 510, 543, 545, 553, 598, 626, 627, 628, 630, 631, 632, 634, 635, 636, 638, 641, 642, 722, 729, 730,733, 879, 883.

Revoga: o § 1º do art. 47, o parágrafo único do art. 68, o parágrafo único do art. 153; o inciso III do *caput* do art. 155; o art. 159; o art. 160; o § 3º do art. 188; o § 2º do art. 227; o art. 313; o art. 319; o art. 326; o art. 327; o parágrafo único do art. 328; o art. 329; o art. 330; o art. 333; o art. 345; a alínea "c" do *caput* do art. 346;

o parágrafo único do art. 351; o art. 360; o art. 361; o art. 385; o art. 386; os § 1º e § 2º do art. 401; o art. 435; o art. 438; o art. 557; o parágrafo único do art. 598; as alíneas "a" e "b" do *caput* do art. 627; os § 1º e § 2º do art. 628; o parágrafo único do art. 635; o art. 639; o art. 640; o art. 726; o art. 727; e os § 1º e § 2º do art. 729.

Lei 13.932 de 11/12/2019

Resultado da conversão em lei da MP n.º 889/2019.

Consolida a modalidade de saque-aniversário no FGTS (Lei n.º 8.036/1990, art. 20, XX) e extingue a cobrança de 10% dos depósitos devidos na conta vinculada do trabalhador reversível à Caixa Econômica Federal paga pelos empregadores em dispensas sem justa causa (Lei n.º 13.932, art. 12, com referência à Lei Complementar n.º 110/2001, art. 1º).

Foi estabelecido que existem duas sistemáticas de saque do FGTS. O "saque-rescisão" e o "saque-aniversário" (Lei n.º 13.932/2019, art. 20-A, *caput*, I e II).

Por padrão, todos os trabalhadores estão enquadrados na modalidade "saque-rescisão", facultada a possibilidade de alteração da sistemática (Lei n.º 13.932/2019, art. 20-B). A primeira opção por alteração tem efeitos imediatos (Lei n.º 13.932/2019, art. 20-C, *caput*). É necessário que o trabalhador diligencie junto à Caixa Econômica Federal para externalizar sua opção pelo saque-aniversário. Nova alteração, entretanto, demanda, para sua efetivação, que o trabalhador aguarde um prazo de 25 meses, sendo condicionada ainda à inexistência de alienação ou cessão fiduciária dos direitos futuros aos saques anuais (Lei n.º 13.932/2019, art. 20-C, I). Este longo prazo (mais de dois anos para retorno ao "saque-rescisão") talvez tenha sido pensado para fomentar a previsão colocada em lei de possibilidade de alienação ou cessão fiduciária dos direitos futuros aos saques anuais (Lei n.º 13.932/2019, art. 20-D, §3º). É facilmente possível encontrar artigos e colunas de opinião com vivas críticas a este prazo de dois anos, tido como benéfico apenas para grandes instituições financeiras.

O trabalhador que opta pelo saque-aniversário não pode resgatar a integralidade de seus depósitos de FGTS em caso de dispensa sem justa causa (Lei n.° 13.932/2019, art. 20-A, §2°, II).

Nos termos da lei, na modalidade de "saque-aniversário", a conta de FGTS pode ser movimentada "*anualmente, no mês de aniversário do trabalhador, por meio da aplicação dos valores constantes do Anexo desta Lei, observado o disposto no art. 20-D desta Lei*" (Lei n.° 8.036/1990, art. 20, XX). Quanto maior a quantidade de dinheiro depositada na conta vinculada, menor o percentual que pode ser sacado no mês de aniversário. Por exemplo, quem tem R$ 1000,00 depositados pode sacar 40% do FGTS. Quem tem R$ 20.000,00 depositados, entretanto, pode sacar apenas 10% desse valor. Em sofisticação, a lei previu ainda valores fixos adicionais que podem ser sacados a depender da faixa de saldo (Lei n.° 13.932/2019, art. 20-D). Por exemplo, quem tem R$ 1000,00 pode sacar os mencionados 40% e uma parcela adicional de R$ 50,00. Quem tem R$ 20.000,00 em saldo, por sua vez, pode sacar os referidos 10% e uma parcela adicional de R$ 1.900,00.

Foi facultado ao Poder Executivo alterar as alíquotas e faixas de saldos da modalidade "saque-aniversário", respeitada a alíquota mínima de 5% e os adicionais fixos (Lei n.° 13.932/2019, art. 20-D, §2°).

Lei n.° 13.966 de 26/12/2019 (lei de franquias)

Dispõe sobre o sistema de franquia empresarial e revoga a Lei n.° 8.955, de 15 de dezembro de 1994 (Lei de Franquia). Do ponto de vista trabalhista, é interessante notar que, nos termos da lei, um franqueador autoriza por meio de contrato um franqueado a usar marcas e outros objetos de propriedade intelectual mediante remuneração "*sem caracterizar relação de consumo ou vínculo empregatício em relação ao franqueado ou a seus empregados, ainda que durante o período de treinamento*" (Lei n.° 13.966/2019, art. 1°, *caput*). Um lícito contrato de franquia, portanto, isentaria de responsabilidade subsidiária ou solidária o franqueador pelas dívidas trabalhistas assumidas por franqueados. Oportuno lembrar, contudo, que os negócios jurídicos simulados ou desvirtuados de sua finalidade legal podem sempre ser superados sob o prisma de reconhecimento de fraude à legislação do trabalho (CLT, art. 9º) .

MPV 916 de 31/12/2019 (salário mínimo)

Dispõe sobre o valor do salário mínimo a vigorar a partir de 1° de janeiro de 2020. Fixou-se que o salário mínimo nacional seria de R$ 1.039,00 mensais, sendo o diário de R$ 34,63 (1/30) e o valor da hora de R$ 4,72 (1/220). Segundo a exposição de motivos da medida provisória, chegou-se ao valor com observância do Índice Nacional de Preços ao Consumir (INPC) medido em 2019, para preservação do poder de compra de trabalhadores, aposentados e pensionistas.

A MP 916, porém, teve vida efêmera. Pouco tempo depois foi revogada pela MP 919 de 30/01/2020 que dispôs que os valores seriam discretamente maiores, para, segundo a exposição de motivos, fazer frente ao "*comportamento atípico verificado em alguns produtos alimentícios, principalmente a carne*" (EM n.° 00020/2020 ME).

MPV 919 de 30/01/2020 (salário mínimo)

Revoga a MP 916/2019 e dispõe sobre novo valor do salário mínimo a vigorar a partir de 1° de fevereiro de 2020. Foi estabelecido um aumento discreto de R$ 6,00 no valor do salário mínimo: R$ 1045,00 ao invés de R$ 1039,00. A exposição de motivos da medida (EM n.° 00020/2020 ME), entretanto, justifica que cada R$ 1,00 de aumento no salário mínimo acarreta despesas da ordem de mais de 300 milhões de reais por ano nos s por ele, quais sejam, Benefícios da Previdência, Abono e Seguro Desemprego e Benefícios de Prestação Continuada da Lei Orgânica de Assistência Social e da Renda Mensal Vitalícia LOAS/RMV.

A MP 919/2020 foi convertida na Lei n.º 14.013/2020, com alterações singelas. A lei veio a fixar que no mês de janeiro/2020 o salário mínimo seria de R$ 1039,00, mas de fevereiro/2020 em diante de R$ 1045,00.

Lei n.º 13.979 de 07/02/2020 (covid-19 e regras de saúde pública)

A Lei n.º 13.979/2020 foi um dos primeiros diplomas normativos de peso no Brasil a tratar do tema "pandemia de Covid-19". Datada de 07/02/2020, precedeu a detecção do primeiro caso confirmado no Brasil.

Reportagens jornalísticas tomam como parâmetro para o primeiro caso oficial e confirmado de Covid-19 no Brasil a data de 26/02/2020. Textos midiáticos contam que um homem de 61 anos que havia viajado para a Itália deu entrada em hospital em São Paulo/SP e teve infecção pelo novo coronavírus confirmada após teste PCR (*Polymerase Chain Reaction*).

A lei dispõe sobre as medidas para enfrentamento da emergência de saúde pública de importância internacional. Prevê uma série de medias que poderão ser adotadas por autoridades públicas no âmbito de suas competências, tais como: isolamento, quarentena e implementação de estudos epidemiológicos.

Não afeta o texto da CLT.

Decreto da Presidência da República n.º 10.277 de 16/03/2020 (Comitê de Crise)

Institui o Comitê de Crise para Supervisão e Monitoramento dos Impactos da Covid-19. O Comitê é definido como órgão de assessoramento da Presidência da República (art. 2º) É composto por vinte ministros, pelo Advogado-Geral da União, pelo Presidente do Bacen, pelo Diretor-Presidente da Anvisa, pelo Presidente do Banco do Brasil, pelo Presidente da Caixa Econômica Federal, pelo Presidente do BNDES e por Coordenador do Centro de Operações de Emergências em Saúde Pública do Ministério da Saúde (art. 3º). O comitê se reúne sempre que convocado pelo seu Coordenador (art. 4º), sendo as aprovações de estratégia feitas por maioria simples (art. 4º, §1º). A participação no Comitê não é remunerada (art. 7º).

Pouco tempo depois, o decreto ganhou novos dispositivos com o Decreto da Presidência da República n.º 10.289 de 24/03/2020. Ficou estabelecida a criação de um Centro de Coordenação de Operações do Comitê de Crise para Supervisão e Monitoramento dos Impactos da Covid-19.

Mensagem n.º 93 da Presidência da República para o Congresso Nacional

Em 18/03/2020, a Presidência da República encaminhou mensagem ao Congresso Nacional com solicitação de reconhecimento de estado de calamidade pública com efeitos até 31/12/2020 em decorrência da pandemia da Covid-19. Na mensagem dirigida aos Membros do Congresso Nacional, é sublinhado que os impactos do coronavírus transcendem a saúde pública e afetam a economia do país como um todo. É dito que são necessárias medidas para proteger a população do vírus, como, por exemplo, redução de interações sociais, manutenção de trabalhador em casa e fechamento temporário de estabelecimentos comerciais e Industriais. Foi escrito também que a situação é sem precedentes e que o país precisa da máquina pública em funcionamento.

A mensagem é mencionada no Decreto Legislativo n.º 6 de 20/03/2020 (art. 1º).

Decreto Legislativo n.º 6 de 20/03/2020 (reconhece estado de calamidade pública)

Reconhece Estado de Calamidade Pública no Brasil exclusivamente para os fins do art. 65 da LC n.º 101/2000, com efeitos até 31 de dezembro de 2020 (notadamente, dispensa de atingimento de resultados fiscais da Lei n.º 13.989/2019).

É tido como um grande marco normativo para enfrentamento da pandemia de Covid-19, eis que submete o orçamento público federal ao regime de exceção do art. 65 da LC n.º 101/2000 (Lei de Responsabilidade Fiscal).

Em 20/03/2020 (data do Decreto Legislativo n.º 6), conforme consulta aos dados do Ministério da Saúde, existiam 904 casos confirmados de Covid-19 no Brasil.

MPV 927 de 22/03/2020 (covid-19 e regras trabalhistas)

Dispõe especificamente sobre as medidas *trabalhistas* para enfrentamento da Covid-19 em âmbito nacional.

Foi amplamente divulgada na mídia e seu texto foi encarado como polemississímo no que tangia à possibilidade de suspensão dos contratos individuais de trabalho por quatro meses para participação em programa de qualificação profissional (arts. 18).

Previa regras especiais de teletrabalho (arts. 4º a 5º), antecipação de férias individuais (arts. 6º a 10º), concessão de férias coletivas (arts. 11 e 12), aproveitamento e antecipação de feriados (art. 13; pendente decisão definitiva na ADI n.º 6380), banco de horas (art. 14), suspensão de exigências administrativas em segurança e saúde no trabalho (arts. 15 a 17), direcionamento do trabalhador para qualificação (art. 18, revogado pela MP n.º 928/2020) e diferimento do recolhimento do FGTS (arts. 19 a 25).

Por derradeiro, em capítulos (arts. 26 a 39) de "*outras disposições*", de "*abono anual em 2020*" e de "*disposições finais*", previa: permissão para estabelecimentos de saúde prorrogarem jornadas de trabalho para além da 13º e 14º horas sem que haja penalidade administrativa, ainda que em atividades insalubres e em 12x36 (arts. 26 e 27; ADI n.º 6380); suspensão de prazos em processos administrativos de autos de infração trabalhistas por 180 dias (art. 28); ausência de nexo de causalidade com o trabalho em casos de contaminação por covid-19 (art. 29; ADI n.º 6380 e outras); prorrogação de ACT's e CCT's por 180 dias a critério do empregador quando do seu vencimento (art. 30); atuação meramente orientadora de AFT's por 180 dias, exceto para alguns tipos específicos de irregularidades (art. 31); aplicação da MP 927 também para empregados temporários, rurais e empregadas domésticas (art. 32); ausência de aplicação da regulamentação do telemarketing para trabalhadores em teletrabalho (art. 33); antecipação do pagamento de abono anual de que trata a legislação previdenciária (arts. 34 e 35); convalidação de medidas trabalhistas entre empregados e empregadores tomadas 30 dias antes da entrada em vigor da medida provisória (art. 36); prazo excepcional de validade de certidões tributárias (art. 37); e atuação dos Ministério da Saúde na regulamentação de medidas para enfrentamento do covid-19 (art. 38).

A MP n.º 927/2020, entretanto, teve sua vigência encerrada sem ser convertida em lei em 19/07/2020 (Ato Declaratório do Presidente da Mesa do Congresso Nacional n.º 92, de 2020).

Não afeta o texto da CLT.

MPV 928 de 23/03/2020 (covid-19, políticas de saúde pública, acesso à informação, processos administrativos disciplinares e regras trabalhistas)

Trouxe medidas adicionais para enfrentamento do coronavírus. Dispôs sobre a Lei de Acesso à Informação para priorizar pedidos relacionados com a emergência de saúde pública, dentre outras disposições. Revogou a possibilidade de suspensão dos contratos de trabalho pelo prazo de até quatro meses que estava prevista na MP n.º 927/2020, art. 18, após grande repercussão negativa que este instituto havia tido.

A MP 928 teve sua vigência encerrada sem ser convertida em lei em 20/07/2020 (Ato Declaratório do Presidente da Mesa do Congresso Nacional n.º 93, de 2020).

Não afeta o texto da CLT.

Medidas Provisórias de números 929, 930, 931, 932, 933, 934 e 935

Não chamaram atenção do ponto de vista trabalhista.

MPV 936 de 01/04/2020 (Programa Emergencial de Manutenção do Emprego e da Renda)

Instituiu o "*Programa Emergencial de Manutenção do Emprego e da Renda*" (art. 2, *caput*) e dispôs sobre medidas trabalhistas complementares para enfrentamento do coronavírus (arts. 7º e 8º).

Dois meses depois de sua edição em 01/04/2020, a medida provisória foi convertida na Lei n.º 14.020 de 06/07/2020.

A medida provisória previa o chamado "*Benefício Emergencial de Preservação do Emprego e da Renda*" (arts. 5º a 6º, 9º, 10 e 12). Pago nas hipóteses de *redução proporcional de jornada de trabalho e de salário* (art. 5º, I) e de *suspensão temporária do contrato de trabalho* (art. 5º, II). Custeado com recursos da União (art. 5º, §1º) e operacionalizado pelo Ministério da Economia (art. 5º, §6º). Foi previsto que o benefício seria mensal (art. 5º, §2º) e dependente de diligência do empregador junto ao Ministério da Economia (art. 5º, §2º, I). Foi previsto que o cálculo do valor mensal do benefício seria feito com base no valor mensal do seguro-desemprego a que o empregado teria direito (art. 6º). A MP n.º 936 dispôs que não faziam jus ao benefício o ocupante de cargo ou emprego público, o comissionado, o eletivo, o fruidor de benefício previdenciário de prestação continuada, o fruidor de seguro-desemprego e o bolsista de qualificação profissional (art. 6º, §2º). Empregados com mais de um vínculo de emprego poderiam receber o benefício cumulativamente para cada contrato (art. 6º, §3º).

A "*redução proporcional da jornada de trabalho e salários*" foi regulada, em essência, nos artigos 7º, 11, 13, 14 e 16 da medida. Previu-se que o instituto poderia ser utilizado após acordo individual escrito entre empregador e empregado por até 90 dias, preservado o valor do salário-hora de trabalho.

O conceito de "*suspensão temporária do contrato de trabalho*", por sua vez, foi regulado nos arts. 8º, 11, 13, 14 e 16. Permitiu-se que o empregador acordasse a suspensão temporária do contrato de trabalho pelo prazo máximo de 60 dias fracionável em até 2 períodos. Por cautela, o legislador previu expressamente a descaracterização da suspensão se o empregado continuasse a prestar serviços, por exemplo, via trabalho remoto (art. 8º, §4º). Para empresas com receita bruta superior a R$ 4.800.000,00 foi estabelecido que somente poderiam suspender os contratos se arcassem com "*ajuda compensatória mensal*" de 30% dos salários dos empregados (art. 8, §5º).

Foi estabelecido que a medida provisória se aplicava também para contratos de aprendizagem e de jornadas parciais (art. 15).

Disciplinou-se também que que o programa do artigo 476-A da CLT (participação em curso de qualificação profissional) fosse realizado exclusivamente na modalidade telepresencial (art. 17, I).

Além disso, permitiu convocação, deliberação, decisão, formalização e publicidade de ACT's e CCT's via meios eletrônicos para fins dos artigos 611 a 625 da CLT e com prazos todos pela metade (art. 17, II e III).

Quanto aos empregados intermitentes, a medida provisória previa um benefício emergencial de valor fixo de R$ 600,00 por três meses (art. 18).

No mais, a medida provisória esclareceu que a MP n.º 927 não autorizava o descumprimento de normas de saúde e segurança no trabalho (art. 19).

Lei n.º 13.982 de 02/04/2020 (covid-19, auxílio emergencial, "*coronavoucher*")

Para enfrentamento da pandemia de Covid-19, determinou-se que seria concedido "*auxílio emergencial*" (ganhou o apelido de "*coronavoucher*") no valor de R$ 600,00 (seiscentos reais) mensais a alguns trabalhadores. Foi estabelecido que o benefício duraria 3 (três) meses, a contar da publicação da lei (02/04/2020). Entre os requisitos para usufruir do benefício, entre outros mais específicos, a lei exigiu (art. 2º): idade superior a 18 anos, salvo mães adolescentes (redação dada pela Lei n.º 13.998/2020); inexistência de emprego formal ativo; condição de não-titular de benefício previdenciário ou assistencial; não-beneficiário do seguro-desemprego ou do programa de transferência de renda federal, ressalvado o Bolsa-Família; renda familiar mensal por cabeça de até meio salário-mínimo ou renda familiar mensal de até 3 salários mínimos; ausência de recebimento de valores tributáveis superior a 28.559,70 em 2018; exercer atividade na condição de MEI, contribuinte individual do RGPS ou ser trabalhador informal (empregado, autônomo, desempregado, intermitente inativo); não ocorrer o percebimento do benefício por mais de 2 membros da mesma família.

Em 02/04/2020 (data da Lei n.º 13.982/2020), conforme consulta aos dados do Ministério da Saúde, existiam 7.911 casos confirmados de Covid-19 no Brasil.

Não afeta o texto da CLT.

MPV n.º 944 de 03/04/2020 (Programa Emergencial de Suporte a Empregos)

Institui o "*Programa Emergencial de Suporte a Empregos*" para conceder linhas de crédito *para empresas* com o objetivo de que honrem o pagamento dos salários de seus empregados (art. 1º). Destina 34 bilhões de reais da União para o BNDES para a execução do Programa. (art. 8º).

A medida provisória previu como requisitos para uma empresa ser beneficiária do programa: ter receita bruta anual superior a R$ 360.000,00 e igual ou inferior a R$ 10.000.000,00 calculadas com base no exercício de 2019 (art. 2º, *caput*); destinar o crédito exclusivamente para folhas de pagamento (art. 2º, §1º, II); ter as folhas de pagamento processadas pelas instituições financeiras participantes do Programa (art. 2º, §2º), sendo que todas as instituições financeiras supervisionadas pelo Bacen podem participar (art. 2º, §3º); fornecer informações verídicas ao Programa (art. 2º, §4º, I); e não rescindir sem justa causa o contrato dos empregados entre a contratação da linha de crédito e o sexagésimo dia após o recebimento da última parcela (art. 2º, §4º, III).

Quanto às operações de crédito em si, a MP 944/2020 previu: 15% do financiamento custeado pelas instituições financeiras participantes (art. 4º, I); 85% do financiamento custeado com recursos da União (art. 4º, II); juros de 3,65% ao ano (art. 5º, I); prazo de 36 meses para pagamento (art. 5º, II); e carência de 6 meses para início do pagamento, com capitalização de juros durante esse período (art. 5º, III).

A medida terminou por ser convertida na Lei n.º 14.043/2020.

MPV n.º 945 de 04/04/2020

Dispôs sobre medidas no setor portuário e em pátios militares em resposta ao covid-19, com o objetivo de garantir a preservação das atividades consideradas essenciais e a cessão de uso especial dos pátios (art. 1º).

A medida previu que os Órgãos Gestores de Mão de Obra (OGMO) não poderia escalar trabalhadores avulsos se apresentasse sintomas compatíveis com a Covid-19 (art. 2º). A medida, no entanto, previu uma indenização compensatória mensal para os trabalhadores com suspeita de infecção pelo coronavírus (art. 3º). No mais, foi estabelecido que operadores portuários poderiam contratar empregados por tempo determinado para serviços portuários em caso de indisponibilidade de trabalhadores avulsos (art. 4º).

Obrigou-se o OGMO a fazer escalação de trabalhadores avulsos por meio eletrônico (art. 5º).

Foi incluída na Lei de Greve as atividades portuárias como serviços essenciais (art. 6º que altera a Lei n.º 7.783/1989, art. 10º).

Foi autorizada a cessão de pátios militares a título gratuita para pessoas jurídicas de transporte aéreo público durante o período da pandemia de Covid-19 (art. 10).

A MP 945/2020 terminou por ser convertida na Lei n.º 14.047/2020.

Decreto da Presidência da República n.º 10.316 de 07/04/2020

Regulamenta a Lei n.º 13.982 de 02/04/2020. Referida lei trata do chamado "*auxílio emergencial*", apelidado de "*corona-voucher*". O Decreto detalha a forma de execução do programa do auxílio emergencial.

MPV n.º 946 de 07/04/2020

Extingue o Fundo PIS-Pasep, instituído pela Lei Complementar n.º 26, de 11 de setembro de 1975, transfere o seu patrimônio para o Fundo de Garantia do Tempo de Serviço, e dá outras providências.

Além disso, prevê o saque emergencial de FGTS por trabalhador (MP n.º 946/2020, art. 6º).

MPV's 947, 948, 949, 950, 951, 952, 953, 954

Não versam sobre matéria trabalhista.

MPV 955 de 20/04/2020

Adotada exclusivamente para revogar a MP n.º 905/2019 que estava para caducar sem votação no Congresso Nacional.

Revoga a MP n.º 905/2019.

MPV's 956, 957, 958

Não versam sobre matéria trabalhista.

MPV n.º 959 de 29/04/2020

Estabelece a operacionalização do pagamento do *Benefício Emergencial de Preservação do Emprego e da Renda* e do *benefício emergencial mensal de que trata a Medida Provisória n.º 936*, de 1º de abril de 2020, e prorroga a *vacatio legis* da Lei n.º 13.709, de 14 de agosto de 2018, que estabelece a Lei Geral de Proteção de Dados Pessoais – LGPD.

Possui apenas cinco artigos voltados à Caixa, ao Banco do Brasil e ao Ministério da Economia.

Não afeta o texto da CLT.

MPV's 960 a 999

Sem destaques de alcance nacional sobre matéria trabalhista celetista.

Lei n.º 13.998 de 14/05/2020 (covid-19, auxílio emergencial)

Muda alguns detalhes da Lei n.º 13.982/2020 ("*auxílio emergencial*", "*coronavoucher*"). A lei nova ressalva que mães adolescentes menores de 18 anos podem ser beneficiárias do auxílio emergencial de R$ 600,00 mensais (Lei n.º 13.982/2020, art. 2º, I) e proíbe descontos e compensações por instituições financeiras que impliquem redução do valor do auxílio emergencial (Lei n.º 13.982/2020, art. 2º, §13).

Não afeta o texto da CLT.

Lei Complementar n.º 173 de 27/05/2020 ("orçamento de guerra")

Em 07/05/2020, o Congresso Nacional emendou a Constituição da República via projeto apelidado de "*orçamento de guerra*" para enfrentamento dos prejuízos sociais e financeiros causados pela pandemia de Covid-19 no país (EC n.º 06/2020).

Em 27/05/2020, adveio a Lei Complementar n.º 173/2020

que estabeleceu o Programa Federativo de Enfrentamento ao Coronavírus SARS-CoV-2 (Covid-19). Especificamente o art. 8° desta lei complementar chamou bastante atenção no mundo jurídico. Foi previsto que todos os entes federativos afetados pela pandemia de Covid-19 ficavam proibidos de conceder reajustes a servidores públicos (art. 8°, I), de efetuar admissão de pessoal (art. 8°, IV) e até de contabilizar o período de tempo da pandemia para fins de concessão de vantagens do gênero "quinquênios", isto é, benefícios adquiridos após determinados anos de trabalho (art. 8°, IX). Com referida lei complementar, ocorreu o congelamento de salários de celetistas da Administração Pública por todo o país.

Lei n.° 14.013 de 10/06/2020 (salário-mínimo)

A MP 919/2020 foi convertida na Lei n.° 14.013/2020, com alterações singelas. A lei veio a fixar que no mês de janeiro/2020 o salário mínimo seria de R$ 1039,00, mas de fevereiro/2020 em diante de R$ 1045,00.

Lei n.° 14.020 de 07/07/2020 (conversão em lei da MP n.° 936/2020)

Resulta da conversão em lei da MP n.° 936/2020 que havia instituído o "*Programa Emergencial de Manutenção do Emprego e da Renda*".

A lei manteve o programa com o mesmo nome (art. 1°, primeira parte) e dispôs que o programa seria para enfrentamento da pandemia de Covid-19 reconhecida pela Lei n.° 13.979 de 06/02/2020 e pelo Decreto Legislativo n.° 6 de 20/03/2020 (art. 1°, segunda parte). Infere-se, portanto, que seus institutos são válidos apenas durante a pandemia. A lei não prevê um prazo específico de duração do Programa.

A lei definiu igualmente à medida provisória originária que o "*Benefício Emergencial de Preservação do Emprego e da Renda*" (art. 5°, *caput*) deveria ser pago nas hipóteses de "*redução proporcional de jornada de trabalho e de salário*" (art. 5°, I) e de "*sus-*

pensão temporária do contrato de trabalho" (art. 5°, II), que seria um benefício custeado pela União (art. 5°, §1°) e que seria de prestação mensal (art. 5°, § 2°).

O empregador interessado em participar do Programa deve celebrar acordo com seu empregado (arts. 7°, *caput*, e 8°, *caput*) e diligenciar junto ao Ministério da Economia (art. 5°, §2°, I).

O valor do benefício é calculado com base no cálculo do valor mensal do seguro-desemprego a que o empregado teria direito (art. 6°, *caput*).

O percebimento do benefício independe de período aquisitivo, de tempo de vínculo e de número de salários já recebidos (art. 6°, §1°). Por outro lado, não pode ser recebido por ocupantes de cargo ou emprego público (art. 6°, § 2°, I), nem por beneficiários de prestação continuada do RGPS (art. 6°, §2°, II, a), de seguro-desemprego (art. 6°, § 2°, II, b) e de bolsa de qualificação profissional (art. 6°, § 2°, II, c).

A existência de múltiplos vínculos de emprego pode ensejar o recebimento cumulativo de mais de um Benefício Emergencial (art. 6°, § 3°).

A "*redução proporcional de jornada de trabalho e de salário*" pode ocorrer por até 90 dias (art. 7°, *caput*) e terá de ser necessariamente nos percentuais de 25%, 50% ou 70% (art. 7°, III).

A "*suspensão temporária do contrato de trabalho*", por sua vez, pode ser acordada por 60 dias fracionáveis em dois períodos de 30 dias (art. 8°, *caput*), sendo possível via convenção coletiva de trabalho, acordo coletivo de trabalhou ou mesmo acordo individual escrito (art. 8°, parágrafo primeiro). Se o empregado, entretanto, mantiver sua prestação laboral no período, fica descaracterizada a suspensão e o empregado fica sujeita ao pagamento imediato da remuneração e encargos sociais do período, bem como a eventuais penalidades (art. 8°, § 4°; art. 14). Empresas com receita bruta no ano-calendário de 2019 superior a R$ 4.800.000,00 apenas podem suspender contratos mediante o pagamento de "*ajuda compensatória mensal*" no valor de 30% do salário do empregado (art. 8°, § 5°). Foi autorizado ao Poder Executivo prorrogar o prazo máximo de suspensão temporária do contrato via regulamento se mantido o estado de calamidade pública decorrente da pandemia de Covid-19 (art. 8º, § 6º).

Seja na hipótese de "*redução proporcional de jornada de trabalho e de salário*", seja no caso de "*suspensão temporária do contrato de trabalho*", o Benefício pode ser cumulado com "*ajuda compensatória mensal*" para pelo empregador (art. 9º, *caput*) de natureza indenizatória (art. 9º, II, III, IV e V) e não-integrável ao salário (art. 9º, § 2º).

O empregado beneficiário do Programa tem garantia provisória no emprego durante o período pactuado de redução proporcional do salário ou de suspensão do contrato (art. 10, *caput* e I). A estabilidade provisória se prolonga por período equivalente ao acordado para a redução ou a suspensão (art. 10, II). Se ocorrer dispensa sem justa causa durante o período de estabilidade, além de serem devidas as verbas rescisórias tradicionais, é devida ainda uma indenização (art. 10, §1º).

A lei deixou expresso que as medidas de redução ou suspensão poderiam ter origem em negociação coletiva (art. 11), devendo ocorrer comunicação ao sindicato da categoria do empregado caso a redução ou suspensão sejam feitas por acordo individual escrito (art. 12, § 4º).

Em atividades essenciais (Lei n.º 7783/1989, art. 10), a redução ou suspensão de contratos não devem inviabilizar a sua execução (art. 13).

Os institutos da suspensão e redução são aplicáveis aos contratos de aprendizagem e de jornada parcial (art. 15).

Em disposições finais, a Lei n.º 14.020/2020 não deixa de trazer alguns dispositivos de alta relevância e impacto social (arts. 17 a 39). A lei prevê que durante o estado de calamidade pública, por exemplo, fica vedada a dispensa sem justa causa do empregado pessoa com deficiência (art. 17, V).

Lei n.º 14.023 de 08/07/2020 (Covid-19 e EPI para empregados)

Altera a Lei n.º 13.979 de 06/02/2020 (covid-19 e regras de saúde pública) para acrescer um artigo "3º-J".

O acréscimo legislativo elenca, em trinta incisos, profissionais tidos como essenciais no controle de doenças e manutenção da ordem pública (Lei n.º 13.979/2020, art. 3º-J, §1º): médicos, enfermeiros, fisioterapeutas, terapeutas ocupacionais, fonoaudiólogos, profissionais de habilitação e reabilitação, psicólogos, assistentes sociais, policiais, agentes socioeducativos e muitos outros.

A lei deixa expresso que poder público e empregadores fornecerão, gratuitamente, equipamentos de proteção individual (EPI's) aos profissionais em contato direto com portadores ou possíveis portadores do novo coronavírus (Lei n.º 13.979/2020, art. 3º-J, §2º). Ademais, fixa que esses profissionais da linha de frente no combate à pandemia terão prioridade para testes de diagnóstico da Covid-19 (Lei n.º 13.979/2020, art. 3º-J, §2º).

Lei n.º 14.038 de 17/08/2020 (historiador)

Dispõe sobre a regulamentação da profissão de Historiador. A lei explicita quem pode legalmente ser considerado historiador (art. 3º) e as atribuições inerente à profissão (art. 4º). Além disso, obriga registro profissional perante autoridade trabalhista (arts. 5º e 7º). Entidades que prestam serviços em História devem manter historiadores legalmente habilitados em seus quadros de pessoal ou em regime de prestação de serviços (art. 6º).

Lei n.º 14.043 de 19/08/2020 (Programa Emergencial de Suporte a Empregos)

Resulta da conversão em lei da MP n.º 944 de 03/04/2020 que instituiu originariamente o *Programa Emergencial de Supor-*

te a Empregos. A medida provisória contava com 16 artigos. A lei foi editada com 21. Manteve-se, porém, a ideia originária.

O Programa foi elaborado e pensado no contexto da pandemia de Covid-19. Em 19/08/2020 (data da Lei n.º 14.043/2020), conforme consulta aos dados do Ministério da Saúde, existiam mais de três milhões de casos confirmados de Covid-19 no Brasil.

O Programa foi destinado para pessoas jurídicas empregadoras (Lei n.º 14.043/2020, art. 1º) com receita bruta anual entre 360 mil reais e 50 milhões de reais no ano de 2019 (art. 2º, *caput*). O Programa é de concessão de linhas de crédito especiais por instituições financeiras (art. 2º, §2º) para empregadores honrarem até 100% de suas folhas de pagamento ou verbas trabalhistas (arts. 2º, §1º, e 3º, III), sendo vedada a destinação dos recursos para outras finalidades (art. 4º).

Os empregadores adeptos do Programa não podem dispensar sem justa causa seus empregadores por 60 dias contados da contratação da linha de crédito (arts. 2º, §3º, IV, e 3º, §10º, III).

Para participar do Programa, o empregador não pode estar com atividades encerradas, nem com falência decretada, nem em insolvência civil (art. 3º, §1º).

Consta da lei que o Programa é essencialmente custeado pela União. A União arca com 85% do valor de cada financiamento e as instituições financeiras, com apenas 15% (art. 5º, I e II).

Foi prevista a possibilidade de as instituições financeiras celebrarem operações de crédito do Programa até 31/10/2020 (art. 6º), observadas condições especiais de pagamento por parte dos empregadores (art. 6º, I, II e III), como carência de seis meses para início da quitação da linha de crédito pelo empregador.

Para a execução do Programa, foi autorizado ao Poder Executivo federal transferir 17 bilhões de reais da União para o BNDES (art. 9º), atuante como agente financeiro da União (art. 10).

No mais, foi autorizado que a União aumentasse sua partição no chamado Fundo Garantidor de Operações (FGO) em 12 bilhões de reais, para concessão de garantias às microempresas e empresas de pequeno porte (art. 20).

Lei n.º 14.048 de 24/08/2020 (amparo de agricultores familiares)

A lei ganhou o apelido de Lei Assis Carvalho em homenagem a deputado federal tido como grande defensor dos interesses de pequenos agricultores. O deputado faleceu em 05/07/2020 em razão de infarto.

Dispõe sobre medidas emergenciais de amparo aos agricultores familiares para mitigar os impactos socioeconômicos da Covid-19 (art. 1º). Diversos artigos e dispositivos da lei, porém, foram vetados pela Presidência da República (na integralidade, por exemplo, os arts. 2º, 4º, 5º, 6º, 7º, 8º, 9º, 10º, 12, 13, 14 e 15). Entre os artigos vetados estava a possibilidade de transferência pela União de três mil reais em cinco parcelas a agricultores familiares não contemplados pelo auxílio emergencial da Lei n.º 13.982/2020 ("coronavaucher"). Entre as razões do veto, constou que a medida não preenchia requisitos de impacto orçamentário e que agricultores familiares poderiam ser enquadrados como trabalhadores informais para fins de recebimento do auxílio emergencial (Mensagem N.º 476, de 24 de Agosto de 2020).

Restou na lei autorização para, no âmbito do chamado Programa de Aquisição de Alimentos (PPA; Lei n.º 10.696/2003, art. 19), quitação em produto de parcelas vencidas ou vincendas de cédulas de produto rural (CPRs) emitidas em favor da Companhia Nacional de Abastecimento (Conab) por organizações de agricultores familiares cuja produção tenha sido prejudicada pela pandemia de Covid-19 (Lei n.º 14.048/2020, art. 11). Cédula de Produto Rural é uma promessa de entrega futura de produtos rurais. O PAA, por sua vez, é um programa para compra de alimentos de agricultores familiares e destinação desses para pessoas em situação de insegurança alimentar.

MPV n.º 1000 de 02/09/2020

Em 02/09/2020 (data da MP n.º 1000/2020), conforme consulta aos dados do Ministério da Saúde, existiam quase quatro milhões de casos confirmados de Covid-19 no Brasil.

Instituiu "*auxílio emergencial residual*" para enfrentamento da emergência de saúde pública decorrente do coronavírus até 31/12/2020 a ser pago em até quatro parcelas mensais no valor de R$ 300,00 ao trabalhador beneficiário do auxílio emergencial da Lei n.º 13.982/2020 ("coronavaucher") a contar da publicação da medida provisória (art. 1º). Foi estabelecido que seria pago independentemente de requerimento para os beneficiários do auxílio anterior (art. 1º, §1º). Foram estabelecidas condições para o recebimento, como, por exemplo, não ter vínculo de emprego formal ativo, nem receber benefício previdenciário (art. 1º, §3º, I e II). Ademais, a renda familiar mensal relativa ao trabalhador beneficiário não pode ser superior a três salários mínimos.

Decreto da Presidência da República n.º 10.488 de 16/09/2020 (regulamenta a MP n.º 1000/2020)

Adveio para regulamentar a MP n.º 1000/2020. O decreto define os conceitos de "empregado formal", "renda familiar", "família monoparental com mulher provedora" e "mãe adolescente" (art. 2º). Além disso, explicitou que a execução da entrega do auxílio emergencial residual competia ao Ministério da Cidadania.

Lei n.º 14.058 de 17/09/2020 (complementa o Programa Emergencial de Manutenção do Emprego e da Renda)

Complementa a as disposições da Lei n.º 14.020 de 07/07/2020 que havia criado benefícios a serem pagos em casos de redução proporcional de salário e jornada e de suspensão de contratos individuais de trabalho.

A Lei n.° 14.058/2020 veio para disciplinar a operacionalização dos pagamentos do *Programa Emergencial de Manutenção do Emprego e da Renda*. Prevê que fica dispensada licitação para contratação da Caixa e do Banco do Brasil (art. 1°), que os beneficiários podem receber o benefício na instituição financeira em que possuírem conta (art. 2°) ou em conta digital de abertura automática (art. 2°, §2°). No mais, delega ao Secretário Especial de Previdência e Trabalho do Ministério da Economia o encargo de editar atos complementares para a execução do Programa via Caixa e Banco do Brasil (art. 3°).

MPV's 1001 a 1020

Sem destaques de alcance nacional sobre matéria trabalhista celetista.

MPV 1021 de 30/12/2020

A Lei n.° 14.013 de 10/06/2020 previa um salário mínimo de R$ 1045,00 a partir de 1° de fevereiro de 2020.

A MP n.° 1021/2020 dispõe sobre o valor do salário mínimo a vigorar a partir de 1° de janeiro de 2021. Foi fixado o valor de R$ 1.100,00, sendo o valor diário do salário mínimo de R$ 36,67 (1/30) e o valor horário de R$ 5,00 (1/220).

De acordo com a exposição de motivos da MP n.° 1021/2020 (EM n.° 00475/2020 ME), o valor proposto corresponde à variação de 5,22% para o INPC, no período de janeiro a dezembro de 2020, e foi lastreado em cálculo econômico segundo o qual a cada aumento bruto de R$ 1,00 no salário mínimo, aumentam as despesas dos orçamentos Fiscal e da Seguridade Social "*em aproximadamente R$ 351,1 milhões*".

MPV's 1022 a 1026

Sem destaques de alcance nacional sobre matéria trabalhista celetista.

MPV 1026 de 06/01/2021

Dispõe sobre as medidas excepcionais relativas à aquisição de vacinas, insumos, bens e serviços destinados à vacinação contra a covid-19 e sobre o Plano Nacional de Operacionalização da Vacinação contra a Covid-19.

Independentemente do estado de calamidade pública provocado pela pandemia, a medida provisória 1026/2021 sublinhou a necessidade de prova de regularidade trabalhista na seleção de fornecedores e prestadores de serviços pelo Poder Público (art. 7º).

MPV 1027

Sem destaques de alcance nacional sobre matéria trabalhista celetista.

MP n.º 1028 de 09/02/2021 (flexibilização de critérios para a concessão de créditos por instituições financeiras)

Estabelece normas para facilitação de acesso a crédito e mitigação dos impactos econômicos decorrentes da pandemia da covid-19.

De acordo com a exposição de motivos da MP n.º 1028/2021 (EM n.º 00020/2020) arquitetada pelo Ministério da Economia, a normativa objetivou dispensar - até 30/06/2021 – algumas exigibilidades legais para a contratação de operações de crédito em geral, para que empresas privadas e outras entidades pudessem enfrentar as dificuldades financeiras da crise econômica provocada pela pandemia de Covid-19. Ainda de acordo com a exposição de motivos, micro e pequenas empresas estava com dificuldade de conseguir crédito e era necessário aumentar a liquidez no mercado. Ademais, a exposição de motivos explica que se trata de um alargamento da MP n.º 958/2020 de teor semelhante, mas com o diferencial de abranger não apenas instituições financeiras públicas, mas também privadas. A medida provisória estaria a permitir que a concessão de crédito continuasse em trajetória de crescimento no país.

A medida dispensou que instituições financeiras exigissem alguns documentos para a concessão de crédito - entre os quais, a certidão de que trata o art. 362, §1° da CLT (certidão de quitação de deveres patronais perante o Ministério da Economia no tocante à regularidade de contratação de estrangeiros).

MP n.° 1029 de 10/02/2021 (aeronauta em exercício de missões institucionais ou de poder de polícia)

Altera exclusivamente a redação do art. 20, §4°, da Lei n.° 13.475/2017 (nova Lei do Aeronauta), que dispõe sobre o exercício da profissão de tripulante de aeronave, denominado aeronauta.

A atual lei dos aeronautas é extensa com 82 artigos. Prevê limites de horas de voo e de pousos em uma mesma jornada de trabalho (arts. 31 e 32) e limites mensais e anuais de horas de voo (art. 33). Em "aviões convencionais", por exemplo, tem-se o limite de 960 horas de voo por ano e de 100 horas de voo por mês (art. 33, III).

A medida provisória excepciona das disposições da Lei dos Aeronauta os tripulantes em atividade para operadores de aeronaves que sejam entes da Administração Pública no exercício de missões institucionais ou de poder de polícia (art. 20, §4°).

A medida provisória foi convertida, sem alterações textuais, na Lei n.° 14.163/2021.

Lei n.° 14.121 de 01/03/2021 (Covax Facility)

É texto legal resultantes da conversão em lei da MP n.° 1003 de 24/09/2020. Autoriza o Poder Executivo federal a aderir ao Instrumento de Acesso Global de Vacinas Covid-19 (Covax Facility) e estabelece diretrizes para a imunização da população.

Foram vetados pela Presidência da República os artigos 3° a 7° e 9° da lei sob os fundamentos de inconstitucionalidade e contrariedade ao interesse público (Presidência da República ao Congresso Nacional, Mensagem n.° 56, de 1° de março de 2021).

A menção à Lei n.° 14.121/2021 é pertinente apenas para contextualização história dos demais dispositivos normativos do período, mas não afetou a área trabalhista diretamente.

Lei n.° 14.124 de 10/03/2021 (Plano Nacional de Operacionalização da Vacinação contra a Covid-19)

Resulta da conversão em lei da Medida Provisória n.° 1026 de 06/01/2021.

Dispõe sobre as medidas excepcionais relativas à aquisição de vacinas e de insumos e à contratação de bens e serviços de logística, de tecnologia da informação e comunicação, de comunicação social e publicitária e de treinamentos destinados à vacinação contra a covid-19 e sobre o Plano Nacional de Operacionalização da Vacinação contra a Covid-19.

A Lei permite que a Administração Pública direta e indireta celebre contratos, com dispensa de licitação, para a aquisição de vacinas, insumos, bens e serviços para vacinação contra a Covid-19 (art. 2°, *caput*, I e II), respeitada a ampla transparência e publicidade das contratações (art. 2°, §2°).

A menção à Lei n.° 14.124/2021 é pertinente apenas para contextualização histórica dos demais dispositivos normativos do período, mas não afetou a área trabalhista diretamente.

Lei n.° 14.125 de 10/03/2021 (Responsabilidade civil de efeitos adversos de vacinas contra Covid-19)

Dispõe sobre a responsabilidade civil relativa a eventos adversos pós-vacinação contra a Covid-19 e sobre a aquisição e distribuição de vacinas por pessoas jurídicas de direito privado.

A Lei autoriza os entes federados (União, Estados, Municípios e Distrito Federal) a adquirirem vacinas contra o SARS-CoV-2, desde que tenham autorização da Anvisa (art. 1°, *caput*) e assumam os riscos de eventuais danos de natureza civil (art. 1°, §2°).

Ademais, a lei autoriza que pessoas jurídicas de direito privado adquiram vacinas contra a Covid-19 desde que cumpram alguns requisitos: doação integral ao SUS (art. 2°, *caput*); após a imunização dos grupos prioritários do Plano Nacional de Operacionalização da Vacinação, doação de 50% das doses ao SUS (art. 2°, §1°); e fornecimento de informações ao Ministério da Saúde (art. 2°, §3°).

A menção à Lei n.° 14.125/2021 é pertinente apenas para contextualização histórica dos demais dispositivos normativos do período, mas não afetou a área trabalhista diretamente.

MP n.° 1039 de 18/03/2021 (Auxílio Emergencial 2021)

Institui o "Auxílio Emergencial 2021" (art. 1°) para o enfrentamento da emergência de saúde pública de importância internacional decorrente do coronavírus (covid-19).

O auxílio da MP n.° 1039/2021 é de quatro parcelas mensais no valor de R$ 250,00 cada destináveis aos trabalhadores beneficiários da Lei n.° 13.982/2020 (auxílio emergencial / "coronavoucher") e da MP n.° 1000/2020 (auxílio emergencial residual). Válido dizer, tem por destinatários pessoas sem vínculo de emprego formal (art. 1°, §2°, I), sem benefícios previdenciários (art. 1°, §2°, II) e com renda familiar mensal per capital inferior a meio salário-mínimo (art. 1°, §2°, III). Volta-se, portanto, para o apoio financeiro das famílias mais economicamente vulneráveis do país.

Previu-se que a operacionalização dos pagamentos seria feita preferencialmente nos mesmos moldes, meios e mecanismos utilizados para pagamento do auxílio emergencial da Lei n.º 13.982/2020 (art. 8º). Deduz-se, portanto, que via instituições financeiras públicas federais (Lei n.º 13.982/2020, art. 2º, §9) e regulamentação pelo Poder Executivo (Lei n.º 13.982/2020, art. 2º, §11).

Conforme a exposição de motivos da medida provisória (EMI n.º 00006/2021 MCID AGU CGU), esta rodada de auxílio emergencial em 2021 foi viabilizada após a EC n.º 109/2021 que permitiu a adoção de regime orçamentário excepcional para situação de calamidade pública. As despesas máximas com este benefício foram previstas em 44 bilhões de reais e as pessoas elegíveis foram estimadas em 45 milhões. A exposição de motivos reconhece um recrudescimento da pandemia de Covid-19 no Brasil e a continuidade de seus impactos econômicos no país. Todavia, há o sopesamento da necessidade de adequação do valor do auxílio com a capacidade do Governo Federal de administrar a dívida pública.

Em 18/03/2021 (data da MP n.º 1039/2021), conforme consulta aos dados do Ministério da Saúde, existiam 287.499 óbitos confirmados de Covid-19 no Brasil.

Em 15/07/2021, foi encerrada, sem conversão em lei, a vigência da medida provisória (Ato Declaratório do Presidente da Mesa do Congresso Nacional n.º 53, de 2021).

Lei n.º 14.126 de 23/03/2021 (visão monocular)

Classifica a visão monocular como deficiência sensorial, do tipo visual, para todos os efeitos legais, competindo ao Poder Executivo criar instrumentos para avaliação desta deficiência (art. 1º, parágrafo único).

Lei n.º 14.128 de 26/03/2021 (compensação financeira aos trabalhadores de saúde em casos de incapacitação)

Dispõe sobre compensação financeira a ser paga pela União aos profissionais e trabalhadores de saúde que, durante o período de emergência de saúde pública de importância nacional decorrente da disseminação do novo coronavírus (SARS-CoV-2), por terem trabalhado no atendimento direto a pacientes acometidos pela Covid-19, ou realizado visitas domiciliares em determinado período de tempo, no caso de agentes comunitários de saúde ou de combate a endemias, tornarem-se permanentemente incapacitados para o trabalho, ou ao seu cônjuge ou companheiro, aos seus dependentes e aos seus herdeiros necessários, em caso de óbito; e altera a Lei n.º 605, de 5 de janeiro de 1949.

A lei prevê uma compensação financeira (art. 3º) em casos de incapacidade permanente ou óbito (art. 2º) para trabalhadores da "linha de frente" (art. 1º) no combate à pandemia de Covid-19.

O valor da compensação financeira é uma somatória de fixos 50 mil reais (art. 3º, I) com um importe financeiro adicional, caso existam dependentes menores de 24 anos (art. 3º, II e 1º). A compensação financeira não constitui base de cálculo para IR ou INSS (art. 5º) e não ilide o direito ao percebimento de outros benefícios legais (art. 5º, parágrafo único).

Em caso de óbito, haverá rateio da compensação financeira entre cônjuge ou companheiro e cada um dos dependentes ou herdeiros necessários (art. 3º, §2º).

A compensação financeira será concedida após análise e deferimento de requerimento específico, na forma de regulamento (art. 4º), e será custeada com recursos do Tesouro Nacional (art. 6º).

No mais, a Lei n.º 14.128/2021 alterou a antiga Lei n.º 605/1949, acrescendo parágrafos quatro e quinto ao art. 6º desta lei. Referido artigo versa sobre faltas justificadas e injustificadas ao trabalho para fins de remuneração.

Foi previsto que durante a pandemia de Covid-19, se imposto isolamento social para empregado doente, o trabalhador fica eximido de comprovar sua doença pelo período de 7 dias (Lei n.º 605/1949, art. 6º, §4º). Em complemento, previu-se que o trabalhador poderia apresentar no 8° dia de afastamento, como prova do adoecimento, documento de unidade do SUS ou documento eletrônico regulamentado pelo Ministério da Saúde (Lei n.° 605/1949, art. 6°, §5°). Em sucintas palavras, facilitou-se um pouco a justificativa de faltas ao trabalho em situações de isolamento social, para não haver prejuízo remuneratório ao trabalhador.

Lei n.° 14.131 de 30/03/2021 (majoração provisória do percentual possível de crédito consignado)

Decorre da conversão em lei da MP n.° 1006/2020 editada com o intuito declarado de facilitar a obtenção de crédito com juros mais baixos pela população em época de pandemia de Covid-19.

A Lei n.° 14.131/2021 dispõe sobre o acréscimo de 5% (cinco por cento) ao percentual máximo para a contratação de operações de crédito com desconto automático em folha de pagamento até 31/12/2021. A lei faz referência à Lei de Benefícios da Previdência Social (Lei n.° 8213/1991), à Lei dos Empréstimo Consignado (Lei n.° 10.820/2003) e ao Estatuto dos Servidores Públicos da União (Lei n.° 8112/1990) para permitir a celebração de contratos de crédito até 31/12/2021 com descontos em folha de pagamento de até 40% (art. 1°).

A Lei de Benefícios da Previdência Social prevê que empréstimos consignados possuem um limite de 35% para descontos em benefícios (Lei n.° 10.820/2003, art. 115, VI, parte final).

A Lei do Empréstimo Consignado prevê o percentual de 35% como limite de desconto para operações de empréstimo consignado tanto para empregados (Lei n.° 10.820/2003, art. 1°, §1°), quanto para titulares de benefícios previdenciários (Lei n.° 10.820/2003, art. 6°, §5°).

O Estatuto dos Servidores Públicos da União prevê um limite de 35% da remuneração mensal para operações de crédito consignado (Lei n.° 8112/1990, art. 45, §2°).

Em outras palavras, a Lei n.º 14.131/2021 majora provisoriamente o percentual possível de oferecimento de remuneração ou aposentadoria para a celebração de empréstimo consignado, isto é, aquele em que as parcelas da dívida contraída saem todo mês direto do salário ou benefício do INSS.

Após 31/12/2021, o legislador expressamente assinalou que ficam preservados os empréstimos consignados na condição especial de até 40% em folha (art. 2º, I), vedadas, todavia, novas contratações de crédito no percentual de até 40% após essa data (art. 2º, II).

Como qualquer operação de crédito com desconto automático em folha, é necessário efetivo esclarecimento das condições do negócio ao tomador de crédito (art. 3º).

A lei também prevê trâmite especial e temporário (até 31/12/2021) para a concessão de benefício de auxílio por incapacidade temporária (Lei n.º 8213/1991, art. 59) de até 90 dias, exigindo apenas atestado médico e documentos complementares (art. 6º, *caput*), regulados em ato conjunto do Ministério da Economia e do INSS (art. 6º, §3º). Esta normativa não constava do texto originário da MP n.º 14.131/2021.

Lei n.º 14.133 de 01/04/2021 (Nova Lei de Licitações)

É a nova lei brasileira sobre Licitações e Contratos Administrativos, em substituição à antiga Lei n.º 8.666/1993.

Pessoas jurídicas da Administração Pública estão entre os maiores litigantes da Justiça do Trabalho. Uma razão disso são as terceirizações realizadas via contratos admirativos para a prestação de serviços. Constantemente entes federados, autarquias, fundações, empresas públicas, sociedades de economia mista e pessoas jurídicas do Sistema "S" são arrolados no polo passivo de reclamações trabalhistas na qualidade de tomadores de serviços e lhes são imputadas responsabilidades subsidiárias ou solidárias pelos créditos postulados.

Os exemplos clássicos são as reclamações trabalhistas de vigilantes patrimoniais, controladores de acesso, faxineiras, professoras de educação infantil e profissionais de hospitais contra as empresas ou associações que os contrataram como empregados (CLT, arts. 2° e 3°), mas que inadimpliram depósitos de FGTS, horas extras e rescisórias. Ao ingressarem na Justiça do Trabalho (CLT, art. 840), esses trabalhadores frequentemente defendem responsabilidade subsidiária ou solidária de entes públicos que haviam celebrado contratos de prestação de serviços (Lei n.° 8.666/93, art. 7°), convênios (CRFB, art. 199, §1°; Lei n.° 8.666/93, art. 116) ou contratos de gestão (Lei n.° 9.637/1998, art. 5°) com o antigo empregador. Argumentam que o Poder Público não poderia, por coerência com seus deveres constitucionais (CRFB, art. 3°), ter financiado a atividade de pessoa jurídica que desrespeita a legislação do trabalho. Sustentam culpa (CC, arts. 186, 187 e 927) da Administração Pública por não terem recebido a justa contraprestação financeira por seu trabalho. Afirmam, ainda, que os entes públicos foram beneficiários do seu labor na qualidade de tomadores de serviços e que haveria enriquecimento sem causa do erário (CC, art. 884 e 885), caso não fossem ressarcidos. Os entes públicos afirmam, por sua vez, em síntese, que não são os empregadores e que não podem responder por dívidas de terceiros sobre as quais não tinham controle. Muitas dessas ações vão para fases de execução (CLT, art. 880) com a constatação de que os empregadores estão desativados e patrimonialmente esvaziados, sem dinheiro (SISBAJUD), sem imóveis (ARISP) e sem veículos (RENAJUD). Nesse momento, os entes públicos, devedores comumente subsidiários, são acionados para pagarem o débito. Se os entes públicos não insistem na necessidade de prévia desconsideração da personalidade jurídica da empregadora (CLT, art. 855-A), terminam por quitar a execução mediante requisições de pequeno valor ou precatórios (CRFB, art. 100). Posteriormente, na prática, os entes públicos, infelizmente, não costumam ajuizar ações de regresso (CC, art. 934) na Justiça Comum contra os empregadores inadimplentes.

Nas últimas décadas, todo esse longo e comum trâmite para trabalhadores terceirizados pelo Poder Público receberem direitos trabalhistas – muitas vezes mínimos – sempre esteve umbilicalmente ligado ao art. 71, §1°, da Lei n.° 8.666/1993 (antiga Lei de Licitações, com redação dada pela Lei n.° 9.032 de 28/04/1995). Interpretação gramatical e isolada deste dispositivo permitia a conclusão de que a Administração Pública estaria isenta de responsabilidade em caso de inadimplência de encargos trabalhistas por prestadores de serviços contratados mediante licitação ou outro contrato administrativo. O artigo 71, §1°, da Lei n.° 8.666/1993 chegou a ser alvo de Ação Direta de Constitucionalidade (ADC 16) julgada pelo STF em 24/11/2010 no sentido de que o dispositivo era, sim, constitucional e que não poderia haver responsabilização automática do Poder Público em caso de inadimplência de encargos trabalhistas durante a execução de contratos administrativos. Posteriormente, em outro leading case sobre o assunto, o STF, novamente, confirmou, em 26/04/2017, que não poderia haver a responsabilidade automática do Poder Público pelos débitos trabalhistas de pessoas jurídicas contratadas nos termos da Lei de Licitações (RE 760.931, Tema 246).

O transcurso do tempo e as decisões do STF, porém, não foram suficientes para sedimentar jurisprudência e rotinas administrativas públicas para colocar uma pá de cal sobre o assunto. De um lado, prejuízos financeiros enorme ao Poder Público. De outro, trabalhadores economicamente vulneráveis. Reiteradas vezes o TST alterou a Súmula 331 sobre a responsabilidade de tomadores de serviços em caso de terceirizações, sendo a redação atual de 2011. O tema é extremamente vivo, polêmico e desafiador, com direito a julgados para todos os lados e sentidos em todas as instâncias da Justiça do Trabalho.

Foi nesse contexto que adveio a Lei n.° 14.133 de 01/04/2021 (Nova Lei de Licitações) com novas disposições sobre terceirizações pela Administração Pública.

A nova lei foi publicada em 01/04/2021 e revoga a Lei n.° 8.666/1993 dois anos após essa data, isto é, em 01/04/2023 (Lei n.° 14.133/2021, art. 193, II). Até esta data, as pessoas jurídicas de direito público podem optar por licitar ou contratar de acordo com a legislação antiga ou de acordo com a legislação nova (Lei n.° 14.133/2021, art. 191), sendo preservados os atos jurídicos perfeitos (art. 190).

De acordo com a nova lei, em contratações de mão de obra, o contratado tem o dever de apresentar, quando solicitado, comprovantes de cumprimento de obrigações trabalhistas, especialmente quanto ao FGTS, ao registro de ponto, ao pagamento de salários e adicionais, às horas extras, aos repousos semanais remunerados, ao décimo terceiro salário, à concessão de férias com o terço constitucional, à quitação de rescisórias em dispensas, ao vale-transporte e ao vale-alimentação previstos em norma coletiva (art. 50).

A habilitação em licitação somente poderá ser feita desde que a proposta econômica apresentada compreenda os custos para o atendimento de direitos trabalhistas (arts. 63, §1°) e desde que a pessoa jurídica a ser contratada comprove, por exemplo, regularidade junto à Seguridade Social, ao FGTS, à Justiça do Trabalho e à ausência de exposição de menores a trabalhos não condizentes com suas idades (art. 68, IV, V e VI). Exigências análogas são exigidas para a prorrogação de contratos (art. 91, §4°).

É premissa da lei que a Administração Pública deve assegurar o cumprimento de obrigações trabalhistas pelo contratado (art. 121, §3°).

Conforme a nova lei, a execução de contratos deve ser acompanhada por um ou mais fiscais, representantes da Administração Pública (art. 117, *caput*) que deverão anotar, conferir e prezar pela regularização de falhas ou defeitos na execução do contrato (art. 117, §§ 1° e 2°), com auxílio e assessoramento jurídico (art. 117, §3°).

Os contratados devem manter preposto - aceito pela Administração Pública - no local da obra ou do serviço para representá-los durante a execução dos contratos (art. 118).

Em regra, a Administração Pública não responde por débitos trabalhistas de contratados (art. 121, *caput* e §1º).

Porém, em serviços contínuos com regime de dedicação exclusiva de mão de obra, se constatada falha na fiscalização do cumprimento das obrigações do contratado, haverá responsabilidade solidária da Administração Publica quanto aos encargos previdenciários e responsabilidade subsidiária da Administração Pública quanto aos encargos trabalhistas (art. 121, §2º).

Se, por um lado, a lei nova já traz a possibilidade de responsabilidade subsidiária da Administração Pública em reclamações trabalhistas, por outro, deixa em aberto o que deve ser reputado como falha apta a ensejar a responsabilidade subsidiária. Qualquer falha ainda que mínima ou restrita a um pequeno lapso temporal? A lei também não se imiscui em matéria processual para explicitar de quem seria o ônus probatório de expor, ou não, a falha (CLT, art. 818). Do reclamante ou do ente público? No mais, fica em aberto a razoabilidade, ou não, de responsabilizar a administração pública subsidiariamente em casos que não envolvam "serviços contínuos com regime de dedicação exclusiva de mão de obra", expressão aparentemente bastante restritiva.

Para assegurar o cumprimento de obrigações trabalhistas pelo contratado, a Administração Pública poderá adotar, entre outras medidas, desde que previstas em edital ou contrato, as seguintes cautelas: exigir caução para cobertura de inadimplementos de rescisórias (arts. 121, §3º, I, e 139, III, 'b'); condicionar repasses ao respeito à legislação trabalhista (art. 121, §3º, II); fazer repasses em conta vinculada de valores absolutamente impenhoráveis (art. 121, §3º, III, e §4º); efetuar diretamente o pagamento de direitos trabalhistas com dedução dos pagamentos nos repasses (art. 121, §3º, IV); e fazer repasses ao contratado somente na medida em que se aperfeiçoem direitos de empregados do contratado a férias, 13º, ausências legais e rescisórias na medida em que ocorrerem (art. 121, §3º, V).

Se houver autorização da Administração Pública ou previsão específica em edital ou regulamento, contratados podem subcontratar (art. 122, *caput* e §2º), desde que comprovada a capacidade técnica do subcontratado (art. 122, §1º).

Nos casos de subcontratação, a lei também deixa em aberto a possibilidade, ou não, de responsabilização da Administração Pública pelo inadimplemento de direitos trabalhistas dos subcontratados.

A Administração Pública tem o dever de responder solicitações e reclamações relativas à execução de contratos (art. 123).

Por derradeiro, cumpre observar que a Administração Pública não vinculará repactuação de valores de repasses contratuais às disposições previstas em acordo, convenções e dissídios coletivos que sejam de matéria "não trabalhista", PLR, direitos não previstos em lei e valor de insumos para o exercício de atividades (art. 135).

MP n.º 1044 de 27/04/2021 (recursos para Benefício Emergencial de Manutenção do Emprego e da Renda)

Abre crédito extraordinário, em favor do Ministério da Economia, no valor de R$ 9.977.701.233,00, para o custeio do "Benefício Emergencial de Manutenção do Emprego e da Renda" durante a pandemia de Covid-19 (art. 1º).

A medida provisória que movimenta quase 10 bilhões de reais entrou em vigor em 28/04/2021, data de sua publicação no diário oficial (art. 2º). Para o Programa da MP n.º 936/2020 – análogo – haviam sido mobilizados aproximadamente 51 bilhões de reais (MP n.º 935/2020).

Vislumbra-se atecnia no texto da medida provisória por não fazer menção técnica ao diploma normativo com a previsão específica do benefício ao qual faz referência. Tendo em vista a edição de outra medida provisória no mesmo dia pela Presidência da República, porém, deduz-se que o "Benefício Emergencial de Manutenção do Emprego e da Renda" seja aquele previsto no art. 3º, I, da MP n.º 1045/2021 que leva precisamente o mesmo e exato nome.

Segundo a exposição de motivos da medida provisória (EM n.º 00107/2021 ME), a sociedade brasileira se encontrava diante de desafios sem precedentes e de alta complexidade econômica e social, sendo necessárias providências para superação de período de crise. A medida provisória assinala que em 2020 quase 10,3 milhões de trabalhadores firmaram acordos temporários de redução proporcional de renda e salário. O texto da exposição de motivos ainda assinalada que é evidente o recrudescimento da pandemia, com possibilidade de agravamento por novas variantes mundiais. Ainda, é exposto que medidas restritivas à atividade econômica aumentam o risco de extinção de postos de trabalho. Assinala-se que há necessidade de apoio governamental como alternativa a demissões em massa e que esforços por vacinas, isolamento social e uso de máscaras devem ser complementados por iniciativas do Poder Público que permitam a subsistência de agentes econômicos. Disso, conclui-se a necessidade de reedição Programa Emergencial de Manutenção do Emprego e da Renda (MP n.º 936/2020).

Em 27/04/2021 (data da MP n.º 1044/2021), conforme consulta aos dados do Ministério da Saúde, existiam 395.022 óbitos confirmados de Covid-19 no Brasil.

A data de 07/09/2021 foi certificada pela Presidência da Câmara dos Deputados como a de término de vigência da medida provisória (Of. n.1122/2021/SGM-P).

MP n.º 1045 de 27/04/2021 (Novo Programa Emergencial de Manutenção do Emprego e da Renda)

Institui o Novo Programa Emergencial de Manutenção do Emprego e da Renda e dispõe sobre medidas complementares para o enfrentamento da pandemia de Covid-19 no âmbito das relações de trabalho.

Conforme a exposição de motivos (cf. EM n.º 00106/2021 ME), o Programa era “Novo” porque era reedição do Programa Emergencial de Manutenção do Emprego e da Renda previsto na MP n.º 936/2020, posteriormente convertida na Lei n.º 14.020/2020. A motivação da MP n.º 1045/2021 expressa que o

Programa anterior permitiu a preservação de mais de 10 milhões de empregos e mais de 20 milhões de acordos de redução proporcional de jornada e de salário e de suspensão de contrato de trabalho, com recebimento do Benefício Emergencial de Manutenção do Emprego e de Renda. Ainda segundo a carta de motivos, a pandemia de Covid-19 no país não havia arrefecido e medidas de restritivas de circulação de pessoas continuavam a ser uma realidade. A exposição de motivos revelou ainda que o coronavírus impactou fortemente a economia e a empregabilidade mesmo em locais sem restrições de circulação. Sem prejuízo, fala-se em segunda onda de contágios, imprevisibilidade de desdobramentos e necessidade de alastramento de recursos para fazer frente à situação. Explica-se que se trata de continuidade do Programa anterior, possibilitando acordos de redução de jornada e suspensão de contratos entre empregados e empregadores, para preservação de vínculos, mediante contrapartidas do Governo Federal, pelo prazo de até 120 dias, eventualmente prorrogáveis.

Foi recriado o Benefício Emergencial de Manutenção do Emprego e de Renda a ser pago nas hipóteses de redução proporcional de jornada de trabalho e de salário (arts. 5º, I, e 7º) ou de suspensão temporária do contrato de trabalho (arts. 5º, II, e 8º).

A medida provisória previu que competia ao Ministério da Economia gerir e executar o Novo Programa (arts. 4º e 5º, §4º, e 24), facultando trâmites exclusivamente digitais aos interessados-beneficiários (art. 5º, §5º). Previu-se que os recursos do Programa viriam da União (art. 5º, §1º) e mediante pagamentos feitos pelo Ministério da Economia (art. 5º, §7º), mas com dispensa de licitação para a contratação da Caixa e do Banco do Brasil para a operacionalização (art. 22). Ademais, facultou-se o recebimento dos benefícios pecuniários do Programa por meio da instituição financeira em que o empregado possuir conta (art. 23, *caput*), sendo expressamente vedado que as instituições financeiras efetuem descontos, compensações ou pagamentos de débitos em recursos do Programa (art. 23, §3º).

O Benefício foi concebido como de prestação mensal (art. 5º, §2º) devido a partir do início da redução de jornada e salário (arts. 5º, I, e 7º) ou a partir do início da suspensão do contrato (arts. 5º, II, e 8º).

Consignou-se o dever de o empregador informar ao Ministério da Economia sobre o acordo eventualmente celebrado, no prazo de 10 dias (art. 5º, §2º, I). Previu-se que a desobediência desse prazo implicaria em gravames ao empregador (art. 5º, §3º).

Estabeleceu-se o pagamento da primeira parcela do benefício no prazo de 30 dias da celebração do acordo (art. 5º, §2º, II) e a continuidade dos pagamentos apenas e tão somente caso mantida a redução de jornada e de salário ou a suspensão do contrato (art. 5º, §2º, III).

Esclareceu-se que o Benefício não interferiria na eventual percepção de seguro-desemprego (art. 5º, §6º), nem seria condicionado ao cumprimento de qualquer período aquisitivo, tempo de vínculo ou número de salários já recebidos (art. 6º, §1º). Ademais, a medida provisória estabeleceu que o Benefício poderia ser recebido cumulativamente para cada vínculo em que o empregado viesse a celebrar acordo (art. 6º, §3º).

A medida provisória definiu que não poderiam receber o Benefício aqueles que estivessem em cargo ou emprego público (art. 6º, §2º, I), nem em gozo de benefício previdenciário, seguro-desemprego ou benefício de qualificação profissional da Lei n.º 7999/1990 (art. 6º, §2º, II). Também não foram elegíveis ao Benefício os trabalhadores intermitentes (art. 6º, §5º).

Foi fixado que o valor do Benefício seria proporcional ao valor das parcelas do seguro-desemprego a que o empregado teria direito (art. 6º, *caput*). Em caso de redução de jornada e de salário, o valor mensal do Benefício será de 25%, 50% ou 70% do valor do seguro-desemprego (art. 6º, I c/c art. 7º, III). Em caso de suspensão do contrato, será de 100% (art. 6º, II, 'a' c/c art. 8º, *caput*) ou, se a empresa tiver receita bruta superior a 4 milhões e 800 mil reais mensais no ano ano-calendário de 2019, de 70% (art. 6º, II, 'b' c/c art. 8º, §6º) – hipótese última esta em que a empresa deve pagar ajuda compensatória mensal no valor de 30% do salário do empregado (art. 8º, §6º). Em todos os casos, porém, o empregador pode fornecer, em adição ao Benefício, uma ajuda compensatória mensal ao empregado (art. 9º, *caput*) que terá natureza indenizatória (art. 9º, II, III, IV e V).

Sem prejuízo, a medida provisória criou uma estabilidade provisória ao empregado que receber o Benefício Emergencial de Manutenção do Emprego e da Renda (art. 10, *caput*) que terá duração desde o acordo de redução de jornada e salário ou de suspensão do contrato até o fim do acordo (art. 10, I), sendo o empregado garantido ainda posteriormente por período equivalente ao de duração do acordo (art. 10, II). Para empregadas grávidas que já gozam naturalmente de estabilidade no emprego (ADCT, art. 10, *caput*, II, 'b'), o prazo de estabilidade decorrente do Benefício tem regra especial: à estabilidade da gestante se soma período de estabilidade decorrente do Benefício equivalente ao período de gozo da redução de jornada e salário ou da suspensão do contrato (art. 10, III). A estabilidade do empregado, porém, não se aplica aos casos de demissão, extinção do contrato por mútuo acordo ou dispensa por justa causa (art. 10º, §3º). Em caso de conflito da estabilidade MP n.º 1045/2021 com a estabilidade da Lei n.º 14.02/2020 (leia-se "MP n.º 936 convertida em lei", "antigo Programa Emergencial de Manutenção do Emprego e da Renda"), a contagem do prazo de estabilidade do antigo Programa ficará suspensa enquanto durar a estabilidade do novo Programa. Por derradeiro, o desrespeito pelo empregador à garantia no emprego, sujeita-o ao pagamento de rescisórias majoradas por indenização (art. 10, §1º) de valor equivalente àquilo que o empregado viria a receber até o fim da estabilidade, sendo de 50%, 75% ou 100% a depender se havia sido pactuada redução de salário e jornada de '25%-50%', '25%-70%' ou '+70%/suspensão'.

Os acordos de redução proporcional de salário e jornada ou de suspensão dos contratos podem ser feitos por acordo individual escrito (arts. 7º, II, 8º, §1º) ou por negociação coletiva (art. 11). Caso a redução de jornada e salário seja feita por negociação coletiva, porém, os percentuais de redução de jornada não se limitam aos rígidos 25%, 50% ou 70% (art. 11, §1° c/c 7°, III).

Em 27/04/2021 (data da MP n.° 1045/2021), conforme consulta aos dados do Ministério da Saúde, existiam 395.022 óbitos confirmados de Covid-19 no Brasil.

Em 15/06/2021, foi prorrogada pelo prazo de 60 dias a vigência da MP n.° 1045/2021.

Na mídia, a tramitação da medida provisória sofreu muitas críticas pelas propostas de emendas feitas pela Câmara dos Deputados. Foram sugeridas 407 emendas. Muitos avaliaram que foram colocados os chamados "jabutis" na medida provisória, isto é, sugestões de alteração legislativa sem pertinência com a proposta inicial da medida provisória. Foram tantas as alterações intentadas que muito se noticiou uma espécie de "nova reforma trabalhista". As propostas de aprofundamento da Reforma Trabalhista via MP n.° 1045/2021, porém, foram detidas no Senado em votação realizada em 01/09/2021 (27 votos pela continuidade, 47 votos pela não-continuidade e abstenção).

MP n.° 1046 de 27/04/2021 (medidas trabalhistas adicionais para enfrentamento da pandemia)

Junto com o Novo Programa Emergencial de Manutenção do Emprego e da Renda (MP n.° 1045/2021), foi editada a MP n.° 1046/2021 que dispõe sobre as alternativas trabalhistas provisórias para enfrentamento da pandemia de Covid-19.

As medidas alternativas previstas foram concedidas para serem implementadas no prazo de 120 dias, prorrogáveis por mais 120 dias (art. 1°, parágrafo único), contados da publicação da medida provisória em 28/04/2021 (art. 1° e 34).

Além de ser aplicável aos celetistas (art. 1°), os efeitos da medida provisória foram expressamente estendidos (art. 29) para trabalhadores temporários (Lei n.° 6019/1974), trabalhadores rurais (Lei n.° 5.889/1973) e domésticos (LC n.° 150/2015).

Foram previstas regras especiais para as seguintes medidas trabalhistas (art. 2°): teletrabalho (arts. 3° e 4°), antecipação de férias (arts. 5° a 10°), férias coletivas (arts. 11 a 13), antecipação de feriados (art. 14), banco de horas (arts. 15 e 28), suspensão de exigências administrativas em segurança e saúde no trabalho (arts. 16 a 19) e diferimento de recolhimentos ao FGTS (arts. 20 a 26).

A medida provisória também trouxe regras especiais sobre jornada de trabalhadores da saúde (art. 27) e sobre direitos dos trabalhadores de teleatendimento e de telemarketing quando em teletrabalho (art. 30). Sem prejuízo, obrigou-se que a realização de cursos de qualificação profissional (CLT, art. 476-A) sejam feitos exclusivamente na modalidade não-presencial e com duração apenas entre um a três meses (art. 31). Por derradeiro, autorizou-se expressamente que instrumentos normativos coletivos (CLT, art. 611, *caput* e §1°) sejam aperfeiçoados e formalizados por meios eletrônicos (art. 32).

Lei n.° 14.150 de 12/05/2021 (auxílio emergencial a trabalhadores e trabalhadoras da cultura)

Altera a Lei n.° 14.017, de 29 de junho de 2020 (Lei Aldir Blanc), para estender a prorrogação do auxílio emergencial a trabalhadores e trabalhadoras da cultura e para prorrogar o prazo de utilização de recursos pelos Estados, pelo Distrito Federal e pelos Municípios.

A Lei Aldir Blanc buscou aplacar os efeitos da pandemia de Covid-19 sobre o setor cultural por meio da concessão de benefícios em pecúnia mensais para trabalhadores no ramo cultural e por meio de subsídios financeiros para espaços culturais (Lei n.° 14.017/2020, art. 2°, I e II). Para tanto, a lei previu a aplicação de 3 bilhões de reais pela União (Lei n.° 14.017/2020, art. 2°, *caput*).

A Lei n.° 14.150 trouxe regras, em especial, sobre a dinâmica de como os recursos financeiros da União seriam operacionalizados em Estados e Municípios (Lei n.° 14.017/2020, arts. 2°, §3°, 3°, §§1° e 2°, 12, 13, 14, §2°, 14-A, 14-B, 14-C e 14-D) e sobre o conceito de despesas correntes para manutenção de espaços culturais (Lei n.° 14.017/2020, ar. 8°, §2°).

Previu-se que as prestações de contas das ações emergenciais da Lei Aldir Blanc deveriam se encerrar em 31/12/2020 (Lei n.° 14.017/2020, art. 14-A, II).

Lei n.° 14.151 de 12/05/2021 (afastamento de gestantes durante a pandemia de Covid-19)

A empregada gestante deve permanecer afastada das atividades de trabalho presencial durante a pandemia de Covid-19, sem prejuízo de sua remuneração (art. 1°). O legislador adotou, neste ponto, fórmula genérica quanto ao período em que a medida de teletrabalho deve permanecer. Válido dizer, não indicou expressamente uma data como fim da "emergência de saúde pública de importância nacional decorrente do novo coronavírus". Ressalte-se que a empregada deve ficar à disposição para prestar serviços em seu domicílio (art. 1°, parágrafo único). A lei entrou em vigor no dia 13/05/2021 (art. 2°).

LC n.° 182 de 01/06/2021 (marco legal das startups)

Institui o marco legal das startups e do empreendedorismo inovador.

A LC 182/2021 chega em complemento a alterações legislativas recentes na LC n.° 123/2006 (Estatuto das Microempresas e Empresas de Pequeno Porte). A LC 155/2016 havia trazido o conceito de "investidor-anjo" (LC n.° 123/2006, art. 61-A, §4°) A LC 167/2019, por sua vez, havia criado o chamado "Inova Simples", regime especial empresarial voltado ao estímulo de avanços tecnológicos por meio de startups (LC 123/2006, art. 65-A).

A LC 182/2021 foi publicada em 04/06/2021, com previsão de entrada em vigor 90 dias após esta data, ou seja, em 04/09/2021 (art. 19).

A lei é dividida em sete capítulos: definições e princípios (Capítulo I), enquadramento como startup (Capítulo II), instrumentos de investimento em inovação (Capítulo III), fomento à inovação (Capítulos IV), programas de ambiente regulatório experimental (Capítulo V), contratação de soluções inovadoras pela Administração Pública (Capítulo VI) e disposições finais (Capítulo VII).

A nova lei busca fomentar modelos inovadores de negócios e de produtos (Capítulo I; arts. 1°, II, 3° e 4°, *caput*).

Foi conceituado como "startup" a organização empresarial ou societária marcada pela inovação de seu modelo de negócio ou dos produtos ou serviços que oferta (Capítulo II; art. 4°, *caput*). Podem ser enquadradas como startups: empresários individuais (EI), empresas individuais de responsabilidade limitada (EIRELI), sociedades empresárias, sociedades cooperativas e sociedades simples (art. 4°, §1°). Para estas pessoas jurídicas serem consideradas startups, todavia, precisam ter receita bruta máxima de 16 milhões de reais por ano (art. 4°, §1°, I), terem no máximo 10 anos de atuação com CNPJ (art. 4°, §1°, II) e precisam ter declaração específica em seus atos constitutivos ou alteradores, com utilização de modelos de negócios inovadores, ou serem enquadradas no regime especial Inova Simples (art. 4°, §1°, III).

Foi explorado em maior profundidade ainda o tipo jurídico "investidor anjo" (expressão já encontrada na LC 123/2006 com redação dada pela LC n.° 155/2016, art. 61-A, §2°): um investidor não-sócio e sem direito de gerência ou poder de voto na condução da empresa, porém com as prerrogativas de ser remunerado por seus aportes e com isenção de responsabilidade em relação às obrigações da empresa (art. 2°, I). Deduz-se que o legislador possivelmente teve a intenção de dedicar todo o Capítulo III do Estatuto das Startups (arts. 5° a 8°) para esta figura.

Embora o termo "investidor-anjo" esteja expressamente previsto desde a LC n.º 155/2016, ainda não se identifica um debate amadurecido sobre o assunto no âmbito dos Tribunais trabalhistas.

O conceito do investidor-anjo, inclusive pela singularidade do nome, chama muita atenção, todavia. Ao que tudo indica, o legislador procurou isentar o investidor-anjo de toda e qualquer responsabilidade diante de obrigações assumidas pelas startups, inclusive as trabalhistas (arts. 2º, I, e 8º, *caput*, I e II; LC 123/2006, art. 61-A, §4º, II), ressalvados os casos de dolo, fraude ou simulação (art. 8º, parágrafo único). Causa grande apreensão, todavia, que um dito "investidor-anjo" se beneficie, ao fim e ao cabo, de mão-de-obra contratada pela startup, mas não responda em caso de inadimplemento de direitos trabalhistas vilipendiados pela empresa no qual está a investir. O tratamento conferido ao investidor-anjo de startups pelo legislador lembra bastante aquele aparentemente pretendido para acionistas minoritários de sociedades anônimas de capital aberto (Lei n.º 6404/76, arts. 117 e 158). Buscou-se nitidamente a blindagem patrimonial do investidor-anjo contra débitos trabalhistas, previdenciários, fiscais e consumeristas das startups. Por um lado, o endosso da figura do investidor-anjo possivelmente trará bastante conforto para investidores em empresas de tecnologias inovadoras. Por outro lado, é razoável esperar que se vejam no Judiciário verdadeiros abusos e desvirtuamentos do instituto, com verdadeiros sócios ocultos de empresas disfarçados de investidores-anjo. Em outras palavras, é possível que "donos" de startups se utilizem do instituto do investidor-anjo para fraudar direitos trabalhistas – o que certamente ensejará sua responsabilização por estes (art. 8º, parágrafo único; CLT, art. 9º; CC, arts. 186, 187 e 927).

A lei previu que empresas com obrigações de investimento em pesquisa e inovação podem cumprir seus compromissos com aporte de recursos em startups por meio de fundos específicos (Capítulo IV; arts. 9º e 10).

A lei também criou o chamado "ambiente regulatório experimental (sandbox regulatório)": um conjunto de condições especiais simplificadas normatizado por entidades de regulamentação setorial, com o fito de impulsionar negócios inovadores e tecnologias experimentais (arts. 2°, II, e 11). A lei foi bastante genérica e programática no tema "sandbox regulatório", delegando às entidades da administração pública com competência de regulamentação setorial o poder de dispor sobre a não-incidência de normas de sua competência para determinadas entidades reguladas ou grupos de entidades reguladas (Capítulo V; art. 11).

A lei também previu regras especiais para licitações e contratos celebrados pela Administração Pública voltados a soluções inovadoras de problemas estatais (Capítulo VI, arts. 12 a 15).

Por derradeiro (Capítulo VII; arts. 16 a 19), foram feitas alterações na Lei n.° 6.404/1976 (Lei das SA) e na Lei Complementar n.° 123/2006 (Estatuto das Microempresas e Empresas de Pequeno Porte).

Lei n.° 14.158 de 02/06/2021 (salário-mínimo)

Resulta da conversão em lei da MP n.° 1021/2020. Foi mantido o valor do salário mínimo em R$ 1.100,00 (art. 1°, *caput*) a partir de 01/01/2021, sendo o valor do salário-mínimo diário (1/30) de R$ 36,67 e o valor do salário-mínimo horário (1/220) de R$ 5,00 (art. 1°, parágrafo único). A lei foi publicada em 04/06/2021.

Lei n.° 14.163 de 09/06/2021 (tripulante de aeronave)

Resulta da conversão em lei da MP n.° 1029/2021. Como a medida provisória que a precedeu, a lei excepciona das disposições da Lei dos Aeronauta os tripulantes em atividade para operadores de aeronaves que sejam entes da Administração Pública no exercício de missões institucionais ou de poder de polícia (Lei n.° 13.475/2019, art. 20, §3°).

Lei n.º 14.171 de 10/06/2021 (família monoparental e auxílio-emergencial)

Estabelece medidas de proteção à mulher provedora de família monoparental em relação ao recebimento do auxílio emergencial de que trata o art. 2º da Lei n.º 13.982/2020 (lei do "auxílio emergencial", apelidado de "coronavoucher").

A lei de 13.982/2020 foi alterada (art. 2º) para dispor que famílias monoparentais teriam direito a 2 (duas) cotas do auxílio emergencial, independentemente do sexo do provedor, isto é, independentemente de o provedor ser mulher (Lei n.º 13.982/2020, art. 2º, §3º, nova redação). No mais, foram incluídos parágrafos na antiga lei para a regulamentação de situações de problemas de cadastro (Lei n.º 13.982/2020, art. 2º, §§ 3º-A, 3º-B e 3º-C).

Sem prejuízo, o legislador previu que o canal telefônico 180 (Central de Atendimento da Mulher) deveria disponibilizar atendimento específico para denúncias de mulheres que tiveram seu auxílio emergencial subtraído, retido ou recebido indevidamente por outrem (art. 3º). Ademais, estabeleceu-se, é claro, o dever de devolução de valores indevidamente levantados (art. 3º, parágrafo único).

Foi fixado ainda o direito ao recebimento retroativo de cotas do auxílio emergencial ao genitor lesado em conflito de informações no que tange à guarda de dependentes (art. 4º).

MP n.º 984 de 18/06/2020 (direito de arena durante a pandemia de Covid-19)

A medida provisória perdeu vigência em 18/06/2020 (Ato Declaratório do Presidente da Mesa do Congresso Nacional n.º 133/2020).

Lei n.º 14.179 de 30/06/2021 (flexibilização de critérios para a concessão de créditos por instituições financeiras)

Resultado da conversão em lei da MP n.º 1028 de

09/02/2021. Estabelece normas para facilitação de acesso a crédito, para mitigação dos impactos econômicos decorrentes da pandemia de Covid-19. A lei é voltada para instituições financeiras privadas e públicas. A exposição de motivos da medida provisória explicita que a flexibilização de regras de concessão de crédito deriva do contexto de medidas do governo federal para diminuir os impactos que a crise sanitária provocou na atividade econômica do país.

A MP n.° 1028/2021 faz referência à "certidão de quitação" prevista no §1° do art. 362 da CLT para dispensar as instituições financeiras de a exigirem em renegociações de crédito. O dispositivo tem redação datada de 28/02/1967 (Decreto-Lei n.° 229/1967). Embora muitos diplomas legais façam referência a este dispositivo, órgão do Ministério da Economia esclareceu em pedido de acesso à informação (NUP 03005.174903/2021-15) que entende tal certidão ter sido substituída, na prática, pela Relação Anual de Informações Sociais (RAIS; Decreto n.° 76.900/1975), embora não trate exatamente de uma certidão de quitação de deveres patronais.

Lei n.° 14.181 de 1°/07/2021 (crédito ao consumidor e superendividamento)

Após diversas medidas legislativas para facilitar a concessão de crédito em tentativa de conter os impactos econômicos da pandemia de Covid-19, o Código de Defesa do Consumidor (Lei n.° 8.078/1990) foi alterado para dispor sobre o superendividamento de pessoas naturais. Entre outras disposições, foi estabelecido que o contrato de crédito mediante consignação em folha de pagamento deve ocorrer após o fornecedor do crédito obter da fonte pagadora a indicação sobre a existência de margem consignável (CDC, art. 54-G, §1°).

Oportuno rememorar que a Lei 14.131/2021, havia permitido o comprometimento de até 40% da folha de pagamento para a celebração de contratos de crédito consignado até 31/12/2021.

MP n.º 1058 de 27/07/2021 (recriação do Ministério do Trabalho e Previdência)

Altera a Lei n.º 13.844/2019 para recriar o Ministério do Trabalho e Previdência que havia sido extinto em 1º de janeiro de 2019 (MP n.º 870/2019), com a posse Jair Bolsonaro como Presidente da República. O deputado federal Onyx Lorenzoni foi nomeado para encabeçar o novo Ministério.

Ao Ministério do Trabalho e Previdência (Lei n.º 13.844/2019, art. 19, XIV-A) foram entregues competências relativas à fiscalização do trabalho, à segurança e saúde no trabalho e ao registro sindical, entre outras (Lei n.º 13.844/2019, art. 48-A). Conforme a medida provisória, integram a estrutura do Ministério do Trabalho, entre conselhos, câmaras e secretarias, o Conselho Curador do FGTS e o Conselho Deliberativo do FAT, com composição tripartite e paridade entre representantes de trabalhadores e empregadores (Lei n.º 13.844/2019, art. 48-B).

MP n.º 1061 de 09/08/2021 (Programa Auxílio Brasil e Programa Alimenta Brasil)

Institui os Programas Auxílio Brasil e Alimenta Brasil. Conforme a exposição de motivos da medida provisória, os programas decorrem do final do "Auxílio Emergencial 2021" (MP n.º 1039 de 18/03/2021).

São elegíveis ao Programa Auxílio Brasil as famílias em situação de extrema pobreza e as famílias em situação de pobreza, nos termos de regulamento (art. 3º, §2º). O "Auxílio Brasil" envolve a concessão de benefícios financeiros (art. 3º, *caput*, I, II, III e §1º) de valor variável segundo avaliações periódicas do Poder Executivo federal em análise da dinâmica socioeconômica do país, conforme regulamento (art. 3º, §6º e §7º, II e III).

O Programa Alimenta Brasil, por sua vez, visa, em síntese, incentivar a agricultura familiar (art. 29) mediante a aquisição de alimentos pelo Poder Executivo federal, estadual, distrital e municipal (art. 33) com posterior destinação a ações de segurança alimentar e nutricional (art. 34).

Lei n.º 14.195 de 26/08/2021 (facilitação para abertura de empresas, proteção de acionistas minoritários, entre outras disposições)

Alterou a Lei dos Representantes Comerciais Autônomos, para estabelecer, com ainda mais contundência, que os créditos devidos a estes em casos de falência ou de recuperação judicial de empresas equivalem aos créditos trabalhistas (Lei n.º 4.886/1965, art. 44).

Conforme decisão do Supremo Tribunal Federal (RE 606.003 transitado em julgado em 22/10/2020), os contratos de representação comercial autônoma não têm natureza jurídica laboral (CRFB, art. 114), competindo à Justiça Comum o julgamento de processos entre representante e representada comerciais.

Lei n.º 14.205 de 17/09/2021 (novas regras sobre direito de arena em espetáculos desportivos)

Em 1973, a antiga Lei de Direitos Autorais tratava expressamente de um "*direito de arena*" (Lei n.º 5.988/1973, art. 100). Curiosamente, a lei não expôs com clareza quem seria o titular subjetivo do direito de arena. Na prática, até hoje, às vezes se fala em direito de arena *do atleta profissional* e às vezes em direito de arena *da entidade a qual se vinculam atletas*. A lei antiga definia que atletas que promoviam espetáculos desportivos tinham salvo convenção em contrário, direito, em partes iguais, a 20% do preço de autorização de transmissão do espetáculo (Lei n.º 5.988/1973, art. 100, parágrafo único).

Em 1993, a chamada Lei Zico estabeleceu normas gerais sobre desportos (Lei n.º 8.672/93). Não trouxe a expressão "direito de arena", mas previa também o percentual de 20%, salvo convenção em contrário, para atletas do preço de autorização de transmissão de espetáculos desportivos (Lei n.° 8.672/93, art. 20).

Em Fevereiro/1998, a antiga Lei de Direitos Autorais foi revogada pela nova e atualmente em vigor Lei de Direitos Autorais (Lei n.° 9.610/1998, art. 115), a qual não menciona o direito de arena expressamente.

Em Março/1998, a Lei Zico foi revogada pelo diploma legal que ganhou o apelido de Lei Pelé (Lei n.° 9.615/1998). A Lei Pelé está atualmente em vigor. Originariamente, a Lei Pelé previa os habituais 20% para os Atletas (Lei n.° 9.615/1998, art. 42, §1°, redação originária).

Em 2011, a Lei Pelé foi alterada pela Lei n.° 12.395/2011: o tradicional percentual de 20% foi reduzido para 5%; foi expressamente mencionado que o direito de arena pertencia às entidades de prática desportiva; o percentual destinado aos atletas passou a ser, primeiramente, destinado aos sindicatos dos atletas, para posterior repasse aos atletas; e foi acrescido à lei que a parcela dos atletas teria "*natureza civil*" (Lei n.° 9.615/1998, art. 42, §1°, redação alterada pela Lei n.° 12.395/2011).

Pois bem.

Em 2021, adveio a Lei n.° 14.205/2021 que incluiu um artigo 42-A na Lei Pelé. O novel artigo 42-A reafirmou que "*Pertence à entidade de prática desportiva de futebol mandante o direito de arena sobre o espetáculo desportivo*" (Lei n.° 9.615/1998, art. 42-A, *caput*) e que os atletas participantes do espetáculo têm direito a 5% da receita proveniente da exploração audiovisual do espetáculo a serem pagos por intermédio dos sindicatos dos atletas (Lei n.° 9.615/1998, art. 42-A, §§ 2° e 4°). Foi consignado em lei que a distribuição de receitas aos atletas "*terá caráter de pagamento de natureza civil, exceto se houver disposição em contrário constante de convenção coletiva de trabalho*" (Lei n.° 9.615/1998, art. 42-A, §3°).

Julgamento do STF de 20/10/2021 na ADI n.º 5.766 (justiça gratuita e honorários advocatícios sucumbenciais)

Em 25/08/2017, a Procuradoria-Geral da República havia ajuizado ação direita de inconstitucionalidade contra o art. 1º da Lei n.º 13.467/2017 (Reforma Trabalhista) nos "pontos em que altera ou insere disposições nos arts. 790-B, *caput* e § 4º; 791-A, § 4º, e 844, § 2º da CLT. A petição inicial foi assinada eletronicamente por Rodrigo Janot Monteiro de Barros. Argumentou-se que os dispositivos apontados impunham restrições inconstitucionais à gratuidade judiciária.

Após longo trâmite processual, em 20/10/2021, a ação foi julgada parcialmente procedente: "*para declarar inconstitucionais os arts. 790-B, caput e § 4º, e 791-A, § 4º, da Consolidação das Leis do Trabalho*". O julgamento ainda deixou expresso que "*improcedente a ação no tocante ao art. 844, § 2º, da CLT*".

Válido dizer, foram declarados inconstitucionais dispositivos da CLT relativos à condenação de beneficiários da justiça gratuita em honorários periciais (CLT, art. 790-B) e em honorários advocatícios (CLT, art. 791-A, §4º). Ausente injustificadamente o reclamante beneficiário da justiça gratuita em audiência, porém, haverá condenação deste em custas (CLT, art. 844, §2º).

Decreto n.º 10.854 de 10/11/2021 (Marco Regulatório Trabalhista Infralegal)

Trata-se de decreto expedido pelo Presidente da República (CRFB, art. 84, IV) com 188 artigos, cuja entrada em vigor foi determinada para ocorrer trinta dias após sua publicação, isto é, em 11/12/2021.

Foi chamado por alguns de "Marco Regulatório Trabalhista Infralegal" ou meramente "Marco Trabalhista". Sites oficiais divulgaram que o decreto resultou da consolidação de mais de mil normativas infralegais (decretos, portarias e instruções normativas).

O decreto possuí três títulos e dispõe sobre dezoito temas de direito do trabalho (art. 1º; Título II, Capítulos I a XVIII). Chamou atenção na mídia o suposto fim do poder de fiscalização do Ministério Público do Trabalho na medida em que foi utilizada a expressão "*Compete exclusivamente aos Auditores Fiscais do Trabalho (...) a fiscalização do cumprimento das normas de proteção ao trabalho*" (art. 16). Referida interpretação, todavia, pode ser facilmente vista como excessivamente gramatical e muito desatenta ao texto constitucional (CRFB, art. 127) e às competências e incumbências legais do MPT (LC n.º 75/1993, arts. 83 e 84, II, em especial).

I - Programa Permanente de Consolidação, Simplificação e Desburocratização de Normas Trabalhistas Infralegais

Trata-se de Programa instituído no âmbito do Ministério do Trabalho e Previdência (art. 2º) com o fito de revisão, consolidação e harmonização de normas trabalhistas infralegais (arts. 3º e 6º) na busca, em essência, de trabalho digno e segurança jurídica (art. 5º, I e III). Foi vedada a edição de atos normativos autônomos quando já existentes atos consolidados sobre o mesmo tema (art. 8º, §1º). Foi prevista a revisão do Programa a cada dois anos (art. 9º).

II - Prêmio Nacional Trabalhista

O Decreto prevê que o Ministério do Trabalho e Previdência regulamentará o "*Prêmio Nacional Trabalhista*", com a finalidade de estimular pesquisas na área do direito do trabalho (art. 10). Nada mais.

III - Livro de Inspeção do Trabalho Eletrônico - eLIT

Desde 1967, a CLT prevê que todas as empresas devem possuir um livro intitulado "Inspeção do Trabalho" em modelo aprovado por órgão oficial (CLT, art. 628, §1º). A Portaria MTb n.º 3158 de 18/05/1971 regulava detalhes técnicos sobre o tamanho em centímetros do livro, quantidade de folhas e modelos de registro de inspeção. No livro, auditores-fiscais do trabalho anotavam suas visitas aos estabelecimentos, bem como as irregularidades eventualmente encontradas (CLT, art. 628, §2º)

Com o Decreto n.º 10.854/2021, o Livro de Inspeção do Trabalho passa a ser eletrônico ("eLIT") e disponibilizado, sem ônus, a todas as entidades empregadoras que tenham ou não empregados (art. 11). O eLIT se tornará obrigatório em substituição ao Livro impresso (arts. 11, §2º, e 12).

IV - fiscalização das normas de proteção ao trabalho e de segurança e saúde no trabalho

A fiscalização do cumprimento da legislação trabalhista compete às autoridades do Ministério do Trabalho (arts. 16 e 17) ou àquelas que exerçam funções delegadas (CLT, art. 626). Nesse ponto, sublinhe-se que o Ministério Público também exerce o papel de fiscal do respeito aos direitos sociais (CRFB, art. 127, *caput*) e, além disso, o SUS também executa, por força constitucional, ações de vigilância de saúde do trabalhador (CRFB, art. 200, II).

Denúncias de irregularidades trabalhistas e pedidos de fiscalização podem (art. 18, §9º) ser realizados por meio eletrônico por qualquer interessado (art. 18, §1º), sendo priorizados pedidos que envolvam risco grave à saúde de trabalhadores, ausência de pagamento de salário, trabalho infantil e trabalho análogo ao de escravo (art. 18, §2º, II). Deve ser assegurado o caráter confidencial das denúncias (art. 18, §8º). Projetos estratégicos de inspeção (art. 19) terão, em regra, prioridade sobre denúncias individuais (art. 18, §5º). Negativa em cumprir requisições do Ministério Público (LC n.º 75/1993, art. 8º, III) devem ser motivadas (art. 18, §6º).

O Ministério do Trabalho deverá ter atuação estratégica e se valer de ações coletivas preventivas, para resguardar o cumprimento da legislação laboral, seja por meio de parcerias, compartilhamento de dados de diagnóstico setorial, visitas técnicas de instrução, seja com eventos de diálogo social e cartilhas informativas (art. 19, §2°). Nos procedimentos especiais para ação fiscal de natureza preventiva, mediante Termo de Compromisso, não cabe a lavratura de auto de infração (art. 19, §6°; CLT, arts. 627-A e 628, *caput*).

A apreciação de defesa em procedimentos administrativos de aplicação de multa será apreciada, sempre que possível, por servidores de unidade federativa diversa daquele onde tiver sido lavrado o auto de infração (art. 20, §1°). O auto de infração deve conter os dispositivos legais, infralegais ou cláusulas de instrumentos coletivos infringidos (art. 21), sendo vedada a lavratura de auto de infração com base em manuais, notas técnicas ou congêneres (arts. 22 e 23).

V - diretrizes para elaboração e revisão das normas regulamentadoras de segurança e saúde no trabalho

A edição de normas de proteção à saúde e segurança no trabalho compete ao Ministério do Trabalho (CLT, art. 200). É claro que as normas regulamentadoras devem priorizar a dignidade da pessoa humana (art. 24, II) e não serem pautadas por objetivos espúrios como reserva de mercado ou retardamento de inovações tecnológicas (art. 25). A atuação normativa deve priorizar situações de alto risco ocupacional, compreendidas como as atividades com elevado risco de gerar incapacidades permanentes ou potencialmente fatais (art. 26). A clareza da linguagem deve ser constante (art. 27). A sociedade civil e Comissão Tripartite Paritária Permanente (Decreto n.° 9.944/2019; governo federal, empregadores e trabalhadores) devem participar da elaboração das normativas por meio de audiências e consultas públicas (art. 28). O Ministério do Trabalho pode solicitar ajuda da Fundacentro para a elaboração de pareceres e estudos técnicos (art. 29)

VI - certificado de aprovação do equipamento de proteção individual, nos termos do disposto no art. 167

da Consolidação das Leis do Trabalho, aprovada pelo Decreto-Lei n.° 5.452, de 1° de maio de 1943

Equipamentos de Proteção Individual (EPI; CLT, art. 166) apenas podem ser comercializados se tiverem certificado de aprovação do Ministério do Trabalho (art. 30, *caput*; CLT, art. 167). Empresas que falsificam documentos para a obtenção do certificado respondem por crime de falsidade documental (art. 30, §4°; CP, arts. 297 a 299).

VII - registro eletrônico de controle de jornada, nos termos do disposto no art. 74 da Consolidação das Leis do Trabalho, aprovada pelo Decreto-Lei n.° 5.452, de 1943

Os registros de controle de jornada (CLT, art. 74) apenas podem ser realizados por meio de sistemas que atendam requisitos técnicos estabelecidos pelo Ministério do Trabalho (art. 31, *caput*).

Os registros devem corresponder à realidade (art. 31, §2°, *caput*), não podem estar sujeitos à alteração ou eliminação (art. 31, §2°, I, 'a'), nem devem realizar marcações automáticas de ponto (art. 31, §2°, I, 'c'). O sistema de controle de ponto também não deve exigir autorização para marcação de sobrejornada (art. 31, §2°, II).

Por outro lado, os sistemas de controle de jornada devem permitir pré-assinalação de períodos de repouso e assinação de ponto por exceção à jornada regular (art. 31, III).

VIII - mediação de conflitos coletivos de trabalho

Entidades representativas de trabalhadores, empresas ou entidades sindicais empresariais podem solicitar ao Ministério do Trabalho mediação de Conflitos Coletivos de Trabalho (arts. 33 e 34) sem custos (art. 35). O mediador será qualquer servidor do Ministério do Trabalho (art. 35).

Em caso de sucesso na mediação, é lavrada ata com força

de escritura pública (art. 36). Em caso de não entendimento entre as partes, é lavrada, de todo modo, ata de mediação.

O Ministério do Trabalho deve dispor de ferramentas eletrônicas para fomentar a composição entre as partes e deve buscar reduzir a judicialização trabalhista (art. 37).

IX - empresas prestadoras de serviços a terceiros, nos termos do disposto na Lei n.º 6.019, de 3 de janeiro de 1974

O Marco Regulatório Infralegal Trabalhista repete texto legal que pode ser utilizado como definição de terceirização: "*transferência feita pela contratante da execução de quaisquer de suas atividades, inclusive de sua atividade principal, à pessoa jurídica de direito privado prestadora de serviços que possua capacidade econômica compatível com a sua execução*" (art. 39; Lei n.º 6019/1974, art. 4º-A).

Nos termos do Decreto, a prestação de serviços a terceiros não induz vínculo de emprego (CLT, arts. 2º e 3º) entre prestador de serviços e tomador de serviços, independentemente de atividade (art. 39, §2º; Lei n.º 6019/1974, art. 4º-A). Interessante notar o Decreto fez questão de mencionar tanto trabalhadores quanto sócios de empresas prestadoras de serviços. Na prática comercial, muitos sócios de empresas prestadoras de serviços se assemelham muito a empregados da tomadora com o transcurso do tempo, seja pela exclusividade na prestação de serviços, seja pela constância. Não raro, a pejotização de empregados é floreada de forma simulada com a falsa possibilidade de o empregado pejotizado contratar, ele próprio, outros empregados.

Nos casos de fraude (art. 39, §3º, §4º, §5º e §6º; CLT, art. 9º), porém, pode sempre haver reconhecimento de vínculo de emprego entre o trabalhador prestador de serviços e a empresa contratante.

As empresas tomadoras de serviços são subsidiariamente responsáveis pelas obrigações trabalhistas referentes ao período em que ocorrer a prestação (art. 39, §7°; TST, Súmula 331).

Em relação ao recolhimento de contribuições previdenciárias, as empresas tomadoras de serviços devem se atentar à Lei Orgânica da Seguridade Social (art. 39, §7°; Lei n.° 8.212/1991, art. 31), segundo a qual devem reter 11% do valor bruto da nota fiscal ou fatura de prestação de serviços a título de recolhimento à Seguridade Social, em nome da empresa prestadora de serviços.

As empresas tomadoras de serviços serão responsáveis pelas infrações trabalhistas relacionadas às condições de segurança, higiene e salubridade dos trabalhadores quando a realização dos serviços ocorrer em suas dependências ou em local previamente estipulado (art. 39, §8°; Lei n.° 6019/1974, art. 5-A, §3°).

X - trabalho temporário, nos termos do disposto na Lei n.° 6.019, de 3 de janeiro de 1974

O trabalho temporário no Brasil é legalmente definido como "*aquele prestado por pessoa física contratada por uma empresa de trabalho temporário que a coloca à disposição de uma empresa tomadora de serviços, para atender à necessidade de substituição transitória de pessoal permanente ou à demanda complementar de serviços*" (Lei n.° 6.019, art. 2°, *caput*). As empresas de trabalho temporário, por sua vez, são aquelas devidamente registradas como tais no Ministério do Trabalho (Lei n.° 6.019, art. 4°).

O Decreto estabelece que não se considera demanda complementar de serviços - a justificar a contratação de mão de obra temporária - aquela decorrente de abertura de filial (art. 43, parágrafo único, II).

Para registro de empresa de trabalho temporário no Ministério do Trabalho são necessários, no mínimo, registro em junta comercial e capital social de, ao menos, cem mil reais (art. 45). Trabalhadores temporários também devem ser cadastrados junto ao Ministério do Trabalho (art. 47).

A relação entre empresa de trabalho temporário e empresa cliente é regida por contrato escrito (art. 71) e tem cinco elementos essenciais: qualificação das partes (art. 71, I), justificativa de demanda de trabalho temporário (arts. 71, II, e §2º, e 72), prazo da prestação de serviços (art. 71, III), valor pecuniário consistente na 'taxa de agenciamento' (art. 71, IV, e §1º) e disposições sobre saúde e segurança dos trabalhadores (V).

Nos termos do Decreto, cabe à empresa de trabalho temporário remunerar os trabalhadores temporários (art. 48), bem como anotar a CTPS do trabalhador temporário sua condição (art. 49).

Por outro lado, ainda nos termos do Decreto, é a empresa tomadora de serviços (empresa cliente) quem exerce o poder técnico, disciplinar e diretivo sobre os trabalhadores temporários colocados à sua disposição (art. 58).

A empresa de trabalho temporário deve discriminar separadamente, em nota fiscal, os valores pagos a título de obrigações trabalhistas e fiscais e a taxa de agenciamento de colocação à disposição dos trabalhadores temporários (art. 51).

As empresas de trabalho temporário não podem se valer, elas próprias, de trabalhadores temporários (interpretação possível do art. 52, *caput*), exceto quando houver necessidade de substituição transitória de pessoal ou demanda complementar de serviços (art. 52, II) - caso em que o trabalhador deve ser contratualmente vinculado à outra empresa de trabalho temporário (art. 52, I).

As empresas de trabalho temporário não podem cobrar qualquer valor dos trabalhadores (art. 53, *caput*).

As empresas tomadoras de serviços de trabalho temporário (empresas clientes) devem manter à disposição dos órgãos de inspeção do trabalho o contrato celebrado com a empresa de trabalho temporário (art. 54).

As empresas clientes devem garantir condições ambientais de trabalho seguras, higiênicas e salubres aos trabalhadores temporários que prestam serviços em suas dependências ou nos locais que designam (art. 55). A tomadora de serviços também deve assegurar os mesmos atendimentos médico, ambulatorial e de refeição que destina aos seus empregados efetivos aos trabalhadores temporários (art. 56). Sempre que ocorrer acidente de trabalho com trabalhador temporário, a empresa-cliente deve comunicar a empresa de trabalho temporário (art. 75).

Nos termos do Decreto, é possível tanto o trabalho temporário em atividades-meio, como em atividades-fim da empresa cliente (art. 59). Sobre a terceirização de atividades-fim (ou atividades-principais) quando o assunto é trabalho temporário (Lei n.º 6019/1974), ganharam grande repercussão na mídia as apensadas ADIs 5.735, 5.695, 5.687, 5.686 e 5.685, julgadas pelo STF em 16/06/2020. Atualmente, nos termos da lei reputada constitucional, "*o contrato de trabalho temporário pode versar sobre o desenvolvimento de atividades-meio e atividades-fim*" (Lei n.º 6019/1974, art. 9º, §3º, com alterações pela Lei n.º 13.429/2017).

Os trabalhadores temporários têm direito à remuneração equivalente àquela dos empregados da categoria da empresa cliente, a férias proporcionais, a depósitos de FGTS, a benefícios e serviços da Previdência Social, a seguro de acidente do trabalho e à anotação de sua condição em CTPS (art. 60). A jornada não pode ser, em regra, superior a oito horas diárias (art. 61, *caput*). Horas extras devem ter remuneração 50% superior ao valor da hora normal (art. 61, §2º). Horas de trabalho noturnas devem ter acréscimo salarial de 20% (art. 62). O trabalhador temporário também faz jus ao descanso semanal remunerado (art. 63).

O contrato celebrado entre o trabalhador e a empresa de trabalho temporário deve conter, no mínimo, os direitos conferidos ao trabalhador e a indicação da empresa cliente (art. 65). Além disso, não pode ter vigência superior a 180 dias (art. 66), prorrogável por mais 90 dias por uma única vez (art. 66, parágrafo único). Vencidos os prazos, o trabalhador temporário apenas pode voltar a prestar serviços para um mesmo cliente se passados noventa dias desde o término do contrato anterior (art. 67), sob pena de reconhecimento de vínculo de emprego com a empresa cliente (art. 67, parágrafo único).

Não pode ser proibida a contratação do trabalhador temporário pela empresa-cliente como empregado (art. 68).

Aplicam-se as regras da CLT de rescisão indireta do contrato de trabalho aos contratos celebrados pelos trabalhadores temporários, seja em razão de atitudes da empresa cliente, seja em razão de atos da empresa de trabalho temporário (art. 69).

O Decreto distingue "*contrato individual de trabalho temporário*" de "*contrato individual de trabalho por prazo determinado*" (CLT, art. 443; Lei n.º 9.601/1998).

O Decreto ainda afirma que compete à Justiça do Trabalho dirimir litígios entre empresa de trabalho temporário, empresa cliente e trabalhador temporário (CLT, art. 73).

A empresa cliente responde subsidiariamente pelo inadimplemento de obrigações trabalhistas por parte da empresa de trabalho temporário pelo período da prestação de serviços (art. 74). Se a empresa de trabalho temporário falir, a tomadora de serviços responde solidariamente pelas verbas (art. 74, parágrafo único).

XI - gratificação de Natal, nos termos do disposto na Lei n.º 4.090, de 13 de julho de 1962, e na Lei n.º 4.749, de 12 de agosto de 1965

No Brasil, a Lei n.º 4.090/1962 instituiu a "*Gratificação de Natal*" para todos os trabalhadores empregados. Poucos anos depois, a Lei n.º 4.749/1965 estabeleceu que a Gratificação de Natal seria paga em duas parcelas, sendo uma entre fevereiro e novembro. Essas duas leis, embora antigas, estão em vigor até hoje e a Gratificação de Natal ganhou o nome de "*Décimo Terceiro Salário*" (expressão utilizada na Constituição de 1988, art. 7º, VIII).

O Decreto n.º 10.854 de 10/11/2021 (Marco Regulatório Trabalhista Infralegal) ao regular o assunto, inicialmente, repete o texto legal quanto ao conceito de décimo terceiro salário (cf. art. 76 com art. 1º da Lei n.º 4.090/1962). Posteriormente, explicita que também será devido nos casos de remuneração variável, levando-se em conta a média salarial do ano (art. 77). Na sequência, volta a repetir o texto legal quanto ao pagamento em duas parcelas, sendo uma até novembro de cada ano (cf. art. 78 com art. 2º da Lei n.º 4.749/1965). Em repetição ao texto legal, também é explicitado que a primeira parcela pode ser paga por ocasião das férias do empregado se esse assim o requerer em janeiro (cf. art. 79 com art. 2º, §2º, da Lei n.º 4.749/1965). No caso de remuneração paga em utilidades (art. 458, §2º, mensalidades de curso de educação, assistência médica, por exemplo), o cálculo do décimo terceiro salário deve incluir os valores descontados em holerite relativos às utilidades (art. 80). Faltas legais e justificadas não serão deduzidas quando do cálculo do valor das férias (cf. art. 81 com art. 2º da Lei n.º 4090/1962). Em caso de rescisão contratual sem justa causa, é devido o décimo terceiro salário proporcional ao tempo trabalhado (cf. art. 82 com o art. 3º da Lei n.º 4090/1962). Em caso de rescisão em que a primeira parcela do décimo terceiro já foi paga, o empregador pode compensar o valor já quitado nas verbas resilitórias se a situação resultar em pagamento a mais da Gratificação Natalina (art. 82, parágrafo único).

XII - relações individuais e coletivas de trabalho rural, nos termos do disposto na Lei n.º 5.889, de 8 de junho de 1973

A Consolidação das Leis do Trabalho foi concebida em 1943, em essência, para o trabalho não-doméstico em ambiente *urbano* em benefício de pessoas jurídicas de direito privado (CLT, art. 7º). Diz-se que o trabalho rural foi regulado no Brasil de modo sistêmico, pela primeira vez, por meio da Lei n.º 4.214/63 (Estatuto do Trabalhador Rural). Este diploma, entretanto, não teria tido tanta eficácia prática. Dez anos depois, adveio a Lei n.º 5.889/1973, comumente denominada de "Lei do Trabalhador Rural", vigente até hoje.

Trabalhadores urbanos e ruais possuem direitos mínimos previstos na Constituição de 1988 (CRFB, art. 7º).

Anualmente no Brasil, ainda muitos trabalhadores são resgatados de condições de trabalho escravo em ambiente rural, sendo importantíssima, assim, a legislação sobre o labor no agronegócio.

Considera-se empregado rural, em síntese, aquele que labora como pessoa física de forma não eventual mediante salário com subordinação (dependência) em propriedade rural de pessoa física ou jurídica que explore atividade agro-econômica (Lei n.º 5.889/1973, arts. 2º e 3º). Às relações de trabalho rural são aplicadas as disposições específicas da Lei n.º 5.889/1973, sendo a CLT aplicada apenas naquilo que não colidir com as particularidades do trabalho no campo (Lei n.º 5.889/1973, art. 1º)

Por muitos anos, a Lei do Trabalhadora Rural foi regulamentada pela Decreto n.º 73.626/1974. Este, porém, foi integralmente revogado pelo Decreto n.º 10.854 de 10/11/2021 (Marco Regulatório Trabalhista Infralegal).

Aos empregados rurais é assegurado um intervalo intrajornada de no mínimo 1h para todo trabalho contínuo superior a seis horas (art. 87, §1º).

Entre duas jornadas do trabalhador rural, deve haver um intervalo interjornada mínimo de 12h (art. 88).

As horas noturnas do trabalhador rural tem acréscimo salarial mínimo de 25% (art. 92), sendo consideradas noturnas: na pecuária, aquelas entre 20h de um dia e 4h do dia seguinte; e na lavoura, aquelas entre 21h de um dia 5h do dia seguinte.

Normas de saúde e segurança no trabalho, de jornada, de trabalho noturno e de trabalho do menor aplicáveis aos empregados rurais são também aplicáveis aos trabalhadores rurais sem vínculo empregatício (art. 94).

Empregados rurais não podem sofrer descontos salariais superiores a 20% por ocupação de morada fornecida pelo empregador, nem descontos superiores a 25% pelo fornecimento de alimentação (art. 95, I e II). Ademais, eventuais descontos devem ser previamente autorizados (art. 95, §1º). As moradias devem ser salubres e higiênicas (art. 95, §2º). Descontos de moradia devem ser divididos proporcionalmente por vários empregados se a moradia for utilizada por mais de um (art. 95, §3º). São vedadas moradias coletivas de famílias (art. 95, §3º). Em caso de ruptura contratual, o empregado deve desocupar a morada no prazo de trinta dias do término da relação laboral (art. 95, §4º).

A aposentadoria por idade do empregado rural não afeta seu vínculo empregatício (art. 100).

Empregadores rurais que tenham a seus serviços mais de cinquenta trabalhadores, com famílias, devem conservar escola primária gratuita para os menores dependentes (art. 102).

XIII - vale-transporte, nos termos do disposto na Lei n.º 7.418, de 16 de dezembro de 1985

O "vale-transporte" é um adiantamento salarial feito empregador para que o empregado consiga fazer frente a despesas de deslocamento residência-trabalho através de sistemas de transporte público (Lei n.º 7.418/1985, art. 1º). Quando concedido, não tem, nos termos da lei, natureza salarial, nem serve de base de contribuições previdenciárias, de recolhimentos ao FGTS ou de tributos (Lei n.º 7.418/1985, art. 1º). O empregador pode descontar do salário-básico (art. 117) o valor do vale-transporte até o limite de 6% do salário do empregado (Lei n.º 7.418/1985, art. 4º, parágrafo único; art. 114). Todas as empresas de transporte coletivo público devem comercializar vale-transporte (Lei n.º 7.418/1985, art. 5º).

Conforme o Decreto n.º 10.854 de 10/11/2021 (Marco Regulatório Trabalhista Infralegal), fazem jus ao vale-transporte celetistas, trabalhadores temporários, atletas profissionais e empregados domésticos (art. 106).

Define-se o deslocamento residência-trabalho pela soma dos meios de transporte necessários para o trajeto (art. 107, parágrafo único).

O empregador que se encarrega de fornecer veículos adequados de transporte de seus empregados em seus trajetos casa-trabalho fica desobrigado de fornecer vale-transporte (art. 109).

O empregador não pode substituir o vale-transporte por dinheiro ou outra forma de pagamento, exceto no caso de trabalho doméstico (art. 110).

O empregado deve informar ao empregador o seu endereço residencial e os meios de transportes mais adequados ao seu deslocamento residência-trabalho (art. 112, I e II). Além disso, o empregado se compromete a usar o vale-transporte apenas para o fim do deslocamento casa-trabalho, sob pena de incidir, nos termos do decreto, em falta grave (art. 112, §3º).

É vedado acumular vale-transporte com outras vantagens relativas a transporte, exceto no caso o empregador fornecer transporte apenas para trecho do trajeto casa-trabalho (art. 113).

Órgãos administrativos com competência sobre serviços de transporte público coletivo urbano devem controlar o sistema do vale-transporte (arts. 118, 119, 120 e 122) e o vale-transporte é de aceitação compulsória pelas empresas operadoras (art. 129) que devem manter permanentemente registro do seu uso (art. 130). Empresas operadoras estão sujeitas a sanções em caso de desrespeito às disposições sobre vale-transporte (arts. 134 e 135).

O vale-transporte deve ser comercializado em postos estratégicos distribuídos na cidade (art. 123).

O empregador deve adquirir o vale-transporte em quantidade e tipo que melhor se adeque ao deslocamento do empregado (art. 124), conforme aspectos recomendados pela experiência local (art. 127), e deve adquirir o vale-transporte pelo valor da tarifa integral, ainda que a legislação local preveja descontos de tarifa (art. 125).

A venda do vale transporte é comprovada por meio de recibo emitido pela vendedora (art. 126).

O vale-transporte poderá ser emitido na forma de bilhetes simples ou múltiplos, talões, cartelas, fichas, cartão digital ou quaisquer processos similares, eletrônicos ou digitais (art. 128, parágrafo único).

Nos casos de reajuste de tarifas de transporte, o vale-transporte pode ser utilizado normalmente pelo prazo estabelecido pelo poder concedente ou ser trocado pelo empregador, no prazo de trinta dias, sem ônus (art. 131).

Órgão da administração pública federal zelará pelo Sistema Nacional de Informações da Mobilidade Urbana e será alimentado estatisticamente pelas empresas envolvidas na concessão e uso do vale-transporte (arts. 132 e 133).

O empregador pode deduzir do imposto de renda o valor comprovadamente utilizado na aquisição de vale-transporte (art. 136).

XIV - Programa Empresa Cidadã, destinado à prorrogação da licença-maternidade e da licença-paternidade, nos termos do disposto na Lei n.º 11.770, de 9 de setembro de 2008

O "*Programa Empresa Cidadã*" foi instituído em 2008 (Lei n.º 11.770/2008) e complementado em 2016 (Lei n.º 13.257/2016).

Pessoas jurídicas aderentes ao Programa tem direito a benefício fiscal quando da tributação de seu lucro real (Lei n.º 11.770/2008, art. 5º). Em troca do benefício tributário, as empresas aderentes devem prorrogar eventuais licenças-maternidade e licenças-paternidade de seus empregados (Lei n.º 11.770/2008, art. 1º).

Em regra, a licença-maternidade (licença à gestante) é de 120 dias (CRFB, art. 7º, XVIII). Empresas aderentes devem conceder 180 dias (Lei n.º 11.770/2008, art. 1º, I).

Em princípio, por sua vez, a licença-paternidade é de cinco dias (ADCT, art. 10, §1º). Empresas aderentes devem conceder 20 dias (Lei n.º 11.770/2008, art. 1º, II).

A aderência ao Programa pelas pessoas jurídicas é feita por meio de requerimento ao Ministério da Economia (art. 138), observada a legislação sobre Imposto de Renda (art. 139) e eventuais outras normas do Ministério da Economia e do INSS (art. 142).

XV - situação de trabalhadores contratados ou transferidos para prestar serviços no exterior, nos termos do disposto no § 2º do art. 5º, nos § 1º a § 4º do art. 9º e no art. 12 da Lei n.º 7.064, de 6 de dezembro de 1982

Há competência da Justiça do Trabalho do Brasil para tratar de ações oriundas de relações de trabalho com prestação de serviços no exterior com o envolvimento de brasileiros contratados no Brasil, desde que não haja convenção internacional em sentido contrário (CLT, art. 651, §2º; CRFB, art. 114, I). Válido dizer, brasileiros contratados no Brasil que laboram no exterior não estão reféns da própria sorte. O Judiciário do Brasil está disponível para proteger a dignidade de brasileiros contratados no Brasil que laboram fora das linhas do território nacional.

Em 2021, o TST não reconheceu, nem negou, a competência da Justiça do Trabalho do Brasil em lide que tratava de pessoa contratada no exterior e transferida para o Brasil, ventilando que os contratantes deveriam assegurar o cumprimento da legislação do local da execução dos serviços (TST, Ag-AIRR - 1002212-87.2016.5.02.0081, Pub. 03/09/2021).

Se, todavia, determinada pessoa (eventualmente brasileira, ainda que domiciliada no Brasil) for contratada efetivamente no exterior por empresa estrangeira para prestação de serviços em território estrangeiro não há competência da Justiça do Trabalho do Brasil (*TST, ARR - 2091-06.2013.5.03.0097, Pub. 01/12/2017, Trânsito em Julgado em 01/12/2017*).

Em vigor até hoje, a Lei n.° 7.064/1982 é o norte dos operadores do direito quando o assunto é trabalho de brasileiros (I) contratados no Brasil *para* prestar serviços no exterior ou (II) contratados no Brasil e *transferidos* para o exterior (Lei n.° 7.064/1982, arts. 1° e 2°), sendo que a lei disciplina, não com clareza solar, três hipóteses em que o empregado deve ser considerado como que transferido (Lei n.° 7.064/1982, art. 2°).

A legislação especial é aplicável apenas se a estadia no exterior for por período superior a 90 dias (Lei n.° 7.064/1982, arts. 1°).

Empresas responsáveis pela transferência de empregados para o exterior devem assegurar aos trabalhadores em território estrangeiro os direitos previstos na Lei n.° 7.064/1982 e a aplicação da legislação brasileira naquilo que for mais favorável (Lei n.° 7.064/1982, arts. 3°, *caput*).

Mediante ajuste escrito, empregador e empregado fixam os valores do salário-base e do adicional de transferência (Lei n.° 7.064/1982, arts. 4°).

O salário-base deve ser fixado em moeda nacional (Lei n.° 7.064/1982, arts. 5°, primeira parte). É assegurado ao empregado o direito de remeter sua renda para o local de trabalho (Lei n.° 7.064/1982, arts. 5°, primeira parte), observado o disposto em 'regulamento' (atualmente, o Marco Regulatório Trabalhista Infralegal, Decreto n.° 10.854/2021).

As remessas devem ser feitas por instituição autorizada pelo Banco Central do Brasil após requerimento formulado pelo empregado com declaração da entidade empregadora (art. 145).

O período de duração da transferência no exterior é computado no tempo de serviços do empregado para todos os efeitos da legislação brasileira (Lei n.° 7.064/1982, arts. 9°, *caput*, primeira parte).

Deve ocorrer recolhimentos ao FGTS relativos ao empregado transferido para outro país (Lei n.° 7.064/1982, arts. 3°, parágrafo único).

Se, no exterior, o contrato for tido como de natureza "autônoma", o empregador fica autorizado a deduzir, em liquidação de direitos, pagamentos relativos aos depósitos de FTGS realizados, valendo o câmbio do dia do pagamento e estando os depósitos de FGTS sujeitos à levantamento pelo empregador apenas após homologação judicial (Lei n.° 7.064/1982, arts. 9°, §§ 1° a 4°). Nessas situações, nos termos do Decreto 10.854/2021, nos repasses financeiros realizados pelo empregador ao empregado, podem ser deduzidos os dispêndios do empregador com recolhimento de FGTS (art. 146, *caput*). Apenas por meio de homologação judicial o empregador pode levantar os valores na conta vinculada, sendo necessária a apresentação, em juízo, de documentos com tradução juramentada (art. 146, §1° a §3°).

A contratação de trabalhador por empresa estrangeira para trabalhar no exterior está condicionada à autorização do Ministério do Trabalho (Lei n.° 7.064/1982, art. 12). A autorização apenas será concedida após requerimento da empresa, com comprovações de sua existência jurídica, de sua participação em empresa brasileira, da existência de procurador no Brasil para receber citações e da responsabilidade da empresa no Brasil da qual faz parte no cumprimento de todas as obrigações decorrentes da contratação do empregado (art. 150).

XVI - repouso semanal remunerado e pagamento de salário nos feriados civis e religiosos, nos termos do disposto na Lei n.° 605, de 5 de janeiro de 1949

Todo empregado tem direito a um descanso semanal remunerado (DSR) também chamado de repouso semanal remunerado (RSR), preferencialmente aos domingos (CRFB, art. 7°, XV; CLT, art. 67; Lei n.°6 05/1949, art. 1°; art. 152). Nos limites das exigências técnicas das empresas, todo empregado também tem direito a repouso nos feriados civis e religiosos (CLT, art. 70; Lei n.º 605/1949, art. 1º; art. 152) remunerado (art. 153, *caput*).

Constitui objeto ilícito de acordo ou convenção coletiva de trabalho a supressão ou redução de repousos semanais remunerados (CLT, art. 611-B, IX).

O empregado perde o direito à *remuneração* do descanso semanal se não houver trabalhado, sem motivo justificado, toda a semana anterior (Lei n.º 605/1949, art. 6º, *caput*; art. 158). Ausências justificadas não ensejam, é claro, a perda do direito à remuneração (Lei n.º 605/1949, art. 6º, §1º; art. 159).

Para os empregados mensalistas e quinzenalistas já se consideram como englobados pelo salário habitualmente pago as remunerações dos descansos semanais (Lei n.º 605/1949, art. 7º, §2º; art. 157, §2º).

Para os empregados mensalistas em escala 12x36, nos termos da lei, já se consideram remunerados os descansos semanais e já se consideram remunerados e compensados os feriados (CLT, art. 59-A, parágrafo único, incluído pela Reforma Trabalhista de 2017, Lei n.º 13.467/2017).

Caso haja trabalho em feriado sem concessão de folga em outro dia pelo empregador, a remuneração do dia laborado em que foi feriado deve ser paga em dobro (Lei n.º 605/1949, art. 9º; TST, Súmula 146).

Caso haja trabalho em dia de descanso semanal sem a concessão de folga em outro dia pelo empregador, a remuneração do dia trabalhado que deveria ser de descanso deve ser paga em dobro (art. 154, §3º; TST, Súmula 146).

O desrespeito à legislação sobre descanso semanal remunerado e sobre descanso em feriados sujeita o empregador a multa (Lei n.º 605/1949, art. 12; art. 160) aplicável pelo Ministério do Trabalho (Lei n.º 605/1949, art. 13; art. 161).

XVII - Relação Anual de Informações Sociais - RAIS

A Relação Anual de Informações Sociais (RAIS) foi instituída pelo Decreto n.° 76.900/1975. A RAIS, interpreta-se, foi tratada pela CLT em seus artigos 360 a 362.

O Decreto 76.900/1975 foi integralmente revogado pelo Marco Regulatório Trabalhista Infralegal (Decreto n.° 10.854 de 10/11/2021, art. 187, XI) que disciplinou que ato do Ministério do Trabalho disporia sobre a forma de captação e processamento da RAIS (art. 163, §2°).

A RAIS deve conter elementos para suprir as necessidades de estatística das entidades governamentais e para subsidiar o pagamento dos abonos salariais da Lei n.° 7.998/1990 (art. 163, *caput*). Além disso, contribui para o PIS/Pasep e para os controles de nacionalização do trabalho e de recolhimentos de FGTS (art. 164).

As informações da RAIS são declaradas por pessoas físicas e jurídicas que tenham mantido empregados, exceto domésticos (art. 163, §1°). A RAIS contém informações sobre os empregadores e seus respectivos empregadores (art. 165).

A RAIS não deve ser confundida com o CAGED (Lei n.° 4.923/65). O Cadastro Permanente das Admissões e Dispensas de Empregados tem periodicidade mensal (Lei n.° 4.923/65, art. 1°, §1°).

XVIII - Programa de Alimentação do Trabalhador - PAT.

Diz-se que o "Programa de Alimentação do Trabalhador" (PAT) foi instituído pela Lei n.° 6.321/1976. Atualmente, encontra-se expressamente regulamentado pelo Decreto n.° 10.854 de 10/11/2021 (Marco Regulatório Trabalhista Infralegal), com normas complementares na Portaria MTP/GM n.° 672, de 8 de novembro de 2021.

O Programa visa atender trabalhadores de baixa renda com o fornecimento de alimentos prontos ou cestas. Dados do Ministério do Trabalho referentes ao mês de dezembro de

2021 apontam mais de 22 milhões de trabalhadores como beneficiários do PAT (http://pat.mte.gov.br/relatorios2008/RelTotalPAT.asp).

O PAT é gerido de forma compartilhada pelos Ministérios do Trabalho, da Economia e da Saúde (art. 167). Cabe aos Ministérios do Trabalho e da Economia elaborar estudos de avaliação do PAT (art. 180). Cabe ao Ministério do Trabalho manter lista de estabelecimentos comerciais credenciados (art. 181, §1º).

Pessoas jurídicas interessadas em usufruir dos benefícios fiscais do PAT devem requerer sua inscrição no Ministério do Trabalho (art. 168).

A pessoa jurídica inscrita no PAT pode manter serviço próprio de refeições ou firmar contratos, pré-pagos (art. 175), com entidades de alimentação coletiva (art. 169).

As entidades de alimentação coletiva podem ser do tipo de *fornecimento de alimentos* ou de *facilitação de aquisição de alimentos* (art. 170). As facilitadoras são responsáveis pelo cumprimento das regras do PAT (art. 176) e devem compartilhar redes credenciadas (art. 177).

Se o empregador mantiver serviço próprio de refeições, não pode fazer pagamentos em dinheiro: deve optar pela prestação *in natura* ou por meio de instrumentos de pagamento (art. 178, *caput*). Neste caso, as parcelas não têm natureza salarial, nem refletem no FGTS (art. 178, I, II e III).

A pessoa jurídica empregadora aderente poderá abranger todos os seus empregados e atender prioritariamente os de baixa renda (art. 171).

As deduções de imposto de renda decorrentes do PAT devem ser iguais para todos os trabalhadores e respeitar a legislação tributária específica (art. 172).

As pessoas jurídicas beneficiárias do PAI devem monitorar a saúde e a nutrição adequada de seus trabalhadores (art. 173).

O serviço de pagamento de alimentação possuí regramento legal próprio repleto de particularidades, como obediência à Lei n.º 12.865/2013, depósitos em conta separada, utilização exclusiva para pagamento de refeições e vedação de saques (art. 174). O empregador deve orientar o empregado quanto à utilização dos recursos (art. 174, §2º).

O descumprimento das regras do PAT pelas empresas beneficiárias acarreta sanções, descredenciamento e perda do incentivo fiscal (art. 179, II). O Ministério do Trabalho deve estar aberto para receber denúncias (art. 181).

O trabalhador pode optar, desde que expressamente, pela portabilidade gratuita do serviço de pagamento de alimentação (art. 182).

Lei n.º 14.238 de 19/11/2021 (Estatuto da Pessoa com Câncer)

Todos os ramos de nosso ordenamento jurídico são pautados pela dignidade da pessoa humana (CRFB, art. 1º, III) e pelo dever do Estado de garantir a proteção da saúde (CRFB, art. 196). É dever do Estado promover campanhas de conscientização sobre os direitos e os benefícios trabalhistas e processuais da pessoa com câncer (art. 7º, X).

Constituí objetivo da República promover o bem de todos, sem quaisquer formas de discriminação (CRFB, art. 3º, IV). É expressamente proibida a adoção de práticas discriminatórias de acesso à relação de trabalho ou de sua manutenção (Lei n.º 9.029/1995).

O término da relação de trabalho por ato discriminatório, além de reparação por danos morais, faculta ao empregado optar entre a reintegração com ressarcimento integral do período de afastamento e a percepção, em dobro, da remuneração do período de afastamento (Lei n.º 9.029/1995, art. 4º).

Em 2013, o TST explicitou em ementa de acórdão que a Lei n.º 9.029/1995, art. 4º, não definiu qual o período a ser considerado como de afastamento no caso de determinação para o pagamento em dobro da remuneração do período de afastamento, não tendo conhecido recurso de revista interposto contra decisão regional que considerou como termo do afastamento a data da aposentadoria ou o trânsito em julgado do processo (*TST, 6ª Turma, ARR - 43600-96.2010.5.17.0010, DEJT 18/10/2013*).

A dispensa de empregado portador de doença grave que suscite preconceito é *presumidamente* discriminatória e enseja direito à reintegração ao posto de trabalho (TST, Súmula 443).

São relativamente recorrentes na Justiça do Trabalho disputas ao redor da licitude, ou não, de dispensas de empregados portadores de câncer.

O TST já reconheceu no passado, por exemplo, que o câncer de mama suscita estigma ou preconceito, tendo mantido a reintegração de reclamante cujo empregador não provou que a dispensa se deu por motivo diverso (*TST, SBDI-I, Ag-E-Ag-ARR - 16-19.2015.5.09.0594, DEJT 03/09/2021*). Em outra oportunidade, o TST deixou claro que o câncer é doença causadora de estigma e preconceito, tendo o empregador que provar que eventual dispensa se deu dentro da legalidade, não por discriminação (*TST, SBDI-I, E-ED-RR - 25925-10.2014.5.24.0003, DEJT 21/05/2021*).

Quando o trabalhador ou qualquer de seus dependentes é acometido de neoplasia maligna, há direito ao saque do FGTS (Lei n.° 8.036, art. 20, XI).

O trabalhador portador de neoplasia maligna tem direito à prioridade na tramitação de seu processo judicial (art. 4°, §2°, IV; CPC, art. 1048, I).

São isentos de imposto de renda os proventos de aposentadoria do portador de neoplasia maligna (Lei n.° 7.713/1988, art. 6°, XIV).

Lei n.° 14.258 de 03/12/2021 (profissão de compositor)

A lei reconhece a atividade de "compositor" como profissão artística (art. 1º). Considera-se compositor o autor de obras musicais (art. 2º). As músicas são obras intelectuais protegidas por direitos autoriais (Lei n.º 9.610/1998, art. 7º, V).

A lei do compositor não dispõe de direitos específicos em caso de vínculo empregatício, como jornada reduzida ou adicional de horas extras superior ao previsto na Constituição.

Músicos empregados, porém, tem, em regra, duração de trabalho de seis horas em teatros e congêneres (CLT, art. 232). Quantidade esta que pode ser elevada até oito horas (CLT, art. 233).

Lei n.º 14.261, de 16.12.2021 (recriação do Ministério do Trabalho e Domicílio Eletrônico Trabalhista)

Resultado da conversão em Lei da MP n.º 1058/2021, a Lei n.º 14.261/2021 manteve a recriação do Ministério do Trabalho e Previdência (art. 1).

Ponto interessante na lei que não constava na redação da medida provisória foi a alteração na CLT para inserção de um artigo sobre "*Domicílio Eletrônico Trabalhista*" (CLT, art. 628-A), conceito que havia sido trazido na MP n.º 905/2019 (sobre contratos de trabalho verde amarelos), revogada pela MP n.º 955/2020 - medida esta que, por sua vez, perdeu vigência.

O Domicílio Eletrônico Trabalhista é regulamentado pelo Ministério do Trabalho e destinado a facilitar a comunicação entre este e empregadores (CLT, art. 628-A). Por meio do domicílio eletrônico trabalhista são enviados avisos e recebidos documentos, defesas e recursos administrativos (CLT, art. 628-A, I e II). Comunicações realizadas pelo Domicílio Eletrônico Trabalhista dispensam publicação do DOU e o envio de mensagens postais (CLT, art. 628-A, §1º). O pleno uso do sistema depende de certificação digital (CLT, art. 628-A, §1º).

A digitalização e informatização de procedimentos correm no sentido de redução de custos, celeridade e efetividade na ação fiscal (CRFB, art. 37, *caput*). Não surpreende que o conceito seja contemporâneo ao de Livro de Inspeção do Trabalho Eletrônico - eLIT (Decreto n.º 10.854/2021, art. 11).

Acresce: art. 628-A.

Emenda Constitucional n.º 114 de 16/12/2021 (PEC dos Precatórios e Renda Básica Familiar)

A EC n.º 114/2021 ganhou notoriedade na mídia pelo nome de "*PEC dos Precatórios*" por alterar o artigo 100 da Constituição sobre precatórios e por, em especial, acrescer um artigo 107-A ao ADCT. A alteração no texto constitucional teria sido motivada pela tentativa de abrir espaço no orçamento da União para o pagamento do chamado "Auxílio Brasil", tendo sido atividade legislativa permeada de receios de "*calote*" e "*desrespeito ao teto de gastos*".

Aos direitos sociais previstos no art. 6º da Constituição, foi acrescido o direito a uma renda básica familiar em caso de vulnerabilidade social (CRFB, art. 6º, parágrafo único). O Poder Público deve assegurar que haja um programa permanente de transferência de renda, conforme a lei (CRFB, art. 6º, parágrafo único). A assistência social governamental, por sua vez, passou a ser pautada também pelo objetivo de reduzir a vulnerabilidade socioeconômica de famílias em situação de pobreza (CRFB, art. 203, VI).

Lei n.º 14.282 de 28/12/2021 (despachante documentalista)

A lei regula a profissão de "*despachante documentalista*". É despachante documentalista quem tem registro no Conselho Federal dos Despachantes Documentalistas do Brasil (Lei n.º 10.602/2002; art. 1º). Despachantes documentalistas são, em essência, responsáveis por acompanhar a tramitação de procedimentos de terceiros em órgãos públicos (art. 3º, *caput* e § 1º).

Para ser despachante documentalista é necessário ter 18 anos ou mais (ou ser emancipado), ser graduado em nível tecnológico em curso reconhecido na forma da lei e estar inscrito em conselho regional de despachantes documentalistas (art. 5º).

O exercício da profissão pode ocorrer mediante a constituição de pessoa jurídica (art. 2º).

É vedado ao despachante documentalista prestar atos privativos da advocacia (art. 8º, VI), sendo responsável por eventuais prejuízos que causar aos seus comitentes ou ao Poder Público (art. 9º).

O Conselho Federal dos Despachantes Documentalistas do Brasil (CFDD/BR) deve manter Código de Ética da profissão (art. 10).

Durante a tramitação legislativa de aprovação do diploma, o Congresso Nacional derrubou, em 17/12/2021, veto da Presidência da República (Veto Total n.º 630/2021). O veto total tinha a proposição legislativa por inconstitucional por restringir a livre iniciativa e a liberdade associativa para o exercício da profissão de despachante, tendo por premissa que a profissão não exigiria conhecimentos técnicos e científicos complexos. Em notícias sobre a regulamentação da profissão de despachante documentalistas, encontram-se discussões sobre perda de mercado de atuação para advogados.

Lei n.º 14.284 de 29/12/2021 (Programa Auxílio Brasil e Programa Alimenta Brasil)

Os programas *Auxílio Brasil* e *Alimenta Brasil* vem, declaradamente, em substituição aos programas *Bolsa Família* e *de Aquisição de Alimentos* (art. 1º).

Foi expressa e integralmente revogada a Lei n.º 10.836/2004 que havia criado o Programa Bolsa Família (art. 46, IV). Também foi revogado expressamente o artigo 19 da Lei n.º 10.696/2003 que instituía o Programa de Aquisição de Alimentos (art. 46, II).

A lei foi dividida em quatro capítulos: o primeiro sobre o

Programa Auxílio Brasil; o segundo sobre o Programa Alimenta Brasil; o terceiro foi vetado pela Presidência da República; e o quarto sobre disposições finais e transitórias.

O Programa Auxílio Brasil (capítulo I) foi instituído no âmbito do Ministério da Cidadania (art. 2°, *caput*), tendo por objetivo a redução de situações de pobreza e a melhoria de condições de vida de crianças e jovens (art. 2°, §1°).

O Programa Auxílio Brasil possuí quatro benefícios principais (art. 4°): *I - Benefício de Primeira Infância, II - Benefício Composição Familiar, III - Benefício de Superação da Extrema Pobreza e IV - Benefício Compensatório de Transição.* Além desses, a lei prevê cinco tipos de incentivos ao esforço individual (art. 5°): *I - o Auxílio Esporte Escolar, II - a Bolsa de Iniciação Científica Júnior, III - o Auxílio Criança Cidadã, IV - o Auxílio Inclusão Produtiva Rural e V - o Auxílio Inclusão Produtiva Urbana.*

São elegíveis ao Programa Auxílio Brasil, em essência, as famílias cuja renda familiar *per capita* mensal seja de até 210 reais (art. 4°, §1°).

Válido dizer, na letra da lei, ao menos em princípio, uma família (art. 3°, II) com uma trabalhadora com salário mínimo de R$ 1.212,00 em 2022 e com quatro (4) filhos para sustentar teria renda mensal *per capita* de R$ 242,40 mensais e estaria inelegível para o programa. Do exemplo, depreende-se que são verdadeiramente restritos os beneficiários do Programa, voltado para pessoas em situação de pobreza ou de extrema pobreza.

São condições para manutenção de família no Programa a realização de pré-natal, o cumprimento de calendário de vacinação e frequência escolar mínima, nos termos de regulamento (art. 18).

O *Benefício de Primeira Infância* é de 130 reais mensais e destinado a famílias com crianças de até 3 anos (art. 4°, I).

O *Benefício Composição Familiar* é de 65 reais mensais e destinado a famílias com gestantes, nutrizes e pessoas com idade entre 3 e 20 anos (art. 4°, II).

O *Benefício de Superação da Extrema Pobreza* é destinado a famílias em extrema pobreza, isto é, àquelas com renda familiar *per capita* igual ou inferior 105 reais (art. 4º, III, §1º, II). Tem valor variável e não definido expressamente em lei (art. 4º, §7º).

O *Benefício Compensatório de Transição*, por sua vez, volta-se às famílias outrora beneficiárias do Programa Bolsa Família (art. 4º, IV). Tem valor variável (art. 4º, §§ 8º e 9º).

Os pagamentos do Programa Auxílio Brasil são efetuados mediante "*agentes pagadores*" que são instituição financeiras federais ou de direito privado mediante condições a serem pactuadas com o governo federal (art. 25).

Ponto interessante da lei é seção específica chamada "*Do Controle Social*" que explicita que será de acesso público a relação dos beneficiários e dos respectivos benefícios e auxílios do Programa Auxílio Brasil (art. 27).

O Programa Alimenta Brasil, por sua vez, volta-se a incentivar a agricultura familiar e a promover acesso à alimentação de qualidade (art. 30) por meio de ações diretas e indiretas (art. 32, §1º) de compra com doação, compra, incentivo à produção, apoio à formação de estoques e compra institucional (art. 33), sendo possível a dispensa de licitação em algumas hipóteses (art. 34). Quando da aquisição de alimentos pelo Poder Público, é necessária prévia disponibilidade orçamentária e financeira (art. 32, §4º). Supervisiona o Programa o Grupo Gestor do Programa Alimenta Brasil, instituído pelo Poder Executivo Federal e com atribuições definidas em regulamento (art. 31).

Como um todo, a lei tem 47 artigos, tendo sido utilizada a expressão "*nos termos do regulamento*" 34 vezes pelo legislador. A lei foi publicada em 30/12/2021, tendo o Poder Executivo 90 dias para adequar e editar atos normativos relativos ao Programa Auxílio Brasil (art. 47, parágrafo único).

MP n.º 1.091 de 30/12/2021 (salário mínimo, 2022)

A medida provisória define que a partir de 01/01/2022, o

salário mínimo será de R$ 1.212,00 (art. 1º), sendo de o valor diário de R$ 40,40 (1/30) e o valor da hora de R$ 5,51 (1/220).

Conforme a exposição de motivos, chegou-se ao valor novo com base na variação de 10,02% do INPC em 2021 e foi estimado que cada aumento bruto de um real elevaria as despesas públicas em 364 milhões em 2022, tendo em vista os programas sociais federais (EMI n.º 00392/2021 ME MTP).

Lei n.º 14.289 de 03/01/2022 (dever de preservação de sigilo sobre HIV e outras doenças)

Empregadores já devem ser, por regra, cautelosos no manejo de informações pessoais de seus empregados, especialmente no tocante à saúde destes (LGPD, Lei n.º 13.709/2018, arts. 5º, III, e 7º).

A nova lei consigna ser obrigatória a preservação do sigilo sobre a condição de pessoa que vive com infecção pelos vírus da imunodeficiência humana (HIV) e das hepatites crônicas (HBV e HCV) e de pessoa com hanseníase e com tuberculose (art. 1º). A regra também vale para processos judiciais (art. 5º). O desrespeito ao sigilo sujeita o agente infrator, público ou privado, à sanção administrativa e a indenizar a vítima (art. 6º).

A dispensa de empregado portador de doença grave que suscite preconceito é presumidamente discriminatória e enseja direito à reintegração ao posto de trabalho, sendo o enunciado válido especialmente para casos de empregados portadores do vírus HIV (TST, Súmula 443).

CONSOLIDAÇÃO DAS LEIS DO TRABALHO

Decreto-Lei n.º 5.452/1943

TÍTULO I

INTRODUÇÃO

Art. 1° - Esta Consolidação constitui as normas que regulam as relações individuais e coletivas de trabalho, nela previstas.

A busca pelos direitos trabalhistas foram um grande avanço dos trabalhadores, que laboravam de forma escrava, sem ter assegurados os direitos mínimos, garantidores da dignidade da pessoa humana. Com a revolução Industrial, a necessidade de pessoas para operarem as maquinas foram constantes, começando a existir um trabalho assalariado, mas porém sem uma norma que protegesse os direitos dos trabalhadores, começando a surgir uma crise social, que passam a realizar vários movimentos ao longo da história para regulamentar os direitos do trabalhador e principalmente da mulher e do menor, que submetiam ao mesmo trabalho das demais pessoas.

Assim, em 1943, foi promulgada a Consolidação da Leis Trabalhistas, que passaram a ter previsão na Constituição Federal em um capitulo próprio. Essa Consolidação, reuniu as várias leis espaças em um único livro, que é conhecido como os direitos dos trabalhadores, regulamentando as relações individuais e coletivas do trabalho em seu artigo primeiro.

As relações individuais do trabalho são aquelas que se originam entre o trabalhador e seu empregador, sem que tenha um terceiro sindicato para se estabelecer.

Já as relações coletivas de trabalho, são aquelas oriundas de um grupo de trabalhadores representados pelo sindicato de classe e sindicato patronal ou a própria empresa.

Art. 2° - Considera-se empregador a empresa, individual ou coletiva, que assumindo os riscos da atividade econômica, admite, assalaria e dirige a prestação pessoal de serviço.

Empregador, para os efeitos da lei, é toda pessoa física ou jurídica, individual ou coletiva que detém o poder de controle sobre o operário, admitindo, assalariando e dirigindo a prestação do serviço.

Desta forma, muito embora a empresa apresente com uma denominação no contrato individual de trabalho e posteriormente faça uma alteração do seu nome "estrutura jurídica" no decorrer do contrato laboral, está não afeta em nada os direitos adquiridos/contrato do empregado (Art. 10° e 448, CLT).

No tocante ao empregador rural, deve-se mencionar que este, além de ter os requisitos acima citados, tem que explorar atividade agroeconômica e agrária, em caráter permanente ou temporário, através de preposto ou com auxilio de empregados. Considera-se atividade agroeconômico àquela que cultiva plantas e hortaliças, cria animais (gado, aves, suínos, equinos...), esta pode ser exercida na região rural, que é usualmente visto ou pode ser exercida em áreas urbanas, que trata-se de exceção, (Art.3°e 4° da Lei 5.889/1973).

O empregador doméstico tem peculiaridades que diferem do empregador urbano, pois no caso do patrão doméstico, este pode ser considerado à pessoa ou à família que admite os serviços do empregado, sem finalidade lucrativa, ou seja o doméstico não pode prestar serviço para pessoa que exercem atividade com intuito econômico, sob pena de ser considerado trabalhador urbano e não doméstico. (Art.3°, II, do Decreto 71.885/19733).

§ 1° - Equipara-se ao empregador, para fins exclusivos da relação de emprego, os profissionais liberais, as instituições de beneficência, as associações recreativas ou outras instituições sem fins lucrativos, que admitirem trabalhadores como empregados.

Neste parágrafo, o legislador pondera que mesmo tratando-se de instituições sem fins lucrativos ou profissionais liberais, uma vez presente os requisitos fáticos jurídicos da configuração de empregado, configura-se uma relação de emprego, logo serão essas instituições empregadoras para todos os efeitos legais.

§ 2° - Sempre que uma ou mais empresas, tendo, embora, cada uma delas, personalidade jurídica própria, estiverem sob a direção, controle ou administração de outra, ou ainda quando, mesmo guardando cada uma sua autonomia, integrem grupo econômico, serão responsáveis solidariamente pelas obrigações decorrentes da relação de emprego.

Eis aqui, uma importante mudança na CLT, o parágrafo segundo anteriormente previa a solidariedade do grupo econômico apenas vertical, em que uma empresa controla as ativada das demais, sendo chamadas de empresas subornadas ou controladas, que poderiam ter a mesma denominação ou não. Porém os aplicadores do direito em diversas jurisprudências já aceitava também o grupo econômico horizontal ou de coordenação, Este mais difícil de visualizar por ser empresas que atuam em regime cooperação, porém podendo ser solidariamente responsáveis pelo contrato de trabalho.

Importante frisar, que a prestação de serviço para mais de uma empresa que compõe o Grupo Econômico, durante a mesma jornada de trabalho, não caracteriza existência de mais de um contrato, salvo ajuste em contrario, (Súmula 129, TST). A ideia é de um contrato único para este trabalhador, pois ambas as empresas podem ser demandadas judicialmente e serem responsáveis solidariamente.

§ 3º - Não caracteriza grupo econômico a mera identidade de sócios, sendo necessárias, para a configuração do grupo, a demonstração do interesse integrado, a efetiva comunhão de interesses e a atuação conjunta das empresas dele integrantes.

Esse parágrafo é novo, acrescentado pela reforma trabalhista, excluindo da caracterização do Grupo Econômico, a mera relação contratual de um sócio, ou seja uma empresa pode ter vários sócios e o empresário pode também ser sócio de varias empresas distintas, porém para caracteriza a solidariedade, as empresas devem ser demostrado o interesse integrado com a outra empresa, que atuem conjuntamente para atingir um objetivo comum entre elas.

Assim, essa foi a principal mudança na perspecquitiva de Grupo Econômico, que para o aplicador do direito, deve ser bem analisada e fundamentada, para o sucesso do seu cliente.

Art. 3º - Considera-se empregado toda pessoa física que presta serviço de natureza não eventual a empregador, sob a dependência deste e mediante salário.

Neste artigo não teve inovações, sendo utilizado para conceituar quem é a "pessoa empregada" e logo a relação de emprego.

A relação de emprego, foco central e protegida pela Consolidação das Leis do trabalho estabelece que para ser empregado, o trabalhador tem que moldar-se aos requisitos fáticos jurídicos (pessoalidade, subordinação, onerosidade, habitualidade/não eventualidade, pessoa física), esses requisitos são essenciais para configurar a relação empregatícia. Sendo assim, é necessário que o labor seja habitual ou não eventual, remunerado, realizado por pessoa física, subordinada e controlado pelo empregador. Vejamos elementos fáticos jurídicos que estão explícitos e podem ser definidos, sucessivamente desta forma:

Pessoa física é a pessoa humana, e não pessoa jurídica, esta pode ser contratada, mas não como empregado. Todavia deve ser ter atenção às fraudes na contratação de pessoa jurídica que na realidade fática, é um empregado, não tendo autonomia nenhuma para realizar o seu trabalho.

Pessoalidade, o labor do empregado deve ser de forma pessoal e intrasferível, ou seja o empregado não pode se fazer substituir por outra pessoa por mera vaidade ou vontade, sendo portanto substituído por outro quando a lei autoriza, no caso da saída da gestante no período de estabilidade, outro empregado assumi o serviço exercido por aquele.

Não eventualidade, é um dos requisitos ligados a constância do trabalhado no emprego, sendo que o seu labor deve ser exercido de forma habitual, reiterada com dia, período e horário certo, ainda que a prestação de serviço seja só nos finais de semana, pode ser concluído como um trabalho não eventual.

Entretanto, podemos sinalizar que no caso da empregada doméstica, a não eventualidade não se aplica, sendo, portanto utilizado a expressão continua, para definir habitualidade dela no trabalho.

Subordinação, elemento fático em que o trabalhador está submetido as vontades do seu empregador, não podendo tomar decisões que saíam do contexto explanado no contrato de trabalho. São diversas forma de subordinação, que podem ser definidas como subordinação técnica (o empregador na maioria das vezes detém o conhecimento), todavia isso não exclui o empregado de ter mais conhecimento, entretanto pode ter subordinação econômica (empregado precisa economicamente do empregador), ou seja ainda que o empregado tenha conhecimento não tem condição financeira, sendo portanto subordinado. Pode ser verificar também a subordinação jurídica, explicita em contrato em que fica claro quem são as pessoas naquela relação empregatícia.

Por fim, a Onerosidade, requisito que pode ser definido como a contraprestação ao serviço prestado, em que o trabalhador, trabalha para receber uma vantagem pecuniária, chamada de salário, podendo ser outras parcelas fixas ou variáveis ou utilidades, sucessivamente durante toda vigência do contrato de trabalho.

O operador do direito, deve verificar se estão diante de uma relação de emprego ou uma relação trabalho, que pode ser ilustrada por exemplo no caso do serviço voluntário, é uma relação de trabalho tento praticamente todos os requisitos da relação empregatícia, porém não tem o requisito da onerosidade, requisito esse essencial, pois o labor da pessoa na "relação de emprego" deve ser remunerado de forma clara.

O trabalho, do prestador de serviço autônomo tem alguns dos requisitos, excluindo a subordinação e a pessoalidade em alguns casos, tendo em vista que neste trabalho o profissional liberal exerce uma autonomia para realizar o trabalho contratado e não necessariamente faz de forma pessoal.

Vários são os exemplos, que podemos enumerar, mas para não tornar exaustiva, o operador do direito deve, quando de frente a uma situação fática de relação de trabalho, ter um olhar mais criterioso, para conseguir visualizar se existe fraude ou não na contratação daquele funcionário, pois esta pratica por mais que seja repugnante exige um olhar minuncioso dos aplicadores do direito.

Parágrafo único - Não haverá distinções relativas à espécie de emprego e à condição de trabalhador, nem entre o trabalho intelectual, técnico e manual.

Garantia constitucional, prevista no art.7, XXXII, CF/88, decorre do princípio da não-discriminação e isonomia, assegurando ao trabalhador tratamento igual no que tange a aplicação das leis trabalhista. A priori, estando previsto os requisitos do *caput* do art.3°, CLT, seja ele operário ou um empregado de alto nível, a lei será aplicada de forma igualitária para ambos, e estes serão considerados empregados para todos os efeitos legais.

No entanto, a mesma legislação, protege o empregado que tenha mais conhecimento em determinada área, produtividade ou até mesmo uma jornada diferenciada, podendo ter um retorno financeiro maior do que os outros. Logo, isso não pode ser razão para tratamento com discriminação.

Art.4° - Considera-se como de serviço efetivo o período em que o empregado esteja à disposição do empregador, aguardando ou executando ordens, salvo disposição especial expressamente consignada.

O *caput* deste artigo não teve alteração, deixando a inovação na criação do parágrafo segundo. Considerando como tempo de serviço a disposição, o tempo em que realmente o empregado está a disposição do empregador recebendo ou aguardando ordens do seu chefe imediato ou sob autorização deste.

§ 1º - Computar-se-ão, na contagem de tempo de serviço, para efeito de indenização e estabilidade, os períodos em que o empregado estiver afastado do trabalho prestando serviço militar e por motivo de acidente do trabalho.

§ 2º - Por não se considerar tempo à disposição do empregador, não será computado como período extraordinário o que exceder a jornada normal, ainda que ultrapasse o limite de cinco minutos previsto no § 1º do art. 58 desta Consolidação, quando o empregado, por escolha própria, buscar proteção pessoal, em caso de insegurança nas vias públicas ou más condições climáticas, bem como adentrar ou permanecer nas dependências da empresa para exercer atividades particulares, entre outras:

I - práticas religiosas;

II - descanso;

III - lazer;

IV - estudo;

V - alimentação;

VI - atividades de relacionamento social;

VII - higiene pessoal;

VIII - troca de roupa ou uniforme, quando não houver obrigatoriedade de realizar a troca na empresa.

O legislador, objetivou neste parágrafo deixar explicito que o obreiro, que por vontade própria permanece na empresa para interesses particulares, como os exemplos citados anteriormente, não pode ser considerado como tempo a disposição. Assim sendo, o tempo a disposição só é reconhecido quando ficar provado que o empregador exigiu direta ou indiretamente que o funcionário permanecesse na empresa trabalhando ou aguardando ordens.

Art. 5º - A todo trabalho de igual valor corresponderá salário igual, sem distinção de sexo.

Em seu art. 5º, a CLT proclama a igualdade entre homens e mulheres, no que diz respeito aos salários, desde que os trabalhos sejam iguais. O artigo em estudo procura assegurar salário igual a todos aqueles que realizem trabalho de igual valor. Trabalho de igual valor é aquele que apresenta a mesma produtividade e perfeição técnica do empregado paradigma.

A igualdade salarial é disciplinada pelo art. 461, da CLT, o qual traz os requisitos para o recebimento de um mesmo salário. Nos termos do art. 461, os requisitos são: identidade de função, mesmo empregador, mesma localidade, tempo de serviço, idêntica produtividade, perfeição técnica e simultaneidade na prestação de serviços – conforme será mais bem aprofundado quando do exame do art. 461.

Nota importante: a equiparação é do salário, e não da remuneração. Como se sabe, salário é a contraprestação paga pelo empregador. Já a remuneração, é mais ampla, abarca tanto o salário como outras vantagens (pagas por pessoas outras que não o patrão), tais como as gorjetas. O objeto de equiparação é tão somente a quantia paga pelo empregador. Valores pagos por outras pessoas, como é o caso da gorjeta, não são contabilizadas para fins de equiparação salarial.

Também não são objeto de equiparação, o salário maternidade e o salário família, uma vez que não constituem salários (diferentemente do que seus nomes sugerem), uma vez que não são pagos pelo empregador. Tratam-se, em verdade, de benefícios previdenciários e, como tais, são pagos pelas entidades de previdência, tais como o Instituto Nacional do Seguro Social (INSS).

Além do mais, há outro dado importante: Não é proibido o tratamento especial em situações especiais.

Distinções legítimas são permitidas. Por exemplo, os empregados que tenham diferentes níveis de produtividade ou que exerçam funções diferentes podem perceber salários distintos.

O objetivo do art. 5° da CLT é evitar a injusta discriminação entre empregados, por motivos alheios à execução do trabalho, tais como o sexo.

Art. 6° - Não se distingue entre o trabalho realizado no estabelecimento do empregador, o executado no domicílio do empregado e o realizado a distância, desde que estejam caracterizados os pressupostos da relação de emprego.

Parágrafo único - Os meios telemáticos e informatizados de comando, controle e supervisão se equiparam, para fins de subordinação jurídica, aos meios pessoais e diretos de comando, controle e supervisão do trabalho alheio.

O art. 6° versa sobre o trabalho à distância, que se caracteriza pela prestação do serviço em local distinto do estabelecimento do empregador.

O trabalho à distância é realizado fora do ambiente da empresa. Divide-se em duas espécies: o trabalho em domicílio e o teletrabalho.

A primeira espécie, o trabalho em domicílio, tal como seu nome revela, é desempenhado na residência do empregado ou em oficina de família (art. 83, CLT).

A segunda espécie, o teletrabalho, pode ser realizado no domicílio do empregado ou não, e é fiscalizado pelo empregador por meios telemáticos e/ou informatizados.

É importante destacar que o local da prestação de serviços não é um requisito essencial para a caracterização do vínculo empregatício. Mesmo quando o trabalho seja realizado predominantemente fora do estabelecimento do empregador, como ocorre no trabalho à distância e, em especial, no teletrabalho, se estiverem presentes os requisitos dos arts. 2° e 3° da CLT, tem-se o vínculo empregatício.

Merecem alguns comentários o parágrafo único do artigo em comento. Telemática é o conjunto de serviços informáticos fornecidos por meio de uma rede de telecomunicações. Segundo o parágrafo único do art. 6º, CLT, o comando, controle e supervisão do trabalho a domicílio realizados através de uma rede de telecomunicações provocará o surgimento da subordinação jurídica, que caracterizará a relação de emprego.

Art. 7º - Os preceitos constantes da presente Consolidação salvo quando for em cada caso, expressamente determinado em contrário, não se aplicam:

a) aos empregados domésticos, assim considerados, de um modo geral, os que prestam serviços de natureza não econômica à pessoa ou à família, no âmbito residencial destas;

b) aos trabalhadores rurais, assim considerados aqueles que, exercendo funções diretamente ligadas à agricultura e à pecuária, não sejam empregados em atividades que, pelos métodos de execução dos respectivos trabalhos ou pela finalidade de suas operações, se classifiquem como Industriais ou comerciais;

c) aos funcionários públicos da União, dos Estados e dos Municípios e aos respectivos extranumerários em serviço nas próprias repartições;

d) aos servidores de autarquias paraestatais, desde que sujeitos a regime próprio de proteção ao trabalho que lhes assegure situação análoga à dos funcionários públicos.

e) (revogada)

f) às atividades de direção e assessoramento nos órgãos, institutos e fundações dos partidos, assim definidas em normas internas de organização partidária.

O artigo em comento diz respeito ao alcance da CLT. O

art. 7° exclui da órbita da CLT os domésticos, rurícolas e servidores públicos.

A CLT excluiu, expressamente, os empregados domésticos do âmbito de suas normas protetivas (art. 7°, "a"). Atualmente, os empregados domésticos são regulados pela Lei Complementar n.° 150/2015. Ocorre que há um conflito entre o art. 7ª, a, CLT e o art 19, da Lei Complementar n.° 150/2015. Ao invés de excluir totalmente os domésticos do alcance da CLT, a Lei Complementar n.° 150/2015 (em seu art. 19) estabelece a aplicação subsidiária da CLT. Nessa antinomia, operou-se a revogação tácita do art. 7°, alínea a, da CLT. Desse modo, prevalece a lei mais recente (Lei Complementar n.° 150/2015), e, consequentemente, aos empregados domésticos aplica-se subsidiariamente a CLT. Tecidas essas considerações sobre a alínea a do art. 7, CLT, cumpre agora focalizar a alínea b (a qual dispõe sobre os trabalhadores rurais). Nos termos da alínea b, do art. 7° da CLT, o Texto Consolidado não alcança os trabalhadores rurais.

Sucede que, assim como ocorre com a alínea anterior, a alínea b também encerra uma antinomia. A alínea "b" colide com o art. 1° da Lei 5.889/73. Enquanto a alínea b estabelece a não incidência da CLT sobre o trabalho rural, o art. 1° da Lei n.° 5.889 estabelece que o Texto Consolidado se aplica subsidiariamente ao trabalho rural. É importante destacar que a Lei 5.889 é posterior à CLT. Sendo assim, por força do critério cronológico, conclui-se que além dos domésticos, a Consolidação das Leis do Trabalho também regula subsidiariamente as relações de trabalho rural, naquilo que com ela não colidir (art. 1° da Lei 5.889/73).

A alínea "c", por seu turno se refere aos funcionários públicos da União, dos Estados e dos Municípios e aos respectivos extranumerários em serviço nas próprias repartições. São necessários alguns comentários acerca das pessoas físicas que prestam serviços ao Estado, especialmente no que se refere ao regime jurídico funcional. Como se sabe, essas pessoas se dividem em duas grandes categorias: os estatutários (que possuem estatuto jurídico próprio) e os celetistas (cujas relações de trabalho são reguladas pela CLT). Esses dois regimes são excludentes, de modo que a CLT, em regra, não incide sobre os servidores públicos estatutários – salvo se o estatuto ou Lei Orgânica estabelecer a aplicação subsidiaria da CLT. Tecidas essas considerações sobre os funcionários públicos, cumpre aqui focalizar os extranumerários, também referidos pela alínea c. Os extranumerários são uma antiga categoria de profissionais. O pessoal extranumerário era sempre admitido a título precário, para exercer determinada função. Eles possuíam um vínculo temporário com a Administração Pública. Eles eram admitidos no serviço público de acordo com a natureza e a necessidade dos serviços a serem executados e pelo prazo que for indispensável. Desde os anos 1960, a nomenclatura "extranumerários" vem sendo abandonada pela legislação brasileira. Atualmente o Direito pátrio adota a nomenclatura servidor temporário.

A alínea d, exclui do alcance da CLT os servidores de autarquias paraestatais já amparados por regime funcional análogo ao dos funcionários públicos. Essa alínea reproduz a dicotomia existente entre os regimes estatutário e celetista, mais uma vez estabelecendo que a CLT não se aplica aos agentes públicos disciplinados por regime jurídico próprio.

É possível entender que a alínea 'e' do art. 7° foi revogada pelo Decreto-Lei n.° 8.073/1945.

A alínea 'f', por derradeiro, foi inserida no texto celetista apenas recentemente, com a Lei n.° 13.877 de 27/09/2019. Em 16/12/2019, a Secretaria Especial de Previdência e Trabalho do Ministério da Economia da União editou a Portaria SEPREVT n.° 1409/2019 (Publicado em 17/12/2019 no DOU) que regulamentou a alínea 'f' do art. 7°. Segundo a portaria, às atividades de direção, assessoramento e apoio político-partidário assim definidas em normas internas de partidos políticos são aplicadas subsidiariamente as disposições gerais do Código Civil relativas à prestação de serviços em geral (CC, art. 593; Portaria SEPREVT n.° 1409/2019, art. 5°)."

Art. 8º - As autoridades administrativas e a Justiça do Trabalho, na falta de disposições legais ou contratuais, decidirão, conforme o caso, pela jurisprudência, por analogia, por equidade e outros princípios e normas gerais de direito, principalmente do direito do trabalho, e, ainda, de acordo com os usos e costumes, o direito comparado, mas sempre de maneira que nenhum interesse de classe ou particular prevaleça sobre o interesse público.

§ 1º - O direito comum será fonte subsidiária do direito do trabalho.

§ 2º - Súmulas e outros enunciados de jurisprudência editados pelo Tribunal Superior do Trabalho e pelos Tribunais Regionais do Trabalho não poderão restringir direitos legalmente previstos nem criar obrigações que não estejam previstas em lei.

§ 3º - No exame de convenção coletiva ou acordo coletivo de trabalho, a Justiça do Trabalho analisará exclusivamente a conformidade dos elementos essenciais do negócio jurídico, respeitado o disposto no art. 104 da Lei nº 10.406, de 10 de janeiro de 2002 (Código Civil), e balizará sua atuação pelo princípio da intervenção mínima na autonomia da vontade coletiva.

Por mais aperfeiçoado que seja o processo legislativo, a lei muitas vezes se revelará lacunosa quando invocada para solucionar casos concretos.

Afinal, *direito* escrito *não esgota* todas as possibilidades da *conduta* social, de forma que é impossível confinar em um único texto de lei todas as possíveis ações humanas. O mesmo se diga em relação aos contratos (individuais ou coletivos), os quais, em diversas ocasiões, revelam-se silentes, deixando de prever determinadas matérias. O art. 8º, em seu *caput*, refere-se às técnicas de integração normativa, bem como aponta soluções para omissões contratuais. Tal artigo estabelece as diretrizes a serem adotadas por autoridades administrativas e judiciais nas hipóteses de omissão legislativa e/ou contratual. Há um escalonamento, uma hierarquia, de análise por parte das autoridades administrativas e da Justiça do Trabalho, de modo que tais autoridades, quando de suas decisões, devem observar a seguinte ordem: as disposições legais; disposições contratuais; a jurisprudência; analogia; equidade; outros princípios e normas gerais de direito, principalmente do direito do trabalho; usos e costumes; Direito comparado.

Esse mesmo artigo estabelece limites à integração normativa: a supremacia do interesse público. Tecidas essas considerações sobre o *caput*, cumpre agora focalizar parágrafo primeiro (§ 1º) do art. 8º, CLT. Tal parágrafo estabelece que o Direito comum será fonte subsidiária do direito do trabalho. Para os fins do art. 8º, CLT, a expressão "direito comum" deve ser entendida como Direito Civil e o Direito Comercial. Aplicação subsidiária do Direito Comum tem como requisitos a omissão e compatibilidade. Por fim, é importante destacar que o art. 8º da CLT trata de normas de direito material. Por outro lado, no âmbito do direito processual do trabalho, a aplicação subsidiária do direito comum está prevista pelo art. 769 da CLT.

O parágrafo segundo reproduz dois princípios constitucionais: o da legalidade e o da separação dos poderes, estabelecendo que os Tribunais não podem "legislar". Desse modo, as cortes não estão autorizadas a restringir direitos legalmente previstos nem criar obrigações que não estejam previstas em lei.

O parágrafo terceiro prestigia a negociação direta entre empregados e empregador e a intervenção mínima do Poder Judiciário. Consequentemente, o judiciário, ao apreciar convenções e acordos coletivos, deverá considerar apenas a legitimidade de parte, o objeto e a forma adotada, nos moldes do art. 104, do Código Civil.

REFERÊNCIAS BIBLIOGRÁFICAS

http://www.ltr.com.br/loja/folheie/5423.pdf

BARBOSA GARCIA, GUSTAVO FILIPE TELETRABALHO E TRABALHO À DISTÂNCIA: CONSIDERAÇÕES SOBRE A LEI 12.551/2011

http://siabi.trt4.jus.br/biblioteca/direito/legislacao/codigos/clt/Prunes_CLT_comentada_%202006.pdf

https://juslaboris.tst.jus.br/bitstream/handle/1939/78849/ 2010_martins_sergio_omissao_clt.pdf?sequence=1&isAllowed=y

http://www.grifon.com.br/Portal/Griffon/noticiaDetalhe.aspx?nCdConteudo=24076

COUTINHO, *Liliana Mascarenhas. A parcela complementar do subsídio dos servidores públicos federais: a compatibilidade com o ordenamento jurídico brasileiro. Brasília, 2014. 76f. - Monografia (Especialização). Instituto Brasiliense de Direito Público.*

https://repositorio.ul.pt/bitstream/10451/27577/1/ulsd730527_td_Aline_Bastos.pdf

http://www.federacaodosestivadores.org.br/painel/lateral/CLT%20Comentada.pdf

MARTINS, *Sérgio Pinto. Direito do Trabalho. 26.ed. São Paulo: Atlas, 2010.*

https://www.conjur.com.br/2017-jul-27/gustavo-garcia-reforma-trabalhista-restringe-aplicacao-jurisprudencia

https://www.conjur.com.br/2017-out-06/reflexoes-trabalhistas-limites-analise-negociacao-coletiva-conforme-reforma-trabalhista

Art. 9º - Serão nulos de pleno direito os atos praticados com o objetivo de desvirtuar, impedir ou fraudar a aplicação dos preceitos contidos na presente Consolidação.

As nulidades são vícios que confrontam normas de ordem pública, e possuem características básicas, podendo ser pronunciadas de ofício pelo Juiz, não se convalidam com o tempo, não podem ser supridas e o negócio ratificado pelas partes e produzem efeitos ex tunc (retroagem).

Após a declaração de nulidade, o acordo é desfeito desde o inicio. Como se nunca houvesse existido.

As anulabilidades atribuem-se a vícios que confrontam normas de ordem privada, onde as partes possuem livre disposição. Não podem ser pronunciadas de ofício pelo Juiz, podem ser supridas, a anulação judicial do negócio produzirá efeitos ex nunc (não retroagem).

Neste caso, o acordo é invalidado a partir da declaração judicial de nulidade, sendo preservados os efeitos anteriores à declaração judicial.

Versa-se o contrato de trabalho de direito privado, e não de direito publico ou social, não sendo impeditivo a autonomia da vontade e a estipulação do seu conteúdo. Possui obrigações reciprocas, por isso trata-se de um contrato bilateral, em que as partes possuem simultaneamente direitos e obrigações.

Ocorrendo clausulas que infringem a proteção legal ao trabalhador, serão essas consideradas nulas de pleno direito, mesmo que elas sejam celebradas por acordo de vontades ou unilateralmente pelo empregador. Sendo reconhecida a nulidade, haverá a substituição da clausula viciada, por uma compatível com o nosso ordenamento jurídico.

Art. 10 - Qualquer alteração na estrutura jurídica da empresa não afetará os direitos adquiridos por seus empregados.

Ocorrendo mudança na estrutura jurídica da empresa, seja por mudança do possuidor efetivo da empresa, mudança do regime jurídico ou até mesmo nas possibilidades de fusão, incorporação ou cisão, os direitos trabalhistas mantém-se inalterados.

Configura-se sucessão a partir da mudança na propriedade ou estrutura jurídica da empresa sucedida. Não basta apenas ocupar o espaço físico ou realizar atividades afins, é necessária a continuidade da atividade entre a antiga e atual empresa.

A sucessão é representada no momento que ocorre há posse das atividades da empresa sucedida, com o aproveitamento total ou parcial da empresa, por ex: funcionários.

Em todos os casos, a prática empresarial é o item determinante: não é exigido sequer a transmissão da propriedade, sendo considerado para determinar a sucessão a continuidade da utilização do empreendimento.

Art. 10-A - O sócio retirante responde subsidiariamente pelas obrigações trabalhistas da sociedade, relativas ao período em que figurou como sócio, somente em ações ajuizadas até dois anos depois de averbada a modificação do contrato, observada a seguinte ordem de preferência:

I – a empresa devedora;

II – os sócios atuais; e

III – os sócios retirantes.

Parágrafo único - O sócio retirante responderá solidariamente com os demais quando ficar comprovada fraude na alteração societária decorrente da modificação do contrato.

Em caso de sucessão, responderá a empresa, se não for possível a responsabilidade empresarial, será desconsiderada a responsabilidade jurídica, recaindo sobre o patrimônio dos sócios.

Existe uma limitação quanto aos sócios retirantes, esses responderão pelas obrigações trabalhistas constituídas pela empresa que integrou como sócio, apenas nas ações que forem ajuizadas até dois anos após a alteração de modificação do contrato, ou seja, após o seu desligamento da sociedade anteriormente constituída.

Para fins de reponsabilidade deverá ser observado o seguinte benefício de ordem, primeiro a empresa devedora, depois os atuais sócios e por fim, os sócios retirantes.

Caso ocorra fraude na mudança da sociedade, decursivo da alteração de modificação do contrato, o sócio retirante responderá solidariamente com os demais.

Art. 11 - A pretensão quanto a créditos resultantes das relações de trabalho prescreve em cinco anos para os trabalhadores urbanos e rurais, até o limite de dois anos após a extinção do contrato de trabalho.

I – (revogado);

II – (revogado).

§ 1° - O disposto neste artigo não se aplica às ações que tenham por objeto anotações para fins de prova junto à Previdência Social.

§ 2° - Tratando-se de pretensão que envolva pedido de prestações sucessivas decorrente de alteração ou descumprimento do pactuado, a prescrição é total, exceto quando o direito à parcela esteja também assegurado por preceito de lei.

§ 3° - A interrupção da prescrição somente ocorrerá pelo ajuizamento de reclamação trabalhista, mesmo que em juízo incompetente, ainda que venha a ser extinta sem resolução do mérito, produzindo efeitos apenas em relação aos pedidos idênticos.

Prescrição é a perda de uma pretensão em razão da inercia do seu requerente, no decorrer do tempo. Não se tratando da perda do direito de ação.

A pretensão aos créditos referentes à relação trabalhista requeridos por trabalhadores urbanos ou rurais prescreverão em cinco anos, possuindo como limite até dois anos após finalizado o contrato de trabalho.

Sendo assim, estando o contrato em vigor, haverá prescrição total, quinquenal (05 anos). Caso ocorra o rompimento contratual, haverá uma prescrição total bienal (02 anos). Ocorrendo uma prescrição parcial, essa sempre será quinquenal, pois deverá ser preservada a segurança jurídica a fim de não prolongar a lide.

O reconhecimento de vinculo empregatício e anotação do contrato de trabalho na CTPS (Carteira de Trabalho e Previdência Social), não será objeto de prescrição, pois possuem natureza imprescritível e declaratória.

Envolvendo pedidos de prestações sucessivas (que se renovam durante o tempo), decorrentes de alterações contratuais anteriormente pactuadas, a prescrição será total, salvo quando o direito já esteja assegurado por lei.

A vista disso, um único ato de descumprimento contratual por parte do empregador, caracterizará a prescrição total.

Exclusivamente após o ajuizamento da reclamação trabalhista, independentemente do juízo (se competente ou não), ocorrerá a interrupção da reclamação trabalhista com efeitos apenas relacionados aos pedidos iguais.

Art. 11-A - Ocorre a prescrição intercorrente no processo do trabalho no prazo de dois anos.

§1° - A fluência do prazo prescricional intercorrente inicia-se quando o exequente deixa de cumprir determinação judicial no curso da execução.

§2° - A declaração da prescrição intercorrente pode ser re-

querida ou declarada de ofício em qualquer grau de jurisdição.

A prescrição intercorrente decorre da inércia das partes no curso da ação. Não há o que comparar com a decadência, pois a prescrição resulta na perda do próprio direito e não apenas da possibilidade de propor a ação. No processo do trabalho, a prescrição ocorre no prazo de 02 anos.

Estaremos diante da prescrição intercorrente quando houver inercia do Requerente ao ser intimado a cumprir alguma determinação judicial. O que não pode ser confundido com a inercia do juiz, neste caso não há o que se falar em prescrição.

A prescrição em questão poderá ser declarada de ofício ou requerida em qualquer grau de jurisdição.

Art. 12 - Os preceitos concernentes ao regime de seguro social são objeto de lei especial.

As normas que tratam do direito previdenciário brasileiro, são:

Leis 8.212/1991, 8.213/1991, que regulam o custeio e os benefícios da Previdência Social;

Dec. 3.048/1999: Legislação Previdenciária.

REFERÊNCIAS BIBLIOGRÁFICAS

Direito do Trabalho Esquematizado. Ricardo Rezende. 6° edição. Editora Método. Pág. 388.

TÍTULO II

DAS NORMAS GERAIS DE TUTELA DO TRABALHO

CAPÍTULO I

DA INDENTIFICAÇÃO PROFISSIONAL

SEÇÃO I

DA CARTEIRA DE TRABALHO E PREVIDÊNCIA SOCIAL

Art. 13 - A Carteira de Trabalho e Previdência Social é obrigatória para o exercício de qualquer emprego, inclusive de natureza rural, ainda que em caráter temporário, e para o exercício por conta própria de atividade profissional remunerada.

§ 1° - O disposto neste artigo aplica-se, igualmente, a quem:

I - proprietário rural ou não, trabalhe individualmente ou em regime de economia familiar, assim entendido o trabalho dos membros da mesma família, indispensável à própria subsistência, e exercido em condições de mútua dependência e colaboração;

II - em regime de economia familiar e sem empregado, explore área não excedente do módulo rural ou de outro limite que venha a ser fixado, para cada região, pelo Ministério do Trabalho e Previdência Social.

§ 2° A Carteira de Trabalho e Previdência Social (CTPS) obedecerá aos modelos que o Ministério da Economia adotar.

A Carteira de Trabalho e Previdência Social - é obrigatória para o exercício de qualquer emprego (CLT, arts. 2° e 3°). A falta de anotação do contrato de trabalho (CLT, art. 442), além de impedir o acesso do trabalhador aos benefícios previdenciários, ao FGTS e a outros programas governamentais, cria obstáculo, ainda, para abertura de conta e crediário. A atitude do empregador de omitir a relação de emprego implica em ilícito trabalhista (CLT, art. 9°), previdenciário e até mesmo penal, produzindo lesões de natureza patrimonial e não-patrimonial.

SEÇÃO II
DA EMISSÃO DA CARTEIRA

Art. 14 - A CTPS será emitida pelo Ministério da Economia preferencialmente em meio eletrônico.

Parágrafo único - Excepcionalmente, a CTPS poderá ser emitida em meio físico, desde que:

I - nas unidades descentralizadas do Ministério da Economia que forem habilitadas para a emissão;

II - mediante convênio, por órgãos federais, estaduais e municipais da administração direta ou indireta;

III - mediante convênio com serviços notariais e de registro, sem custos para a administração, garantidas as condições de segurança das informações.

A MP n.º 881/2019, dita "Da Liberdade Econômica", foi convertida na Lei n.º 13.874/2019. Dentre as mudanças trazidas por este diploma normativo, denota-se a emissão da Carteira de Trabalho e Previdência Social por meio eletrônico, com anotações de admissão, remuneração e condições especiais de trabalho. A impressão da CTPS em papel virou exceção.

A mudança visou reduzir burocracia e custos. Ao ser contratado, o empregado não precisa mais apresentar Carteira de Trabalho em papel. Basta ao empregado informar o número do seu CPF ao empregador, para que o registro seja realizado de forma digital (Portaria SEPRT n.º 1.065 de 2019).

Art. 15 - Os procedimentos para emissão da CTPS ao interessado serão estabelecidos pelo Ministério da Economia em regulamento próprio, privilegiada a emissão em formato eletrônico.

Atualmente, Carteiras de Trabalho devem ser geradas em meio digital (Portaria SEPRT n.º 1.065 de 2019) e equivalem as antigas Carteiras de Trabalho de papel. O empregador tem cinco dias úteis para anotar na Carteira de Trabalho Digital a data de admissão do empregado, a remuneração deste e eventuais condições especiais de trabalho (CLT, art. 29, *caput*). O empregado deverá ter acesso às informações de seu contrato de trabalho na Carteira de Trabalho Digital após o processamento das respectivas anotações (CLT, art. 29, §8º).

Art. 16 - A CTPS terá como identificação única do empregado o número de inscrição no Cadastro de Pessoas Físicas (CPF).

A Lei n.º 13.874/2019 definiu que a Carteira de Trabalho terá como base de identificação o CPF do empregado. Antes de referida lei, toda Carteira de Trabalho tinha "número" e "série" distintos do CPF do empregado (CLT, revogado art. 21). Isto é, empregados e empregadores, de saída, trabalhavam com três números identificadores do empregado.

A habilitação da Carteira de Trabalho Digital deve ocorrer por meio da página eletrônica governamental, acessível, inclusive, via dispositivos móveis (Portaria SEPRT n.º 1.065 de 2019, art. 4º).

Os registros nos sistemas eletrônicos da Carteira de Trabalho Digital equivalem às antigas anotações em meio físico. Razoável, portanto, que gozem de presunção "juris tantum" de veracidade (TST, Súmula n.º 12; STF, Súmula n.º 225). As anotações na CTPS digital servirão de prova em processos judiciais e para o cálculo de indenizações por acidente de trabalho (CLT, art. 40).

Como com a antiga Carteira de Trabalho em papel, o tempo de serviço registrado na CTPS digital, independente do recolhimento previdenciário por parte do empregador, deve ser contado como tempo de contribuição e remuneração pelo INSS. O Enunciado n.º 18/CRPS, inclusive, adverte: "*Não se indefere benefício sob fundamento de falta de recolhimento de contribuição previdenciária quando esta obrigação for devida pelo empregador*".

Art. 17 – Revogado

Art. 18 – Revogado

Art. 19 – Revogado

Art. 20 – Revogado

Art. 21 – Revogado

Art. 22 – Revogado

Art. 23 – Revogado

Art. 24 – Revogado

SEÇÃO III

DA ENTREGA DAS CARTEIRAS DE TRABALHO E PREVIDÊNCIA SOCIAL

A Medida Provisória 881 também chamada de Medida Provisória da Liberdade Econômica foi sancionada, convertendo-se na Lei 13.874/2019. Ficou conhecida como "mini-reforma trabalhista", havendo significativas alterações na CLT, inclusive, no que tange o registro dos empregados.

A carteira de trabalho e previdência social (CTPS) é o documento mais importante para o trabalhador que está sob uma relação de emprego, ou seja, aquela pessoa física que de maneira subordinada, presta serviços a outrem mediante salário de uma forma não eventual nos termos do art. 3º da CLT e que, além dessas características, não assume o risco do negócio e executa sua função com pessoalidade nos ditames do art. 2º CLT.

É com a Carteira de Trabalho que o trabalhador terá uma prova que já possui experiência profissional, antigamente também era utilizada pela Previdência Social para rol dos dependentes, atualmente é preferível arquivos e sistemas próprios.

A Portaria 1.065/2019 disciplinou que a carteira de trabalho e previdência social passará a ser preferencialmente eletrônica ("carteira de trabalho digital") e de forma excepcional será física.

Por isso, foram revogados artigos 25 e 26 da CLT que tratavam da entrega da carteira de trabalho e previdência social pessoalmente ou por sindicato.

O Tribunal Superior do Trabalho entende que as anotações apostas pelo empregador na carteira profissional do empregado não geram presunção "*juris et de jure*" (presunção que não gera prova em contrário), mas apenas "*juris tantum*" (presunção relativa), de acordo com a súmula 12 TST. Até porque o direito do trabalho tem entre seus princípios basilares o princípio da primazia da realidade em que a realidade fática é muito mais importante do que qualquer documento.

Art. 25 – Revogado

Art. 26 – Revogado

Art. 27 – Revogado

Art. 28 – Revogado

SEÇÃO IV
DAS ANOTAÇÕES

Art. 29 - O empregador terá o prazo de 5 (cinco) dias úteis para anotar na CTPS, em relação aos trabalhadores que admitir, a data de admissão, a remuneração e as condições especiais, se houver, facultada a adoção de sistema manual, mecânico ou eletrônico, conforme instruções a serem expedidas pelo Ministério da Economia.

§ 1° - As anotações concernentes à remuneração devem especificar o salário, qualquer que seja sua forma de pagamento, seja ele em dinheiro ou em utilidades, bem como a estimativa da gorjeta.

§ 2° - As anotações na Carteira de Trabalho e Previdência Social serão feitas:

a) na data-base;

b) a qualquer tempo, por solicitação do trabalhador;

c) no caso de rescisão contratual; ou

d) necessidade de comprovação perante a Previdência Social.

§ 3° - A falta de cumprimento pelo empregador do disposto neste artigo acarretará a lavratura do auto de infração, pelo Fiscal do Trabalho, que deverá, de ofício, comunicar a falta de anotação ao órgão competente, para o fim de instaurar o processo de anotação.

§ 4° - É vedado ao empregador efetuar anotações desabonadoras à conduta do empregado em sua Carteira de Trabalho e Previdência Social.

§ 5º - O descumprimento do disposto no § 4º deste artigo submeterá o empregador ao pagamento de multa prevista no art. 52 deste capítulo.

§ 6º - A comunicação pelo trabalhador do número de inscrição no CPF ao empregador equivale à apresentação da CTPS em meio digital, dispensado o empregador da emissão de recibo.

§ 7º - Os registros eletrônicos gerados pelo empregador nos sistemas informatizados da CTPS em meio digital equivalem às anotações a que se refere esta Lei.

§ 8º - O trabalhador deverá ter acesso às informações da sua CTPS no prazo de até 48 (quarenta e oito) horas a partir de sua anotação.

Referido artigo sofreu modificação pela lei 13.874/2019 pois antigamente determinava que era de 48 horas o período para se efetuar os registros na CTPS, esse prazo estendeu-se para 5 dias úteis, e o trabalhador terá acesso a informações após 48 horas, contadas da inscrição da informação.

As Carteiras de Trabalho e Previdência Social serão emitidas pelo Ministério da Economia, preferencialmente por meio eletrônico com número de Cadastro de Pessoas Físicas – CPF como único número de identificação.

A Carteira de Trabalho e Previdência Social Digital é equivalente a Carteira de Trabalho e Previdência Social física. A Carteira de Trabalho e Previdência Social Digital não se equipara a documento civil de que trata o art. 2º da Lei 12.037/2009 (identificação criminal). Para habilitação da Carteira de Trabalho e Previdência Social Digital é necessário a criação de conta de acesso por meio da internet. Para habilitação da Carteira de Trabalho Digital será necessária a criação de uma conta de acesso à sistema do governo federal, por meio de: "*I - aplicativo específico, denominado Carteira de Trabalho Digital, disponibilizado gratuitamente para dispositivos móveis; ou II - serviço específico da Carteira de Trabalho Digital no sítio eletrônico www.gov.br.*" (Portaria ME 1.065/2019).

Quanto aos empregadores que ainda têm a obrigação de uso do eSocial: "*I - a comunicação pelo trabalhador do número de inscrição no CPF ao empregador equivale à apresentação da CTPS em meio digital, dispensado o empregador da emissão de recibo; II - os registros eletrônicos gerados pelo empregador nos sistemas informatizados da Carteira de Trabalho em meio digital equivalem às anotações a que se refere o Decreto-Lei n.º 5.452/1943.*" (Portaria ME 1.065/2019). O trabalhador deverá ter acesso às informações de seu contrato de trabalho na Carteira de Trabalho Digital após o processamento das respectivas anotações. A Carteira de Trabalho em meio físico poderá ser utilizada, em caráter excepcional.

Art. 30 – Revogado

Art. 31 – Revogado

Art. 32 – Revogado

Art. 33 – Revogado

Art. 34 – Revogado

Art. 35 – Revogado

SEÇÃO V
DAS RECLAMAÇÕES POR FALTA OU RECUSA DE ANOTAÇÃO

Art. 36 - Recusando-se a empresa fazer às anotações a que se refere o art. 29 ou a devolver a Carteira de Trabalho e Previdência Social recebida, poderá o empregado comparecer, pessoalmente ou intermédio de seu sindicato perante a Delegacia Regional ou órgão autorizado, para apresentar reclamação.

A assinatura da Carteira de Trabalho e Previdência Social – CTPS revela-se como a principal e originária obrigação a ser cumprida pelo empregador. Assim, o empregado que verificar a falta de anotação na CTPS poderá procurar o Ministério do Trabalho e Emprego, através de suas superintendências e delegacias regionais e instaurar procedimento administrativo contra o empregador, iniciado com o Termo de Reclamação. A inobservância deste em não assinar a CTPS enseja sanções, podendo-lhe ser aplicada multa administrativa.

Além de ser facultado ao empregado utilizar-se da via administrativa, poderá o Fiscal do Trabalho em suas incursões verificar a falta de registro ou anotações na CTPS, instaurando nesse caso, de ofício, o procedimento administrativo para regularização da relação de emprego.

Art. 37 - No caso do art. 36, lavrado o termo de reclamação, determinar-se-á a realizarão de diligência para instrução do feito, observado, se for o caso o disposto no § 2° do art. 29, notificando-se posteriormente o reclamado por carta registrada, caso persista a recusa, para que, em dia e hora préviamente designados, venha prestar esclarecimentos ou efetuar as devidas anotações na Carteira de Trabalho e Previdência Social ou sua entrega.

Parágrafo único - Não comparecendo o reclamado, lavrar-se-á termo de ausência, sendo considerado revel e confesso sobre os termos da reclamação feita, devendo as anotações serem efetuadas por despacho da autoridade que tenha processado a reclamação.

Instaurado o procedimento administrativo, através da lavratura do Termo de Reclamação, o empregador deverá ser notificado através de AR para que faça as devidas anotações ou justifique os motivos de não o fazer. Não comparecendo será considerada verdadeira a reclamação inscrita e o empregador revel e confesso, procedendo a autoridade administrativa com a devida anotação. Entretanto, cumpre ressaltar que a revelia e confissão admitida no âmbito administrativo não tem a mesma extensão que aquelas processadas no bojo judicial tendo em vista o caráter revisional das decisões administrativas, as quais não fazem coisa julgada.

Art. 38 - Comparecendo o empregador e recusando-se a fazer as anotações reclamadas, será lavrado um termo de comparecimento, que deverá conter, entre outras indicações, o lugar, o dia e hora de sua lavratura, o nome e a residência do empregador, assegurando-se-lhe o prazo de 48 (quarenta e oito) horas, a contar do termo, para apresentar defesa.

Parágrafo único - Findo o prazo para a defesa, subirá o processo à autoridade administrativa de primeira instância, para se ordenarem diligências, que completem a instrução

do feito, ou para julgamento, se o caso estiver suficientemente esclarecido.

No caso de comparecimento do empregador e reconhecimento da reclamação, este providenciará o registro na CTPS do seu empregado.

Entretanto, se este não reconhece o disposto na reclamação, lhe será facultado apresentar defesa administrativa no prazo de 48 horas. Nesse caso, a autoridade administrativa proceder-se-á com a instrução do feito, através de visitas ao local de trabalho, oitiva das partes e de eventuais testemunhas que possam colaborar com o deslinde da controvérsia, sendo proferida decisão que cabe recurso para o órgão administrativo superior, sendo que a decisão final não fará coisa julgada e poderá ser revista judicialmente pela Justiça do Trabalho, conforme exposto anteriormente.

Art. 39 - Verificando-se que as alegações feitas pelo reclamado versam sobre a não existência de relação de emprego ou sendo impossível verificar essa condição pelos meios administrativos, será o processo encaminhado a Justiça do Trabalho ficando, nesse caso, sobrestado o julgamento do auto de infração que houver sido lavrado.

§ 1° - Se não houver acordo, a Junta de Conciliação e Julgamento, em sua sentença ordenará que a Secretaria efetue as devidas anotações uma vez transitada em julgado, e faça a comunicação à autoridade competente para o fim de aplicar a multa cabível.

§ 2° - Igual procedimento observar-se-á no caso de processo trabalhista de qualquer natureza, quando for verificada a falta de anotações na Carteira de Trabalho e Previdên-

cia Social, devendo o Juiz, nesta hipótese, mandar proceder, desde logo, àquelas sobre as quais não houver controvérsia.

A defesa do empregador que versar sobre a não existência da relação de emprego ou quando a instrução da autoridade administrativa restar insuficiente para a demonstração da verdade sobre a reclamação articulada será remetida para a Justiça do Trabalho, transmutando-se o seu termo na inicial trabalhista.

Assim, caberá ao Juiz do Trabalho proceder com a conciliação e na impossibilidade desta, com a instrução, possibilitando-se ao reclamante e reclamado produzirem as provas pertinentes de suas alegações, sendo proferida decisão judicial, a qual poderá ser objeto de recurso, onde sendo reconhecido o vínculo proceder-se-ão às devidas anotações acerca da relação de emprego delineada.

SEÇÃO VI
DO VALOR DAS ANOTAÇÕES

Art. 40 - As Carteiras de Trabalho e Previdência Social regularmente emitidas e anotadas servirão de prova nos atos em que sejam exigidas carteiras de identidade e especialmente:

I - Nos casos de dissídio na Justiça do Trabalho entre a empresa e o empregado por motivo de salário, férias ou tempo de serviço;

II – (Revogado)

III - Para cálculo de indenização por acidente do trabalho ou moléstia profissional.

As Carteiras anotadas servem como prova em várias situações, como as literalmente expressas nos incisos acima dispostos. Entretanto é importante salientar que não pode ser considerada como prova absoluta nas ações trabalhistas, sendo comuns os casos de anotações que não condizem com a realidade dos fatos. Ou seja, as anotações apostas pelo empregador não geram presunção *juris et de jure*, mas apenas *juris tantum*, cabendo prova em contrário.

Nesses casos, fundamentado no Princípio da primazia da realidade, relativizam-se as anotações vislumbrando-se o real contexto fático da relação de emprego, providenciando-se, ademais a retificação das referidas anotações quando assim entendido pelo juízo da causa.

SEÇÃO VII

DOS LIVROS DE REGISTRO DE EMPREGADOS

Art. 41 - Em todas as atividades será obrigatório para o empregador o registro dos respectivos trabalhadores, podendo ser adotados livros, fichas ou sistema eletrônico, conforme instruções a serem expedidas pelo Ministério do Trabalho.

Parágrafo único - Além da qualificação civil ou profissional de cada trabalhador, deverão ser anotados todos os dados relativos à sua admissão no emprego, duração e efetividade do trabalho, a férias, acidentes e demais circunstâncias que interessem à proteção do trabalhador.

As anotações das informações trabalhistas do empregado são de responsabilidade do empregador que deve diligenciar para que as mesmas sejam inseridas corretamente e em sua completude, por seu caráter de abrangente fé pública, servindo inclusive como identificação do trabalhador perante órgãos públicos e como meio de prova (*relativa*) aceito nos dissídios trabalhistas.

Art. 42 – Revogado

Art. 43 – Revogado

Art. 44 – Revogado

Art. 45 – Revogado

Art. 46 – Revogado

Art. 47 - O empregador que mantiver empregado não registrado nos termos do art. 41 desta Consolidação ficará sujeito a multa no valor de R$ 3.000,00 (três mil reais) por empregado não registrado, acrescido de igual valor em cada reincidência.

§ 1° - Especificamente quanto à infração a que se refere o *caput* deste artigo, o valor final da multa aplicada será de R$ 800,00 (oitocentos reais) por empregado não registrado, quando se tratar de microempresa ou empresa de pequeno porte.

§ 2° - A infração de que trata o *caput* deste artigo constitui exceção ao critério da dupla visita.

A estipulação de multa para o empregador que mantiver empregado sem registro na CTPS decorre da necessidade de coibir a informalidade das contratações que se revelam absolutamente prejudiciais a toda a sociedade. Assim, o legislador previu expressamente os valores a serem cobrados nesses casos, fixando também previsão menos onerosa a ser aplicada às microempresas e às empresas de pequeno porte.

Art. 47-A - Na hipótese de não serem informados os dados a que se refere o parágrafo único do art. 41 desta Consolidação, o empregador ficará sujeito à multa de R$ 600,00 (seiscentos reais) por empregado prejudicado.

Dada a relevância das informações a serem inseridas na CTPS e a recorrente infringência da norma contida no artigo 41 da CLT o legislador fixou a penalidade de multa a ser aplicada à empresa que prejudicar seus empregados, sendo que na verificação da omissão patronal, este será penalizado com a aplicação da multa que será contabilizada a cada trabalhador atingido por sua inobservância à norma.

Art. 48 - As multas previstas nesta Seção serão aplicadas pela autoridade de primeira instância no Distrito Federal, e pelas autoridades regionais do Ministério do Trabalho, Indústria e Comércio, nos Estados e no Território do Acre.

Por ser a fiscalização das atividades laborais de competência do Ministério do Trabalho, estende-se a este e aos seus órgãos auxiliares a possibilidade de aplicar sanções. Entretanto, salienta-se que a aplicação de penalidades é passível de recurso administrativo e de revisão na esfera judicial.

SEÇÃO VIII
DAS PENALIDADES

Art. 49 - Para os efeitos da emissão, substituição ou anotação de Carteiras de Trabalho e Previdência Social, considerar-se-á, crime de falsidade, com as penalidades previstas no art. 299 do Código Penal:

I - Fazer, no todo ou em parte, qualquer documento falso ou alterar o verdadeiro;

II - Afirmar falsamente a sua própria identidade, filiação, lugar de nascimento, residência, profissão ou estado civil e beneficiários, ou atestar os de outra pessoa;

III - Servir-se de documentos, por qualquer forma falsificados;

IV - falsificar, fabricando ou alterando, ou vender, usar ou possuir Carteira de Trabalho e Previdência Social assim alteradas;

V - Anotar dolosamente em Carteira de Trabalho e Previdência Social ou registro de empregado, ou confessar ou declarar em juízo ou fora dele, data de admissão em emprego diversa da verdadeira.

A CTPS é um documento público e se trata de documento de extrema relevância, pois tem como objetivo a identificação profissional do trabalhador e tem a finalidade de comprovar o tempo de serviço para fins trabalhistas e previdenciários, portanto, a CLT trata como prática criminosa – prevista no artigo 229 do Código Penal a prática de anotações falsas e fraudulentas.

Cumpre ressaltar que a pena pode ser aplicada tanto ao empregado, quanto ao empregador, e ainda a terceiro que venha praticar quaisquer das condutas previstas no artigo 49.

Situações como a anotação da CTPS posterior à efetiva admissão, ou como o salário anotado diverso do efetivo pagamento, em que pese corriqueiras, se enquadram como práticas criminosas.

A Justiça do Trabalho não tem competência para julgar e processar ações penais, portanto, restou a controvérsia entre a justiça comum estadual e a justiça federal para julgar os crimes previstos no artigo 49. A Súmula 62 do STJ prevê que compete à Justiça Estadual processar e julgar o crime de falsa anotação na Carteira de Trabalho e Previdência Social, atribuído à empresa privada.

Ocorre que o entendimento supracitado foi superado, uma vez que o STF entende que O agente que omite dados ou faz declarações falsas na Carteira de Trabalho e Previdência Social atenta contra interesse da Autarquia Previdenciária e estará incurso nas mesmas sanções do crime de falsificação de documento público, nos termos dos §§ 3º, II e 4.º do art. 297 do Código Penal, razão pela qual a competência para processar e julgar é da Justiça Federal.

Art. 50 - Comprovando-se falsidade, quer nas declarações para emissão de Carteira de Trabalho e Previdência Social, quer nas respectivas anotações, o fato será levado ao conhecimento da autoridade que houver emitido a carteira, para fins de direito.

Quando há irregularidade na anotação da CTPS, a autoridade judiciária que verificar, deverá oficiar ao Ministério Público correspondente, com os documentos essenciais para o oferecimento da denúncia, nos termos do artigo 40 do código de Processo Penal.

Falsificação de carteira de trabalho

Art. 51 - Incorrerá em multa de valor igual a 3 (três) vezes o salário-mínimo regional aquele que, comerciante ou não, vender ou expuser à venda qualquer tipo de carteira igual ou semelhante ao tipo oficialmente adotado.

A CTPS é um documento público, razão pela qual não é permitida sua comercialização, uma vez que cabe estritamente ao Ministério do Trabalho e Emprego a emissão deste documento. Portanto, no caso de comercialização da CTPS ou qualquer tipo de carteira igual ou semelhante, incorrerá o mercante em multa no valor de 3 vezes o salário-mínimo regional.

Art. 52 - O extravio ou inutilização da Carteira de Trabalho e Previdência Social por culpa da empresa sujeitará esta à multa de valor igual á metade do salário mínimo regional.

O empregador tem responsabilidade sobre a posse da CTPS. Além da responsabilidade sobre as anotações, também é responsável por eventual extravio ou inutilização do documento. O artigo em comento tem como objetivo penalizar o empregador, com o pagamento de multa administrativa e responsabilização com o recolhimento de metade de um salário mínimo, perante a delegacia regional da Secretaria do Trabalho do Ministério da Economia em caso de extravio ou inutilização da CTPS.

Além da multa prevista no artigo 52 da CLT, o empregador pode ser responsabilizado por danos materiais e morais na Justiça do Trabalho, na medida em que este documento comprava o histórico profissional do trabalhador, a ocupação, a experiência profissional para habilitação em um novo emprego e o tempo de serviço para fins de aposentadoria junto ao INSS.

Art. 53 – Revogado

Art. 54 – Revogado

Art. 55 - Incorrerá na multa de valor igual a 1 (um) salário-mínimo regional a empresa que infringir o art. 13 e seus parágrafos.

Em caráter administrativo, o empregador estará sujeito a multas em caso de faltas apontadas no artigo 13 da CLT. Caso o empregador se sinta injustiçado com a penalidade imposta, poderá recorrer administrativamente, ou até mesmo discutir judicialmente, em respeito aos princípios constitucionais do contraditório e da ampla defesa.

CAPÍTULO II
DA DURAÇÃO DO TRABALHO

SEÇÃO I
DISPOSIÇÃO PRELIMINAR

Art. 57 - Os preceitos deste Capítulo aplicam-se a todas as atividades, salvo as expressamente excluídas, constituindo exceções as disposições especiais, concernentes estritamente a peculiaridades profissionais constantes do Capítulo I do Título III.

A partir deste capítulo, abordaremos as regras da jornada de trabalho elencadas na CLT e suas exceções, pois existe algumas categorias que possuem regras especificas de jornadas, tais como bancários, advogado, bombeiros civis, entre outros.

SEÇÃO II
DA JORNADA DE TRABALHO

Art. 58 - A duração normal do trabalho, para os empregados em qualquer atividade privada, não excederá de 8 (oito) horas diárias, desde que não seja fixado expressamente outro limite.

§ 1° - Não serão descontadas nem computadas como jornada extraordinária as variações de horário no registro de ponto não excedentes de cinco minutos, observado o limite máximo de dez minutos diários.

§ 2° - O tempo despendido pelo empregado desde a sua residência até a efetiva ocupação do posto de trabalho e para o seu retorno, caminhando ou por qualquer meio de transporte, inclusive o fornecido pelo empregador, não será computado na jornada de trabalho, por não ser tempo à disposição do empregador.

§3° – Revogado

Os limites da jornada de trabalho de 8 horas diárias e 44 semanais está elencada não só na CLT, mas também esta assegurada no art. 7°, XIII da Constituição Federal de 1988.

As novas regras abordadas pela Lei n.° 13.467/17 (reforma trabalhista), permitem maior flexibilidade de negociação entre empregados e empregadores na fixação da jornada de trabalho e suas consequentes compensações.

Já o §1°, flexibiliza uma tolerância de 10 minutos diários que não podem ser descontados, dividindo-se em 05 minutos no inicio da jornada e 05 minutos no término.

No que diz respeito ao §2° após a reforma trabalhista,

quanto ao deslocamento do empregado para empresa de difícil acesso ou não provida por meios de transporte público, não estará mais sujeito a contabilização de horas in itinere em decorrência das mudanças previstas na Lei n.° 13.467/17 e assim prejudicadas as interpretações das Súmulas n.° 90, 329, 420 e 429 do TST.

Com a alteração deste parágrafo, revogando o parágrafo seguinte, deste modo, elimina-se o cômputo do tempo em que o empregado passa no transporte, se deslocando até seu local de trabalho ou residência, como tempo à disposição e, que consequentemente, era contado na jornada de trabalho.

Art. 58-A - Considera-se trabalho em regime de tempo parcial aquele cuja duração não exceda a trinta horas semanais, sem a possibilidade de horas suplementares semanais, ou, ainda, aquele cuja duração não exceda a vinte e seis horas semanais, com a possibilidade de acréscimo de até seis horas suplementares semanais.

§ 1° - O salário a ser pago aos empregados sob o regime de tempo parcial será proporcional à sua jornada, em relação aos empregados que cumprem, nas mesmas funções, tempo integral.

§ 2 - Para os atuais empregados, a adoção do regime de tempo parcial será feita mediante opção manifestada perante a empresa, na forma prevista em instrumento decorrente de negociação coletiva.

§ 3° - As horas suplementares à duração do trabalho semanal normal serão pagas com o acréscimo de 50% (cinquenta por cento) sobre o salário-hora normal.

§ 4° - Na hipótese de o contrato de trabalho em regime

de tempo parcial ser estabelecido em número inferior a vinte e seis horas semanais, as horas suplementares a este quantitativo serão consideradas horas extras para fins do pagamento estipulado no § 3°, estando também limitadas a seis horas suplementares semanais.

§ 5° - As horas suplementares da jornada de trabalho normal poderão ser compensadas diretamente até a semana imediatamente posterior à da sua execução, devendo ser feita a sua quitação na folha de pagamento do mês subsequente, caso não sejam compensadas.

§ 6° - É facultado ao empregado contratado sob regime de tempo parcial converter um terço do período de férias a que tiver direito em abono pecuniário.

§ 7° - As férias do regime de tempo parcial são regidas pelo disposto no art. 130 desta Consolidação.

A lei estabelece o período de trabalho de 8 horas diárias e 44 semanais. Porém, com a redação da Medida Provisória n.° 1.709/1998 institui-se a denominação contrato de trabalho a tempo parcial.

Essa modalidade de jornada de trabalho, reformada pela Lei n.° 13.467/2017, assegura uma jornada especial de vinte seis horas semanais, permitidas as horas extraordinárias em até seis horas semanais ou compensadas até a semana seguinte e quitadas na folha do mês posterior com os devidos acréscimos. O empregado pode optar também pela jornada de trinta horas semanais, mas sem a permissão de horas suplementares. É admitida a conversão de 1/3 das férias em paga salarial, devidamente regidas pelo capítulo próprio na CLT, devendo ser acordada no ato da admissão, respeitada as condições explanadas nos termos da Lei, que concerne à impossibilidade de acréscimo de trabalho em regime de horas extraordinárias e demais prescrições legais.

Art. 59 - A duração diária do trabalho poderá ser acrescida de horas extras, em número não excedente de duas, por acordo individual, convenção coletiva ou acordo coletivo de trabalho.

§ 1° - A remuneração da hora extra será, pelo menos, 50% (cinquenta por cento) superior à da hora normal.

§ 2° - Poderá ser dispensado o acréscimo de salário se, por força de acordo ou convenção coletiva de trabalho, o excesso de horas em um dia for compensado pela correspondente diminuição em outro dia, de maneira que não exceda, no período máximo de um ano, à soma das jornadas semanais de trabalho previstas, nem seja ultrapassado o limite máximo de dez horas diárias.

§ 3° - Na hipótese de rescisão do contrato de trabalho sem que tenha havido a compensação integral da jornada extraordinária, na forma dos §§ 2° e 5° deste artigo, o trabalhador terá direito ao pagamento das horas extras não compensadas, calculadas sobre o valor da remuneração na data da rescisão.

§ 4° – Revogado

§ 5° - O banco de horas de que trata o § 2° deste artigo poderá ser pactuado por acordo individual escrito, desde que a compensação ocorra no período máximo de seis meses.

§ 6° - É lícito o regime de compensação de jornada es-ta-belecido por acordo individual, tácito ou escrito, para a compensação no mesmo mês

A Hora Extra é o lapso temporal em que o empregado permanece laborando após sua jornada, limitando-se à 02 horas diárias conforme a CLT.

Com o advento da reforma trabalhista, é possível dentro dos limites do *ius variandi* o acordo de horas extraordinárias não necessitando ser escrito, podendo também ser acordado com o sindicato através de Convenção ou Acordo Coletivo.

A lei n.º 13. 467/2017 também trouxe reformas quanto ao adicional de horas extras, com a exegese do Art. 7º, XVI da CF, modificou que as horas extraordinárias deverão ser pagas com acréscimo de 50% e não mais 20%.

Nota-se que nos casos de compensação de jornada, não haverá pagamento de adicional de horas extras, já que elas serão compensadas.

No que diz respeito à compensação de jornada, há duas modalidades, sendo elas o acordo de prorrogação de jornada (compensação mensal ou intrasemanal) e o banco de horas (compensação que ultrapassa o modula mensal).

O acordo de prorrogação de jornada ocorre quando o empregado trabalha mais horas em um dia, e no outro trabalha menos horas, sendo exigidos previsão em negociação coletiva ou acordo por escrito, podendo ser realizado até mesmo mediante acordo tácito entre empregado e empregador.

O acordo de compensação através do banco de horas poderá ser realizado, a titulo exemplificativo, quando o empregado trabalha mais horas em um mês em quem a demanda de trabalho for maior e o mês que o ritmo for menor, o empregado poderá ser dispensados alguns dias, para compensar as horas positivas do banco de horas.

Para que haja banco de horas (período máximo de um ano ou de seis meses) é necessária previsão em negociação coletiva de trabalho.

Havendo a extinção do contrato de trabalho, sem ter sido compensada integralmente as horas devidas pelo empregador, estas devem ser pagas como extras ao empregado, evitando assim o enriquecimento ilícito da parte patronal.

Art. 59-A - Em exceção ao disposto no art. 59 desta Consolidação, é facultado às partes, mediante acordo individual escrito, convenção coletiva ou acordo coletivo de trabalho, estabelecer horário de trabalho de doze horas seguidas por trinta e seis horas ininterruptas de descanso, observados ou indenizados os intervalos para repouso e alimentação.

Parágrafo único - A remuneração mensal pactuada pelo horário previsto no *caput* deste artigo abrange os pagamentos devidos pelo descanso semanal remunerado e pelo descanso em feriados, e serão considerados compensados os feriados e as prorrogações de trabalho noturno, quando houver, de que tratam o art. 70 e o § 5° do art. 73 desta Consolidação.

O presente artigo foi inserido pela Reforma Trabalhista que regula o trabalho realizado em regime de revezamento.

As escalas de revezamento de 12x36 passam a ser pactuadas por meio de acordo individual escrito ou normativos.

Em relação à remuneração, este regime abrange o DSR e feriados, considerando-se compensados junto com as prorrogações de trabalho noturno, não sendo devido o seu pagamento em dobro.

Insta salientar que esta modalidade de trabalho não traz a obrigatoriedade da concessão do intervalo intrajornada, porém se não concedido, deverá ser indenizado, bem como, tais trabalhadores não tem direito à prorrogação do adicional noturno.

Caso não sejam respeitadas as regras para compensação de jornada, o empregador não será punido com a repetição do pagamento das horas extras, e só será devido o respectivo adicional.

Art. 59-B - O não atendimento das exigências legais para compensação de jornada, inclusive quando estabelecida mediante acordo tácito, não implica a repetição do pagamento das horas excedentes à jornada normal diária se não ultrapassada a duração máxima semanal, sendo devido apenas o respectivo adicional.

Parágrafo único - A prestação de horas extras habituais não descaracteriza o acordo de compensação de jornada e o banco de horas.

Insta ressaltar que, o aludido preceito legal visa promover a regularização do pagamento de horas extras, quando o trabalho executado em regime de compensação ultrapassar os limites acordados. Nestes casos, só será devida as horas referentes ao excesso da jornada efetivamente trabalhada, ou seja, apenas o pagamento do adicional.

Ressalta-se que o fato de haver trabalho extraordinário habitual, não será motivo para caracterizar o descumprimento do acordo de compensação ou banco de horas.

Por fim, o legislador deixa claro que se respeitará o non bis in idem e o empregador não será punido com repetição de débitos.

Art. 60 - Nas atividades insalubres, assim consideradas as constantes dos quadros mencionados no capítulo "Da Segurança e da Medicina do Trabalho", ou que neles venham a ser incluídas por ato do Ministro do Trabalho, Indústria e Comércio, quaisquer prorrogações só poderão ser acordadas mediante licença prévia das autoridades competentes em matéria de higiene do trabalho, as quais, para esse efeito, procederão aos necessários exames locais e à verificação dos métodos e processos de trabalho, quer diretamente, quer por intermédio de autoridades sanitárias federais, estaduais e municipais, com quem entrarão em entendimento para tal fim.

Parágrafo único - Excetuam-se da exigência de licença prévia as jornadas de doze horas de trabalho por trinta e seis horas ininterruptas de descanso.

Pela simples análise deste artigo, é certo firmar que, qualquer prorrogação de jornada que envolva atividades insalubres, só poderá ser realizada mediante autorização do Ministério do Trabalho após necessários exames no referido local.

Como exceção à regra, o paragrafo único dispõe ser possível o labor de jornada 12x36 em atividades insalubres sem a necessidade de licença previa do Ministério do Trabalho.

Art. 61 - Ocorrendo necessidade imperiosa, poderá a duração do trabalho exceder do limite legal ou convencionado, seja para fazer face a motivo de força maior, seja para atender à realização ou conclusão de serviços inadiáveis ou cuja inexecução possa acarretar prejuízo manifesto.

§ 1° - O excesso, nos casos deste artigo, pode ser exigido independentemente de convenção coletiva ou acordo coletivo de trabalho.

§ 2° - Nos casos de excesso de horário por motivo de força maior, a remuneração da hora excedente não será inferior à da hora normal. Nos demais casos de excesso previstos neste artigo, a remuneração será, pelo menos, 25% (vinte e cinco por cento) superior à da hora normal, e o trabalho não

poderá exceder de 12 (doze) horas, desde que a lei não fixe expressamente outro limite.

§ 3° - Sempre que ocorrer interrupção do trabalho, resultante de causas acidentais, ou de força maior, que determinem a impossibilidade de sua realização, a duração do trabalho poderá ser prorrogada pelo tempo necessário até o máximo de 2 (duas) horas, durante o número de dias indispensáveis à recuperação do tempo perdido, desde que não exceda de 10 (dez) horas diárias, em período não superior a 45 (quarenta e cinco) dias por ano, sujeita essa recuperação à prévia autorização da autoridade competente.

A CLT aborda a necessidade imperiosa como a prorrogação da jornada normal de trabalho, cuja sua prorrogação pode ser decorrente de força maior, para realização de serviços inadiáveis ou a sua inexecução ocasione prejuízos.

Tais atos permitem que o empregador prorrogue a jornada de trabalho além do limite legal. A duração do trabalho, nesses casos não poderá exceder a 12 horas diárias, desde que não fixado outro limite por escrito. E como já expresso anteriormente, a hora extraordinária será remunerada acrescida de 50% do valor da hora normal.

Contudo, no §3°, há possibilidades de estender tais regalias, porém limitadas à 10 horas diárias, não excedentes à 45 dias por ano, sujeitando o empregador a uma prévia autorização do Ministério do Trabalho.

Art. 62 - Não são abrangidos pelo regime previsto neste capítulo:

I - os empregados que exercem atividade externa incompatível com a fixação de horário de trabalho, devendo tal condição ser anotada na Carteira de Trabalho e Previdência Social e no registro de empregados;

II - os gerentes, assim considerados os exercentes de cargos de gestão, aos quais se equiparam, para efeito do disposto neste artigo, os diretores e chefes de departamento ou filial.

III - os empregados em regime de teletrabalho.

Parágrafo único - O regime previsto neste capítulo será aplicável aos empregados mencionados no inciso II deste artigo, quando o salário do cargo de confiança, compreendendo a gratificação de função, se houver, for inferior ao valor do respectivo salário efetivo acrescido de 40% (quarenta por cento).

O artigo 62 da CLT abarca os casos em que não há controle de jornada, ou seja, o legislador fez de modo a excluir, de algumas modalidades de trabalho, as normas quanto à limitação da jornada, sendo eles os empregados que realizam trabalho externo, o gerentes, e os empregados em regime de teletrabalho.

Conforme preceitua o paragrafo único, em relação aos gerentes que recebam gratificação de função de 40%, também não fazem jus à horas extras e demais direitos abrangidos pela CLT.

Ressalta-se que a reforma trabalhista inseriu o teletrabalhador no inciso III, que embora não seja considerado trabalhador externo, também foi excluído do controle de jornada.

Art. 63 - Não haverá distinção entre empregados e interessados, e a participação em lucros e comissões, salvo em lucros de caráter social, não exclui o participante do regime deste Capítulo.

Como previsto neste dispositivo, aqueles que percebem participação em lucros de caráter social, a titulo exemplificativo, os sócios ou quotistas, estão excluídos do controle de horas de trabalho. Porém, os que configuram empregados, mas percebem participação nos lucros de caráter operacional, estarão, sem dúvida, enquadrados aos limites deste capítulo.

Art. 64 - O salário-hora normal, no caso de empregado mensalista, será obtido dividindo-se o salário mensal correspondente à duração do trabalho, a que se refere o art. 58, por 30 (trinta) vezes o número de horas dessa duração.

Parágrafo único - Sendo o número de dias inferior a 30 (trinta), adotar-se-á para o cálculo, em lugar desse número, o de dias de trabalho por mês.

O presente artigo aborda a questão do cálculo do salário do mensalista. Basta dividir o salário do empregado pelo número de horas trabalhadas em um mês, ou seja, o divisor é resultante de 30 vezes o número de horas trabalhadas semanalmente, dividido por seis. Como exemplo, um sujeito que trabalha 44 horas semanais, obterá o divisor 220 (30x4÷6=220), portanto, seu salário hora corresponderá à divisão do salario-mês por 220.

Art. 65 - No caso do empregado diarista, o salário-hora normal será obtido dividindo-se o salário diário correspondente à duração do trabalho, estabelecido no art. 58, pelo número de horas de efetivo trabalho.

Pela simples interpretação deste dispositivo, o salário percebido em um dia de trabalho será dividido pelo número de horas trabalhadas nesse mesmo dia, ou seja, um empregado que trabalha 08 horas no dia, terá o salário-hora correspondente à divisão do salário-dia por 08.

SEÇÃO III
DOS PERÍODOS DE DESCANSO

A Consolidação das Leis do Trabalho traz regras específicas quanto ao período de descanso entre uma jornada e outra do trabalhador e sobre o intervalo para refeição e descanso realizado no decorrer da jornada de trabalho.

O tema em estudo pode ser chamado também de intervalos para descanso e de intervalos interjornadas. Já o período em que o trabalhador realiza o descanso para refeição é chamado de intervalo intrajornada.

Artigo 66 - Entre 2 (duas) jornadas de trabalho haverá um período mínimo de 11 (onze) horas consecutivas para descanso.

O intervalo para descanso é o período em que o trabalhador fica ausente do local de trabalho. Isso acontece no intervalo de uma jornada de trabalho para a outra, onde no mínimo deve ter um período de diferença de 11 horas consecutivas, é o chamado intervalo interjornada.

Durante esse período, não é computado como tempo de serviço, não é remunerado, sendo hipótese de suspensão do contrato de trabalho.

Todavia, caso ocorra o desrespeito dessa norma, haverá condenação ao pagamento de horas extras, uma vez que o empregado deveria estar descansando, mas prestou serviços em favor do empregador.

Artigo 67 - Será assegurado a todo empregado um descanso semanal de 24 (vinte e quatro) horas consecutivas, o qual, salvo motivo de conveniência pública ou necessidade imperiosa do serviço, deverá coincidir com o domingo, no todo ou em parte.

Parágrafo único - Nos serviços que exijam trabalho aos domingos, com exceção quanto aos elencos teatrais, será estabelecida escala de revezamento, mensalmente organizada e constado de quatro sujeito à fiscalização.

É assegurado o repouso semanal remunerado no artigo 7, XV, CF, "preferencialmente aos domingos".

Os feriados, independentemente se municipais, estaduais ou nacionais, não se confundem com os descansos semanais, embora apresentem nítida semelhança e sejam ambos remunerados.

O repouso semanal remunerado é o período de ausência de trabalho por no mínimo 24 horas, sendo remunerado, para o descanso do trabalhador, que deve ocorrer uma vez por semana, preferencialmente aos domingos. O valor recebido pelo empregado durante o período de descanso tem natureza salarial.

Cada semana o trabalhador faz jus a no mínimo uma folga, a remuneração equivalente ao dia de descanso é direito do trabalhador, desde que observados os requisitos de frequência e pontualidade.

Artigo 68 - O trabalho em domingo, seja total ou parcial, na forma do art. 67, será sempre subordinado à permissão prévia da autoridade competente em matéria de trabalho.

Paragrafo único - A permissão será concedida a título permanente nas atividades que, por sua natureza ou pela

conveniência pública, devem ser exercidas aos domingos, cabendo ao Ministério do Trabalho, Indústria e Comércio, expedir instruções em que sejam especificadas tais atividades. Nos demais casos, ela será dada sob forma transitória, com discriminação do período autorizado, o qual, de cada vez, não excederá de 60 (sessenta) dias.

Como mencionado, é assegurado pela Constituição Federal o repouso semanal remunerado, "preferencialmente aos domingos". Preferencialmente não significa que seja obrigatório. O que a Constituição Federal estabeleceu usando essa palavra é que não é dever da empresa disponibilizar a folga aos domingos, mas é uma orientação de que as folgas deveriam ser aos domingos.

A Lei 11.603/2007, estabeleceu em seu artigo 6 que é autorizado o trabalho aos domingos quando a atividade envolver o comércio em geral, devendo, contudo, o repouso semanal remunerado coincidir pelo menos uma vez com o domingo no período de quatro semanas, ou seja, uma vez por mês

Ademais, pode ser estabelecida condições no acordo ou convenção coletivas de trabalho disciplinando quanto a folga de domingos. Porém a obrigatoriedade dessa condição fica vinculada com a necessidade de se existir uma situação atípica, não prevista e disciplinada pela legislação, de acordo com o Precedente Administrativo 45, incisos I, III e V da Secretaria de Inspeção do Trabalho, vejamos: "*I – O comércio em geral pode manter empregados trabalhando aos domingos, independentemente de convenção ou acordo coletivo e de autorização municipal. (...) III – Por sua vez, a abertura do comércio aos domingos é de competência municipal e a verificação do cumprimento das normas do município incumbe à fiscalização de posturas local. (...) V- os shopping centers, mercados, supermercados, hipermercados e congêneres estão compreendidos na categoria "Comércio em geral" referida pela Lei 10.101/2000, com redação dada pela Lei 11.603/2007*".

Embora o tema não seja totalmente esclarecido, é possível entender que se existir norma especifica, regulamentando o descanso semanal remunerado aos domingos, por acordo coletivo ou convenção coletiva, que disponha em sentindo contrário a autorização de labor aos domingos, sendo norma de proteção ao trabalho deve ser respeitada.

Artigo 69 - Na regulamentação de atividades sujeitas ao regime deste Capítulo, os municípios atenderão aos preceitos nele estabelecidos, e as regras que venham a fixar não poderão contrariar tais preceitos nem as instruções que, para seu cumprimento, forem expedidas pelas autoridades competentes em matéria de trabalho.

As normas regulamentadoras do descanso semanal remunerados não poderão desrespeitar as condições estipuladas pelos Municípios.

Artigo 70 - Salvo o disposto nos artigos 68 e 69, é vedado o trabalho em dias feriados nacionais e feriados religiosos, nos termos da legislação própria.

É proibido o trabalho nos domingos, com exceção aos trabalhos nos domingos autorizados pelos Municípios e pela legislação vigente, como por exemplo os trabalhos em comércios, supermercados, farmácias e afins.

Artigo 71 - Em qualquer trabalho contínuo, cuja duração exceda de 6 (seis) horas, é obrigatório a concessão de intervalo para repouso ou alimentação, o qual será, no mínimo de 1 (uma) hora e, salvo acordo escrito ou contrato coletivo em contrario, não poderá exceder 2 (duas) horas.

§1° - Não excedendo de 6 (seis) horas de trabalho, será,

entretanto, obrigatório um intervalo de 15 (quinze) minutos quando a duração ultrapassar 4 (quatro) horas.

§ 2º - Os intervalos de descanso não serão computados na duração do trabalho.

§3º - O limite mínimo de uma hora para repouso ou refeição poderá ser reduzido por ato do Ministério do Trabalho, Indústria e Comércio, quando ouvido o Serviço de Alimentação de Previdência Social, se verificar que o estabelecimento atende integralmente as exigências concernentes a organização dos refeitórios, e quando os respectivos empregados não estiverem sob regime de trabalho prorrogado a horas suplementares.

Importante destacar que se a duração do trabalho for superior a 6 horas, é obrigatório a concessão do intervalo para refeição e descanso de no mínimo 1 hora, até o limite de 2 horas. Se a jornada não exceder 6 horas de trabalho, é obrigatório um intervalo mínimo de 15 minutos, desde que a duração não seja inferior a 4 horas. Para os trabalhos com duração de até 4 horas, não tem intervalo para refeição e descanso. O intervalo para refeição é descanso é também conhecido como intervalo intrajornada.

Esses intervalos intrajornadas não são computados na duração do trabalho, ou seja, durante o intervalo para refeição e descanso no curso da jornada de trabalho, o trabalhador não presta serviço e também não recebe, trata-se de hipótese de suspenção do contrato de trabalho.

O período de intervalo intrajornada pode ser reduzido, com autorização do Ministério do Trabalho, ou ainda mediante acordo ou convenção coletiva devendo ser respeitado o limite mínimo de 30 minutos.

§ 4º - A não concessão ou a concessão parcial do intervalo intrajornada mínimo, para repouso e alimentação, a empregados urbanos e rurais, implica o pagamento, de natureza indenizatória, apenas do período suprimido, com

acréscimo de 50% (cinquenta por cento) sobre o valor da remuneração da hora normal de trabalho.

A não concessão ou a concessão parcial do intervalo intrajornada sem negociação anterior estabelecida entre as partes, implica no pagamento de natureza indenizatória, apenas do período que foi suprimido, ou seja, que não foi respeitado, com acréscimo de 50% sobre o valor da hora normal de trabalho.

Trata-se de verba com natureza indenizatória, ou seja, o pagamento do intervalo que não foi concedido ao trabalhador ou ainda concedido parcialmente, deixa de ter incidências e reflexos nas outras verbas trabalhistas.

Contudo, a inobservância do intervalo para refeição e descanso pode trazer para o empregador penalidades administrativas, por ter descumprido uma norma de ordem pública.

§ 5° - O intervalo expresso no *caput* poderá ser reduzido e/ou fracionado, e aquele estabelecido no § 1° poderá ser fracionado, quando compreendidos entre o término da primeira hora trabalhada e o início da última hora trabalhada, desde que previsto em convenção ou acordo coletivo de trabalho, ante a natureza do serviço e em virtude das condições especiais de trabalho a que são submetidos estritamente os motoristas, cobradores, fiscalização de campo e afins nos serviços de operação de veículos rodoviários, empregados no setor de transporte coletivo de passageiros, mantida a remuneração e concedidos intervalos para descanso menores ao final de cada viagem.

É possível a redução e / ou o fracionamento do intervalo intrajornada, quando o trabalho for contínuo e sua duração exceda seis horas diárias.

As hipóteses de redução e de fracionamento, obrigam que o intervalo intrajornada seja realizado entre a primeira hora trabalhada e o início da última hora trabalhada, estando previsto em negociação coletiva de trabalho ou acordo coletivo de trabalho. Trata-se de regra específica para motoristas, cobradores, fiscalização de campos e afins nos serviços de operação de veículos rodoviários, empregados do setor de transporte coletivo de passageiros

Ainda que ocorra a redução e/ou fracionamento do intervalo intrajornada, a remuneração deve ser mantida. Também deve ser concedidos intervalos para descanso menores e fracionados no fim de cada viagem realizada.

Artigo 72 - Nos serviços permanentes de mecanografia (datilografia, escrituração ou cálculo), a cada período de 90 (noventa) minutos de trabalho consecutivos corresponderá um repouso de 10 (dez) minutos não deduzidos da duração normal de trabalho.

Os digitadores, conforme Súmula 346, TST (Tribunal Superior do Trabalho), também fazem jus à pausa de 10 minutos para cada 90 trabalhados.

Esse intervalo intrajornada especial, por não ser deduzido da duração normal de trabalho, é remunerado, ou seja, o empregado permanece de repouso, mas recebe uma remuneração durante esse período, tratando-se assim de hipótese de interrupção do contrato de trabalho.

O trabalhador que fazer jus a essa pausa, e não realizar, a empresa pagará com adicional de 50% o valor da hora normal de trabalho sobre o período que foi suprimido.

SEÇÃO IV
DO TRABALHO NOTURNO

Art. 73 - Salvo nos casos de revezamento semanal ou quinzenal, o trabalho noturno terá remuneração superior à do diurno e, para esse efeito, sua remuneração terá um acréscimo de 20% (vinte por cento), pelo menos, sobre a hora diurna.

A Constituição de 1988 impõe remuneração do trabalho noturno superior à do diurno (CRFB, art. 7°, IX). A excetução feita no início do artigo não foi recepcionada pela Constituição de 1988. Dispõe a Súmula 213 do STF: "É devido o adicional de serviço noturno, ainda que sujeito o empregado ao regime de revezamento". É trabalho noturno aquele que se realiza entre 22h de um dia e 5h do dia seguinte ou mais (CLT, art. 73, §§ 2° e 5°). O trabalhador noturno tem direito de receber o chamado adicional noturno, um acréscimo de 20% sobre o valor de sua hora normal de trabalho. O adicional noturno é devido também sobre as horas extras noturnas.

Quando o assunto é trabalho rural, aplica-se a Lei n.° 5.889/1973. O período considerado noturno começa mais cedo. Em atividades de plantio e colheita, começa às 21h (Lei n.° 5.889/1973, art. 7°). Em atividade pecurária, começa já às 20h, mas termina às 4h do dia seguinte (Lei n.° 5.889/1973, art. 7°).

§ 1° - A hora de trabalho noturno será computada como de 52 minutos e 30 segundos.

A cada 52 minutos e 30 segundos trabalhados à noite, deve haver o pagamento de serviço equivalente a uma hora cheia e deve ser considerado que o empregado já cumpriu uma hora de serviço. A ideia do legislador foi limintar as jornadas noturnas, tendo em vista o maior desgate físico que provocam no corpo humano. O tema é profundamente debatido na Justiça do Trabalho, nem sempre com a profundidade que merece. A redução da hora noturna reduzida é aplicável também nas jornadas de trabalho do tipo 12x36 se houver labor noturno.

§ 2° - Considera-se noturno, para efeitos deste artigo, o trabalho executado entre as 22 horas de um dia e as 5 horas do dia seguinte.

Em regiões urbanas trabalho noturno é aquele realizado entre as 22 horas de um dia às 5 horas da manhã seguinte. Algumas profissões, tais como vigias, porteiros, seguranças e motoristas trabalham dessa forma. Entretanto, nas áreas rurais, o período de trabalho noturno se inicia uma hora mais cedo, às 21 horas, para o plantio e colheita e duas horas, mais cedo, às 20 horas, para a pecuária (Lei n.° 5.889/73).

§ 3° - O acréscimo a que se refere o artigo, em se tratando de empresas que não mantêm, pela natureza de suas atividades, trabalho noturno habitual, será feito tendo em vista os quantitativos pagos por trabalhos diurnos de natureza semelhante. Em relação às empresas cujo trabalho noturno decorra da natureza de suas atividades, o aumento será calculado sobre o salário mínimo vigente na região, não sendo devido quando exceder esse limite, já acrescido da percentagem.

Este parágrafo, em sua primeira parte, determina que o adicional seja calculado sobre os valores pagos por trabalhos diurnos de característica semelhante, se não houver trabalho noturno em determinadas atividades, pela razão de sua natureza. Em sua segunda parte o dispositivo em comento perdeu sua eficácia, consoante o que dispõe o art. 7°, inc IX da Constituição Federal.

§ 4º - Nos horários mistos, assim entendidos os que abrangem períodos diurnos e noturnos, aplica-se às horas de trabalho noturno o disposto neste artigo e seus parágrafos.

Nesse caso a jornada regular de trabalho é pré-fixada contratualmente de modo a abranger o horário noturno e diurno. A finalidade do legislador, ao determinar que se aplique a redução de hora noturna e que se pague o adicional noturno sobre as horas remanescentes à jornada noturna, horas trabalhadas após as 5 horas, foi a de remunerar o empregado que labora em período noturno e, dessa forma, tem um desgaste maior e que continua nas horas seguintes, até com maior intensidade do que nas primeiras horas de trabalho desse mesmo empregado.

§ 5º - As prorrogações do trabalho noturno aplica-se o disposto neste capítulo.

Se o trabalhador tiver uma jornada, por exemplo, entre 22h e 5h, mas prolonga-la para depois das 5h horas da manhã, as horas desta prorrogação também se beneficiarião do instituto da hora noturna reduzida e também serão pagas com acréscimo legal mínimo de 20% (TST, Súmula 60).

SEÇÃO V
DO QUADRO DE HORÁRIO

Art. 74 - O horário de trabalho deverá ser anotado em registro de empregados.

§ 1° – Revogado

§ 2° - Para os estabelecimentos com mais de 20 (vinte) trabalhadores será obrigatória a anotação da hora de entrada e de saída, em registro manual, mecânico ou eletrônico, conforme instruções expedidas pela Secretaria Especial de Previdência e Trabalho do Ministério da Economia, permitida a pré-assinalação do período de repouso.

§ 3° - Se o trabalho for executado fora do estabe-lecimento, o horário dos empregados constará do registro manual, mecânico ou eletrônico em seu poder, sem prejuízo do que dispõe o *caput* deste artigo.

§ 4° - Fica permitida a utilização de registro de ponto por exceção à jornada regular de trabalho, mediante acordo individual escrito, convenção coletiva ou acordo coletivo de trabalho.

A lei 13.874/2019 foi publicada em 20/09/2019, criada com a intenção de assegurar a liberdade como uma garantia no exercício de atividades econômicas.

A primeira grande alteração ocorre quanto à exigência do quadro de horários, conforme antigo *caput* do art. 74. O quadro de horários era utilizado com a finalidade de orientar os trabalhadores no ambiente de trabalho e simplificar a fiscalização pelas autoridades administrativas.

Essa exigência, com o objetivo de reduzir a burocracia,

foi eliminada do texto de lei, razão pela qual a partir da vigência da lei supracitada há apenas a obrigatoriedade de formalização dos horários contratuais de trabalho em registro de empregados, o que estava previsto no § 1° do art. 74 e foi inserido ao *caput* do artigo.

Segue a necessidade de documentação dos horários contratuais, porém, apenas no registro de empregados, sem maiores burocracias.

Segundo a Lei 13.874/2019, é necessário o registro de jornada apenas para empresas com mais de 20 trabalhadores. O limite anterior à lei em comento para registro de jornada era a partir de

10 funcionários. O maior beneficiado com esta mudança, sem dúvida, foi o pequeno empreendedor.

Também houve outra alteração que se deu com a inclusão de uma nova modalidade de controle de jornada, o denominado "registro de ponto por exceção". Essa modalidade de controle poderá ser instituído através de acordo individual escrito, acordo ou convenção coletiva de trabalho. Se o empregador optar por esse tipo de controle deverá anotar a jornada extraordinária, como trabalhos em feriados, faltas, horas extras, entre outros.

Ressalte-se que desde a reforma trabalhista de 2017 ficou autorizada a instituição de outras formas de registro de jornada por acordo ou convenção coletiva de trabalho.

SEÇÃO VI

DAS PENALIDADES

Art. 75 - Os infratores dos dispositivos do presente Capítulo incorrerão na multa de cinquenta a cinco mil cruzeiros, segundo a natureza da infração, sua extensão e a intenção de quem a praticou, aplicada em dobro no caso de reincidência, e oposição à fiscalização ou desacato à autoridade.

Este artigo foi adaptado pelas Leis n.º 6.205/1975 e 6.986/82. Em havendo infração aos preceitos contidos no Capítulo II, do Título II, da CLT, que trata dos artigos 57 ao 75, será aplicada a pena como previsto no artigo supramencionado. No caso de reincidência, oposição à fiscalização ou desacato à autoridade, a multa será aplicada em dobro.

Parágrafo único - São competentes para impor penalidades, no Distrito Federal, a autoridade de 1ª instância do Departamento Nacional do Trabalho e, nos Estados e no Território do Acre, as autoridades regionais do Ministério do Trabalho, Indústria e Comércio.

O parágrafo único refere-se à competência para impor penalidades, que é das Superintendências Regionais do Trabalho e Emprego, e não do juiz do trabalho que, verificando infração aos artigos supracitados, oficiará à DRT.

CAPÍTULO II - A

DO TELETRABALHO

Como forma efetiva de adequar a legislação às novas relações de trabalho, nos exatos termos do preâmbulo a Lei n.º 13.467, de 13 de julho de 2017, que alterou a CLT, o teletrabalho, finalmente, ganhou contornos de legalidade com a inserção dos artigos 75-A ao 75-E neste Diploma.

Por outras palavras, o teletrabalho, também conhecido como *home Office* ou *trabalho à distância*, era regido pelas regras gerais trabalhistas, cenário este que não garantia segurança jurídica aos empregadores, tampouco aos trabalhadores que laboravam neste formato.

Ao estabelecer regramento próprio ao moderno formato de trabalho em testilha, a CLT aproxima-se da valorização social do trabalho e da livre iniciativa, nos termos em que preceitua a Constituição Federal (CRFB, art. 1º, IV).

Sem embargos, o mercado de trabalho clamava pela atualização legislativa, com vistas a dar guarida às modernas relações entre o capital e o trabalho, e os benefícios desta forma de labor estendem-se a vários setores da economia, como um polvo a estender os seus tentáculos. Neste diapasão, a mobilidade urbana é beneficiada, ao passo que o ramo produtivo que, predominantemente utilizando-se de tecnologias de informação e de comunicação, pode manter o trabalhador em sua casa, evitando um deslocamento à respectiva empregadora.

A empregabilidade também tende a dar um salto quantitativo e qualitativo, pois a tecnologia empregada neste setor produtivo não se intimida diante das fronteiras geográficas, permitindo a contratação e mantença de trabalhadores em qualquer localidade do país.

No campo social, como já mencionado, a mobilidade urbana dos grandes centros ganhará fôlego, haja vista as jornadas de trabalho praticadas conduzem milhares de pessoas, ao mesmo tempo, em um mesmo trajeto, como se semoventes fossem, porém, muitos destes trabalhadores poderiam desenvolver as suas atividades em seu próprio lar, retirando-os dos deslocamentos metropolitanos.

O desafogamento dos centros urbanos, por sua vez, propicia a criação de políticas públicas voltadas àqueles que realmente necessitam comparecer fisicamente aos respectivos empregadores, dando vazão também ao escoamento de mercadorias e serviços nas cidades.

Com o trabalhador à distância, também se reduz os custos da produção, pois a prestação de serviços é desenvolvida fora da estrutura física do empregador.

O conjunto destes benefícios traduz-se, enfim, na qualidade de vida do trabalhador, que deixará de percorrer grandes distâncias nas primeiras horas do dia, bem como ao final do expediente, resevando a sua energia para a produtividade, bem como para atividades pessoais, pois, por óbvio, ao final da jornada já estará em sua casa.

Em suma, o teletrabalho, nos termos desta legislação, contribui nas melhorias **social**, **política** e **econômica** da sociedade, sem olvidar da **qualidade de vida** dos trabalhadores.

Não é demais dizer que, ao longo das práticas ora tratadas, novas questões e possíveis falhas surgirão, uma vez que os debates durante a condução do anteprojeto não foram satisfatórios, contudo, não podem estas possíveis falhas serem recepcionadas senão como mola propulsora ao constante aperfeiçoamento da relação jurídica em tela.

Art. 75-A - A prestação de serviços pelo empregado em regime de teletrabalho observará o disposto neste Capítulo.

Ao estabelecer que o empregado em teletrabalho terá o regime jurídico regido pelas disposições do capítulo específico, entende-se que se trata de regime de contratação especial, com rigorosa atenção às normas específicas aqui tratadas.

Art. 75-B - Considera-se teletrabalho a prestação de serviços preponderantemente fora das dependências do empregador, com a utilização de tecnologias de informação e de comunicação que, por sua natureza, não se constituam como trabalho externo.

Parágrafo único - O comparecimento às dependências do empregador para a realização de atividades específicas que exijam a presença do empregado no estabelecimento não descaracteriza o regime de teletrabalho.

Neste artigo importa mencionar que o ambiente do teletrabalhador não será, obrigatoriamente, a sua residência, bastando ser *fora das dependências do empregador*. Neste sentido, este modelo de trabalho à distância ilustra a descentralização da mão de obra, que pode, inclusive, ser exercido em centros satélites de uso público, também conhecidos como telecentros, fora do estabelecimento patronal, ou seja, como dito, não restrito à residência do trabalhador.

Nada obstante, extrai-se do texto legal que, para ser considerado *teletrabalho* é requisito que o labor seja realizado por meio de *tecnologias de informação e de comunicação que, por sua natureza, não se constituam como trabalho externo.* Aclara-se, portanto, que nem todo trabalho em domicílio, ou à distância, pode ser classificado como teletrabalho, pois os seus requisitos, presentes na norma, devem ser observados, quais sejam, o uso de tecnologias de informação e de comunicação que, ainda, poderiam ser exercidos perfeitamente no interior da empresa, pois não se admite, como teletrabalho, o uso das referidas tecnologias em atividades constitutivas de trabalho exclusivamente externo.

Por outras palavras, o *teletrabalho,* nos moldes delineados pela CLT após a edição da Lei 13.467, é espécie, ao passo que o trabalho à distância é gênero, mantendo-se incólume o artigo 6º celetista.

O parágrafo único do artigo 75-B visa, efetivamente, atribuir segurança jurídica às eventuais práticas de comparecimento do trabalhador às dependências da empregadora, ainda que a presença do empregado seja para executar tarefas que não poderiam ser exercidas à distância. Contudo, a lei é omissa no que tange a frequência em que o trabalhador poderá ser requisitado à comparecer nas dependências da empresa para o labor específico.

Art. 75-C - A prestação de serviços na modalidade de teletrabalho deverá constar expressamente do contrato individual de trabalho, que especificará as atividades que serão realizadas pelo empregado.

§ 1º - Poderá ser realizada a alteração entre regime presencial e de teletrabalho desde que haja mútuo acordo entre as partes, registrado em aditivo contratual.

§ 2º - Poderá ser realizada a alteração do regime de teletrabalho para o presencial por determinação do empregador, garantido prazo de transição mínimo de quinze dias, com

correspondente registro em aditivo contratual.

O *caput* deste artigo ratifica que, por ser modalidade de trabalho especial, é obrigatório a sua formalização expressa, ou seja, o contrato de emprego escrito é requisito *sine qua non* à esta espécie de contratação, devendo constar no referido contrato, ainda, as atividades a serem desempenhadas pelo trabalhador.

Privilegiando o espírito contratual entre as partes, patente no bojo da lei que adequou a legislação às novas relações de trabalho, é lícito às partes especificarem, além das atividades a serem desempenhadas, a produtividade e demais especificidades da escala produtiva, fazendo lei entre as partes.

O parágrafo primeiro estabelece que a alternância entre regimes deverá ser pactuada livremente entre as partes, confeccionando-se aditivo contratual para esta finalidade.

Por seu turno, a alternância específica consoante alteração do regime de *teletrabalho* para o *presencial* poderá ser feito unilateralmente pelo empregador, igualmente por aditivo contratual, sendo obrigatória a concessão de um prazo de transição mínimo de quinze dias.

Outrossim, cumpre salientar que a legislação deixa uma lacuna no que se refere à hipótese de descumprimento do empregador do prazo mínimo de quinze dias para a transição, certamente, caberá ao judiciário, quando provocado, se pronunciar se o descumprimento do requisito caracterizou alteração unilateral do contrato de emprego em prejuízo do trabalhador, ato vedado pelo ordenamento laboral.

Art. 75-D - As disposições relativas à responsabilidade pela aquisição, manutenção ou fornecimento dos equipamentos tecnológicos e da infraestrutura necessária e adequada à prestação do trabalho remoto, bem como ao reembolso de despesas arcadas pelo empregado, serão previstas em contrato escrito.

Parágrafo único - As utilidades mencionadas no *caput* deste artigo não integram a remuneração do empregado.

O presente artigo ratifica a imprescindibilidade do contrato de trabalho escrito, como mencionado alhures, tanto para a caracterização do teletrabalho, como espécie, quanto para prestação do trabalho remoto, ao passo que, por sua natureza, a produtividade e entrega dos produtos e/ou serviços sempre dependerá de adequadas tecnologias, desta forma, a previsão contratual visa proteger as partes de surpresas no que se refere à cadeia produtiva do teletrabalho.

O parágrafo único, mais uma vez, é fonte de segurança jurídica para que o empregador não seja taxado, com reflexos de natureza salarial, sobre o fornecimento de insumos tecnológicos, pois o contrário iria desmotivar o emprego nesta modalidade, pois, no interior da empresa, as ferramentas ou tecnologias utilizadas não compõem verba remuneratória.

Por outra ótica, mas ainda garantindo-se segurança jurídica à relação de emprego, caso as partes contratem que os equipamentos tecnológicos, ou a sua manutenção, serão por conta e risco do trabalhador, não o caracterizará como autônomo, haja vista previsão desta hipótese em contrato de emprego.

Art. 75-E - O empregador deverá instruir os empregados, de maneira expressa e ostensiva, quanto às precauções a tomar a fim de evitar doenças e acidentes de trabalho.

Parágrafo único - O empregado deverá assinar termo de responsabilidade comprometendo-se a seguir as instruções fornecidas pelo empregador.

O disposto no presente artigo é, sem dúvidas, consoante o referido capítulo, digno de maior debate, haja vista os seus reflexos perante o direito previdenciário.

Em primeiro cumpre destacar que a atuação do empregador *expressa e ostensiva,* esbarra na garantia constitucional da inviolabilidade do lar (CRFB, art. 5°, XI), nos casos em que o trabalhador preste serviços em sua casa, por outro lado, no caso de os serviços serem executados em telecentros públicos, impossibilita a ação do empregador sobre o aquele meio ambiente.

Nestes termos, caberá ao empregador formular regulamentos, com instruções claras e eficazes, com vistas a orientar o exercício das atividades do trabalhador com plena preservação da sua saúde e segurança, seja no âmbito do trabalho em seu lar, seja em locais diversos, públicos e à escolha do empregado.

Neste mister, as instruções deverão observar, além do meio ambiente do trabalho, o maquinário utilizado, postura ergonômica saudável do trabalhador, pausas para ginástica laboral, mobiliário adequado, etc. . Aliás, as visitas do tele-empregado às dependências da empresa podem, perfeitamente, ser adequadas para o exercício e treinamentos de ginástica laboral, momento em que, por meio de lista de presença, a empregadora comprove o treinamento e ostensividade exigidos pela legislação.

O controle de jornada e o teletrabalho.

Como mencionado alhures, o teletrabalho é regido pelas normas deste capítulo específico, o qual não contempla ao teletrabalhador o direito de receber horas extras.

O que acima assevera-se é literalmente constatado pela leitura do artigo 62, inciso III, deste diploma, que estabelece: *"Art. 62 - Não são abrangidos pelo regime previsto neste capítulo: [...] III - os empregados em regime de teletrabalho."*

Por certo, o capítulo o qual o artigo retro citado está inserto refere-se à jornada de trabalho, logo, o teletrabalho não se submete ao controle e, por consequência, não será remunerado por eventuais horas extraordinárias, pois estas não podem ser mensuradas, pois incompatível com a modalidade, por exclusão expressa (CLT, Art. 57) .

A expressa exclusão justifica-se pela incompatibilidade do controle da jornada e o teletrabalho, dada o local de trabalho pode ser qualquer local fora das dependências da empresa, inclusive locais públicos que possibilites o uso de tecnologias hábeis à prestação dos serviços, neste cenário, seria oneroso ao empregador, portanto contrário à economia que o teletrabalho propicia à produção, exigir que este, a qualquer custo, obrigue-se a controlar a jornada o empregado para os devidos apontamentos e apuração de eventuais horas extras.

Por outra ótica, caso a empresa opte, por qualquer meio, controlar a jornada do teletrabalhador, estará obrigada a remunerar eventuais horas extras, nos termos da legislação que trata do referido instituto.

Noutras palavras, o controle da jornada, por qualquer meio, ainda que por controle de produtividade (número mínimo de tarefas), retira do teletrabalho a presumida incompatibilidade a qual trata o artigo 62, III deste Diploma.

Imperioso também mencionar que, o pedido de tarefas indiscriminadamente, a qualquer horário, poderá caracterizar "estado de disponibilidade" do teletrabalhador, incidindo na penalidade de que trata a Súmula 428, II do Colendo Tribunal Superior do Trabalho.

CAPÍTULO III

DO SALÁRIO MÍNIMO

SEÇÃO I

DO CONCEITO

Art. 76 - Salário mínimo é a contraprestação mínima devida e paga diretamente pelo empregador a todo trabalhador, inclusive ao trabalhador rural, sem distinção de sexo, por dia normal de serviço, e capaz de satisfazer, em determinada época e região do País, as suas necessidades normais de alimentação, habitação, vestuário, higiene e transporte.

A CLT traz em seu bojo, uma descrição do salário mínimo de forma genérica, onde a mesma específica sua finalidade para as necessidades básicas do cidadão (trabalhador/empregado).

Quanto a sua efetiva eficácia, se faz necessário a busca pelo art. 7° da CF, onde o mesmo é descrito como "direito dos trabalhadores urbanos e rurais".

Outro ponto que merece destaque, se detém na omissão do artigo em dizer que o mesmo deve ser unificado, versando apenas que ele deve satisfazer as necessidades básicas independente de época ou região do país, já sanado pelo Decreto n.° 89.589 de 24/04/1984.

Importa destacar que seu reajuste deve ser periódico, conforme preleciona o já citado artigo 7°, IV da CF, no entanto, após a Lei 12.382, art. 3°, o reajuste poderá ser por meio de decreto.

Art. 77 – Revogado

Art. 78 - Quando o salário for ajustado por empreitada, ou convencionado por tarefa ou peça, será garantida ao trabalhador uma remuneração diária nunca inferior à do salário mínimo por dia normal.

Parágrafo único – Quando o salário mínimo mensal do empregado à comissão ou que tenha direito à percentagem for integrado por parte fixa e parte variável, ser-lhe-á sempre garantido o salário mínimo, vedado qualquer desconto em mês subsequente a título de compensação.

Seu contexto estabelece que, em havendo acordo por empreitada, tarefa ou peça, o valor não poderá ser inferior ao salário mínimo diário.

Já o Parágrafo único, determina que a comissão deverá ser tratada sempre a parte do salário percebido, e que a mesma, não sendo alcançado a cota estipulada, fica vedado seu desconto do salário mínimo como compensação.

Art. 79 – Revogado

Art. 80 – Revogado

Art. 81 - O salário mínimo será determinado pela fórmula Sm = a + b + c + d + e, em que a, b, c, d e e representam, respectivamente, o valor das despesas diárias com alimentação, habitação, vestuário, higiene e transporte necessários à vida de um trabalhador adulto.

§ 1° – A parcela correspondente à alimentação terá um valor mínimo igual aos valores da lista de provisões, constantes dos quadros devidamente aprovados e necessários à alimentação diária do trabalhador adulto.

§ 2° – Poderão ser substituídos pelos equivalentes de cada grupo, também mencionados nos quadros a que alude o parágrafo anterior, os alimentos, quando as condições da região o aconselharem, respeitados os valores nutritivos determinados nos mesmos quadros.

§ 3° – O Ministério do Trabalho fará, periodicamente, a revisão dos quadros a que se refere o § 1° deste artigo.

Neste encontra-se claramente que o salário mínimo deve ser estipulado em consonância com os valores desprendidos nas despesas de 1ª necessidade, tais como: alimentação, habitação, vestuário, higiene e transporte, assim determinados como despesas necessárias a vida de um trabalhador adulto. Aqui o legislador originário, não relacionou a saúde como necessidade básica, bem como, o lazer e previdência social, como assevera o art. 7° da CF.

Seus parágrafos determinam que a parcela destinada a alimentação deverá ser equivalente aos valores da cesta básica, a qual será revisionada periodicamente pelo Ministério do Trabalho Indústria e Comércio, conforme texto descrito no § 3° do referido artigo, no entanto, na habitualidade, esta questão é tratada em convenções ou acordos coletivos.

Visto estas determinações, se faz necessário alguns apontamentos, dentre eles, o valor da cesta básica não confere com o mínimo destinado para a alimentação, devido a vários fatores, tais como, número de pessoas na família, região, cultura de subsistência, dentre outros. Ainda que a Lei determine uma regular revisão, a realidade vivida pelo país é de que o reajuste ocorre somente ao final/início de cada ano.

Art. 82 - Quando o empregador fornecer, in natura, uma ou mais das parcelas do salário mínimo, o salário em dinheiro será determinado pela fórmula Sd = Sm - P, em que Sd representa o salário em dinheiro, Sm o salário mínimo e P a soma dos valores daquelas parcelas na região.

Parágrafo único – O salário mínimo pago em dinheiro não será inferior a 30% (trinta por cento) do salário mínimo fixado para a região.

Ao discorrer sobre o salário *in natura,* modalidade de pagamento onde o empregador transfere produtos ao empregado como forma de pagamento, a Lei assevera algumas restrições, tais como pagamento em cigarro ou bebidas alcoólicas, visto a nocividade do produto.

Sobre seu parágrafo único, vale acrescer que, ainda que os produtos ultrapassem o valor de 70% (setenta por cento), o empregador deverá pagar em dinheiro os 30% (trinta por cento).

Para os trabalhadores rurais, estabelece o art. 9o da Lei n.° 5.889/73 que este desconto será de 20% pela ocupação de morada e a 25% pelo fornecimento de alimentação, calculado sobre o valor do salário mínimo, devendo ser previamente autorizadas, sob pena de nulidade.

O mesmo também tem previsão legal no art. 458 da CLT.

Art. 83. É devido o salário mínimo ao trabalhador em domicílio, considerado este como o executado na habitação do empregado ou em oficina de família, por conta de empregador que o remunere.

As tarefas executadas no domicílio do trabalhador para satisfazer o empregador, devem ser remuneradas, conforme texto de lei do próprio artigo em comento, independe do lugar onde se realizam as tarefas, desde que presentes os requisitos da pessoalidade, subordinação e não eventualidade, descritos no art. 3º da CLT.

Desta feita, presentes os requisitos, caracterizada está a relação de emprego, portanto devido a remuneração.

SEÇÃO II
DAS REGIÕES, ZONAS E SUBZONAS

Os dispositivos da presente Seção não foram recepcionados pela CF/88, pelo que estabelece, em seu art. 7º, IV, que o salário mínimo é nacional e unificado.

Art. 84 – Revogado

Art. 85 – Revogado

Art. 86 – Revogado

SEÇÃO III
DA CONSTITUIÇÃO DAS COMISSÕES

Arts. 87 a 100 – Revogados pela Lei n.º 4589/1964

SEÇÃO IV
DAS ATRIBUIÇÕES DAS COMISSÕES DE SALÁRIO MÍNIMO

Arts. 101 a 111 – Revogados pela Lei n.º 4589/1964

SEÇÃO V
DA FIXAÇÃO DO SALÁRIO MÍNIMO

Art. 112 – Revogado

Art. 113 – Revogado

Art. 114 – Revogado

Art. 115 – Revogado

Art. 116 - O decreto fixando o salário mínimo, decorridos 60 (sessenta) dias de sua publicação no Diário Oficial, obrigará a todos que utilizem o trabalho de outrem mediante remuneração.

§ 1° - O salário mínimo, uma vez fixado, vigorará pelo prazo de 3 (três) anos, podendo ser modificado ou confirmado por novo período de 3 (três) anos, e assim seguidamente, por decisão da respectiva Comissão de Salário Mínimo, aprovada pelo Ministro do Trabalho. Indústria e Comércio.

§ 2° - Excepcionalmente, poderá o salário mínimo ser modificado, antes de decorridos 3 (três) anos de sua vigência, sempre que a respectiva Comissão de Salário Mínimo, pelo voto de 3/4 (três quartos) de seus componentes, reconhecer que fatores de ordem econômica tenham alterado de maneira profunda a situação econômica e financeira da região interessada.

O art. 116 não foi recepcionado pela CRFB/88 que, em seu art. 7°, IV, estabelece que o salário mínimo só poderá ser fixado por lei. Historicamente, é importante ressaltar que, após a edição da Lei n.° 4.589, de 11.12.1964, seu art. 23 prescreve:

"São revogados os artigos da Consolidação das Leis do Trabalho referentes às Comissões de Salário-mínimo, passando as respectivas atribuições ao Departamento Nacional de Emprego e Salário (D.N.E.S.) e às Delegacias Regionais do Trabalho (D.R.T.) na forma da presente Lei.". Entende-se então que, a partir de 1964, somente a lei pode fixar o valor do salário mínimo, sem qualquer obrigatoriedade de participação de representantes do capital e do trabalho, concentrando-se então no poder político representativo esta incumbência.

Conforme o ensinamento de Rodrigo Trindade de Souza *"A reserva ao campo legislativo tem importante efeito de restringir pretensões de tutelas jurisdicionais para estabelecer valor de remuneração mínima a empregado que recebe a importância definida na lei, mas que, na prática, mostra-se insuficiente para atender a necessidades básicas. Desse modo, o rol de necessidades básicas do trabalhador e sua família, previsto na CRFB/88 e também no art. 76 da CLT direciona-se fundamentalmente ao legislador responsável pela definição do valor do salário mínimo."* (SOUZA, Rodrigo Trindade, organizador; AMARAL, Márcio Lima do; SANTOS JÚNIOR, Rubens Fernando Clamer dos; SEVERO, Valdete Souto, coordenadores. **CLT comentada: pelos juízes do trabalho da 4ª região** – 2. ed. – São Paulo : LTr, 2017, pág. 113.)

SEÇÃO VI
DISPOSIÇÕES GERAIS

Art. 117 - Será nulo de pleno direito, sujeitando o empregador às sanções do art. 121, qualquer contrato ou convenção que estipule remuneração inferior ao salário mínimo estabelecido na região em que tiver de ser cumprido.

Apesar de o art. 121 mencionado ter sido revogado pelo Decreto-Lei n.º 229, de 28.02.1967, há jurisprudência tanto no STF quanto no TST que garantem que o empregado não receba remuneração inferior ao salário mínimo: STF, Súmula 204, TST, Súmula 199 e TST, OJ SDI-I 272 (TST: OJ SDI-1 272. Salário-mínimo. Servidor. Salário-base inferior. Diferenças. Indevidas. (Inserida em 27.09.2002) A verificação do respeito ao direito ao salário-mínimo não se apura pelo confronto isolado do salário-base com o mínimo legal, mas deste com a soma de todas as parcelas de natureza salarial recebidas pelo empregado diretamente do empregador. STF: Súmula 199. O salário das férias do empregado horista corresponde à média do período aquisitivo, não podendo ser inferior ao mínimo. (Aprovada na Sessão Plenária de 13.12.1963) STF: Súmula. 204. Tem direito o trabalhador substituto, ou de reserva, ao salário mínimo no dia em que fica à disposição do empregador sem ser aproveitado na função específica; se aproveitado, recebe o salário contratual. (Aprovada na Sessão Plenária de 13.12.1963)

É importante lembrar que serão nulos todos os atos que tentem impedir, fraudar ou desvirtuar os preceitos contidos na CLT, conforme estabelece seu art. 9º. O art. 117 define a irrenunciabilidade do salário mínimo. Trata-se de instituto tutela básico e, portanto, de natureza imperativa. Não obstante, não há ilegalidade em contrato que fixa, para empregados de regime de tempo parcial, salário inferior ao mínimo nacional, desde que respeitada a proporcionalidade do salário mínimo horário.

> Art. 118 - O trabalhador a quem for pago salário inferior ao mínimo terá direito, não obstante qualquer contrato ou convenção em contrário, a reclamar do empregador o complemento de seu salário mínimo estabelecido na região em que tiver de ser cumprido.

Se o empregado não chegar a um acordo amigável junto ao empregador, o art. 118 garante a ele o direito de ajuizar reclamação trabalhista e pleitear na Justiça do Trabalho que seu empregador cumpra com a prescrição legal do pagamento integral do salário mínimo, ressalvados contratos de tempo parcial. Este artigo reforça, portanto, a compreensão de que contrato que não observa salário mínimo também produz efeitos e impõe obrigações.

Citando o magistrado Rodrigo Trindade de Souza: "*O Direito do Trabalho brasileiro não distingue trabalhadores com grande ou reduzido potencial econômico, de modo que o salário mínimo é imposto não somente aos empregadores, como aos próprios empregados. Não se admite renúncia mesmo de pessoas muito ricas, que trabalhem como empregadas sem que objetivem busca de sustento econômico. Também essas submetem-se ao império do salário mínimo, mantêm-se presunção de natureza alimentar e não se admite a renúncia.*" (SOUZA, Rodrigo Trindade, organizador; AMARAL, Márcio Lima do; SANTOS JÚNIOR, Rubens Fernando Clamer dos; SEVERO, Valdete Souto, coordenadores. **CLT comentada: pelos juízes do trabalho da 4ª região** – 2. ed. – São Paulo : LTr, 2017, pág. 114.)

Art. 119 - Prescreve em 2 (dois) anos a ação para reaver a diferença, contados, para cada pagamento, da data em que o mesmo tenha sido efetuado.

Prescrição, como se sabe, é a perda do direito à ação. O constituinte preocupando-se em tornar mais rígida a proteção ao trabalhador disciplinou constitucionalmente a prescrição em seu art. 7°, XXIX. Após a EC n.° 28 de 26.05.200 que uniformizou os prazos para trabalhadores urbanos e rurais, a prescrição para reclamar judicialmente direitos trabalhistas é de 5 anos, limite este reduzido para 2 anos após o término do contrato de trabalho.

Ressalta-se aqui a importância da Súmula 294 (TST: Súmula 294. Prescrição. Alteração contratual. Trabalhador urbano (Cancela as Súmulas n.° 168 e 198 - Res. 4/1989, DJ 14.04.1989) Tratando-se de ação que envolva pedido de prestações sucessivas decorrente de alteração do pactuado, a prescrição é total, exceto quando o direito à parcela esteja também assegurado por preceito de lei.) que trata sobre a tese da prescrição total e parcial uma vez que a CLT é omissa a respeito do tema. Segundo o ensinamento de Élisson Miessa: "*Na **prescrição total**, de acordo com o TST, o trabalhador terá 5 anos para ingressar com a reclamação a contar do **ato único do empregador**. Esse ato do trabalhador decorre da alteração contratual lesiva de suprimir direito não previsto em lei, como no caso de redução do percentual de comissão.*" (MIESSA, Élisson; CORREIA, Henrique. **Súmulas e Orientações Jurisprudenciais do TST – comentadas e organizadas por assunto**. 5ª ed. Salvador: Juspodivm, 2015, pág. 557.) E esclarece mais adiante nesta mesma obra que "*na **prescrição parcial**, tornam-se exigíveis as parcelas anteriores ao tempo de 5 anos a contar do ajuizamento ação. Nessa hipótese, prescrição parcial, as prestações possuem previsão em lei, assim sendo, **renova-se a contagem mês a mês, sempre que a parcela não for paga**.*" (MIESSA, Élisson; CORREIA, Henrique. **Súmulas e Orientações Jurisprudenciais do TST – comentadas e organizadas por assunto**. Op. cit., pág. 566.).

Em contrapartida, o magistrado Rodrigo Trindade de Souza, entende que apesar de não ter ocorrido a revogação formal, o art.119 não foi recepcionado pela ordem constitucional de 1988. (SOUZA, Rodrigo Trindade, organizador; AMARAL, Márcio Lima do; SANTOS JÚNIOR, Rubens Fernando Clamer dos; SEVERO, Valdete Souto, coordenadores. **CLT comentada: pelos juízes do trabalho da 4ª região** – 2. ed. – São Paulo : LTr, 2017, pág. 114.)

Art. 120 - Aquele que infringir qualquer dispositivo concernente ao salário mínimo será passível da multa de cinquenta e dois mil cruzeiros, elevada ao dobro na reincidência.

A Lei n.º 7.855/1989 triplicou o valor das punições fixadas na CLT. A partir da Lei n.º 8.383/1991, a atual quantificação é feita em UFIRs e é com base nessa unidade que o órgão administrativo, Ministério do Trabalho e Emprego, elabora o quadro de multas trabalhistas e as impõe, de modo que não cabe a postulação em demandas individuais na Justiça do Trabalho.

Art. 121 – Revogado

Art. 122 – Revogado

Art. 123 – Revogado

Art. 124 - A aplicação dos preceitos deste Capítulo não poderá, em caso algum, ser causa determinante da redução do salário.

Como já foi apontado, a CRFB/88 prescreve em seu art. 7º, VI, a irredutibilidade do salário salvo convenção ou acordo coletivo, desde que seja respeitado o salário mínimo, eis que este é o mínimo para atender as necessidades vitais.

Ressalta-se a jurisprudência do TST (OJ SDI-1 358. TST: OJ SDI-1 358. Salário mínimo e piso salarial proporcional à jornada reduzida. Empregado. Servidor público. (DJ 14.03.2008) (Redação alterada na sessão do Tribunal Pleno realizada em 16.02.2016. Res. 202/2016. DeJT 19/02/2016) que trata do salário proporcional à jornada de trabalho. Assim sendo, se o empregado for contratado para trabalhar em jornada inferior à duração normal de 8 horas diárias e 44 horas semanais, ele receberá o salário-mínimo proporcional ou o piso salarial proporcional aos dias (1/30) ou às horas trabalhadas (1/220 para jornada de 8 h ou 1/180 para jornada de 6 horas). Nesse sentido, se a empresa optar, por exemplo, por adotar o regime por tempo parcial poderá remunerar seus empregados com salário proporcional à jornada trabalhada, conforme art. 58-A, § 1°, da CLT.

Art. 125 – Revogado

Art. 126 - O Ministro do Trabalho expedirá as instruções necessárias à fiscalização do salário mínimo, podendo cometer essa fiscalização a qualquer dos órgãos componentes do respectivo Ministério, e, bem assim, aos fiscais do Instituto Nacional de Seguro Social, na forma da legislação em vigor.

Em regra, é o Ministério do Trabalho e Emprego, através de suas Delegacias Regionais do Trabalho, o órgão responsável pela fiscalização do cumprimento das normas salariais.

Entretanto, como bem lembra o ex-juiz do trabalho Mozart Victor Russomano, "*O art. 126 será, sempre, inoperante e inócuo, se o Ministério do Trabalho não dispuser de verbas suficientes para fazer com que seus funcionários e fiscais se possam locomover por todo o imenso território nacional, pelo serão e pelo pampa, levando consigo, na mesma mala, a pena do infrator e a lição ao ignorante. Os responsáveis pelos nossos destinos coletivos precisam se certificar da necessidade urgente de um reaparelhamento das repartições administrativas e fiscalizadoras do trabalho. Nunca é demais insistir neste ponto. E sempre será pouco o que se fizer nesse sentido."* (RUSSOMANO, Mozart Victor. **Comentários à Consolidação das Leis do Trabalho**. Rio de Janeiro: Forense, 1997, pág. 199.).

Art. 127 – Revogado

Art. 128 – Revogado

CAPÍTULO IV

DAS FÉRIAS ANUAIS

SEÇÃO I

DO DIREITO A FÉRIAS E DA SUA DURAÇÃO

Art. 129 - Todo empregado terá direito anualmente ao gozo de um período de férias, sem prejuízo da remuneração.

Conforme previsto no art. 7 °, XVII, da CF, todos os empregados, urbanos e rurais, têm direito ao gozo de férias anuais remuneradas, com pelo menos, um terço a mais do que o salário normal. Também a Declaração Universal de Direitos do Homem, de 10 de dezembro de 1948, determina em seu art. 24, que todo homem tem direito de repouso e lazer, inclusive com a limitação razoável das horas de trabalho e as férias remuneradas periódicas.

As férias constituem-se de um direito do empregado de abster-se de trabalhar durante um determinado número de dias consecutivos por ano, sem prejuízo da remuneração. Trata-se de um direito irrenunciável.

As férias favorecem a recuperação das energias físicas e

mentais do empregado após longo período de prestação de serviços.

Para que o objetivo deste instituto seja atendido, o empregado não poderá prestar serviços à outro empregador, salvo se estiver obrigado à fazê-lo em virtude de contrato de trabalho regularmente mantido com aquele.

Concedidas as férias ao empregado, o contrato permanecerá interrompido durante o seu curso.

Art. 130 - Após cada período de 12 (doze) meses de vigência do contrato de trabalho, o empregado terá direito a férias, na seguinte proporção:

I - 30 (trinta) dias corridos, quando não houver faltado ao serviço mais de 5 (cinco) vezes;

II - 24 (vinte e quatro) dias corridos, quando houver tido de 6 (seis) a 14 (quatorze) faltas;

III - 18 (dezoito) dias corridos, quando houver tido de 15 (quinze) a 23 (vinte e três) faltas;

IV - 12 (doze) dias corridos, quando houver tido de 24 (vinte e quatro) a 32 (trinta e duas) faltas.

A cada período de 12 meses de vigência do contrato de trabalho o empregado adquire o direito a férias (período aquisitivo). Após este lapso temporal tem-se início ao período do interstício legal para a sua concessão.

Conforme determina o art. 146, parágrafo único da CLT, será considerado como um mês, aqueles em que os dias trabalhados sejam superiores a 14 ou na proporção de 1/12 por mês de serviço. Ainda, a data em que se inicia o contrato de trabalho é a que estabelece o início da fluência do período aquisitivo.

A duração das férias depende da assiduidade do empregado, sofrendo redução na proporção das faltas não justificadas:

Quantidade de faltas injustificadas	Dias de Férias
até 5 faltas	30 dias corridos
de 6 até 14	24 dias corridos
de 15 até 23	18 dias corridos
de 24 até 32	12 dias corridos
até 32 faltas	Perde o direito às férias

Importante destacar que a ausência injustificada ao trabalho pelo obreiro por mais de 32 dias ao longo do respectivo período aquisitivo ocasiona a perda de todo o seu direito a férias, no correspondente período.

§ 1° - É vedado descontar, do período de férias, as faltas do empregado ao serviço.

As faltas injustificadas apresentadas pelo empregado no curso do período aquisitivo não poderão ser compensadas com a respectiva diminuição do período de gozo, uma vez que ele já sofreu o desconto no salário. Ou seja, conforme determina a legislação, não é permitida a seguinte situação: se o empregado falta injustificadamente 1 dia, ele perde 1 dia de férias. Desta forma, o desconto dos dias de férias devem observar a tabela exemplificativa exposta nos comentários do inciso IV.

§ 2° - O período das férias será computado, para todos os efeitos, como tempo de serviço.

Apesar de haver a interrupção do contrato de trabalho, o período de férias será computado como tempo de serviço, integrando o contrato de trabalho para todos os fins legais (FGTS - art. 15 da Lei n.º 8.036/1990, INSS - art. 28, I, da Lei n.º 8.212/1991 e Imposto de Renda - arts. 3º e 7º da Lei n.º 7.713/1988). Contudo, somente entrarão nesta contagem as férias usufruídas, ficando excluídas aquelas indenizadas.

Art. 131 - Não será considerada falta ao serviço, para os efeitos do artigo anterior, a ausência do empregado.

Este dispositivo versa sobre as hipóteses de ausências legais que não serão consideradas no cálculo dos dias de férias a serem usufruídas.

Além das faltas justificadas nos incisos do presente artigo, poderão ser considerados como ausências legais os motivos previstos em convenção ou acordo coletivo de trabalho, conforme súmula 89 do TST.

I - nos casos referidos no art. 473.

O art. 473 da CLT apresenta as circunstâncias em que o empregado poderá deixar de comparecer ao serviço, sem que haja a redução ou o desconto de seu salário, caracterizando-se como faltas justificadas. Assim, se o empregado faltar dois dias por motivo de falecimento do cônjuge; três dias em virtude de casamento; um dia em caso de nascimento de filho; um dia a cada 12 meses de trabalho em caso de doação voluntária de sangue; dois dias em razão de alistamento eleitoral ou ainda; três dias no período em que o empregado tiver de cumprir as exigências do Serviço Militar, a falta será considerada justificada.

II - durante o licenciamento compulsório da empregada por motivo de maternidade ou aborto, observados os requi-

sitos para percepção do salário-maternidade custeado pela Previdência Social.

O salário-maternidade, previsto nos arts. 71 a 73 da Lei n.º 8.213/1991 trata-se de um benefício previdenciário concedido quando do nascimento do filho da segurada que lhe permite o afastamento do exercício de sua atividade por um período de 120 dias (art. 7º, XVIII, da CF), sem prejuízo do emprego e do salário. Este afastamento visa proporcionar à mãe a convivência com o filho.

No caso de aborto involuntário, considerado, portanto, legal, a empregada terá direito ao afastamento do trabalho por um período de duas semanas.

Ressalta-se que o art. 71-A da Lei n.º 8213/1991, acrescentado pelas Leis n.º 10.421/2002 e 12.873/2013, concedem tratamento igualitário à mãe biológica e ao segurado ou segurada da Previdência Social que adotar ou obtiver guarda judicial para fins de adoção de criança.

III - por motivo de acidente do trabalho ou enfermidade atestada pelo Instituto Nacional do Seguro Social - INSS, excetuada a hipótese do inciso IV do art. 133.

Acidente de trabalho é aquele que ocorre pelo exercício do trabalho a serviço da empresa, ou ainda pelo exercício do trabalho dos segurados especiais, provocando lesão corporal ou perturbação funcional que cause a morte, a perda ou a redução da capacidade para o trabalho, permanente ou temporária (art. 18 da Lei n.º 8.213/1991).

Estabelece a súmula n.º 46 do TST, que "as faltas ou ausência decorrentes de acidente do trabalho não são consideradas para os efeitos de duração das férias". Neste mesmo sentido é o entendimento do STF na Súmula n.º 198.

Assim, o empregado que dentro do período aquisitivo for afastado por auxílio-doença por um período que não tenha ultrapassado seis meses, mesmo que descontínuos, terá preservado o seu direito às férias (art. 133, IV, da CLT).

IV - justificada pela empresa, entendendo-se como tal a que não tiver determinado o desconto do correspondente salário.

As faltas justificadas pela empresa correspondem àquelas em que o empregado não comparece ao serviço, mas o empregador não procede ao desconto no salário.

V - durante a suspensão preventiva para responder a inquérito administrativo ou de prisão preventiva, quando for impronunciado ou absolvido.

Os empregados estáveis só poderão ter rescindido o seu contrato de trabalho por justa causa, após a apuração de falta grave por meio de inquérito judicial, ajuizado perante a Justiça do Trabalho (art. 853 da CLT).

Durante a tramitação da respectiva ação, o empregado poderá ser suspenso de suas atividades e este período não será considerado como falta.

Também em razão da prisão preventiva para a apuração de crime, o empregado ficará impossibilitado de comparecer ao serviço e este período de afastamento não será considerado como falta ao trabalho.

Se o juiz concluir que não há provas da materialidade do fato, da existência de indícios suficientes de autoria ou de participação para levar o acusado a julgamento perante o Tribunal do Júri (impronúncia), ou se o empregado for absolvido nos demais crimes, o respectivo período de afastamento, não será considerado falta ao serviço para aplicação da regra do art. 130 da CLT.

VI - nos dias em que não tenha havido serviço, salvo na hipótese do inciso III do art. 133.

A ausência de prestação de serviço pelo empregado nos dias em que não houver expediente nas dependências da empresa por determinação do empregador, não será considerado falta, salvo se o empregado não trabalhar por mais de trinta dias com recebimento de salário (inciso II do art. 133 da CLT).

Os atrasos ou saídas injustificadas não são considerados faltas para efeito de férias, uma vez que o empregado chegou a trabalhar no referido dia.

Art. 132 - O tempo de trabalho anterior à apresentação do empregado para o serviço militar obrigatório será computado no período aquisitivo, desde que ele compareça ao estabelecimento dentro de 90 dias da data em que se verificar a respectiva baixa.

No período em que o empregado estiver prestando o serviço militar obrigatório (art. 143 da CF), o seu contrato de trabalho fica suspenso.

Verifica-se que a condição para o empregado contar o tempo anterior que trabalhou na empresa, antes de engajar no serviço militar, é que compareça à empresa nos 90 dias seguintes após a baixa.

Art. 133 - Não terá direito a férias o empregado que, no curso de período aquisitivo:

Caso ocorram os motivos que ensejem a perda do direito às férias, inicia-se um novo período aquisitivo a partir do retorno do empregado ao serviço.

I - deixar o emprego e não for readmitido dentro de 60 (sessenta) dias subsequentes à sua saída;

O empregado que, por exemplo, pede demissão ou se aposenta voluntariamente no curso do período aquisitivo e não retorna ao emprego no período de sessenta dias, perde o direito de usufruir férias.

Este dispositivo não se aplica na hipótese de o empregado ter sido dispensado pelo empregador, pois nessa situação não deixa o emprego por iniciativa própria, mas por interesse do empregador.

II - permanecer em gozo de licença, com percepção de salários, por mais de 30 (trinta) dias;

O empregado perderá o direito à gozar férias se ficar afastado do serviço, dentro do período aquisitivo, além de trinta dias.

Assim, nos casos de licença remunerada (licença maternidade, serviço militar obrigatório ou encargo público, licença paternidade, casamento e óbito) não haverá a interrupção do período aquisitivo das férias.

A licença não remunerada a pedido do empregado não obriga o empregador a pagar salários, porém para efeito de férias há a suspensão da contagem do período aquisitivo, que só se reinicia quando o empregado voltar a trabalhar até completar 12 meses de serviço.

III - deixar de trabalhar, com percepção do salário, por mais de 30 (trinta) dias, em virtude de paralisação parcial ou total dos serviços da empresa.

No caso de licença remunerada por iniciativa do empregador, em que a empresa paralise suas atividades por um período superior a trinta dias e o empregado não preste seus serviços, porém receba seu salário, haverá a perda da fruição das férias.

IV - tiver percebido da Previdência Social prestações de acidente de trabalho ou de auxílio-doença por mais de 6 (seis) meses, embora descontínuos.

O recebimento de prestações por doença ou acidente por um período superior a seis meses, ainda que descontínuos, desconsiderados os quinze primeiros dias de afastamento, que são pagos pela empresa, no mesmo período aquisitivo, implica a perda do direito às férias correspondentes. Caso o afastamento, embora superior a seis meses, recaia em períodos aquisitivos diversos, de forma que em nenhum deles, isoladamente considerados, supere o período de seis meses, o direito às férias não sofrerá qualquer alteração em quaisquer dos períodos aquisitivos.

§ 1° - A interrupção da prestação de serviços deverá ser anotada na Carteira de Trabalho e Previdência Social.

O empregador deverá anotar na CTPS do empregado todas as hipóteses de interrupção e suspensão do contrato de trabalho previstos nos incisos I a IV do referido artigo.

§ 2° - Iniciar-se-á o decurso de novo período aquisitivo quando o empregado, após o implemento de qualquer das condições previstas neste artigo, retornar ao serviço.

Perde-se o período aquisitivo conquistado o empregado que incorrer nas situações previstas nos incisos I a IV do referido artigo.

§ 3° - Para os fins previstos no inciso III deste artigo a empresa comunicará ao órgão local do Ministério do Trabalho, com antecedência mínima de 15 (quinze) dias, as datas de início e fim da paralisação total ou parcial dos serviços da empresa, e, em igual prazo, comunicará, nos mesmos termos, ao sindicato representativo da categoria profissional, bem como afixará aviso nos respectivos locais de trabalho.

O referido dispositivo visa proteger o empregado de eventual situação em que o empregador objetive um favorecimento em razão da paralisação total ou parcial de suas atividades, no intuito de justificar o não pagamento das férias.

SEÇÃO II
DA CONCESSÃO E DA ÉPOCA DAS FÉRIAS

Art. 134 - As férias serão concedidas por ato do empregador, em um só período, nos 12 (doze) meses subsequentes à data em que o empregado tiver adquirido o direito.

É facultado ao empregador a escolha do melhor momento para a concessão das férias, que devem ser concedidas pelo empregador após passados 12 meses de labor do empregado, devendo ser concedida dentro dos 12 meses subsequentes.

Assim exemplificando, se um empregado inicia o seu labor em uma empresa no dia 01/01/2017, o período aquisitivo das férias será de 01/01/2017 à 31/12/2017, ou seja, 12 meses a contar da data de admissão do empregado, e o período concessivo a partir de 01/01/2018 à 31/12/2018, sendo esta, a data limite para o término do gozo das férias do referido empregado.

§ 1° - Desde que haja concordância do empregado, as férias poderão ser usufruídas em até três períodos, sendo que um deles não poderá ser inferior a quatorze dias corridos e os demais não poderão ser inferiores a cinco dias corridos, cada um.

O trabalhador poderá negociar diretamente com o empregador a possibilidade de fracionar as férias em até três períodos, dentro do período concessivo, devendo, uma das frações ter no mínimo 14 dias, e as demais não poderão ser inferiores a 5 dias cada uma. Referido fracionamento do período de gozo das férias exige a anuência do empregado.

Assim, exemplificando, um trabalhador pode negociar o fracionamento de suas férias de 30 dias da seguinte forma: 14 dias, 8 dias e 8 dias.

Ressalta-se ainda, que as férias apenas podem ser fracionadas em 3 períodos para aqueles empregados que irão gozar de 24 a 30 dias de férias, pois um dos períodos não pode ser inferior a 14 (quatorze) dias corridos e os demais não podem ser inferiores a 5 (cinco) dias corridos. Isto porque, o empregado pode fazer jus a menos dias de férias por conta de faltas injustificadas (art. 130).

Assim, exemplificando, o empregado que possuir de 15 a 23 faltas no período aquisitivo, gozará de 18 dias de férias, não sendo possível ocorrer fracionamento neste caso.

§ 2° – Revogado

§ 3° - É vedado o início das férias no período de dois dias que antecede feriado ou dia de repouso semanal remunerado.

Esta previsão foi estabelecida com o intuito de não prejudicar o empregado, eis que nesses dias o empregado já estaria descansando de forma remunerada.

Art. 135 - A concessão das férias será participada, por escrito, ao empregado, com antecedência de, no mínimo, 30 (trinta) dias. Dessa participação o interessado dará recibo.

O intuito deste artigo é proporcionar ao empregado um tempo para se programar para o que fará nas férias, seja programar uma viagem, um curso ou o que quer que seja. Na prática, infelizmente, muitas empresas fraudam a regra do aviso de férias com trinta dias de antecedência.

O empregado pode vir a questionar numa futura demanda trabalhista a concessão desta folga anual concedida sem o aviso de 30 dias de antecedência, eis que não pôde se programar para usufruir das férias. Nestas hipóteses, geralmente há o pedido de condenação da empregadora ao pagamento destas férias forma dobrada. Há entendimento na jurisprudência, também, todavia, de que o desrespeito ao prazo de 30 dias para comunicação antecipada da concessão das férias não invalida as férias concedidas, tampouco implica no pagamento em dobro ou repetição do pagamento por inexistência de previsão legal, mas tão-somente multa administrativa, (CLT, art. 153; MTE, Portaria n.º 290/1997).

§ 1º - O empregado não poderá entrar no gozo das férias sem que apresente ao empregador sua Carteira de Trabalho e Previdência Social, para que nela seja anotada a respectiva concessão.

O empregado deve apresentar a sua Carteira de Trabalho e Previdência Social (CTPS) para a respectiva e obrigatória anotação por parte do empregador.

Nos casos de demandas trabalhistas por motivos ligados a concessão das férias, as anotações contidas na Carteira de Trabalho e Previdência Social do Empregado servirão de prova, ainda que a presunção de veracidade seja relativa, assim, podendo ser elidida por outros meios de prova.

Após a marcação da data das férias, o empregador não pode modificá-la sem a anuência do empregado.

§ 2º - A concessão das férias será, igualmente, anotada no livro ou nas fichas de registro dos empregados.

O empregador tem dever de manter atualizados livros, fichas ou sistemas eletrônicos de registros de empregados, conforme instruções do Ministério da Economia (CLT, art. 41, *caput* c/c Lei n.º 13.844/2019, art. 57, I; Ministério do Trabalho, Portarias números 3.626/1991, 1.121/1995 e, especialmente, 41/2007). Muitas papelarias vendem livros de registros de empregados. Não passam de cadernos com campos para preenchimento pelo empregador. O dispositivo em comento é redundante porque a CLT já prevê nos seus primeiros artigos (CLT, art. 41, parágrafo único) a obrigação do empregador manter registros das férias de seus empregados. A manutenção de livros de registros é relevante para a fiscalização da atividade empresarial pelo Poder Público.

§ 3° - Nos casos em que o empregado possua a CTPS em meio digital, a anotação será feita nos sistemas a que se refere o § 7° do art. 29 desta Consolidação, na forma do regulamento, dispensadas as anotações de que tratam os §§ 1° e 2° deste artigo.

Em 2019, foi criada a Carteira de Trabalho Digital (Lei n.° 13.874/2019). Quando o empregado tiver CTPS eletrônica (CLT, art. 14), as anotações relativas a férias que seriam feitas na CTPS em papel e nas fichas de registro de empregados devem ser feitas em sistema eletrônico regulamentado pelo Ministério da Economia (CLT, art. 29, §7°). A ideia do legislador foi reduzir a burocracia empresarial, os custos com papelaria e facilitar o controle pelos órgãos públicos do respeito à legislação trabalhista.

Art. 136 - A época da concessão das férias será a que melhor consulte os interesses do empregador.

É possível existir uma negociação entre as partes, mas a decisão final será sempre do empregador.

§ 1° - Os membros de uma família, que trabalharem no mesmo estabelecimento ou empresa, terão direito a gozar férias no mesmo período, se assim o desejarem e se disto não resultar prejuízo para o serviço.

Neste caso, deve existir o interesse expresso dos trabalhadores pertencentes a mesma família em gozar de suas férias no mesmo período, bem como, referido fato não pode causar prejuízos ao empregador.

Assim, apenas exemplificando, se José e Maria, (casados), trabalham juntos como atendentes em um quiosque de sorvete que possui apenas José e Maria em seu quadro em empregados, ambos não poderão gozar das férias no mesmo período, eis que não existirá outro empregado para atender os clientes do quiosque, causando prejuízos ao empregador.

§ 2° - O empregado estudante, menor de 18 (dezoito) anos, terá direito a fazer coincidir suas férias com as férias escolares.

Trata-se de mais uma exceção na qual o empregador não pode se opor ao gozo das férias durante as férias escolares de empregados menores de 18 anos.

Art. 137 - Sempre que as férias forem concedidas após o prazo de que trata o art. 134, o empregador pagará em dobro a respectiva remuneração.

Caso o empregador não conceda as férias dentro do período aquisitivo, ressaltando que o término das férias deve ocorrente dentro do período aquisitivo, o seu pagamento deverá ser realizado em dobro, ressaltando que o pagamento em dobro se refere as férias acrescidas do terço constitucional.

§ 1° - Vencido o mencionado prazo sem que o empregador tenha concedido as férias, o empregado poderá ajuizar reclamação pedindo a fixação, por sentença, da época de gozo das mesmas.

Neste caso, além do recebimento em dobro, existe a possibilidade de ajuizamento de uma ação trabalhista para que o Juiz do Trabalho conceda as férias devidas, determinando a data de seu início e término, sob pena de multa diária.

§ 2° - A sentença cominará pena diária de 5% (cinco por cento) do salário mínimo da região, devida ao empregado até que seja cumprida.

Referida multa será aplicada nos casos em que o empregador não cumpra a determinação judicial para concessão das férias do empregado.

§ 3° - Cópia da decisão judicial transitada em julga-do será remetida ao órgão local do Ministério do Trabalho, para fins de aplicação da multa de caráter administrativo.

O empregado também pode realizar a denúncia da situação na Delegacia Regional do Trabalho ou no Sindicato da categoria, para que estas entidades realizem a fiscalização e tomem as devidas providências.

Art. 138 - Durante as férias, o empregado não poderá prestar serviços a outro empregador, salvo se estiver obrigado a fazê-lo em virtude de contrato de trabalho regularmente mantido com aquele.

O direito ao gozo de férias anuais remuneradas está disposto no artigo 7°, inciso XVII da Constituição Federal, sendo considerado um instituto de ordem pública, não podendo ser renunciado pelo empregado, eis que possui a finalidade de proporcionar a reposição da energia gasta com o trabalho, voltando as atividades em plena forma para manter a produtividade, reduzindo-se ainda os índices de acidentes do trabalho.

Desta forma, o trabalho sob qualquer regime faz com que a finalidade da norma não seja atingida, eis que se trata de uma regra de proteção à saúde do trabalhador.

A única exceção à regra ocorre nos casos em que o empregado possui mais de um contrato de trabalho ativo com empregadores diferentes, eis que o gozo de férias em relação a um contrato de trabalho, não impede que continue trabalhando para o outro empregador com quem já possuía contrato de trabalho anteriormente.

SEÇÃO III
DAS FÉRIAS COLETIVAS

Art. 139 - Poderão ser concedidas férias coletivas a todos os empregados de uma empresa ou de determinados estabelecimentos ou setores da empresa.

§ 1° - As férias poderão ser gozadas em 2 (dois) períodos anuais desde que nenhum deles seja inferior a 10 (dez) dias corridos.

§ 2° - Para os fins previstos neste artigo, o empregador comunicará ao órgão local do Ministério do Trabalho, com a antecedência mínima de 15 (quinze) dias, as datas de início e fim das férias, precisando quais os estabelecimentos ou setores abrangidos pela medida.

§ 3° - Em igual prazo, o empregador enviará cópia da aludida comunicação aos sindicatos representativos da respectiva categoria profissional, e providenciará a afixação de aviso nos locais de trabalho.

O presente dispositivo trata das férias coletivas, ou seja, período ou descanso concedido aos empregados de determinado setor ou de todos da mesma empresa, em período que coincidam com épocas de baixa produção e consumo. As férias coletivas podem ser concedidas de forma fracionada, não excedendo a dois períodos e não podendo ser inferior a 10 dias corridos. Ressalta-se que há algumas formalidades a serem cumpridas, sendo elas: I – comunicação ao ministério do trabalho com 15 dias de antecedência; II – comunicação ao sindicato, também com 15 dias de antecedência; III – anotação das férias na CTPS.

Art. 140 - Os empregados contratados há menos de 12 (doze) meses gozarão, na oportunidade, férias proporcionais, iniciando-se, então, novo período aquisitivo.

O aludido preceito legal visa explicar que, caso exista algum empregado que não tenha completado o período aquisitivo e gozada as férias coletivas, esta será proporcional ao período aquisitivo.

Art. 141 – Revogado

SEÇÃO IV
DA REMUNERAÇÃO E DO ABONO DE FÉRIAS

Art. 142 - O empregado perceberá, durante as férias, a remuneração que lhe for devida na data da sua concessão.

§ 1° - Quando o salário for pago por hora com jornadas variáveis, apurar-se-á a média do período aquisitivo, aplicando-se o valor do salário na data da concessão das férias.

§ 2° - Quando o salário for pago por tarefa tomar-se-á por base a media da produção no período aquisitivo do direito a férias, aplicando-se o valor da remuneração da tarefa na data da concessão das férias.

§ 3° - Quando o salário for pago por percentagem, comissão ou viagem, apurar-se-á a média percebida pelo empregado nos 12 (doze) meses que precederem à concessão das férias.

§ 4° - A parte do salário paga em utilidades será computada de acordo com a anotação na Carteira de Trabalho e Previdência Social.

§ 5° - Os adicionais por trabalho extraordinário, noturno, insalubre ou perigoso serão computados no salário que servirá de base ao cálculo da remuneração das férias.

§ 6° - Se, no momento das férias, o empregado não estiver percebendo o mesmo adicional do período aquisitivo, ou quando o valor deste não tiver sido uniforme será computada a média duodecimal recebida naquele período, após a atualização das importâncias pagas, mediante incidência dos percentuais dos reajustamentos salariais supervenientes.

O artigo 142 das CLT dispõe de diversas formas de pagamento das férias coletivas, devendo o pagamento das férias coletivas ser realizadas no mínimo com 02 dias de antecedência. Em relação à forma de pagamento das férias, quando o empregado laborar na modalidade de mensalista, o pagamento das férias será de acordo com o seu salário. Porém há empregados que percebe remuneração variável, no caso dos horistas, devendo ser apurado uma média das horas trabalhadas no período aquisitivo e multiplicado pelo valor do salário hora. No caso do tarefeiro, aplicar-se-á o mesmo entendimento, porém calculado sobre a média da produção. Já os comissionistas, deve-se apurar a média das últimas 12 comissões que precederem a concessão das férias e não do período aquisitivo. Insta salientar que os adicionais recebidos habitualmente ou não, devem integrar à base de cálculo das férias devidas.

Art. 143 - É facultado ao empregado converter 1/3 (um terço) do período de férias a que tiver direito em abono pecuniário, no valor da remuneração que lhe seria devida nos dias correspondentes.

§ 1° - O abono de férias deverá ser requerido até 15 (quinze) dias antes do término do período aquisitivo.

§ 2° - Tratando-se de férias coletivas, a conversão a que se refere este artigo deverá ser objeto de acordo coletivo entre o empregador e o sindicato representativo da respectiva categoria profissional, independendo de requerimento individual a concessão do abono.

A legislação traz a possibilidade de o empregado optar por converte 1/3 de suas férias em abono pecuniário. Para tal ato, o empregado deve requerer a referida conversão com 15 dias de antecedência ao término do período aquisitivo. No que diz respeito à conversão de 1/3 das férias na modalidade coletiva, deve-se haver negociação entre o empregador e o sindicato da categoria, independente de requerimento individual.

Art. 144 - O abono de férias de que trata o artigo anterior, bem como o concedido em virtude de cláusula do contrato de trabalho, do regulamento da empresa, de convenção ou acordo coletivo, desde que não excedente de vinte dias do salário, não integrarão a remuneração do empregado para os efeitos da legislação do trabalho.

Qualquer cláusula do acordo, convenção coletiva ou contrato de trabalho, que conceda o abono de férias, independente de previsão da CLT, não poderá integrar o salário do empregado por ser de exclusiva dedicação ao período de férias e ao interesse do empregado em substituir o período de descanso por dinheiro. Todavia, se o abono superar o limite de 10 dias, deverá ser integrado à remuneração do empregado.

Art. 145 - O pagamento da remuneração das férias e, se for o caso, o do abono referido no art. 143 serão efetuados até 2 (dois) dias antes do início do respectivo período.

Parágrafo único - O empregado dará quitação do pagamento, com indicação do início e do termo das férias.

Caso ocorra a opção pelo abono pecuniário, seu pagamento deverá ser feito com antecedência de 02 dias do gozo das férias, concomitantemente, com o pagamento das férias, devendo o empregado dar quitação do pagamento do abono evidenciando o início e o termo das férias.

SEÇÃO V

DOS EFEITOS DA CESSAÇÃO DO CONTRATO DE TRABALHO

Art. 146 - Na cessação do contrato de trabalho, qualquer que seja a sua causa, será devida ao empregado a remuneração simples ou em dobro, conforme o caso, correspondente ao período de férias cujo direito tenha adquirido.

Parágrafo único - Na cessação do contrato de trabalho, após 12 (doze) meses de serviço, o empregado, desde que não haja sido demitido por justa causa, terá direito à remuneração relativa ao período incompleto de férias, de acordo com o art. 130, na proporção de 1/12 (um doze avos) por mês de serviço ou fração superior a 14 (quatorze) dias.

O presente artigo aborda as formas de pagamento das férias, podendo ser pagas de forma proporcional, que em regra são indenizadas, exceto nos casos de demissão por justa causa, porém quando a culpa for recíproca, será paga pela metade. As férias também podem ser pagas de forma simples que sempre serão indenizadas e por fim, há o pagamento das férias vencidas, que também sempre serão indenizadas, porém pagas em dobro.

Art. 147 - O empregado que for despedido sem justa causa, ou cujo contrato de trabalho se extinguir em prazo predeterminado, antes de completar 12 (doze) meses de serviço, terá direito à remuneração relativa ao período incompleto de férias, de conformidade com o disposto no artigo anterior.

Em relação aos contratos de trabalhos com prazos determinados, com extinção sem justa causa e nos casos de pedido de demissão, com contratos não superiores à 12 meses, as férias serão pagas de forma proporcional acrescidas de 1/3 constitucional.

Art. 148 - A remuneração das férias, ainda quando devida após a cessação do contrato de trabalho, terá natureza salarial, para os efeitos do art. 449.

Independentemente da extinção do contrato de trabalho por motivo de falência, concordata ou dissolução da empresa (CLT, art. 499), a remuneração das férias continuará a ser devida com natureza salarial.

SEÇÃO VI
DO INÍCIO DA PRESCRIÇÃO

Art. 149 - A prescrição do direito de reclamar a concessão das férias ou o pagamento da respectiva remuneração é contada do término do prazo mencionado no art. 134 ou, se for o caso, da cessação do contrato de trabalho.

Na leitura do artigo 149 se vê que faz menção ao 134, no que se refere ao prazo prescricional de que trata o referido artigo, desta feita, cabe observar, para fins de quantificação dos prazos, que "as férias serão concedidas por ato do empregador, em um só período, nos 12 (doze) meses subsequentes à data em que o empregado tiver adquirido o direito".

Logo há um lapso para cumprimento do direito às férias adquiridas, prazo este que, em não sendo cumprido enseja o pagamento em dobro, como penalidade ao empregador pela sua inobservância do texto legal, à luz do que dispõe o artigo 137.

Ademais, quando cessa o contrato de trabalho o empregado deve observar o prazo limite de dois anos, a contar do término do contrato, conforme artigo 7°, XXIX, da C F/88, que dispõe ser direito dos trabalhadores o ajuizamento de ação concernente aos créditos trabalhistas, destacando o prazo prescricional de cinco anos, para os trabalhadores urbanos e rurais, estabelecendo o limite de dois anos após a extinção do contrato de trabalho.

A CLT, no artigo 11, regulamenta a matéria constitucional estabelecendo que o direito de ação de que se trata prescreve em cinco anos, para o trabalhador urbano e em dois para o rural, observando-se, para o primeiro, o limite de dois anos após a extinção do contrato do trabalho.

Em afastamentos para gozo de auxílio doença, embora constitua uma suspensão do contrato de trabalho, não é causa interruptiva do prazo prescricional para ajuizamento da ação para reclamação das verbas trabalhistas, posto que o direito de ação pode ser exercido a qualquer tempo.

Cabe considerar também que o obreiro deve estar atendo ao prazo prescricional de cinco anos. Assim, se tiver férias vencidas e não cumpridas/recebidas, ainda que o contrato de trabalho esteja em curso, o prazo para sua reclamação prescreve em cinco anos, precluindo, após este lapso, o direito à reclamação.

De outra parte, se o ajuizamento destina-se à produção de provas junto à Previdência Social, necessárias para fins de anotações dos assentamentos laborais do empregado, o prazo prescricional a que se referem às normas constitucionais e celetistas não se aplicam, podendo o ajuizamento se dar a qualquer tempo.

Considerando ainda que existem situações que fogem à maioria dos casos e que, por esta razão, carecem de serem tratados de maneira especial é que o legislador *passou* à *tratar do caso específico da concessão de férias aos marítimos.*

SEÇÃO VII
DISPOSIÇÕES ESPECIAIS

Art. 150 - O tripulante que, por determinação do armador, for transferido para o serviço de outro, terá computado, para o efeito de gozo de férias, o tempo de serviço prestado ao primeiro, ficando obrigado a concedê-las o armador em cujo serviço ele se encontra na época de gozá-las.

§ 1° - As férias poderão ser concedidas, a pedido dos interessados e com aquiescência do armador, parceladamente, nos portos de escala de grande estadia do navio, aos tripulantes ali residentes.

§ 2° - Será considerada grande estadia a permanência no porto por prazo excedente de 6 (seis) dias.

§ 3° - Os embarcadiços, para gozarem férias nas condições deste artigo, deverão pedi-las, por escrito, ao armador, antes do início da viagem, no porto de registro ou armação.

§ 4° - O tripulante, ao terminar as férias, apresentar-se-á ao armador, que deverá designá-lo para qualquer de suas embarcações ou o adir a algum dos seus serviços terrestres, respeitadas a condição pessoal e a remuneração.

§ 5° - Em caso de necessidade, determinada pelo interesse público, e comprovada pela autoridade competente, poderá o armador ordenar a suspensão das férias já iniciadas ou a iniciar-se, ressalvado ao tripulante o direito ao respectivo gozo posteriormente.

§ 6° - O Delegado do Trabalho Marítimo poderá autorizar a acumulação de 2 (dois) períodos de férias do marítimo, mediante requerimento justificado.

I - do sindicato, quando se tratar de sindicalizado; e

II - da empresa, quando o empregado não for sindicalizado.

A ótica do artigo anterior, o artigo 150, da CLT, preconiza que no caso de um tripulante que é transferido por determinação do armador, terá que ter computado, para fins de gozo de férias, o tempo de serviço prestado ao primeiro. Assim ao armador que o transferiu, o empregador anterior, cabe anotar nos seus registros tempo trabalhado que compõem o novo período aquisitivo de férias para que, após completar o referido período, já no novo armador conceda as férias ao obreiro considerando todo o período aquisitivo trabalhado, seja para si, seja para o armador anterior, ainda que o novo empregador não tenha beneficiado dos serviços do empregado no período anterior.

Ademais, a concessão das férias poderão se dar, com a aquiescência do armador e mediante pedido dos interessados, de forma parcelada, considerando a possibilidade de a embarcação atracar em portos de escala de grande estadia, quando os interessados residirem no local, pelo que se aduz do §1º do artigo 150, considerando, para fins de "grande estadia", na forma da lei, períodos que excedam a 6 (seis) dias (§2º).

Para esta concessão, entretanto, se faz necessário que os embarcadiços, para fins de obtenção do benefício tratados no artigo 150, apresentem seus pedidos, por escrito, ao armador antes do início da viagem, no porto de registro na armação.

Convém lembrar que a embarcação, ainda que esteja atracada, demanda serviços operacionais que carecem da mão de obra de seus tripulantes, razão pela qual os pedidos devem ser apresentados com antecedência para que sejam liberados para gozo de férias uma quantidade de marítimos que não comprometa as atividades de base, realizadas nos portos.

Ao final do gozo de férias caberá ao tripulante se apresentar ao armador que deverá designá-lo para qualquer de suas embarcações ou designá-lo a algum dos seus serviços em terra, respeitadas as condições contratuais e à condição da pessoa do marítimo.

Quanto ao respeito as condições de trabalha cabe esclarecer que eventuais mudanças no contrato de trabalho só podem haver com a aquiescência do trabalhador e não podem, de forma alguma, serem a estes prejudiciais, seja pela condição de trabalho seja pela remuneração a ser auferida.

No entanto, em que pese as determinações legais protegerem também o gozo de férias do trabalhador, no caso dos marítimos, estando estes de férias, à luz de necessidade de interesse público, devidamente comprovada pela autoridade competente, à luz do §5º, do artigo 150, da CLT, "poderá o armador ordenar a suspensão das férias já iniciadas ou a iniciar-se, ressalvado ao tripulante o direito ao respectivo gozo posteriormente".

Destaque-se que, no caso dos marítimos, é que, ao contrário do que se admite para os demais trabalhadores, aqueles, desde que autorizado pelo Delegado do Trabalho Marítimo, poderão vir a ter férias acumuladas, desde que o fato seja objeto de requerimento que o justifique, apresentado pelo sindicado, sindicato, quando se tratar de sindicalizado, ou da empresa, quando o trabalhador não tiver vínculo sindical.

Art. 151 - Enquanto não se criar um tipo especial de caderneta profissional para os marítimos, as férias serão anotadas pela Capitania do Porto na caderneta-matrícula do tripulante, na página das observações.

O artigo 151, da CLT disciplina a questão das anotações de férias dos marítimos e lá reza: "enquanto não se criar um tipo especial de caderneta profissional para os marítimos, as férias serão anotadas pela Capitania do Porto na caderneta-matrícula do tripulante, na página das observações".

Esta anotação na CLT, entretanto, é de 13.04.1977, quando de sua inserção pelo Decreto-Lei 1.355 e ao longo do tempo várias interpretações vêm sendo dada ao tema.

O entendimento consolidado é de que a anotação pela

Capitania dos Portos na caderneta-matrícula do tripulante não substitui a anotação na CTPS do marítimo. Essas anotações, embora tenham valor probante, numa eventual demanda trabalhista, não suprem a anotação na CTPS.

O que acontece é que o marítimo pode prestar serviços para diferentes embarcações e essa variabilidade de prestação dos serviços concorre para que ao iniciar suas férias esteja prestando serviço à uma embarcação e, ao seu final, ir prestar serviços em outra.

A anotação das férias pela capitania dos portos na caderneta-matrícula do tripulante tem por objeto consignar os registros que, por vezes, se dão em locais diversos, para, posteriormente ser procedida a anotação correta na CTPS, garantindo-se os direitos desse seguimento de trabalhadores no País.

A situação do trabalhador marítimo é atípica em relação ao trabalhador dito "comum" pelo que carece de procedimento atípico no que se refere à remuneração do tripulante quando em férias.

Art. 152 - A remuneração do tripulante, no gozo de férias, será acrescida da importância correspondente à etapa que estiver vencendo.

O artigo 152, da CLT, determina: "A remuneração do tripulante, no gozo de férias, será acrescida da importância correspondente à etapa que estiver vencendo."

Assim se garante para o marítimo o direito à remuneração integral das férias e se estende inclusive a todos os tripulantes de navios de bandeira nacional, inclusive quanto ao pagamento do acréscimo constitucional.

Vinha-se tratando nos últimos tópicos das relações de trabalho do marítimo, da chamada gente do mar, este artigo, todavia, não tem aplicabilidade apenas nesse seguimento de trabalhadores, se refere a todo o capítulo IV da Lei Celetista, que trata das férias anuais como um todo, abrangendo todas as categorias de trabalhadores e se inicia no artigo 129, findando, no artigo em comento.

SEÇÃO VIII
DAS PENALIDADES

Art. 153 - As infrações ao disposto neste Capítulo serão punidas com multas de valor igual a 160 BTN por empregado em situação irregular.

Parágrafo único - Em caso de reincidência, embaraço ou resistência à fiscalização, emprego de artifício ou simulação com o objetivo de fraudar a lei, a multa será aplicada em dobro.

Quanto às penalidades se soma ao artigo em comento diversas súmulas do TST reconhecendo ou disciplinando a aplicação de penalidades em caso de infrações ao disposto no capítulo IV, das férias anuais, como por exemplo a Súmula 81, que ratifica a determinação do pagamento em dobro de férias gozadas após o período legal, ou mesmo a Súmula 89, que trata sobre faltas justificadas pelo lei, considerando-as como ausências legais; a Súmula 149, que trata da remuneração das férias; a Súmula 171, que aborda questões das férias proporcionais; a Súmula 261, que também trata do mesmo assunto, desta feita no caso de demissão a pedido; a Súmula 328, que trata da obrigatoriedade do pagamento do terço constitucional; e ainda a Súmula 450 que aborda sobre enfoque diferente das demais súmulas, sobre o pagamento em dobro e o terço constitucional.

Além das súmulas mencionadas outros dispositivos jurisprudenciais do TST que tratam do tema férias, são a OJ SDI1-195, que destaca não ter incidência de FGTS sobre férias indenizadas e a OJ-SDI1-50, destaca a não cumulatividade do abono de férias decorrente de instrumento normativo e o abono de 1/3 (um terço) previsto na constituição, esclarecendo que têm idêntica natureza jurídica, destinação e finalidade, sendo legítimo o direito do empregador de obter a compensação de valores por ventura pagos.

Estar atento às disposições legais, jurisprudências e doutrina, quando à correta prática nas relações trabalhista, leva o empregador a uma situação de tranquilidade, eximindo-o do cumprimente de penalidades eventualmente a si impostas, especialmente as de cunho financeiro, o que viabiliza uma melhor gestão do seu fluxo de caixa.

CAPÍTULO V

DA SEGURANÇA E DA MEDICINA DO TRABALHO

SEÇÃO I

DISPOSIÇÕES GERAIS

Art. 154 - A observância, em todos os locais de trabalho, do disposto neste Capítulo, não desobriga as empresas do cumprimento de outras disposições que, com relação à matéria, sejam incluídas em códigos de obras ou regulamentos sanitários dos Estados ou Municípios em que se situem os respectivos estabelecimentos, bem como daquelas oriundas de convenções coletivas de trabalho.

A Segurança e a Medicina do trabalho são fundamentais dentro do Direito do Trabalho, o capítulo V da CLT reforça a importância do trabalhador desenvolver sua atividade observando as normas regulamentadoras. A atenção à sua segurança e à dos demais trabalhadores, bem como o cuidado com sua saúde. Considerando que no mínimo 1/3 do dia o trabalhador dedica a sua atividade, o cuidado com sua segurança e saúde é primordial. Outra questão relevante é que caso ocorra algum tipo de acidente e que obrigue o trabalhador a se afastar este encontrará abrigo na lei.

As normas relativas à segurança e medicina do trabalho estão disponíveis no site da Secretaria do Trabalho e da Subsecretaria de Inspeção do Trabalho, sendo de fácil consulta sobre quais delas se encontram vigentes. O artigo menciona na sua parte final o cumprimento às normas dos Estados/ DF e Municípios. O zelo e o aprimoramento das normas são razões pela qual não se exclui as normas estabelecidas por outros órgãos. Por conta da estrutura menor estes órgãos são mais ágeis e podem regulamentar as novas atividades que surgem na sociedade.

Art. 155 - Incumbe ao órgão de âmbito nacional competente em matéria de segurança e medicina do trabalho:

I - estabelecer, nos limites de sua competência, normas sobre a aplicação dos preceitos deste Capítulo, especialmente os referidos no art. 200;

II - coordenar, orientar, controlar e supervisionar a fiscalização e as demais atividades relacionadas com a segurança e a medicina do trabalho em todo o território nacional, inclusive a Campanha Nacional de Prevenção de Acidentes do Trabalho;

III - conhecer, em última instância, dos recursos, voluntários ou de ofício, das decisões proferidas pelos Delegados Regionais do Trabalho, em matéria de segurança e medicina do trabalho.

O governo menciona o órgão competente como Departamento de Segurança e Saúde no Trabalho vinculado ao extinto Ministério do Trabalho, cuja existência perdurou por 88 anos, desde sua criação em 26 de novembro de 1930 até sua extinção em 01 de janeiro de 2019. O extinto Ministério teve suas atribuições divididas entre o Ministério da Economia, o Ministério da Cidadania e o Ministério da Justiça e Segurança Pública. O Ministério da Economia por meio da sua Secretaria do Trabalho e da Subsecretaria de Inspeção do Trabalho é o órgão de âmbito nacional a que se refere o art. 155.

O inciso I trata da competência do Ministério da Economia sobre as normas de segurança e medicina do trabalho respeitados os limites do órgão. Ao final, o inciso I menciona o art. 200 da CLT: "*Cabe ao Ministério do Trabalho estabelecer disposições complementares às normas de que trata este Capítulo, tendo em vista as peculiaridades de cada atividade ou setor de trabalho...*". Da mesma forma, a competência do art. 200 caberá ao Ministério da Economia por meio da sua Secretaria do Trabalho e da Subsecretaria de Inspeção do Trabalho.

O inciso II trata das atribuições do Ministério da Economia com um rol dos deveres e responsabilidades com as atividades relacionadas com a segurança e a medicina do trabalho. Fala especificamente da Campanha Nacional de Prevenção de Acidentes do Trabalho, CANPAT, cujo objetivo é difundir a ideia de prevenção. A prevenção de acidentes e os cuidados com a saúde do trabalhador são temas que precisam ser constantemente relembrados da sua importância junto à sociedade.

O inciso III reconhece ao Ministério da Economia o papel de instância final na esfera administrativa dos processos originados nas Superintendências Regionais do Trabalho. Sendo de sua incumbência conhecer dos recursos, voluntários ou de ofício das decisões proferidas pelos Delegados Regionais do Trabalho relativos à segurança e medicina do trabalho.

Art. 156 - Compete especialmente às Delegacias Regionais do Trabalho, nos limites de sua jurisdição:

I - promover a fiscalização do cumprimento das normas de segurança e medicina do trabalho;

II - adotar as medidas que se tornem exigíveis, em virtude das disposições deste Capítulo, determinando as obras e reparos que, em qualquer local de trabalho, se façam necessárias;

III - impor as penalidades cabíveis por descumprimento das normas constantes deste Capítulo, nos termos do art. 201.

A terminologia correta para o órgão que o *caput* deste artigo menciona é a Superintendência Regional do Trabalho e Emprego (SRTE), conforme consta no site oficial do governo: *"... é uma unidade de atendimento nos estados responsáveis pela execução, supervisão e monitoramento de ações relacionadas a políticas públicas de Trabalho e Emprego nos estados. Além do fomento ao trabalho, emprego e renda, execução do Sistema Público de Emprego, fiscalização do trabalho, mediação e arbitragem em negociação coletiva, um dos principais objetivos é a orientação e apoio ao cidadão".* (Disponível em: <https://www.trabalho.gov.br/rede-de-atendimento>. Acesso em 10.10.2019)

Os incisos I e II mencionam as ações que são de competência dos auditores-fiscais do trabalho lotados na Superintendência Regional do Trabalho e Emprego. Cumprir com as disposições legais mencionadas nos incisos nas relações de trabalho pertinentes, bem como o cumprimento de acordos, convenções e contratos coletivos de trabalho celebrados entre empregadores e empregados.

O inciso III trata da imposição de penalidades por conta do descumprimento das normas de segurança e medicina do trabalho, atribuição conferida aos órgãos do Ministério do Trabalho e Emprego, agora incorporados pelo Ministério da Economia. O inciso faz menção ao artigo 201 da CLT que trata do descumprimento das normas e segurança e medicina do Trabalho que podem ensejar a imposição de multas administrativas; as infrações de medicina do trabalho que serão de 3 a 30 vezes o valor da referência e de 5 a 50 vezes as infrações de segurança do trabalho. Este "valor de referência" será definido por meio de portaria com valores corrigidos pela equipe do Ministério da Economia. Diz ainda o parágrafo único do art. 201, CLT: "*... que em caso de reincidência, embaraço ou resistência à fiscalização, emprego de artifício ou simulação com o objetivo de fraudar a lei, a multa será aplicada em seu valor máximo.*"

Art. 157 - Cabe às empresas:

I - cumprir e fazer cumprir as normas de segurança e medicina do trabalho;

II - instruir os empregados, através de ordens de serviço, quanto às precauções a tomar no sentido de evitar acidentes do trabalho ou doenças ocupacionais;

III - adotar as medidas que lhes sejam determinadas pelo órgão regional competente;

IV - facilitar o exercício da fiscalização pela autoridade competente.

O artigo trata das responsabilidades da empresa e reforça em cada um de seus incisos as ações que a empresa deve realizar. No inciso I, utilizando o poder hierárquico que as empresas possuem sobre seus empregados, não basta cumprir e instruir é preciso fazer cumprir, cobrar as instruções que foram dadas. Durante a jornada de trabalho é um exercício de repetição diária que o empresário ou o ocupante de cargo de chefia deve realizar, instruindo e fiscalizando se as normas de segurança e medicina do trabalho estão sendo cumpridas.

O inciso II é importantíssimo já que trata da questão da precaução. O princípio da prevenção implica em evitar determinados riscos imprevisíveis no ambiente laboral.

O princípio da prevenção é fundamental no ambiente do trabalho, prevenção ao tomar ações antes que um mal maior ocorra, ações preventivas para evitar a ocorrência de um dano. Afinal a saúde e a segurança do trabalhador são prioridades. Um conjunto de ações preventivas é determinante para o alcance de outro princípio, o da dignidade da pessoa humana. Neste caso, por dignidade se entende a oferta de um ambiente de trabalho que permita o exercício do trabalho com respeito às normas de prevenção de acidentes e no zelo com a saúde dos trabalhadores.

O inciso III reforça o respeito às autoridades competentes e ao poder a elas investido, adotando as medidas determinadas pela autoridade.

Segundo o inciso IV, é dever das empresas facilitarem o exercício da fiscalização da autoridade competente, não oferecendo qualquer tipo de embaraço que atrase ou impeça as funções da autoridade competente.

Art. 158 - Cabe aos empregados:

I - observar as normas de segurança e medicina do trabalho, inclusive as instruções de que trata o item II do artigo anterior;

II - colaborar com a empresa na aplicação dos dispositivos deste Capítulo.

Parágrafo único - Constitui ato faltoso do empregado a recusa injustificada:

a) à observância das instruções expedidas pelo empregador na forma do item II do artigo anterior;

b) ao uso dos equipamentos de proteção individual fornecidos pela empresa.

O empregado na relação capitalista fornece sua força física e mental ao trabalho e o empregador o remunera e propicia o ambiente de trabalho digno. No inciso I, o empregado tem como obrigação obedecer às normas de segurança e medicina do trabalho, não é exagero dizer que estas normas salvam vidas e são fruto de um constante aperfeiçoamento por melhorias nas condições de trabalho.

No inciso II, a obrigação de colaborar evitando acidentes e o desenvolvimento de doenças é valorizar o ser humano que ali labora. A empresa sem a colaboração do empregado não irá avançar na qualidade das condições de trabalho.

O parágrafo único cita dois casos de ato faltoso do empregado: recusa injustificada à observância das instruções expedidas pelo empregador na forma do item II do artigo 157, CLT; o segundo caso é a recusa injustificada ao uso de equipamentos de proteção individual fornecidos pela empresa.

O posicionamento majoritário da jurisprudência é que a justa causa será a última alternativa do empregador; o empregado que reluta em colaborar com as normas/instruções internas ou mesmo aquele que se recusa a fazer uso do equipamento de proteção individual não pode de imediato ser dispensado. Há que se respeitar etapas prévias como: conversa; advertência; suspensão. A dispensa por justa causa só será admitida mediante o esgotamento das etapas prévias disponíveis ao empregador.

Art. 159 - Mediante convênio autorizado pelo Ministério do Trabalho, poderão ser delegadas a outros órgãos federais, estaduais ou municipais atribuições de fiscalização ou orientação às empresas quanto ao cumprimento das disposições constantes deste Capítulo.

Este artigo fala da "cooperação pública". Buscando eficiência e eficácia na gestão de recursos por melhores resultados; a pasta da Secretaria do Trabalho vinculada ao Ministério da Economia está autorizada a celebrar convênios com outros órgãos federais, estaduais ou municipais autorizando a delegação de atribuições fiscalizatórias ou que orientem empregadores no aprimoramento das questões de segurança e saúde do trabalho. Nos dias de hoje este convênio com foco na fiscalização receberia o nome de "força-tarefa"; a exemplo de outros convênios celebrados pelo poder público no combate à corrupção e ao tráfico de drogas.

O artigo é claro ao mencionar a necessidade de um instrumento para a delegação da fiscalização: o convênio, descartando qualquer outra possibilidade que não a celebração do ato por meio do instrumento específico. Já a segunda parte do artigo menciona que o convênio pode além de ampliar a fiscalização, assumir o propósito de orientar às empresas privadas quanto ao cumprimento das disposições constantes deste Capítulo V da CLT, Segurança e Medicina do Trabalho.

SEÇÃO II
INSPEÇÃO PRÉVIA E DO EMBARGO OU INTERDIÇÃO

Art. 160. Nenhum estabelecimento poderá iniciar suas atividades sem prévia inspeção e aprovação das respectivas instalações pela autoridade regional competente em matéria de segurança e medicina do trabalho.

§ 1° - Nova inspeção deverá ser feita quando ocorrer modificação substancial nas instalações, inclusive equipamentos, que a empresa fica obrigada a comunicar, prontamente, à Delegacia Regional do Trabalho.

§ 2° - É facultado às empresas solicitar prévia aprovação, pela Delegacia Regional do Trabalho, dos projetos de construção e respectivas instalações.

A proteção ao meio ambiente do trabalho é objeto de preocupação do Direito, porquanto constitui-se num dos meios de se garantir um dos principais fundamentos do Estado Democrático de Direito: a dignidade da pessoa humana (art. 1°, III da CF). O ser humano tem direito de viver e trabalhar num ambiente hígido e salubre, isento de quaisquer riscos à sua saúde e segurança.

Nesta Seção, a Consolidação das Leis do Trabalho trata de instrumentos que buscam assegurar qualidade no meio ambiente do trabalho, seja antecedente ao início das atividades do empregador, através da inspeção prévia, ou após através do embargo ou interdição.

A inspeção prévia prevista no artigo 160 da CLT não sofreu muitas alterações até a atual redação. Na redação original deste dispositivo, havia a regulamentação das condições de iluminação no ambiente de trabalho. A partir do Decreto-Lei n.º 229/67, o mesmo dispositivo passou a elencar algumas obrigações da empresa visando evitar acidentes do trabalho, doenças e intoxicações ocupacionais, bem como impor medidas que visem a proteção dos empregados e facilitar a fiscalização do estabelecimento.

Somente com a Lei n.º 6.514/77, a inspeção prévia passou a ser o núcleo da regulação desde dispositivo legal, inserida como um procedimento condicional ao início das atividades laborais do estabelecimento.

Há alguns projetos de lei que visam alterar a CLT em trâmite perante o Congresso Nacional, tais como os Projetos de Lei n.º 1.463/2011 e 6.787/2016, porém nenhum destes alteram a exigência da inspeção prévia de forma consubstancial. De igual modo, na famigerada reforma trabalhista, trazida pela Lei 13.467/2017, não trouxe qualquer modificação quanto à inspeção prévia ou o embargo ou interdição.

Apontadas as alterações normativas, é relevante compreender o conceito da **inspeção prévia**. Trata-se de um procedimento de fiscalização, realizado por determinado órgão estatal competente, dentro do complexo físico do estabelecimento do empregador, antes de iniciar suas atividades ou quando há alteração do espaço físico por equipamentos ou instalações, a fim de verificar se estão presentes todos os requisitos exigidos pela norma, garantindo a segurança e a saúde dos empregados que naquele exercerão suas atividades laborais.

A regulamentação deste procedimento encontra-se insculpida na Norma Regulamentadora n.º 2 da Portaria 3.214/1978, do Ministério do Trabalho e Emprego.

A autoridade competente responsável pela inspeção prévia é a atual Superintendência Regional do Trabalho, a qual substituiu a Delegacia Regional do Trabalho. A empresa deverá formular o requerimento da inspeção neste órgão, antes do início de suas atividades ou quando ocorrer modificação substancial nas suas instalações ou equipamentos.

Para aferição da observância dos requisitos relacionados à saúde e segurança do trabalhador, o Auditor Fiscal do Trabalho comparecerá na sede do estabelecimento e, caso preenchidos os requisitos técnicos, emitirá o laudo técnico. Após, o referido laudo é enviado ao Superintendente Regional do Trabalho, o qual, verificando a presença dos requisitos mínimos, emite o Certificado de Aprovação das Instalações – CAI.

É importante salientar que, ainda que o estabelecimento tenha obtido o Certificado de Aprovação das Instalações, não estará isento de novas inspeções pelo órgão competente, visando constatar se as condições de segurança e medicina do trabalho estão sendo observadas continuamente.

Somente será dispensada a inspeção prévia quando não for possível executá-la previamente ao início de suas atividades do empregador, apresentanda uma declaração contendo a descrição das instalações e dos equipamentos existentes dentro do novo estabelecimento. Da mesma forma, é facultada a empresa submeter à apreciação do referido órgão os projetos de construção e respectivas instalações do estabelecimento quando protocola o requerimento de emissão do CAI.

Aliás, através do referido projeto, o órgão de fiscalização verifica com maior celeridade e efetividade o cumprimento dos requisitos mínimos exigidos para o início da atividade laboral com segurança.

A inspeção prévia, portanto, é um instrumento de prevenção às condições de saúde e segurança no trabalho em determinado estabelecimento, seja para iniciar suas atividades, seja para dar continuidade nestas, em especial quando há alteração de sua estrutura física. Constitui-se em elemento da empresa, passando a ser suscetível de interdição, conforme será analisado no próximo artigo.

Art. 161. O Delegado Regional do Trabalho, à vista do laudo técnico do serviço competente que demonstre grave e iminente risco para o trabalhador, poderá interditar estabelecimento, setor de serviço, máquina ou equipamento, ou embargar obra, indicando na decisão, tomada com a brevidade que a ocorrência exigir, as providências que deverão ser adotadas para prevenção de infortúnios de trabalho.

§ 1° - As autoridades federais, estaduais e municipais darão imediato apoio às medidas determinadas pelo Delegado Regional do Trabalho.

§ 2° - A interdição ou embargo poderão ser requeridos pelo serviço competente da Delegacia Regional do Traba-lho e, ainda, por agente da inspeção do trabalho ou por entidade sindical.

§ 3° - Da decisão do Delegado Regional do Trabalho poderão os interessados recorrer, no prazo de 10 (dez) dias, para o órgão de âmbito nacional competente em matéria de segurança e medicina do trabalho, ao qual será facultado dar efeito suspensivo ao recurso.

§ 4° - Responderá por desobediência, além das medidas penais cabíveis, quem, após determinada a interdição ou embargo, ordenar ou permitir o funcionamento do estabelecimento ou de um dos seus setores, a utilização de máquina ou equipamento, ou o prosseguimento de obra, se, em consequência, resultarem danos a terceiros.

§ 5° - O Delegado Regional do Trabalho, independente de recurso, e após laudo técnico do serviço competente, poderá levantar a interdição.

§ 6° - Durante a paralisação dos serviços, em decor-rência da interdição ou embargo, os empregados receberão os salários como se estivessem em efetivo exercício.

A interdição do estabelecimento, setor, máquina ou equipamento ou embargo da obra refletem uma das principais. prerrogativas da Administração Pública, qual seja, a autoexecutoriedade de seus atos, sem a necessidade da intervenção do Poder Judiciário. Através destas ferramentas, o Superintendente Regional do Trabalho, no exercício do poder de polícia administrativa (CARVALHO, 2016, p. 264), impõe a paralisação das atividades laborais num determinado local, independentemente de ordem judicial, quando constatar que há grave e iminente risco para o trabalhador.

Ou seja, através de tais instrumentos, a Administração Pública pratica um ato de império, *"...valendo-se da supremacia do interesse público sobre o privado,... impõe obrigações, sem a necessidade de determinação judicial, em virtude de aplicação de regras que exorbitam o direito privado, sempre na busca do interesse da coletividade" (CARVALHO, 2016, pág. 271).*

Na interdição haverá a paralisação, total ou parcial, do estabelecimento, setor, máquina ou equipamento; enquanto no embargo apenas da obra, conforme regulamentado pela Norma Regulamentadora n.º 3 da Portaria 3.214/78, do Ministério do Trabalho e Emprego.

O referido dispositivo legal exige como requisito objetivo de imposição destas medidas um elemento abstrato: iminente ou grave risco ao trabalhador. Ou seja, atribui-se ao agente público identificar, no caso concreto, quais condições ou circunstâncias seriam enquadradas como de risco para ensejar este tipo de intervenção administrativa no âmbito do empregador.

Segundo Sergio Pinto Martins, os riscos que devem ser considerados nesta hipótese são decorrentes de eventos futuros e incertos, com possibilidade de gerar perdas e danos. Será grave o risco quando puder ensejar a morte do empregado ou iminente quando estiver prestes a acontecer. Portanto será será grave e iminente o risco quando se verificar no ambiente de trabalho, capaz de gerar um acidente de trabalho com lesão ou morte do trabalhador (MARTINS, 2015, pág. 192).

A norma regulamentadora especifica apenas que este risco será constatado quando contribua com a ocorrência de acidentes ou doenças ocupacionais, violando a incolumidade físicas dos trabalhadores.

Todavia, a efetiva constatação destas condições dependerá da análise de cada caso concreto, porquanto a norma não especificou quais seriam as hipóteses cabíveis.

Determinada a interdição ou embargo pela autoridade competente, fica vedado imediatamente o exercício qualquer atividade laboral no local especificado, podendo abranger todo o estabelecimento ou de apenas um setor. Nesta hipótese, cabe ao empregador afastar o risco constatado, somente sendo admitido o retorno quando comprovado o reestabelecimento das condições de proteção desses trabalhadores.

O não atendimento da ordem estatal, pelo empregador, poderá ensejar algumas consequências penais, tal como a tipificação dos crimes de desobediência (art. 330 do CP), de expor a vida ou a saúde de outrem a perito direto e iminente (art. 132 do CP) ou de exercício de atividade impedido por decisão administrativa (art. 205 do CP) (MARTINS, 2015, pág. 192).

Até que se efetive esta regularização, o salário dos trabalhadores paralisados deverá ser pago, embora não haja a prestação dos serviços, porquanto se trata de uma das hipóteses de interrupção do contrato de trabalho, ou seja, não cessa a obrigatoriedade do empregador cumprir com seus deveres contratuais – o de pagar salário. Da mesma forma, trata-se de risco da atividade econômica, não sendo possível ser repassado ao empregado as consequências das irregularidades praticadas pelas empresas.

Ademais, ainda que o embargo ou interdição seja um ato administrativo, não estará afastada a apreciação sob eventual lesão ou nulidade a ser pronunciada pelo Poder Judiciário (art. 5°, XXXV da CF), quando provocado. O mandado de segurança é um dos instrumentos processuais de efetividade para afastar a ilegalidade ou o abuso de poder praticados pela autoridade administrativa, nos termos da Lei 12.016/2009. Inclusive, poderão ser utilizadas as tutelas de urgência ou comuns, conforme nova previsão trazida pelo Código de Processo Civil de 2015, dependendo do objeto postulado. Em quaisquer dos casos, tratando-se de atos comissivos praticados pelo ente estatal, a União responderá pelas demandas, de forma objetiva, nos termos do artigo 37, §6 da CLT.

A competência funcional será do juiz de primeiro grau, por se tratar de impugnação de ato praticado pela autoridade administrativa, e a competência territorial será a da sede da autoridade coatora (*TRT 23ª R.; RO 0000060-76.2014.5.23.0111; Primeira Turma; Relª Desª Eliney Veloso; Julg. 14/02/2017; DEJTMT 03/03/2017; Pág. 106*).

Nesta senda, tanto a interdição como o embargo são instrumentos que a Administração Pública, de forma autônoma, freia o empregador de manter o estabelecimento em desacordo com as normas de segurança e saúde do trabalhador. Afastar o risco do meio ambiente do trabalho é essencial para manter incólume o direito fundamental de todo trabalhador a um meio ambiente de trabalho protegido.

REFERÊNCIAS BIBLIOGRÁFICAS

CARVALHO, Matheus. Manual de direito administrativo – 3 ed. rev., ampl. e atual. – Salvador: Juspodivm, 2016.

MACHADO, Sidnei. O direito à proteção ao meio ambiente de trabalho no Brasil: Os desafios para a construção de uma racionalidade normativa – São Paulo: Ltr, 2001.

MARTINS, Sergio Pinto. Comentários à CLT. 19ed.- São Saulo: Altas, 2015

Segurança e Medicina do Trabalho – Manual de Legislação Atlas – 77ª ed. São Paulo: Atlas, 2016

SILVA, Homero Batista Mateus da Silva. Curso de Direito do Trabalho Aplicado.v.3 – 2ª ed. rev., atual. e ampl. – São Paulo: Editora Revista dos Tribunais, 2015

SEÇÃO III

DOS ÓRGÃOS DE SEGURANÇA E DE MEDICINA DO TRABALHO NAS EMPRESAS

Art. 162 - As empresas, de acordo com normas a serem expedidas pelo Ministério do Trabalho, estarão obrigadas a manter serviços especializados em segurança e em medicina do trabalho.

Parágrafo único - As normas a que se refere este artigo estabelecerão:

a) classificação das empresas segundo o número de empregados e a natureza do risco de suas atividades;

b) o numero mínimo de profissionais especializados exigido de cada empresa, segundo o grupo em que se classifique, na forma da alínea anterior;

c) a qualificação exigida para os profissionais em questão e o seu regime de trabalho;

d) as demais características e atribuições dos serviços especializados em segurança e em medicina do trabalho, nas empresas.

Art. 163 - Será obrigatória a constituição de Comissão Interna de Prevenção de Acidentes (CIPA), de conformidade com instruções expedidas pelo Ministério do Trabalho, nos estabelecimentos ou locais de obra nelas especificadas.

Parágrafo único - O Ministério do Trabalho regulamen-

-tará as atribuições, a composição e o funcionamento das CIPA (s).

Art. 164 - Cada CIPA será composta de representantes da empresa e dos empregados, de acordo com os critérios que vierem a ser adotados na regulamentação de que trata o parágrafo único do artigo anterior.

§ 1° - Os representantes dos empregadores, titulares e suplentes, serão por eles designados.

§ 2° - Os representantes dos empregados, titulares e suplentes, serão eleitos em escrutínio secreto, do qual participem, independentemente de filiação sindical, exclusivamente os empregados interessados.

§ 3° - O mandato dos membros eleitos da CIPA terá a duração de 1 (um) ano, permitida uma reeleição.

§ 4° - O disposto no parágrafo anterior não se aplicará ao membro suplente que, durante o seu mandato, tenha participado de menos da metade do número de reuniões da CIPA.

§ 5° - O empregador designará, anualmente, dentre os seus representantes, o Presidente da CIPA e os empregados elegerão, dentre eles, o Vice-Presidente.

Art. 165 - Os titulares da representação dos empregados nas CIPA (s) não poderão sofrer despedida arbitrária, entendendo-se como tal a que não se fundar em motivo disciplinar, técnico, econômico ou financeiro.

Parágrafo único - Ocorrendo a despedida, caberá ao em-

pregador, em caso de reclamação à Justiça do Trabalho, comprovar a existência de qualquer dos motivos mencionados neste artigo, sob pena de ser condenado a reintegrar o empregado.

A atividade laboral, seja trabalho rural ou urbano, ou mesmo nas fábricas, construções, Indústrias e demais ambientes de exercício laboral, estão sujeitas a riscos, consequentemente expõem o trabalhador a problemas de saúde e até mesmo acidentes, razão pela qual a preocupação com a saúde, segurança e integridade física tem merecido especial atenção.

As Normas Regulamentadoras (NRs), relativas à segurança e medicina do trabalho, são de observância obrigatória pelas empresas que possuam empregados regidos pela Consolidação das Leis do Trabalho – CLT, sejam elas privadas ou públicas e pelos órgãos públicos da administração direta e indireta, bem como pelos órgãos dos Poderes Legislativo e Judiciário.

O não cumprimento das disposições legais e regulamentares sobre segurança e medicina do trabalho pelo empregador acarretará a aplicação das penalidades previstas na legislação pertinente. Já a recusa injustificada do empregado ao cumprimento de suas obrigações com a segurança do trabalho constitui ato faltoso.

As Normas Regulamentadoras vigentes encontram-se enumeradas de 1 à 36. Não obstante a preocupação com a saúde, segurança e integridade do trabalhador também é constante para a Organização Internacional do Trabalho, o que se denota no teor da Convenção n.º 155. No art. 21 da referida Convenção há disposição de que as medidas de segurança e higiene do trabalho não deverão implicar nenhum ônus financeiro para os trabalhadores, desta forma incorrem em ônus financeiro às empresas. A referida Convenção em seu art. 4º ainda dispõe que todo membro deverá, em consulta com as organizações mais representativas de empregadores e de trabalhadores, e levando em conta as condições e as práticas nacionais, formular, pôr em prática e reexaminar periodicamente uma política nacional coerente em matéria de segurança e saúde dos trabalhadores e o meio-ambiente de trabalho. Não obstante o item 2 do artigo em comento dispõe cerca do objetivo de tal política: prevenir os acidentes e os danos à saúde que forem consequência do trabalho tenham relação com a atividade de trabalho, ou se apresentarem durante o trabalho, reduzindo ao mínimo, na medida que for razoável e possível, as causas dos riscos inerentes ao meio-ambiente de trabalho.

No Brasil foi elevada a categoria de norma constitucional pelas Constituições de 1946 e 1967, constante também na Constituição da Republica vigente, sendo a Segurança e Higiene do Trabalho contempladas no art. 7°, XXII, XXIII, XXVIII, que, respectivamente, estabelece adicionais aos empregados que executam atividades penosas (ainda não conceituado e regulamentado por lei, percentuais atribuídos a condenações mediante parâmetros jurisprudenciais), insalubres (NR15) ou perigosas (NR16), institui o seguro obrigatório contra acidentes de trabalho (SAT), a cargo do empregador, e indenização, na ocorrência de dolo ou culpa deste.

Além da Convenção 155 da OIT, outras Convenções ratificadas pelo Brasil dispõem sobre segurança do trabalhador, destaca-se 152, 162, 167, 170 e 176.

CIPA – Comissão Interna de Prevenção de Acidentes: Com o objetivo de instruir os trabalhadores a se prevenirem contra eventuais acidentes a Lei n.° 6.514, de 22 de dezembro de 1977 alterou o capítulo V do título II da CLT, relativo a segurança e medicina do trabalho, tornou obrigatória a instalação, em empresas privadas e públicas com mais de 50 (cinquenta) empregados, das Comissões Internas de Prevenção de Acidentes, conhecida pela abreviatura CIPA. As atribuições, composição e o funcionamento das Cipas serão regulamentadas pelo Ministério do Trabalho, conforme redação do art. 163 da CLT.

A constituição, funcionamento objetivos, atribuições, organização e demais disposições acerca da CIPA constam na NR5. Dispõe ainda sobre obrigações do empregado, empregador, dos membros da CIPA, da forma como ocorrera o treinamento e processo eleitoral para a constituição da Comissão. Será composta por representantes dos empregados e dos empregadores. Os representantes dos empregadores e seus suplentes serão por eles designados, já os representantes dos empregados e seus suplentes serão eleitos em escrutínio secreto.

O mandato dos membros eleitos da CIPA terá a duração de um ano, permitida uma reeleição. É vedada a dispensa arbitrária ou sem justa causa do empregado eleito para cargo de direção de Comissões Internas de Prevenção de Acidentes desde o registro de sua candidatura até um ano após o final de seu mandato, constituindo uma modalidade de estabilidade provisória e não constitui vantagem pessoal, mas uma garantia para as atividades dos membros da CIPA, que somente tem razão de ser quando em atividade a empresa.

Extinto o estabelecimento, não se verifica a despedida arbitrária, sendo impossível a reintegração e indevida a indenização do período estabilitário, entendimento sumulado, constante na Súmula 339 do TST, em seu item II, que esclarece que a estabilidade provisória do cipeiro não constitui vantagem pessoal, mas garantia para as atividades dos membros da CIPA, que somente tem razão de ser quando em atividade a empresa.

A disposição acerca da estabilidade dos cipeiros encontra-se expressa no artigo 165 da CLT, bem como posteriormente, com a Constituição de 88 no art. 10, II, a, do ADCT, que traz a vedação da dispensa arbitrária ou sem justa causa do empregado eleito para cargo de direção de comissões internas de prevenção de acidentes, desde o registro de sua candidatura até um ano após o final de seu mandato;

Necessário analisar, concomitantemente com o dispositivo constitucional, o texto da CLT, já que as comissões são compostas de representantes de empregados e empregadores. O art. 165 ressalva que somente os representantes dos empregados terão estabilidades, e, que apenas os titulares terão estabilidade. Ocorre que, a este ponto destaca-se o que dispõe a Súmula supra referida (339), em seu item I, que claramente impõe aos suplentes a mesma estabilidade assegurada aos titulares.

SEÇÃO IV
DO EQUIPAMENTO DE PROTEÇÃO INDIVIDUAL

Art. 166 - A empresa é obrigada a fornecer aos empregados, gratuitamente, equipamento de proteção individual adequado ao risco e em perfeito estado de conservação e funcionamento, sempre que as medidas de ordem geral não ofereçam completa proteção contra os riscos de acidentes e danos à saúde dos empregados.

Art. 167 - O equipamento de proteção só poderá ser posto à venda ou utilizado com a indicação do Certificado de Aprovação do Ministério do Trabalho.

A Norma Regulamentadora número 6 (NR6), traz disposições sobre Equipamento de Proteção Individual (EPI) e conceitua em seu item 6.1 quais são os equipamentos considerados: todo aquele dispositivo ou produto, de uso individual utilizado pelo trabalhador, destinado à proteção de riscos suscetíveis de ameaçar a segurança e a saúde no trabalho.

A obrigatoriedade do fornecimento do EPI pelo empregador aos empregados encontra-se também no item 6.3 da NR6 e delimita as circunstâncias. Verifica-se que o fornecimento dos EPIs deve ser efetuado de modo gratuito, devem ser adequados aos riscos, estarem em perfeito estado de conservação e funcionamento. A obrigatoriedade persiste sempre que as medidas de ordem geral não ofereçam completa proteção contra os riscos de acidentes do trabalho ou de doenças profissionais e do trabalho, ou mesmo enquanto as medidas de proteção coletiva estiverem sendo implantadas; e, para atender a situações de emergência.

O equipamento de proteção individual poderá ser de fabricação nacional ou importado, contudo só poderá ser posto à venda ou utilizado com a indicação do Certificado de Aprovação - CA, expedido pelo órgão nacional competente em matéria de segurança e saúde no trabalho do Ministério do Trabalho e Emprego.

Tanto empregado quanto empregador tem obrigatoriedades quanto ao EPI.

Ao empregador cabe adquirir o adequado ao risco de cada atividade; exigir seu uso; fornecer ao trabalhador somente o aprovado pelo órgão nacional competente em matéria de segurança e saúde no trabalho; orientar e treinar o trabalhador sobre o uso adequado, guarda e conservação; substituir imediatamente, quando danificado ou extraviado; responsabilizar-se pela higienização e manutenção periódica; comunicar ao MTE qualquer irregularidade observada; registrar o seu fornecimento ao trabalhador, podendo ser adotados livros, fichas ou sistema eletrônico (NR 6, item 6.6.1).

Já ao empregado cabe: usar, utilizando-o apenas para a finalidade a que se destina; responsabilizar-se pela guarda e conservação; comunicar ao empregador qualquer alteração que o torne impróprio para uso; e, cumprir as determinações do empregador sobre o uso adequado (NR 6, item 6.7.1).

Se os equipamentos de proteção fornecidos, quando utilizados forem capazes de eliminar o agente nocivo à saúde do empregado, o adicional que então seria devido, passa a ser indevido, a partir da devida comprovação, inclusive é este o teor e entendimento da súmula 80 do TST, que em sua redação dispõe que a eliminação da insalubridade mediante fornecimento de aparelhos protetores aprovados pelo órgão competente do Poder Executivo exclui a percepção do respectivo adicional.

Insta salientar que não basta a mera entrega do equipamento de proteção para eliminar ou até mesmo diminuir a percepção do trabalhador ao adicional, sendo indispensável a supervisão de seu uso por parte do empregador ou preposto deste, conforme colhe-se o entendimento da súmula 289 do TST, que esclarece que o simples fornecimento do aparelho de proteção pelo empregador não o exime do pagamento do adicional de insalubridade, pois cabe ao empregador tomar as medidas que conduzam à diminuição ou eliminação da nocividade, entre as quais as relativas ao uso efetivo do equipamento pelo empregado.

Se o empregador cumprir com suas obrigações e, ainda assim o trabalhador se recusar a usá-lo, comete falta grave, conforme expresso no art. 158, parágrafo único, *b*, da CLT, e poderá incorrer em rescisão do contrato de trabalho por justa causa pelo empregador.

SEÇÃO V

DAS MEDIDAS PREVENTIVAS DE MEDICINA DO TRABALHO

Art. 168 - Será obrigatório exame médico, por conta do empregador, nas condições estabelecidas neste artigo e nas instruções complementares a serem expedidas pelo Ministério do Trabalho:

I - a admissão;

II - na demissão;

III - periodicamente.

§ 1° - O Ministério do Trabalho baixará instruções relativas aos casos em que serão exigíveis exames: a) por ocasião da demissão; b) complementares.

§ 2° - Outros exames complementares poderão ser exigidos, a critério médico, para apuração da capacidade ou aptidão física e mental do empregado para a função que deva exercer.

§ 3° - O Ministério do Trabalho estabelecerá, de acordo com o risco da atividade e o tempo de exposição, a periodicidade dos exames médicos.

§ 4° - O empregador manterá, no estabelecimento, o material necessário à prestação de primeiros socorros médicos, de acordo com o risco da atividade.

§ 5° - O resultado dos exames médicos, inclusive o exame complementar, será comunicado ao trabalhador, observados os preceitos da ética médica.

§ 6° - Serão exigidos exames toxicológicos, previa-mente à admissão e por ocasião do desligamento, quando se tratar de motorista profissional, assegurados o direito à contraprova

em caso de resultado positivo e a confidencialidade dos resultados dos respectivos exames.

§ 7° - Para os fins do disposto no § 6o, será obrigatório exame toxicológico com janela de detecção mínima de 90 (noventa) dias, específico para substâncias psicoativas que causem dependência ou, comprovadamente, comprometam a capacidade de direção, podendo ser utilizado para essa finalidade o exame toxicológico previsto na Lei n.° 9.503, de 23 de setembro de 1997 - Código de Trânsito Brasileiro, desde que realizado nos últimos 60 (sessenta) dias.

O exame médico, como sendo uma das medidas de prevenção da medicina do trabalho deve ser feito no início do contrato de trabalho e ao final do mesmo. Tal medida visa a proteção do empregado e ao empregador no tocante a doenças adquiridas durante o contrato de trabalho. Ressalte se que tal dispositivo traz segurança para ambas as partes do contrato, visto que já presenciamos casos em que a doença já existia antes do contrato de trabalho e o empregado pleiteia uma indenização por parte do empregador, a qual conseguiu provar por conta de todos os exames e demais documentos a sua não responsabilidade por tal doença. Importante destacar que os valores pagos pelos exames admissionais e demissionais não devem ser pagos pelo empregado, e sim, custeados pelo empregador. No tocante ao descumprimento de tal exigência, não configura a nulidade do ato e sim uma infração administrativa. A NR n.° 7 da Portaria n.° 3.214/1978, Programa de Controle Médico de Saúde Ocupacional, traz as regras para tal procedimento. Na prática, percebe se, que os exames são na maioria das vezes muito superficiais e não conseguem atingir a real situação física e psicológica do submetido ao exame. Lei n.° 13.103/2015 torna obrigatória a realização de exames toxicológicos, na admissão e demissão, quando o empregado for exercer a função de motorista profissional (de veículos automotores de transporte rodoviário de passageiros e de transporte rodoviário de cargas).

Art. 169 - Será obrigatória a notificação das doenças profissionais e das produzidas em virtude de condições especiais de trabalho, comprovadas ou objeto de suspeita, de conformidade com as instruções expedidas pelo Ministério do Trabalho.

Caso haja a identificação de doença profissional o empregador está obrigado a comunicar ao INSS, para que inicie se o processo para verificação, por parte do INSS, se haverá ou não a concessão de algum benefício. O artigo 20 da Lei n.º 8.213/1991, traz a definição do que é doença profissional, assim entendida a produzida ou desencadeada pelo exercício do trabalho peculiar a determinada atividade e constante da respectiva relação elaborada pelo Ministério do Trabalho e da Previdência Social.

SEÇÃO VI
DAS EDIFICAÇÕES

Art. 170 - As edificações deverão obedecer aos requisitos técnicos que garantam perfeita segurança aos que nelas trabalhem.

Não é atual o número de acidentes ocorridos em edificações, ao contrário, atualmente conseguiu se diminuir, pelo número de normas e fiscalizações, tais acidentes. A NR n.º da Portaria n.º 3.214/1978 trata do tema e estabelece normas a serem observadas no tocante a segurança e conforto dos trabalhadores. Nesse mesmo sentido, retificando a importância da NR n.º 8, o artigo 160 da CLT estabelece que, nenhum estabelecimento poderá iniciar suas atividades sem prévia inspeção e aprovação das respectivas instalações pela autoridade regional competente em matéria de segurança e medicina do trabalho. A segurança do trabalhador, como deve ser, aparece como sendo de extrema importância, devendo ser zelada sob todos os aspectos.

Art. 171 - Os locais de trabalho deverão ter, no mínimo, 3 (três) metros de pé-direito, assim considerada a altura livre do piso ao teto.

Parágrafo único - Poderá ser reduzido esse mínimo desde que atendidas as condições de iluminação e conforto térmico compatíveis com a natureza do trabalho, sujeitando-se tal redução ao controle do órgão competente em matéria de segurança e medicina do trabalho.

Criteriosamente o legislador fixou parâmetros previsíveis para que a máxima segurança possível fosse atingida, o diploma em análise traz requisitos a serem obedecidos, sob pena de interdição ou embargo. No intuito de reforçar tal preceito, o artigo 161 da CLT estabelece a possibilidade e interditar ou embargar obra que não cumprem tais requisitos. A NR n.º 8 da Portaria 3.214/78 cumprindo sua finalidade regulamenta e traz demais especificações previsíveis acerca do tema.

Art. 172 - Os pisos dos locais de trabalho não deverão apresentar saliências nem depressões que prejudiquem a circulação de pessoas ou a movimentação de materiais.

Claramente o legislador, especificamente, trata do piso dos estabelecimentos os quais devem ser apropriados para a execução segura dos serviços sem viabilizar a ocorrência de acidentes, percebe se que tal requisito é válido para qualquer local, seja administrativo ou operacional onde haja circulação de empregados ou a movimentação de materiais, conforme expresso no item 8.3.1 da NR n.º 8 da Portaria 3.214/1978.

Art. 173 - As aberturas nos pisos e paredes serão protegidas de forma que impeçam a queda de pessoas ou de objetos.

No mesmo sentido de proporcionar segurança ao trabalhador, o legislador estabelece normas no sentido de que os empregadores protejam as aperturas que tenham nos pisos e nas paredes que hajam no local de trabalho, para evitar assim quedas de pessoas ou até mesmo objetos, que podem causar danos aos empregados e a terceiros, um exemplo claro são as redes de proteção que vemos nas obras de construção civil, estas protegem tanto os empregados quanto os terceiros. Nesse mesmo sentido segue o item 8.3.2 da NR n.º 8 da Portaria 3.214/1978, reforçando o diploma ora em análise.

Art. 174 - As paredes, escadas, rampas de acesso, passarelas, pisos, corredores, coberturas e passagens dos locais de trabalho deverão obedecer às condições de segurança e de higiene do trabalho estabelecidas pelo Ministério do Trabalho e manter-se em perfeito estado de conservação e limpeza.

O referido diploma de 1977, encontra reforço na já citada NR n.º 8 da Portaria 3.214 de 1978, corroborando assim com a aplicabilidade e fiscalização das normas estabelecidas no entorno da segurança do empregado. Assim, os itens 8.3.3, 8.3.4 e 8.3.5 estabelecem que *"8.3.3. Os pisos, as escadas e rampas devem oferecer resistência suficiente para suportar as cargas móveis e fixas, para as quais a edificação se destina", "8.3.4. As rampas e as escadas fixas de qualquer tipo devem ser construídas de acordo com as normas técnicas oficiais e mantidas em perfeito estado de conservação", "8.3.5. Nos pisos, escadas, rampas, corredores e passagens dos locais de trabalho, onde houver perigo de escorregamento, serão empregados materiais ou processos antiderrapantes."*

No intuito de podermos visualizar na prática a aplicabilidade de tal dispositivo, podemos citar os pisos ante derrapantes, fitas antiderrapantes para escada e corrimões.

SEÇÃO VII
DA ILUMINAÇÃO

Art. 175 - Em todos os locais de trabalho deverá haver iluminação adequada, natural ou artificial, apropriada à natureza da atividade.

§ 1° - A iluminação deverá ser uniformemente distri-buída, geral e difusa, a fim de evitar ofuscamento, reflexos incômodos, sombras e contrastes excessivos.

§ 2° - O Ministério do Trabalho estabelecerá os níveis mínimos de iluminamento a serem observados.

Inicialmente, importante destacar que a iluminação não mais é considerada fator de insalubridade, visto que, faz parte das regras de ergonomia constante da NR n.° 17 da Portaria n.° 3.214/1978, itens 17.5.3.1. e 17.5.3.2. Assim, no intuito de não haver prejuízo ao emprego quanto a sua visão e ao trabalho, alguns requisitos devem ser preenchidos observados os critérios estabelecidos NBR - Iluminância de Interiores n.° 5.413 do Inmetro.

SEÇÃO VIII
DO CONFORTO TÉRMICO

Art. 176 - Os locais de trabalho deverão ter ventilação natural, compatível com o serviço realizado.

Parágrafo único - A ventilação artificial será obrigatória sempre que a natural não preencha as condições de conforto térmico.

Oportunamente e em consonância com todas as outras normas referentes a segurança, o dispositivo ora analisado, trata da ventilação, que deve ser preferencialmente natural e compatível com o serviço realizado. O referido diploma deve ser observado pelo empregador no intuito de evitar quaisquer danos à saúde do empregado, seja respiratório ou de qualquer natureza, proporcionado lhe um ambiente saudável e termicamente confortável. Saliente-se, ainda, que um ambiente de trabalho digno é preceito constitucional previsto nos incisos XXII, XXIII, XXVIII e XXXII do artigo 7° da Constituição da República, devendo ser observado e respeitado.

Art. 177 - Se as condições de ambiente se tornarem desconfortáveis, em virtude de instalações geradoras de frio ou de calor, será obrigatório o uso de vestimenta adequada para o trabalho em tais condições ou de capelas, anteparos, paredes duplas, isolamento térmico e recursos similares, de forma que os empregados fiquem protegidos contra as radiações térmicas.

Acima estão estabelecidas algumas obrigações a serem seguidas no intuito de proteger o empregado de ambientes termicamente desconfortáveis, entenda se calor ou frio que fogem da normalidade térmica que estamos habituados. No calor, por exemplo quem lida com fornos e maçaricos, o uso de viseira é essencial, visto que a emissão de radiação emitida por materiais em fusão levam ao surgimento de cataratas a nível ocular, o empregador deve fornecer ainda equipamentos, como, óculos de segurança com lentes especiais, luvas, mangas, aventais, capuzes, utilizando tecido leve, tecido aluminizado e cores claras. E situações onde o empregado é submetido ao frio, como por exemplo câmaras frigoríficas e afins, o empregador deve fornecer equipamentos de proteção individual como, botas isolantes, roupa de proteção para trabalho em ambientes muito frios, luvas térmicas e os demais que sejam necessários à proteção do indivíduo.

Art. 178 - As condições de conforto térmico dos locais de trabalho devem ser mantidas dentro dos limites fixados pelo Ministério do Trabalho.

O Ministério do trabalho é responsável por fixar limites, também, para o conforto térmico, visto que se trata de tema subjetivo o que pode induzir a erro o empregador, para tanto, a NR17 - Ergonomia, regulamenta e traz limites claros para que atinja a compreensão tanto para o aplicador do direito quanto para os empregadores. Ressalte se, outras normas também podem ser levadas em consideração no momento da aplicação da norma, bem como, ser criadas ou alteradas, no intuito de atingir a realidade social e por fim a finalidade social das normas de segurança do trabalho, ora tratadas.

SEÇÃO IX
DAS INSTALAÇÕES ELÉTRICAS

Art. 179 - O Ministério do Trabalho disporá sobre as condições de segurança e as medidas especiais a serem observadas relativamente a instalações elétricas, em qualquer das fases de produção, transmissão, distribuição ou consumo de energia.

Em atendimento ao referido dispositivo, o Ministério do Trabalho publicou a NR 10 portaria. 3.214 de 1978, Segurança em Instalações e serviços em eletricidade, que visa estabelecer os requisitos e as condições mínimas a serem observadas no sentido prevenir acidentes aos profissionais destas áreas. A referida norma, atinge as empresas públicas, privadas e demais empregadores que mantém pessoal atuando nesse ramo de atividade.

Art. 180 - Somente profissional qualificado poderá instalar, operar, inspecionar ou reparar instalações elétricas.

O artigo acima, claramente, faz menção aos cursos profissionalizantes destinados a capacitar os profissionais para a atuação na atividade em que direta ou indiretamente tiver contato com a rede elétrica. Tal exigência é fundamentada pelo risco de acidente grave ou até mesmo de vida que corre um empregado não capacitado em tentar desenvolver a atividade. Para tanto, os empregadores devem exigir documentos capazes de comprovar a referida capacitação e/ou oferecer cursos de qualificação para o exercício das atividades.

Art. 181 - Os que trabalharem em serviços de eletricidade ou instalações elétricas devem estar familiarizados com os métodos de socorro a acidentados por choque elétrico.

Preocupou se o legislador, em estabelecer o dever de o empregador fornecer um treinamento de primeiros socorros para os profissionais atuantes nesta área, ante ao fato de que uma simples preparação básica, pode vir a salvar vidas em se tratando de uma área que pode ocasionar a morte tão rapidamente. Nesse sentido, acreditamos que seja interessante para o empregador utilizar da Comissão Interna de Prevenção de Acidentes (CIPA), para preparar cursos de primeiros socorros, utilizando de horários flexíveis para que todos os colaboradores possam participar, inclusive os que não atuam na área de risco, cumprindo assim também com o seu fim social.

SEÇÃO X
DA MOVIMENTAÇÃO, ARMAZENAGEM E MANUSEIO DE MATERIAIS

Art. 182 - O Ministério do Trabalho estabelecerá normas sobre:

O Ministério do Trabalho é o responsável pela elaboração das normas regulamentadoras (NR) do trabalho, e tem como objetivo promover a segurança e a saúde nas atividades laborais no local de trabalho, prevenindo a ocorrência de acidentes e prejuízos a saúde do trabalhador. O artigo em comento e as NRs do Ministério do Trabalho são fruto da previsão do artigo 7°, inciso XXII da CF/88 que tem por finalidade diminuir os riscos no trabalho mediante a criação de normas de saúde, segurança e higiene.

I - as precauções de segurança na movimentação de materiais nos locais de trabalho, os equipamentos a serem obrigatoriamente utilizados e as condições especiais a que estão sujeitas a operação e a manutenção desses equipamentos, inclusive exigências de pessoal habilitado;

A movimentação de materiais nos locais de trabalho é realizada por meio de determinados tipos de equipamentos, como: elevadores, guindastes, transportadores Industriais e máquinas transportadoras.

Toma-se como exemplo de norma regulamentadora criada de acordo com o inciso comentado o item 11.1.3 da NR-11, segundo o qual os equipamentos utilizados na movimentação de materiais, tais como ascensores, elevadores de carga, guindastes, monta-carga, pontes-rolantes, talhas, empilhadeiras, guinchos, esteiras-rolantes, transportadores de diferentes tipos, serão calculados e construídos de maneira que ofereçam as necessárias garantias de resistência e segurança e conservados em perfeitas condições de trabalho.

Ainda, o item 11.1.5 da NR-11 dispõe que a pessoa habilitada para operar equipamento de transporte com força motriz própria, deverá receber treinamento específico, dado pela empresa, que o habilitará nessa função.

Desse modo, segundo o art. 157, inciso I, da CLT, c/c item 11.1.5 da NR-11, com redação da Portaria n.º 3.214/1978, aquele que deixar de submeter operador de equipamento de transporte com força motriz própria a treinamento específico, também será multado pelo fiscal do trabalho.

II - as exigências similares relativas ao manuseio e à armazenagem de materiais, inclusive quanto às condições de segurança e higiene relativas aos recipientes e locais de armazenagem e os equipamentos de proteção individual;

O item 11.3 da NR-11, trata do armazenamento de materiais, e dentre alguns de seus sub-itens podemos destacar os itens 11.3.1, 11.3.2, 11.3.4 e 11.3.5. Observa-se que a norma tem como finalidade manter a segurança dos armazéns e dos matérias armazenados, determinando a forma e o local em que cada tipo de material deverá ficar.

III - a obrigatoriedade de indicação de carga máxima permitida nos equipamentos de transporte, dos avisos de proibição de fumar e de advertência quanto à natureza perigosa ou nociva à saúde das substâncias em movimentação ou em depósito, bem como das recomendações de primeiros socorros e de atendimento médico e símbolo de perigo, segundo padronização internacional, nos rótulos dos materiais ou substâncias armazenados ou transportados.

O item 11.1.3.2 da NR-11, traz um exemplo de obrigatoriedade de indicação de carga máxima.

Desse modo, caso o equipamento utilizado na movimentação de materiais, não tenha tal indicação da carga máxima de trabalho permitida em lugar visível, poderá o fiscal do trabalho lavrar auto de infração com fulcro no art. 157, inciso I, da CLT, c/c item 11.1.3.2 da NR-11, com redação da Portaria n.º 3.214/1978.

Além disso, o artigo menciona a necessidade de haver avisos de proibição de fumar e advertência quanto a natureza perigosa ou nociva à saúde das substâncias em movimentação ou em depósito, como exemplo de regulação dessa parte podemos citar o item 19.4.2, alínea "d", da NR-19.

Parágrafo único - As disposições relativas ao transporte de materiais aplicam-se, também, no que couber, ao transporte de pessoas nos locais de trabalho.

Para o transporte de pessoas a NR-11 exige condições especiais de segurança no item 11.1.3.3. Logo, aquele que deixar de garantir condições especiais de segurança para os equipamentos destinados à movimentação do pessoal estará infringindo o referido item da NR.

Outro exemplo quanto ao transporte de pessoas é o item 18.14.19, da NR-18, com redação da Portaria 224/2011, que veda o transporte de pessoas por equipamento de guindar não projetado para esse fim.

Art. 183 - As pessoas que trabalharem na movimentação de materiais deverão estar familiarizados com os métodos raciocinais de levantamento de cargas.

As pessoas que trabalham com levantamento de cargas devem receber treinamento ou instrução satisfatória, pois o empregador que deixar de treinar ou instruir satisfatoriamente, quanto aos métodos de trabalho, trabalhador designado para o transporte manual de cargas, estará sujeito a multa por infringir o item 17.2.3 da NR-17, com redação da Portaria n.º 3.751/1990.

REFERÊNCIAS BIBLIOGRÁFICAS

BARROS, Alice Monteiro de. *Curso de Direito do Trabalho*. 10.ª Ed. São Paulo: LTr. 2016.

CAMISASSA, Mara Queiroga. *Segurança e saúde no trabalho: NRs 1 a 36 comentadas e descomplicadas*. – Rio de Janeiro: Forense; São Paulo: Método: 2015.

CASSAR, Vólia Bomfim. *Direito do trabalho*. 9.ª Ed. revista e atualizada. Rio de Janeiro: Forense; São Paulo: Método, 2014.

Costa Machado, organizador; Domingos Sávio Zainaghi, coordenador. *CLT interpretada: artigo por artigo, parágrafo por parágrafo*. 8ª. Ed. - Barueri, SP: Manole, 2017.

DELGADO, Mauricio Godinho. *Curso de Direito do Trabalho*. 14ª Ed., São Paulo: LTr, 2015.

GARCIA, Gustavo Filipe Barbosa. *Curso de direito do trabalho*. 11ª Ed., rev., atual. e ampl. - Rio de Janeiro: Forense, 2017.

LEITE, Carlos Henrique Bezerra. *Curso de direito do trabalho*. 8ª. Ed. São Paulo: LTr, 2017.

MARTINEZ, Luciano. *Curso de direito do trabalho: relações individuais, sindicais e coletivas do trabalho*. 7ª Ed. São Paulo: Saraiva, 2016.

RESENDE, Ricardo. *Direito do trabalho esquematizado*. 6.ª Ed. revista, atualizada e ampliada. Rio de Janeiro: Forense; São Paulo: MÉTODO, 2016.

Rodrigo Trindade de Souza, coodenador ; Marcio Lima do Amaral, Rubens Fernando Clarner dos Santos júnior, Valdete Souto Severo, organizadores. *CLT comentada*. 1ª Ed. São Paulo : LTr, 2015.

SCHIAVI, Mauro. *Coleção preparatória para concursos jurídicos: Processo do trabalho*. v. 16. 2ª Ed., São Paulo: Saraiva, 2014.

SILVA. Homero Batista Mateus da. *Curso de Direito do trabalho aplicado: saúde e segurança do trabalho*. 1ª. Ed. - São Paulo: editora Revista dos Tribunais. 2015. (Coleção curso de direito do trabalho aplicado V. 3).

SEÇÃO XI
DAS MÁQUINAS E EQUIPAMENTOS

Art.184 - As máquinas e os equipamentos deverão ser dotados de dispositivos de partida e parada e outros que se fizerem necessários para a prevenção de acidentes do trabalho, especialmente quanto ao risco de acionamento acidental.

Parágrafo único - É proibida a fabricação, a importação, a venda, a locação e o uso de máquinas e equipamentos que não atendam ao disposto neste artigo.

Qualquer máquina e equipamento a ser utilizado pelo empregado deverá ter dispositivos de partida e parada para segurança do trabalhador.

A NR-12 trata de diversas normas com a finalidade de prevenir acidentes de trabalho, o item 12.3 por exemplo trata de medidas de proteção que o empregador deve implementar para o trabalho em máquinas e equipamentos, capazes de garantir a saúde e a integridade física dos trabalhadores, e medidas apropriadas sempre que houver pessoas com deficiência envolvidas direta ou indiretamente no trabalho. (http://trabalho.gov.br/images/Documentos/SST/NR/NR12/NR12atualizada2015.pdf)

Por fim, o parágrafo único veda a fabricação, a importação, a venda, a locação e o uso das máquinas e equipamentos que não atenderem as condições necessárias de segurança.

Art. 185 - Os reparos, limpeza e ajustes somente poderão ser executados com as máquinas paradas, salvo se o movimento for indispensável à realização do ajuste.

A redação do art. 185 da CLT é complementada pelo item 12.113 da NR-12, trazendo além da exigência de executar os reparos, limpeza e ajustes com as máquinas paradas, outros procedimentos de segurança a serem adotados, além de exigir profissional capacitado para essa atividade.

Art. 186 - O Ministério do Trabalho estabelecerá normas adicionais sobre proteção e medidas de segurança na operação de máquinas e equipamentos, especialmente quanto à proteção das partes móveis, distância entre estas, vias de acesso às máquinas e equipamentos de grandes dimensões, emprego de ferramentas, sua adequação e medidas de proteção exigidas quando motorizadas ou elétricas.

O artigo 186 da CLT dá ao Ministério do Trabalho o poder de elaborar normas adicionais sobre proteção e medidas de segurança na operação de máquinas e equipamentos. Como exemplo dessas normas adicionais temos a NR-12 que trata da Segurança no Trabalho em Máquinas e Equipamentos.

Ainda, é importante mencionar que a Convenção 119 da OIT, aprovada na 47ª Reunião da Conferência Internacional do Trabalho (Genebra 1963) e ratificada pelo Brasil em 16.04.1992, dispõe sobre a proteção das máquinas.

O art. 6º da convenção traz a proibição da utilização das máquinas das quais qualquer dos elementos perigosos, inclusive as partes móveis (zona de operação) está sem os dispositivos de proteção apropriados, deverá ser proibida pela legislação nacional ou impedida por outras medias igualmente eficazes. Entretanto, quando esta interdição não poder ser plenamente respeitada sem impedir a utilização da máquina, ela deve, não obstante, aplica-se na medida em que esta utilização o permitir.

SEÇÃO XII

DAS CALDEIRAS, FORNOS E RECIPIENTES SOB PRESSÃO

Art.187 - As caldeiras, equipamentos e recipientes em geral que operam sob pressão deverão dispor de válvula e outros dispositivos de segurança, que evitem seja ultrapassada a pressão interna de trabalho compatível com a sua resistência.

A NR-13 é a responsável por estabelecer os requisitos mínimos para gestão da integridade estrutural de caldeiras a vapor, vasos de pressão e suas tubulações de interligação nos aspectos relacionados à instalação, inspeção, operação e manutenção, visando à segurança e à saúde dos trabalhadores, de acordo com o item 13.1.1.

Assim, podemos citar como exemplo o auditor fiscal do trabalho que lavra auto de infração no caso em que o empregador descumpre conduta prevista em item da NR-13, ao permitir a operação de caldeira por trabalhador que não atenda aos requisitos estabelecidos no Anexo I da NR 13, ou permitir a operação de caldeira por trabalhador que não esteja sob supervisão, acompanhamento ou assistência específica de operador qualificado.

Parágrafo único - O Ministério do Trabalho expedirá normas complementares quanto à segurança das caldeiras, fornos e recipientes sob pressão, especialmente quanto ao revestimento interno, à localização, à ventilação dos locais e outros meios de eliminação de gases ou vapores prejudiciais à saúde, e demais instalações ou equipamentos necessários à execução segura das tarefas de cada empregado.

A própria NR-13 acima mencionada é um exemplo típico de norma complementar relativa a segurança das caldeiras, fornos e recipientes sob pressão. O item 13.4.2.4, alínea “c” como se pode ver regulamenta que as caldeiras que estiverem instalada em ambiente fechado, devem dispor de ventilação permanente com entradas de ar que não possam ser bloqueadas.

Art. 188 - As caldeiras serão periodicamente submetidas a inspeções de segurança, por engenheiro ou empresa especializada, inscritos no Ministério do Trabalho, de conformidade com as instruções que, para esse fim, forem expedidas.

O item 13.3.2 da NR-13 alude que será o profissional habilitado para inspeção de segurança nas caldeiras aquele que tem competência legal para o exercício da profissão de engenheiro nas atividades referentes a projeto de construção, acompanhamento da operação e da manutenção, inspeção e supervisão de inspeção de caldeiras, vasos de pressão e tubulações, em conformidade com a regulamentação profissional vigente no País.

§ 1° - Toda caldeira será acompanhada de "Prontuário", com documentação original do fabricante, abrangendo, no mínimo: especificação técnica, desenhos, detalhes, provas e testes realizados durante a fabricação e a montagem, características funcionais e a pressão máxima de trabalho permitida (PMTP), esta última indicada, em local visível, na própria caldeira.

A caldeira deve possuir alguns documentos atualizados onde estiver instalada e estar sempre à disposição para consulta dos operadores, do pessoal de manutenção, de inspeção e das representações dos trabalhadores e do empregador na Comissão Interna de Prevenção de Acidentes (CIPA). O empregador também deve assegurar pleno acesso a essa documentação à representação sindical da categoria profissional predominante no estabelecimento, quando formalmente solicitado.

Entre esses documentos há o prontuário, que é o conjunto de documentos e registros do projeto de construção, fabricação, montagem, inspeção e manutenção dos equipamentos, segundo conceito dado pela NR-13. Ele precisa ser organizado de forma a conter uma memória dinâmica e atualizada de informações pertinentes à caldeira. Deve ser fornecido pelo seu fabricante e conter as informações previstas no item 13.5.1.6, alínea "a".

§ 2° - O proprietário da caldeira deverá organizar, manter atualizado e apresentar, quando exigido pela autoridade competente, o Registro de Segurança, no qual serão anotadas, sistematicamente, as indicações das provas efetuadas, inspeções, reparos e quaisquer outras ocorrências.

O Registro de Segurança é outro documento necessário para Caldeira, o conceito dado a ele pela NR-13 é o seguinte:

Registro de Segurança - registro da ocorrência de inspeções ou de anormalidades durante a operação de caldeiras e vasos de pressão, executado por PH ou por pessoal de operação, inspeção ou manutenção diretamente envolvido com o fato gerador da anotação.

§ 3° - Os projetos de instalação de caldeiras, fornos e recipientes sob pressão deverão ser submetidos à aprovação prévia do órgão regional competente em matéria de segurança do trabalho.

O projeto de instalação de caldeiras, fornos e recipientes é mais um dos documentos exigidos para a utilização por empregadores deste tipo de equipamento. O conceito de "projeto de instalação" nos é fornecido pelo glossário da NR-13 que o define como um documento com detalhes técnicos de onde o aparelho ficará e quais acessórios de segurança o acompanham, tais como drenos e válvulas. Deve ser elaborado por "PH" (Profissional Habilitado).

Por fim, vale lembrar que o órgão competente para aprovar o projeto de instalação é o Ministério do trabalho. Ademais, a autoria do projeto de instalação de caldeiras a vapor, no que concerne ao atendimento desta NR, é de responsabilidade de Profissional Habilitado (PH), e deve obedecer aos aspectos de segurança, saúde e meio ambiente previstos nas Normas Regulamentadoras, convenções e disposições legais aplicáveis, conforme previsto no item 13.4.2.1 da NR-13.

SEÇÃO XIII
DAS ATIVIDADES INSALUBRES OU PERIGOSAS

Art.189 - Serão consideradas atividades ou operações insalubres aquelas que, por sua natureza, condições ou métodos de trabalho, exponham os empregados a agentes nocivos à saúde, acima dos limites de tolerância fixados em razão da natureza e da intensidade do agente e do tempo de exposição aos seus efeitos.

Do ponto de vista laboral, para que o ambiente de trabalho seja caracterizado como insalubre não basta a simples exposição aos agentes nocivos, mas sim que este agente seja especificamente classificado na relação expedida pelo Ministério do Trabalho e sua exposição ocorra acima dos níveis previstos em norma.

Este posicionamento resta inserido no ordenamento pátrio por força da Súmula n.° 448 do TST e da OJ. n.° 04 da SDI-1, que avaliou condições insalubres por exposição a lixo urbano e afastou o pagamento do adicional por inexistência de previsão do agente dentre a relação oficial elaborada pelo MTE.

Há também os casos onde a autoridade competente poderá interferir no direito ao recebimento do adicional de insalubridade, reclassificando e/ou descaracterizando um ambiente de insalubre para salubre (e vice-versa), através de ato administrativo, sem que se fira qualquer direito adquirido, nos termos do entendimento solidificado pela Súmula n.° 248 do TST.

Lado outro, há ainda que se guardar grande relevância quanto a mensuração dos níveis de exposição aos agentes insalubres eis que, como já dito, não bastará a prova de que o trabalhador se ativou exposto a um agente insalubre devidamente classificado no rol expedido pelo Ministério do

Trabalho, pois a degradação releva a intensidade do agente em comparação ao tempo de exposição. Nem mesmo a intermitência é fator capaz de rechaçar o caráter insalubre do ambiente, a teor do que dispõe a Súmula 47 do TST.

Art. 190 - O Ministério do Trabalho aprovará o quadro das atividades e operações insalubres e adotará normas sobre os critérios de caracterização da insalubridade, os limites de tolerância aos agentes agressivos, meios de proteção e o tempo máximo de exposição do empregado a esses agentes.

Parágrafo único - As normas referidas neste artigo incluirão medidas de proteção do organismo do trabalhador nas operações que produzem aerodispersóides tóxicos, irritantes, alérgicos ou incômodos.

Por força do artigo 200 da CLT, o Ministério do Trabalho expediu a Portaria n.º 3214/78 que aprovou as Normas Regulamentadoras relativas a medicina e segurança do trabalho, regendo dentre outros temas, o quadro de atividades e operações insalubres, especificamente através da NR-15, discriminando com detalhes todos os critérios para a caracterização da insalubridade.

Consta da referida NR-15, em seus 14 anexos (um deles revogado), as seguintes espécies de agentes insalubres: ruído, calor, radiações ionizantes, condições hiperbáricas, radiações não-ionizantes, vibrações, frio, umidade, agentes químicos, poeiras minerais e agentes biológicos.

Estes citados agentes, portanto, ditam os riscos constantes no ambiente de trabalho, através de 03 critérios: natureza, concentração ou intensidade, e tempo de exposição, onde ainda a apuração da insalubridade se dará por avaliação quantitativa, quando o agente exige a verificação dos limites de tolerância, ou avaliação qualitativa, casos em que a insalubridade será caracterizada independente de uma extrapolação dos limites de tolerância, bastando tão somente a presença do agente.

> Art. 191 - A eliminação ou a neutralização da insalubridade ocorrerá:
>
> I - com a adoção de medidas que conservem o ambiente de trabalho dentro dos limites de tolerância;
>
> II - com a utilização de equipamentos de proteção individual ao trabalhador, que diminuam a intensidade do agente agressivo a limites de tolerância.

Parágrafo único - Caberá às Delegacias Regionais do Trabalho, comprovada a insalubridade, notificar as empresas, estipulando prazos para sua eliminação ou neutralização, na forma deste artigo.

É dever Constitucional do empregador (art. 7°, inciso XXII) zelar pela saúde do seu empregado. Assim, não poderá o patrão se valer do pagamento do adicional de insalubridade para se esquivar do encargo de proteger o trabalhador.

Assim, a eliminação/neutralização dos agentes insalubres se tornou para o empregador um dever, muito mais do que uma oportunidade de reduzir seus custos empresariais, vez que constatadas as condições deletérias, agirá o Ministério do Trabalho no sentido de acautelar o ambiente saudável e a dignidade do labor.

Lado outro, as súmulas n.° 80 e 289 deixam claro que o entendimento do TST é no sentido de que o ambiente insalubre, mantido em níveis tolerantes de nocividade, não exige o pagamento do complemento salarial, desde que as medidas sejam efetivamente adotadas.

Art. 192 - O exercício de trabalho em condições insalubres, acima dos limites de tolerância estabelecidos pelo Ministério do Trabalho, assegura a percepção de adicional respectivamente de 40% (quarenta por cento), 20% (vinte por cento) e 10% (dez por cento) do salário-mínimo da região, segundo se classifiquem nos graus máximo, médio e mínimo.

A contraprestação a ser paga pelo empregador pelo trabalho em condições insalubres irá variar, de acordo com o grau de afetação do agente insalubre, entre 10%, 20% e 40%.

Há que se comentar que a NR-15, preceitua, na hipótese do trabalhador exposto a mais de um agente nocivo, deverá ser considerado apenas o fator de insalubridade em maior grau. Entretanto, quanto a isto se destaca o posicionamento de Alice Monteiro de Barros (2013, págs. 623-624) que defende a aplicação de um adicional de insalubridade para cada agente nocivo presente no ambiente laboral do trabalhador (acima dos limites de tolerância), eis que este se mantém exposto a múltiplos riscos em contrapartida a um baixo estímulo para que o empregador elimine os agentes nocivos. Ademais, segundo a autora, a Portaria extrapola o limite da lei, que não proíbe a cumulação de mais de um adicional de insalubridade, bem como é anterior à edição da Lei n.º 7.394, de 1985, que prevê o adicional de risco de vida e insalubridade", logo, não poderia regulamentá-la. (BARROS, 2013, págs. 623-624).

Quanto a base de cálculo do adicional, prevalece o entendimento do STF de que não é possível a substituição do salário mínimo, seja como base de cálculo, seja como indexador, antes da edição de lei ou celebração de convenção coletiva que regule o adicional de insalubridade. Com isso, a nova redação da Súmula 228 do TST ficou suspensa na parte em que permite a utilização do salário básico, permanecendo o salário mínimo como base de cálculo do respectivo adicional.

Para constar, também a OJ n.º 02, da SDI2 entende pela violação do artigo 192 da CLT, quando uma decisão acolhe pedido de adicional de insalubridade com base na remuneração do empregado.

Art. 193 - São consideradas atividades ou operações perigosas, na forma da regulamentação aprovada pelo Ministério do Trabalho e Emprego, aquelas que, por sua natureza ou métodos de trabalho, impliquem risco acentuado em virtude de exposição permanente do trabalhador a:

I - inflamáveis, explosivos ou energia elétrica;

II - roubos ou outras espécies de violência física nas atividades profissionais de segurança pessoal ou patrimonial.

Assim como no caso do adicional de insalubridade é destinado ao Ministério do Trabalho a regulamentação das atividades perigosas, tendo este aprovado a NR-16 que então legislou de forma mais detalhada sobre o tema. Através de 05 anexos foram discriminadas as atividades/operações caracterizadas como perigosas, quais sejam, aquelas relacionadas a explosivos; inflamáveis; radiações ionizantes ou radioativas; exposição a roubos ou outras espécies de violência física; especificamente nas atividades profissionais de segurança pessoal ou patrimonial; energia elétrica e por fim atividades perigosas em motocicleta.

§ 1º - O trabalho em condições de periculosidade assegura ao empregado um adicional de 30% (trinta por cento) sobre o salário sem os acréscimos resultantes de gratificações, prêmios ou participações nos lucros da empresa.

O adicional de periculosidade, ao contrário do adicional de insalubridade, estabelece como base, o salário básico e não o salário mínimo, com exclusão de todos os outros adicionais, conforme entendimento da Súmula 191 do TST.

Por sua vez, por interpretação pacificada nas súmulas 361 e 364 do TST, não é possível a fixação, de percentual a título de adicional, inferior ao estabelecido por lei e proporcional ao tempo de exposição ao risco, através de cláusula de acordo ou convenção coletiva.

§ 2° - O empregado poderá optar pelo adicional de insalubridade que porventura lhe seja devido.

Em outra discussão que cerca o tema adicional de insalubridade e periculosidade diz respeito ao acúmulo destas duas verbas, a SDI-1 do TST, entendeu de maneira majoritária que o §2° do artigo 193 afasta a acumulação dos adicionais, ainda que tenham fatos geradores diferentes, uma vez que o próprio inciso XXIII do artigo 7° da Constituição assegura os adicionais "na forma da lei", restando portanto a opção entre o mais vantajoso, independente da causa de pedir.

§ 3° - Serão descontados ou compensados do adicional, outros da mesma natureza eventualmente já concedidos ao vigilante por meio de acordo coletivo.

O adicional de periculosidade detém como natureza jurídica a contraprestação pelo labor em situações peculiares de risco, portanto, todo e qualquer adicional percebido pelos vigilantes, através de ACT, com natureza idêntica ao do adicional de periculosidade, receberá a devida compensação ou dedução, para se evitar o bis in idem.

§ 4° - São também consideradas perigosas as atividades de trabalhador em motocicleta.

A presente atividade consta no rol da NR-16, especificamente no anexo, caracterizada como perigosa nos termos lá previstos.

Art.194 - O direito do empregado ao adicional de insalubridade ou de periculosidade cessará com a eliminação do risco à sua saúde ou integridade física, nos termos desta Seção e das normas expedidas pelo Ministério do Trabalho.

Assim como o disposto no artigo 191, o artigo 194 reitera que a eliminação do risco faz cessar o direito aos adicionais tanto de insalubridade quanto a periculosidade, não havendo assim o direito adquirido. Ambos os adicionais possuem natureza de salário condição, contraprestativo, portanto, a cessação da condição, impõe a cessação da remuneração correspondente.

Art. 195 - A caracterização e a classificação da insalubridade e da periculosidade, segundo as normas do Ministério do Trabalho, far-se-ão através de perícia a cargo de Médico do Trabalho ou Engenheiro do Trabalho, registrados no Ministério do Trabalho.

Para se atestar a existência de risco assim como para verificar a eliminação das condições perigosas, iniciando ou cessando o pagamento de adicional de periculosidade, deve-se observar a regra legal da realização de perícia técnica, realizada por profissional competente.

§ 1° - É facultado às empresas e aos sindicatos das categorias profissionais interessadas requererem ao Ministério do Trabalho a realização de perícia em estabelecimento ou setor deste, com o objetivo de caracterizar e classificar ou delimitar as atividades insalubres ou perigosas.

§ 2° - Arguida em juízo insalubridade ou periculosidade, seja por empregado, seja por Sindicato em favor de grupo de associado, o juiz designará perito habilitado na forma deste artigo, e, onde não houver, requisitará perícia ao órgão competente do Ministério do Trabalho.

§ 3º - O disposto nos parágrafos anteriores não prejudica a ação fiscalizadora do Ministério do Trabalho, nem a realização ex officio da perícia.

Detendo o ambiente perigoso (assim como o ambiente insalubre), interesse de ordem pública, intrinsecamente atrelado a saúde e segurança dos trabalhadores, temos pela legitimação de todos os envolvidos na relação empregatícia para requerer a devida apuração das condições de riscos presentes no ambiente laboral.

Art.196 - Os efeitos pecuniários decorrentes do trabalho em condições de insalubridade ou periculosidade serão devidos a contar da data da inclusão da respectiva atividade nos quadros aprovados pelo Ministro do Trabalho, respeitadas as normas do artigo 11.

Os adicionais de insalubridade e periculosidade deterão como marco inicial de pagamento a data de inclusão daquela atividade específica no quadro próprio aprovado pelo MTE (especificamente as NR-15 e 16), ou então, da data de vigência da lei própria que agraciar determinada categoria com o referido adicional. Este marco inicial, inclusive, será observado para fins de cômputo dos juros e correção.

Necessários ressalvarmos que pesa sobre o marco inicial de pagamento dos adicionais, as regras de prescrição constantes no artigo 11 da CLT.

Art. 197 - Os materiais e substâncias empregados, manipulados ou transportados nos locais de trabalho, quando perigosos ou nocivos à saúde, devem conter, no rótulo, sua composição, recomendações de socorro imediato e o símbolo de perigo correspondente, segundo a padronização internacional.

Parágrafo único - Os estabelecimentos que mantenham as atividades previstas neste artigo afixarão, nos setores de trabalho atingidos, avisos ou cartazes, com advertência quanto aos materiais e substâncias perigosos ou nocivos à saúde.

O empregador, na qualidade de detentor do risco do negócio, é o responsável pela segurança e a saúde de todos os envolvidos na relação empregatícia. Em consonância com a NR-09, é dever legal do empregador, a preservação da saúde e da integridade dos trabalhadores, através da antecipação, reconhecimento, avaliação e consequente controle da ocorrência dos riscos ambientais existentes ou que venham a existir no ambiente de trabalho, tendo em consideração a proteção do meio ambiente e dos recursos naturais.

REFERÊNCIAS BIBLIOGRÁFICAS

DELGADO, Maurício Godinho. Curso de Direito do Trabalho. 13. Ed. São Paulo: LTr, 2014.

BARROS, Alice Monteiro. Curso de direito do trabalho.13. Ed. São Paulo: Ltr, 2013.

SEÇÃO XIV
DA PREVENÇÃO DA FADIGA

Art. 198 - É de 60 kg (sessenta quilogramas) o peso máximo que um empregado pode remover individualmente, ressalvadas as disposições especiais relativas ao trabalho do menor e da mulher.

Esse artigo tem vinculação direta com a ergonomia no trabalho, ciência que se preocupa com o conforto e com a postura do trabalhador a fim de dar segurança e um eficiente desempenho nas atividades laborais.

A ergonomia está prevista na Norma Regulamentadora n.º 17 do Ministério do Trabalho e Emprego e nela contém normas que permitam a adaptação das condições de trabalho às características psicofisiológicas dos trabalhadores.

O peso máximo do presente artigo é adstrito somente ao homem, uma vez que para a mulher e para o menor o peso máximo é de 20 kg no trabalho contínuo e 25 kg no trabalho ocasional, conforme os artigos 390, *caput* e 405, § 5º, ambos da CLT, respectivamente.

O projeto de lei n.º 5746/2005, proposto pelo senador Marcelo Crivella, tem como objetivo a redução do peso máximo de 60 kg para 30 kg, a fim de se adequar a realidade brasileira, bem como não comprometer a saúde dos trabalhadores.

Ainda, cumpre informar que o empregado poderá rescindir o contrato e pleitear a devida indenização se forem exigidos serviços superiores às suas forças, defesos por lei, contrários aos bons costumes ou alheios ao contrato, conforme disposto no artigo 483, alínea a da CLT.

Parágrafo único - Não está compreendida na proibição deste artigo a remoção de material feita por impulsão ou tra-

ção de vagonetes sobre trilhos, carros de mão ou quaisquer outros aparelhos mecânicos, podendo o Ministério do Trabalho, em tais casos, fixar limites diversos, que evitem sejam exigidos do empregado serviços superiores às suas forças.

O transporte de cargas através de quaisquer meios mecânicos não estará restrito ao limite previsto no *caput* desse artigo, que prevê o trabalho manual de cargas, sem auxílio de qualquer equipamento.

Art. 199 - Será obrigatória a colocação de assentos que assegurem postura correta ao trabalhador, capazes de evitar posições incômodas ou forçadas, sempre que a execução da tarefa exija que trabalhe sentado.

A postura correta no momento da realização da atividade laboral é essencial para que não prejudique a saúde e para que não haja desconforto dos empregados. Portanto, é preciso que sejam aplicadas as regras ergonômicas, previstas na Norma Regulamentadora n.° 17, que dispõem acerca do uso de equipamentos adequados a fim de propiciar comodidade aos trabalhadores: as bancadas, mesas, escrivaninhas e os painéis devem proporcionar ao trabalhador condições de boa postura, visualização e operação; os assentos devem se ajustar de acordo com as características físicas e com a natureza da função a ser exercida; suporte para os pés; suporte para o computador a fim de se ter uma visualização correta, entre outras medidas.

Parágrafo único - Quando o trabalho deva ser execu-tado de pé, os empregados terão à sua disposição assentos para serem utilizados nas pausas que o serviço permitir.

A disposição de assentos para os empregados que trabalham de pé é uma forma de evitar futuros problemas de saúde, tanto físicos como psicológicos, bem como proporcionar conforto, segurança e um desempenho eficiente, conforme a NR n.° 17.

SEÇÃO XV
DAS OUTRAS MEDIDAS ESPECIAIS DE PROTEÇÃO

Art. 200 - Cabe ao Ministério do Trabalho estabelecer disposições complementares às normas de que trata este Capítulo, tendo em vista as peculiaridades de cada atividade ou setor de trabalho, especialmente sobre:

É função do Ministério do Trabalho, através da elaboração de normas regulamentadoras, dispor de forma complementar as normas referentes à segurança e medicina do trabalho, observando as especificidades de cada atividade ou setor de trabalho da empresa.

I - medidas de prevenção de acidentes e os equipamentos de proteção individual em obras de construção, demolição ou reparos;

A Norma Regulamentadora n.º 05 se refere à Comissão Interna de Prevenção de Acidentes (CIPA), que tem como objetivo a prevenção de acidentes e doenças decorrentes do trabalho, de modo a tornar compatível permanentemente o trabalho com a preservação da vida e a promoção da saúde do trabalhador. As empresas privadas, públicas, sociedades de economia mista, órgãos da administração direta e indireta, instituições beneficentes, associações recreativas, cooperativas, bem como outras instituições que admitam trabalhadores como empregados devem constituir a CIPA, por estabelecimento, e devem mantê-la em regular funcionamento.

Quanto aos equipamentos de proteção individual, segundo a NR n.º 18, a empresa é obrigada a fornecê-los aos trabalhadores, gratuitamente, bem como devem ser adequar ao risco e em perfeito estado de conservação e funcionamento, consoante as disposições contidas na NR n.º 06.

II - depósitos, armazenagem e manuseio de combustíveis, inflamáveis e explosivos, bem como trânsito e permanência nas áreas respectivas;

A NR n.º 20 estabelece requisitos mínimos para a gestão da segurança e saúde no trabalho contra os fatores de risco de acidentes provenientes das atividades de extração, produção, armazenamento, transferência, manuseio e manipulação de inflamáveis e líquidos combustíveis.

Já a NR n.º 19 estabelece que as atividades de fabricação, utilização, importação, exportação, tráfego e comércio de explosivos devem obedecer ao disposto na legislação específica, em especial ao Regulamento para Fiscalização de Produtos Controlados (R-105) do Exército Brasileiro, aprovado pelo Decreto n.º 3.665, de 20 de novembro de 2000.

III - trabalho em escavações, túneis, galerias, minas e pedreiras, sobretudo quanto à prevenção de explosões, incêndios, desmoronamentos e soterramentos, eliminação de poeiras, gases, etc. e facilidades de rápida saída dos empregados;

A NR n.º 22 tem como o objetivo disciplinar os preceitos a serem observados na organização e no ambiente de trabalho, de forma a tornar compatível o planejamento e o desenvolvimento da atividade mineira com a busca permanente da segurança e saúde dos trabalhadores. Cumpre ressaltar que essa norma tem aplicação nas minerações subterrâneas; minerações a céu aberto; garimpos, no que couber; beneficiamentos minerais e pesquisa mineral.

IV - proteção contra incêndio em geral e as medidas preventivas adequadas, com exigências ao especial revestimen-

to de portas e paredes, construção de paredes contra-fogo, diques e outros anteparos, assim como garantia geral de fácil circulação, corredores de acesso e saídas amplas e protegidas, com suficiente sinalização;

Conforme a NR n.° 23, todos os empregadores devem adotar medidas de prevenção de incêndios, em conformidade com a legislação estadual e as normas técnicas aplicáveis. Ainda, os empregadores deverão informar tais medidas aos trabalhadores, a fim de que seja protegida a saúde e a integridade física de todos.

V - proteção contra insolação, calor, frio, umidade e ventos, sobretudo no trabalho a céu aberto, com provisão, quanto a este, de água potável, alojamento profilaxia de endemias;

A NR n.° 21 rege acerca dos trabalhos a céu aberto, sendo obrigatória a existência de abrigos, ainda que rústicos, capazes de proteger os trabalhadores contra intempéries. Ainda, para esse tipo de atividade, serão exigidas medidas especiais que protejam os trabalhadores contra a insolação excessiva, o calor, o frio, a umidade e os ventos inconvenientes.

VI - proteção do trabalhador exposto a substâncias químicas nocivas, radiações ionizantes e não ionizantes, ruídos, vibrações e trepidações ou pressões anormais ao ambiente de trabalho, com especificação das medidas cabíveis para eliminação ou atenuação desses efeitos limites máximos quanto ao tempo de exposição, à intensidade da ação ou de seus efeitos sobre o organismo do trabalhador, exames médicos obrigatórios, limites de idade controle permanente dos locais de trabalho e das demais exigências que se façam necessárias;

Esse inciso é regulado pela NR n.° 32 que tem como objetivo estabelecer as diretrizes básicas para a implementação de medidas de proteção à segurança e à saúde dos trabalhadores dos serviços de saúde, bem como daqueles que exercem atividades de promoção e assistência à saúde em geral. A NR em questão dispõe sobre as atividades com maior probabilidade de ocorrer risco biológico, químico, às radiações ionizantes, entre outros.

VII - higiene nos locais de trabalho, com discriminação das exigências, instalações sanitárias, com separação de sexos, chuveiros, lavatórios, vestiários e armários individuais, refeitórios ou condições de conforto por ocasião das refeições, fornecimento de água potável, condições de limpeza dos locais de trabalho e modo de sua execução, tratamento de resíduos Industriais;

A NR n.º 24 estabelece condições sanitárias e de conforto nos locais de trabalho. Essa norma tem o intuito de evitar a contaminação de doenças profissionais nos ambientes de trabalho.

Já a NR n.º 25 estabelece medidas preventivas em relação ao tratamento de resíduos Industriais, estes provenientes dos processos Industriais, na forma sólida, líquida ou gasosa ou combinação dessas, e que por suas características físicas, químicas ou microbiológicas não se assemelham aos resíduos domésticos, como cinzas, lodos, óleos, materiais alcalinos ou ácidos, escórias, poeiras, borras, substâncias lixiviadas e aqueles gerados em equipamentos e instalações de controle de poluição, bem como demais efluentes líquidos e emissões gasosas contaminantes atmosféricos.

VIII - emprego das cores nos locais de trabalho, inclusive nas sinalizações de perigo.

Segundo a NR n.º 26, devem ser adotadas cores para segurança em estabelecimentos ou locais de trabalho, a fim de indicar e advertir acerca dos riscos existentes. No entanto, as cores devem ser usadas o mais reduzido possível, a fim de não ocasionar distração, confusão e fadiga ao empregado. Cumpre informar que a utilização de cores não dispensa o emprego de outras formas de prevenção de acidentes.

Parágrafo único - Tratando-se de radiações ionizantes e explosivos, as normas a que se referem este artigo serão expedidas de acordo com as resoluções a respeito adotadas pelo órgão técnico.

Devido ao alto risco, as atividades abrangendo radiações ionizantes e explosivos devem respeitar as resoluções adotadas pelo órgão técnico competente.

Cabe informar que a exposição do empregado à radiação ionizante ou à substância radioativa enseja a percepção do adicional de periculosidade, conforme a OJ n.º 345, SDI-1, do TST.

SEÇÃO XVI
DAS PENALIDADES

Art. 201 - As infrações ao disposto neste Capítulo relativas à medicina do trabalho serão punidas com multa de 03 (três) a 30 (trinta) vezes o valor de referência previsto no artigo 2°, parágrafo único, da Lei n.° 6.205, de 29 de abril de 1975, e as concernentes à segurança do trabalho com multa de 5 (cinco) a 50 (cinquenta) vezes o mesmo valor.

Segundo a NR n.° 28, as infrações aos preceitos legais e/ou regulamentadores sobre segurança e saúde do trabalhador terão as penalidades aplicadas conforme a gradação da multa e o número de empregados, obedecendo às infrações previstas nessa Norma.

Parágrafo único - Em caso de reincidência, embaraço ou resistência à fiscalização, emprego de artifício ou simulação com o objetivo de fraudar a lei, a multa será aplicada em seu valor máximo.

A NR n.° 28 estabelece os seguintes valores da multa, nos seguintes termos (valor da multa em UFIR): Segurança do Trabalho, 6.304; Medicina do Trabalho, 3.782. O valor da UFIR, em maio de 2017, é de R$ 3,0023 reais.

UFIR significa Unidade Fiscal de Referência e era usada como fator de atualização de impostos e de valores referentes a multas e penalidades. O artigo 30 da Lei 9.249/1995 e artigo 25 da Medida Provisória 1.542/1996 determinaram a conversão dos valores da UFIR para o Real e, em 2000, a UFIR foi extinta.

Ainda, cabe informar que, com a Emenda n.° 45/2004, a Justiça do Trabalho passou a ser competente para julgar e processar as ações relativas às penalidades administrativas impostas aos empregadores pelos órgãos de fiscalização das relações de trabalho, conforme previsto no artigo 114, inciso VII, da Constituição Federal.

Art. 202 – Revogado

Art. 203 – Revogado

Art. 204 – Revogado

Art. 205 – Revogado

Art. 206 – Revogado

Art. 207 – Revogado

Art. 208 – Revogado

Art. 209 – Revogado

Art. 210 – Revogado

Art. 211 – Revogado

Art. 212 – Revogado

Art. 213 – Revogado

Art. 214 – Revogado

Art. 215 – Revogado

Art. 216 – Revogado

Art. 217 – Revogado

Art. 218 – Revogado

Art. 219 – Revogado

Art. 220 – Revogado

Art. 221 – Revogado

Art. 222 – Revogado

Art. 223 – Revogado

TÍTULO II - A
DO DANO EXTRAPATRIMONIAL

A Lei 13.467/2017 promoveu alterações substanciais no ordenamento jurídico trabalhista, sendo aplaudida por uns e rechaçada pela maioria. Muitas das inovações geraram e ainda geram dúvidas e dissenso doutrinário, cabendo ao tempo e à jurisprudência a consolidação das ideias e propósitos trazidos pela norma e a solidificação dos seus anseios.

O dano extrapatrimonial é a nomenclatura correta a ser usada, em detrimento apenas do dano moral, posto abranger tanto as relações existenciais quanto os direitos da personalidade. Logo, engloba os ilícitos de ordem imaterial como o dano moral e, também, o dano estético.

A inovação da regra positivada no artigo 223-A a 223-G da CLT, foi certeira e inaugura na Consolidação o critério para valoração da indenização do dano moral individual, o que antes não existia na legislação específica trabalhista, a qual se valia, subsidiariamente, do direito comum civilista.

Referido dano tem caráter absolutamente subjetivo, já que somente "coisa" pode ser mensurada e delimitada por preço. Deste modo, a lei visou nortear o julgador, por parâmetros relativamente objetivos, para permitir a isonomia propugnada pelo ordenamento constitucional e viabilizar a prolação de sentenças não tão abissais para casos semelhantes, como se verifica na atualidade. Visa-se, portanto, impedir decisões contraditórias em casos similares, viabilizar a justa reparação e proporcionar a segurança jurídica.

Certamente que a suposta orientação legal de definição da indenização não poderá interferir na autonomia jurisdicional e no livre convencimento do magistrado, todavia, a medida mostra-se salutar, embora os critérios adotados sejam por demais engessadores da efetiva reparação, por vincular o seu valor ao salário contratual do ofendido, o que gerará injustiça na eventualidade de trabalhadores serem acidentados da mesma forma, mas possuírem salários diferentes.

A criação de parâmetros faz-se necessária, mas o legislador equivocou-se na forma, como será analisado infra. Cumpre salientar que a Medida Provisória 808/2017, de certo modo, reparou a absurda desigualdade criada no §1° do art. 223-G, ao adotar o valor do teto dos benefícios do Regime Geral de Previdência Social – RGPS como parâmetro para as indenizações, no entanto, por não ter sido convertida em lei no prazo constitucional, perdeu sua validade e não mais existe no mundo jurídico.

Assim, teremos que lidar com o que há de real: critério de fixação de reparação por dano extrapatrimonial vinculado ao salário contratual do ofendido. E é o que se faz através da simplória análise dos seguintes dispositivos.

Art.223-A - Aplicam-se à reparação de danos de natureza extrapatrimonial decorrentes da relação de trabalho apenas os dispositivos deste Título.

A presente norma, ao pretender a aplicação exclusiva do Título II-A, rechaçando a totalidade do ordenamento jurídico brasileiro, tem uma pretensão, data máxima vênia, incontestavelmente inconstitucional e abusiva, posto ignorar em absoluto a Teoria do Diálogo das Fontes, a imprescindível interpretação sistemática do ordenamento e o princípio da aplicação da norma mais favorável – alicerce do Direito do Trabalho.

Aplicar-se apenas o presente título às reparações por dano extrapatrimonial, engessa-se a aplicação do instituto aos casos concretos, inviabiliza-se a efetiva reparação, interfere-se na autonomia jurisdicional e ignora-se a dinâmica da vida, acreditando o legislador ser capaz de em um único dispositivo prever todos os casos ensejadores de ilícito.

Veja-se que a redação excluiu, inclusive, a aplicação da própria norma fundamental do Estado Democrático de Direito, bem como tratados e o próprio direito comum determinado, obrigatoriamente, no §1ª do art. 8º, da própria CLT, como fonte subsidiária.

Jamais o legislador será capaz de prever todas as hipóteses de dano, mormente a longo prazo e, notadamente, na atualidade em que tudo se modifica com imensa fugacidade.

Segundo os críticos à novel lei, a pretensa exclusividade do art. 223-A/CLT, justifica-se pela intenção do legislador de isentar os empregadores do risco do negócio e limitar a sua responsabilidade empresarial.

Sustentando a inconstitucionalidade da norma, a ANAMATRA editou, na 2ª Jornada de Direito Material e Processual do Trabalho, o Enunciado 18, salientando o descabimento da exclusividade e restrição ensejadoras de tratamento discriminatório.

Art. 223-B - Causa dano de natureza extrapatrimonial a ação ou omissão que ofenda a esfera moral ou existencial da pessoa física ou jurídica, as quais são as titulares exclusivas do direito à reparação.

Bem agiu o legislador ao mencionar expressamente a pessoa jurídica como titular de reparação por dano existencial, coadunando-se com os termos da Súmula 227/STJ.

A esfera imaterial, como já mencionado, possui forte carga subjetiva, razão pela qual o julgador deverá perscrutar com afinco todas as esferas íntimas afetadas, considerando as peculiaridades da dor individual e buscando a efetiva *restitutio in integrum.*

Acerca da titularidade exclusiva da reparação, a interpretação literal do artigo, pode concluir pelo fim do dano em ricochete na seara laboral, de modo que a reparação do dano seria cabível exclusivamente ao empregado e não se estenderia aos seus parentes.

Ocorre que norma infraconstitucional não pode impedir a integral reparação preconizada pelos incisos V e X, do art 5º da CR/88. Parentes, cônjuge e ascendentes, definitivamente não podem ser excluídos da reparação por dano empresarial, ainda que não causado diretamente a eles. Pretender absolver o empregador da responsabilidade integral é assaz arbitrário e discriminatório. Cada um sofrerá as consequências do dano em sua particularidade e indubitavelmente fará jus à reparação.

Num acidente de trabalho, por exemplo, o empregado acidentado será o titular da reparação pela inabilitação, pela redução da sua capacidade laboral, pelas lesões, etc. Porém, seus parentes também serão titulares de reparação: pela angústia da perda do ente, do convício com uma pessoa eventualmente depressiva, do suporte ao acidentado, da restrição à vida social, do sofrimento íntimo na qualidade de vida familiar, da impossibilidade de locomoção, dos cuidados que o acidentado exigirá. Enfim, todos estes reflexos afetam as demais pessoas, tornando-as titulares do direito à reparação.

Há uma distinção inconteste e uma série de afetados, de modo que não se pode cogitar de reparação exclusiva ao empregado. Compactuando com este entendimento, tem-se o Enunciado 20 da 2ª Jornada de Direito do Trabalho.

Art. 223-C - A honra, a imagem, a intimidade, a liberdade de ação, a autoestima, a sexualidade, a saúde, o lazer e a integridade física são os bens juridicamente tutelados inerentes à pessoa física.

Em compasso com a essência da reparação pelo dano imaterial, é certo que a definição do presente artigo jamais poderá ser *numerus clausus*. Este posicionamento é unânime. A taxatividade do dano imaterial não condiz com a dignidade da pessoa humana, cujo conceito é amplo e indefinido. O artigo ignorou o bem maior que é a vida, algo inaceitável, pois os direitos da personalidade são ilimitados. Neste diapasão, o Enunciado 19 da 2° Jornada é de indispensável leitura.

Art. 223-D - A imagem, a marca, o nome, o segredo empresarial e o sigilo da correspondência são bens juridicamente tutelados inerentes à pessoa jurídica.

Reforçando o já disposto no art. 223-B, o presente dispositivo positiva o narrado na já citada Súmula 227/STJ.

Com a mesma polêmica do artigo anterior, aqui também se observa a pretensão de se criar número fechado dos bens imateriais da pessoa jurídica, objeto de reparação, o que não se justifica, ante a impossibilidade de limitação dos direitos existenciais e da personalidade.

Art. 223-E - São responsáveis pelo dano extrapatrimonial todos os que tenham colaborado para a ofensa ao bem jurídico tutelado, na proporção da ação ou da omissão.

A repartição da responsabilidade conforme a participação do ofensor é medida prudente, razoável e proporcional. A lei foi omissa acerca da solidariedade, logo, trata-se de responsabilidade subsidiária, pois aquela somente decorre de lei ou da vontade das partes.

No entanto, crê-se ser cabível a previsão da responsabilidade solidária nas indenizações por dano extrapatrimonial, com amparo nos arts. 444 e §1°, e 611/CLT, já que é um benefício ao empregado.

Art. 223-F - A reparação por danos extrapatrimoniais pode ser pedida cumulativamente com a indenização por danos materiais decorrentes do mesmo ato lesivo.

Em que pese a positivação da norma, a cumulação do dano moral e material decorrente do mesmo ilícito sempre ocorreu – Súmula 37/STJ, e tal se justifica pela diferença entre eles. Com efeito, o ato lesivo poderá gerar dano de natureza patrimonial – dano emergente e lucros cessantes, e dano não patrimonial.

§ 1° - Se houver cumulação de pedidos, o juízo, ao proferir a decisão, discriminará os valores das indenizações a título de danos patrimoniais e das reparações por danos de natureza extrapatrimonial.

Em homenagem ao princípio do contraditório, da recorribilidade e da decisão motivada, na apuração do dano extrapatrimonial, o juiz especificará a modalidade de dano a ser reparado, bem como seu respectivo valor e os critérios adotados para conclusão da indenização.

Quanto ao termo inicial para incidência de juros e atualização de valor de indenização, segue-se, respectivamente, a data do ajuizamento da ação e a do arbitramento ou alteração do valor, consoante Súmulas 439/TST e 362/STJ.

§ 2° - A composição das perdas e danos, assim compreendidos os lucros cessantes e os danos emergentes, não

interfere na avaliação dos danos extrapatrimoniais.

Este parágrafo reforçou o já salientado no tópico acima, deixando clara a diferença entre dano material e imaterial, harmonizando-se com o teor da mencionada Súmula 37/STJ, que sempre destacou a possibilidade de cumulação das indenizações, por tratarem-se de searas independentes.

Art. 223-G - Ao apreciar o pedido, o juízo considerará:

I - a natureza do bem jurídico tutelado;

II - a intensidade do sofrimento ou da humilhação;

III - a possibilidade de superação física ou psicológica;

IV - os reflexos pessoais e sociais da ação ou da omissão;

V - a extensão e a duração dos efeitos da ofensa;

VI - as condições em que ocorreu a ofensa ou o prejuízo moral;

VII - o grau de dolo ou culpa;

VIII - a ocorrência de retratação espontânea;

IX - o esforço efetivo para minimizar a ofensa;

X - o perdão, tácito ou expresso;

XI - a situação social e econômica das partes envolvidas;

XII - o grau de publicidade da ofensa.

Elogios devem ser tecidos ao presente e extenso rol de parâmetros que contribuiu para a aferição e quantificação da indenização; mas devem ser recepcionados como meros indicadores e não limites, para que não se viole o livre exercício da jurisdição.

Destaca-se o caráter exemplificativo, pela mesma fundamentação do art. 223-A – Teoria do Diálogo das Fontes.

Critérios como nível e intensidade do dano e seus reflexos, a dimensão do prejuízo, as possibilidades de recuperação total e efetiva, o grau de dolo ou culpa, o eventual perdão ou retratação, a situação econômica das partes, o caráter pedagógico, a repercussão social, profissional e familiar do ilícito são cruciais para que a reparação seja justa, real e concreta e que, mesmo não sendo possível retornar o indivíduo ao *statu quo ante,* que sejam minoradas as consequências nefastas do dano extrapatrimonial.

A presente norma está em total sintonia com os norteadores arts. 944 e seguintes do CC/02, já antes aplicados, mas mais ainda agora, por força do art. 8° CC.

§ 1° - Se julgar procedente o pedido, o juízo fixará a indenização a ser paga, a cada um dos ofendidos, em um dos seguintes parâmetros, vedada a acumulação:

I - ofensa de natureza leve, até três vezes o último salário contratual do ofendido;

II - ofensa de natureza média, até cinco vezes o último salário contratual do ofendido;

III - ofensa de natureza grave, até vinte vezes o último salário contratual do ofendido;

IV - ofensa de natureza gravíssima, até cinquenta vezes o último salário contratual do ofendido.

Eis o tópico mais polêmico e polvoroso de toda a criação legislativa do dano extrapatrimonial trabalhista: o parâmetro de fixação da indenização vinculado ao salário contratual do obreiro.

A taxatividade de valor de indenização já foi declarada inconstitucional pelo STF quando da análise da Lei de Imprensa (Lei 5250/67). A conclusão foi de que fixação de valores de reparação viola os incisos V e X do art. 5° da CR/88. Corroborando, o STJ editou a Súmula 281.

Por sua constitucionalidade duvidável, o presente dispositivo sofre severas críticas, as quais foram provisoriamente suspensas quando da vigência da citada MP 808/17, que valeu-se do teto do valor dos benefícios previdenciários para nortear as indenizações o que, a seu modo, havia corrigido o equívoco perpetrado no presente parágrafo.

Com absoluta razão os que são contra os termos do presente parágrafo, pois a tão almejada justiça e isonomia preconizadas com a tarifação do dano moral esvaíram-se com a utilização do salário contratual como parâmetro, pois para casos idênticos haverá decisões injustas e desconformes com a lesão provocada.

Basta pensar-se no exemplo de um motorista da empresa que transporta o diretor e no trajeto ambos sofrerem um acidente. Ora, nos termos desta norma, se ambas as pessoas perderem o braço esquerdo e perceberem indenização, o valor desta variará conforme o salário contratual e não conforme a gravidade da lesão. A perda do braço do motorista seria, como pretendem, menos dolorosa que a do diretor, já que o salário deste lhe permitira auferir indenização maior.

O bem da vida e a dignidade da pessoa humana foram absolutamente substituídos pela valoração salarial. Olvidou-se que se trata de ser humano e de direito imaterial, cuja reparação há de ser integral e proporcional ao dano e não limitada ao salário do ofendido.

Jamais a aferição da indenização poderá considerar o rendimento salarial, afinal, maior salário não poderá valorizar mais o direito da personalidade. Não se admite que a capacidade salarial seja o medidor da lesão, pois, nos termos do art. 5º da CR/88, todos são iguais perante a lei, sem qualquer distinção.

Pela tese do artigo, o assalariado sempre receberá indenização aquém do devido, enquanto que numa mesma circunstância outro empregado, da exata mesma empresa, que sofra o mesmo e idêntico acidente, com as mesmas consequências, mas com salário superior, receberá a mais, como se a perda ou abalo sofrido fossem diferentes entre os seres humanos, apenas em virtude da sua condição salarial.

A presente medida é tão surreal e incabível que gerou o ajuizamento da ADI n.° 5870, perante o STF, de autoria da Associação dos Magistrados da Justiça do Trabalho (Anamatra), ainda em tramitação.

§ 2° - Se o ofendido for pessoa jurídica, a indenização será fixada com observância dos mesmos parâmetros estabelecidos no § 1° deste artigo, mas em relação ao salário contratual do ofensor.

Aqui aplicam-se as mesmas considerações acima acerca do parâmetro sobre o salário contratual.

§ 3° - Na reincidência entre partes idênticas, o juízo poderá elevar ao dobro o valor da indenização.

Perfeitamente justo e cabível a penalidade prevista, pois o efeito pedagógico deve ser aplicado de forma incisiva e, não surtindo efeito, deve refletir economicamente sobre o ofensor.

Ocorre que não houve previsão do lapso temporal para se considerar reincidência, o que havia sido corrigido pela MP 808/17, com a previsão de dois anos.

Por fim, a exigência de "partes idênticas" torna o dispositivo em letra morta, pois a subordinação impede a configuração do dano no curso do contrato de trabalho e estaria o obreiro sujeito à prescrição. Além de que a maior ofensora é a empresa e não necessariamente sobre o mesmo empregado, embora através da mesma conduta.

Considerações Finais

Toda lei traz em seu bojo inovações que nem sempre agradam seus destinatários, mas é fato que a Lei 13.467/17, angariou diversas e fundamentadas críticas, além de uma diversidade de ADIs ajuizadas ante tantas inconstitucionalidades suscitadas.

O tempo sempre é o sabedor e orientador, e somente através dele poder-se-á concluir pela consistência das alterações provocadas pela nova lei, o que será corroborado ou rechaçado pela jurisprudência que já desponta e destaca pertinentemente as inaplicabilidades da citada lei.

REFERÊNCIAS BIBLIOGRÁFICAS

1-3 - MAIOR, *Jorge Luiz Souto. Impactos do golpe trabalhista (a Lei n.º 13.467/17). Publicado em 29/08/2017. Disponível em: https://www.jorgesoutomaior.com/blog/impactos-do-golpe-trabalhista-a-lei-n-1346717.*

2 – Os Trabalhistas - *Breve análise crítica acerca do dano extrapatrimonial na Lei n.º 13.467/2017. http://ostrabalhistas.com.br/breve-analise-critica-acerca-do-dano-extrapatrimonial-na-lei-no-13-4672017/?subscribe=-success#blog_subscription-2*

3 - SANTOS, *Enoque Ribeiro dos. O dano extrapatrimonial na Lei 13.467/2017, da Reforma Trabalhista. Porta eletrônico GenJurídico. 2017. <http://genjuridico.com.br/2017/08/22/o-dano-extrapatrimonial-na-lei--13-4672017-da-reforma-trabalhista/.*

4 - SILVA, *Homero Batista Mateus. Comentários à Reforma Trabalhista -1ª ed. - São Paulo: RT, 2017.*

TÍTULO III
DAS NORMAS ESPECIAIS DE TUTELA DO TRABALHO

CAPÍTULO I
DAS DISPOSIÇÕES ESPECIAIS SOBRE DURAÇÃO E CONDIÇÕES DE TRABALHO

SEÇÃO I
DOS BANCÁRIOS

Trabalho aos sábados em bancos

Art. 224 - A duração normal do trabalho dos empregados em bancos, casas bancárias e Caixa Econômica Federal será de 6 (seis) horas continuas nos dias úteis, com exceção dos sábados, perfazendo um total de 30 (trinta) horas de trabalho por semana.

§ 1° - A duração normal do trabalho estabelecida neste

artigo ficará compreendida entre sete e vinte e duas horas, assegurando-se ao empregado, no horário diário, um intervalo de quinze minutos para alimentação.

§ 2° - As disposições deste artigo não se aplicam aos que exercem funções de direção, gerência, fiscalização, chefia e equivalentes ou que desempenhem outros cargos de confiança desde que o valor da gratificação não seja inferior a um terço do salário do cargo efetivo.

Embora a redação do *caput* do artigo tenha sido dada pela Lei 7.430, de 17.12.1985, a jornada reduzida dos bancários iniciou-se já na década de 1930, fruto dos movimentos grevistas da época, que buscavam, além de melhores salários, melhores condições de saúde e segurança. O Decreto n.° 23.322, de 3 de novembro de 1933, considerado o marco de uma das maiores vitórias da categoria, surgiu como primeira norma regente da duração do trabalho dos empregados em bancos e casas bancárias, prevendo em seu artigo 1°: "*Art. 1° A duração normal do trabalho dos empregados em bancos e casas bancárias será de seis horas por dia ou de trinta e seis horas semanais, só podendo exceder do horário diário nos casos previstos neste decreto, de maneira que a cada período de seis dias de ocupação efetiva corresponda um dia de descanso obrigatório.*". Atualmente, a jornada semanal está limitada a 30 horas, devendo ser realizada de segunda a sexta-feira, sendo o sábado entendido como dia útil não trabalhado, não se confundindo com o repouso semanal remunerado (Súmula n.° 113 do TST). Conforme previsão expressa no parágrafo 1° do art. 224, da CLT, o trabalho bancário é de ser despendido das 7 às 22 horas. O labor noturno, prestado entre 22h01 e 6h59, deve ser remunerado com, no mínimo, 20% a mais, observado que a hora noturna é reduzida para 52 minutos e 30 segundos (art. 73, CLT). Observa-se, ainda, o reforço da garantia do intervalo de quinze minutos para descanso e alimentação, previsto no art. 71, § 1°, da CLT. O parágrafo 2° do art. 224, da CLT, trata da exceção. Os bancários exercentes de cargo de confiança estão afastados da regra geral da jornada de 6 horas, subsumindo-se ao limite de 8 (oito) horas diárias, e devem perceber gratificação, de no mínimo, um terço do salário do efetivo de seu cargo.

A principal controversa está na caracterização da confiança especial, muitas vezes confundida com a confiança excepcional, prevista do art. 62, II da CLT. Os cargos de confiança em questão são os de nível intermediário, os quais exigem grau de confiança maior quando comparados ao ordinariamente exigido do bancário comum, mas que não se confundem como o trabalhador que representa o empregador. São os normalmente denominados de "gerente de contas', "supervisor", "fiscal", "chefe', "encarregado" ou outros títulos equivalentes. Observe-se que a CLT não afasta a confiança do cargo pelo simples fato da função exercida ser técnica, tampouco exige a presença de subordinados, muito menos de elementos de mando e gestão. Exige-se, portanto, um mínimo de fidúcia, suficiente para diferenciá-lo daquele exercido pelo trabalhador ordinário. No entanto, esse maior grau de confiança, pela sua subjetividade, é matéria de fato e depende da prova das reais atribuições do empregado, a ser aferida nos autos processuais (Súmula 102, I, TST). Quanto ao gerente-geral de agências, presume-se o exercício do encargo de gestão, aplicando-se a ele o art. 62, II da CLT (Súmula n.º 287, TST).

Art. 225 - A duração normal de trabalho dos bancários poderá ser excepcionalmente prorrogada até 8 (oito) horas diárias, não excedendo de 40 (quarenta) horas semanais, observados os preceitos gerais sobre a duração do trabalho.

Excepcionalmente, a jornada do empregado bancário pode ser prorrogada por até 2 (duas) horas diárias. No caso do bancário enquadrado no *caput* do art. 224, da CLT, a carga horária semanal deverá ser limitada em 40 (quarenta horas) horas e não 44 (quarenta e quatro), já que o sábado é dia útil não trabalhado. O bancário que se encontra sujeito à exceção do § 2º, do art. 224 da CLT, cuja jornada regular é de 8 (oito) horas diárias, terá consideradas extraordinárias aquelas que excederem a oitava hora trabalhada (Súmula 102, IV, TST). A pré-contratação de serviço suplementar é nula, as quais não configuram pré-contratação, se pactuadas após a admissão do bancário (Súmula 199, TST).

Art. 226 - O regime especial de 6 (seis) horas de trabalho também se aplica aos empregados de portaria e de limpeza, tais como porteiros, telefonistas de mesa, contínuos e serventes, empregados em bancos e casas bancárias.

Parágrafo único - A direção de cada banco organizará a escala de serviço do estabelecimento de maneira a haver empregados do quadro da portaria em função, meia hora antes e até meia hora após o encerramento dos trabalhos, respeitado o limite de 6 (seis) horas diárias.

Embora não desempenhem atividades tipicamente bancárias, os empregados de portaria e de limpeza, tais como porteiros, telefonistas de mesa, contínuos e serventes, que sejam empregados em instituições bancárias, beneficiam-se da jornada especial de 6 (seis) horas diárias e 30 (trinta) horas semanais. Isso decorre do enquadramento sindical preponderante no Brasil.

A categoria profissional prevista no art. 511, §2° da CLT, regra geral, se identifica pela atividade do empregador. Assim, sendo o empregador um banco ou uma casa bancária, os seus empregados, ainda que não exerçam atividades típicas, serão considerados bancários, à exceção daqueles que pertençam à categoria diferenciada (Súmula 117, TST).

SEÇÃO II
DOS EMPREGADOS NOS SERVIÇOS DE TELEFONIA, DE TELEGRAFIA SUBMARINA E SUBFLUVIAL, DE RADIOTELEGRAFIA E RADIOTELEFONIA

Art. 227 - Nas empresas que explorem o serviço de telefonia, telegrafia submarina ou subfluvial, de radiotelegrafia ou de radiotelefonia, fica estabelecida para os respectivos operadores a duração máxima de seis horas contínuas de trabalho por dia ou 36 (trinta e seis) horas semanais.

§ 1° - Quando, em caso de indeclinável necessidade, forem os operadores obrigados a permanecer em serviço além do período normal fixado neste artigo, a empresa pagar-lhes-á extraordinariamente o tempo excedente com acréscimo de 50% (cinquenta por cento) sobre o seu salário-hora normal.

§ 2° - O trabalho aos domingos, feriados e dias santos de guarda será considerado extraordinário e obedecerá, quanto à sua execução e remuneração, ao que dispuserem empregadores e empregados em acordo, ou os respectivos sindicatos em contrato coletivo de trabalho.

A norma celetista visa abrandar a nocividade da atividade exercida pelos trabalhadores citados no *caput* por meio da diminuição da jornada de trabalho, limitando a sua duração a 6 (horas) diárias e 36 (trinta e seis) horas semanais.

Os telefonistas que têm direito à jornada especial são aqueles que trabalham para empresa de telefonia ou, ainda que o empregador não explore o ramo de telefonia, operem mesa telefônica (Súmula 178, TST).

No que diz respeito aos trabalhadores de teleatendimento, televendas, telemarketing ou similares (trabalhadores de *call centers*), não há previsão expressa na CLT para a aplicação da jornada reduzida. No entanto, dada a substantiva semelhança ou identidade de situações fáticas e de compatibilidade do tipo jurídico (Delgado, Maurício Godinho. Curso de direito do trabalho, 17ª ed. rev. atual. ampl..-São Paulo: LTr. 2018, p. 1075.), a jurisprudência pode considerar aplicável, por analogia, a jornada dos telefonistas prevista no art. 227 da CLT. Sobre o assunto, a NR 17 da Secretaria de Trabalho, prevê em seu anexo II o trabalho de 6 horas diárias e 36 semanais, além de 2 pausas de 10 minutos cada, mais um intervalo intrajornada de 20 minutos, por reconhecer que a nocividade da atividade (DELGADO, Op cit.,p.1083).

A prorrogação da jornada de trabalho será possível em caso de necessidade imperiosa, ou seja, quando inadiável ou cuja inexecução cause prejuízo manifesto (art. 61, da CLT) e deverá ser paga como trabalho extraordinário com o acréscimo de, no mínimo, 50%.

O trabalho aos domingos e feriados também devem ser remunerados como extraordinários. A remuneração e forma de execução se dará conforme estabelecido em acordo ou convenção coletivo de trabalho celebrado com o sindicato representativo da categoria.

Art. 228 - Os operadores não poderão trabalhar, de modo ininterrupto, na transmissão manual, bem como na recepção visual, auditiva, com escrita manual ou datilográfica, quando a velocidade for superior a 25 (vinte e cinco) palavras por minuto.

A intenção protecionista da norma visa evitar o desgaste produzido pela atividade que ultrapassa a capacidade normal do ser humano, estipulando limites ao trabalho ininterrupto, como medida de proteção à saúde física e psicológica do trabalhador, considerando-se o caráter penoso e extenuante das atividades dos operadores, em quaisquer das modalidades descritas no art. 227 da CLT.

Art. 229 - Para os empregados sujeitos a horários variáveis, fica estabelecida a duração máxima de 7 (sete) horas diárias de trabalho e 17 (dezessete) horas de folga, deduzindo-se deste tempo 20 (vinte) minutos para descanso, de cada um dos empregados, sempre que se verificar um esforço contínuo de mais de 3 (três) horas.

§ 1° - São considerados empregados sujeitos a horários variáveis, além dos operadores, cujas funções exijam classificação distinta, os que pertençam a seções de técnica, telefones, revisão, expedição, entrega e balcão.

§ 2° - Quanto à execução e remuneração aos domingos, feriados e dias santos de guarda e às prorrogações de expediente, o trabalho dos empregados a que se refere o parágrafo anterior será regido pelo que se contém no § 1° do art. 227 desta Seção.

O dispositivo legal permite que o empregador estabeleça horários variáveis de trabalho ao operador, distribuindo as horas trabalhadas ao longo da semana, desde respeitado o limite máximo de 7 (sete) horas diárias e 36 (trinta e seis) horas semanais (Alice Monteiros de Barros, em sentido contrário, entende que o trabalhador com jornada variável poderá atingir o limite de 42 horas por semana, como resultado de sete horas por dia em seis dias na semana (2008, p. 510)). Nesta hipótese, o trabalhador deverá ter um intervalo interjornada de 17 horas. O intervalo intrajornada de 20 minutos previsto a cada 3 horas de trabalho continuo é remunerado, na medida em que é computado na jornada de trabalho. Assim como aos operadores que possuem horário fixo de trabalho , aplica-se aos operadores com horário variável a condicionante do parágrafo 1° do art. 227, ou seja, a prorrogação da jornada só será possível em caso de necessidade imperiosa e deverá ser paga como trabalho extraordinário, acrescido de, no mínimo, 50%.

Art. 230 - A direção das empresas deverá organizar as turmas de empregados, para a execução dos seus serviços, de maneira que prevaleça sempre o revezamento entre os que exercem a mesma função, quer em escalas diurnas, quer em noturnas.

§ 1° - Aos empregados que exerçam a mesma função será permitida, entre si, a troca de turmas, desde que isso não importe em prejuízo dos serviços, cujo chefe ou encarregado resolverá sobre a oportunidade ou possibilidade dessa medida, dentro das prescrições desta Seção.

§ 2° - As empresas não poderão organizar horários que obriguem os empregados a fazer a refeição do almoço antes das 10 (dez) e depois das 13 (treze) horas e a de jantar antes das 16 (dezesseis) e depois das 19:30 (dezenove e trinta) horas.

O dispositivo trata dos chamados turnos ininterruptos de revezamento. Entende-se por revezamento a troca contínua de horário de trabalho de forma que um empregado trabalhe todos os horários de um dia, em períodos diferentes: manhã, tarde, noite e madrugada (Bomfim, Vólia. Direito do Trabalho. 14ª ed. Ver. Atual e ampl. Rio de Janeiro: Forense; São Paulo: Método, 2017, pág. 625).

Embora a doutrina seja crítica ao sistema de revezamento, sob o argumento de que a constante alteração do horário de trabalho desequilibra o metabolismo do corpo humano

(BOMFIM, Op cit.,p. 625.), tal sistema visa mitigar a desigualdade que pode ser causada pela maior ou menor intensidade de carga de trabalho, ocasionada pelo simples fato de serem realizadas em turnos diferentes. Aqui o legislador, entendeu em determinar a alternância de turmas, evitando que o mesmo grupo de trabalhadores seja sempre submetido ao turno mais intenso de trabalho. No 1° parágrafo, o legislador permite a realização de permuta de horários em atendimento aos interesses dos empregados, desde que a troca se dê entre empregados que exercem a mesma função e não prejudique o bom andamento das atividades, cabendo ao chefe ou encarregado da Seção resolver sobre a oportunidade ou possibilidade da permuta. No 2° parágrafo, o legislador trata dos horários de almoço e jantar, fixando limites para a sua concessão, visando preservar o sistema biológico do ser humano, de modo a preservar a saúde do trabalhador exposto a vários turnos de trabalho.

Art. 231 - As disposições desta Seção não abrangem o trabalho dos operadores de radiotelegrafia embarcados em navios ou aeronaves.

Os telegrafistas embarcados em navios ou em aeronaves estão sujeitos às normas aprovadas pela Convenção Radiotelegráfica Internacional de Washington, em 1927, aprovada pelo Decreto do Poder Legislativo n.° 5.815 de 14/10/1930.

SEÇÃO III
DOS MÚSICOS PROFISSIONAIS

Art. 232 - Será de seis horas a duração de trabalho dos músicos em teatro e congêneres.

Parágrafo único - Toda vez que o trabalho contínuo em espetáculo ultrapassar de seis horas, o tempo de duração excedente será pago com um acréscimo de 25 % (vinte e cinco por cento) sobre o salário da hora normal.

Art. 233 - A duração normal de trabalho dos músicos profissionais poderá ser elevada até oito horas diárias, observados os preceitos gerais sobre duração do trabalho.

São considerados músicos, *lato sensu*, todos aqueles envolvidos diretamente com áreas da Música, o que independe de registro no órgão regulamentador da profissão, a Ordem Brasileira dos Músicos (OBM), tampouco de comprovada formação acadêmica ou técnica.

O exercício da profissão encontra guarida na Lei n.º 3.857/60, revogando, pois, segundo os artigos 232 e 233, CLT, a profissão pode ser livremente exercida aos diplomados, ou aos aprovados, através de avaliação realizada por especialistas indicados pela OBM (que é dividida em Federações e possui uma Confederação) e sindicatos locais (conforme reza o artigo 28 desta Lei), assim possibilitando que a tão conhecida figura do músico não diplomado possa ter registro regularizado, participando, pois, de sua entidade classista.

Mais especificamente, observações gerais devem ser feitas:

A) O músico estrangeiro não sofre tais exigências, caso permaneça por menos de 90 dias no País. A habilidade e capacidade de músico estrangeiro apenas deve se submeter a análise comprovada quando este rege orquestra sinfônica.

B) A direção de teatros musicais, de música no rádio ou na TV, ou a consultoria técnica musical somente poderá ser exercida por compositor de música erudita e ao regente, segundo o artigo 30.

C) No julgamento do RE 414426, julgado em 1° de agosto de 2011, foi decidido que os músicos podem exercer sua atividade profissional sem estarem registrados em órgãos classistas. Argumento fulcral para esta decisão foi exposto pela ministra Ellen Gracie Northfleet, ao dizer que: "*restrição a esta liberdade (profissional) só se justifica se houver necessidade de proteção do interesse público, por exemplo, pelo mau exercício de atividades para as quais seja necessário um conhecimento específico altamente técnico ou, ainda, alguma habilidade já demonstrada, como é o caso dos condutores de veículos*"

Desta forma, sendo liberada a atividade de músico para aquele o qual não esteja registrado em órgão classista, este deve gozar dos mesmos benefícios legais dos registrados, sendo também a estes concedido o amparo da lei regulamentadora da atividade profissional.

O artigo 41 da mesma Lei n.° 3.857/60, determina que o músico não poderá trabalhar mais de cinco horas diárias, com prorrogações excepcionais até sete horas. Além disso, devem ser respeitadas as determinações celetistas sobre intervalo para refeição e repouso e sobre remuneração por hora extra.

Por fim, a Súmula 312, STF, sujeita um tipo específico de empregado à legislação trabalhista geral: o integrante de orquestra da empresa.

SEÇÃO IV
DOS OPERADORES CINEMATOGRÁFICOS

Art. 234 - A duração normal do trabalho dos operadores cinematográficos e seus ajudantes não excederá de seis horas diárias, assim distribuídas:

a) 5 (cinco) horas consecutivas de trabalho em cabina, durante o funcionamento cinematográfico;

b) 1 (um) período suplementar, até o máximo de 1 (uma) hora para limpeza, lubrificação dos aparelhos de projeção, ou revisão de filmes.

Parágrafo único - Mediante remuneração adicional de 25% (vinte e cinco por cento) sobre o salário da hora normal e observado um intervalo de 2 (duas) horas para folga, entre o período a que se refere a alínea "b" deste artigo e o trabalho em cabina de que trata a alínea "a", poderá o trabalho dos operadores cinematográficos e seus ajudantes ter a duração prorrogada por 2 (duas) horas diárias, para exibições extraordinárias.

Art. 235 - Nos estabelecimentos cujo funcionamento normal seja noturno, será facultado aos operadores cinematográficos e seus ajudantes, mediante acordo ou contrato coletivo de trabalho e com um acréscimo de 25% (vinte e cinco por cento) sobre o salário da hora normal, executar o trabalho em sessões diurnas extraordinárias e, cumulativamente, nas noturnas, desde que isso se verifique até 3 (três) vezes por semana e entre as sessões diurnas e as noturnas haja o intervalo de 1 (uma) hora, no mínimo, de descanso.

§ 1° - A duração de trabalho cumulativo a que alude o presente artigo não poderá exceder de 10 (dez) horas.

§ 2° - Em seguida a cada período de trabalho haverá um intervalo de repouso no mínimo de 12 (doze) horas.

A jornada habitual deste trabalhador é de seis horas diárias, sendo elas repartidas em cinco horas para a projeção, dentro da cabina (ou qualquer local onde o trabalho seja realizado), e uma hora para a manutenção da aparelhagem, e para a revisão dos filmes, que podem sofrer danos físicos (aos antiquados "rolos de filme"), ou mesmo virtuais (caso a mídia reproduzida sofra algum corte, interrupção ou má transmissão de som ou imagem).

Sua hora extra é remunerada com o acréscimo de 50%, como o padrão previsto no artigo 7°, inciso XVI, CF, com período extraordinário limitado a duas horas diárias.

Quando da realização do lavor em horas extraordinárias, estas devem se iniciar após um período para refeição e repouso de duas horas. O intervalo entre jornadas não pode ser menor que doze horas.

Consoante o artigo 235 da CLT, se o estabelecimento funciona habitualmente à noite (*v.g.*, em salas de cinema), o trabalho poderá ser acumulado em sessões diurnas (se forem excepcionais) e outras noturnas. Para este acúmulo de jornada ser permitido, seis requisitos devem ser observados, que são: (A) previsão desta flexibilização em acordo ou em contrato coletivo de trabalho; (B) acréscimo de 50% sobre o salário relativo à hora normal; (C) ocorrência deste acúmulo, no máximo, três vezes por semana; (D)intervalo mínimo de uma hora entre as sessões diurnas e noturnas; (E) limite de 10 (dez) horas desta jornada excepcional de trabalho (§1°, art. 235); (F) intervalo interjornada (de um dia de trabalho para outro) de, no mínimo, 12 horas (§2°).

SEÇÃO IV-A
DO SERVIÇO DO MOTORISTA PROFISSIONAL EMPREGADO

Art. 235-A. Os preceitos especiais desta Seção aplicam-se ao motorista profissional empregado:

I - de transporte rodoviário coletivo de passageiros;

II - de transporte rodoviário de cargas.

Art. 235-B - São deveres do motorista profissional empregado:

I - estar atento às condições de segurança do veículo;

II - conduzir o veículo com perícia, prudência, zelo e com observância aos princípios de direção defensiva;

III - respeitar a legislação de trânsito e, em especial, as normas relativas ao tempo de direção e de descanso controlado e registrado na forma do previsto no art. 67-E da Lei no 9.503, de 23 de setembro de 1997 - Código de Trânsito Brasileiro;

IV - zelar pela carga transportada e pelo veículo;

V - colocar-se à disposição dos órgãos públicos de fiscalização na via pública;

VI - VETADO;

VII - submeter-se a exames toxicológicos com janela de detecção mínima de 90 (noventa) dias e a programa de controle de uso de droga e de bebida alcoólica, instituído pelo empregador, com sua ampla ciência, pelo menos uma vez a cada 2 (dois) anos e 6 (seis) meses, podendo ser utilizado para esse fim o exame obrigatório previsto na Lei nº 9.503, de 23 de setembro de 1997 - Código de Trânsito Brasileiro, desde que realizado nos últimos 60 (sessenta) dias.

Parágrafo único - A recusa do empregado em sub-meter-se ao teste ou ao programa de controle de uso de droga e de bebida alcoólica previstos no inciso VII será considerada infração disciplinar, passível de penalização nos termos da lei.

Art. 235-C - A jornada diária de trabalho do motorista profissional será de 8 (oito) horas, admitindo-se a sua prorrogação por até 2 (duas) horas extraordinárias ou, mediante previsão em convenção ou acordo coletivo, por até 4 (quatro) horas extraordinárias.

§ 1° - Será considerado como trabalho efetivo o tempo em que o motorista empregado estiver à disposição do empregador, excluídos os intervalos para refeição, repouso e descanso e o tempo de espera.

§ 2° - Será assegurado ao motorista profissional empregado intervalo mínimo de 1 (uma) hora para refeição, podendo esse período coincidir com o tempo de parada obrigatória na condução do veículo estabelecido pela Lei no 9.503, de 23 de setembro de 1997 - Código de Trânsito Brasileiro, exceto quando se tratar do motorista profissional enqua-drado no § 5° do art. 71 desta Consolidação.

§ 3° - Dentro do período de 24 (vinte e quatro) horas, são asseguradas 11 (onze) horas de descanso, sendo facultados o seu fracionamento e a coincidência com os períodos de parada obrigatória na condução do veículo estabelecida pela Lei no 9.503, de 23 de setembro de 1997 - Código de Trânsito Brasileiro, garantidos o mínimo de 8 (oito) horas ininterruptas no primeiro período e o gozo do remanescente dentro das 16 (dezesseis) horas seguintes ao fim do primeiro período.

§ 4º - Nas viagens de longa distância, assim consideradas aquelas em que o motorista profissional empregado permanece fora da base da empresa, matriz ou filial e de sua residência por mais de 24 (vinte e quatro) horas, o repouso diário pode ser feito no veículo ou em alojamento do empregador, do contratante do transporte, do embarcador ou do destinatário ou em outro local que ofereça condições adequadas

§ 5º - As horas consideradas extraordinárias serão pagas com o acréscimo estabelecido na Constituição Federal ou compensadas na forma do § 2º do art. 59 desta Consolidação.

§ 6º - À hora de trabalho noturno aplica-se o disposto no art. 73 desta Consolidação.

§ 7º - (VETADO)

§ 8º - São considerados tempo de espera as horas em que o motorista profissional empregado ficar aguardando carga ou descarga do veículo nas dependências do embarcador ou do destinatário e o período gasto com a fiscalização da mercadoria transportada em barreiras fiscais ou alfandegárias, não sendo computados como jornada de trabalho e nem como horas extraordinárias.

§ 9º - As horas relativas ao tempo de espera serão indenizadas na proporção de 30% (trinta por cento) do salário-hora normal.

§ 10 - Em nenhuma hipótese, o tempo de espera do motorista empregado prejudicará o direito ao recebimento da remuneração correspondente ao salário-base diário.

§ 11 - Quando a espera de que trata o § 8º for superior a 2 (duas) horas ininterruptas e for exigida a permanência do motorista empregado junto ao veículo, caso o local ofereça condições adequadas, o tempo será considerado como de repouso para os fins do intervalo de que tratam os §§ 2º e 3º, sem prejuízo do disposto no § 9º.

§ 12 - Durante o tempo de espera, o motorista poderá realizar movimentações necessárias do veículo, as quais não serão consideradas como parte da jornada de trabalho, ficando garantido, porém, o gozo do descanso de 8 (oito) horas ininterruptas aludido no § 3º.

§ 13 - Salvo previsão contratual, a jornada de trabalho do motorista empregado não tem horário fixo de início, de final ou de intervalos.

§ 14 - O empregado é responsável pela guarda, preservação e exatidão das informações contidas nas anotações em diário de bordo, papeleta ou ficha de trabalho externo, ou no registrador instantâneo inalterável de velocidade e tempo, ou nos rastreadores ou sistemas e meios eletrônicos, instalados nos veículos, normatizados pelo Contran, até que o veículo seja entregue à empresa.

§ 15 - Os dados referidos no § 14 poderão ser enviados a distância, a critério do empregador, facultando-se a anexação do documento original posteriormente.

§ 16 - Aplicam-se as disposições deste artigo ao ajudante empregado nas operações em que acompanhe o motorista.

§ 17 - O disposto no caput deste artigo aplica-se também aos operadores de automotores destinados a puxar ou a arrastar maquinaria de qualquer natureza ou a executar trabalhos de construção ou pavimentação e aos operadores de tratores, colheitadeiras, autopropelidos e demais aparelhos automotores destinados a puxar ou a arrastar maquinaria agrícola ou a executar trabalhos agrícolas.

Art. 235-D - Nas viagens de longa distância com duração superior a 7 (sete) dias, o repouso semanal será de 24 (vinte e quatro) horas por semana ou fração trabalhada, sem prejuízo do intervalo de repouso diário de 11 (onze) horas, totalizando 35 (trinta e cinco) horas, usufruído no retorno do motorista à base (matriz ou filial) ou ao seu domicílio, salvo se a empresa oferecer condições adequadas para o efetivo gozo do referido repouso.

I – Revogado;

II – Revogado;

III – Revogado.

§ 1° É permitido o fracionamento do repouso semanal em 2 (dois) períodos, sendo um destes de, no mínimo, 30 (trinta) horas ininterruptas, a serem cumpridos na mesma semana e em continuidade a um período de repouso diário, que deverão ser usufruídos no retorno da viagem.

§ 2° A cumulatividade de descansos semanais em viagens de longa distância de que trata o *caput* fica limitada ao número de 3 (três) descansos consecutivos.

§ 3° O motorista empregado, em viagem de longa distância, que ficar com o veículo parado após o cumprimento da jornada normal ou das horas extraordinárias fica dispensado do serviço, exceto se for expressamente autorizada a sua permanência junto ao veículo pelo empregador, hipótese em que o tempo será considerado de espera.

§ 4° Não será considerado como jornada de trabalho, nem ensejará o pagamento de qualquer remuneração, o período em que o motorista empregado ou o ajudante ficarem espontaneamente no veículo usufruindo dos intervalos de repouso.

§ 5° Nos casos em que o empregador adotar 2 (dois) motoristas trabalhando no mesmo veículo, o tempo de repouso poderá ser feito com o veículo em movimento, assegurado o repouso mínimo de 6 (seis) horas consecutivas fora do veículo em alojamento externo ou, se na cabine leito, com o veículo estacionado, a cada 72 (setenta e duas) horas.

§ 6° - Em situações excepcionais de inobservância justificada do limite de jornada de que trata o art. 235-C, devidamente registradas, e desde que não se comprometa a segurança rodoviária, a duração da jornada de trabalho do motorista profissional empregado poderá ser elevada pelo tempo necessário até o veículo chegar a um local seguro ou ao seu destino.

§ 7° - Nos casos em que o motorista tenha que acompanhar o veículo transportado por qualquer meio onde ele siga embarcado e em que o veículo disponha de cabine leito ou a embarcação disponha de alojamento para gozo do intervalo de repouso diário previsto no § 3o do art. 235-C, esse tempo será considerado como tempo de descanso.

§ 8° - Para o transporte de cargas vivas, perecíveis e especiais em longa distância ou em território estrangeiro poderão ser aplicadas regras conforme a especificidade da operação de transporte realizada, cujas condições de trabalho serão fixadas em convenção ou acordo coletivo de modo a assegurar as adequadas condições de viagem e entrega ao destino final.

Art. 235-E - Para o transporte de passageiros, serão observados os seguintes dispositivos:

I - é facultado o fracionamento do intervalo de condução do veículo previsto na Lei n.° 9.503, de 23 de setembro de 1997 - Código de Trânsito Brasileiro, em períodos de no mínimo 5 (cinco) minutos;

II - será assegurado ao motorista intervalo mínimo de 1 (uma) hora para refeição, podendo ser fracionado em 2 (dois) períodos e coincidir com o tempo de parada obrigatória na condução do veículo estabelecido pela Lei n.° 9.503, de 23 de setembro de 1997 - Código de Trânsito Brasileiro, exceto quando se tratar do motorista profissional enquadrado no § 5° do art. 71 desta Consolidação;

III - nos casos em que o empregador adotar 2 (dois) motoristas no curso da mesma viagem, o descanso poderá ser feito com o veículo em movimento, respeitando-se os horários de jornada de trabalho, assegurado, após 72 (setenta e duas) horas, o repouso em alojamento externo ou, se em poltrona correspondente ao serviço de leito, com o veículo estacionado.

§ 1° – Revogado

§ 2° – VETADO

§ 3° – Revogado

§ 4° – Revogado

§ 5° – Revogado

§ 6° – Revogado

§ 7° – Revogado

§ 8° – VETADO

§ 9° – Revogado

§ 10 – Revogado

§ 11 – Revogado

§ 12 – Revogado

Art. 235-F - Convenção e acordo coletivo poderão prever jornada especial de 12 (doze) horas de trabalho por 36 (trinta e seis) horas de descanso para o trabalho do motorista profissional empregado em regime de compensação.

Art. 235-G - É permitida a remuneração do motorista em função da distância percorrida, do tempo de viagem ou da natureza e quantidade de produtos transportados, inclusive mediante oferta de comissão ou qualquer outro tipo de vantagem, desde que essa remuneração ou comissionamento não comprometa a segurança da rodovia e da coletividade ou possibilite a violação das normas previstas nesta Lei.

Art. 235-H – Revogado

Como se pode notar na enumeração da Seção, esta foi inserida ao diploma celetista após sua criação, por advento da Lei n.° 12.619, de abril de 2012, tendo substancial alteração promovida pela Lei n.° 13.103, de março de 2015, tutelando os preceitos aplicáveis a motorista de transporte rodoviário de cargas e o transporte rodoviário coletivo de passageiros, excluindo-se quaisquer hipóteses de transporte individual de passageiros por empresa que possui motoristas autônomos e sem qualquer vínculo empregatício, como nos casos de rádio-táxis e empresas privadas, como Uber, 99, Cabify e etc., de recente operação no Brasil, que têm sua legalidade e operacionabilidade em voga ainda hoje, sem prever qualquer vínculo empregatício entre a empresa e o motorista.

A jornada de trabalho deste empregado poderá ser prorrogada por mais duas horas, se aplicável apenas a norma da CLT. Porém, até quatro horas extras diárias poderão ser laboradas, se previsto em Convenção Coletiva de Trabalho, extrapolando, *in casu*, o limite legal de duas horas do artigo 59, desta Lei.

O §1° do artigo 235-C prevê, de forma inédita, que o tempo de espera (explicado no §8°) não é computado na hora de trabalho deste profissional (como anteriormente previsto)

No seguinte parágrafo, o intervalo intrajornada é regulamentado, de forma que seu tempo mínimo é de uma hora, sem fracionamento (que somente é possível nos casos do art. 71, §5°).

§ 3° - É possível fracionar o intervalo interjornada do motorista profissional empregado, ponto que o diferencia do habitual trabalhador urbano, desde que gozadas oito horas de uma só vez, e que as outras três

sejam fruídas até dezesseis horas depois do fim da jornada de trabalho.

O disposto sobre a hora noturna e horas extras, na CLT e CF, respectivamente, é adotado ao trabalho do motorista profissional (§§5° e 6°, art. 235-C), e a jornada de trabalho não tem fixos seus horários inicial, de intervalo e final, salvo previsão contratual em contrário (§13), podendo ser prolongada até o veículo chegar em local seguro, ou ao seu destino, desde que não comprometa a segurança rodoviária e a do obreiro (§6º).

O motorista terá considerado para si o tempo de espera, que é aguardar a carga ou descarga do veículo, ou o período em que há a fiscalização da mercadoria transportada, em alfândega ou barreiras fiscais, podendo, inclusive, movimentar o veículo se necessário. Este período não é computado como jornada de trabalho, nem como horas extraordinárias (§8º), o que não impede sua indenização, que observará a proporção de 30% do salário-hora normal, nem o direito a receber o salário-base diário (§§ 9º e 10).

Ainda, se a espera ultrapassar duas horas ininterruptas, sendo exigida a permanência do motorista nas cercanias do veículo, o §11 autoriza que os repousos diário e semanal (previstos nos §§2º e 3º) ocorram durante este período, caso exista local adequado para o repousar.

O § 12 entende não ser computado na hora laboral, qualquer tipo de movimentação veicular necessária durante o tempo de espera

O § 13 entende ser flexível a jornada de trabalho deste *mísero*, por não ter horário fixo de início, fim ou intervalos.

§§ 14 e 15: anotações realizadas pelo empregado durante seu período em viagem, serão de responsabilidade dele. Por mais que já não esteja mais em horário de trabalho, continua responsável por elas, até que entregue o veículo à empresa.

O empregador poderá permitir o envio à distância dos documentos inerentes ao trabalho do motorista.

§§ 16 e 17: tanto o ajudante do motorista, como operadores

de veículos automotores utilizados para o trabalho rural ou urbano devem respeitar a norma deste artigo.

Ademais, o artigo se preza a elencar os deveres de vigilância quanto à segurança do veículo, prudência na condução e respeito às leis de trânsito, quanto à direção defensiva e o tempo de direção e de descanso, contidos no art. 67-E do Código de Trânsito Brasileiro (inciso III).

Quanto à fiscalização a qual o motorista e a carga devem se submeter, é obrigatória a disposição do motorista às fiscalizações em via pública, e a exames toxicológicos que ocorrerão a cada 90 dias, além de participação em programa de controle do uso de drogas, a cada dois anos e seis meses (incisos VI e VII), o que denota séria preocupação do legislador em não permitir a utilização de entorpecentes durante as viagens, o que prejudicaria não apenas a qualidade de vida do motorista, como propiciaria maior risco de acidentes nas rodovias.

Havendo recusa do empregado na realização destes exames será considerada infração disciplinar, penalizada não apenas pelo disposto no diploma celetista, como também no CTB.

Constando como mais uma obrigação do motorista, este é responsável por anotar e preservar o diário de bordo, ficha de trabalho ou tacógrafo, até o momento em que entrega o veículo à empregadora.

No caso das viagens de longa distância (as que superam sete dias), o repouso semanal será de 24 horas, além do repouso diário de 11 horas, gozado quando o motorista retornar à matriz ou filial da empregadora, ou ao seu domicílio (art. 235-D).

O repouso semanal poderá ser dividido em dois períodos, cumpridos na mesma semana, contínuos ao repouso diário, e com duração mínima de 30 horas ininterruptas para um deles, permitida a cumulatividade de três descansos consecutivos semanais.

O repouso diário poderá ser gozado em local adequado, se oferecido pela empregadora.

Nos termos do § 3º, quando o veículo estiver parado, após viagem de longa distância, desde que cumprida sua jornada, ficará dispensado de trabalhar.

Se previsto expressamente que o empregado poderá permanecer junto (próximo ou dentro) do veículo, este estará em tempo de espera.

Segundo o §5º, caso o empregador estipular que dois motoristas trabalharão no mesmo veículo, o tempo de repouso pode ser feito enquanto este estiver em movimento, desde que haja repouso com o veículo parado (que pode ocorrer fora dele, por seis horas, no mínimo, ou dentro, caso haja cabine leito e o veículo esteja estacionado, ocorrendo a cada 72 horas).

Por sua vez, o § 7º prevê a possibilidade de repouso diário dentro do veículo, que segue embarcado para ser transportado, desde que neste exista cabine leito, ou que haja local de repouso na embarcação.

Por respeito à segurança da carga ou do veículo, o limite de jornada do art. 235-C (de até duas ou até quatro horas, a depender), será ultrapassado até o momento de entrega ou de chegada em local seguro, caso isto não atrapalhe a segurança rodoviária, como demonstra o §6º.

Quando realizado transporte de cargas vivas, especiais, perecíveis em longa distância ou no exterior, regras especiais podem ser fixadas em acordo ou convenção coletiva, visando equilibrar as condições adequadas de viagem com a efetiva entrega da carga em seu destino.

Estas disposições também serão aplicadas ao ajudante do motorista, quando este o acompanha nas viagens.

Sobre o transporte de passageiros (art. 235-E), poderá existir intervalo de condução do veículo previstos no Código de Trânsito Brasileiro, de, no mínimo, cinco minutos (inciso I), com intervalo intrajornadas fracionáveis em dois períodos e de, no mínimo, uma hora, que pode coincidir com o tempo de parada obrigatória (salvo no caso do §5º do art. 71)

Ao escalar dois motoristas no curso da mesma viagem, o descanso pode ser realizado com o veículo em movimento, com repouso ocorrendo 72 horas depois, em alojamento ou em poltrona leito.

Ao motorista empregado Convenção Coletiva de Trabalho poderá estipular jornada 12x36, em regime de compensação, por força do art. 235-F.

Com a finalidade de aumentar a produtividade do empregado, a remuneração dele poderá ser fixada em função da distância percorrida, tempo de viagem ou da quantidade e natureza dos produtos transportados, bem como oferecendo comissão ou outra vantagem, se não comprometer a segurança dos transportados e da rodovia (art. 235-G).

SEÇÃO V
DO SERVIÇO FERROVIÁRIO

Art. 236 - No serviço ferroviário - considerado este o de transporte em estradas de ferro abertas ao tráfego público, compreendendo a administração, construção, conservação e remoção das vias férreas e seus edifícios, obras de arte, material rodante, instalações complementares e acessórias, bem como o serviço do tráfego, de telegrafia, telefonia e funcionamento de todas as instalações ferroviárias - aplicam-se os preceitos especiais constantes desta Seção.

Os serviços ferroviários, de maior importância quando foi editada a Consolidação das Leis do Trabalho, hoje em dia cederam lugar ao transporte rodoviário e aéreo, mas ainda são responsáveis por imensa quantidade de mercadorias. O que diminuiu foi o transporte de passageiros, salvo aqueles que se utilizam também de ferrovias, mas como "metropolitanos" ou "metrô".

Para um bom entendimento deste artigo é necessária a análise e consulta ao Regulamento Gerais de Transportes baixado pelo Decreto 1832 de 04.03.96 (in Dou de 05.03.96, pág 3575). É importante deixar claro que o presente artigo fala sobre ferrovias públicas (e não privadas). Estas, não devem fazer parte das tratativas da CLT. Ressalta-se que as normas gerais da CLT são aplicáveis ao serviço ferroviário quando se tratar de questão não regulada de forma especial, isso significa que todos os empregados portadores dos serviços especificados neste artigo sujeitam-se às regras legais instituídas para a categoria profissional dos ferroviários, até mesmo os empregados no serviço de telegrafia e telefonia aos quais aplicam-se os dispositivos desta seção (Art. 227 a 231 da CLT).

Art. 237 - O pessoal a que se refere o artigo antecedente fica dividido nas seguintes categorias:

a) funcionários de alta administração, chefes e ajudantes de departamentos e seções, engenheiros residentes, chefes de depósitos, inspetores e demais empregados que exercem funções administrativas ou fiscalizadoras;

b) pessoal que trabalhe em lugares ou trechos determinados e cujas tarefas requeiram atenção constante; pessoal de escritório, turmas de conservação e construção da via permanente. oficinas e estações principais, inclusive os respectivos telegrafistas; pessoal de tração, lastro e revistadores;

c) das equipagens de trens em geral;

d) pessoal cujo serviço é de natureza intermitente ou de pouca intensidade, embora com permanência prolongada nos locais de trabalho; vigias e pessoal das estações do interior, inclusive os respectivos telegrafistas.

Apresentam-se 05 categorias de funções existentes em ferrovias sendo compostas por funcionários da alta administração. Esta divisão não é sem propósito, extrai-se, por exemplo, do art. 243 da CLT que os trabalhadores classificados na letra "d" não se aplicam aos preceitos gerais sobre a duração do trabalho do ferroviário.

Além do Ferroviário, a Jurisprudência cita outra classe como os Metroviários com analogia ao disposto nestes artigos da Consolidação das Leis do Trabalho: *"Metroviários. Artigo 237, §§ 4º e 5º, da CLT. Incidência - Aplica-se aos condutores (maquinistas) de trens urbanos da grande BH (metrôs de superfície) o disposto no art. 237, §§ 4º e 5º, da CLT - Onde houver a mesma razão (ferroviário ocupado ou retido à disposição da estrada, inexistente intervalo superior a 1 (uma) hora entre as viagens) aplica-se a mesma disposição - A evolução tecnológica dos trens não eliminou a impossibilidade de se conceder ao maquinista, efetivamente, oportunidade para repouso e alimentação durante as viagens. (voto juiz Luís Felipe Lopes Boson). TRT da 3ª Região (Minas Gerais), RO 11515/99, 3ª T.,DJMG 25.01.2000, pág. 15, Rel.: Juiz Carlos Augusto Junqueira Henrique."*

Art. 238 - Será computado como de trabalho efetivo todo o tempo em que o empregado estiver à disposição da Estrada.

§ 1º - Nos serviços efetuados pelo pessoal da categoria «c», não será considerado como de trabalho efetivo o tempo gasto em viagens do local ou para o local de terminação e início dos mesmos serviços.

§ 2º - Ao pessoal removido ou comissionado fora da sede será contado como de trabalho normal e efetivo o tempo gasto em viagens, sem direito à percepção de horas extraordinárias.

§ 3º - No caso das turmas de conservação da via permanente, o tempo efetivo do trabalho será contado desde a hora da saída da casa da turma até a hora em que cessar o serviço em qualquer ponto compreendido dentro dos limites da respectiva turma. Quando o empregado trabalhar fora dos limites da sua turma, ser-lhe-á também computado como de trabalho efetivo o tempo gasto no percurso da volta a esses limites.

§ 4º - Para o pessoal da equipagem de trens, só será considerado esse trabalho efetivo, depois de chegado ao destino, o tempo em que o ferroviário estiver ocupado ou retido à disposição da Estrada. Quando, entre dois períodos de trabalho, não mediar intervalo superior a uma hora, será esse intervalo computado como de trabalho efetivo.

§ 5º - O tempo concedido para refeição não se computa como de trabalho efetivo, senão para o pessoal da categoria

"c", quando as refeições forem tomadas em viagem ou nas estações durante as paradas. Esse tempo não será inferior a uma hora, exceto para o pessoal da referida categoria em serviço de trens.

§ 6° - No trabalho das turmas encarregadas da conservação de obras de arte, linhas telegráficas ou telefônicas e edifícios, não será contado, como de trabalho efetivo, o tempo de viagem para o local de serviço, sempre que não exceder de uma hora, seja para ida ou para volta, e a estrada fornecer os meios de locomoção, computando-se sempre o tempo excedente a esse limite.

O *caput* deste artigo condiz com o art. 4° desta Consolidação ao declarar a computação como trabalho efetivo o período em que o empregado esteja à disposição do empregador, aguardando ou executando ordens, salvo disposição especial expressamente consignada.

Como o trabalho ferroviário, muitas vezes, é intermitente, o legislador estabeleceu minúcias sobre o tempo à disposição e os que são considerados como sendo de serviço. Inclusive - o que é muito comum - os empregados em ferrovias muitas vezes são transportados até um novo local de trabalho, sem que estejam em serviço durante estas viagens; contudo, tem-se aqui mais um exemplo de trabalho "por ficção".

Os parágrafos § 1° a § 4° e o § 6° do referido artigo, citam situações específicas em que há aplicabilidade da jornada *in tinere* (Art. 58 § 2°, da CLT, Súmula 90, TST) é computado ou não como efetivo na jornada de trabalho prestada.

O § 5°, a que se refere à categoria "c", (maquinistas e cabineiros), exclui da duração da jornada o tempo de gasto em intervalos para refeições, de acordo com o art. 71, § 2° da CLT, porém há possibilidade do intervalo para refeição ser inferior à uma hora, apesar de se submeterem a jornada superior a 06 horas, diferenciando-se assim, dos demais trabalhadores que tem intervalo mínimo de 01 hora, nas jornadas acima de 06 horas (Art. 71, *caput*, CLT).

Há entendimentos de Tribunais Superiores por Jurisprudência: "*Horas extras. Intervalo intrajornada - O tempo destinado ao intervalo intrajornada efetivamente trabalhado deve ser remunerado como extraordinário. O §5° do art. 238 da CLT não retira, dos ferroviários, o direito de usufruir da pausa para descanso e alimentação. TRT da 3ª Região (Minas Gerais), RO 11214/01, (8144/00), 1ª T., DJMG 30.11.2001, pág. 7, Rel.: Juiz José Marlon de Freitas.*"

Art. 239 - Para o pessoal da categoria "c" a prorrogação do trabalho independe de acordo ou contrato coletivo, não podendo, entretanto, exceder de doze horas, pelo que as empresas organizarão, sempre que possível, os serviços de equipagens de trens com destacamentos nos trechos das linhas de modo a ser observada a duração normal de oito horas de trabalho.

§ 1° - Para o pessoal sujeito ao regime do presente artigo, depois de cada jornada de trabalho haverá um repouso de dez horas contínuas, no mínimo, observando-se, outrossim, o descanso semanal.

§ 2° - Para o pessoal da equipagem de trens, a que se refere o presente artigo, quando a empresa não fornecer alimentação, em viagem, e hospedagem, no destino, concederá uma ajuda de custo para atender a tais despesas.

§ 3° - As escalas do pessoal abrangido pelo presente artigo serão organizadas de modo que não caiba a qualquer empregado, quinzenalmente, um total de horas de serviço noturno superior às de serviço diurno.

§ 4° - Os períodos de trabalho do pessoal a que alude o presente artigo serão registrados em cadernetas especiais, que ficarão sempre em poder do empregado, de acordo com o modelo aprovado pelo Ministro do Trabalho.

Este artigo discorre sobre a jornada máxima para o pessoal da categoria "c", cuja jornada máxima não poderá exceder 12 horas, independentemente de acordo de contrato coletivo, indo além da jornada de 08 horas como é estabelecido para os demais trabalhadores (Art 7º XIII da CF e art. 59 da CLT).

No § 1º relata a quantidade de horas de descanso, depois de cada jornada de trabalho serão de 10 horas continuas no mínimo, enquanto que para os demais trabalhadores é de no mínimo de 11 horas (Art. 61 CLT)

O § 2º prevê expressamente que as "ajuda de custo" sejam substituídas pelas respectivas utilidades in natura (Art. 457, § 2 º CLT, art. 470 da CLT).

No § 3º evita o desequilíbrio do trabalho diurno e noturno entregue a cada trabalhador.

O § 4º exige uma formalização de registro dos horários de trabalho, conforme modelo do Ministério do Trabalho e Emprego.

Art. 240 - Nos casos de urgência ou de acidente, capazes de afetar a segurança ou regularidade do serviço, poderá a duração do trabalho ser excepcionalmente elevada a qualquer número de horas, incumbindo à estrada zelar pela incolumidade dos seus empregados e pela possibilidade de revezamento de turmas, assegurando ao pessoal um repouso correspondente e comunicando a ocorrência ao Ministério do Trabalho dentro de dez dias da sua verificação.

Parágrafo único - Nos casos previstos neste artigo, a recusa, sem causa justificada, por parte de qualquer empregado, à execução do serviço extraordinário, será considerada falta grave.

Nos casos de força maior, como de urgências e de acidentes, a jornada do ferroviário poderá ultrapassar até mesmo de 12 horas, tal como os demais trabalhadores de acordo com o art. 61 CLT

A recusa injustificada do empregado em atender serviço extraordinário pode ser considerada falta grave, podendo ensejar até mesmo uma dispensa por justa causa (Art. 482 da CLT).

Art. 241 - As horas excedentes das do horário normal de oito horas serão pagas como serviço extraordinário na seguinte base: as duas primeiras com o acréscimo de 25% (vinte e cinco por cento) sobre o salário-hora normal; as duas subsequentes com um adicional de 50% (cinquenta por cento) e as restantes com um adicional de 75% (setenta e cinco por cento).

Parágrafo único - Para o pessoal da categoria "c" a primeira hora será majorada de 25%, a segunda hora será paga com acréscimo de 50% e as duas subsequentes com o de 60%, salvo caso de negligência comprovada.

As horas que excederem 08 horas de jornada de trabalho serão pagas como extraordinárias, sendo que as primeiras 04 horas tem um adicional de 50% em decorrência da CF (art. XVI), então, onde se lê 25%, leia-se 50% e para o pessoal d categoria "c", as duas primeiras horas serão com o adicional de 75%.

Art. 242 - As frações de meia-hora superiores a dez minutos serão computadas como meia hora.

As frações superiores serão computadas com meia hora, ou seja, se o ferroviário, durante sua jornada, prestar 15 minutos de trabalho extraordinário será computado como de 30 minutos.

Art. 243 - Para os empregados de estações do interior, cujo serviço for de natureza intermitente ou de pouca intensidade, não se aplicam os preceitos gerais sobre duração do trabalho, sendo-lhes, entretanto, assegurado o repouso contínuo de dez horas, no mínimo, entre dois períodos de trabalho e descanso semanal.

Os empregados da estação do interior, cujo serviço seja de natureza intermitente ou de pouca intensidade, não se aplicam às regras do art. 57 a 75 CLT e, por isso, eles não tem direito a horas extras, adicional noturno e intervalo intrajornada (Súmula n.° 61, TST).

Art. 244 - As estradas de ferro poderão ter empregados extranumerários, de sobreaviso e de prontidão, para executarem serviços imprevistos ou para substituições de outros empregados que faltem à escala organizada.

§ 1° - Considera-se extranumerário o empregado não efetivo, candidato à efetivação, que se apresentar normalmente ao serviço, embora só trabalhe quando for necessário. O extranumerário só receberá os dias de trabalho efetivo.

§ 2° - Considera-se de sobreaviso o empregado efetivo que permanecer em sua própria casa, aguardando a qualquer momento o chamado para o serviço. Cada escala de "sobreaviso" será, no máximo, de vinte e quatro horas. As horas de sobreaviso, para todos os efeitos, serão contadas à razão de 1/3 (um terço) do salário normal.

§ 3º - Considera-se de prontidão o empregado que ficar nas dependências da estrada, aguardando ordens. A escala de prontidão será, no máximo, de doze horas. As horas de prontidão serão, para todos os efeitos, contadas à razão de 2/3 (dois terço) do salário-hora normal.

§ 4º - Quando, no estabelecimento ou dependência em que se achar o empregado, houver facilidade de alimentação, as doze horas de prontidão, a que se refere o parágrafo anterior, poderão ser contínuas. Quando não existir essa facilidade, depois de seis horas de prontidão, haverá sempre um intervalo de uma hora para cada refeição, que não será, nesse caso, computada como de serviço.

No *caput*, há expressamente a possibilidade da presença do empregador extranumerário, de sobreaviso e de prontidão. Empregados extranumerários, segundo o § 1º são candidatos à efetivação, recebendo apenas quando efetivamente trabalha. A necessidade decorre da imprevisão do serviço ou substituição do pessoal.

Conforme se verifica do parágrafo 2º, o trabalhador que labora em sobreaviso é efetivo e fica à disposição do empregador fora de seu horário e local habitual de trabalho, para qualquer tempo, ser convocado à prestação de serviços.

A jurisprudência do TST evoluiu juntamente com os meios de comunicação, para entender que se considera um sobreaviso o empregado que à distância é submetido a controle patronal por instrumentos telemáticos ou informatizados, permanecer em regime de plantão ou equivalentes, aguardando a qualquer momento o chamado para o serviço durante o período de descanso (Súmula 428 TST).

Conforme o § 3º, o empregado que trabalha e regime de prontidão é empregado efetivo e permanece nas dependências da estrada aguardando ordens. A escala de prontidão não poderá ser superior a 12 horas e as horas de prontidão deverão ser remuneradas à razão de 2/3 (dois terços) do salário hora-normal.

Por fim, o § 4º diz que se houver facilidade de alimentação no local onde se encontra o empregado, este poderá trabalhar doze horas contínuas. Caso não haja esta facilidade, a cada 06 horas de trabalho em regime de prontidão deverá haver um intervalo de uma hora para refeição, que não será computada como de serviço.

Art. 245 – O horário normal de trabalho dos cabineiros nas estações de tráfego intenso não excederá de oito horas e deverá ser dividido em dois turnos, com intervalo não inferior a uma hora de repouso, não podendo nenhum turno ter duração superior a cinco horas, com um período de descanso entre duas jornadas de trabalho de quatorze horas consecutivas.

A divisão do horário normal dos cabineiros em dois, de 05 horas cada um, no máximo, tem o objetivo da prevenção da fadiga e cansaço demasiado. Há ua diferença do descanso interjornada habitual que seriam 11 horas, sendo neste caso, de quatorze horas consecutivas.

Art. 246 – O horário de trabalho dos operadores telegrafistas nas estações de tráfego intenso não excederá 6 (seis) horas diárias.

A jornada especial de 06 horas, em decorrência do trabalho penoso e extenuante (Art. 227, *caput*, da CLT) é repetida para as operadoras telegrafistas nas estações de tráfego intenso.

Art. 247 – As estações principais, estações de tráfego intenso e estações do interior serão classificadas para cada empresa pelo Departamento Nacional de Estradas de Ferro.

O departamento Nacional de Estradas de Ferro foi extinto pela lei n.º 6.171/1974. Atualmente incumbe ao Ministério dos Transportes classificarem as estações em principais, de tráfego intenso e do interior.

SEÇÃO VI
DAS EQUIPAGENS DAS EMBARCAÇÕES DA MARINHA MERCANTE NACIONAL, DE NAVEGAÇÃO FLUVIAL E LACUSTRE, DO TRÁFEGO NOS PORTOS E DA PESCA

Art. 248 - Entre as horas 0 (zero) e 24 (vinte e quatro) de cada dia civil, o tripulante poderá ser conservado em seu posto durante 8 (oito) horas, quer de modo contínuo, quer de modo intermitente.

§ 1° - A exigência do serviço contínuo ou intermitente ficará a critério do comandante e, neste último caso, nunca por período menor que 1 (uma) hora.

§ 2° - Os serviços de quarto nas máquinas, passadiço, vigilância e outros que, consoante parecer médico, possam prejudicar a saúde do tripulante serão executados por períodos não maiores e com intervalos não menores de 4 (quatro) horas.

A CLT traz uma seção própria para os empregados marítimos em razão de a tripulação de uma embarcação estar sujeita a rotinas e contingências diversas de trabalho do que um empregado comum.

Antes de comentar o artigo, não se pode deixar de mencionar que o Supremo Tribunal Federal declarou, nos autos da Ação Direta de Inconstitucionalidade 5760-DF, inconstitucional o art. 16-A da Lei n.° 7.573/1986, inserido pelo art. 1° da Lei n.° 13.194/2015. Este dispositivo exclui trabalhadores marítimos embarcados da base de cálculo da cota de empregos reservada a pessoas com deficiência (art. 93 da Lei n.° 8213/1991). Decidiu-se pela inconstitucionalidade, em razão de a norma dificultar de maneira arbitrária o acesso de pessoas com deficiência ao trabalho em empresas de navegação.

O artigo 248 permite que o serviço seja prestado de forma contínua ou intermitente durante oito horas diárias. Isto significa que, em razão das necessidades especiais da embarcação, a jornada, desde que por no máximo oito horas diárias, é flexível, podendo ser realizada inclusive no período noturno – desde que pago o adicional noturno (art. 7°, IX, CR/88). É considerado noturno o período compreendido entre as 22 horas até as 5 horas, conforme artigo 73, § 2°, da CLT (Acórdão: 20080079878 Turma: 04 Data Julg.: 12/02/2008 Data Pub.: 22/02/2008, Processo: 20070451537 Relator: Carlos Husek – TRT 2ª Região).

Em interpretação deste dispositivo, a Súmula 96 do TST determina: "*A permanência do tripulante a bordo do navio, no período de repouso, além da jornada, não importa presunção de que esteja à disposição do empregador ou em regime de prorrogação de horário, circunstâncias que devem resultar provadas, dada a natureza do serviço*". Diante das especificações de cada embarcação, o Tribunal Superior do Trabalho vem entendendo ser possível a prefixação em norma coletiva do número de horas extras (Cf. AIRR-1515-76.2013.5.09.0022, Relatora Ministra Dora Maria da Costa, 8ª Turma, DEJT 14/8/2015). Não se pode esquecer que o repouso semanal remunerado é direito constitucional (artigo 7°, XV, da CR/88), logo, ainda que a bordo da embarcação, o empregado tem direito ao descanso semanal. Por fim, o parágrafo primeiro do artigo proíbe que o período de serviço seja menor do que uma hora. No caso dos serviços de quarto de máquinas, passadiço, vigilância e outros que, conforme parecer médico, possam prejudicar a saúde do tripulante, o período não pode ser maior nem com intervalo menor do que quatro horas.

Art. 249 - Todo o tempo de serviço efetivo, excedente de 8 (oito) horas, ocupado na forma do artigo anterior, será considerado de trabalho extraordinário, sujeito à compensação a que se refere o art. 250, exceto se se tratar de trabalho executado.

a) em virtude de responsabilidade pessoal do tripulante e no desempenho de funções de direção, sendo considera-

das como tais todas aquelas que a bordo se achem constituídas em um único indivíduo com responsabilidade exclusiva e pessoal;

b) na iminência de perigo, para salvaguarda ou defesa da embarcação, dos passageiros, ou da carga, a juízo exclusivo do comandante ou do responsável pela segurança a bordo;

c) por motivo de manobras ou fainas gerais que reclamem a presença, em seus postos, de todo o pessoal de bordo;

d) na navegação lacustre e fluvial, quando se destina ao abastecimento do navio ou embarcação de combustível e rancho, ou por efeito das contingências da natureza da navegação, na transposição de passos ou pontos difíceis, inclusive operações de alívio ou transbordo de carga, para obtenção de calado menor para essa transposição.

§ 1° - O trabalho executado aos domingos e feriados será considerado extraordinário, salvo se se destinar:

a) ao serviço de quartos e vigilância, movimentação das máquinas e aparelhos de bordo, limpeza e higiene da embarcação, preparo de alimentação da equipagem e dos passageiros, serviço pessoal destes e, bem assim, aos socorros de urgência ao navio ou ao pessoal;

b) ao fim da navegação ou das manobras para a entrada ou saída de portos, atracação, desatracação, embarque ou desembarque de carga e passageiros.

§ 2° - Não excederá de 30 (trinta) horas semanais o serviço extraordinário prestado para o tráfego nos portos.

Conforme se observa do artigo 249, a regra é que, todo serviço que ultrapasse oito horas diárias, seja pago como hora extra. À falta de norma coletiva, o adicional de hora extra é de 50%, nos termos do artigo 7°, inciso XVI, da CR/88.

O mesmo dispositivo traz as exceções, situações excepcionais ou que exigem a presença de todos os tripulantes, previstas nas alíneas "a" a "d". Nestas hipóteses, o trabalho prestado pelo tripulante não é considerado extraordinário.

O parágrafo primeiro prevê que o trabalho aos domingos e feriados será considerado extraordinário, trazendo duas alíneas contendo exceções específicas de embarcações.

O segundo parágrafo dispõe acerca do serviço extraordinário prestado para o tráfego nos portos.

Art. 250 - As horas de trabalho extraordinário serão compensadas, segundo a conveniência do serviço, por descanso em período equivalente no dia seguinte ou no subsequente dentro das do trabalho normal, ou no fim da viagem, ou pelo pagamento do salário correspondente.

Parágrafo único - As horas extraordinárias de trabalho são indivisíveis, computando-se a fração de hora como hora inteira.

Há possibilidade de compensação das horas extraordinárias. Porém, as horas são indivisíveis, sendo computada a fração de hora como hora inteira.

Art. 251 - Em cada embarcação haverá um livro em que serão anotadas as horas extraordinárias de trabalho de cada tripulante, e outro, do qual constarão, devidamente circunstanciadas, as transgressões dos mesmos tripulantes.

Parágrafo único - Os livros de que trata este artigo obedecerão a modelos organizados pelo Ministério do Trabalho,

Indústria e Comércio, serão escriturados em dia pelo comandante da embarcação e ficam sujeitos às formalidades instituídas para os livros de registro de empregados em geral.

Conforme se observa do dispositivo, há necessidade de que cada embarcação contenha livros em que sejam anotadas as ocorrências dos tripulantes. A lei não exige a assinatura do empregado. A dúvida é com relação ao ônus da prova. Para parte da jurisprudência, ainda que o referido livro de horas extraordinárias não seja apresentado, isto seria mera infração administrativa, continuando o empregado obrigado a comprovar o labor extraordinário, em razão da peculiaridade das atividades em embarcações. Todavia, por outro lado, é possível utilizar em analogia a Súmula 338 do TST.

> Art. 252 - Qualquer tripulante que se julgue prejudicado por ordem emanada de superior hierárquico poderá interpor recurso, em termos, perante a Delegacia do Trabalho Marítimo, por intermédio do respectivo comandante, o qual deverá encaminhá-lo com a respectiva informação dentro de 5 (cinco) dias, contados de sua chegada ao porto.

As Delegacias a que se refere o artigo foram extintas pelo artigo 1º, III, "d", da Lei Federal 7.731/1989. Todavia, a Secretaria de Trabalho do Ministério da Economia tem como atribuição fiscalizar as condições de trabalho e de vida a bordo de embarcações. O Ministério Público do Trabalho também possui uma Coordenadoria específica para tanto, a Coordenadoria Nacional do Trabalho Portuário e Aquaviário.

SEÇÃO VII
DOS SERVIÇOS FRIGORÍFICOS

Art. 253 - Para os empregados que trabalham no interior das câmaras frigoríficas e para os que movimentam mercadorias do ambiente quente ou normal para o frio e vice-versa, depois de 1 (uma) hora e 40 (quarenta) minutos de trabalho contínuo, será assegurado um período de 20 (vinte) minutos de repouso, computado esse intervalo como de trabalho efetivo.

Parágrafo único - Considera-se artificialmente frio, para os fins do presente artigo, o que for inferior, nas primeira, segunda e terceira zonas climáticas do mapa oficial do Ministério do Trabalho, Indústria e Comércio, a 15° (quinze graus), na quarta zona a 12° (doze graus), e nas quinta, sexta e sétima zonas a 10° (dez graus).

O dispositivo em comento, trata de norma específica para os trabalhadores que atuam no ramo dos Serviços Frigoríficos, para tanto o Ministério do Trabalho e Emprego, no intuito de regulamentar o referido dispositivo criou a NR 36, Portaria MTE n.º 555 de 18 de abril de 2013 - Segurança e Saúde no Trabalho em Empresas de Abate e Processamento de Carnes e Derivados.

Importante destacar, que o legislador, reconhecendo o fato de que trata-se de um trabalho danoso à saúde, cria regras destinadas a proteger esta categoria de empregado, estabelecendo que após uma hora e quarenta de trabalho consecutivo, este colaborador tem direito a 20 minutos de intervalo, para descanso, ao final da jornada este trabalhador terá cumprido o total de 7 horas.

Insta reforçar que os 20 minutos de intervalo concedidos, integram a jornada de trabalho e os mesmos não eximem o empregador de fornecer EPI, conforme já informado, como por exemplo, luvas, calçados especiais para o trabalho em câmara fria, aventais para proteção térmica e demais equipamentos que necessitem para a proteção do empregado.

A NR 36, conforme acima mencionada, traz regras claras, para que os empregadores atentem se e trabalhem na prevenção de acidentes e doenças ocupacionais advindas deste ramo de atividade.

SEÇÃO VIII
DOS SERVIÇOS DE ESTIVA

Arts. 254 a 284 – Revogados

SEÇÃO IX
DOS SERVIÇOS DE CAPATAZIAS NOS PORTOS

Arts. 285 a 292 – Revogados

SEÇÃO X
DO TRABALHO EM MINAS DE SUBSOLO

Art. 293 - A duração normal do trabalho efetivo para os empregados em minas no subsolo não excederá de 6 (seis) horas diárias ou de 36 (trinta e seis) semanais.

Este artigo trata-se da Seção aplicada à atividades em minas de subsolo e inicia-se pela regulamentação de jornada especial a tal labor. Em relação ao trabalho dos mineiros, é importante o estudo da NR n.º 22 – trabalhos subterrâneos – e da NR n.º 15 – poeiras e minerais.

No Direito Obreiro, a duração do trabalho é de suma importância, pois se relaciona à saúde física e mental do trabalhador; por esse motivo, consideradas as peculiaridades do trabalho exercido em minas de subsolo, onde existe a presença de agentes perigosos e insalubres (poeira, carvão, umidade), além do grande risco de acidentes do trabalho, a duração recebeu especial atenção do legislador, que a limitou a seis horas diárias ou 36 horas semanais (o divisor para o cálculo do valor do salário-hora é 180).

A matéria é inovadora, pois a Convenção Internacional n.º 46 recomenda que o limite da jornada seja fixado entre sete e oito horas diárias, desde que não seja ultrapassado o limite máximo semanal.

Art. 294 - O tempo despendido pelo empregado da boca da mina ao local do trabalho e vice-versa será computado para o efeito de pagamento do salário.

A jornada de trabalho deve ser computada incluindo-se o tempo despendido para a descida ao subterrâneo, até o local efetivo do labor, bem como o tempo necessário para a subida, tendo em vista que nesse trajeto, não se afastam as condições adversas dessa atividade e o perigo que a envolve, tendo em vista o trabalhador estar à disposição do empregador (art. 4º CLT).

Ainda, podíamos citar a aplicação das horas *in itinere* ou horas de percurso (art. 58, § 2º da CLT – redação anterior à Lei n.º 13.467/17), sendo, nesse caso, autorizado o pagamento do tempo por expressa determinação legal. Se, o empregador considerar as horas trabalhadas somente ao local de trabalho, o tempo despendido no transporte será computado como hora extraordinária.

Art. 295 - A duração normal do trabalho efetivo no subsolo poderá ser elevada até 8 (oito) horas diárias ou 48 (quarenta e oito) semanais, mediante acordo escrito entre empregado e empregador ou contrato coletivo de trabalho, sujeita essa prorrogação à prévia licença da autoridade competente em matéria de higiene do trabalho.

É vedada qualquer forma de acordo (transação) tácita de trabalho do trabalhador em subsolo/mina, sendo autorizada a modificação dos limites fixados no art. 293, mediante negociação coletiva ou acordo individual escrito; sempre sujeito à autorização prévia da autoridade competente de Segurança e Medicina do Trabalho. Há muitos questionamentos sobre a revogação deste artigo, acontece, que o art. 7°, XIII, da CF, não vedou tal possibilidade, o que não acontece no tocante ao limite máximo semanal, estabelecido no artigo como sendo de 48 horas, onde houve revogação tácita pelo art. 7°, XIII, da CF/88, que fixou em 44horas semanais. Portanto, a dilatação da jornada deverá sempre respeitar o limite máximo de duas horas por dia e de 44 horas semanais.

Caso haja elasticidade de tal jornada, ultrapassando os limites acima, acarretará na nulidade da situação, não podendo ser invocada pelo empregador em seu benefício, devendo o empregado receber as horas extras laboradas com os devidos acréscimos legais e reflexos. Ainda, o empregador poderá receber aplicação de penalidades caso seja noticiada a autoridade administrativa.

Parágrafo único - A duração normal do trabalho efetivo no subsolo poderá ser inferior a seis horas diárias, por determinação da autoridade de que trata este artigo, tendo em vista condições locais de insalubridade e os métodos e processos do trabalho adotado.

A atividade laboral poderá ser diminuída independente de vontade patronal, acordo celebrado individual ou coletivamente com o empregado, caso haja condições insalubres do local ou o modo com que o trabalho é executado assim o exijam, pela autoridade competente em medicina e segurança do trabalho. Observa-se, mais uma vez, a preocupação do legislador com o labor exercido pelos mineiros do subsolo, tendo em vista não afetar somente as condições físicas (esforço), mas também no que diz respeito aos aspectos psicológicos e morais do trabalhador.

Art. 296 - A remuneração da hora prorrogada será no mínimo 25% superior à da hora normal e deverá constar do acordo ou contrato coletivo de trabalho.

Este artigo merece destaque, pois, está tacitamente derrogado, pois a remuneração extraordinária é determinada pelo art. 7°, XVI, da CF, no percentual mínimo de 50%. Também, pelo mesmo motivo, é prescindível que esse percentual mínimo conste no acordo ou contrato de trabalho. Eventualmente, negociação para pagamento superior a esse valor, deverá constar expressamente no contrato individual ou coletivo, não sendo admitido percentual inferior em nenhuma hipótese.

Art. 297 - Ao empregado no subsolo será fornecida, pelas empresas exploradoras de minas, alimentação adequada à natureza do trabalho, de acordo com as instruções estabelecidas pela Secretaria de Segurança e Medicina do Trabalho, e aprovadas pelo Ministro do Trabalho, Indústria e Comércio.

Mais uma vez, trata-se de um dispositivo que revela a preocupação do legislador em proteger o trabalhador que atua no subsolo, garantindo-lhe o mínimo de reposição nutricional pela energia consumida, como forma de recompor, a inadequação desse trabalho com relação à vida do obreiro. Não se trata de salário *in natura* (art. 458 da CLT), pois se trata de um benefício concedido para o trabalho, não podendo ser considerada parte do pagamento salarial do trabalhador, cumprindo o empregador, a legislação que rege a matéria. Ainda, a alimentação fornecida deverá ser adequada à natureza do trabalho cumprido, observando-se o desgaste físico despendido durante a jornada laboral.

A Secretaria de Segurança e Medicina do Trabalho é o órgão competente para a fixação de instruções próprias para o trabalho do referido artigo.

Art. 298 - Em cada período de 3 (três) horas consecutivas de trabalho, será obrigatória uma pausa de 15 (quinze) minutos para repouso, a qual será computada na duração normal de trabalho efetivo.

Na interpretação desse artigo podemos entender, que a cada 3h consecutivas de trabalho, o empregado tem 15 min de descanso. Assim, numa jornada de 6h diárias, o trabalhador cumprirá apenas cinco horas e meia de efetivo labor. Nesse caso, difere do intervalo de horas intrajornadas (art. 71 § 2° , da CLT), pois se computa o intervalo na duração normal do labor. Ainda, caso não seja concedido tal período para repouso, o empregador deverá remunerá-lo com acréscimo legal ou contratual (se for superior), remunerando ainda todos os reflexos, com a devida comunicação à autoridade competente para aplicação de sanções cabíveis.

Art. 299 - Quando nos trabalhos de subsolo ocorrererem acontecimentos que possam comprometer a vida ou saúde do empregado, deverá a empresa comunicar o fato imediatamente à autoridade regional do Trabalho, do Ministério do Trabalho, Indústria e Comércio.

Reiteradamente, observa-se a preocupação do legislador

em atribuir proteção especial ao trabalhador em minas/subsolo, pois, diante de todos os riscos nos exercícios das funções pertinentes, que o empregador faça a comunicação à autoridade competente,de todo e qualquer acontecimento que possa colocar em risco a vida ou saúde do obreiro. A autoridade competente tomará todas as providências preventivas/saneadoras necessárias ao restabelecimento da segurança mínima ao trabalhador. De forma diferente do pensamento de muitos empregadores, tal situação poderá desonerar o empregador de eventual responsabilização por infortúnio superveniente, sem prejuízo, todavia, do seu poder-dever de prevenção de acidentes e de provisão de necessidades, em hipótese de sua ocorrência.

Art. 300. Sempre que, por motivo de saúde, for necessária a transferência do empregado, a juízo da autoridade competente em matéria de segurança e medicina do trabalho, dos serviços no subsolo para os de superfície, é a empresa obrigada a realizar essa transferência, assegurando ao transferido a remuneração atribuída ao trabalhador de superfície em serviço equivalente, respeitada a capacidade profissional do interessado.

Esse artigo caracteriza mais uma proteção ao trabalhador. Na hipótese de existência de prejuízo ou risco à saúde do obreiro, cabe à autoridade competente, em matéria de Segurança e Medicina do Trabalho, transferir o trabalhador do subsolo à superfície independente da vontade patronal e do obreiro, que não poderá recusar-se ao cumprimento de ordem administrativa. Trata-se de transferência compulsória, independente da vontade das partes. Justifica-se tal imposição, pela necessidade de garantir-se ao hipossuficiente condições mínimas de saúde e segurança, onde muitas das vezes poderão ser negadas e renunciadas em nome do trabalhador e da natureza alimentar do salário. Além disso, a presença da autoridade pública competente na relação de trabalho, tem o objetivo de configurar a atividade pedagógica e profilática.

No caso de transferência do empregado, terá assegurado seu salário em serviço equivalente, respeitando em qualquer situação, sua capacidade profissional. Ou seja, na hipótese de não conseguir adaptar o obreiro em trabalho compatível, o trabalhador permanecerá à disposição do empregador, sem prejuízo do seu salário, até que seja recolocado no serviço. Também, significa dizer que não se exige a identidade de função (art. 461 da CLT). Ainda, a mudança quanto ao local de trabalho não acarreta possibilidade de alteração de jornada do obreiro, o qual permanecerá sendo de seis horas diárias.

Parágrafo único - No caso de recusa do empregado em atender a essa transferência, será ouvida a autoridade competente em matéria de segurança e medicina do trabalho, que decidirá a respeito.

Este artigo permite que a transferência compulsória seja recusada pelo empregado, pois é sua vida e integridade que está a proteger, cabendo-lhe, por isso, invocar motivos que sejam pertinentes e suficientes para o cancelamento da remoção quanto ao local do labor. Ainda, a autoridade competente deverá analisar os motivos, com a nocividade do local de trabalho , para então, decidir sobre a remoção ou permanência do empregado. Numa eventual insatisfação do empregado, o mesmo poderá acionar a máquina da Justiça do Trabalho, que detém competência material para tanto (art. 114, CF).

Art. 301 - O trabalho no subsolo somente será permitido a homens, com idade compreendida entre 21 (vinte e um) e 50 (cinquenta anos), assegurada a transferência para a superfície nos termos previstos no artigo anterior.

Também, esse artigo se trata da proteção ao trabalhador.

Estabeleceu que só pode exercer as atividades em subsolo, homens entre 21 e 50 anos. Antes da idade mínima e depois da idade máxima, deverá a autoridade administrativa, determinar a transferência do obreiro para a superfície, conforme artigo anterior.

Em face desse artigo, veja o art. 922 da CLT, no qual, em face do decurso do tempo, encontra-se inaplicável nos dias de hoje, devendo lembrar que a nossa CLT iniciou em 10.11.1943 (Art. 911 CLT). As limitações desse artigo no tocante ao sexo e idade do trabalhador não devem ser consideradas discriminatórias, eis que são fixadas em razão da nocividade da tarefa e do meio ambiente laboral (em minas de subsolo).

A Norma Regulamentadora N.° 22 do Ministério do Trabalho e Emprego trata da segurança e saúde ocupacional na Mineração.

SEÇÃO IX
DOS JORNALISTAS PROFISSIONAIS

Primeiramente é necessário localizar o ponto de estudo que será objeto de análise nos próximos parágrafos, onde a Consolidação das leis do trabalho regula a atividade dos jornalistas profissionais em seu Título III (das normas especiais de tutela do trabalho), Capítulo I (das disposições especiais sobre duração e condições de trabalho) e Seção IX.

Outro ponto de destaque diz respeito ao fato de que o exercício profissional do jornalismo é regulamentado pelo Decreto – Lei 972/1969, por sua vez regulamentado pelo Decreto 83.824/1979. A regulamentação da profissão exigia a formação de nível superior específica em jornalismo, como requisito para o exercício profissional, todavia, em 2009, o Superior Tribunal Federal modificou referido entendimento, e passou a considerar a exigência ora mencionada inconstitucional.

Dessa forma, a conclusão atingida pela Corte Superior, tornou possível perceber que a exigência da formação nunca impediu o direito à opinião e à livre manifestação do pensamento, tampouco a contribuição dispendida, de forma especializada ou não, desenvolvida junto aos meios de comunicação social.

Art. 302 - Os dispositivos da presente Seção se aplicam aos que nas empresas jornalísticas prestem serviços como jornalistas, revisores, fotógrafos, ou na ilustração, com as exceções nele previstas.

§ 1° - Entende-se como jornalista o trabalhador intelectual cuja função é desde a busca de informações até a reda-

ção de notícias e artigos e a organização, orientação e direção desse trabalho.

§ 2º - Consideram-se empresas jornalísticas, para os fins desta Seção, aquelas que têm a seu cargo a edição de jornais, revistas, boletins e periódicos, ou a distribuição de noticiário, e, ainda, a radiodifusão em suas seções destinadas à transmissão de notícias e comentários.

Para a configuração do exercício da atividade profissional de jornalista é necessária a realização de trabalho intelectual inerente à atividade, desde a busca de informações até a redação de notícias que serão publicadas.

O jornalista possui autonomia no desempenho de suas atividades, logo, um trabalhador que apresente pouca ou nenhuma autonomia no desenvolvimento do seu labor, dentro do universo de uma empresa jornalística, não pode ser qualificado como jornalista, afastando a regulamentação diferenciada prevista na Legislação.

Dentro do presente contexto, oportuno se faz destacar a distinção existente entre as profissões de jornalista e radialista, onde, ao jornalista compete a busca de notícias, redação dos textos e artigos e divulgar, organização, orientação e direção desse trabalho, além da crônica divulgada por meio de comunicação, enquanto ao radialista compete a divulgação da notícia, sem participação na elaboração dos textos.

Art. 303 - A duração normal do trabalho dos empregados compreendidos nesta Seção não deverá exceder de cinco horas, tanto de dia como à noite.

A duração do trabalho daqueles que desempenham as atividades típicas dos jornalistas profissionais, será de 5 (cinco) horas diárias, não importando se a jornada será realizada no período diurno ou noturno.

Outrossim, oportuno observar da leitura do parágrafo

acima que, uma vez exercendo as tarefas típicas de jornalista, ainda que trabalhando em empresa não jornalística, poderá o profissional pleitear as horas extras decorrentes do excedente ao limite de 5 horas estipulado pelo artigo 303 da Consolidação das Leis do Trabalho.

Tal fato ocorre, porque o norte das obrigações decorre da atividade exercida pelo profissional, independentemente do ramo de atividade que desenvolve o empregador, esse contexto vai ao encontro do texto editado na Orientação Jurisprudencial n.º 407: "*O jornalista que exerce funções típicas de sua profissão, independentemente do ramo de atividade do empregador, tem direito à jornada reduzida prevista no artigo 303 da CLT*".

Art. 304 - Poderá a duração normal do trabalho ser elevada a sete horas, mediante acordo escrito, em que se estipule aumento de ordenado, correspondente ao excesso do tempo de trabalho, e em que se fixe um intervalo destinado a repouso ou à refeição.

Parágrafo único - Para atender a motivos de força maior, poderá o empregado prestar serviços por mais tempo do que aquele permitido nesta Seção. Em tais casos, porém, o excesso deve ser comunicado à Divisão de Fiscalização do Departamento Nacional do Trabalho ou às Delegacias Regionais do Ministério do Trabalho, dentro de cinco dias, com a indicação expressa dos seus motivos.

O dispositivo autoriza a prorrogação da jornada do jornalista até sete horas, mediante acordo escrito firmado pelo empregado e pelo empregador.

O aumento salarial, de que fala o artigo sob estudo, não pode ser inferior a 50% – incidente na remuneração das 6ª e 7ª horas. É mister, ainda, que o acordo preveja intervalo para repouso e refeição.

No que diz respeito ao intervalo para descanso e refeição, sempre que a jornada exceder a 6ª hora diária haverá a incidência do *caput* do artigo 71, da CLT, posto que se trata de uma norma legal imperativa mínima de higiene, saúde e segurança, motivo pelo qual não se sujeita à autonomia privada coletiva consagrada pelo artigo 7°, XXVI, da Constituição Federal.

Outrossim, não excedendo seis horas o trabalho, tal como ocorre na jornada diferenciada prevista na CLT, ao trabalhador, será obrigatório um intervalo de quinze minutos, desde que a duração ultrapasse quatro horas.

A Lei n.° 13.467/2017 permite a negociação direta entre empregados e empregadores com relação à forma como as horas serão trabalhadas, possibilitando a realização de novos pactos quanto à jornada de trabalho, independente das determinações previstas nas normas coletivas de trabalho.

Art. 305 - As horas de serviço extraordinário, quer as prestadas em virtude de acordo, quer as que derivam das causas previstas no parágrafo único do artigo anterior, não poderão ser remuneradas com quantia inferior à que resulta do quociente da divisão da importância do salário mensal por 150 (cento e cinquenta), para os mensalistas, e do salário diário por 5 (cinco) para os diaristas, acrescido de, pelo menos, 25% (vinte e cinco por cento).

De par com a disposição do artigo 304, que autoriza a majoração da jornada de trabalho do jornalista para sete horas diárias - desde que cumpridos os requisitos ali elencados -, a CLT expressamente preceitua em seu artigo 305 que as horas de serviço elevadas em virtude do acordo têm natureza de labor extraordinário.

Para o cálculo das horas extras, deverá ser o observado o divisor 150 para os mensalistas, acrescido de pelo menos 50%.

Ainda nesse sentido, importante destacar que o divisor a ser aplicado para a apuração das horas extras devidas ao jornalista empregado mensalista, conforme supra destacado, é o 150, ainda que sua jornada tenha sido elastecida de cinco horas para sete horas, mediante negociação coletiva.

O artigo 305 da Consolidação não deixa margem a dúvida ao dispor com insofismável clareza que as horas extras realizadas pelo jornalista não poderão ser remuneradas com quantia inferior à resultante da divisão da importância do salário mensal por 150, para os mensalistas, ainda que as horas extras sejam prestadas em virtude de acordo.

Art. 306 - Os dispositivos dos arts. 303, 304 e 305 não se aplicam àqueles que exercem as funções de redator-chefe, secretário, subsecretário, chefe e subchefe de revisão, chefe de oficina, de ilustração e chefe de portaria.

Parágrafo único - Não se aplicam, do mesmo modo, os artigos acima referidos aos que se ocuparem unicamente em serviços externos.

Apenas para rechaçar a matéria afeta a duração do trabalho do jornalista, não restam dúvidas quanto ao fato de que a jornada equivale a cinco horas por dia, calculadas as horas excedentes com base no divisor 150, nos moldes dos artigos 303 e 305, da Consolidação.

Contudo, esses dispositivos legais não se aplicam, ao jornalista exercente de cargo de confiança, como redator - chefe, secretário, subsecretário, chefe e subchefe de revisão, chefe de oficina, de ilustração e chefe de portaria, tampouco aos que realizam atividades unicamente externas.

Art. 307 - A cada seis dias de trabalho efetivo corresponderá um dia de descanso obrigatório, que coincidirá com o domingo, salvo acordo escrito em contrário, no qual será expressamente estipulado o dia em que se deve verificar o descanso.

Foi com o advento da Lei n.º 605, de 1949, que o repouso semanal passou a ser remunerado.

Assim, a Consolidação das Leis do Trabalho determina que todo trabalhador deve ter uma folga semanal, de preferência aos domingos, com fulcro no artigo 67, o qual foi denominado de descanso semanal remunerado (DSR).

Ademais, na ocorrência de sobrejornada, estas horas extras refletem nos descansos semanais remunerados, posto que o artigo 7º, alínea "a", da Lei 605, de 1949, é expresso ao garantir a remuneração do repouso semanal, equivalente a um dia de serviço, para os que trabalharem por mês, computadas as horas extras habitualmente prestadas.

Art. 308 - Em seguida a cada período diário de trabalho haverá um intervalo mínimo de dez horas, destinado ao repouso.

Entre o fim de uma jornada de trabalho e o início da outra deverá existir um intervalo de pelo menos dez horas.

Esse intervalo tem natureza distinta do descanso semanal remunerado e dos feriados, logo, as horas trabalhadas em seguida ao repouso semanal de vinte e quatro horas, com prejuízo do intervalo mínimo de dez horas consecutivas para descanso entre jornadas, devem ser remuneradas como extraordinárias, inclusive com o respectivo adicional.

Art. 309 - Será computado como de trabalho efetivo o tempo em que o empregado estiver à disposição do empregador.

Os dispositivos supramencionados realizam uma repetição do conteúdo disposto no artigo 4°, da CLT, por onde considera-se como de efetivo exercício o tempo que o empregado se encontra à disposição do empregador, aguardando ou executando ordens.

Art. 310 – Revogado

Art. 311 - Para o registro de que trata o artigo anterior, deve o requerente exibir os seguintes documentos:

a) prova de nacionalidade brasileira;

b) folha corrida;

c) prova de que não responde a processo ou não sofreu condenação por crime contra a segurança nacional;

d) carteira de trabalho e previdência social.

§ 1° - Aos profissionais devidamente registrados será feita a necessária declaração na carteira de trabalho e previdência social.

§ 2° - Aos novos empregados será concedido o prazo de 60 dias para a apresentação da carteira de trabalho e previdência social, fazendo-se o registro condicionado a essa apresentação e expedindo-se um certificado provisório para aquele período.

Art. 312 - O registro dos diretores-proprietários de jornais será feito, no Distrito Federal e nos Estados, e independentemente da exigência constante do art. 311, letra "d", da presente seção.

§ 1° - A prova de profissão, apresentada pelo diretor-proprietário juntamente com os demais documentos exigidos, consistirá em uma certidão, fornecida nos Estados e Território do Acre, pelas Juntas Comerciais ou Cartórios, e, no Distrito Federal, pela seção competente do Departamento Nacional de Indústria e Comércio, do Ministério do Trabalho, Indústria e Comércio.

§ 2° - Aos diretores-proprietários regularmente inscritos será fornecido um certificado do qual deverão constar o livro e a folha em que houver sido feito o registro.

Art. 313 - Aqueles que, sem caráter profissional, exercerem atividades jornalísticas, visando fins culturais, científicos ou religiosos, poderão promover sua inscrição como jornalistas, na forma desta seção.

§ 1° - As repartições competentes do Ministério do Trabalho, Indústria e Comércio manterão, para os fins do artigo anterior, um registro especial, anexo ao dos jornalistas profissionais, nele inscrevendo os que satisfaçam os requisitos das alíneas a, b e c do artigo 311 e apresentem prova do exercício de atividade jornalística não profissional, o que poderá ser feito por meio de atestado de associação cultural, científica ou religiosa idônea.

§ 2° - O pedido de registro será submetido a despacho do ministro que, em cada caso, apreciará o valor da prova oferecida.

§ 3° - O registro de que trata o presente artigo tem cará-

ter puramente declaratório e não implica no reconhecimento de direitos que decorrem do exercício remunerado e profissional do jornalismo.

Art. 314 – Revogado

Art. 315 - O Governo Federal, de acordo com os governos estaduais, promoverá a criação de escolas de preparação ao jornalismo, destinadas à formação dos profissionais da imprensa.

Referido dispositivo foi enfraquecido com o reconhecimento pelo Supremo Tribunal Federal da inconstitucionalidade de exigir diploma para o exercício do jornalismo.

O entendimento foi de que o artigo 4º, inciso V, do Decreto - Lei 972, de 1969, baixado durante o regime militar, não foi recepcionado pela Constituição Federal de 1988 e que as exigências nele contidas ferem a liberdade de imprensa e contrariam o direito à livre manifestação do pensamento inscrita no artigo 13 da Convenção Americana dos Direitos Humanos, também conhecida como Pacto de San José da Costa Rica.

Apesar da regra geral ser a liberdade de ofício, é certo que o jornalista, deve ter uma formação básica, que viabilize a atividade profissional, que repercute na vida dos cidadãos em geral.

Art. 316 - A empresa jornalística que deixar de pagar pontualmente, e na forma acordada, os salários devidos a seus empregados, terá suspenso o seu funcionamento, até que se efetue o pagamento devido.

Parágrafo único - Para os efeitos do cumprimento deste artigo deverão os prejudicados reclamar contra a falta

de pagamento perante a autoridade competente e, proferida a condenação, desde que a empresa não a cumpra, ou, em caso de recurso, não deposite o valor da indenização, a autoridade que proferir a condenação oficiará à autoridade competente, para a suspensão da circulação do jornal. Em igual pena de suspensão incorrerá a empresa que deixar de recolher as contribuições devidas às instituições de previdência social.

Há quem entenda prejudicado o artigo pelo disposto no Decreto-Lei n.º 368/1968 sobre débitos de salário de empresas em geral. De fato, o último artigo deste decreto prevê a revogação de "disposições em contrário". O Decreto-Lei n.º 368/1968 prevê consequências gravosas às empresas que não honram o salário de seus empregados, tal como a impossibilidade de gozo de benefícios tributários. Poder-se-ia cogitar ainda de não recepção do artigo 316 pela Constituição de 1988 por colocar em risco a liberdade de impressa (CRFB, art. 220, §1º).

SEÇÃO XII
DOS PROFESSORES

Art. 317 - O exercício remunerado do magistério, em estabelecimentos particulares de ensino, exigirá apenas habilitação legal e registro no Ministério da Educação.

A regra prevista neste artigo, abrange os professores de ensino fundamental, médio superior (graduação e pós-graduação) e especial da rede de ensino particular e de ensino público, desde que regidos pela CLT. Não se aplica o disposto nesse artigo aos professores de curso fora da esfera do MEC, isto é, os de ensino livre.

É exigido para o exercício do magistério a qualificação profissional de nível superior, em curso de licenciatura, em universidade e institutos de ensino superior de educação, admitida como habilitação a formação de nível médio, desde que na modalidade Normal (art. 62 da Lei n.° 9.394/96) para o exercício do magistério na educação infantil e nas quatro primeiras séries do ensino fundamental.

Não poderá o empregador se beneficiar da ausência de habilitação específica, não exigida, seja por má-fé ou por sua falta de diligência em exigir a documentação necessária, devendo prevalecendo o princípio da primazia da realidade, no qual se leva em conta se o trabalhador de fato exercia a atividade docente para o seu enquadramento como professor, com os direitos previstos nessa seção.

Art. 318 - O professor poderá lecionar em um mesmo estabelecimento por mais de um turno, desde que não ultrapasse a jornada de trabalho semanal estabelecida legalmente, assegurado e não computado o intervalo para refeição.

O professor poderá lecionar em um mesmo estabelecimento por mais de um turno, desde que não ultrapasse a jornada semanal legalmente estabelecida. O professor receberá as horas que excederem a 44 (quarenta e quatro) semanais, remuneradas com o adicional de, no mínimo, 50% (art. 7°, XVI, da CF/88), nos termos da OJ n.° 206, da SDI-1, do Tribunal Superior do Trabalho.

O legislador não limitou a jornada diárias do professor, observando apenas o limite de 44 (quarenta e quatro) horas semanais previsto no art. 7°, XIII, da CF/88, portanto, salvo se houver condições mais favoráveis previstas em acordo coletivo ou convenção coletiva de trabalho aplicáveis, especialmente no que se refere ao tempo máximo de aula por dia, só será considerada com extra as horas que excederem a 44ª semanal.

Art. 319 - Aos professores é vedado, aos domingos, a regência de aulas e o trabalho em exames.

O repouso semanal do professor é obrigatoriamente aos domingos. Caso haja trabalho nesse dia, deverá ocorrer a respectiva remuneração em dobro, na forma do art. 9° da Lei n.° 605/1949.

Art. 320 - A remuneração dos professores será fixada pelo número de aulas semanais, na conformidade dos horários.

O professor terá sua remuneração fixada pelo número de hora-aula, de modo que a instituição definirá o tempo de cada hora-aula, ou seja, o tempo que corresponderá a 1 (uma) hora de atividade ou trabalho escolar efetivo, respeitando o limite pactuado em acordo e convenção coletiva de trabalhando, aplicáveis, especialmente ao tempo de cada hora-aula.

O Tribunal Superior do Trabalho pacificou o entendimento de que, não será considerado redução salarial os casos em que a instituição de ensino diminuir a carga horaria do professor quando motivada por inevitável supressão de aulas eventuais ou de turmas (Precedente Normativo n.° 78, do TST), não constituindo alteração contratual, já que não implica redução do valor da hora-aula (OJ n.° 244 da SDI-1, do TST), portanto, nesses casos, havendo a redução de hora-aula, não há no que se falar em redução salarial.

§ 1° - O pagamento far-se-á mensalmente, considerando--se para este efeito cada mês constituído de quatro semanas e meia.

A Consolidação das Leis do Trabalho definiu o professor como horista (art. 320, da CLT) embora o pagamento da remuneração seja mensal, devendo ter o repouso semanal remunerado à base de uma sexta parte do valor da hora-aula por cada aula dada (Súm. 351 do TST), que deve ser pago de forma destacada do salário. Como a Lei que regulamenta o repouso semanal (Lei n.° 605/49), é posterior ao artigo em comento, é possível que a norma coletiva discipline a periocidade de forma diversa da estabelecida no art. 7° da referida Lei, porém, deve-se privilegiar a condição mais benéfica para empregado.

§ 2° - Vencido cada mês, será descontada, na remuneração dos professores, a importância correspondente ao número de aulas a que tiverem faltado.

Será descontado do professor apenas o valor correspondente ao número de aulas que deixou de ministrar em decorrência de ausência injustificada, não havendo previsão legal para o desconto do repouso semanal.

§ 3º - Não serão descontadas, no decurso de 9 (nove) dias, as faltas verificadas por motivo de gala ou de luto em consequência de falecimento do cônjuge, do pai ou mãe, ou de filho.

Quis o legislador dar aos professores um tratamento diferenciado assegurando 9 (nove) dias de falta, remuneradas, em decorrência de gala ou luto em razão do falecimento do cônjuge, pai, mãe e filho, permanecendo nas demais hipóteses de falta, a regra contida no art. 473, da CLT.

Art. 321 - Sempre que o estabelecimento de ensino tiver necessidade de aumentar o número de aulas marcado nos horários, remunerará o professor, findo cada mês, com uma importância correspondente ao número de aulas excedentes.

O artigo não trata da jornada extraordinária, mas sim da necessidade do aumento de hora-aula, excedendo a quantidade pactua no momento da contratação, ocorrendo, serão remuneradas no valor da hora-aula normal.

Art. 322 - No período de exames e no de férias escolares, é assegurado aos professores o pagamento, na mesma periodicidade contratual, da remuneração por eles percebida, na conformidade dos horários, durante o período de aulas.

As férias do professor destinam-se ao descanso do docente após um ano de vigência do contrato de trabalho podendo ser concedida durante o período de férias escolares, tendo o professor assegurado o direito aos salários do período de férias escolares. Quanto as férias anuais, o professor tem direito de receber a remuneração normal acrescida mais um terço (Art. 7º, XVII, da CF/88).

§ 1º - Não se exigirá dos professores, no período de exames, a prestação de mais de 8 (oito) horas de trabalho diário, salvo mediante o pagamento complementar de cada hora excedente pelo preço correspondente ao de uma aula.

Não será exigido do professor o cumprimento de jornada diária maior do que 8 (oito) horas nas hipóteses em que não houver magistério de aulas, comparecendo o professor ao estabelecimento de ensino apenas para aplicação de exames. Restando extrapolado o limite de 8 (oito) horas de trabalho acarretará o pagamento correspondente ao valor de uma hora-aula por hora excedida.

§ 2º - No período de férias, não se poderá exigir dos professores outro serviço senão o relacionado com a realização de exames.

O dispositivo faz alusão ao período de férias escolares, que não se confunde com as férias anuais do professor, assegurado por Lei a todos os empregados, após um ano de vigência do contrato de trabalho. Assim, resta claro que no curso das férias escolares, o professor permanece à disposição do estabelecimento de ensino, porém o contrato estará suspenso. Durante esse período o docente só poderá ser convocado para assuntos relacionados exclusivamente com exames.

§ 3º - Na hipótese de dispensa sem justa causa, ao término do ano letivo ou no curso das férias escolares, é assegurado ao professor o pagamento a que se refere o *caput* deste artigo.

A hipótese de dispensa imotivada ao término do ano letivo ou no curso das férias escolares não constituição ilegalidade. Todavia, caso ocorra, é assegurado aos professores o recebimento do mesmo valor recebido por ele durante o período de aulas, não excluindo o direito ao aviso prévio (Súm. n.º 10, do TST).

Art. 323 - Não será permitido o funcionamento do estabelecimento particular de ensino que não remunere condignamente os seus professores, ou não lhes pague pontualmente a remuneração de cada mês.

O estabelecimento de ensino que não cumprir o disposto no artigo em comento, sofrerá a fiscalização por parte do órgão público, que no exercício de suas atribuições aplicará as penalidades pecuniárias do art. 351, da CLT.

Parágrafo único – Compete ao Ministério da Educação e Saúde fixar os critérios para a determinação da condigna remuneração devida aos professores bem como assegurar a execução do preceito estabelecido no presente artigo.

O Ministério da Educação por meio das Portarias de ns. 887/52 e 460/56, fixaram critérios, dentre eles a remuneração do professor e condições de trabalho. Contudo, é possível a pactuação de remuneração e condições de trabalho por meio de acordo e convenção coletiva de trabalho.

Art. 324 – Revogado

SEÇÃO XIII
DOS QUÍMICOS

A Consolidação das Leis do Trabalho possui normas especiais de tutela do trabalho dos químicos. Os químicos são trabalhadores que fazem análises de substâncias e controle da qualidade de produtos (detergentes, cosméticos, fertilizantes, corantes, remédios, estabilizantes, conservantes, aromatizantes, solventes, plásticos, borrachas, explosivos etc.). Impossível imaginar a vida contemporânea sem os frutos dos avanços da química. Compreensível, por isto, a escolha legislativa de regular especificamente a profissão dos químicos. Um dos destaques da seção à época de aprovação da CLT foi a indicação expressa em lei dos tipos de indústrias em que se tornou obrigatória a admissão de um químico (CLT, art. 335), sugestão da Federação das Indústrias do Estado de São Paulo (FIESP), conforme consta da exposição de motivos da CLT. Outros pontos altos desta seção da CLT são disposições especiais acerca da emissão de CTPS para químicos. O trabalho dos químicos também é regido em leis esparsas (Lei n.° 2800/1956; Lei n.° 4950-A/1966). No Estado de São Paulo, estima-se que existam, atualmente, 80 mil químicos em 3 mil empresas. Técnicos químicos possuem piso salarial de 1600 reais em São Paulo, conforme Convenções Coletivas de Trabalho 2016/2017.

Art. 325 - É livre o exercício da profissão de químico em todo o território da República, observadas as condições de capacidade técnica e outras exigências previstas na presente Seção:

a) aos possuidores de diploma de químico Indústrial, químico Indústrial agrícola ou engenheiro químico, concedido, no Brasil, por escola oficial ou oficialmente reconhecida;

b) aos diplomados em química por instituto estrangeiro de ensino superior, que tenham, de acordo com a lei e a partir de 14 de julho de 1934, revalidado os seus diplomas;

c) aos que, ao tempo da publicação do Decreto n.º 24.693 de 12 de julho de 1934, se achavam no exercício efetivo de função pública ou particular, para a qual seja exigida a qualidade de químico, e que tenham requerido o respectivo registro até a extinção do prazo fixado pelo Decreto-Lei n.º 2.298, de 10 de junho de 1940.

§ 1º - Aos profissionais incluídos na alínea "c" deste artigo, se dará, para os efeitos da presente Seção, a denominação de «licenciados».

§ 2º - O livre exercício da profissão de que trata o presente artigo só é permitido a estrangeiros, quando compreendidos:

a) nas alíneas "a" e "b", independentemente de revalidação do diploma, se exerciam, legitimamente, na República, a profissão de químico em a data da promulgação da Constituição de 1934;

b) na alínea "b", se a seu favor militar a existência de reciprocidade internacional, admitida em lei, para o reconhecimento dos respectivos diplomas;

c) na alínea "c", satisfeitas as condições nela estabelecidas.

§ 3º - O livre exercício da profissão a brasileiros naturalizados está subordinado à prévia prestação do serviço militar, no Brasil.

§ 4º - Só aos brasileiros natos é permitida a revalidação dos diplomas de químicos, expedidos por institutos estrangeiros de ensino superior.

No Brasil, é livre o exercício de qualquer trabalho, ofício ou profissão, entre elas a dos químicos, mas devem ser atendidas as qualificações profissionais que a lei estabelecer (CRFB, art. 5º, XIII). Em outras palavras, qualquer pessoa pode trabalhar com substâncias químicas, mas o legislador exige que algumas condições sejam respeitadas, em prol da segurança coletiva e bem estar geral (CRFB, art. 3º, IV). É inconcebível imaginar, por exemplo, que um vizinho possa cotidianamente manejar substâncias tóxicas na cozinha de sua residência. Na indústria de defensivos agrícolas, por sua vez, não faz sentido permitir que pessoas inábeis manuseiem produtos que serão borrifados em alimentos consumidos pelo público em geral. Por isto, o legislador exige "diploma" para o exercício da profissão de químico. Atualmente, os diplomas são regulados pela Lei Federal n.º 9394/1996 (Lei de Diretrizes e Bases da Educação), artigo 48. Os diplomas possuem validade nacional e servem de prova da formação recebida por seu titular.

Art. 326 - Todo aquele que exercer ou pretender exercer as funções de químico é obrigado ao uso de Carteira de Trabalho e Previdência Social, devendo os profissionais que se encontrarem nas condições das alíneas "a" e "b" do art. 325, registrar os seus diplomas de acordo com a legislação vigente.

§ 1º - A requisição de Carteira de Trabalho e Previdência Social para uso dos químicos, além do disposto no capítulo «Da Identificação Profissional», somente será processada mediante apresentação dos seguintes documentos que provem:

a) ser o requerente brasileiro, nato ou naturalizado, ou estrangeiro;

b) estar, se for brasileiro, de posse dos direitos civis e políticos;

c) ter diploma de químico, químico Indústrial, químico

Indústrial agrícola ou engenheiro químico, expedido por escola superior oficial ou oficializada;

d) ter, se diplomado no estrangeiro, o respectivo diploma revalidado nos termos da lei;

e) haver, o que for brasileiro naturalizado, prestado serviço militar no Brasil;

f) achar-se o estrangeiro, ao ser promulgada a Constituição de 1934, exercendo legitimamente, na República, a profissão de químico, ou concorrer a seu favor a existência de reciprocidade internacional, admitida em lei, para o reconhecimento dos diplomas dessa especialidade.

§ 2° - A requisição de que trata o parágrafo anterior deve ser acompanhada:

a) do diploma devidamente autenticado no caso da alínea "b" do artigo precedente, e com as firmas reconhecidas no país de origem e na Secretaria de Estado das Relações Exteriores, ou da respectiva certidão, bem como do título de revalidação, ou certidão respectiva, de acordo com a legislação em vigor;

b) do certificado ou atestado comprobatório de se achar o requerente na hipótese da alínea "c" do referido artigo, ao tempo da publicação do Decreto n.° 24.693 de 12 de julho de 1934, no exercício efetivo de função pública, ou particular, para a qual seja exigida a qualidade de químico, devendo esses documentos ser autenticados pelo Delegado Regional do Trabalho, quando se referirem a requerentes moradores nas capitais dos Estados, ou coletor federal, no caso de residirem os interessados nos municípios do interior;

c) de 3 (três) exemplares de fotografia exigida pelo art. 329 e de 1 (uma) folha com as declarações que devem ser lançadas na Carteira de Trabalho e Previdência Social de conformidade com o disposto nas alíneas do mesmo artigo e seu Parágrafo único.

§ 3° - Reconhecida a validade dos documentos apre-sen-tados, o Serviço de Identificação Profissional do Departamento Nacional do Trabalho, no Distrito Federal, ou os órgãos regionais do Ministério do Trabalho, Indústria e Comércio, nos Estados e no Território do Acre, registrarão, em livros próprios, os documentos a que se refere a alínea "c" do § 1° e, juntamente com a Carteira de Trabalho e Previdência Social emitida, os devolverão ao interessado.

O dispositivo, em princípio, não traz grandes novidades, uma vez que não só os químicos são obrigados a usar Carteira de Trabalho e Previdência Social, mas, sim, todo e qualquer um que labore como empregado no território nacional (CLT, arts. 13 e 29, *caput*). Em tese, todavia, a requisição de CTPS por químicos exigiria imediata apresentação de diploma de químico e seria seguida de registro específico no MTE como químico. Estar em dia com as obrigações civis, eleitorais e militares também não é requisito clássico para solicitação de CTPS – em geral, possível mediante apenas a apresentação de RG e foto 3x4 (CLT, art. 16, parágrafo único). No mais o artigo faz menção a requisitos para o trabalho de químicos estrangeiros: diploma revalidado no Brasil.

Art. 327 - Além dos emolumentos fixados no Capítulo "Da Identificação Profissional", o registro do diploma fica sujeito à taxa de Cr$ 30,00 (trinta cruzeiros).

O registro de diploma de químico estaria sujeito à taxa (CRFB, art. 145, II). Referido emolumento auxiliaria o Estado em seu exercício de Poder de Polícia, na fiscalização do exercício regular da profissão de químico. Trinta cruzeiros em 1° de maio de 1943, data de promulgação da CLT, equivaleriam, hoje, a estimados 240 reais (http://acervo.estadao.com.br/).

Art. 328 - Só poderão ser admitidos a registro os diplomas, certificados de diplomas, cartas e outros títulos, bem como atestados e certificados que estiverem na devida forma e cujas firmas hajam sido regularmente reconhecidas por tabelião público e, sendo estrangeiros, pela Secretaria do Estado das Relações Exteriores, companhados estes últimos da respectiva tradução, feita por intérprete comercial brasileiro.

Parágrafo único - O Departamento Nacional do Trabalho e as Delegacias Regionais do Ministério do Trabalho, Indústria e Comércio, nos Estados, publicarão, periodicamente, a lista dos químicos registrados na forma desta Seção.

O artigo 328 complementa o disposto no artigo 326, §3°, dispondo que os diplomas dos químicos serão registrados no Ministério do Trabalho. Legislação esparsa, posterior à CLT, prevê que compete ao Conselho Federal de Química, pessoa jurídica de direito público, registrar os profissionais químicos, expedir suas respectivas Carteiras de Trabalho e fiscalizar a profissão destes (Lei n.° 2800/1956, arts. 2° e 13, 'a'). Como leis posteriores revogam leis anteriores (LINDB, art. 2°, §1°), é possível concluir que foram revogadas parcial e tacitamente as disposições celetistas sobre o tema.

Art. 329 - A cada inscrito, e como documento comprobatório do registro, será fornecida pelo Departamento Nacional do Trabalho, no Distrito Federal, ou pelas Delegacias Regionais, nos Estados e no Território do Acre, uma Carteira de Trabalho e Previdência Social numerada, que, além da fotografia, medindo 3 (três) por 4 (quatro) centímetros, tirada de frente, com a cabeça descoberta, e das impressões do polegar, conterá as declarações seguintes:

a) o nome por extenso;

b) a nacionalidade e, se estrangeiro, a circunstância de ser ou não naturalizado;

c) a data e lugar do nascimento;

d) a denominação da escola em que houver feito o curso;

e) a data da expedição do diploma e o número do registro no Ministério do Trabalho, Indústria e Comércio;

f) a data da revalidação do diploma, se de instituto estrangeiro;

g) a especificação, inclusive data, de outro título ou títulos de habilitação;

h) a assinatura do inscrito.

Parágrafo único - A carteira destinada aos profissionais a que se refere o § 1° do art. 325 deverá, em vez das declarações indicadas nas alíneas "d", "e" e "f" deste artigo, e além do título - licenciado - posto em destaque, conter a menção do título de nomeação ou admissão e respectiva data, se funcionário público, ou do atestado relativo ao exercício, na qualidade de químico, de um cargo em empresa particular, com designação desta e da data inicial do exercício.

O artigo enumera requisitos e características das CTPS's dos trabalhadores químicos, muitos dos quais já constantes de qualquer Carteira de Trabalho (CLT, art. 13, §2°). Como novidades, destacamos: data de expedição do diploma de químico, número do registro no Ministério do Trabalho do diploma de químico, denominação da escola em que foi feita a formação como químico, a especificação de outros títulos de habilitação. Ressalte-se que a fiscalização e controle dos diplomas dos químicos prevista na CLT foi parcial e tacitamente revogada pela Lei n.° 2800/1956 (criadora dos Conselhos Regionais e Federais de Química). Atualmente, segunda a lei posterior à CLT, compete ao Conselho Federal de Química o registro dos profissionais no país, não ao Ministério do Trabalho.

Art. 330 - A carteira profissional, expedida nos têrmos deste secção, é obrigatória para o exercício da profissão, substitue em todos os casos o diploma ou título e servirá de carteira de identidade.

Se a obtenção de CTPS para o exercício da profissão de químico foi condicionada à apresentação de diploma regular de formação como químico (CLT, art. 325), é natural que a Carteira de Trabalho destes profissionais possa substituir diplomas e títulos de formação quando requeridos. A presunção, todavia, é forçoso concluir, não deixa de ser *iuris tantum*, isto é, relativa (CLT, art. 40, *caput*; Súmula 225 do STF; Súmula 12 do TST).

Art. 331 - Nenhuma autoridade poderá receber impostos relativos ao exercício profissional de químico, senão à vista da prova de que o interessado se acha registrado de acordo com a presente Seção, e essa prova será também exigida para a realização de concursos periciais e todos os outros atos oficiais que exijam capacidade técnica de químico.

O artigo traz em seu bojo duas regras. A primeira preceitua que nenhuma autoridade – leia-se, pessoa a quem a lei atribui poderes diferenciados para o cumprimento de alguma função pública (CRFB, art. 37, *caput*) – poderá receber valores monetários a título de tributo (CRFB, art. 145; Lei n.º 2800/1956, arts. 25 e 26) sobre o trabalho de um químico sem que se certifique de que este tem regular Carteira de Trabalho (CLT, art. 329). Isto contribui para que as entidades de químicos, em busca de recursos financeiros, pressionem seus contribuintes para regularizarem seus respectivos cadastros nas organizações públicas. A segunda regra também busca induzir os profissionais químicos a regularizarem o exercício de sua profissão, uma vez que fica estabelecido como requisito para o exercício da profissão de químico na Administração

Pública a manutenção de regular registro. Assim, se um município contrata um químico via concurso (CRFB, art. 37, II), deve dele exigir registro nos órgãos competentes.

Art. 332 - Quem, mediante anúncios, placas, cartões comerciais ou outros meios capazes de ser identificados, se propuser ao exercício da química, em qualquer dos seus ramos, sem que esteja devidamente registrado, fica sujeito às penalidades aplicáveis ao exercício ilegal da profissão.

O exercício ilegal de profissão constitui contravenção penal (Decreto-Lei n.° 3688/1941, art. 43), além de ser punível na esfera administrativa (Lei n.° 2800, art. 16), segundo o princípio doutrinário da independência das instâncias.

Art. 333 - Os profissionais a que se referem os dispositivos anteriores só poderão exercer legalmente as funções de químicos depois de satisfazerem as obrigações constantes do art. 330 desta Seção.

O artigo traz um verdadeiro truísmo, uma verdade evidente por si mesma. Se são impostas condições ao trabalho do químico (CLT, art. 330), é claro que aquele que não as atende não exerce legalmente a função de químico.

Art. 334 - O exercício da profissão de químico compreende:

a) a fabricação de produtos e subprodutos químicos em seus diversos graus de pureza;

b) a análise química, a elaboração de pareceres, atesta-

dos e projetos de especialidade e sua execução, perícia civil ou judiciária sobre essa matéria, a direção e a responsabilidade de laboratórios ou departamentos químicos, de indústria e empresas comerciais;

c) o magistério nas cadeiras de química dos cursos superiores especializados em química;

d) a engenharia química.

§ 1° - Aos químicos, químicos Industriais e químicos Industriais agrícolas que estejam nas condições estabelecidas no art. 325, alíneas "a" e "b", compete o exercício das atividades definidas nos itens "a", "b" e "c" deste artigo, sendo privativa dos engenheiros químicos a do item "d".

§ 2° - Aos que estiverem nas condições do art. 325, alíneas "a" e "b", compete, como aos diplomados em medicina ou farmácia, as atividades definidas no art. 2°, alíneas "d", "e" e "f" do Decreto n.° 20.377, de 8 de setembro de 1931, cabendo aos agrônomos e engenheiros agrônomos as que se acham especificadas no art. 6°, alínea "h", do Decreto n.° 3.196, de 12 de outubro de 1933.

O rol deste artigo não é exauriente, haja vista que genérico e que sempre haverão novas atividades que demandem a presença de um químico – conclusões que se depreendem, inclusive, da leitura do artigo 341 da CLT. Químicos, no exercício de sua profissão, podem trabalhar em laboratórios, em departamentos, em universidades. Engenheiros químicos também são considerados químicos, assim como aqueles que são técnicos químicos, e precisam fazer inscrição no Conselho Federal de Química, independentemente de inscrições em outros órgãos de classe, tais como os conselhos regionais de engenharia e arquitetura (Lei n.° 2.800/1956).

Art. 335 - É obrigatória a admissão de químicos nos seguintes tipos de indústria:

a) de fabricação de produtos químicos;

b) que mantenham laboratório de controle químico;

c) de fabricação de produtos Industriais que são obtidos por meio de reações químicas dirigidas, tais como: cimento, açúcar e álcool, vidro, curtume, massas plásticas artificiais, explosivos, derivados de carvão ou de petróleo, refinação de óleos vegetais ou minerais, sabão, celulose e derivados.

É o ponto alto da seção sobre os químicos, como se pode notar da exposição de motivos da CLT. Os tipos de indústrias mencionadas nas alíneas deste artigo devem, necessariamente, contar com químicos em seus quadros. Antigamente isto causava bastante polêmica. Aquelas que não estão neste rol, em tese, não precisam. Há quem diga ser controverso se o Conselho Federal de Química pode ampliar este leque (Lei 2 800/56, art. 8º, "f" e "i", e Resolução do CFQ n.º 3/57). A preocupação do legislador foi garantir maior segurança jurídica àqueles que empreendem nestes ramos e assegurar a existência de profissionais qualificados na cadeia produtiva de bens que podem ser dirigidos ao público amplo – preocupação com o consumo - ou podem ser de fabricação sensível (explosivos, por exemplo) – preocupação com a segurança do meio ambiente de trabalho.

Art. 336 - No preenchimento de cargos públicos, para os quais se faz mister a qualidade de químico, ressalvadas as especializações referidas no § 2º do art. 334, a partir da data da publicação do Decreto n.º 24.693, de 12 de julho de 1934, requer-se, como condição essencial, que os candidatos previamente hajam satisfeito as exigências do art. 333 desta Seção.

A redação do artigo é péssima. O legislador fez remissão

ao artigo 333 que, por sua vez, faz remissão ao artigo 330 que, por sua vez, faz referência aos "termos desta Seção". Tudo para reafirmar que para exercer a profissão de químico é necessário ter registro profissional regular – atualmente feito pelo Conselho Federal de Química (Lei n.º 2800/56). O Decreto n.º 24.693/1934 é anterior à CLT. O parágrafo 2º do artigo 334 faz remissão às alíneas "a" e "b" do artigo 325 que tratam dos químicos "não-licenciados" (CLT, art. 325, §1º). São excepcionalizados da regra do artigo 336 alguns profissionais, tais como médicos, farmacêuticos, agrônomos e engenheiros agrônomos. Em verdade, trata-se de ressalva dirigida àqueles que não exercem, propriamente ou integralmente, a função de químicos em seus trabalhos.

Art. 337 - Fazem fé pública os certificados de análises químicas, pareceres, atestados, laudos de perícias e projetos relativos a essa especialidade, assinados por profissionais que satisfaçam as condições estabelecidas nas alíneas "a" e "b" do art. 325.

A remissão ao artigo 325, alíneas "a" e "b" trata dos químicos "não-licenciados", isto é, dos químicos com diploma, seja nacional, seja do exterior. Gozam de fé pública os certificados feitos por químicos. Isto é, presumem-se verdadeiras e autênticas as análises que fazem no exercício de suas funções, salvo prova em contrário.

Art. 338 - É facultado aos químicos que satisfizerem as condições constantes do art. 325, alíneas "a" e "b", o ensino da especialidade a que se dedicarem, nas escolas superiores, oficiais ou oficializadas.

Parágrafo único - Na hipótese de concurso para o

provimento de cargo ou emprego público, os químicos a que este artigo se refere terão preferência, em igualdade de condições.

Os químicos podem acumular atividades típicas de empregados em indústrias com atividades docentes, sendo que, em concursos públicos (CRFB, art. 37, II), o exercício de atividade de professor deve contar pontos em benefício do candidato.

Art. 339 - O nome do químico responsável pela fabricação dos produtos de uma fábrica, usina ou laboratório deverá figurar nos respectivos rótulos, faturas e anúncios, compreendida entre estes últimos a legenda impressa em cartas e sobrecartas.

A exigência legal se destina a delimitar responsabilidades e fomentar a transparência nos processos produtivos, útil não só do ponto de vista fiscalizatório, mas também do ponto de vista consumerista, haja vista que o destinatário do produto terá condições de avaliar sua procedência mais facilmente. Os produtos farmacêuticos e os laboratórios de produtor farmacêuticos, contudo, não precisa respeitar essa regra (CLT, art. 340, parágrafo único).

Art. 340 - Somente os químicos habilitados, nos termos do art. 325, alíneas "a" e "b", poderão ser nomeados ex officio para os exames periciais de fábricas, laboratórios e usinas e de produtos aí fabricados.

Parágrafo único - Não se acham compreendidos no artigo anterior os produtos farmacêuticos e os laboratórios de produtos farmacêuticos.

A leitura doutrinária que tem prevalecido sobre este artigo é a de que simples técnicos químicos ou profissionais de química não podem ser nomeados para realizar exames periciais de fábricas.

Art. 341 - Cabe aos químicos habilitados, conforme estabelece o art. 325, alíneas "a" e "b", a execução de todos os serviços que, não especificados no presente regulamento, exijam por sua natureza o conhecimento de química.

Trata-se de regra amplíssima segunda a qual presença de um químico, regularmente habilitado perante o Conselho Regional de Farmácia, é essencial para o desenvolvimento de atividades que exijam conhecimentos químicos. Difícil não enxergar, aqui, uma norma de segurança criada pelo legislador. Eventuais procedimentos químicos não previstos no artigo 334 podem vir a ser considerados também como privativos de químicos se exigirem conhecimentos singulares destes profissionais.

Art. 342 - A fiscalização do exercício da profissão de químico incumbe ao Departamento Nacional do Trabalho no Distrito Federal e às autoridades regionais do Ministério do Trabalho, Indústria e Comércio, nos Estados e Território do Acre.

Este dispositivo da CLT (Decreto-Lei n.º 5.452/1943) foi tacitamente revogado por lei posterior instituidora do Conselho Federal de Química e dos Conselhos Regionais de Química (Lei n.º 2800/56).

Art. 343 - São atribuições dos órgãos de fiscalização:

a) examinar os documentos exigidos para o registro pro-

fissional de que trata o art. 326 e seus §§ 1° e 2° e o art. 327, proceder à respectiva inscrição e indeferir o pedido dos interessados que não satisfizerem as exigências desta Seção;

b) registrar as comunicações e contratos, a que aludem o art. 350 e seus parágrafos, e dar as respectivas baixas;

c) verificar o exato cumprimento das disposições desta Seção, realizando as investigações que forem necessárias, bem como o exame dos arquivos, livros de escrituração, folhas de pagamento, contratos e outros documentos de uso de firmas ou empresas Industriais ou comerciais, em cujos serviços tome parte 1 (um) ou mais profissionais que desempenhem função para a qual se deva exigir a qualidade de químico.

Atualmente, os órgãos de fiscalização do trabalho dos químicos são o Conselho Federal de Química, em Brasília, e os Conselhos Regionais de Química (Lei n.° 2800/56, arts. 1° e 3°). A estes órgãos compete emitir as CTPS dos químicos (CLT, art. 326, *caput*) e se certificar do cumprimento pelos interessados dos requisitos para a emissão desta (CLT, arts. 326, §§ 1° e 2°; Lei n.° 2800/56, art. 13, 'a'), bem como do pagamento da respectiva taxa de emissão (CLT, art. 327; Lei n.° 2800/56, art. 26; CRFB, art. 145, II). Ao CFQ e aos CRQ's compete ainda registrar todos os químicos que assumem e deixam cargos de direção técnica de usinas, fábricas e laboratórios (CLT, art. 350). Os conselhos de química devem ainda registrar todos os contratos de trabalho (CLT, arts. 2°, 3° e 442) firmados por químicos (CLT, art. 350, §1°). Os conselhos exercem verdadeiro Poder de Polícia, podendo diligenciar dentro de estabelecimentos comercias, para averiguar o fiel cumprimento da lei.

Art. 344 - Aos sindicatos de químicos devidamente reconhecidos é facultado auxiliar a fiscalização, no tocante à observação da alínea "c" do artigo anterior.

É inerente à atividade sindical a fiscalização do respeito aos direitos trabalhistas (CRFB, art. 8°, III). Os sindicatos tem ampla liberdade (CRFB, art. 8º, *caput* e inciso I) para criarem ouvidorias de denúncias, por exemplo. Em nosso atual arranjo constitucional, são reconhecidos apenas um sindicato por categoria por base territorial, sendo esta de, no mínimo, um município (CRFB, art. 8º, II). Os sindicatos ainda devem ter registro no Ministério do Trabalho e Emprego (CRFB, art. 8º, I). O artigo em comento faculta aos sindicatos dos químicos auxiliar os conselhos em diligências *in loco* (CLT, art. 343, 'c').

Art. 345 - Verificando-se, pelo Ministério do Trabalho, Indústria e Comércio, serem falsos os diplomas ou outros títulos dessa natureza, atestados, certificados e quaisquer documentos exibidos para os fins de que trata esta Seção, incorrerão os seus autores e cúmplices nas penalidades estabelecidas em lei.

Parágrafo único - A falsificação de diploma ou outros quaisquer títulos, uma vez verificada, será imediatamente comunicada ao Serviço de Identificação Profissional, do Departamento Nacional do Trabalho, remetendo-se-lhe os documentos falsificados, para instauração do processo que no caso couber.

À época de concepção da CLT, foi estabelecido que o Ministério do Trabalho quem fiscalizaria o trabalho dos químicos (CLT, art. 342). Atualmente, semelhante atividade é do Conselho Federal de Química e dos Conselhos Regionais de Química (Lei n 2800, arts. 1º e 3º). A estes incumbe apurar a validade dos documentos apresentados por profissionais interessados em obter CTPS de químico (CLT, art. 326, §1º, 'c'), entre eles, diplomas e certificados. Apurada falsificação de documentos, será recusada a entrega de CTPS, será aberto processo administrativo e serão enviados ofícios, para averiguação de responsabilidades e condutas ilícitas (Lei n.º 2800, art. 13, 'c'). Neste diapasão, cumpre relembrar que a falsificação de documentos e o uso de documentos falsos contituem crimes (CP, art. 296, 297, 298, 300, 301 e 304).

Art. 346 - Será suspenso do exercício de suas funções, independentemente de outras penas em que possa incorrer, o químico, inclusive o licenciado, que incidir em alguma das seguintes faltas:

a) revelar improbidade profissional, dar falso testemunho, quebrar o sigilo profissional e promover falsificações, referentes à prática de atos de que trata esta Seção;

b) concorrer com seus conhecimentos científicos para a prática de crime ou atentado contra a pátria, a ordem social ou a saúde pública;

c) deixar, no prazo marcado nesta Seção, de requerer a revalidação e registro do diploma estrangeiro, ou o seu registro profissional no Ministério do Trabalho, Indústria e Comércio.

Parágrafo único - O tempo de suspensão a que alude este artigo variará entre 1 (um) mês e 1 (um) ano, a critério do Departamento Nacional do Trabalho, após processo regular, ressalvada a ação da justiça pública.

Os químicos que revelam segredos Industriais de fórmulas, dão falso testemunho, promovem falsificações, concorrem para a prática de crimes com seus conhecimentos técnicos e deixam de revalidar seus diplomas e registros, mas continuam a exercer sua profissão, ficam sujeitos à pena de suspensão do exercício profissional de um mês a um ano, a critério do órgão fiscalizador. No caso, o Conselho Federal de Química ou os Conselhos Regionais de Química (Lei n.° 2800, art. 1°), não mais o Ministério do Trabalho e Emprego. O artigo prevê sanção de suspensão do exercício profissional para abusos. Interessante notar que a suspensão aplicada pelos conselhos de química não impede a aplicação por empregadores de medidas disciplinares em virtude dos atos faltosos (CLT, art. 474 e 482).

Art. 347 - Aqueles que exercerem a profissão de químico sem ter preenchido as condições do art. 325 e suas alíneas, nem promovido o seu registro, nos termos do art. 326, incorrerão na multa de 200 cruzeiros a 5.000 cruzeiros, que será elevada ao dobro, no caso de reincidência.

O artigo em comento prescreve punição para aqueles que exercem a profissão de químico ilegalmente. Estabelece multa de "200 a 5000 cruzeiros" – valores que, na atualidade, seriam de estimados 1600 reais a 40.000 reais (http://acervo.estadao.com.br/) – para aqueles que exercem a profissão de químico sem diploma condizente (CLT, art. 325) e sem CTPS de químico (CLT, art. 326). A multa pode ser elevada ao dobro em caso de reincidência (400 a 10.000 cruzeiros). Na atualidade, os Conselhos Regionais de Química (CRQ's) quem fiscalizam o exercício da profissão de químico e punem infrações à lei (Lei n.°2 800/56, art. 13, 'c').

Art. 348 - Aos licenciados a que alude o § 1° do art. 325 poderão, por ato do Departamento Nacional do Trabalho, sujeito à aprovação do Ministro, ser cassadas as garantias asseguradas por esta Seção, desde que interrompam, por motivo de falta prevista no art. 346, a função pública ou particular em que se encontravam por ocasião da publicação do Decreto n.° 24.693, de 12 de julho de 1934.

O artigo faz menção aos chamados químicos "licenciados" (CLT, art. 325, §1°) que são aqueles que "*ao tempo da publicação do Decreto n.° 24.693 de 12 de julho de 1934* [decreto que pretendeu regulamentar a profissão de químico no Brasil, com exigência de diploma para exercício da profissão], *se achavam no exercício efetivo de função* [...], *e que tenham requerido o respectivo registro até a extinção do prazo fixado pelo Decreto-Lei n.º 2.298, de 10 de junho de 1940* [decreto assinado por Getúlio Vargas e que permitiu por 60 dias o registro como químicos de pessoas sem diploma, mas com reconhecida experiência na área]". A redação do artigo não é muito clara. Entende-se que os químicos licenciados podem ter seus registros profissionais cassados por ato do DNT – extinto tacitamente desde a Lei n.º 6036/1974 que reorganizou o MTE –, sujeito à aprovação do Ministro (do Trabalho), quando incidentes em faltas (CLT, art. 346).

Art. 349 - O número de químicos estrangeiros a serviço de particulares, empresas ou companhias não poderá exceder de 1/3 (um terço) aos dos profissionais brasileiros compreendidos nos respectivos quadros.

Conforme este artigo, se uma empresa tem, por exemplo, noventa empregados, o número de químicos estrangeiros nela não pode superar o número trinta (um terço do de noventa). A doutrina afirma que o artigo visa resguardar postos de emprego em nosso país à mão de obra brasileira. Trata-se de uma limitação ao trabalho dos químicos estrangeiros residentes no Brasil.

Art. 350 - O químico que assumir a direção técnica ou cargo de químico de qualquer usina, fábrica, ou laboratório indústrial ou de análise deverá, dentro de 24 (vinte e quatro) horas e por escrito, comunicar essa ocorrência ao órgão fiscalizador, contraindo, desde essa data, a responsabilidade da parte técnica referente à sua profissão, assim como a responsabilidade técnica dos produtos manufaturados.

§ 1° - Firmando-se contrato entre o químico e o proprietário da usina fábrica, ou laboratório, será esse documento apresentado, dentro do prazo de 30 (trinta) dias, para registro, ao órgão fiscalizador.

§ 2° - Comunicação idêntica à de que trata a primeira parte deste artigo fará o químico quando deixar a direção técnica ou o cargo de químico, em cujo exercício se encontrava, a fim de ressalvar a sua responsabilidade e fazer-se o cancelamento do contrato. Em caso de falência do estabelecimento, a comunicação será feita pela firma proprietária.

Neste artigo, o legislador procurou delimitar responsáveis por falhas em produtos químicos em defesa, certamente, dos consumidores. Os químicos que assumem (*caput*) ou deixam (§2°) a direção de estabelecimentos devem comunicar este fato imediatamente ao órgão fiscalizador de suas atividades – atualmente, o Conselho Regional de Química (CRQ) local (Lei n.° 2800/56, 1°) – para que nunca uma mercadoria saia de fábrica sem que alguém assuma a responsabilidade pela segurança e validade desta. O parágrafo primeiro impõe a comunicação, em 30 dias, ao CRQ também de qualquer contrato de trabalho firmado entre empresa e químico.

SEÇÃO XIV
DAS PENALIDADES

Art. 351 - Os infratores dos dispositivos do presente Capítulo incorrerão na multa de cinquenta a cinco mil cruzeiros, segundo a natureza da infração, sua extensão e a intenção de quem a praticou, aplicada em dobro no caso de reincidência, oposição à fiscalização ou desacato à autoridade.

Parágrafo único - São competentes para impor penalidades as autoridades de primeira instância incumbidas da fiscalização dos preceitos constantes do presente Capítulo.

O dispositivo em comento encerra, sozinho, a última seção do capítulo das disposições especiais sobre duração e condições de trabalho. O legislador impôs multa de 50 a 5.000 cruzeiros para aqueles que desrespeitam as normas especiais de tutela do trabalho dos bancários (seção I), empregados em serviços de telefonia (seção II), músicos (seção III), operadores cinematográficos (seção IV), motoristas (seção V) etc.. A multa pode ser elevada ao dobro (100 a 1000 mil cruzeiros) em caso de reincidência, oposição à fiscalização ou desacato à autoridade. As autoridades competentes para impor estas multas são administrativas, sempre sendo possível recurso para a autoridade administrativa hierarquicamente superior (CRFB, art. 5º, LIV e LV) em caso de não concordância com a autuação.

REFERÊNCIAS BIBLIOGRÁFICAS

BARROS, Alice Monteiro de. *Contratos e regulamentações especiais de trabalho: peculiaridades, aspectos controvertidos e tendências*. 3. ed. São Paulo: LTr, 2008.

BOMFIM, Vólia. *Direito do Trabalho*. 14ª ed. Ver. Atual e ampl. Rio de Janeiro: Forense; São Paulo: Método, 2017.

CLT interpretada: artigo por artigo, parágrafo por parágrafo/Costa Machado, organizador; Domingos Sávio Zainaghi, coordenador. - 8. cd. - Barueri, SP: Manole, 2017.

CLT: comentada / Eduardo Gabriel Saad. — 49. ed. atual., rev. e ampl. por José Eduardo Duarte Saad, Ana Maria Saad Castello Branco. — São Paulo: LTr, 2016.

DELGADO, Maurício Godinho. *Curso de direito do trabalho*, 17ª ed. rev. atual. ampl.-São Paulo: LTr. 2018.

MARTINS, Sergio Pinto. *Direito Processual do Trabalho*. 37ª ed. São Paulo: Atlas. 2016.

MARTINS, Sergio Pinto. *Comentários à CLT*. 19ªed. São Paulo: Atlas. 2016.

CAPÍTULO II
DA NACIONALIZAÇÃO DO TRABALHO

SEÇÃO I
DA PROPORCIONALIDADE DE EMPREGADOS BRASILEIROS

Art. 352 - As empresas, individuais ou coletivas, que explorem serviços Públicos dados em concessão, ou que exerçam atividades Industriais ou comerciais, são obrigadas a manter, no quadro do seu pessoal, quando composto de 3 (três) ou mais empregados, uma proporção de brasileiros não inferior à estabelecida no presente Capítulo.

§1° - Sob a denominação geral de atividades Industriais e comerciais compreende-se, além de outras que venham a ser determinadas em portaria do Ministro do trabalho, as exercidas:

a) nos estabelecimentos Industriais em geral;

b) nos serviços de comunicações, de transportes terrestres, marítimos, fluviais, lacustres e aéreos;

c) nas garagens, oficinas de reparos e postos de abastecimento de automóveis e nas cocheiras;

d) na indústria da pesca;

e) nos estabelecimentos comerciais em geral;

f) nos escritórios comerciais em geral;

g) nos estabelecimentos bancários, ou de economia coletiva, nas empresas de seguros e nas de capitalização;

h) nos estabelecimentos jornalísticos, de publicidade e de radiodifusão;

i) nos estabelecimentos de ensino remunerado, excluídos os que neles trabalhem por força de voto religioso;

j) nas drogarias e farmácias;

k) nos salões de barbeiro ou cabeleireiro e de beleza;

l) nos estabelecimentos de diversões públicas, excluídos os elencos teatrais, e nos clubes esportivos;

m) nos hotéis, restaurantes, bares e estabelecimentos congêneres;

n) nos estabelecimentos hospitalares e fisioterápicos cujos serviços sejam remunerados, excluídos os que neles trabalhem por força de voto religioso;

o) nas empresas de mineração;

§ 2º - Não se acham sujeitas ás obrigações da proporcionalidade as indústrias rurais, as que, em zona agrícola, se destinem ao beneficiamento ou transformação de produtos da região e as atividades Industriais de natureza extrativa, salvo a mineração.

Art. 353 - Equiparam-se aos brasileiros, para fins deste capitulo, ressalvado o exercício de profissões reservadas aos brasileiros natos ou aos brasileiros em geral, os estrangeiros que, residindo no País há mais de dez anos, tenham cônjuge ou filho brasileiro, e os portugueses.

Art. 354 - A proporcionalidade será de 2/3 (dois terços) de empregados brasileiros, podendo, entretanto, ser fixada proporcionalidade inferior, em atenção às circunstâncias especiais de cada atividade, mediante ato do Poder Executivo, e depois de devidamente apurada pelo Departamento Nacional do Trabalho e pelo Serviço de Estatística de Previdência e Trabalho a insuficiência do número de brasileiros na atividade de que se tratar.

Parágrafo único - A proporcionalidade é obrigatória não só em relação á totalidade do quadro de empregados, com as exceções desta lei, como ainda em relação à correspondente folha de salários.

Art. 355 - Consideram-se como estabelecimentos autônomos, para os efeitos da proporcionalidade a ser observada, as sucursais, filiais e agências em que trabalhem 3 (três) ou mais empregados.

Art. 356 - Sempre que uma empresa ou individuo explore atividades sujeitas a proporcionalidades diferentes, observar-se-á, em relação a cada uma delas, a que lhe corresponder.

Art. 357 - Não se compreendem na proporcionalidade os empregados que exerçam funções técnicas especializadas, desde que a juízo do Ministério do trabalho, haja falta de trabalhadores nacionais.

Os artigos 352 a 357 trazem uma quota proporcional obrigatória para que empresas possuam em seus quadros trabalhadores brasileiros. Há projeto de lei, atualmente em trâmite perante a Câmara dos Deputados (PL 2456-A/2019; autor Deputado Marcos Pereira), para alterar esses dispositivos, desobrigando as empresas de obedecerem a cota – porém, garantindo tratamento favorecido junto ao Poder Público, o que, segundo o projeto, privilegiaria a livre iniciativa e a livre concorrência. Também pode-se cogitar da incompatibilidade do dispositivo com o *caput* do artigo 5º da CRFB e om o inciso XI, artigo 3º, da Lei 13.445/2017.

Art. 358 - Nenhuma empresa, ainda que não sujeita à proporcionalidade, poderá pagar a brasileiro que exerça função análoga, a juízo do Ministério do Trabalho, Indústria e Comércio, à que é exercida por estrangeiro a seu serviço, salário inferior ao deste, excetuando-se os casos seguintes:

a) quando, nos estabelecimentos que não tenham quadros de empregados organizados em carreira, o brasileiro contar menos de 2 (dois) anos de serviço, e o estrangeiro mais de 2 (dois) anos;

b) quando, mediante aprovação do Ministério do Trabalho, Indústria e Comércio, houver quadro organizado em carreira em que seja garantido o acesso por antiguidade;

c) quando o brasileiro for aprendiz, ajudante ou servente, e não o for o estrangeiro;

d) quando a remuneração resultar de maior produção, para os que trabalham à comissão ou por tarefa.

Parágrafo único - Nos casos de falta ou cessação de serviço, a dispensa do empregado estrangeiro deve preceder à de brasileiro que exerça função análoga.

O artigo 358, *caput*, traz o direito à equiparação salarial, visto que o brasileiro em função análoga à do estrangeiro não pode receber salário inferior a este, salvo se comprovadas as distinções dispostas nas alíneas "a" a "d" do dispositivo. Já o parágrafo traz disposição protecionista de dispensa do empregado brasileiro, o que pode violar, em tese, o *caput* do artigo 5º da CRFB. O projeto de Lei 2456-A/2019 (Câmara dos Deputados) pretende a revogação deste parágrafo.

SEÇÃO II
DAS RELAÇÕES ANUAIS DE EMPREGADOS

Os artigos 359 a 362 fazem parte do Capítulo "Da Nacionalização do Trabalho" e, por tal razão, é de bom alvitre informar que o exercício de atividades pelo trabalhador estrangeiro é regulado basicamente pela Lei n.º 6.815/1980 - Estatuto do Estrangeiro (Decreto regulamentador n.º 86.715/1981), pela Lei n.º .064/1982 (Dispõe sobre a situação de trabalhadores contratados ou transferidos para prestar serviços no exterior), na redação conferida pela Lei n.º 11.962/2009 e pelo Decreto Lei n.º 691/1999 (que dispõe sobre os contratos de técnicos estrangeiros).

Art. 359 - Nenhuma empresa poderá admitir a seu serviço empregado estrangeiro sem que este exiba a carteira de identidade de estrangeiro devidamente anotada.

Parágrafo único - A empresa é obrigada a assentar no registro de empregados os dados referentes à nacionalidade de qualquer empregado estrangeiro e o número da respectiva carteira de identidade.

Como de conhecimento, a Constituição Federal de 1988, art. 5°, veda distinção entre o estrangeiro residente no Brasil e o brasileiro. Não obstante, como ressalva, há vedação expressa quanto ao exercício de atividade por parte de estrangeiros estabelecida no próprio texto constitucional, a exemplo, do art. 12, § 3°, bem como na lei infraconstitucional, como regrado pelo art. 368, da CLT, e pela Lei.

Como corolário do princípio da igualdade, ao estrangeiro é permitido o exercício de atividades laborativas no Brasil, desde que seja precedida de todas as formalidades legais, dentre elas, o visto de estrangeiro, devendo ser observada ainda as restrições estabelecidas na Lei n.º 6.815/80.

De acordo com o art. 41 da CLT, qualquer que seja o ramo de atividade, é obrigatório ao empregador o registro dos trabalhadores. E, diferente não é, no caso de contratação de trabalhadores estrangeiros. Para estes, o art. 2° da Portaria n.º 41/2007, do Ministério do Trabalho e Emprego, especifica que no ato de admissão de trabalhador estrangeiro deve o empregador exigir a Carteira de Trabalho e Previdência Social (CTPS) e não mais a Carteira de Identidade de Estrangeiro (CEI), como previsto no dispositivo. Entretanto, para a obtenção da CTPS é necessário a apresentação da CEI.

De posse da CTPS e do visto de permanência, ao estrangeiro é permitido o labor e igualdade de direitos, conforme previsão da Carta Magna e ainda por força do art. 95, da Lei n.º 6.815/80. A contrário "sensu", na ausência da documentação, ou seja, ao estrangeiro irregular no Brasil, o trabalho é proibido. Nada obstante, a doutrina e a jurisprudência tendem a reconhecer o liame empregatício, tendo em vista a impossibilidade de restituição da energia de trabalho despendida por parte do trabalhador.

De acordo com o Decreto n.º 86.715/1981, que regulamenta a Lei n.º 6.815/1980, o estrangeiro para obter visto permanente de residência no Brasil, além de outras exigências, previstas no art. 27 do Decreto, deverá apresentar *"contrato de trabalho visado pela Coordenação-Geral de Imigração do Ministério do Trabalho"*, quando for o caso.

Conforme determina a Resolução Normativa do Conselho Nacional de Imigração n.º 74/07 (de 09/02/2007), compete à Coordenação-Geral de Imigração do MTE conceder "autorização de trabalho" ao estrangeiro que pretenda entrar no território nacional para o exercício de atividade remunerada.

Quanto ao visto, um dos requisitos de exigência para o exercício de atividades por imigrantes no Brasil, estabelece o art. 4° da Lei n.º 6.815/1980, que ao estrangeiro que pretenda entrar no território nacional poderá ser concedido visto: a) de trânsito; b) de turista; c) temporário; d) permanente; e) de cortesia; f) oficial; e g) diplomático.

E, de acordo com o art. 98, da lei em comento, ao estrangeiro que foi concedido visto de turista, de trânsito ou temporário (na condição de estudante), bem como aos seus dependentes, o exercício de atividade remunerada no território nacional é vedado, com exceção do estrangeiro admitido temporariamente sob contrato.

Por fim, de acordo com o estatuído no art. 100, da norma legal já mencionada acima, se o estrangeiro for contratado na condição de temporário, "*...só poderá exercer atividade junto à entidade pela qual foi contratado, na oportunidade da concessão do visto, salvo autorização expressa do Ministério da Justiça, ouvido o Ministério do Trabalho*".

Art. 360 - Toda empresa compreendida na enumeração do art. 352, § 1°, deste Capítulo, qualquer que seja o número de seus empregados, deve apresentar anualmente às repartições competentes do Ministério do Trabalho, de 2 de maio a 30 de junho, uma relação, em três vias, de todos os seus empregados, segundo o modelo que for expedido.

§ 1° - As relações terão, na primeira via, o selo de três cruzeiros pela folha inicial e dois cruzeiros por folha excedente, além do selo do Fundo de Educação, e nelas será assinalada, em tinta vermelha, a modificação havida com referência à última relação apresentada. Se se tratar de nova empresa, a relação, encimada pelos dizeres - Primeira Relação - deverá ser feita dentro de 30 (trinta) dias de seu registro no Departamento Nacional da Indústria e Comércio ou repartições competentes.

§ 2° - A entrega das relações far-se-á diretamente às repartições competentes do Ministério do Trabalho, Indústria e Comércio, ou, onde não as houver, às Coletorias Federais, que as remeterão desde logo àquelas repartições. A entrega operar-se-á contra recibo especial, cuja exibição é obrigatória, em caso de fiscalização, enquanto não for devolvida ao empregador a via autenticada da declaração.

§ 3° - Quando não houver empregado far-se-á declaração negativa.

A relação mencionada no "*caput*", atualmente, é regulamentada pelo Decreto n.° 76.900, de 23 de dezembro de 1975, que instituiu a Relação Anual de Informações Sociais - RAIS, em substituição à Relação Anual de Salários (RAS), que vigorava outrora. As instruções sobre a correta expedição da RAIS, cabe ao Ministro do Trabalho e Emprego, que o faz mediante expedição de Portaria, a exemplo da n.° 769, de 03 de dezembro de 1998, que aprova as instruções gerais, para a declaração da Relação Anual de Informações Sociais – RAIS e da n.° 1.740, de 26 de outubro de 1999, que determina "*a inclusão, nos formulários da Relação Anual de Informações Sociais RAIS e no Cadastro Geral de Empregados e Desempregados CAGED, de dados informativos da raça e cor dos empregados, em campo próprio "raça/cor"*.

Nada obstante, a menção no art. 360, de que a exigência da relação seria apenas para as empresas elencadas no § 1°, do art. 352, o art. 7°, do mencionado decreto, deixa claro que a obrigatoriedade da relação se estende a todas as empresas, tenham elas ou não fins lucrativos, e sejam quais forem suas atividades e é sempre relativa ao ano-base anterior.

E, de acordo com o art. 3°, da Portaria n.° 769/98, do Ministério do Trabalho em Emprego - MTE, o empregador, ou o responsável pela prestação das informações, deverá relacionar na RAIS todos os vínculos havidos ou em curso no ano-base, e não somente os existentes em 31 de dezembro do ano.

As informações a serem prestadas devem seguir as formalidades elencadas no art. 4°, da Portaria *supra* mencionada.

A relação tem por objetivo fornecer informações aos Ministérios da Fazenda, Trabalho, Interior e Previdência e Assistência Social, no tocante ao cumprimento da legislação relativa ao Programa de Integracao Social (PIS) e ao Programa de Formação do Patrimônio do Servidor Público (PASEP); às exigências da legislação de nacionalização do trabalho; ao fornecimento de subsídios para controle dos registros relativos ao Fundo de Garantia do Tempo de Serviço (FGTS); ao estabelecimento de um sistema de controle central da arrecadação e da concessão e benefícios por parte do Instituto Nacional do Seguro Social (INSS); à coleta de dados indispensáveis aos estudos técnicos, de natureza estatística e atuarial, dos serviços especializados dos Ministérios (art. 1°, do Decreto n.° 76.900/75).

Quanto ao selo mencionado no § 1°, este foi abolido pela Lei n.° 3.519, de 30 de dezembro de 1958. E as Coletorias Federais, referidas no § 2°, foram extintas pelo Decreto n.° 63.659, de 20 de novembro de 1968.

Art. 361 - Apurando-se, das relações apresentadas, qualquer infração, será concedido ao infrator o prazo de 10 (dez) dias para defesa, seguindo-se o despacho pela autoridade competente.

Com o Decreto n.° 76.900/75, que instituiu a RAIS, o empregador que omitir informações ou prestar informações inverídicas ou inexatas, ficará sujeito à multa prevista no art. 25 da Lei n.° 7.998, de 11 de janeiro de 1990, regulamentada pela Portaria/MTE n.° 14, de 10 de fevereiro de 2006, alterada pela Portaria/MTE n.° 688, de 24 de abril de 2009, conforme previsão do art. 9°, da Portaria Ministerial n.° 1.464, de 30/12/2016 (portaria vigente na presente data).

De acordo com o dispositivo legal acima, a multa a ser aplicada observará a natureza da infração, a extensão e intenção do infrator e em caso de reincidência, oposição à fiscalização ou desacato à autoridade, será aplicada de forma dobrada.

Art. 362 - As repartições às quais competir a fiscalização do disposto no presente Capítulo manterão fichário especial de empresas, do qual constem as anotações referentes ao respectivo cumprimento, e fornecerão aos interessados as certidões de quitação que se tornarem necessárias, no prazo de 30 (trinta) dias, contados da data do pedido.

§ 1° - As certidões de quitação farão prova até 30 de setembro do ano seguinte àquele a que se referiram e estarão sujeitas à taxa correspondente a 1/10 (um décimo do salário-mínimo regional. Sem elas nenhum fornecimento ou contrato poderá ser feito com o Governo da União, dos Estados ou Municípios, ou com as instituições paraestatais a eles subordinadas, nem será renovada autorização a empresa estrangeira para funcionar no País.

§ 2° - A primeira via da relação, depois de considerada pela repartição fiscalizadora, será remetida anualmente ao Departamento Nacional de Mão-de-Obra (DNMO), como subsídio ao estudo das condições de mercado de trabalho, de um modo geral, e, em particular, no que se refere à mão-de-obra qualificada.

§ 3° - A segunda via da relação será remetida pela repartição competente ao Serviço de Estatística da Previdência e Trabalho e a terceira via devolvida à empresa, devidamente autenticada.

O artigo em comento tem redação atribuída pelo Decreto Lei n.° 229, de 28 de fevereiro de 1967.

Como já mencionado anteriormente, o Decreto n.° 76.900/1975, substituiu a Relação Anual de Salários (RAS) ao instituir a Relação Anual de Informações Sociais – RAIS e a fiscalização quanto a obrigatoriedade da emissão da RAIS, é missão dos Ficais do Trabalho.

A taxa a que faz menção o § 1° (taxas pelo fornecimento de certidões de quitação) foram extintas pelo art. 1°, III, da Lei n.° 8.522/92.

Por fim, cabe destacar, que parte da doutrina, entende pela não recepção de alguns dos dispositivos referentes ao "Capítulo II", da CLT, tendo em vista que a Constituição Federal, não faz qualquer referência à nacionalização do trabalho, considerando ainda, que o art. 5°, "*caput*", da CF, assegura aos estrangeiros, igualdades de direitos aos brasileiros e o inciso XIII, estabelece que "é livre o exercício de qualquer trabalho, ofício ou profissão, atendidas as qualificações profissionais que a lei estabelecer".

Por último, informa que a tese da não recepção, para alguns doutrinadores, ainda encontra respaldo na Convenção n.° 19, da OIT, de 1925, que versa sobre a igualdade entre estrangeiros e nacionais em matéria de acidente de trabalho, Convenção n.° 97, de 1949, que trata da emigração e da imigração, Convenção n.° 118, sobre a igualdade de tratamento entre nacionais e estrangeiros em matéria de seguridade social, e por fim, a Convenção n.° 111 de 1958, da OIT, ratificada pelo Brasil e promulgada pelo Decreto n.° 62.150, de 19 de janeiro de 1968, sobre "Discriminação em Matéria de Emprego e Ocupação".

SEÇÃO III
DAS PENALIDADES

Artigo 363 - O processo das Infrações do presente Capítulo obedecerá ao disposto no Título "Do Processo de Multas Administrativas" no que lhe for aplicável, com observância dos modelos e auto a serem expedidos.

Nos artigos 626 a 642 da CLT- Consolidação das Leis do Trabalho, estão previstos os procedimentos de fiscalização quanto ao cumprimento das normas de proteção ao trabalho, bem como a aplicabilidade das sanções administrativas no caso de descumprimento de tais normas.

Neste contexto, temos que, de acordo com a Constituição Federal do Brasil em seu artigo 114, VII, a Justiça do Trabalho tem competência para processar e julgar ações relativas às penalidades administrativas impostas aos empregadores pelos órgãos de fiscalização das relações de trabalho.

A portaria do MTE - Ministério do Trabalho e Emprego n.º 650 DE 14.05.2013, aprovou os modelos de auto de infração que serão utilizados pelos fiscais para autuação no caso de irregularidades.

Artigo 364 - As infrações do presente Capítulo serão punidas com a multa de cem a dez mil cruzeiros.

Apesar das inúmeras modificações nos valores das multas administrativas previstas na CLT – Consolidação das Leis do Trabalho, não houve lei que alterasse a redação desse artigo, por isso as multas ainda estão expressas em cruzeiros. As mudanças na moeda e com a evolução da própria inflação justificam-se as sucessivas alterações nos valores de tais multas. A extinta BTN (Bônus do Tesouro Nacional) já foi fator de conversão para cálculo de multa administrativa, após sua extinção houve determinação da conversão para cruzeiros. Posteriormente a UFIR (Unidade Fiscal de Referência) foi instituída como medida de atualização monetária para multas e penalidades administrativas.

Nos termos da Portaria 290 de 11/04/1997, que segue vigente até dos dias de hoje, as multas administrativas variáveis, quando a lei não determinar sua imposição pelo valor máximo, serão graduadas observando-se alguns critérios e deverá ser usada a UFIR como medida de valor, mesmo que ela (UFIR) já ter sido extinta pela Medida provisória n.° 1.973-67, de 26 de outubro de 2000.

O valor da última UFIR corresponde a R$1,0641 nos termos da Medida Provisória n.° 1973-67 de outubro de 2000, convertida na Lei 10.522/2002.

Parágrafo Único - Em se tratando de empresa concessionária de serviço público, ou de sociedade estrangeira autorizada a funcionar no País, se a infratora, depois de multada, não atender afinal ao cumprimento do texto infringido, poderá ser-lhe cassada a concessão ou autorização.

As empresas que obtém concessão para prestar serviço público, ou as empresas estrangeiras autorizadas a funcionar no Brasil, caso sejam multadas e não atenderem dentro do prazo legal as exigências, poderão perder o direito à concessão ou no caso das que tem autorização para funcionar no território brasileiro, perderão esse direito.

Caso a multa, não mais passível de recurso administrativo, não seja quitada, o débito é encaminhado à PFN - Procuradoria da Fazenda Nacional, instituída pela LC 73/1993, órgão responsável pela inscrição em Dívida Ativa e cobrança executiva judicial.

Não se exige depósito prévio do valor da multa imposta para interposição e nem como pressuposto de admissibilidade de Recurso Administrativo conforme entendimento do STJ – Superior Tribunal de Justiça em sua Súmula Vinculante de número 21 e Súmula 424 do TST – Tribunal Superior do Trabalho, ambas estabelecem a inconstitucionalidade de tal exigência.

SEÇÃO IV
DISPOSIÇÕES GERAIS

Artigo 365 - O presente artigo não derroga as restrições vigentes quanto às exigências de nacionalidade brasileira para o exercício de determinadas profissões nem as que vigoram para as faixas de fronteiras, na conformidade da respectiva legislação.

Referido artigo faz referência às restrições que prevalecem para as faixas de fronteiras e que afetam, portanto, os trabalhadores fronteiriços , ou seja aqueles que vivem em cidades que fazem fronteira ao território nacional , aos quais , resguardados os interesses em relação à segurança nacional, é permitido sua entrada para frequentar estabelecimento de ensino e até mesmo para exercer atividade remunerada, obviamente sempre respeitando as exigências e cumprindo os requisitos para a relação de trabalho.

Em seu artigo 5° *caput* da nossa Constituição Federal estabelece garantia de igualdade de direitos entre brasileiros e estrangeiros residentes no país, tendo apenas que verificar restrições a estrangeiros previstas na própria Constituição em seu artigo 37 – I- que diz " os cargos, empregos e funções públicas são acessíveis aos brasileiros que preencham os requisitos estabelecidos em lei, assim como aos estrangeiros, na forma da lei.

Porém há que se observar que alguns cargos são privativos apenas para brasileiros natos, como por exemplo o de presidente e vice-presidente da República.

Artigo 366 - Enquanto não for expedida a carteira a que se refere o art. 359 deste capítulo, valerá, a título precário, como documento hábil, uma certidão, passada pelo serviço competente do Registro de Estrangeiros, provando que o empregado requereu sua permanência no país.

Trata-se de um dispositivo que contempla a possibilidade de se substituir precariamente a CTPS- Carteira de Trabalho e Previdência Social por uma certidão expedida por autoridade competente em que esteja indicado que o estrangeiro tenha requerido a permanência no país, nos termos da Lei 6815/80(lei que define a situação jurídica do estrangeiro no Brasil e cria o Conselho Nacional de Imigração.)

Porém para obter a CTPS, o estrangeiro deverá se dirigir a sede da Superintendência Regional do Trabalho e Emprego, Gerências e Agências Regionais do Trabalho e Emprego e solicitar a emissão da carteira.

A documentação exigida ao estrangeiro permanente, o asilado político e com base no estatuto do refugiado será o comprovante de residência com CEP; CPF, e a CIE- Cédula de Identidade de Estrangeiro, e cópia da publicação no Diário Oficial da União contendo prazo de vigência da situação e informações da qualificação civil deverão apresentar, ao órgão emissor a Cédula de Identidade de Estrangeiro ou, no caso do refugiado cuja Cédula de Identidade de Estrangeiro não tenha sido expedida pela Polícia Federal, a CTPS será fornecida mediante protocolo da expedição do CIE, e o estrangeiro com visto temporário precisará apresentar o contrato de trabalho visado pela coordenação-geral de imigração- Cgig e publicado no diário oficial da união e passaporte com respectivo visto.

É importante mencionar que ao estrangeiro com visto de turista que tem caráter recreativo ou de visita, ou com visto de transito temporário de estudante não se permite a atividade remunerada, podendo este que descumprir tal regra ser punido pelas autoridades competentes, sofrendo deste modo as sanções legais. Cabe salientar ainda, que também não se admite o trabalho remunerado a nenhum dos dependentes de estrangeiros com visto temporário em nenhuma de suas modalidades.

Art. 367 - A redução a que se refere o art. 354, enquanto o Serviço de Estatística da Previdência e Trabalho não dispuser dos dados estatísticos necessários à fixação da proporcionalidade conveniente para cada atividade, poderá ser feita por ato do Ministro do Trabalho, Indústria e Comércio, mediante representação fundamentada da associação sindical.

Na igualdade garantida pela nossa Constituição Federal aos estrangeiros em relação aos brasileiros, deve ser observada a proporcionalidade conveniente a cada atividade, e também deverá ser observado os cargos privativos dos brasileiros natos. Dispõe o Decreto-Lei n.º 1843/1939: "*Art. 5º A proporcionalidade será de dois terços de empregados brasileiros, podendo, entretanto, ser fixada proporcionalidade inferior, em atenção às circunstâncias especiais de cada atividade, mediante ato do Poder Executivo, e depois de devidamente apuradas pelo Departamento Nacional do Trabalho e pelo Serviço de Estatística da Previdência e Trabalho a insuficiência do número de brasileiros na atividade de que se tratar. Parágrafo único - A proporcionalidade é obrigatória não só em relação à totalidade do quadro de empregados, como as axeções desta lei, como ainda em relação à correspondente folha de salários.*"

Parágrafo único - O Serviço de Estatística da Previdência e Trabalho deverá promover, e manter em dia, estudos necessários aos fins do presente Capítulo.

O texto da CLT, de tempos passados, fazia referência à Secretaria de Mão de Obra, no entanto, tal denominação deu lugar ao Serviço de Estatística da Previdência que foi extinta com o Decreto 69.014 de 04 de agosto de 1971 e passou a ser denominada Secretaria do Trabalho.

SEÇÃO V
DAS DISPOSIÇÕES ESPECIAIS SOBRE A NACIONALIZAÇÃO DA MARINHA MERCANTE

Art. 368 - O comando de navio mercante nacional só poderá ser exercido por brasileiro nato.

A lei n.º 6.192/1974 em seu art. 2º modifica a redação por "brasileiro", para não haver distinção entre o nato e o naturalizado.

Art. 2º A condição de "brasileiro nato", exigida em leis ou decretos, para qualquer fim, fica modificada para a de "brasileiro".

A Constituição Federal de 05/10/1988 também é clara quando à impossibilidade de distinção entre brasileiros, no art. 12 parágrafo 2º, é clara na impossibilidade de haver distinção entre o brasileiro nato e o naturalizado, bem como estabelece as funções privativas do brasileiro nato, entre os quais o cargo de Presidente da República e o de Vice-Presidente, para que não haja distinção entre brasileiros: "§ 2º - A lei não poderá estabelecer distinção entre brasileiros natos e naturalizados, salvo nos casos previstos nesta Constituição."

Art. 369 - A tripulação de navio ou embarcação nacional será constituída, pelo menos, de 2/3 (dois terços) de brasileiros natos.

Parágrafo único - O disposto neste artigo não se aplica aos navios nacionais de pesca, sujeitos a legislação específica.

Note-se que no presente artigo também ocorre uma distinção entre o brasileiro "nato" e o "naturalizado", o que também foi excluído pela Constituição Federa de 05/10/1988, que desde o art. 5°, inciso XII que segue: "*Art. 5° Todos são iguais perante a lei, sem distinção de qualquer natureza, garantindo-se aos brasileiros e aos estrangeiros residentes no País a inviolabilidade do direito à vida, à liberdade, à igualdade, à segurança e à propriedade, nos termos seguintes: (...) XIII - é livre o exercício de qualquer trabalho, ofício ou profissão, atendidas as qualificações profissionais que a lei estabelecer;*"

Art. 370 - As empresas de navegação organizarão as relações dos tripulantes das respectivas embarcações, enviando-as no prazo a que se refere a Seção II deste Capítulo à Delegacia do Trabalho Marítimo onde as mesmas tiverem sede.

Parágrafo único - As relações a que alude o presente artigo obedecerão, na discriminação hierárquica e funcional do pessoal embarcadiço, ao quadro aprovado pelo regulamento das Capitanias dos Portos.

Com a Extinção do Conselho Superior de Trabalho Marítimo em 1989, pela Lei n.° 7.731/89, Conselho então pertencente ao Ministério do Trabalho. Segue o art. 1° da supracitada Lei: "*Art. 1° Ficam extintos os seguintes órgãos da Administração Federal direta: (...) III - no Ministério do Trabalho: (...) d) Conselho Superior de Trabalho Marítimo - CSTM, e respectivas Delegacias;*"

Portanto, tornou-se desnecessário o envio da relação dos trabalhadores em razão da entrega da relação passar também a ser pela RAIS (Relação Anual de Informações Sociais). Que foi instituída em 1975, pelo Decreto n.° 76.900 de 23/12/1975, já em 1989, foi instituído o Documento de Informações Sociais - DIS, pelo Decreto n.° 97.936 de 10/07/1989, como segue o seu art. 5°: "*Art. 5° O DIS substituirá os seguintes documentos: I - Relação Anual de Informações Sociais - RAIS (Decreto n.° 76.900, de 23 de dezembro de 1975);*"

Art. 371 - A presente Seção é também aplicável aos serviços de navegação fluvial e lacustre e à praticagem nas barras, portos, rios, lagos e canais.

Em razão das disposições constantes da Constituição Federal (DOU 5.10.1988), como resta claro em seu art. 178 e parágrafo único: "*Art. 178 A lei disporá sobre a ordenação dos transportes aéreo, aquático e terrestre, devendo, quanto à ordenação do transporte internacional, observar os acordos firmados pela União, atendido o princípio da reciprocidade. (Redação da EC 7/1995) Parágrafo único - Na ordenação do transporte aquático, a lei estabelecerá as condições em que o transporte de mercadorias na cabotagem e a navegação interior poderão ser feitos por embarcações estrangeiras. (Redação da EC 7/1995)*"

Além do que dispõe a Constituição Federal, também o Brasil ratificou várias Convenções Internacionais perante a OIT (Organização Internacional do Trabalho), sobre a atuação no âmbito marítimo, entre as quais as que seguem:

"58 - Idade Mínima no Trabalho Marítimo (Revista);

134 - Prevenção de Acidentes do Trabalho dos Marítimos;

145 – Continuidade no Emprego do Marítimo

164 – Proteção à Saúde e Assistência Médica aos Trabalhadores Marítimos

166 – Repatriação de Trabalhadores Marítimos;

178 - Convenção Relativa à Inspeção das Condições de Vida e de Trabalho dos Trabalhadores Marítimos."

CAPÍTULO III

DA PROTEÇÃO DO TRABALHO DA MULHER

SEÇÃO I

DA DURAÇÃO, CONDIÇÕES DO TRABALHO E DA DISCRIMINAÇÃO CONTRA A MULHER

Art. 372 - Os preceitos que regulam o trabalho masculino são aplicáveis ao trabalho feminino, naquilo em que não colidirem com a proteção especial instituída por este Capítulo.

O referido artigo foi inserido com vistas a incorporar os princípios da igualdade de direitos e da dignidade da pessoa humana trazidas pela Constituição Federal de 1988.

Art. 373 - A duração normal de trabalho da mulher será de 8 (oito) horas diárias, exceto nos casos para os quais for fixada duração inferior.

Trata-se de mais um dispositivo que assegura o direito de igualdade entre homens e mulheres no ambiente de trabalho, prevendo que a jornada de trabalho será de 8 horas diárias, conforme disposto no art.7, XIII da CF/88, também é assegurado a redução da jornada, como por exemplo, a jornada de turnos ininterruptos de revezamento, prevista no art.7, XIV, da CF, bem como a existência de bancos de horas, insculpido no art.59, §2° da CLT.

Art. 373-A - Ressalvadas as disposições legais destinadas a corrigir as distorções que afetam o acesso da mulher ao mercado de trabalho e certas especificidades estabelecidas nos acordos trabalhistas, é vedado:

O referido artigo foi inserido pela lei. 9.799/1999, e consagra regras proibitivas de qualquer discriminação ao trabalho da mulher, já insculpidas no inciso XX do art.7° da CF/88, corroborando com a inserção da mulher no mercado de trabalho e ampliando a igualdade de direitos entre homens e mulheres.

I - publicar ou fazer publicar anúncio de emprego no qual haja referência ao sexo, à idade, à cor ou situação familiar, salvo quando a natureza da atividade a ser exercida, pública e notoriamente, assim o exigir;

Trata-se de mais uma regra a evitar-se a desigualdade de direitos entre homens e mulheres. Todavia, é possível fazer a diferenciação de sexo, quando, por exemplo, a natureza da atividade exigir excessivo esforço físico da mulher (art.390 – CLT). Buscou-se também, proteger o homem desta discriminação, quando for exigido o preenchimento de vagas por mulheres, salvo as especificações de cada atividade.

II - recusar emprego, promoção ou motivar a dispensa do trabalho em razão de sexo, idade, cor, situação familiar ou estado de gravidez, salvo quando a natureza da atividade seja notória e publicamente incompatível;

Observa-se mais uma regra de proteção a qualquer discriminação, seja por cor, raça, sexo, etc. Importante destacar que a mulher em estado gravídico também é amparada por este artigo, podendo valer-se desta proteção (proibição de atestado de gravidez ou esterilização, para efeitos admissionais ou de permanência no emprego – Lei 9.025/1995), salvo quando o ambiente de trabalho for aquele especificado no art. 394-A da CLT (acrescentado pela Lei 13.287/2016). Dentre outras situações, o idoso também pode valer-se desta proteção, vez que a idade não é motivo para recusa de emprego, promoção ou dispensa, proteção também assegurada pelo Estatuto do Idoso (Lei 10.741/2003). Outrossim, o portador de deficiência também deve ser amparado por esta proteção conforme estabelece o inciso XXXI do art.7° da CF/88 e Lei 13.146/2015.

III - considerar o sexo, a idade, a cor ou situação familiar como variável determinante para fins de remuneração, formação profissional e oportunidades de ascensão profissional;

Aqui visa impedir a diferenciação de salários conforme já previsto no art. 7°, inciso, XXX da CF/88, mormente, a utilização de critérios descritos neste inciso e nos anteriores, para fins de crescimento profissional. Vale dizer que estas proibições foram inseridas no ordenamento jurídico através das OIT's n.° 100 e 111.

IV - exigir atestado ou exame, de qualquer natureza, para comprovação de esterilidade ou gravidez, na admissão ou permanência no emprego;

Este inciso também foi acrescentado pela lei 9.025 de 1995 e classificou esta prática discriminatória como crime, punido com pena de detenção de 1 (um) a 2 (dois) anos sem prejuízo de pagamento de multa administrativa. No entanto, considerando a inserção na CLT do art. 394-A (proibição da mulher de exercer atividades insalubres), poderá o empregador solicitar o referido exame antes da contratação da mulher, a fim de evitar-se malefícios a saúde da gestante. Neste caso, é preciso analisar o caso concreto antes de responsabilizar o empregador por esta prática.

V - impedir o acesso ou adotar critérios subjetivos para deferimento de inscrição ou aprovação em concursos, em empresas privadas, em razão de sexo, idade, cor, situação familiar ou estado de gravidez;

Este inciso visa impedir que o Poder Público quando da contratação de funcionários regidos pela CLT, exerça qualquer tipo de discriminação contra o candidato. Devendo o ente público respeitar os princípios insculpidos no art. 37º da CF/88.

VI - proceder o empregador ou preposto a revistas íntimas nas empregadas ou funcionárias.

Qualquer tipo de revista íntima nas empregadas ou funcionárias é expressamente proibida, mas se trouxermos o princípio da igualdade insculpida no artigo 5ª, I, da CF/88, nas relações de trabalho ou emprego, é possível afirmar também que esta proibição pode ser aplicada em favor dos empregados do sexo masculino. Nesta mesma toada, o empregador, por exemplo, deve se abster de instalar câmeras em vestiários e banheiros femininos e masculinos. Todavia, o empregador poderá exercer seu poder de fiscalização realizando revista pessoal nos pertences dos funcionários, desde que não seja em local público e com intuito de causar humilhação e constrangimentos ao funcionário.

Parágrafo único - O disposto neste artigo não obsta a adoção de medidas temporárias que visem ao estabelecimento

das políticas de igualdade entre homens e mulheres, em particular as que se destinam a corrigir as distorções que afetam a formação profissional, o acesso ao emprego e as condições gerais de trabalho da mulher.

Aqui há uma previsão de adoção de mais políticas de igualdade entre homens e mulheres, de modo a corrigir qualquer desigualdade ainda existente entre homens e mulheres na relação de trabalho. Todavia, deve-se tomar cuidado com a criação de normas de proteção ao trabalho da mulher, vez que a exacerbada proteção a esta, afastaria o princípio da igualdade.

Art. 374 – Revogado

Art. 375 – Revogado

Art. 376 – Revogado

Art. 377 - A adoção de medidas de proteção ao trabalho das mulheres é considerada de ordem pública, não justificando, em hipótese alguma, a redução de salário.

Este artigo traz a baila o princípio da irredutibilidade salarial insculpido no art. 7º, VI e X, da CF/88, seja por meio de redução, conforme previsto no art. 503 da CLT, ou por descontos salariais, de sorte que o trabalhador tem o direito constitucional da intangibilidade salarial, salvo em casos expressos, como adiantamentos e descontos devidamente previstos no contrato de trabalho, ou se verificado o culpa ou dolo do empregado.

Art. 378 – Revogado

SEÇÃO II
DO TRABALHO NOTURNO

Art. 379 – Revogado

Art. 380 – Revogado

Art. 381 - O trabalho noturno das mulheres terá salário superior ao diurno.

O referido artigo não possui diferenciação do que já dispõe o texto constitucional, pois o art. 7º, IX, da CF/88, prevê recebimento de adicional salarial pelo trabalho noturno.

§ 1º - Para os fins desse artigo, os salários serão acrescidos duma porcentagem adicional de 20% (vinte por cento) no mínimo.

O art. 73, *caput*, da CLT, já possui esta previsão. Valendo-se desta previsão os homens e mulheres.

§ 2º - Cada hora do período noturno de trabalho das mulheres terá 52 (cinquenta e dois) minutos e 30 (trinta) segundos.

Esta previsão está no § 2º do art. 73, da CLT, não se aplicando aos trabalhadores rurais e aos domésticos.

SEÇÃO III
DOS PERÍODOS DE DESCANSO

Art. 382 - Entre 2 (duas) jornadas de trabalho, haverá um intervalo de 11(onze) horas consecutivas, no mínimo, destinado ao repouso.

No Brasil, o intervalo interjornada deve ser, no mínimo, de 11 horas consecutivas. Quando este intervalo mínimo não for respeitado, o que faltar para completar as 11h de repouso, deverá ser pago como hora extra, nos termos da OJ 355 da SDI-I do TST. Este intervalo mínimo é concedido para assegurar a proteção à segurança e à saúde do trabalhador.

Art. 383 - Durante a jornada de trabalho, será concedido à empregada um período para refeição e repouso não inferior a 1 (uma) hora nem superior a 2 (duas) horas salvo a hipótese prevista no art. 71, § 3º.

Para qualquer empregado que exerça atividade laboral de forma contínua por no mínimo 6 horas, é obrigatório a concessão de um intervalo de no mínimo 1 hora e no máximo 2 horas. Contudo, esse prazo máximo de 2 horas pode ser aumentado, desde que seja autorizado por norma coletiva (jamais por acordo individual).

O intervalo mínimo de 1 hora de descanso, só poderá ser reduzido se autorizado previamente pelo Ministérios do Trabalho. Para isso, deverá ser verificado se o estabelecimento atende em sua totalidade às exigências quanto a proximidade dos refeitórios do local de trabalho e se a capacidade de atendimento é suficiente para que os empregados não necessitem assim, ficar muito tempo esperando para serem atendidos e possam utilizar o resto do tempo para descansar como assim quiserem.

Todavia, para que seja dada esta autorização, é necessário que os empregados não estejam trabalhando em regime de hora extra. Este redução não será permitida se existir norma coletiva que autorize que o empregado trabalhe de forma extraordinária.

Não é válida cláusula de ACT ou CCT que estipule esta redução do limite mínimo de 1hora.

Vale ressaltar que este intervalo deve ser gozado de modo contínuo. Exceto nos casos dos motoristas e cobradores de transporte coletivo urbano, que poderão fracionar este intervalo ante as condições especiais de trabalho por eles exercidas, conforme dispõe o artigo 71, §5° da CLT.

Art. 384 – Revogado

Art. 385 - O descanso semanal será de 24 (vinte e quatro) horas consecutivas e coincidirá no todo ou em parte com o domingo, salvo motivo de conveniência pública ou necessidade imperiosa de serviço, a juízo da autoridade competente, na forma das disposições gerais, caso em que recairá em outro dia.

Parágrafo único - Observar-se-ão, igualmente, os precei--tos da legislação geral sobre a proibição de trabalho nos feriados civis e religiosos.

Esta norma está prevista também na CF/88 em seu artigo 7°, inciso XV. Este descanso não acarretará em prejuízo da remuneração.

Havendo necessidade, de forma eventual, que o empregado trabalhe aos domingos, é necessário que haja prévia autorização do Ministério do Trabalho e Emprego (art. 68, CLT). Em sendo concedida, esta autorização poderá ser válida por até 60 (sessenta) dias.

Algumas atividades listadas pelo Ministério do Trabalho e Emprego necessitam que o empregado trabalhe aos domingos de forma permanente. Nesses casos, não é necessário solicitar autorização pois já a possuem de forma permanente.

Ressalta-se ainda que as faltas e atrasos devidamente justificados, em nada afetam o repouso semanal remunerado.

Art. 386 - Havendo trabalho aos domingos, será organizada uma escala de revezamento quinzenal, que favoreça o repouso dominical.

Quando houver necessidade de trabalho aos domingos, é necessário que haja escala de revezamento e que ao menos uma vez por mês a folga seja concedida em um domingo. Caso isso não seja respeitado, o trabalhador deverá receber este dia trabalhado como hora extra paga em dobro.

Para os trabalhadores do comércio, a cada três domingos trabalhados, um será necessariamente de folga, conforme preceitua a Lei 10.101/2000 em seu artigo 6°, devendo-se observar a legislação municipal, nos termos do art. 30, inciso I, da Magna Carta.

SEÇÃO IV
DOS MÉTODOS E LOCAIS DE TRABALHO

Art. 387 – Revogado

Art. 388 - Em virtude de exame e parecer da autoridade competente, o Ministro do Trabalho, Indústria e Comércio poderá estabelecer derrogações totais ou parciais às proibições a que alude o artigo anterior, quando tiver desaparecido, nos serviços considerados perigosos ou insalubres, todo e qualquer caráter perigoso ou prejudicial mediante a aplicação de novos métodos de trabalho ou pelo emprego de medidas de ordem preventiva.

Devido à revogação do artigo anterior pela Lei 7.855, de 24/10/1989, o comentário a respeito deste artigo torna-se sem qualquer utilidade.

Art. 389 - Toda empresa é obrigada:

I - a prover os estabelecimentos de medidas concernentes à higienização dos métodos e locais de trabalho, tais como ventilação e iluminação e outros que se fizerem necessários à segurança e ao conforto das mulheres, a critério da autoridade competente;

II - a instalar bebedouros, lavatórios, aparelhos sanitários; dispor de cadeiras ou bancos, em número suficiente, que permitam às mulheres trabalhar sem grande esgotamento físico;

III - a instalar vestiários com armários individuais privativos das mulheres, exceto os estabelecimentos comerciais, escritórios, bancos e atividades afins, em que não seja exigida a troca de roupa e outros, a critério da autoridade com-

petente em matéria de segurança e higiene do trabalho, admitindo-se como suficientes as gavetas ou escaninhos, onde possam as empregadas guardar seus pertences;

IV - a fornecer, gratuitamente, a juízo da autoridade competente, os recursos de proteção individual, tais como óculos, máscaras, luvas e roupas especiais, para a defesa dos olhos, do aparelho respiratório e da pele, de acordo com a natureza do trabalho.

A Constituição Federal preceitua em seu Artigo 5°, que todos são iguais perante a Lei. Logo, não deverá haver qualquer distinção entre as condições de trabalho masculino e feminino, exceto as diferenças relacionadas a capacidade muscular, preceituadas no artigo 390 desta mesma Consolidação de Leis Trabalhistas.

§ 1° - Os estabelecimentos em que trabalharem pelo menos 30 (trinta) mulheres com mais de 16 (dezesseis) anos de idade terão local apropriado onde seja permitido às empregadas guardar sob vigilância e assistência os seus filhos no período da amamentação.

Conforme preceitua o artigo 7°, inciso XXV da Constituição Federal, são direitos dos trabalhadores urbanos e rurais, além de outros que visem à melhorar a sua condição social, a assistência gratuita aos filhos e dependentes desde o nascimento até os 5(cinco) anos de idade em creches e pré-escolas.

§ 2° - A exigência do § 1° poderá ser suprida por meio de creches distritais mantidas, diretamente ou mediante convênios, com outras entidades públicas ou privadas, pelas próprias empresas, em regime comunitário, ou a cargo do SESI, do SESC, da LBA ou de entidades sindicais.

Esse benefício deverá ser concedido independentemente do número de mulheres empregadas no estabelecimento.

Deve cobrir de forma integral, todas as despesas com o pagamento da creche, pelo prazo mínimo de 6 meses de idade da criança e deverá ser pago até o 3° dia útil após a entrega do comprovante das despesas efetuadas com a mensalidade da creche. A escolha da creche deve ser de livre escolha da mãe.

As condições e valores e prazo de duração desse auxílio devem ser estipulados em CCT ou ACT e cabe às empresas e empregadores o dever de dar ciência às empregadas quanto a existência do benefício e também em relação aos procedimentos que deverão ser necessários para que possam gozá-lo.

É direito do empregador terceirizar o serviço de reembolso do auxílio- creche, conforme disposto no artigo 1° da Portaria número 3.296/1986, do MTE Por tratar-se de uma obrigação da empresa, esse auxílio creche não é considerado salário, mesmo nos casos em que o serviço seja terceirizado. E, por ser de direito da empregada-mãe, é considerado como uma forma de indenização, não incidindo sobre o desconto de contribuição ao INSS.

Art. 390 - Ao empregador é vedado empregar a mulher em serviço que demande o emprego de força muscular superior a 20 (vinte) quilos para o trabalho continuo, ou 25 (vinte e cinco) quilos para o trabalho ocasional.

Parágrafo único - Não está compreendida na determi-nação deste artigo a remoção de material feita por impulsão ou tração de vagonetes sobre trilhos, de carros de mão ou quaisquer aparelhos mecânicos.

A diferença entre o tratamento dado ao homem (Artigo 198, CLT) é perfeitamente aceita pois, é sabido que a capacidade muscular da mulher é em média 65% inferior à capacidade muscular do homem.

Art. 390-A – VETADO

Art. 390-B - As vagas dos cursos de formação de mão-de-obra, ministrados por instituições governamentais, pelos próprios empregadores ou por qualquer órgão de ensino profissionalizante, serão oferecidas aos empregados de ambos os sexos.

É defeso qualquer tipo de discriminação em virtude do sexo, exceto nas hipóteses justificadas pela própria natureza da atividade laboral. Contudo, nada impede que sejam adotadas medidas temporárias que visem estabelecer as políticas de igualdade entre ambos os sexos, particularmente as destinadas a corrigir características que afetam a qualificação profissional, o acesso ao emprego e as condições gerais de trabalho.

Art. 390-C - As empresas com mais de cem empregados, de ambos os sexos, deverão manter programas especiais de incentivos e aperfeiçoamento profissional da mão-de-obra.

Este artigo assegura o direito que todo trabalhador, principalmente a trabalhadora mulher, tem de "*crescer*" na empresa. Para a mulher, este direito é muito importante pois assegura o direito de evoluir com as mesmas qualidades e chances que o trabalhador homem.

Art. 390-D – VETADO

Art. 390-E - A pessoa jurídica poderá associar-se a entidade de formação profissional, sociedades civis,

> sociedades cooperativas, órgãos e entidades públicas ou entidades sindicais, bem como firmar convênios para o desenvolvimento de ações conjuntas, visando à execução de projetos relativos ao incentivo ao trabalho da mulher.

Não há qualquer tipo de exigência relacionada ao tipo de entidade que a pessoa jurídica deverá se associar. O importante é que tal direito seja assegurado visando sempre a incentivar o trabalho da mulher.

SEÇÃO V
DA PROTEÇÃO À MATERNIDADE

Art. 391 - Não constitui justo motivo para a rescisão do contrato de trabalho da mulher o fato de haver contraído matrimônio ou de encontrar-se em estado de gravidez.

A proteção à maternidade é importante, pois a empregada grávida enfrenta diversas dificuldades para conseguir um emprego; dessarte, a Constituição, a CLT e outras legislações, em especial a Lei n.º 9.029/95 vetam condutas discriminatórias. Assim, a demissão arbitrária enseja a reintegração da empregada ao trabalho (Art. 10, II, b, ADCT).

Parágrafo único - Não serão permitidos em regulamentos de qualquer natureza contratos coletivos ou individuais de trabalho, restrições ao direito da mulher ao seu emprego, por motivo de casamento ou de gravidez.

As práticas discriminatórias descritas no *caput*, também são proibidas em convenções, acordos coletivos e quaisquer dos tipos de contratos de trabalho assim como nos regulamentos de empresas.

Art. 391-A – A confirmação do estado de gravidez advindo no curso do contrato de trabalho, ainda que durante o prazo do aviso prévio trabalhado ou indenizado, garante à empregada gestante a estabilidade provisória prevista na alínea "b" do inciso II do art. 10 do Ato das Disposições Constitucionais Transitórias.

Parágrafo único – O disposto no *caput* deste artigo aplica-se ao empregado adotante ao qual tenha sido concedida

guarda provisória para fins de adoção.

À gestante, em virtude da proteção que se dá à maternidade e ao nascituro, possui a garantia de emprego desde a confirmação da gravidez até cinco meses após o parto. O direito é assegurado mesmo que a confirmação ocorra no período do aviso prévio, trabalhado ou indenizado, pois a ruptura do contrato de trabalho dá-se com o término do mencionado aviso. Consoante Súmula 244, TST, o fato do empregador desconhecer o estado gravídico da funcionária não afasta o direito da mesma. Além disso, o item III da citada Súmula, alterado em 2012, garante direito à mulher mesmo na hipótese do contrato por prazo determinado. As empregadas domésticas são detentoras da garantia de emprego segundo o art. 25 da LC n.° 150/2015, no entanto, destaca-se que gozam da proteção em comento desde 2006 (Lei n.° 11.324/2006). Ao empregado adotante que tenha a guarda provisória para fins de adoção também é garantida a estabilidade (Parágrafo único, Art. 391-A, CLT). A reintegração só será possível se a empregada estiver durante o período da estabilidade. Caso contrário, deverá ser indenizada com os valores dos salários e seus reflexos relativos ao período estabilitário (Súmula 244, II, TST). A garantia de emprego provisório às gestantes trata-se de um direito indisponível, destarte, os pedidos de demissão da empregada grávida é nulo de pleno direito, salvo se obedecer ao requisito formal previsto no art. 500, CLT.

Art. 392 – A empregada gestante tem direito à licença-maternidade de 120 (cento e vinte) dias, sem prejuízo do emprego e do salário.

O artigo adequa-se ao disposto no art. 7°, XVIII, CF, o qual prevê que as empregadas possuem 120 dias de licença-maternidade. Inicialmente, a licença era de 84 dias e paga pelo empregador; consequentemente, as mulheres sofriam ainda mais dificuldades no mercado de trabalho. Posteriormente, após recomendações da OIT, tornou-se um benefício previdenciário, entretanto, como ainda não havia a garantia de emprego, muitos empregadores dispensavam as grávidas, mesmo a licença-maternidade sendo paga pelo Instituto Previdenciário. Com a CF/88, conquistou-se a garantia de emprego e a licença-maternidade passou para 120 dias. Hoje, a licença-maternidade é o único benefício que não respeita o teto da Previdência, pois é garantida a remuneração integral da trabalhadora (art. 72 da Lei n.º 8.213/91) e é também extensivo às domésticas (art. 7º, parágrafo único, CF). Após a edição da Lei n.º 11.770/2008, que criou o Programa Empresa Cidadã, as empregadas que quiserem, podem prorrogar sua licença-maternidade por mais sessenta dias desde que requeira a prorrogação do benefício até o final do primeiro mês após o parto. Evidencia-se que a Lei n.º 13.301/2016 em seu art. 18, § 3º prevê 180 dias de licença-maternidade para as mães de crianças acometidas por sequelas neurológicas decorrentes de doenças transmitidas pelo *Aedes Aegypti*.

§ 1º - A empregada deve, mediante atestado médico, notificar o seu empregador da data do início do afastamento do emprego, que poderá ocorrer entre o 28º (vigésimo oitavo) dia antes do parto e ocorrência deste.

Permite-se à gestante trabalhar até as vésperas do parto, se tiver condições. Anteriormente, a empregada grávida era proibida de trabalhar quatro semanas antes do parto, sob pena do empregador sofrer penalidades administrativas (art. 401, CLT).

§ 2º - Os períodos de repouso, antes e depois do parto, poderão ser aumentados de 2 (duas) semanas cada um, mediante atestado médico.

O período referido trata-se de uma licença médica e não se confunde com a licença-maternidade. Com isso, uma vez que o período de afastamento não é superior a quinze dias, fica a cargo do empregador o pagamento.

§ 3º - Em caso de parto antecipado, a mulher terá direito aos 120 (cento e vinte) dias previstos neste artigo.

Na hipótese de parto prematuro, a empregada terá o direito aos 120 dias de licença-maternidade. De igual forma, se o bebê nascer sem vida, a empregada também terá direito a licença-maternidade no prazo estabelecido no *caput*.

§ 4º - É garantido à empregada, durante a gravidez, sem prejuízo do salário e demais direitos:

I - transferência de função, quando as condições de saúde o exigirem, assegurada a retomada da função anteriormente exercida, logo após o retorno ao trabalho;

A gestante, quando as condições do trabalho colocam em risco a sua saúde ou a do filho, poderá ser transferida de função e, quando retornar ao trabalho, exercerá as funções anteriormente desempenhadas. Verifica-se a possibilidade de alteração objetiva do contrato de trabalho em benefício da empregada pelo tempo que for necessário. Com relação ao trabalho da gestante em condições insalubres, remete-se o leitor aos comentários do art. 394-A, CLT.

II - dispensa do horário de trabalho pelo tempo necessário para a realização de, no mínimo, seis consultas médicas e demais exames complementares.

À gestante, assegura-se o direito à dispensa para a realização de consultas e exames médicos. Ela poderá entrar mais tarde, sair antecipadamente, ou até mesmo ausentar-se no meio da jornada, com o compromisso de voltar ao trabalho.

§ 5º – VETADO

Art. 392-A – À empregada que adotar ou obtiver guarda judicial para fins de adoção de criança ou adolescente será concedida licença-maternidade nos termos do art. 392 desta Lei.

§ 1º – Revogado

§ 2º – Revogado

§ 3º – Revogado

§ 4º - A licença-maternidade só será concedida mediante apresentação do termo judicial de guarda à adotante ou guardiã.

§ 5º - A adoção ou guarda judicial conjunta ensejará a concessão de licença-maternidade a apenas um dos adotantes ou guardiães empregado ou empregada.

Art. 392-B – Em caso de morte da genitora, é assegurado ao cônjuge ou companheiro empregado o gozo de licença por todo o período da licença-maternidade ou pelo tempo restante a que teria direito a mãe, exceto no caso de falecimento do filho ou de seu abandono.

Art. 392-C – Aplica-se, no que couber, o disposto no art. 392-A e 392-B ao empregado que adotar ou obtiver guarda judicial para fins de adoção.

O salário-maternidade era negado à mãe adotiva pois não havia previsão legal. Porém, com a Lei n.º 10.421/2002, a empregada que adotasse ou obtivesse a guarda judicialmente passou a gozar da licença-maternidade. Entretanto, havia gradação do período da licença em relação a idade da criança. Curiosamente, o *caput* do art. 392-A fazia menção ao § 5º que havia sido vetado pelo Presidente sob o fundamento, em síntese, que o referido parágrafo poderia causar um desestímulo à contratação da mulher. Em 2013, o equívoco foi corrigido pela Lei n.° 12.873, que também incluiu os artigos 392-B e 392-C, da CLT. Adiante, com o advento da Lei n.° 13.509/2017, permitiu-se a licença-maternidade a quem adotar adolescente. Na adoção, deve-se observar os artigos 1.618 e 1.619 do CC, bem como as regras previstas nas Leis n.° 8.069/90 e n.° 12.010/2009. Verifica-se que há a necessidade do termo judicial de adoção ou de guarda da criança ou adolescente, contudo, não é exigido o trânsito em julgado da decisão judicial (§ 4°, art. 392-A, CLT). Com as alterações, permite-se que homem e casais homoafetivos também recebam o benefício (art. 392-C, CLT; art. 71-A da Lei n.° 8.213/91). Entretanto, desde que empregado, em caso de adoção ou guarda judicial conjunta, somente um dos adotantes ou guardiões receberá o benefício, (§ 5° art. 392-A, CLT), salvo no caso de pagamento de licença à mãe biológica (§ 2° do art. 71-A da Lei n.° 8.213/1991) e na hipótese de falecimento da beneficiária originária, circunstância em que o cônjuge ou companheiro, desde que empregado, fará jus à licença-maternidade, excluindo abandono ou morte do próprio filho (art. 392-B, CLT). A prorrogação da licença prevista na Lei n.° 11.770/2008 é aplicável no caso da adoção ou guarda judicial. A LC n.° 146 assegurou a estabilidade garantida à gestante (art. 10, II, b, ADCT) a quem tiver a guarda da criança em caso de óbito da mãe. Saliente-se que o artigo 392-B, CLT teve *vacatio legis* de 90 dias.

Art. 393 - Durante o período a que se refere o art. 392, a mulher terá direito ao salário integral e, quando variável, calculado de acordo com a média dos 6 (seis) últimos meses de trabalho, bem como os direitos e vantagens adquiridos, sendo-lhe ainda facultado reverter à função que anteriormente ocupava.

É garantida a remuneração integral para quem receber a licença-maternidade, porém, em caso de salário variável, será feita média dos últimos seis meses de trabalho. Se o parto for múltiplo, fará jus a apenas um salário-maternidade e, se trabalhar em mais de uma empresa, terá direito ao salário-maternidade em cada uma delas. Quanto a reversão de função, remete-se o leitor aos comentários do art. 392, § 4º, I, CLT.

Art. 394 - Mediante atestado médico, à mulher grávida é facultado romper o compromisso resultante de qualquer contrato de trabalho, desde que este seja prejudicial à gestação.

À grávida, é garantido o direito de resilir o contrato de trabalho se ele for prejudicial à gestação e comprovado por atestado médico. Na rescisão em questão, a empregada estará dispensada do cumprimento do aviso prévio quando o contrato for por prazo indeterminado e livre da indenização ao empregador no caso de contrato por prazo determinado (art. 480, CLT). Saliente-se não se tratar de rescisão indireta, destarte, a empregada não receberá a indenização em favor da gestante.

Art. 394-A - Sem prejuízo de sua remuneração, nesta incluído o valor do adicional de insalubridade, a empregada deverá ser afastada de:

I - atividades consideradas insalubres em grau máximo, enquanto durar a gestação;

II - atividades consideradas insalubres em grau médio ou mínimo, quando apresentar atestado de saúde, emitido por médico de confiança da mulher, que recomende o afastamento durante a gestação;

III - atividades consideradas insalubres em qualquer grau, quando apresentar atestado de saúde, emitido por mé-

dico de confiança da mulher, que recomende o afastamento durante a lactação.

§ 1° (VETADO)

§ 2° Cabe à empresa pagar o adicional de insalubridade à gestante ou à lactante, efetivando-se a compensação, observado o disposto no art. 248 da Constituição Federal, por ocasião do recolhimento das contribuições incidentes sobre a folha de salários e demais rendimentos pagos ou creditados, a qualquer título, à pessoa física que lhe preste serviço.

§ 3° Quando não for possível que a gestante ou a lactante afastada nos termos do *caput* deste artigo exerça suas atividades em local salubre na empresa, a hipótese será considerada como gravidez de risco e ensejará a percepção de salário-maternidade, nos termos da Lei no 8.213, de 24 de julho de 1991, durante todo o período de afastamento.

O trabalho em locais ou atividades insalubres é prejudicial à saúde. As grávidas serão afastadas quando a insalubridade for máxima. Em caso de grau médio ou mínimo, a lei previu que a gestante necessitará apresentar atestado elaborado por médico de sua confiança indicando o afastamento, bem como que as lactantes só serão afastadas se apresentarem atestado médico indicando o afastamento. Todavia, o Supremo Tribunal Federal julgou procedente a Ação Direta de Inconstitucionalidade 5.938-Distrito Federal, o Supremo Tribunal Federal para declamar a inconstitucionalidade da expressão *"quando apresentar atestado de saúde emitido por médico de confiança da mulher, que recomende o afastamento"*.

Se não for possível a transferência da empregada afastada conforme previsto no *caput* do artigo para um local salubre, o fato será encarado como gravidez de risco, motivando o recebimento do salário-maternidade enquanto perdurar o afastamento.

Importante ressaltar que o artigo em comento, inicialmente foi incluído na CLT pela Lei n.° 13.287/2016 e previa que a empregada gestante ou lactante seria afastada da atividade ou transferida para um local salubre. Posteriormente, teve sua redação alterada pela Lei n.º 13.467/2017 (Reforma Trabalhista). O texto deste artigo aprovado pela Reforma foi muito polêmico e, com isso, foi editada a Medida Provisória n.º 808 de 2017 que promoveu ajustes na Reforma. As grávidas que laborassem em ambientes com insalubridade em grau médio ou mínimo e que, espontaneamente apresentassem atestado médico autorizando o trabalho em condições insalubres, não seriam afastadas. Em todo caso de afastamento, a empregada não perceberia o adicional de insalubridade. Ocorre que a MP n.º 808/2017 perdeu sua validade e, portanto, retorna ao texto alterado pela Lei n.º 13.467/2017.

Art. 395 Em caso de aborto não criminoso, comprovado por atestado médico oficial, a mulher terá um repouso remunerado de 2 (duas) semanas, ficando-lhe assegurado o direito de retornar à função que ocupava antes de seu afastamento.

Oficial é aquele fornecido pelo SUS, médico da empresa ou por ela habilitado. Trata-se de um salário-maternidade com duração de duas semanas que também é pago pela Previdência Social (§ 5º, art. 93, Decreto n.º 3.048/99). Frise-se que só é cabível quando o aborto é não criminoso.

Art. 396 - Para amamentar o próprio filho, até que este complete 6 (seis) meses de idade, a mulher terá direito, durante a jornada de trabalho, a 2 (dois) descansos especiais, de meia hora cada um.

O artigo possui caráter social e é influenciado por normas internacionais. O intervalo, quando não concedido, constitui infração administrativa e a empregada deve ser indenizada, aplicando de forma análoga o artigo 71, § 4º da CLT.

§1° - Quando o exigir a saúde do filho, o período de 6 (seis) meses poderá ser dilatado, a critério da autoridade competente.

A autoridade competente trata-se de médico do SUS, da própria empresa ou por ela habilitado.

§ 2° - Os horários dos descansos previstos no *caput* deste artigo deverão ser definidos em acordo individual entre a mulher e o empregador.

A empregada deve negociar individualmente com o empregador os horários de descanso.

Art. 397 - O SESI, o SESC, a LBA e outras entidades públicas destinadas à assistência à infância manterão ou subvencionarão, de acordo com suas possibilidades financeiras, escolas maternais e jardins de infância, distribuídos nas zonas de maior densidade de trabalhadores, destinados especialmente aos filhos das mulheres empregadas.

As entidades citadas e outras públicas possuem a faculdade de manterem ou subvencionarem escolas maternais e jardins de infância, destinados especialmente aos filhos das empregadas, desde que possuam recursos financeiros. A CF garante assistência gratuita aos filhos e dependentes, desde o nascimento até os cinco anos de idade em creches e pré-escolas (art. 7°, XXV). Em que pese algumas convenções coletivas exigirem que o empregador cumpra o benefício, trata-se de um dever do Estado (art. 208, IV, CF). A LBA foi extinta em 1995.

Art. 398 – Revogado

Art. 399 - O Ministro do Trabalho, Indústria e Comércio conferirá diploma de benemerência aos empregadores que se distinguirem pela organização e manutenção de creches e de instituições de proteção aos menores em idade pré-escolar, desde que tais serviços se recomendem por sua generosidade e pela eficiência das respectivas instalações.

O Ministro do Trabalho poderá conferir diploma de benemerência aos empregadores que organizarem e mantiverem creches e instituições de proteção às crianças em idade pré-escolar, desde que consigam destaque pelo trabalho desenvolvido e instalações eficientes.

Art. 400 - Os locais destinados à guarda dos filhos das operárias durante o período da amamentação deverão possuir, no mínimo, um berçário, uma saleta de amamentação, uma cozinha dietética e uma instalação sanitária.

Descreve como devem ser os locais destinados à guarda dos filhos durante amamentação e complementa o previsto no artigo 389, § 1° da CLT.

SEÇÃO VI
DAS PENALIDADES

Art. 401 - Pela infração de qualquer dispositivo deste Capítulo, será imposta ao empregador a multa de cem a mil cruzeiros, aplicada, nesta Capital, pela autoridade competente de 1ª instância do Departamento Nacional do Trabalho, e, nos Estados e Território do Acre, pelas autoridades competentes do Ministério do Trabalho, Indústria e Comércio ou por aquelas que exerçam funções delegadas.

§ 1° - A penalidade será sempre aplicada no grau máximo:

a) se ficar apurado o emprego de artifício ou simulação para fraudar a aplicação dos dispositivos deste Capítulo;

b) nos casos de reincidência.

§ 2° - O processo na verificação das infrações, bem como na aplicação e cobrança das multas, será o previsto no título «Do Processo de Multas Administrativas», observadas as disposições deste artigo.

No presente capítulo, a CLT estabelece a proteção ao trabalho da mulher organizado em diversas garantias com o fito de proporcionar a inserção das mulheres no mercado de trabalho, protegendo-as de discriminação e atribuindo condição especial em virtude de suas peculiaridades, em especial a maternidade. Desta forma, a qualquer violação às proteções previstas neste capítulo será aplicada multa administrativa, obedecendo o título "Do Processo de Multas Administrativas" (arts. 626 a 642, CLT). Ademais, a pena será aplicada em seu grau máximo quando houver reincidência e/ou se constatado a prática de mecanismos ardilosos para obstar a aplicação dos direitos previstos no capítulo.

Art. 401-A – VETADO

Art. 401-B – VETADO

CAPÍTULO IV
DA PROTEÇÃO DO TRABALHO DO MENOR

SEÇÃO I
DISPOSIÇÕES GERAIS

Art. 402 - Considera-se menor para os efeitos desta Consolidação o trabalhador de quatorze até dezoito anos.

Parágrafo único - O trabalho do menor reger-se-á pelas disposições do presente Capítulo, exceto no serviço em oficinas em que trabalhem exclusivamente pessoas da família do menor e esteja este sob a direção do pai, mãe ou tutor, observado, entretanto, o disposto nos arts. 404, 405 e na Seção II.

O Estatuto da criança e do adolescente, Lei 8.069/90 deixa certo que crianças são aquelas com idade de zero a doze anos, sendo adolescentes de doze a dezoito anos, logo, é importante frisar para não confundir em hipótese alguma a idade do trabalhador menor, sendo esta de quatorze até dezoito anos.

A nossa Carta Magna (Constituição Federal), deixa certo em seu artigo 227:

"É dever da família, da sociedade e do Estado assegurar à criança, ao adolescente e ao jovem, com absoluta prioridade, o direito à vida, à

saúde, à alimentação, à educação, ao lazer, à profissionalização, à cultura, à dignidade, ao respeito, à liberdade e à convivência familiar e comunitária, além de colocá-los a salvo de toda forma de negligência, discriminação, exploração, violência, crueldade e opressão."

Destarte, o trabalho do menor, tem que ser assegurado de maneira que não deixe de exercer os direitos que são assegurados pela Constituição Federal, sendo em tese as empresas que contratam trabalhadores menores as que mais deveriam ser fiscalizadas para não ocorrer nenhum tipo de exploração, violência ou crueldade em local de trabalho.

É importante frisar que a expressão "menor" utilizada pela Consolidação das leis do Trabalho, não é adotada pela Constituição Federal, que ao ser lida é perceptível a utilização dos termos criança, adolescente e jovem, tampouco pelo Estatuto da Criança e do Adolescente, já que o próprio nome do Estatuto já condiz com os termos usado.

Art. 403 - É proibido qualquer trabalho a menores de dezesseis anos de idade, salvo na condição de aprendiz, a partir dos quatorze anos.

Parágrafo único - O trabalho do menor não poderá ser realizado em locais prejudiciais à sua formação, ao seu desenvolvimento físico, psíquico, moral e social e em horários e locais que não permitam a frequência à escola.

a) Revogado.

b) Revogado.

A Constituição Federal em seu artigo 7°, XXXIII, veda trabalho noturno, perigoso ou insalubre a menores de dezoito e de qualquer trabalho a menores de dezesseis anos, salvo na condição de aprendiz.

Em 2000 a lei 10.097 que alterou alguns artigos da CLT, passando a vigorar em sua conformidade.

Conforme o artigo 428 da CLT:

"Contrato de aprendizagem é o contrato de trabalho especial, ajustado por escrito e por prazo determinado, em que o empregador se compromete a assegurar ao maior de quatorze e menor de dezoito anos, inscrito em programa de aprendizagem, formação técnico-profissional metódica, compatível com o seu desenvolvimento físico, moral e psicológico, e o aprendiz, a executar, com zelo e diligência, as tarefas necessárias a essa formação."

Desse modo é cristalina a existência de alguns critérios importante para um contrato de aprendizagem. Ressalta-se que o paragrafo único do artigo 403, da CLT, traz algumas vedações de locais proibidos para exercer a função, sendo importante frisar que o decreto lei n.º 6.481 de 12 de junho de 2008, data que foi celebrado o Dia Mundial de Combate ao Trabalho Infantil e Dia Nacional, trata das proibições dos piores trabalhos infantis, esse decreto regulamenta a Convenção 182, da organização Internacional do Trabalho (OIT). Pelo decreto ficou proibido o trabalho dos menores de dezoito anos em algumas atividades entre elas o trabalho doméstico.

Art. 404 - Ao menor de 18 (dezoito) anos é vedado o trabalho noturno, considerado este o que for executado no período compreendido entre as 22 (vinte e duas) e as 5 (cinco) horas.

Como é sabido, o trabalho noturno acarreta um grande desgaste físico e mental, podendo ser prejudicial à saúde, por entrar em contraste com o relógio biológico de qualquer ser humano, tanto é verdade, que a própria carga Magna em seu artigo 7°, IX diz que a remuneração do trabalho noturno deve ser superior ao diurno, para que pudesse compensar de alguma maneira os trabalhadores que realmente tende a trabalhar nesse horário.

Contudo, caro leitor, ao menor de dezoito anos, independente da função, é vetado o trabalho noturno, sendo esse trabalho exercido entre as 22 horas de um dia e as 5 horas do dia seguinte. Essa norma em questão, está em conformidade com o artigo 7°, XXXIII da Constituição Federal onde veda o trabalho noturno, por ser um período de grande desgaste físico, sendo prejudicial as crianças e adolescentes que necessitam do período noturno como fonte para seu desenvolvimento.

Art. 405 - Ao menor não será permitido o trabalho:

I - nos locais e serviços perigosos ou insalubres, constantes de quadro para esse fim aprovado pelo Diretor Geral do Departamento de Segurança e Higiene do Trabalho;

II - em locais ou serviços prejudiciais à sua moralidade.

§1° - (revogado)

§ 2° - O trabalho exercido nas ruas, praças e outros logradouros dependerá de prévia autorização do Juiz de Menores, ao qual cabe verificar se a ocupação é indispensável à sua própria subsistência ou à de seus pais, avós ou irmãos e se dessa ocupação não poderá advir prejuízo à sua formação moral.

§ 3° - Considera-se prejudicial à moralidade do menor o trabalho:

a) prestado de qualquer modo, em teatros de revista, cinemas, boates, cassinos, cabarés, dancings e estabelecimentos análogos;

b) em empresas circenses, em funções de acróbata, saltimbanco, ginasta e outras semelhantes;

c) de produção, composição, entrega ou venda de escritos, impressos, cartazes, desenhos, gravuras, pinturas, emblemas, imagens e quaisquer outros objetos que possam, a juízo da autoridade competente, prejudicar sua formação moral;

d) consistente na venda, a varejo, de bebidas alcoólicas.

§ 4º - Nas localidades em que existirem, oficialmente reconhecidas, instituições destinadas ao amparo dos menores jornaleiros, só aos que se encontrem sob o patrocínio dessas entidades será outorgada a autorização do trabalho a que alude o § 2º.

§ 5º - Aplica-se ao menor o disposto no art. 390 e seu Parágrafo único.

O artigo deixa certos quais os locais em que não será permitido o trabalho do menor e o que caracteriza prejudicial a sua moralidade, aqui vale apenas ressaltar que a figura Juiz de menores intitulado no § 2º do presente artigo não é mais utilizada, levando em consideração a Lei 8.069/90 que traz a figura do Juiz da Infância e da Juventude.

Destarte, algumas funções exercidas em determinados locais, apenas poderão ocorrer com autorização judicial, esse pedido é direcionado ao Juiz da Infância e da Juventude devendo conter explicações do tipo de serviço a ser prestado, onde o Juiz como figura imparcial, terá seus critérios para avaliar a concessão, devendo levar em conta se a ocupação é indispensável à própria subsistência do trabalhador menor ou de seus familiares.

Art. 406 - O Juiz de Menores poderá autorizar ao menor o trabalho a que se referem as letras "a" e "b" do § 3º do art. 405:

I - desde que a representação tenha fim educativo ou a peça de que participe não possa ser prejudicial à sua formação moral;

II - desde que se certifique ser a ocupação do menor indispensável à própria subsistência ou à de seus pais, avós ou irmãos e não advir nenhum prejuízo à sua formação moral.

O menor em hipótese alguma pode ser relacionado a nenhum tipo de serviço que denigra sua imagem ou acarrete prejuízos em seu desenvolvimento, por isso se faz necessário o Juiz autorizar certos tipos de serviços.

A convenção 138 da OIT em seu artigo 2° traz a possibilidade da permissão de trabalhadores menores exercerem funções em representação artística, mediante limitação das horas trabalhadas. Vale ressaltar, que o Estatuto da criança e do adolescente em seu 149, também autoriza essa representação artística, logo, desde que ocorra a autorização pelo Juiz da Infância e da Juventude tal prestação de serviço será exercida de forma legal.

Art. 407 - Verificado pela autoridade competente que o trabalho executado pelo menor é prejudicial à sua saúde, ao seu desenvolvimento físico ou a sua moralidade, poderá ela obrigá-lo a abandonar o serviço, devendo a respectiva empresa, quando for o caso, proporcionar ao menor todas as facilidades para mudar de funções.

As condições de trabalho devem ser fiscalizadas pela autoridade competente, sendo elas, Ministério do Trabalho ou Conselho tutelar, entretanto, a ordem para que o trabalhador menor deixe seu emprego deve partir do juiz competente, ora, Juiz da Infância e da Juventude. Isso ocorrerá nas hipóteses em que, constatado que o trabalho executado pelo menor é prejudicial à sua saúde, ao seu desenvolvimento físico ou a sua moralidade, a empresa onde labora, não auxiliou para que pudesse alterar sua função, desde que possível essa alternância.

Parágrafo único - Quando a empresa não tomar as medidas possíveis e recomendadas pela autoridade competente para que o menor mude de função, configu-rar-se-á a rescisão do contrato de trabalho, na forma do art. 483.

A rescisão do contrato de trabalho que trata o artigo 483, diz respeito à rescisão indireta, essa é conhecida como a justa causa do empregador, logo, é considerado rescindido o contrato sendo possível pleitear a devida indenização.

Art. 408 - Ao responsável legal do menor é facultado pleitear a extinção do contrato de trabalho, desde que o serviço possa acarretar para ele prejuízos de ordem física ou moral.

Ora, se constatado pelo responsável legal, sendo, pai, mãe, ou tutor, que os serviços prestados possam acarretar prejuízos de ordem física ou moral, poderá pleitear a extinção do contrato de trabalho, não sendo necessária, qualquer intervenção da fiscalização, ou do juiz competente. Podendo acarretar rescisão indireta, desde que alegada, diante da proteção integral ao menor, ainda que o presente artigo não traga em seu teor esse tipo de rescisão, é o que se entende .

Art. 409 - Para maior segurança do trabalho e garantia da saúde dos menores, a autoridade fiscalizadora poderá proibir-lhes o gozo dos períodos de repouso nos locais de trabalho.

Essa proibição se dá, para que não ocorra em hipótese alguma, nenhum tipo de desvio na finalidade do intervalo, para repouso e alimentação, logo, quando proibir-lhes o gozo dos períodos de repouso nos locais de trabalho, fica obrigatoriamente proibido a permanência dos trabalhadores menores na empresa durante tal período.

Art. 410 - O Ministro do Trabalho, Indústria e Comércio poderá derrogar qualquer proibição decorrente do quadro a que se refere a alínea “a” do art. 405 quando se certificar haver desaparecido, parcial ou totalmente, o caráter perigoso ou insalubre, que determinou a proibição.

Uma vez, ser proibido o trabalho do menor em local perigoso ou insalubre, conforme artigo 7° XXXIII, já mencionado nos comentários anteriores deste capítulo, entende-se que o Ministro do Trabalho, Indústria e Comércio poderá alterar qualquer proibição decorrente do quadro que se refere a alínea “a” do art. 405 da CLT, desde que comprovada a inexistência da insalubridade ou periculosidade, de forma total, já o desaparecimento de forma parcial, só poderá ser aceita desde que comprovada não acarretar nenhum risco de agressão a integridade física, psíquica ou moral do trabalhador menor.

SEÇÃO II
DA DURAÇÃO DO TRABALHO

Art. 411 - A duração do trabalho do menor regular-se-á pelas disposições legais relativas à duração do trabalho em geral, com as restrições estabelecidas nesse Capitulo.

As disposições legais que se refere à duração do trabalho em geral, estão previstas no Capitulo II do Titulo II da CLT (art. 57 a 75), bem como na CF, em seu art. 7°, XIII a XVI.

Embora o legislador tenha proclamado para todos os empregados uma série de medidas protetoras gerais ainda passou a exigir medidas especiais de proteção. Note-se que a lei proclama a igualdade de tratamento, quando as situações sejam normais, mas faz restrições em atividades, horários e qualidade de trabalhos dos menores. Estas restrições estão contidas neste capítulo da Consolidação das Leis do Trabalho e ainda algumas determinações legais expedidas pelo Ministério do Trabalho.

A regra geral de duração das jornadas de trabalho, de conformidade com a Constituição Federal de 5 de outubro de 1988, deve obedecer uma soma não superior a 44 horas semanais.

Art. 412 - Após cada período de trabalho efetivo, quer contínuo, quer dividido em 2(dois) turnos, haverá um intervalo de repouso, não inferior a 11 (onze) horas.

O artigo em questão, nada mais é que a simples repetição do Art.66 da CLT. O legislador, ao se referir a períodos de trabalho, quis aludir "jornadas", sendo que estas devem estar entre si afastadas no mínimo em onze horas.

Art. 413 - É vedado prorrogar a duração normal diária do trabalho do menor, salvo:

O artigo tem como principal função, preservar a saúde do menor, ajustando seu horário de trabalho com as outras atividades do dia a dia.

I - até mais de 2 (duas) horas, independente de acréscimo salarial, mediante convenção ou acordo coletivo nos termos do Título VI desta Consolidação, desde que o excesso de horas em um dia seja compensado pela diminuição em outro, de modo a ser observado o limite máximo de 48 (quarente e oito) horas semanais ou outro inferior legalmente fixado.

A possibilidade de compensação de jornada de trabalho se encontra estipulada no Art., XIII da Constituição Federal de 1988, no entanto, a norma consolidada prevê somente a possibilidade pelo acordo ou convenção coletiva de trabalho, afastando, portanto, a possibilidade de compensação por acordo individual. A limitação semanal é de 44 horas, como estabelece a norma constitucional vigente.

II - excepcionalmente, por motivo de força maior, até o máximo de 12(doze) horas, com acréscimo salarial de pelo menos 25% (vinte e cinco por cento) sobre a hora normal e desde que o trabalho de menor seja imprescindível ao funcionamento do estabelecimento.

A possibilidade de prática de horas extras pelo menor é bem mais restrita que o trabalhador comum. Os dizeres do legislador consolidado são claro em afastar as demais possibilidades do art. 61 consolidado, cabendo somente em caso de força maior e que o trabalho do menor seja imprescindível ao funcionamento do estabelecimento. A prática de horas extras, como o próprio nome já diz, é um fato extraordinário e para o menor mais ainda, eis que a continua prática pode prejudicar a sua formação escolar, motivo pelo qual a restrição deve ser mais acentuada ainda a situações absolutamente extraordinárias.

Parágrafo único - Aplica-se à prorrogação do trabalho do menor o disposto no art. 375, no parágrafo único do art. 376, no art. 378 e no art. 384 desta Consolidação.

A redação do parágrafo único se deve ao Decreto-lei 229/67 (DOU 28.02.1967), mas este ficou prejudicado na medida em que foram os artigos 375 e 378 revogados pela Lei n.º 7.855/89. O art. 376, no que se refere à remuneração das horas extras, foi revogado pela Constituição Federal de 5 de outubro de 1988 no que toca ao percentual de acréscimo, mas persiste ainda a obrigação patronal de comunicar a ocorrência de horas extras à autoridade competente do Ministério do Trabalho. Apenas o art. 384 encontra-se em vigor, que trata da proteção do trabalho da mulher, que, em caso de prorrogação do horário normal, será obrigatório um descanso de quinze minutos antes do inicio do período extraordinário, ou seja, assim como a mulher o menor apresenta ser mais frágil do que um adulto masculino.

Art. 414 - Quando o menor de 18 (dezoito) anos for empregado em mais de um estabelecimento, as horas de trabalho em cada um serão totalizadas.

O legislador, aqui, certamente pretendeu dizer sobre a situação onde o menor mantém dois ou mais contratos de trabalho com "empresas" ou "empregadores". A expressão "estabelecimento" apenas se refere a "prédio" ou lugar de trabalho. Assim sendo, quando da pluralidade de empregos, o menor não poderá labutar mais de 8 horas diárias no total, como soma de horários de seus contratos.

SEÇÃO III
DA ADMISSÃO EM EMPREGO E DA CARTEIRA DE TRABALHO E PREVIDÊNCIA SOCIAL

A seção III aborda a Carteira de Trabalho daqueles legalmente considerados menores (CRFB, art. 7°, XXXIII; CLT, art. 402), isto é, dos trabalhadores entre 14 até 18 anos de idade. O trabalho irregular do menor deve ser vivamente combatido (CRFB, art. 227, *caput* e §3°, I). Daí o legislador ter reservado regras específicas protetivas para registros na Carteira de Trabalho de menores.

Pessoas com menos de 14 anos, no Brasil, logram autorização para trabalhar apenas em juízo, para desempenho em programas de televisão, propagandas e clubes de futebol. O alvará autorizador do trabalho das pessoas com menos de 14 anos, geralmente, mas com grande polêmica, tem sido expedido pela Justiça Comum - o tema está no STF (ADI 5326 com liminar de 20.08.2015 inclinada pela competência da Justiça Comum).

Há quem entenda revogados tacitamente todos os artigos 415 a 423 originários da CLT (Decreto-Lei n.° 5.452/1943).

Na concepção de alguns, as modificações legislativas posteriores no *Capítulo I (Da Identificação Profissional) do Título II (Das Normas Gerais de Tutela do Trabalho) da Consolidação* (CLT, arts. 13 a 56) teriam tornado sem qualquer relevância ou aplicação prática os dispositivos *desta Seção III do Capítulo IV (Da Proteção do Trabalho do Menor) do Título III (Das Normas Especiais de Tutela do Trabalho) do Diploma Celetista* (CLT, arts. 415 a 423).

O primeiro grupo de artigos mencionado foi afetado, primeiramente, pelo Decreto-Lei n.° 926/1969 que alterou a redação dos artigos 13 a 21, 30 e 52 da CLT. Posteriormente, a Lei n.° 5.686/1971 reformulou da redação dos artigos 13, 14,

16 e 21 da Consolidação. Na sequência, a matéria foi modificada pela Lei n.º 7.855/1989 que deu nova redação aos artigos 16, 29, 41 e 42 de nosso código laboral. Por fim, a Lei n.º 13.874/2019 ("Lei da Liberdade Econômica" ou "mini-reforma trabalhista") instituiu a Carteira de Trabalho digital e alterou os artigos 13, 14, 15, 16, 17, 20, 21, 25, 26, 29, 30, 31, 32, 33, 34, 40, 53, 54 e 56 da CLT. Além disso, a Lei n.º 13.874/2019 revogou expressamente o parágrafo único do artigo 415 e os artigos, por completo, 417, 419, 420, 421 e 422 da CLT.

De fato, a leitura, atualmente, comparada dos artigos 13 a 56 da CLT com os artigos 415 a 423 nos leva a crer que estes últimos nada trazem de efetivamente novo, mas isto não significa que todos os artigos foram expressamente revogados no sentido técnico do termo (LINDB, art. 2º, §1º).

Ao fim e ao cabo, a única lição a ser extraída da presente seção é a de que menores (pessoas com idade de 14 a 18 anos) quando contratados devem ter CTPS registrada.

> Art. 415 - Haverá a Carteira de Trabalho e Previdência Social para todos os menores de 18 anos, sem distinção do sexo, empregados em empresas ou estabelecimentos de fins econômicos e daqueles que lhes forem equiparados.

Sem ressalvas, o artigo 13 da CLT já determina que é obrigatória CPTS para o exercício de qualquer atividade remunerada por conta própria, seja para menores ou não. A Carteira de Trabalho deve obedecer aos modelos propostos pelo Ministério da Economia (CLT, art. 13, §2º), ser expedida por este mesmo órgão e ser expedida preferencialmente em meio eletrônico (CLT, art. 14, *caput*). Dentro do Ministério da Economia há a Secretaria Especial de Previdência e Trabalho (Lei n.º 13.844/2019, art. 32, V). Anteriormente, as Carteiras de Trabalho eram expedidas pelo Ministério do Trabalho que foi incorporado ao Ministério da Economia em 2019 (Lei n.º 13.844/2019, art. 83, I).

Art. 416 - Os menores de 18 anos só poderão ser admitidos, como empregados, nas empresas ou estabelecimentos de fins econômicos e naqueles que lhes forem equiparados, quando possuidores da carteira a que se refere o artigo anterior, salvo a hipótese do art. 422.

A redação legislativa é redundante. Impõe novamente, o já conhecido dever de sempre contratar com registro em CTPS (CLT, art. 29).

O artigo 422, por sua vez, foi revogado pela Lei n.º 13.874/2019. O artigo 422 excetuava a possibilidade de contratação de menores sem registro em Carteira quando entregues documentos mencionados em determinadas alíneas do art. 417 (redação legislativa cruzada e péssima; também revogado pela Lei n.º 13.874/2019) – hipótese na qual estes ficariam retidos com o empregador até a instalação do serviço de emissão de Carteiras de Trabalho. O artigo 417 ganhou nova redação com o Decreto-Lei n.º 229/1967 e suas *alíneas* viraram *incisos*. Os documentos que viabilizariam essa contratação provisoriamente sem CTPS seriam: "a) certidão de idade, ou documento legal que a substitua" (correspondente ao inciso I), "d) atestado médico de capacidade física e mental" (correspondente ao inciso IV) e "f) prova de saber ler, escrever e contar" (correspondente ao inciso VI).

Art. 417 – Revogado

Art. 418 – Revogado

Art. 419 – Revogado

Art. 420 – Revogado

Art. 421 – Revogado

Art. 422 – Revogado

Art. 423 - O empregador não poderá fazer outras anotações na carteira de trabalho e previdência social além das referentes ao salário, data da admissão, férias e saída.

O artigo não inova o que já está regulado na CLT em outros dispositivos. Salário e data de admissão devem ser anotados em CTPS (CLT, art. 29, *caput*), bem como períodos de férias (CLT, art. 135, §1º) e data de rescisão contratual (CLT, art. 478).

SEÇÃO IV

DOS DEVERES DOS RESPONSÁVEIS LEGAIS DE MENORES E DOS EMPREGADORES DA APRENDIZAGEM

Art. 424 - É dever dos responsáveis legais de menores, pais, mães, ou tutores, afastá-los de empregos que diminuam consideravelmente o seu tempo de estudo, reduzam o tempo de repouso necessário à sua saúde e constituição física, ou prejudiquem a sua educação moral.

O artigo em epígrafe não traz grandes inovações no que tange aos deveres dos responsáveis com relação aos menores, hipótese em que obrigam aos responsáveis legais dos menores tais como pais, mães ou tutores afastar ocupações que por ventura venham reduzir tempo de estudo ou mesmo prejudicar sua saúde física, mental e moral dos menores. Nos termos do parágrafo único do art. 407 da CLT aplicam-se por analogia quando o fato mostrar por motivo condições personalíssima do menor, o empregador não está sujeito a qualquer medida repressiva, quando, porém apresentar ele alguma responsabilidade pela circunstância que impossibilite o menor de permanecer no emprego ou função, sem dúvida alguma que terá de pagar ao menor todas as verbas exigidas habitualmente, na demissão injusta, na forma do art. 483 da CLT.

Segundo a Lei n.° 8.069, de 13.7.1990 que rege o (Estatuto da Criança e do Adolescente) demonstra em seu art. 21, que o pátrio poder será exercido, em igualdade de condições, pelo pai e pela mãe, na forma do que dispuser a legislação civil, assegurado a qualquer deles o direito de, em caso de discordância, entre eles, recorrer à autoridade judiciária competente para dirimir a divergência.

Nos termos da referida lei, a colocação do menor em família substituta far-se-á mediante guarda, tutela ou adoção, independentemente da situação jurídica da criança ou adolescente. Dispõe ainda em seu art. 33 da Lei n.º 8.069/1990 a guarda obriga à prestação de assistência material, moral e educacional à criança ou adolescente, conferindo a seu detentor o direito de opor-se a terceiros, inclusive aos pais. Comina também à criança ou adolescente a condição de dependente, para todos os fins e efeitos de direito, até mesmo previdenciários. (art. 33 *caput* e parágrafo 3º). Já a tutela será deferida, nos ternos da lei civil, é conferida a pessoa de até 18 (dezoito) anos incompletos, ocorrendo o deferimento da tutela pressupõe a prévia decretação da perda ou suspensão do poder familiar e implica necessariamente o dever de guarda. (art. 36 *caput* e parágrafo único) da Lei n.º 8.069/1990.

Salienta-se que o não cumprimento do dever dos responsáveis legais poderá constituir infração de forma punível com a multa a que menciona o art. 434 da CLT.

Art. 425 - Os empregadores de menores de 18 (dezoito) anos são obrigados a velar pela observância, nos seus estabelecimentos ou empresas, dos bons costumes e da decência pública, bem como das regras de higiene e segurança do trabalho.

Consoante o que dispõe a Constituição da República Federativa do Brasil de 1988 em seu (art. 225 *caput*) todos tem direito ao meio ambiente ecologicamente equilibrado, bem de uso comum do povo e essencial à sadia qualidade de vida, impondo ao Poder Público e à coletividade o dever de defendê-lo e preservá-lo para as presentes e futuras gerações. Tal obrigação cabe a qualquer pessoa e inclusive aos empregadores em manter um ambiente de trabalho sadio, e ainda tem o dever de propiciar a todos os seus empregados, inclusive aos adolescentes um ambiente sadio e com qualidade de vida, livre de deteriorações ou ameaças de qualquer espécie de perigo.

Tratando-se de trabalho para adolescente fica aguçada a exigência de acordo com a obrigação integral prevista no art. 227 da CF/88 sendo que a violação desse preceito fundamental é situação de penalidade grave para o empregador. Ademais o art. 932 do Código Civil no inciso III, faz referência da obrigação não somente por parte do empregador, mas também pelos seus prepostos. Vale ressaltar a obrigação do empregador, proporcionar um ambiente de trabalho sadio, seguro aos empregados, evitar a exposição dos adolescentes em situações que ferem sua integridade da formação, ainda que praticados por terceiros.

Ademais, aqueles que empregam menores, caso venham descumprir a norma, sofrerão, sem prejuízos de outras penalidades, a imposição de multa prevista no aludido art. 434 da CLT.

Art. 426 - É dever do empregador, na hipótese do art. 407, proporcionar todas as facilidades para mudar de serviço.

O referido artigo esta com sua redação clara, segundo o art. 407 *caput* da CLT quando o trabalho executado pelo menor é prejudicial a sua saúde, ao seu desenvolvimento físico ou à sua moralidade, poderá a autoridade competente obrigá-lo abandonar o serviço, devendo a respectiva empresa, quando for o caso, proporcionar ao menor todas as facilidades para mudança de função.

Caso o empregador apresente condições e não promova a alteração do serviço pelo menor, seu ato poderá constituir falta grave, capaz de causar a rescisão indireta de trabalho conforme o art. 483, além de acarretar a cominação da multa do art. 434 da CLT.

Art. 427 - O empregador, cuja empresa ou estabelecimento ocupar menores, será obrigado a conceder--lhes o tempo que for necessário para frequência às aulas.

Parágrafo único - Os estabelecimentos situados em lugar onde a escola estiver a maior distância que 2 (dois) quilômetros, e que ocuparem, permanentemente, mais de 30 (trinta) menores analfabetos, de 14 (quatorze) a 18 (dezoito) anos, serão obrigados a manter local apropriado em que lhes seja ministrada a instrução primaria.

O artigo em tela deve ser cominado com a vedação expressa do art. 403, parágrafo único, bem como com as regras especiais da duração da jornada de trabalho (*vide* os arts. 411 a 414 da CLT). De fato, faz ainda referência ao princípio básico na proteção da criança e adolescente no que se relaciona ao trabalho, qual seja: do empregador não criar restrições de maneira alguma na formação educacional do adolescente empregado.

O mencionado princípio tem por embasamento a segurança constitucional prevista no inciso III, do parágrafo 3° do art. 227 da Constituição Federal de 1988, o qual garante o direito fundamental do adolescente ter acesso à formação educacional enquanto estiver trabalhando.

Vale destacar que a obrigação do empregador é justamente de não criar obstáculos de qualquer situação para restringir à formação educacional do adolescente. A norma em questão não especifica qual será nível educacional que tem direito o adolescente a essa proteção, portanto, entende-se que é a toda e qualquer proteção educacional. No entanto, precisa ser compreendido para ir à escola como tempo necessário, qual seja: o deslocamento necessário para frequência às aulas e o tempo das aulas, bem como aquele período, em que os outros horários, que não comprometam a formação escolar do adolescente, precisando ser reservado o momento para as suas tarefas e estudos.

O parágrafo único faz entender, que a formação educacional seria aquela compreendida ao ensino fundamental, conhecida como primária. Segundo a expressa análise do art. 205 da Constituição Federal, a educação, direito de todos e dever do Estado e da família, será promovida e incentivada com a colaboração da sociedade, visando ao pleno desenvolvimento da pessoa, seu preparo para o exercício da cidadania e sua qualificação para o trabalho. Ademais, sabe-se que a formação educacional protegida pela nossa constituição vai alem do ensino fundamental.

Percebe-se que o interesse do legislador foi extirpar o analfabetismo, pois dependendo da circunstância o empregador será obrigado a manter local apropriado em que seja ministrada a instrução primaria. Findar-se desse modo, que o dispositivo em questão foi inteiramente recepcionado pela CF/1988, devendo ser totalmente observado. Seu não cumprimento, gera a cominação da penalidade multa do art. 434 ao infrator.

Art. 428 - Contrato de aprendizagem é o contrato de trabalho especial, ajustado por escrito e por prazo determinado, em que o empregador se compromete a assegurar ao maior de 14 (quatorze) e menor de 24 (vinte e quatro) anos inscrito em programa de aprendizagem formação técnico-profissional metódica, compatível com o seu desenvolvimento físico, moral e psicológico, e o aprendiz, a executar com zelo e diligência as tarefas necessárias a essa formação.

A aprendizagem sempre foi permitida pela CF/88, passando por várias transformações no decorrer dos anos, uma delas foi fixar a idade mínima para o trabalho como aprendiz, para 14 anos estabelecida pela EC n.º 20/98, a CLT obrigavam através de regras as indústrias à contratação de aprendizes, sendo observados e moldados pela lei do ECA, visando a definição de educação profissional através da Lei n.° 9.394/96 (Lei de diretrizes e base da Educação Nacional), ganhando prestigio com a apresentação a definição de educação profissional com o (Decreto n.° 2.208/1997), visando na proteção e melhor desenvolvimento para o menor, a Lei n.° 10.097/2000, adaptaram com o panorama existente na CLT, expandindo pela Lei n.° 11.180/2005, em suas aplicações de aprendizagem, abrindo espaço para pessoas entre 18 e 24 anos de idade, definindo idade mínima de 14 e máxima 24.

§ 1° - A validade do contrato de aprendizagem pressupõe anotação na Carteira de Trabalho e Previdência Social, matrícula e frequência do aprendiz na escola, caso não haja concluído o ensino médio, e inscrição em programa de aprendizagem desenvolvido sob orientação de entidade qualificada em formação técnico-profissional metódica.

O contrato de trabalho é válido quando: a) à sua anotação na CTPS do trabalhador; b) à frequência do aprendiz à escola, caso não haja concluído o ensino médio; c) a inscrição do trabalhador em programa de aprendizagem desenvolvido sob a orientação de entidade qualificada em formação técnico-profissional metódica; d) A vinculação do aprendiz a uma dessas entidades Técnicas de Educação como (SENAI, SENAC, SENAT, SENAR E SESCOOP), sem fins lucrativos, que tenham por objetivo a assistência e educação profissional ao adolescente, registradas no Conselho Municipal dos Direitos do Adolescente, são essenciais, uma vez que serão elas as responsáveis pelas orientações das atividades teóricas e práticas que caracterizarão o processo de formação técnico-profissional.

§ 2° - Ao aprendiz, salvo condição mais favorável, será garantido o salário mínimo hora.

É direito ao menor a não discriminação em cláusula de norma coletiva que estabeleça salário mínimo profissional, visto que, observado a proteção ao trabalhador independente a idade expressa na CF/88 em seu artigo 7°, inciso IV e XXX, a

Lei n.º 10.097/2000 revogou expressamente o artigo 80 da CLT, adequando com os dispositivos legais da CLT contidas em nossa carta maior.

§ 3º - O contrato de aprendizagem não poderá ser estipulado por mais de 2 (dois) anos, exceto quando se tratar de aprendiz portador de deficiência.

Não poderá ser estipulado contrato por mais de dois anos, análogo com artigo 445 da CLT, salvo, quando o aprendiz for portador de deficiência, para que eles venham ter maiores adaptações e desenvolvimentos sem se preocupar com o lapso temporal, com previsão legal no artigo 11, da Lei n.º 11.788/2008 e Lei n.º 11.180/2005, limitado para o aprendiz que completa 24 anos, não podendo ser mais prorrogado.

§ 4º - A formação técnico-profissional a que se refere o *caput* deste artigo caracteriza-se por atividades teóricas e práticas, metodicamente organizadas em tarefas de complexidade progressiva desenvolvidas no ambiente de trabalho.

Os processos são gradativos por atividades teóricas e profissionais, vão sendo desenvolvidas dentro do lapso temporal do contrato de trabalho do aprendiz, com acompanhamento de profissionais especializados, visando à formação técnico-profissional.

§ 5º - A idade máxima prevista no *caput* deste artigo não se aplica a aprendizes portadores de deficiência.

Nos termos da Lei n.º 11.180/2015, trata de forma clara que permite a formação técnico-profissional do portador de deficiência física e/ou mental no momento em que desejar, garantindo-se a ele o ingresso ou reingresso no setor produtivo. Sem preocupação com a idade ou lapso temporal, visto que, as vagas destinadas à contratação de deficiente relativas a cotas, não devem ser preenchidas pelos mesmos trabalhadores.

§ 6° - Para os fins do contrato de aprendizagem, a comprovação da escolaridade de aprendiz com deficiência deve considerar, sobretudo, as habilidades e competências relacionadas com a profissionalização.

O instituto da aprendizagem tem como instrumento de inclusão das pessoas com deficiência no mercado de trabalho, ou seja, não exigindo do aprendiz a comprovação de conclusão do ensino médio, tampouco de matrícula e frequência em escola regular, bastando a verificação de que o nível de escolaridade do aprendiz tenha lhe conferido habilidades e competências compatíveis com o processo de profissionalização, sendo ampliada, quebrando barreiras, um direito de todos, independentemente se algum impedimento de longo prazo de natureza física, mental, intelectual ou sensorial, sendo efetiva sua participação na sociedade em igualdade condições com demais pessoas, prevista na Lei n.° 13.146/2015.

§ 7° - Nas localidades onde não houver oferta de ensino médio para o cumprimento do disposto no §1° deste artigo, a contratação do aprendiz poderá ocorrer sem a frequência à escola, desde que ele já tenha concluído o ensino fundamental.

O local de moradia do adolescente que não tenha oferta de ensino médio para cumprimento do que está exposto no §1° deste artigo, não poderá ser impossibilitado de ser contratado como aprendiz por não ter em mãos a frequência escolar, terá apenas que ter concluído o ensino fundamental.

§ 8° - Para o aprendiz com deficiência com 18 (dezoito) anos ou mais, a validade do contrato de aprendizagem pressupõe anotação na CTPS e matrícula e frequência em programa de aprendizagem desenvolvido sob orientação de entidade qualificada em formação técnico-profissional metódica.

O aprendiz com deficiência com 18 (dezoito) anos ou mais, pressupõe anotação na CTPS e matrícula de frequência em programa de aprendizagem e desenvolvimento, sendo acompanhado por profissionais qualificados em formação técnico-profissional metódica, reforçando esse direito com a lei n.º 15.146, de 06/07/2015.

> Art. 429 - Os estabelecimentos de qualquer natureza são obrigados a empregar e matricular nos cursos dos Serviços Nacionais de Aprendizagem número de aprendizes equivalente a 5% (cinco por cento), no mínimo, e 15% (quinze por cento), no máximo, dos trabalhadores existentes em cada estabelecimento, cujas funções demandem formação profissional.

Evidencia este artigo que as microempresas e empresas de pequeno porte são obrigadas a empregar e matricular nos cursos dos serviços nacionais de aprendizagem como, (SENAI, SENAR, SENAC, SENAT E SESCOOP), números de aprendizes equivalente a 5% (cinco por cento), no mínimo, e 15% (quinze por cento), no máximo, dos trabalhadores existentes em cada estabelecimento, cujas funções demandem formação profissional.

a) (revogada)

b) (revogada)

§ 1º-A - O limite fixado neste artigo não se aplica quando o empregador for entidade sem fins lucrativos, que tenha por objetivo a educação profissional.

Expressamente claro nesse parágrafo que as entidades sem fins lucrativos, que são aquelas de direito privado, dotada de personalidade jurídica, agrupadas de pessoas com o mesmo ideais, neste artigo que tenha por objetivo a educação profissional, não serão aplicadas o limite equivalente a 5%(cinco por cento) por cento no mínimo, e no máximo 15% (quinze por cento) por cento, dos trabalhadores existentes em cada estabelecimento, cujas funções demandem formação profissional.

§ 1°-B - Os estabelecimentos a que se refere o *caput* poderão destinar o equivalente a até 10% (dez por cento) de sua cota de aprendizes à formação técnico-profissional metódica em áreas relacionadas a práticas de atividades desportivas, à prestação de serviços relacionados à infraestrutura, incluindo as atividades de construção, ampliação, recuperação e manutenção de instalações esportivas e à organização e promoção de eventos esportivos.

Evidencia a faculdade dos estabelecimentos autorizando o equivalente até a 10% (dez por cento) de sua cota de aprendizes à destinação do exposto no respectivo artigo 1°-B.

§ 1° - As frações de unidade, no cálculo da percentagem de que trata o *caput*, darão lugar à admissão de um aprendiz.

A regra e critério de cálculos utilizados para admissão, sendo variável as frações, considerar como um inteiro.

§ 2° - Os estabelecimentos de que trata o *caput* ofertarão vagas de aprendizes a adolescentes usuários do Sistema Nacional de Atendimento Socioeducativo (Sinase) nas condições a serem dispostas em instrumentos de cooperação celebrados entre os estabelecimentos e os gestores dos Sistemas de Atendimento Socioeducativo locais.

O parágrafo 2° do artigo, 429 da CLT, foi introduzido pela lei n.° 12.594/2012, que institui o (SINASE), Sistema Nacional de Atendimento Socioeducativo, como princípio aperfeiçoar a gestão de programas políticos relacionadas ao atendimento de menores infratores, bem como suprir algumas lacunas deixadas pelo ECA, para a reintegração a sociedade.

Art. 430 - Na hipótese de os Serviços Nacionais de Aprendizagem não oferecerem cursos ou vagas suficientes para atender à demanda dos estabelecimentos, esta poderá ser suprida por outras entidades qualificadas em formação técnico-profissional metódica, a saber:

Não obtendo vagas suficientes para atender à demanda dos estabelecimentos, outras entidades poderá utilizar-se de trabalhadores aprendizes inscritos nas entidades elencadas nos incisos, de forma supletiva, nos termos da Lei n.º 10.097/2000.

I - Escolas Técnicas de Educação;

As Escolas Técnicas de Educação, são definidas como entidades que auxiliam jovens e adultos a unir o aprendizado teórico, com o prático, especializando ainda no ensino médio, em conjunto, com outras entidades que possuem sistemas educativos, em locais diversos, que conferem graus acadêmicos profissionais, com o intuito de oferecer todo o suporte para o aprendiz, ensinando aptidões técnicas com noções básicas para o mercado de trabalho.

II - entidades sem fins lucrativos, que tenham por objetivo a assistência ao adolescente e à educação profissional, registradas no Conselho Municipal dos Direitos da Criança e do Adolescente.

O inciso em apreço, tem todo o direito de contar com a cooperação de outras instituições públicas e privadas, que tem como objetivo maior a assistência ao adolescente e a educação profissional, com a obrigatoriedade de serem registradas no Conselho Municipal dos Direitos da Criança e do Adolescente.

III - entidades de prática desportiva das diversas modalidades filiadas ao Sistema Nacional do Desporto e aos

Sistemas de Desporto dos Estados, do Distrito Federal e dos Municípios.

Inciso acrescido pela Lei n.º 13.420/2017 publicada em 14.03.17. Mais uma alternativa à ausência de vagas nos Serviços Nacionais de Aprendizagem.

§ 1º - As entidades mencionadas neste artigo deverão contar com estrutura adequada ao desenvolvimento dos programas de aprendizagem, de forma a manter a qualidade do processo de ensino, bem como acompanhar e avaliar os resultados.

O parágrafo primeiro do artigo em apreço deixa claro, que as entidades mencionadas têm que manter uma estrutura com ótimas condições, que seja adequada possuindo um processo de ensino com qualidade, demostrando os resultados desenvolvidos dos aprendizes.

§ 2º - Aos aprendizes que concluírem os cursos de aprendizagem, com aproveitamento, será concedido certificado de qualificação profissional.

O ápice de todo o processo desenvolvido do projeto, o resultado de todo esforço e dedicação de cada um, onde recebem o certificado comprovando a qualificação profissional do aprendiz, válidos em todo o território nacional.

§ 3º - O Ministério do Trabalho e Emprego fixará normas para avaliação da competência das entidades mencionadas nos incisos II e III deste artigo.

Através da Portaria do TEM n.º 615/2009, especificam todas as normas exigidas no parágrafo 3º.

§ 4º - As entidades mencionadas nos incisos II e III deste artigo deverão cadastrar seus cursos, turmas e aprendizes matriculados no Ministério do Trabalho.

As entidades supletivas aos Serviços Nacionais de Aprendizagem devem sempre manter dados e cadastros de cursos, turmas e aprendizes junto ao Ministério do Trabalho.

§ 5° - As entidades mencionadas neste artigo poderão firmar parcerias entre si para o desenvolvimento dos programas de aprendizagem, conforme regulamento.

São possíveis parcerias entre as entidades supletivas aos Serviços Nacionais de Aprendizagem para melhor oferecimento de cursos e vagas de aprendizes para as empresas.

Art. 431 - A contratação do aprendiz poderá ser efetivada pela empresa onde se realizará a aprendizagem ou pelas entidades mencionadas nos incisos II e III do art. 430, caso em que não gera vínculo de emprego com a empresa tomadora dos serviços.

a) Revogado

b) Revogado

c) Revogado

Parágrafo único - Aos candidatos rejeitados pela seleção profissional deverá ser dada, tanto quanto possível, orientação profissional para ingresso em atividade mais adequada às qualidades e aptidões que tiverem demonstrado.

A contratação do aprendiz poderá ser feita de várias maneiras, para ser efetivado, uma delas é entre a própria empresa e o aprendiz, entidade sem fins lucrativos que tenha como objetivo a assistência ao adolescente e a educação profissional, que atua como intermediadora de mão de obra lícita encaminhando o trabalhador-aprendiz para uma empresa que é simples tomadora de serviço.

Art. 432 - A duração do trabalho do aprendiz não excederá de 6 (seis) horas diárias, sendo vedadas a prorrogação e a compensação de jornada.

Fica evidenciado a preocupação do legislador em preservar a saúde do adolescente, visto que, ultrapassado as 6 (seis) horas diárias dificultaria o seu rendimento nas outras atividades necessárias para seu desenvolvimento, bem como, proibido a prorrogação da jornada.

§ 1° - O limite previsto neste artigo poderá ser de até 8 (oito) horas diárias para os aprendizes que já tiverem completado o ensino fundamental, se nelas forem computadas as horas destinadas à aprendizagem teórica.

Esse parágrafo retrata a possibilidade do aprendiz trabalhar 8 horas diárias, desde, que também seja computada e incluída as horas de aprendizagem teórica, visto que permitido apenas para aprendiz que já completou o ensino fundamental.

§2° - Revogado

Art. 433 - O contrato de aprendizagem extinguir-se-á no seu termo ou quando o aprendiz completar 24 (vinte e quatro) anos, ressalvada a hipótese prevista no §5° do art. 428 desta Consolidação, ou ainda antecipadamente nas seguintes hipóteses:

a) Revogado

b) Revogado

O contrato do aprendiz será extinto de acordo com o estipulado em contrato por tempo determinado, se no tempo estipulado foi findado se extingue, caso queira o contratante prorroga-lo tem todo o direito, no entanto se o contratado completar 24 anos de idade, automaticamente se extingue, salvo, se esse indivíduo for portador de deficiência.

I- Desempenho insuficiente ou a inadaptação do aprendiz, salvo para o aprendiz com deficiência quando desprovido de recursos de acessibilidade, de tecnologias assistivas e de apoio necessário ao desempenho de suas atividades;

Relata que o aprendiz tem desempenho insuficiente, quando, ele não tem cuidado, não tem interesse, não se importa com a responsabilidade imposta a ele naquele momento, a inadaptação configura na parte que ele tem dificuldade de conseguir desenvolver algo, em aprender algo de uma maneira a rescindir o contrato, podendo o empregador cessar o contrato de trabalho sem a necessidade de pagar a indenização prevista no artigo 479 da CLT, em relação ao aprendiz com deficiência, a empresa tem a obrigação de criar meios para que ela venha a se adaptar com o tipo de atividade disponibilizada, nos termos da Lei n.º 13.146/2015.

II - falta disciplinar grave;

A falta grave pode ser cometida tanto pelo empregado, quanto pelo empregador, nos termos dos artigos 482 e 483 da CLT, portanto quando essa falta é cometida pelo menor aprendiz, ele é dispensado por justa causa, não possuindo o direito de qualquer indenização ou verba rescisória devida, quando a causa for pelo empregador, configurará rescisão indireta, fazendo jus de os consectários legais de uma dispensa imotivada.

III - ausência injustificada à escola que implique perda do ano letivo; ou

Extinguir-se-á o contrato, caso o aluno perca o ano letivo sem justificativa pertinente, visto que, é um dos requisitos para a permanência do contrato de aprendiz, ocorrendo esse fato, o menor só terá direito à, receber as férias proporcionais e a gratificação natalina proporcional.

IV - a pedido do aprendiz.

O aprendiz por livre e espontânea vontade tem o direito de cessar o contrato de trabalho, esse é um projeto visando a melhoria e o desenvolvimento do menor e adolescente, auxiliando desde cedo através de incentivo a estar apto ao mercado de trabalho com a qualificação de técnico profissional, não produzindo nem um efeito à indenização prevista no artigo 480 da CLT, possuindo o direito às férias e décimo terceiro proporcionais.

Parágrafo único - Revogado

§ 2° Não se aplica o disposto nos arts. 479 e 480 desta Consolidação às hipóteses de extinção do contrato mencionadas neste artigo.

Na hipótese de extinção do contrato de aprendizagem com termo estipulado sem justo motivo, o empregador não é obrigado a pagar indenização de metade da remuneração a que o aprendiz teria direito (CLT, art. 479). Por outro lado, o aprendiz que rompe sem justa causa o pacto com seu empregador não tem que indenizá-lo por prejuízos que deste fato resultarem (CLT, art. 480).

SEÇÃO V
DAS PENALIDADES

Art. 434 - Os infratores das disposições deste Capítulo ficam sujeitos à multa de valor igual a 1 (um) salário mínimo regional, aplicada tantas vezes quantos forem os menores empregados em desacordo com a lei, não podendo, todavia, a soma das multas exceder a 5 (cinco) vezes o salário-mínimo, salvo no caso de reincidência em que esse total poderá ser elevado ao dobro.

As multas mencionadas são revertidas para União e não em favor do empregado, são aplicadas pela Autoridade Administrativa e deve obedecer aos valores estabelecidos na Lei n.º 7.855, de 24 de outubro de 1989.

Art. 435 - Fica sujeita à multa de valor igual a 1 (um) salário-mínimo regional e ao pagamento da emissão de nova via a empresa que fizer na Carteira de Trabalho e Previdência Social anotação não prevista em lei.

De acordo como o artigo 41, Parágrafo único da CLT, as anotações a serem feitas na Carteira de Trabalho são: "além da qualificação civil ou profissional de cada trabalhador, deverão ser anotados todos os dados relativos à sua admissão no emprego, duração e efetividade do trabalho, a férias, acidentes e demais circunstâncias que interessem à proteção do trabalhador", bem como as anotações a que se refere o artigo 29 da CLT, destacando ainda a proibição do empregador em efetuar anotações negativas em relação à conduta do empregado.

Art. 436 Revogado

Art. 437 – Revogado

Art. 438 - São competentes para impor as penalidades previstas neste Capítulo:

a) no Distrito Federal, a autoridade de 1ª instância do Departamento Nacional do Trabalho;

b) nos Estados e Território do Acre, os delegados regionais do Ministério do Trabalho, Indústria e Comércio ou os funcionários por eles designados para tal fim.

Parágrafo único - O processo, na verificação das infrações, bem como na aplicação e cobrança das multas, será o previsto no título "Do Processo de Multas Administrativas", observadas as disposições deste artigo.

Conforme o artigo em tela esclarece que a competência para a aplicação das penalidades referentes às infrações trabalhistas é através de auditores fiscais de todas as unidades da Federação bem como das Delegacias Regionais do Trabalho.

SEÇÃO VI
DISPOSIÇÕES FINAIS

Art. 439 - É lícito ao menor firmar recibo pelo pagamento dos salários. Tratando-se, porém, de rescisão do contrato de trabalho, é vedado ao menor de 18 (dezoito) anos dar, sem assistência dos seus responsáveis legais, quitação ao empregador pelo recebimento da indenização que lhe for devida.

A legislação deixa claro que o menor receba seu salário sem ter como obstáculo a necessidade de assistência do seu responsável legal (mãe, pai...). Entretanto, é exigido que se observe a formalidade de ter a presença do representante legal no momento da rescisão do contrato de trabalho, para que tenha validade, caso contrário resultará na presunção da existência de vício de consentimento.

Art. 440 - Contra os menores de 18 (dezoito) anos não corre nenhum prazo de prescrição.

Para o Código Civil a prescrição só não ocorre em relação ao absolutamente incapaz, enquanto a CLT no artigo 440, trata da prescrição para os relativamente incapazes, ou seja, o prazo prescricional para ajuizar uma ação na esfera trabalhista só começa a fluir quando o menor completar 18 anos de idade. Sendo assim, verifica-se que findo o contrato de trabalho enquanto o reclamante não for maior, não ocorre à prescrição bienal. De acordo com entendimento jurisprudencial o artigo 440 da CLT não atinge o menor herdeiro, mas apenas o menor empregado. “Prescrição. Contagem para espólio do qual figura herdeiro menor. Não aplicação do benefício do art. 440, da CLT - O benefício da inexistência de prescrição em relação a menor inserta no art. 440, da CLT vige apenas quando o menor é o próprio trabalhador. Ainda que a prescrição no caso trabalhista mereça sempre exegese restritiva, não se trata de benefício que se estende aos herdeiros menores do trabalhador falecido. Linha diversa de raciocínio implicaria inclusive que mal ferimento do fundamento básico e ontológico da prescrição que é a segurança jurídica, já que parcelas anteriormente prescritas reviveriam com o falecimento do trabalhador em benefício de seus herdeiros. O próprio fundamento da inexistência de prescrição contra menor não vige neste caso, já que o trabalhador, enquanto vivia, bem poderia exercer o direito de ação, sem as limitações que justificam a proteção específica ao menor neste caso. TRT da 9ª Reg. (Paraná), RO 8.550/1996, Ac. 5ª T. 8.357/1997, DJPR 11/04/1997, Rel.: Juiz Célio Horst Waldraff." "Prescrição total. Espólio. Herdeiros menores. Inaplicável o artigo 440 da CLT - O artigo 440 da CLT está inserido no capítulo que dispõe sobre a proteção ao trabalho do menor, e como tal não pode ser interpretado isoladamente, mas de forma sistemática. Quando não se discute direito de menor como empregado, mas como herdeiro, que se encontra representado pelo inventariante, é este quem deve exercer o direito do empregado falecido, dentro do prazo prescricional, não havendo que se falar em causa impeditiva da prescrição, ainda que existam herdeiros menores. Recurso de revista não provido. Tribunal Superior do Trabalho, RR 569384, 4ª T., DJU 13/10/2000, pág. 526, Rel.: Min. Milton de Moura França".

Art. 441 - O quadro a que se refere o item I do art. 405 será revisto bienalmente.

O quadro disposto no artigo 405, I da CLT, faz menção às atividades que são consideradas insalubres, e é desenvolvido pela Secretaria da Segurança e Saúde do Trabalho, no qual é proibido o trabalho do menor. O intuito é que a NR- 15 da Portaria n.º 3.214/1978, atinja também o empregado menor. É certo que a cada dia que se passa as empresas adquirem novas tecnologias e com isso novos agentes nocivos a saúde, tanto químicos, físicos ou biológicos. Por isso se faz necessário que o referido quadro seja revisto bienalmente.

TÍTULO IV
DO CONTRATO INDIVIDUAL DE TRABALHO

CAPÍTULO I
DISPOSIÇÕES GERAIS

Art. 442 - Contrato individual de trabalho é o acordo tácito ou expresso, correspondente à relação de emprego.

Parágrafo único – Qualquer que seja o ramo de atividade da sociedade cooperativa, não existe vínculo empregatício entre ela e seus associados, nem entre estes e os tomadores de serviços daquela.

A Consolidação das Leis do Trabalho delimitou o conceito de contrato individual de trabalho, isto porque se fazia necessário especificar que tal instrumento contratual presta-se unicamente a regulamentar as relações “de emprego”, excluindo-se, por consequência, trabalhos de autônomos, vínculos associativos ou quaisquer outras formas de prestação de serviços.

Vale observar, ainda, que o contrato individual de trabalho pode ser expresso ou tácito, ou seja, nem sempre existirá um documento escrito em cujo bojo estarão descritas as condições do vínculo empregatício.

No parágrafo único, o legislador esclarece a situação das cooperativas, para que não mais restem dúvidas de que as sociedades cooperativas não produzem vínculo empregatício com seus associados, tampouco entre os associados e os tomadores de serviços. Tal previsão evita inúmeras discussões na Justiça do Trabalho acerca do tema.

Art. 442-A - Para fins de contratação, o empregador não exigirá do candidato a emprego comprovação de experiência prévia por tempo superior a 6 (seis) meses no mesmo tipo de atividade.

Certamente no intuito de ampliar o acesso dos trabalhadores ao mercado, o legislador pátrio pretendeu garantir aos mesmos, principalmente aos iniciantes na vida profissional, que tenham mais oportunidades de emprego, pois se não se permite que ingressem no mercado de trabalho ou ainda se há dificuldades para tal ingresso, dificilmente o trabalhador acumulará a experiência que o mercado lhe pede.

Art. 442-B - A contratação do autônomo, cumpridas por este todas as formalidades legais, com ou sem exclusividade, de forma contínua ou não, afasta a qualidade de empregado prevista no art. 3°desta Consolidação.

Note-se que, diferentemente do que pode parecer à primeira vista, o artigo em questão não pretende a "pejotização" de empregados, ou seja, a contratação de pessoas físicas como se pessoas jurídicas fossem, pelo contrário, nesse dispositivo, o legislador deixa claro que "*cumpridas por este todas as formalidades legais...*", ou seja, se houver qualquer tipo de fraude à legislação trabalhista, descaracteriza-se o pretenso contrato de autônomo.

Art. 443 - O contrato individual de trabalho poderá ser acordado tácita ou expressamente, verbalmente ou por escrito, por prazo determinado ou indeterminado, ou para prestação de trabalho intermitente.

§ 1° - Considera-se como de prazo determinado o contra-to de trabalho cuja vigência dependa de termo prefixado ou da execução de serviços especificados ou ainda da realização de certo acontecimento suscetível de previsão aproximada.

§ 2° - O contrato por prazo determinado só será válido em se tratando:

a) de serviço cuja natureza ou transitoriedade justifique a predeterminação do prazo;

b) de atividades empresariais de caráter transitório;

c) de contrato de experiência.

§ 3° - Considera-se como intermitente o contrato de trabalho no qual a prestação de serviços, com subordinação, não é contínua, ocorrendo com alternância de períodos de prestação de serviços e de inatividade, determinados em horas, dias ou meses, independentemente do tipo de atividade do empregado e do empregador, exceto para os aeronautas, regidos por legislação própria.

Assim como ocorre com diversos outros tipos de contrato, o contrato individual de trabalho não tem forma especial, podendo ser tácito ou expresso, verbal ou escrito. Embora não seja comum contratos de trabalho tácitos, há que se observar que o legislador previu essa possibilidade.

Parágrafo 1º - Trata do contrato por prazo determinado, que é a situação em que a duração do trabalho já está prevista desde o ato da contratação.

Parágrafo 2º - A fim de evitar discussões jurídicas, o legislador já especificou as situações em que se permite o contrato por prazo determinado, sendo certo que o rol é taxativo, não permitindo outras situações além daquelas elencadas no texto legal.

Parágrafo 3º - Inovação trazida pela Lei 13.467/2017, o contrato de trabalho intermitente permite que o empregador mantenha o empregado em seus quadros funcionais, mas que somente o convoque quando houver trabalho a ser realizado, sendo certo que, neste caso, o pagamento será feito de forma proporcional ao período efetivamente trabalhado.

Art. 444 - As relações contratuais de trabalho podem ser objeto de livre estipulação das partes interessadas em tudo quanto não contravenha às disposições de proteção ao trabalho, aos contratos coletivos que lhes sejam aplicáveis e às decisões das autoridades competentes.

Parágrafo único - A livre estipulação a que se refere o *caput* deste artigo aplica-se às hipóteses previstas no art. 611-A desta Consolidação, com a mesma eficácia legal e preponderância sobre os instrumentos coletivos, no caso de empregado portador de diploma de nível superior e que perceba salário mensal igual ou superior a duas vezes o limite máximo dos benefícios do Regime Geral de Previdência Social.

Não obstante tenha concedido certa liberdade para empregado e empregador pactuarem o contrato conforme lhes convêm, o legislador não deixou de lado a proteção ao trabalhador, parte hipossuficiente na relação empregatícia, isto porque prevê um mínimo de direitos que devem ser respeitados, impedindo, assim, a ofensa a direitos basilares dos empregados, previstos inclusive na Constituição Federal.

Parágrafo único – Em caso de empregados com nível superior completo e salário superior ao dobro do limite da Previdência, o princípio do "negociado sobre o legislado" se torna ainda mais amplo, permitindo que o empregado nessa situação negocie seu contrato individualmente.

Art. 445 - O contrato de trabalho por prazo determinado não poderá ser estipulado por mais de 2 (dois) anos, observada a regra do art. 451.

Parágrafo único - O contrato de experiência não poderá exceder de 90 (noventa) dias.

A fim de proteger o empregado de ser reiteradas vezes contratado por prazos determinados, o legislador pátrio limitou que esse tipo de contrato não poderá ultrapassar o período de dois anos.

Parágrafo único – Dentre os tipos de contrato por prazo determinado, um dos mais comuns é o contrato de experiência e, também para proteger o empregado de ser contrato por um longo período apenas de forma experimental e depois ser demitido arbitrariamente de forma conveniente para o empregador, o legislador pátrio limitou especificamente essa modalidade de contrato para o prazo de noventa dias.

Art. 446 – Revogado

Art. 447 - Na falta de acordo ou prova sobre condição essencial ao contrato verbal, esta se presume existente, como se a tivessem estatuído os interessados na conformidade dos preceitos jurídicos adequados à sua legitimidade.

Em caso de contrato verbal, não será possível comprovar com precisão os termos da avença firmada entre empregado e empregador, por tal razão, alguns pontos deverão ser presumidos, assim, se determinada relação de emprego exige certa condição para se realizar, está será presumida, até porque, se a condição era essencial à contratação, evidente que a relação contratual não poderia existir sem ela.

Art. 448 - A mudança na propriedade ou na estrutura jurídica da empresa não afetará os contratos de trabalho dos respectivos empregados.

O legislador, pautado pelo princípio da despersonalização do empregador, pretendeu nesse artigo demonstrar que o vínculo do empregado é com a empresa em si e não com a pessoa física do empregador. Importante fazer remissão ao artigo 10 da CLT, que diz: "Art. 10 Qualquer alteração na estrutura jurídica da empresa não afetará os direitos adquiridos por seus empregados.". Como norma benéfica ao empregado, deve-se analisar esse artigo de modo a perceber que o emprepgado não pode ser prejudicado por alteração superveniente que vier ocorrer, pois isso seria ofensa direta às normas de proteção ao trabalho e desrespeito ao princípio da intangibilidade contratual e da continuidade da relação de emprego.

Portanto, em havendo mudança no regime jurídico da empresa ou havendo substituição dos sujeitos da relação jurídica, como nos casos de sucessão, fusão, incorporação ou cisão, não implica mudança para os empregados, pois esses devem ser vistos em posição de inferioridade econômica e suscetíveis à coação do empregador.

Art. 448-A Caracterizada a sucessão empresarial ou de empregadores prevista nos arts. 10 e 448 desta Consolidação, as obrigações trabalhistas, inclusive as contraídas à época em que os empregados trabalhavam para a empresa sucedida, são de responsabilidade do sucessor.

Parágrafo único. A empresa sucedida responderá solidariamente com a sucessora quando ficar comprovada fraude na transferência.

Nos moldes do artigo 2º da CLT na sucessão empresarial não ocorre a mudança na figura do empregador, pois o empregador continua sendo a empresa, o que muda, portanto, é a figura dos empresários que atuam na administração e/ou têm propriedade sobre a empresa. O parágrafo único deste artigo vem corroborar a ideia de que as dívidas e obrigações trabalhistas se equiparam às obrigações propter rem e, por isso, os ônus e os bônus da empresa são automaticamente transferidas aos novo empresários, dada a figura da empresa e não do empresário como empregador.

Art. 449 - Os direitos oriundos da existência do contrato de trabalho subsistirão em caso de falência, concordata ou dissolução da empresa.

§ 1° - Na falência constituirão créditos privilegiados a totalidade dos salários devidos ao empregado e a totalidade das indenizações a que tiver direito.

§ 2° - Havendo concordata na falência, será facultado aos contratantes tornar sem efeito a rescisão do contrato de trabalho e consequente indenização, desde que o empregador pague, no mínimo, a metade dos salários que seriam devidos ao empregado durante o interregno.

A falência, necessariamente, não põe fim ao contrato de trabalho. Se o administrador da massa falida der prosseguimento à atividade empresarial do falido ficam mantidos os contratos de trabalho. No caso de fechamento total e real da empresa poderão os empregados habilitar, de forma privilegiada, seus créditos no processo falimentar, quais sejam salário vencido, férias vencidas ou proporcionais, aviso prévio, contribuições ao INSS retidas pelo falido, depósito do FGTS e indenização de 40% deste depósito.

À respeito do parágrafo 2° do presente dispositivo, se o empresário solicitar ao magistrado a prorrogação de seus créditos quirografários para continuar sua atividade empresarial, procedimento conhecido como concordata, as partes poderão decidir sobre a possibilidade de manutenção ou rescisão do contrato de trabalho."

Art. 450 - Ao empregado chamado a ocupar, em comissão, interinamente, ou em substituição eventual ou temporária, cargo diverso do que exercer na empresa, serão garantidas a contagem do tempo naquele serviço, bem como volta ao cargo anterior.

Este dispositivo trata de hipóteses de ocupação interina, eventual ou temporariamente, cargo o qual o substituto não foi inicialmente contratado para exercer no empregador.

Apenas nas hipóteses de substituição eventual, o substituto não fará jus aos mesmos vencimentos do substituído enquanto permanecer no cargo, logo, se a substituição não tiver caráter eventual, o ocupante do cargo substituído fará jus ao salário contratual do substituído (salário-substituição), inclui-se, neste caso, as férias (Súmula 159 do TST).

É permitido, no término da situação que deu origem à substituição, o retorno do empregado à sua função de origem, - denominada reversão -, sem os acréscimos que, porventura, houver recebido (parágrafo único do art. 468 da CLT), mesmo para aqueles substitutos em cargos de comissão (§1° do art.

499 da CLT). Exceção a esta regra, é a hipótese de o substituto do cargo em comissão, interinamente, perceber por mais de 10 (dez) anos os vencimentos e acaso retorne à sua ocupação de origem, é vedado ao empregador reduzir o salário (inciso I da Súmula 372 do TST).

O cargo em comissão é entendido como o cargo de confiança, gerência e chefia, por exemplo.

Art. 451 - O contrato de trabalho por prazo determinado que, tácita ou expressamente, for prorrogado mais de uma vez passará a vigorar sem determinação de prazo.

A regra é que o contrato de trabalho seja por prazo indeterminado, por esta razão, o legislador buscou impor limites ao empregador, quando do contrato por prazo determinado, utilizando este dispositivo.

Vale ressaltar que o contrato por prazo determinado é um contrato normal, todavia, com prazo certo para o término (§1° do art. 443 da CLT), podendo ser prorrogado, justificadamente (§2° do art. 443 da CLT), apenas uma vez, respeitando o prazo máximo permitido ao contrato firmado entre as partes.

Os contratos por prazo determinado, segundo a CLT, não poderão ultrapassar 2 (dois) anos (*caput* do art. 445), com exceção do contrato de experiência, que é no máximo de 90 (noventa) dias (parágrafo único do art. 445 e Súmula 188 do TST).

De acordo com o artigo 30 da Lei 9.615/98, o contrato do atleta profissional terá prazo determinado, com prazo de três meses a cinco anos não se aplicando os artigos 445 e 451 da CLT.

Não respeitadas às regras, o contrato será convertido, automaticamente, por prazo indeterminado.

Art. 452 - Considera-se por prazo indeterminado todo contrato que suceder, dentro de 6 (seis) meses, a outro contrato por prazo determinado, salvo se a expiração deste dependeu da execução de serviços especializados ou da realização de certos acontecimentos.

Os contratos por prazo determinado celebrados entre as partes, além de seguirem as regras do artigo 451 da CLT, não poderão ser sucedidos por novo de prazo determinado dentro do prazo de 6 (seis) meses.

A exceção a esta regra para celebração de novo contrato por prazo determinado dentro do período de 6 (seis) meses está contida na segunda parte do artigo supramencionado que são nos casos de execução de serviços especializados ou da realização de certos acontecimentos.

É entendido como especializados aqueles serviços técnicos temporários que não se relacionam com a atividade da empresa, enquanto os realizados em certos acontecimentos são de cuja execução, pelo seu caráter transitório, obtém período imprevisível e/ou por aumento extraordinário de serviços.

Um exemplo prático na aplicação da ressalva deste dispositivo é o contrato de trabalho por safra, cuja duração depende de variações estacionais e que vai da preparação do solo, passando pelo cultivo, até a colheita (parágrafo único do artigo 19 do Decreto 73.626/74).

Então, a CLT considera que reger-se-á as regras do contrato por prazo indeterminado, aquele novo celebrado por prazo determinado firmado dentro do prazo estabelecido no artigo 452 da CLT, desde que não se enquadre nas exceções dispostas no mesmo dispositivo.

Art. 452-A - O contrato de trabalho intermitente deve ser celebrado por escrito e deve conter especificamente o valor da hora de trabalho, que não pode ser inferior ao valor horário do salário mínimo ou àquele devido aos demais empregados do estabelecimento que exerçam a mesma função em contrato intermitente ou não.

O legislador cria nova modalidade de contrato de trabalho por prazo determinado com a obrigatoriedade de ser escrito e conter o valor da hora com os critérios de impossibilidade de ser inferior ao valor do horário do salário mínimo ou inferior ao valor pago aos empregados do mesmo estabelecimento e que exercem a mesma função, sendo trabalho intermitente ou não. O legislador ao criar este *caput* protege o empregado contratado para o trabalho intermitente de aviltamento do valor da mão de obra.

§ 1° - O empregador convocará, por qualquer meio de comunicação eficaz, para a prestação de serviços, informando qual será a jornada, com, pelo menos, três dias corridos de antecedência.

O empregado deverá ser convocado para o trabalho com três dias de antecedência com a informação de jornada para fazer valer o que dispõe o parágrafo seguinte.

§ 2° - Recebida a convocação, o empregado terá o prazo de um dia útil para responder ao chamado, presumindo-se, no silêncio, a recusa.

A resposta do empregado ao chamado do empregado deverá ocorrer em um dia útil, não havendo resposta, presumir-se-á pela recusa ao chamamento.

§ 3° - A recusa da oferta não descaracteriza a subordinação para fins do contrato de trabalho intermitente.

Faculta ao empregado aceitar ou não a oferta de trabalho e, caso haja recusa, este fato não descaracteriza a subordinação do empregador. Neste dispositivo, o legislador inverteu o poder diretivo do empregador ao empregado, o que, na prática, levaria a descaracterização da subordinação.

§ 4° - Aceita a oferta para o comparecimento ao trabalho, a parte que descumprir, sem justo motivo, pagará à outra parte, no prazo de trinta dias, multa de 50% (cinquenta por cento) da remuneração que seria devida, permitida a compensação em igual prazo.

O legislador criou, neste dispositivo, multa pecuniária pelo descumprimento do pacto de aceitação ao trabalho, para que ocorra a respectiva multa, há a necessidade do requisito de justo motivo, ou seja, caso o empregado injustificadamente não compareça, será aplicada a multa referente a metade da remuneração que seria devida. Da mesma forma, caso o empregado compareça, todavia, não havendo o serviço, será igualmente aplicada multa ao empregador.

§ 5° - O período de inatividade não será considerado tempo à disposição do empregador, podendo o trabalhador prestar serviços a outros contratantes.

O dispositivo em comento trata do período em que o empregado não é chamado pelo empregador (inatividade), concluindo pela suspensão do contrato de trabalho (sem trabalho, sem verbas à receber), não caracterizando como tempo à disposição durante o período sem chamamento, ficando o empregado livre para prestação de serviços para outros empregadores.

§ 6° - Ao final de cada período de prestação de serviço, o empregado receberá o pagamento imediato das seguin-tes parcelas:

I - remuneração;

II - férias proporcionais com acréscimo de um terço;

III - décimo terceiro salário proporcional;

IV - repouso semanal remunerado; e

V - adicionais legais.

O § 6º trata das parcelas de pleno direito ao empregado desta modalidade de contrato de trabalho. Percebe-se que o legislador antecipa parcelas como férias proporcionais (inciso II) e décimo terceiro salário (inciso III) em razão da imprevisibilidade do contrato de trabalho, pois, pode ser o último trabalho do ano.

§ 7º - O recibo de pagamento deverá conter a discriminação dos valores pagos relativos a cada uma das parcelas referidas no § 6º deste artigo.

Este parágrafo apenas reforça a proibição do salário compessivo (Súmula 91 do TST), ou seja, o empregador é obrigado a discriminar as parcelas descritas no parágrafo antecedente, bem como dos valores pagos de cada parcela.

§ 8º - O empregador efetuará o recolhimento da contribuição previdenciária e o depósito do Fundo de Garantia do Tempo de Serviço, na forma da lei, com base nos valores pagos no período mensal e fornecerá ao empregado comprovante do cumprimento dessas obrigações.

O parágrafo em comento diz respeito à obrigatoriedade do empregador sobre o recolhimento da contribuição previdenciária bem como do depósito de FGTS, proporcional ao recebimento mensal do empregado, a inovação, neste particular, é o fornecimento do comprovante de cumprimento da obrigação, geralmente, os comprovantes não são fornecidos pelo empregador.

§ 9º - A cada doze meses, o empregado adquire direito a usufruir, nos doze meses subsequentes, um mês de férias, período no qual não poderá ser convocado para prestar serviços pelo mesmo empregador.

O referido parágrafo menciona sobre os períodos de férias aquisitivo e concessivo, entretanto, é omisso em relação ao abatimento nas férias sobre faltas ou o não comparecimento ao chamado aceito pelo empregado. Está omisso, outrossim, sobre a penalidade aplicada em caso da não concessão das férias. De igual forma, o parágrafo não trata sobre a facultabilidade do empregado converter 1/3 das férias em abono pecuniário. Entendemos que ficará à cargo da Jurisprudência a aplicação por analogia dos artigos 130, 137 e 143 da CLT.

Art. 453 - No tempo de serviço do empregado, quando readmitido, serão computados os períodos, ainda que não contínuos, em que tiver trabalhado anteriormente na empresa, salvo se houver sido despedido por falta grave, recebido indenização legal ou se aposentado espontaneamente.

Conhecida como unicidade contratual, o *caput* deste artigo trata de típico princípio da proteção ao trabalhador, este dispositivo evita que o empregador obtenha vantagem de forma oblíqua objetivando a não aplicação das normas trabalhistas, com as ressalvas de dispensa por falta grave, recebimento da indenização legal ou se aposentado compulsoriamente pela idade.

Isto porque evita o empregador de estabelecer pacto laboral informal da relação de emprego e/ou por intermediação de mão de obra, acarretando fraude à legislação trabalhista.

Para o empregado que foi readmitido conta-se a favor dele o período de serviço anterior (Súmula 138 do TST).

De acordo com o artigo 1° do Decreto-lei 691/69, os contratos de técnicos estrangeiros domiciliados ou residentes no exterior, para execução de serviços especializados no Brasil, em caráter provisório, são, obrigatoriamente, celebrados por contrato por prazo determinado e prorrogáveis, sempre, a termo certo, não se aplicando o disposto nos artigos 451, 452, 453 da CLT e nem a Lei 5.107/66. A rescisão dos contratos de que trata o artigo 1º do Decreto-lei 691/69, são regidos pelas normas estabelecidas nos artigos 479, 480 e seu § 1º e 481 da CLT.

O direito de ação que se objetiva a soma dos períodos descontínuos, tratando-se de prescrição, inicia a fluir na extinção do último contrato (Súmula 156 do TST).

§ 1º - Na aposentadoria espontânea de empregados das empresas públicas e sociedades de economia mista é permitida sua readmissão desde que atendidos aos requisitos constantes do art. 37, inciso XVI, da Constituição, e condicionada à prestação de concurso público.

§ 2º - O ato de concessão de benefício de aposentadoria a empregado que não tiver completado 35 (trinta e cinco) anos de serviço, se homem, ou trinta, se mulher, importa em extinção do vínculo empregatício.

Em se tratando dos §§ 1º e 2º, o Supremo Tribunal Federal, no julgamento das ADI's 1.770-4 e 1.721-3, os declarou inconstitucionais ensejando a continuidade do vínculo empregatício nos casos em que ao empregado é concedido aposentadoria de forma espontânea e permanece trabalhando para o mesmo empregador, ou seja, a aposentadoria espontânea não causa o rompimento do pacto laboral, inclusive dá direito ao empregado de receber os 40% (quarenta por cento) do FGTS inclusive do período pós jubilação (OJ SDI-1 n.º 361).

Art. 454 - Na vigência do contrato de trabalho, as invenções do empregado, quando decorrentes de sua contribuição pessoal e da instalação ou equipamento fornecidos pelo empregador, serão de propriedade comum, em partes iguais, salvo se o contrato de trabalho tiver por objeto, implícita ou explicitamente, pesquisa científica.

Parágrafo único - Ao empregador caberá a exploração do invento, ficando obrigado a promovê-la no prazo de um ano da data da concessão da patente, sob pena de reverter em favor do empregado da plena propriedade desse invento.

Este dispositivo foi inicialmente superado pela Lei n.º 5.772/71, que instituiu o Código da Propriedade Indústrial e dá outras providências que, por sua vez, foi revogada pela Lei n.º 9.279/1996.

Sendo assim, ao analisar esse artigo e parágrafo em comento, necessário se faz interpretar conforme a Lei que Regula direitos e obrigações relativos à propriedade Indústrial (Lei n.º 9.279/1996).

Insta salientar que os dispositivos da Lei supramencionada mais relevantes ao artigo em comento são os artigos 88, 90 e 91,que tratam das regras de propriedade da invenção e do modelo de utilidade quando realizado pelo empregado ou prestador de serviços, remetemos o leitor aos mencionados artigos para melhor compreensão.

Art. 455 - Nos contratos de subempreitada responderá o subempreiteiro pelas obrigações derivadas do contrato de trabalho que celebrar, cabendo, todavia, aos empregados, o direito de reclamação contra o empreiteiro principal pelo inadimplemento daquelas obrigações por parte do primeiro.

No artigo em comento, há quatro partes na relação: dono da obra, empreiteiro, subempreiteiro e o empregado.

Indica este artigo responsabilizar o empreiteiro e o subempreiteiro em relação ao pagamento das verbas trabalhistas inadimplidas.

Havia grande discussão entre a responsabilidade, se seria solidária ou subsidiária entre o empreiteiro e subempreiteiro. O entendimento atualmente prevalecente é de que a responsabilidade é subsidiária reforçando o que dispõe a Súmula 331, IV do TST.

Vale ressaltar que não há responsabilização pelo inadimplemento das verbas trabalhistas ao dono da obra, salvo se se tratar de empresa construtora ou incorporadora (OJ SDI-1 n.º 191). Na prática, se o dono da obra for construtora ou incorporadora, aplica-se a OJ SDI-1 n.º 191 aplicando a responsabilidade para quitação de dívidas trabalhistas, lado outro, não sendo construtora ou incorporadora, aplica-se a mesma orientação para afastar a responsabilidade do dono da obra para quitação das dívidas trabalhistas.

Parágrafo único - Ao empreiteiro principal fica ressalva-da, nos termos da lei civil, ação regressiva contra o subempreiteiro e a retenção de importâncias a este devidas, para a garantia das obrigações previstas neste artigo.

Acertadamente, o legislador ao inserir o parágrafo único, expressa o direito ao reingresso e/ou retenção dos valores acaso pendentes.

Art. 456 - A prova do contrato individual do trabalho será feita pelas anotações constantes da carteira profissional ou por instrumento escrito e suprida por todos os meios permitidos em direito.

Tendo em vista a simplicidade do contrato de trabalho, que pode ser tácito ou expresso, verbal ou por escrito (art. 443 da CLT), a ausência de anotação do vínculo empregatício na carteira de trabalho poderá ser suprida por qualquer meio de prova, inclusive a testemunhal.

Por força do princípio da primazia da realidade, as anotações efetuadas na carteira profissional gozam de presunção relativa ("juris tantum"), porém, não absoluta ("juris et de jure") (Súmulas 12 do TST e 225 do STF) pelo fato das anotações serem de responsabilidade do empregador (art. 29 da CLT).

A expressão "juris et de jure" diz respeito a presunção absoluta e não admite prova em contrário. Já a expressão "juris tantum", ao contrário da precedente, goza de presunção relativa admitindo, portanto, prova em contrário.

Em relação ao término do contrato de trabalho, é ônus de prova do empregador o despedimento (Súmula 212 do TST).

Parágrafo único - A falta de prova ou inexistindo cláusula expressa e tal respeito, entender-se-á que o empregado se obrigou a todo e qualquer serviço compatível com a sua condição pessoal.

O parágrafo único do artigo em comento estabelece que não havendo prova ou a inexistência de cláusula a respeito do cargo contratado, presume-se que o empregado está disposto a toda e qualquer função, desde que compatível com sua força.

Sendo incompatível, o empregador poderá ser penalizado de o empregado buscar judicialmente a rescisão indireta (alínea "a" do art. 483 da CLT).

Outrossim, o empregado poderá pleitear desvio ou acúmulo de função, sendo, aquele, quando o empregado for contratado para certa função e exerce outra e, este, quando acumula duas ou mais funções diferentes daquela contratada.

O artigo 212 do Código Civil estabelece os meios de prova aceitos para os fatos jurídicos, que são: confissão, documento, testemunha, presunção e perícia.

Art. 456-A - Cabe ao empregador definir o padrão de vestimenta no meio ambiente laboral, sendo lícita a inclusão no uniforme de logomarcas da própria empresa ou de empresas parceiras e de outros itens de identificação relacionados à atividade desempenhada.

O *caput* do dispositivo em comento autoriza o empregador a estabelecer como será a vestimenta de uniforme, possibilitando inserir logomarcas da empresa e de empresas parceiras, incluindo identificação a atividade desempenhada pelo empregado, não sendo ilícito por parte do empregador a utilização deste procedimento.

Parágrafo único - A higienização do uniforme é de responsabilidade do trabalhador, salvo nas hipóteses em que forem necessários procedimentos ou produtos diferentes dos utilizados para a higienização das vestimentas de uso comum.

O parágrafo único deste dispositivo, direciona a responsabilidade da higienização do uniforme pelo empregado, a não ser se, para a higienização completa, ser utilizado produtos ou procedimentos especiais diferentes daqueles utilizados em vestimenta comum.

CAPÍTULO II
DA REMUNERAÇÃO

Art. 457 - Compreendem-se na remuneração do empregado, para todos os efeitos legais, além do salário devido e pago diretamente pelo empregador, como contraprestação do serviço, as gorjetas que receber.

§ 1º - Integram o salário a importância fixa estipulada, as gratificações legais e as comissões pagas pelo empregador.

§ 2º - As importâncias, ainda que habituais, pagas a título de ajuda de custo, auxílio-alimentação, vedado seu pagamento em dinheiro, diárias para viagem, prêmios e abonos não integram a remuneração do empregado, não se incorporam ao contrato de trabalho e não constituem base de incidência de qualquer encargo trabalhista e previdenciário.

§ 3º - Considera-se gorjeta não só a importância espontaneamente dada pelo cliente ao empregado, como também o valor cobrado pela empresa, como serviço ou adicional, a qualquer título, e destinado à distribuição aos empregados.

§ 4º - Consideram-se prêmios as liberalidades concedidas pelo empregador em forma de bens, serviços ou valor em dinheiro a empregado ou a grupo de empregados, em

razão de desempenho superior ao ordinariamente esperado no exercício de suas atividades.

Na sistemática trabalhista o artigo 457 da CLT é um dos mais importantes, a todo trabalho deve se ter uma contraprestação, aqui denominada salário ou remuneração. Em suma salário e remuneração exprimem uma contraprestação pecuniária paga ao empregado em decorrência da sua prestação de serviços.

O Legislador pretendeu distinguir didaticamente o que é salário do que é remuneração, compreendendo como salário a contraprestação paga diretamente pelo empregador, já a remuneração englobaria os pagamentos feitos também por terceiros.

As características do salário são – (1) caráter alimentar; (2) caráter forfetário. O caráter forfetário do salário pode ser entendido como uma obrigação absoluta do empregador que não pode deixar de ser cumprida. Outras características do salário são: (3) indisponibilidade; (4) irredutibilidade; (5) periodicidade; (6) continuidade.

Importante destacar que os direitos trabalhistas via de regra serão calculados sobre o salário-base, ou sobre a remuneração percebida.

Outro ponto que merece destaque é que nem todos os valores recebidos pelo empregado em decorrência do contrato de trabalho tem natureza salarial, o §2° do artigo 457 prevê alguns tipos de pagamento que não são incluídos no salário, como a ajuda de custo, o auxílio-alimentação, vedado seu pagamento em dinheiro, as diárias para viagem, os prêmios e os abonos.

Esse artigo trata também sobre gorjeta, nesse ponto considera-se gorjeta não só a importância espontaneamente dada pelo cliente ao empregado, como também o valor cobrado pela empresa, como serviço ou adicional, a qualquer título, e destinada à distribuição aos empregados (§3° 457, CLT).

Em suma os pagamentos feitos por terceiros ao empregado, como retribuição a um serviço pode ser qualificado como gorjeta, ademais o legislador abrangeu tanto as gorjetas espontâneas como aquelas compulsoriamente incluída na conta.

Importante destacar a Súmula 354 do TST que trata sobre as repercussões e a natureza jurídica das gorjetas, como a gorjeta não se insere no complexo salarial, está justificada a redação da súmula eis que não se considera para cálculo do aviso prévio, adicional noturno, horas extras e repouso remunerado.

Por fim o artigo trata dos prêmios, prêmio nada mais é do que a modalidade de salário vinculada a fatores de ordem pessoal do trabalhador ou de ordem coletiva dos trabalhadores da empresa, tal como produtividade e eficiência, sendo seu pagamento, portanto, condicional.

Art. 458 - Além do pagamento em dinheiro, compreende-se no salário, para todos os efeitos legais, a alimentação, habitação, vestuário ou outras prestações "in natura" que a empresa, por força do contrato ou do costume, fornecer habitualmente ao empregado. Em caso algum será permitido o pagamento com bebidas alcoólicas ou drogas nocivas.

§ 1° - Os valores atribuídos às prestações "in natura" deverão ser justos e razoáveis, não podendo exceder, em cada caso, os dos percentuais das parcelas componentes do salário-mínimo (arts. 81 e 82).

§ 2° Para os efeitos previstos neste artigo, não serão consideradas como salário as seguintes utilidades concedidas pelo empregador:

I – vestuários, equipamentos e outros acessórios fornecidos aos empregados e utilizados no local de trabalho, para a prestação do serviço;

II – educação, em estabelecimento de ensino próprio ou de terceiros, compreendendo os valores relativos a matrícula, mensalidade, anuidade, livros e material didático;

III – transporte destinado ao deslocamento para o trabalho e retorno, em percurso servido ou não por transporte público;

IV – assistência médica, hospitalar e odontológica, prestada diretamente ou mediante seguro-saúde;

V – seguros de vida e de acidentes pessoais;

VI – previdência privada;

VII – (VETADO)

VIII - o valor correspondente ao vale-cultura.

§ 3° - A habitação e a alimentação fornecidas como salário-utilidade deverão atender aos fins a que se destinam e não poderão exceder, respectivamente, a 25% (vinte e cinco por cento) e 20% (vinte por cento) do salário-contratual.

§ 4° - Tratando-se de habitação coletiva, o valor do salário-utilidade a ela correspondente será obtido mediante a divisão do justo valor da habitação pelo número de co-habitantes, vedada, em qualquer hipótese, a utilização da mesma unidade residencial por mais de uma família.

§ 5° - O valor relativo à assistência prestada por serviço médico ou odontológico, próprio ou não, inclusive o reembolso de despesas com medicamentos, óculos, aparelhos ortopédicos, próteses, órteses, despesas médico-hospitalares e outras similares, mesmo quando concedido em diferentes modalidades de planos e coberturas, não integram o salário do empregado para qualquer efeito nem o salário de contribuição, para efeitos do previsto na alínea 'q' do § 9° do art. 28 da Lei n.° 8.212, de 24 de julho de 1991.

O artigo 458 da CLT vai tratar do salário in natura e das utilidades que não podem ser reconhecidas como salário.

Devemos observar que para que a utilidade fornecida pelo empregador se enquadre como salário, ela deve derivar de uma retribuição pelo trabalho, em lado oposto para que não se configure como salário, deve ser fornecida como instrumento para o trabalho, é a regra da doutrina do "pelo, para".

O artigo elenca ainda critérios para apurar o valor da utilidade, sendo o primeiro a razoabilidade dos valores e segundo os percentuais integrantes 20% em dinheiro e 70% in natura.

Outrossim, cumpre destacar que o rol estabelecido no §2° tem natureza taxativa.

Importante ressaltar que a lei 13.467/2017 incluiu no artigo 458 o §5°, dispondo que o valor relativo à assistência médica ou odontológica, bem como o reembolso de despesas com medicamentos, óculos, aparelhos ortopédicos, próteses, órteses, despesas médico-hospitalares e outras similares, não integram o salário do empregado para qualquer efeito.

Art. 459 - O pagamento do salário, qualquer que seja a modalidade do trabalho, não deve ser estipulado por período superior a 1 (um) mês, salvo no que concerne a comissões, percentagens e gratificações.

§ 1° - Quando o pagamento houver sido estipulado por mês, deverá ser efetuado, o mais tardar, até o quinto dia útil do mês subsequente ao vencido.

A obrigação da periodicidade é uma das características do salário, sobre o tema importante conhecer a Convenção 95 da OIT que em seu artigo 12.1 define que o salário deve ser pago em intervalos regulares - "Art. 12 — 1. O salário será pago em intervalos regulares. A menos que haja outras combinações satisfatórias que assegurem o pagamento do salário com intervalos regulares, os intervalos nos quais o salário deve ser pago serão prescritos pela legislação nacional ou fixados por convenção coletiva ou sentença arbitral."

Como regra geral o pagamento pode ser feito semanalmente, quinzenalmente, ou, no máximo, mensalmente. A exceção feita no final do *caput* diz respeito a parcelas salariais cuja exigência pode se dar em período superior, de que é exemplo a gratificação semestral (paga a cada seis meses).

Ainda mesmo que o empregado receba o salário em conta, o valor deve estar disponível na conta até o 5º dia útil do mês subsequente ao vencido. Caso haja pagamento salarial em atraso o empregador estará sujeito, além das penalizações administrativas e judiciais, a pagar o salário com correção monetária.

Art. 460 - Na falta de estipulação do salário ou não havendo prova sobre a importância ajustada, o empregado terá direito a perceber salário igual ao daquela que, na mesma empresa, fizer serviço equivalente ou do que for habitualmente pago para serviço semelhante.

Se nada for estipulado quanto aos salários, o empregado fará jus a receber remuneração igual ao empregado que na mesma empresa exercer iguais funções, trata-se de paradigma por falta de estipulação salarial.

Essa norma é inteiramente protetiva pois impede que o empregador pague aquém do que o empregado tem direito, o empregador poderia querer remunerar o empregado pelo salário mínimo ou piso da categoria, conquanto outros empregados na mesma função seriam remunerados com valores maiores.

Art. 461 - Sendo idêntica a função, a todo trabalho de igual valor, prestado ao mesmo empregador, no mesmo estabelecimento empresarial, corresponderá igual salário, sem distinção de sexo, etnia, nacionalidade ou idade.

§ 1° - Trabalho de igual valor, para os fins deste Capítulo, será o que for feito com igual produtividade e com a mesma perfeição técnica, entre pessoas cuja diferença de tempo de serviço para o mesmo empregador não seja superior a quatro anos e a diferença de tempo na função não seja superior a dois anos.

§ 2° - Os dispositivos deste artigo não prevalecerão quando o empregador tiver pessoal organizado em quadro de carreira ou adotar, por meio de norma interna da empresa ou de negociação coletiva, plano de cargos e salários, dispensada qualquer forma de homologação ou registro em órgão público.

§ 3° - No caso do § 2° deste artigo, as promoções poderão ser feitas por merecimento e por antiguidade, ou por apenas um destes critérios, dentro de cada categoria profissional.

§ 4° - O trabalhador readaptado em nova função por motivo de deficiência física ou mental atestada pelo órgão competente da Previdência Social não servirá de paradigma para fins de equiparação salarial.

§ 5° - A equiparação salarial só será possível entre empregados contemporâneos no cargo ou na função, ficando vedada a indicação de paradigmas remotos, ainda que o paradigma contemporâneo tenha obtido a vantagem em ação judicial própria.

§ 6° - No caso de comprovada discriminação por motivo de sexo ou etnia, o juízo determinará, além do pagamento das diferenças salariais devidas, multa, em favor do empregado discriminado, no valor de 50% (cinquenta por cento) do limite máximo dos benefícios do Regime Geral de Previdência Social.

Primeiramente cumpre destacar que esse artigo sofreu importante mudança com a lei 13467/2017, o novel diploma alterou o *caput* do artigo 461, bem como os parágrafos 1°, 2°, 3° e acrescentou o parágrafo 5° e 6°.

A redação antiga tínhamos que para a equiparação salarial seria necessário observar 7 requisitos, "Função idêntica, Mesmo empregador, Mesma localidade, Mesma produtividade, Mesma perfeição técnica, Diferença de tempo de serviço não superior a 2 anos, Inexistência de quadro de carreira;

Pois bem com o novel diploma temos os seguintes requisitos - idêntica função, mesmo empregador, acrescentando agora "mesmo estabelecimento empresarial", mesma produtividade, mesma perfeição técnica, acrescentando ainda Diferença de tempo de serviço não superior a 4 anos e tempo de função não superior a 2 anos, Inexistência de quadro de carreira;

Um dos requisitos da equiparação salarial é a identidade de função, conforme preceituado pelo artigo 461 da CLT. A Súmula 6 do TST item III corrobora este fato, destacando que não importa se a denominação dos cargos é ou não idêntica:

Para que se possa falar em equiparação salarial a lei exige ainda que o serviço seja prestado ao mesmo empregador. Isto não significava dizer que os empregados (equiparando e paradigma) devam trabalhar no mesmo estabelecimento: caso o empregador seja o mesmo, mas haja mais de um estabelecimento, mesmo assim era possível a equiparação salarial, contudo com o novel diploma um dos requisitos incluídos é o labor deve ser prestado no mesmo estabelecimento empresarial. A equiparação só é viável quando equiparando e paradigma laborem na mesma localidade, conceito que é entendido pelo TST na súmula 6 item X.

Outro requisito importante é a produtividade e perfeição técnica , a produtividade se relaciona ao aspecto quantitativo, e a perfeição ao aspecto qualitativo do trabalho. A diferenciação qualitativa do trabalho não é simples, e um dos elementos possíveis de diferenciação (ou seja, que pode dificultar a equiparação) diz respeito ao desnível de formação técnico-profissional entre os empregados.

A viabilização da pretensão equiparatória também possui previsão legal de limite temporal apesar da CLT falar de "tempo de serviço", a doutrina entendia que, no caso, cabível seria o "tempo de função".

O novel diploma alterou o tempo de 2 anos para 4 anos, sendo que o tempo de serviço não pode ser superior a 4 anos e o tempo de função não pode ser superior a 2 anos.

Quanto ao momento da prestação laboral que viabilize o pleito equiparatório, existe outro requisito que não está expresso em lei, mas foi construído pela jurisprudência: a simultaneidade no exercício da função.

Para que seja possível a equiparação salarial a doutrina exige prestação laboral concomitante entre equiparando e paradigma, sob pena de equiparar-se o salário de trabalhadores que laboraram em épocas totalmente distintas.

A jurisprudência não exige que equiparando e paradigma estejam a serviço no momento da reclamação, Sumula 6 TST item IV, contudo a lei 13467/2017 incluiu o § 5° que diz que a equiparação só será possível entre empregados contemporâneos, vedando a indicação de paradigmas remotos.

Mesmo que a função seja idêntica e o serviço seja prestado ao mesmo empregador, na mesma localidade, simultaneamente e com a mesma produtividade e perfeição técnica, é possível que um fator inviabilize a equiparação salarial: a existência de quadro de carreira. Assim, o quadro de carreira, para afastar a equiparação, deve ser homologado pelo Ministério do Trabalho e Emprego (MTE), item I da súmula 6 TST.

Se ficar comprovado discriminação por motivo de sexo, raça ou etnia, o juiz deve determinar ainda além das diferenças um multa que não excederá 50% do limite dos benefícios do RGPS.

Assim sobre o tema é importante que o operador do direito laboral tenha total conhecimento da Súmula 6 do TST, bem como as alterações advindas com a nova lei (13467/2017).

Art. 462 - Ao empregador é vedado efetuar qualquer desconto nos salários do empregado, salvo quando este resultar de adiantamentos, de dispositvos de lei ou de contrato coletivo.

§ 1° - Em caso de dano causado pelo empregado, o desconto será lícito, desde de que esta possibilidade tenha sido acordada ou na ocorrência de dolo do empregado.

§ 2° - É vedado à empresa que mantiver armazém para venda de mercadorias aos empregados ou serviços estimados a proporcionar-lhes prestações 'in natura' exercer qualquer coação ou induzimento no sentido de que os empregados se utilizem do armazém ou dos serviços.

§ 3° - Sempre que não for possível o acesso dos empregados a armazéns ou serviços não mantidos pela Empresa, é lícito à autoridade competente determinar a adoção de medidas adequadas, visando a que as mercadorias sejam vendidas e os serviços prestados a preços razoáveis, sem intuito de lucro e sempre em benefício das empregados.

§ 4° - Observado o disposto neste Capítulo, é vedado às empresas limitar, por qualquer forma, a liberdade dos empregados de dispor do seu salário.

A CLT prevê algumas possibilidades de desconto de valores no salário no empregado. O adiantamento (abono), caso seja feito pelo empregador, pode ser compensado (ou descontado) no pagamento do salário respectivo.

Além disso, o dispositivo autoriza o desconto previsto em lei, de que são exemplos o imposto de renda retido na fonte e a contribuição previdenciária oficial a cargo do empregado.

Adicionalmente, a CLT autoriza o desconto de valores previstos em diploma coletivo (convenção coletiva ou acordo coletivo). É o caso da contribuição confederativa.

Também é possível que haja desconto salarial quando o empregado é responsável pela quebra, destruição ou qualquer outro dano causado no ambiente de trabalho. A legalidade deste desconto varia de acordo com o dolo ou culpa do obreiro no prejuízo.

Assim, se o empregado agiu com dolo (intenção) o desconto do prejuízo é autorizado pela CLT, mas, caso o dano tenha sido causado com culpa, somente se admite o desconto caso tenha havido previsão neste sentido.

Art. 463 - A prestação, em espécie, do salário será paga em moeda corrente do País.

Parágrafo único - O pagamento do salário realizado com inobservância deste artigo considera-se como não feito.

O pagamento do salário deve ser feito em moeda corrente do país, pergunta-se como fica o pagamento feito em depósito bancário? isso é possível?

Pela interpretação sistemática da legislação, o pagamento em conta bancária também é autorizado, considerando-se pagamento em moeda corrente.

O que não se admite é o pagamento do salário mediante notas promissórias, cartas de crédito, cupons, etc. Também não é admitido o pagamento salarial na sistemática do truck system: o empregador vincula aos salários do empregado às dívidas que este contraiu no armazém do empregador.

Importante salientar que a Convenção da OIT 95 em seu item 3.1 dispõe que: “Art. 3 - 1. Os salários pagáveis em espécie serão pagos exclusivamente em moeda de curso legal; o pagamento sob forma de ordem de pagamento, bônus, cupons, ou sob qualquer outra forma que se suponha representar a moeda de curso legal, será proibido”.

Art. 464 - O pagamento do salário deverá ser efetuado contra recibo, assinado pelo empregado; em se tratando de analfabeto, mediante sua impressão digital, ou, não sendo esta possível, a seu rogo.

Parágrafo único - Terá força de recibo o comprovante de depósito em conta bancária, aberta para esse fim em nome de cada empregado, com o consentimento deste, em estabelecimento de crédito próximo ao local de trabalho.

Art. 465 - O pagamento dos salários será efetuado em dia útil e no local do trabalho, dentro do horário do serviço ou imediatamente após o encerramento deste, salvo quando efetuado por depósito em conta bancária, observado o disposto no artigo anterior.

A CLT determina que o salário seja pago em dias úteis e no local de trabalho, apesar da regra geral de pagamento no local de trabalho, com a evolução tecnológica e facilidade do pagamento via sistema bancário permite-se o pagamento salarial por meio de depósito em conta do obreiro, vide comentários do artigo 463.

Deste modo, comprova-se o pagamento de salário não apenas com recibo, mas também com comprovante de depósito bancário.

Art. 466 - O pagamento de comissões e percentagens só é exigível depois de ultimada a transação a que se referem.

§ 1° - Nas transações realizadas por prestações suces-sivas, é exigível o pagamento das percentagens e comissões

que lhes disserem respeito proporcionalmente à respectiva liquidação.

§ 2° - A cessação das relações de trabalho não prejudica a percepção das comissões e percentagens devidas na forma estabelecida por este artigo.

O artigo diz que as comissões e percentagens só são exigíveis depois de ultimada a transação.

Assim por exemplo em caso de proposta de compra feita ao empregador, considera-se definida a venda se o empregador não recusar à oferta, mesmo que o empregador não cumprir sua parte e deixar de pagar o preço combinado, entendimento em sentido contrário importaria em transferência do risco do negócio para o empregado.

Art. 467 - Em caso de rescisão de contrato de trabalho, havendo controvérsia sobre o montante das verbas rescisórias, o empregador é obrigado a pagar ao trabalhador, à data do comparecimento à Justiça do Trabalho, a parte incontroversa dessas verbas, sob pena de pagá-las acrescidas de cinquenta por cento.

Esse dispositivo legal cuida de dois requisitos para aplicação da multa: I - ausência de controvérsia quanto às verbas resilitórias; II - não pagamento das verbas resilitórias quando do primeiro comparecimento em juízo do empregador.

Quanto ao primeiro requisito não basta que a reclamada ofereça uma defesa vaga, sem qualquer fundamento, nesse caso deve ficar comprovada a controvérsia pata a não ensejar a cobrança da exação.

Quanto ao segundo requisito, de não pagamento quando do primeiro comparecimento em audiência, não é justificável a alegação de dificuldades financeiras, pois o risco é sempre do empregador.

O Professor Godinho esclarece que o artigo 467 da CLT tradicionalmente fixava essa pena em multa de 100%, a penalidade embora elevada, não se estendia a todas as verbas rescisórias, mas apenas sobre o saldo de salários incontroversamente devido à data do término contratual.

CAPÍTULO III
DA ALTERAÇÃO

Art. 468 - Nos contratos individuais de trabalho só é lícita a alteração das respectivas condições por mútuo consentimento, e ainda assim desde que não resultem, direta ou indiretamente, prejuízos ao empregado, sob pena de nulidade da cláusula infringente desta garantia.

Como forma de proteção ao empregado, em regra, o contrato de trabalho não poderá ser alterado de forma unilateral, em respeito aos princípios da inalterabilidade contratual lesiva e da proteção. No que se refere às alterações bilaterais, não serão válidas as que causarem prejuízo ao empregado.

O princípio da inalterabilidade contratual lesiva trata-se do impedimento legal às alterações contratuais, sejam condições pactuadas ou adquiridas no decorrer do contrato de trabalho.

O princípio da proteção visa proteger o empregado, pois não está no mesmo patamar que o empregador, em decorrência da superioridade econômica que o empresário possui em relação ao trabalhador.

A exceção ocorre na permissão à alteração do contato de modo unilateral, mesmo que de modo prejudicial ao empregado, quando a finalidade é a preservação do empreendimento ou a continuidade do contrato de trabalho.

Assim, as alterações contratuais somente poderão ser admitidas em duas situações: (I) por mútuo consentimento, desde que não resultem em prejuízo ao empregado, ou (II) unilateralmente, visando a preservação do empreendimento e a continuidade do contrato.

§ 1° - Não se considera alteração unilateral a determinação do empregador para que o respectivo empregado reverta ao cargo efetivo, anteriormente ocupado, deixando o exercício de função de confiança.

Uma das exceções ao *caput* do artigo 468 é seu § 1°, que prevê a possibilidade de reversão ao cargo efetivo, ou seja, os empregados ocupantes de cargo de confiança por um período determinado poderão retomar o cargo anteriormente ocupado, deixando de receber a gratificação prevista no artigo 62, inciso II da CLT, e tal ato não será considerado alteração unilateral do contrato.

§ 2° A alteração de que trata o §1° deste artigo, com ou sem justo motivo, não assegura ao empregado o direito à manutenção do pagamento da gratificação correspondente, que não será incorporada, independentemente do tempo de exercício da respectiva função.

Com as recentes alterações da CLT, inseridas pela lei 13.467/2017, não é mais assegurado ao empregado exercente de cargo de confiança, mesmo que por um período superior a dez anos, a incorporação da gratificação de função ao seu salário, como previa a Súmula 372 do TST, motivo pelo qual, retornando ao cargo anteriormente exercido, não será assegurada tal gratificação.

Art. 469 - Ao empregador é vedado transferir o empregado, sem a sua anuência, para localidade diversa da que resultar do contrato, não se considerando transferência a que não acarretar necessariamente a mudança do seu domicílio.

Considera-se transferência para fins de aplicação do artigo ora analisado apenas quando acarretar na mudança de domicílio do empregado, para exercício de suas atividades, motivo pelo qual, nas hipóteses em que não houver a necessidade de alteração domiciliar não há que se falar em transferência.

A transferência do empregado somente poderá ser concretizada pelo empregador com sua anuência, não sendo permitida sua efetivação sem a concordância do trabalhador, de forma unilateral.

§ 1° - Não estão compreendidos na proibição deste artigo: os empregados que exerçam cargo de confiança e aqueles cujos contratos tenham como condição, implícita ou explícita, a transferência, quando esta decorra de real necessidade de serviço.

Nas situações em que o contrato de trabalho possua cláusula explícita ou implícita, com previsão acerca da condição de transferência, o empregador poderá efetuar a transferência do empregado de forma unilateral, não havendo, nessa situação, pagamento de adicional de transferência.

Da mesma forma, os empregados que possuam cargo de confiança, referenciados nos artigos 62, inciso II e 499 da CLT, poderão sofrer transferência, de forma unilateral pela empresa.

§ 2° - É licita a transferência quando ocorrer extinção do estabelecimento em que trabalhar o empregado.

O parágrafo em análise prevê uma exceção à regra prevista no *caput*, qual seja: nas hipóteses em que ocorrer extinção do local de trabalho no qual o empregado exerce suas atividades, será permitida sua transferência de modo unilateral, sem seu consentimento, de forma lícita.

Contudo, como a transferência nessa condição torna-se unilateral, na prática não parece razoável o empregado ter que alterar seu domicílio em decorrência de uma transferência sem sua anuência, sendo o mais sensato as partes pactuarem sobre o destino do contrato de trabalho.

§ 3° - Em caso de necessidade de serviço o empregador poderá transferir o empregado para localidade diversa da que resultar do contrato, não obstante as restrições do artigo anterior, mas, nesse caso, ficará obrigado a um pagamento suplementar, nunca inferior a 25% (vinte e cinco por cento) dos salários que o empregado percebia naquela localidade, enquanto durar essa situação.

Tal dispositivo legal dispõe acerca da possibilidade de transferência do trabalhador em caso de necessidade de serviço e sobre o pagamento do adicional de transferência, que será de no mínimo 25% (vinte e cinco por cento) a ser acrescido no salário do empregado transferido, no período que perdurar tal condição.

Art. 470 - As despesas resultantes da transferência correrão por conta do empregador.

As despesas decorrentes da transferência, independentemente de ter sido realizada de forma unilateral ou bilateral, deverão ser arcadas pelo empregador, posto que, recai sobre a empresa o risco da atividade.

CAPÍTULO IV
DA SUSPENSÃO E DA INTERRUPÇÃO

Art. 471 - Ao empregado afastado do emprego, são asseguradas, por ocasião de sua volta, todas as vantagens que, em sua ausência, tenham sido atribuídas à categoria a que pertencia na empresa.

Em que pese a legislação trabalhista não diferencie o instituto da suspensão do instituto da interrupção do contrato de trabalho, são condições diferentes e a doutrina as diferencia da seguinte maneira:

(I) suspensão trata-se de uma paralisação temporária e total do contrato de trabalho, situação em que o empregado estará afastado de suas atividades, não havendo prestação de serviços e sem percebimento de salários e outros benefícios. O período em que o contrato permanece suspenso poderá ser computado no tempo de serviço ou não.

São exemplos de suspensão do contrato a falta injustificada e o auxílio-doença após o 15° dia, quando irá cessar o pagamento do salário pelo empregador e o empregado passará a receber benefício pelo INSS.

(II) interrupção trata-se de uma paralisação temporária e parcial do contrato de trabalho, porém, sem prejudicar o recebimento do salário e das demais garantias, bem como, a contagem no tempo de serviço.

Como exemplos de interrupção temos as férias e o auxílio-doença até o 15° dia de afastamento, situações que o empregado deixa de exercer suas atividades, porém, recebe seu salário normalmente. O que se aplica tanto na suspensão quanto na interrupção do contrato será o direito que o empregado terá em seu retorno, eis que fará jus a todas as vantagens que sua categoria obteve no período de sua ausência.

Art. 472 - O afastamento do empregado em virtude das exigências do serviço militar, ou de outro encargo público, não constituirá motivo para alteração ou rescisão do contrato de trabalho por parte do empregador.

Caso ocorra afastamento por serviço militar ou encargo público estaremos diante da suspensão do contrato de trabalho, não sendo motivo justificador para rescisão contratual, e ao empregado será assegurada a inclusão do período na contagem do tempo de serviço e os depósitos fundiários em sua conta vinculada do FGTS.

§ 1° - Para que o empregado tenha direito a voltar a exercer o cargo do qual se afastou em virtude de exigências do serviço militar ou de encargo público, é indispensável que notifique o empregador dessa intenção, por telegrama ou carta registrada, dentro do prazo máximo de 30 (trinta) dias, contados da data em que se verificar a respectiva baixa ou a terminação do encargo a que estava obrigado.

O presente parágrafo dispõe acerca da necessidade de informar previamente o empregador por meio de carta registrada ou telegrama, porém, tal formalidade não é exigida na prática, sendo necessária somente sua apresentação para o trabalho. Assim, ao retornar do serviço militar ou encargo público caberá ao empregado apresentar-se ao trabalho, dentro do prazo de 30 dias, sob pena de configurar abandono de emprego e acarretar em sua dispensa por justa causa.

§ 2° - Nos contratos por prazo determinado, o tempo de afastamento, se assim acordarem as partes interessadas, não será computado na contagem do prazo para a respectiva terminação.

Ocorrendo afastamento do empregado no decorrer do contrato por prazo determinado, em regra, haverá inclusão do período de afastamento na contagem do período inicialmente estipulado entre as partes, devendo o contrato findar-se na mesma data que foi pactuada para sua rescisão, sem alteração em virtude do afastamento. Porém, o parágrafo em análise prevê como exceção a possibilidade que as partes possuem de pactuarem sobre tal situação, acordando que o período de afastamento não será considerado na contagem do prazo contratual. Assim, um contrato de trabalho por tempo determinado, que contém uma cláusula prevendo que eventual período de afastamento não será computado, poderá ter seu término prorrogado. Exemplo: inicialmente o contrato teria vigência de 01.01.2017 até 01.01.2018, porém, o empregado teve que se afastar pelo período de três meses, assim, em virtude da cláusula contida no contrato, este se estenderá até 01.04.2018, eis que os três meses do afastamento foram excluídos da contagem.

§ 3° - Ocorrendo motivo relevante de interesse para a segurança nacional, poderá a autoridade competente solicitar o afastamento do empregado do serviço ou do local de trabalho, sem que se configure a suspensão do contrato de trabalho.

Caso o empregado seja requisitado para incorporar as forças armadas, a autoridade competente (Exército, Aeronáutica, Marinha) poderá requerer seu afastamento, ficando garantido seu retorno após o período de prestação dos serviços, tratando-se essa hipótese de afastamento por interesse da segurança nacional. O empregado nessa condição terá o direito ao percebimento, nos primeiros 90 dias em que permanecer incorporado, de dois terços de sua remuneração pagas por seu empregador, ocasião em que receberá da autoridade competente tão somente as respectivas gratificações. Se o período de 90 dias for ultrapassado, acarretará na suspensão do contrato. Poderá ainda o empregado optar em receber os vencimentos oferecidos pela autoridade competente, se lhe for conveniente e o empregador será comunicado por respectiva autoridade sobre a opção do empregado quanto aos vencimentos.

§ 4º - O afastamento a que se refere o parágrafo anterior será solicitado pela autoridade competente diretamente ao empregador, em representação fundamentada com audiência da Procuradoria Regional do Trabalho, que providenciará desde logo a instauração do competente inquérito administrativo.

A solicitação do afastamento na presente hipótese será feita diretamente ao empregador, pela autoridade competente.

Antes da inclusão de referido parágrafo através do Decreto-Lei n.º 03/1966 não havia necessidade de representação perante a Procuradoria Regional do Trabalho, sendo aplicado o disposto na Lei 4375/1964.

§ 5º - Durante os primeiros 90 (noventa) dias desse afastamento, o empregado continuará percebendo sua remuneração.

O encargo do empregador foi limitado aos primeiros 90 dias de afastamento. Tal limitação, inserida pelo Decreto-Lei 03/1966, alterou o encargo do empregador, que anteriormente era responsável pelo pagamento de dois terços da remuneração por todo o período em que o empregado estivesse incorporado.

Art. 473 - O empregado poderá deixar de comparecer ao serviço sem prejuízo do salário:

Referido dispositivo legal elenca situações de interrupção do contrato de trabalho, nas quais o empregado não sofrerá prejuízo de seu salário e a prestação de serviço será interrompida.

I - até 2 (dois) dias consecutivos, em caso de falecimento do cônjuge, ascendente, descendente, irmão ou pessoa que, declarada em sua carteira de trabalho e previdência social, viva sob sua dependência econômica;

Licença por nojo: empregados em geral: dois dias professores: nove dias, nos termos do disposto no artigo 320, § 3° da CLT.

II - até 3 (três) dias consecutivos, em virtude de casamento;

Licença gala: empregados em geral: três dias; professores: nove dias, nos termos do disciplinado no artigo 320, § 3° da CLT.

III - por um dia, em caso de nascimento de filho no decorrer da primeira semana;

Licença paternidade: atualmente referida licença concede ao empregado cinco dias, eis que referido inciso foi derrogado pelo disposto no artigo 10, § 1° do ADCT.

IV - por um dia, em cada 12 (doze) meses de trabalho, em caso de doação voluntária de sangue devidamente comprovada;

Licença por doação de sangue: também se trata de forma de interrupção do contrato, concedendo ao empregado um dia por ano para realizar doação de sangue, sendo considerada falta justificada.

V - até 2 (dois) dias consecutivos ou não, para o fim de se alistar eleitor, nos termos da lei respectiva;

Alistamento eleitoral: a legislação especificada trata-se do código eleitoral, instituído pela lei 4737/1965. Referida licença dispõe sobre o prazo máximo que o empregado possui para alistamento eleitoral, sem prejuízo de seus haveres salariais.

VI - no período de tempo em que tiver de cumprir as exigências do Serviço Militar referidas na letra "c" do art. 65 da Lei n.º 4.375, de 17 de agosto de 1964 (Lei do Serviço Militar);

Serviço militar: é assegurada ao empregado, no lapso temporal em que tiver de cumprir as exigências do serviço militar, licença remunerada.

VII - nos dias em que estiver comprovadamente realizando provas de exame vestibular para ingresso em estabelecimento de ensino superior;

Vestibular: Tal dispositivo legal, visa assegurar ao empregado o direito de ausentar-se do trabalho para realizar vestibular a fim de ingressar em curso de nível superior, sem prejuízo de seu salário.

VIII - pelo tempo que se fizer necessário, quando tiver que comparecer a juízo;

Comparecimento em juízo: o empregador não poderá impedir o empregado de comparecer em juízo quando necessário, assim como, não poderá efetuar descontos de seu salário ou puni-lo de qualquer forma, tendo em vista que a lei garante o direito de comparecimento ao empregado, como parte, representante, testemunha, informante ou de qualquer outra maneira legal, útil ao processo.

IX - pelo tempo que se fizer necessário, quando, na qualidade de representante de entidade sindical, estiver partici-

pando de reunião oficial de organismo internacional do qual o Brasil seja membro;

Representante sindical: trata-se de mais uma prerrogativa conferida ao empregado e considerada falta legal, sem prejudicar o percebimento de salário.

X - até 2 (dois) dias para acompanhar consultas médicas e exames complementares durante o período de gravidez de sua esposa ou companheira;

Acompanhamento médico: referido dispositivo de lei prevê o direito do companheiro ou cônjuge no acompanhamento médico no período de gravidez. Ressalta-se que a CLT não limita o gênero, possibilitando uma interpretação ampla com relação a companheiro.

XI - por 1 (um) dia por ano para acompanhar filho de até 6 (seis) anos em consulta médica;

No ano de 2016 foi incluída mais uma prerrogativa ao empregado, visando proporcionar a possibilidade de acompanhar criança de até seis anos que esteja sob sua guarda e responsabilidade ao médico.

XII - até 3 (três) dias, em cada 12 (doze) meses de trabalho, em caso de realização de exames preventivos de câncer devidamente comprovada.

O presente dispositivo, incluído pela Lei 13.767 de 2018, busca a manutenção da saúde do empregado, possibilitando que o empregado faça exames preventivos de câncer, sem que seja prejudicado em seu salário.

Art. 474 - A suspensão do empregado por mais de 30 (trinta) dias consecutivos importa na rescisão injusta do contrato de trabalho.

Cabe ao empregador a suspensão disposta no presente artigo por ele ser possuidor do poder diretivo de gerenciamento, organização e punições. As punições dividem-se em advertências verbais, escritas e suspensões, para tanto, não poderá o empregador suspender o seu empregado por período superior a 30 (trinta) dias consecutivos importando tal situação a rescisão injusta do contrato de trabalho, pelo rigor excessivo (art. 483, b da CLT). Caso ocorra, fica caracterizada falta grave cometida por parte do empregador. Vale salientar que os empregados suspensos ficam sem remuneração, durante o período do afastamento.

Art. 475 - O empregado que for aposentado por invalidez terá suspenso o seu contrato de trabalho durante o prazo fixado pelas leis de previdência social para a efetivação do benefício.

§ 1° - Recuperando o empregado a capacidade de trabalho e sendo a aposentadoria cancelada, ser-lhe-á assegurado o direito à função que ocupava ao tempo da aposentadoria, facultado, porém, ao empregador, o direito de indenizá-lo por rescisão do contrato de trabalho, nos termos dos arts. 477 e 478, salvo na hipótese de ser ele portador de estabilidade, quando a indenização deverá ser paga na forma do art. 497.

§ 2° - Se o empregador houver admitido substituto para o aposentado, poderá rescindir, com este, o respectivo contrato de trabalho sem indenização, desde que tenha havido ciência inequívoca da interinidade ao ser celebrado o contrato.

A aposentadoria por invalidez suspende o contrato de trabalho do empregado, porém, se o trabalhador recuperar a sua capacidade laborativa no prazo de 5 (cinco) anos, (art. 47, I, a da Lei 8.213/1991) ele poderá retornar ao seu posto de trabalho nas mesmas funções que desempenhava ocupando a mesma função que ocupava. Destarte, fica facultado ao empregador a dispensa do funcionário desde que ele seja devidamente indenizado, após constato que ele não é possuidor de estabilidade (art. 475 § 1º da CLT). Se o empregador decidir no curso da suspensão de um determinado empregado por contratar um substituto, (art. 475 § 2º da CLT) poderá ser precedida a rescisão do contrato de trabalho desde que tenha havido ciência de sua condição de temporário ao ser celebrado o contrato.

Art. 476 - Em caso de seguro-doença ou auxílio-enfermidade, o empregado é considerado em licença não remunerada, durante o prazo desse benefício.

Com o advento da lei previdenciária 8.213/1991, o seguro doença e o auxílio enfermidade são benefícios que deixaram de existir, ficando apenas a previsão do auxílio-doença. Se ocorrer de o empregado ficar afastado do trabalho por período superior a 15 dias, independente se for acidente de trabalho ou doença ocupacional, ou acidente ou de doenças comuns (art. 59 da Lei n.º 8.213/1991), ele passará a receber o benefício da Previdência Social.

Art. 476-A. O contrato de trabalho poderá ser suspenso, por um período de dois a cinco meses, para participação do empregado em curso ou programa de qualificação profissional oferecido pelo empregador, com duração equivalente à suspensão contratual, mediante previsão em convenção ou acordo coletivo de trabalho e aquiescência formal do empregado, observado o disposto no art. 471 desta Consolidação.

§ 1° - Após a autorização concedida por intermédio de convenção ou acordo coletivo, o empregador deverá notificar o respectivo sindicato, com antecedência mínima de quinze dias da suspensão contratual.

§ 2° - O contrato de trabalho não poderá ser suspenso em conformidade com o disposto no *caput* deste artigo mais de uma vez no período de dezesseis meses

§ 3° - O empregador poderá conceder ao empregado ajuda compensatória mensal, sem natureza salarial, durante o período de suspensão contratual nos termos do *caput* deste artigo, com valor a ser definido em convenção ou acordo coletivo.

§ 4° - Durante o período de suspensão contratual para participação em curso ou programa de qualificação profissional, o empregado fará jus aos benefícios voluntariamente concedidos pelo empregador.

§ 5° - Se ocorrer a dispensa do empregado no transcurso do período de suspensão contratual ou nos três meses subsequentes ao seu retorno ao trabalho, o empregador pagará ao empregado, além das parcelas indenizatórias previstas na legislação em vigor, multa a ser estabelecida em convenção ou acordo coletivo, sendo de, no mínimo, cem por cento sobre o valor da última remuneração mensal anterior à suspensão do contrato.

§ 6° - Se durante a suspensão do contrato não for ministrado o curso ou programa de qualificação profissional, ou o empregado permanecer trabalhando para o empregador, ficará descaracterizada a suspensão, sujeitando o empregador ao pagamento imediato dos salários e dos encargos sociais referentes ao período, às penalidades cabíveis previstas na legislação em vigor, bem como às sanções previstas em convenção ou acordo coletivo.

§ 7° - O prazo limite fixado no *caput* poderá ser pror-rogado mediante convenção ou acordo coletivo de trabalho e aquiescência formal do empregado, desde que o empregador arque com o ônus correspondente ao valor da bolsa de qualificação profissional, no respectivo período.

A empresa que não estiver passando por um momento financeiro favorável, pode se socorrer do artigo 476-A da CLT, pois, se houver concordância por parte do empregado e previsão em norma coletiva, os contratos podem permanecer suspensos de 2 a 5 meses, para que este participe de cursos ou programa de qualificação profissional mediante sua concordância. Cabe ao empregador a responsabilidade de notificar o sindicato com antecedência mínima de quinze dias. O período de suspensão estabelecido deve respeitar dezesseis meses, não podendo, de nenhuma forma, haver alterações de vontade individual ou coletiva. O empregador durante o período da suspensão contratual, poderá conceder ao empregado ajuda compensatória mensal, que não terá natureza salarial, bem como o empregado fará jus aos benefícios voluntariamente concedidos pelo empregador. Ocorrendo a dispensa do empregado no transcurso do período de suspensão contratual ou nos três meses subsequentes ao seu retorno ao trabalho, o empregador pagará ao empregado, além das parcelas indenizatórias previstas na legislação em vigor, multa a ser estabelecida em convenção ou acordo coletivo.

CAPÍTULO V
DA RESCISÃO

Art. 477 - Na extinção do contrato de trabalho, o empregador deverá proceder à anotação na Carteira de Trabalho e Previdência Social, comunicar a dispensa aos órgãos competentes e realizar o pagamento das verbas rescisórias no prazo e na forma estabelecidos neste artigo.

Autoexplicativo dita a conduta do empregador quando da extinção contratual, bem como o prazo para pagamento das verbas. (Vide parágrafo 6°.).

§1° - (revogado)

§2°- O instrumento de rescisão ou recibo de quitação, qualquer que seja a causa ou forma de dissolução do contrato, deve ter especificada a natureza de cada parcela paga ao empregado e discriminado o seu valor, sendo válida a quitação, apenas, relativamente às mesmas parcelas.

O recibo de quitação não pode ser genérico. Não pode conter apenas um valor geral, ou conter diversos valores sem especificar ao que cada quantia se refere. Portanto, é inválido qualquer documento que dê ampla quitação de parcelas, a quitação restringir-se-á apenas ao expressamente mencionado.

§ 3° - (revogado)

§ 4° - O pagamento a que fizer jus o empregado será efetuado:

I – em dinheiro, depósito bancário ou cheque visado, conforme acordem as partes; ou

II – em dinheiro ou depósito bancário quando o empregado for analfabeto.

Dispõe sobre a forma de pagamento, introduzindo ressalva quando o empregado for analfabeto.

§ 5° Qualquer compensação no pagamento de que trata o parágrafo anterior não poderá exceder o equivalente a um mês de remuneração do empregado.

Esta limitação está adstrita ao momento em que são pagas as verbas rescisórias do trabalhador. Importante observar que na via judicial não há esta reserva.

§ 6° - A entrega ao empregado de documentos que comprovem a comunicação da extinção contratual aos órgãos competentes bem como o pagamento dos valores constantes do instrumento de rescisão ou recibo de quitação deverão ser efetuados até dez dias contados a partir do término do contrato.

a) (revogado)

b) (revogado)

Dispõe sobre o prazo em que deverá haver a quitação das parcelas contidas no instrumento de rescisão ou recibo de quitação das verbas rescisórias, bem como a entrega de documentos comprobatórios da extinção do contrato.

§ 7° - (revogado)

§ 8° - A inobservância do disposto no § 6° deste artigo sujeitará o infrator à multa de 160 BTN, por trabalhador,

bem assim ao pagamento da multa a favor do empregado, em valor equivalente ao seu salário, devidamente corrigido pelo índice de variação do BTN, salvo quando, comprovadamente, o trabalhador der causa à mora.

Trata-se da imposição de penalidade ao empregador que atrasar o pagamento das verbas rescisórias. A primeira, de caráter administrativo (não será revertida em favor do empregado) e a segunda é direito do trabalhador, (o valor será revertido em seu favor). Não há incidência caso as verbas forem colocadas a disposição do empregado dentro do e haja a recusa por parte do empregado em receber.

§ 9º - (Vetado)

§ 10 - A anotação da extinção do contrato na Carteira de Trabalho e Previdência Social é documento hábil para requerer o benefício do seguro desemprego e a movimentação da conta vinculada no Fundo de Garantia do Tempo de Serviço, nas hipóteses legais, desde que a comunicação prevista no *caput* deste artigo tenha sido realizada.

Dispõe ser suficiente a apresentação da baixa em carteira de trabalho para requerer seguro desemprego e movimentação de FGTS a que o empregado faça jus, desde que o empregador tenha procedido com a comunicação da extinção do contrato aos órgãos competentes.

Art. 477-A - As dispensas imotivadas individuais, plúrimas ou coletivas equiparam se para todos os fins, não havendo necessidade de autorização prévia de entidade sindical ou de celebração de convenção coletiva ou acordo coletivo de trabalho para sua efetivação.

Desnecessária é a autorização prévia, celebração de acordo coletivo ou convenção coletiva, para casos de dispensa imotivada individuais, plúrimas ou coletivas, pois com a inovação trazida pela reforma trabalhista estão estas para todos os efeitos equiparadas entre si.

Art. 477-B - Plano de Demissão Voluntária ou Incentivada, para dispensa individual, plúrima ou coletiva, previsto em convenção coletiva ou acordo coletivo de trabalho, enseja quitação plena e irrevogável dos direitos decorrentes da relação empregatícia, salvo disposição em contrário estipulada entre as partes.

Mais uma inovação trazida pela reforma trabalhista. Prevê a quitação plena e irrevogável de direitos nos casos de Planos de demissão Voluntária ou incentivada abrangendo dispensa individual, plúrima ou coletiva, desde que previsto em convenção ou acordo coletivo, com ressalva em caso disposição em contrário acordada entre as partes.

Art. 478 - A indenização devida pela rescisão de contrato por prazo indeterminado será de 1 (um) mês de remuneração por ano de serviço efetivo, ou por ano e fração igual ou superior a 6 (seis) meses.

Importante observar que caso o empregado seja readmitido, é contado em seu favor o período de serviço prestado anteriormente, e encerrado com sua saída, espontaneamente. Vide súmula n.º 138 do TST.

§ 1° - O primeiro ano de duração do contrato por prazo indeterminado é considerado como período de experiência, e, antes que se complete, nenhuma indenização será devida.

No que diz respeito ao período antes da opção do empregado pelo regime do FGTS, caso o contrato ainda não conte com um ano completo.

§ 2º - Se o salário for pago por dia, o cálculo da indenização terá por base 25 (vinte e cinco) dias.

A base de cálculo da indenização por antiguidade deverá ser trinta dias, nos termos da Lei n.º 605/1949, incluindo-se também no cálculo os valores recebidos a título de horas extraordinárias, porém, desde que prestadas com habitualidade, conforme versa a súmula n.º 24 do TST.

§ 3º - Se pago por hora, a indenização apurar-se-á na base de 200 (duzentas e vinte) horas por mês.

Caso o empregado seja pago por hora, a base de cálculo da indenização por antiguidade seria de 200 horas mensais. Aplica-se a súmula n.º 24 do TST. Há quem entenda prejudicado o divisor 200 pelo disposto no art. 7º, XIII, da Constituição, que determinaria a aplicação do divisor 220.

§ 4º - Para os empregados que trabalhem à comissão ou que tenham direito a percentagens, a indenização será calculada pela média das comissões ou percentagens percebidas nos últimos 12 (doze) meses de serviço.

Caso o empregado seja comissionista ou receba percentagens variáveis, a indenização por antiguidade deverá ser calculada tendo como base a média dos valores percebidos nos últimos doze meses, aplicando-se também a súmula n.º 24 do TST.

§ 5º - Para os empregados que trabalhem por tarefa ou serviço feito, a indenização será calculada na base média do tempo costumeiramente gasto pelo interessado para realização de seu serviço, calculando-se o valor do que seria feito durante 30 (trinta) dias.

Os empregados que trabalhem nestes moldes, terão a indenização por antiguidade calculada pela base média do tempo empregado na realização do serviço, tendo como estimativa o valor do que seria realizado no período de 30 dias, aplicando-se também a súmula n.º 24 do TST.

Art. 479 - Nos contratos que tenham termo estipulado, o empregador que, sem justa causa, despedir o empregado será obrigado a pagar-lhe, a título de indenização, e por metade, a remuneração a que teria direito até o termo do contrato.

Caso conste no contrato por tempo determinado cláusula assecuratória do direito recíproco de rescisão e o empregador ocasione a dispensa antecipada, a rescisão reger-se-à pelo art. 481 da CLT, e consequentemente, o trabalhador terá direito a todas as verbas rescisórias consoantes aos contratos a prazo indeterminado, aplicando-se da mesma forma ao rompimento antecipado de contrato de experiência.

Parágrafo único - Para a execução do que dispõe o presente artigo, o cálculo da parte variável ou incerta dos salários será feito de acordo com o prescrito para o cálculo da indenização referente à rescisão dos contratos por prazo indeterminado.

Dispõe sobre o modo de cálculo, caso trate-se de parte variável ou incerta dos salários. Obedecendo aos critérios estabelecidos para calcular a indenização, na rescisão dos contratos por prazo indeterminado (art. 478 da CLT).

Art. 480 - Havendo termo estipulado, o empregado não se poderá desligar do contrato, sem justa causa, sob pena de ser obrigado a indenizar o empregador dos prejuízos que desse fato lhe resultarem.

Também tem obrigação de indenizar o empregador, o

empregado que imotivadamente, rompe o contrato antecipadamente.

§ 1º - A indenização, porém, não poderá exceder àquela a que teria direito o empregado em idênticas condições.

Fixa-se o limite da indenização, que não poderá ultrapassar aquele que o empregado teria direito nas mesmas condições conforme dispõe o art. 479 da CLT.

§ 2º - (revogado)

Art. 481 - Aos contratos por prazo determinado, que contiverem cláusula assecuratória do direito recíproco de rescisão antes de expirado o termo ajustado, aplicam-se, caso seja exercido tal direito por qualquer das partes, os princípios que regem a rescisão dos contratos por prazo indeterminado.

Quando antecipada a rescisão imotivadamente por parte do empregador do contrato nestes moldes, tem como consequência o pagamento do aviso-prévio e não a indenização prevista no art. 479 da CLT, ante a observância dos princípios que regem a rescisão dos contratos por prazo indeterminado. Vide súmula 163 do TST.

Art. 482 - Constituem justa causa para rescisão do contrato de trabalho pelo empregador:

Empregador e empregado tem deveres e obrigações para a manutenção do contrato de trabalho, devendo ser observada principalmente a lei, mas também as normas coletivas e o próprio contrato. Quando há por parte do empregado a violação de algum dever ou obrigação de sua responsabilidade, poderá ser rescindido o contrato por justa causa, sem qualquer ônus para o empregador. Porém, a justa causa, autorizadora da rescisão deverá ser apurada e provada, de forma que não restem dúvidas quanto a gravidade da infração cometida pelo empregado. Vide súmulas 62 e 73 do TST.

a) ato de improbidade;

Refere-se as condutas do empregado, no que diz respeito a sua honestidade. Agir ou deixar de agir intencionalmente objetivando vantagem própria, ou para outrem no ambiente laborativo. Indiferente é se de sua ação ou omissão resultou vantagem econômica, bem como a ausência do resultado prejuízo é incapaz de afastar o justo motivo para a rescisão contratual, pois tal violação rompe a relação de confiança entre as partes.

b) incontinência de conduta ou mau procedimento;

A incontinência tem relação com quaisquer condutas que gerem desconforto e constrangimento no ambiente de trabalho. Poderá também configurar-se caso o empregado, em sua vida em sociedade comporte-se de maneiras moralmente inaceitáveis. O mau procedimento relaciona-se a pratica de ações dotadas de hostilidade, comprometendo o dever de urbanidade inerente ao ambiente de trabalho.

c) negociação habitual por conta própria ou alheia sem permissão do empregador, e quando constituir ato de concorrência à empresa para a qual trabalha o empregado, ou for prejudicial ao serviço;

São exigidos dois requisitos: a ocorrência de negociação habitual e a ausência de permissão do empregador. Aplica-se também quando restar caracterizado ato de concorrência contra a empresa ou acarretar quaisquer prejuízos ao andamento do serviço.

d) condenação criminal do empregado, passada em julgado, caso não tenha havido suspensão da execução da pena;

Ante a inviabilidade da prestação pessoal do serviço, a condenação criminal já transitada em julgado acarreta justo motivo para a rescisão contratual. Bastando a sentença condenatória com o trânsito para efeito de prova, exceto nos casos em que haja a suspensão da pena.

e) desídia no desempenho das respectivas funções;

Desídia tem por significado o descumprimento das obrigações inerentes à relação de emprego, tais como a apatia ou falta de cautela no desempenho das funções confiadas ao trabalhador e ausentar-se do trabalho injustificadamente.

f) embriaguez habitual ou em serviço;

Fazer uso de bebidas alcoólicas ou outros entorpecentes bem como perder domínio sobre si mesmo, inclusive fora do horário de trabalho, constituem justo motivo para a rescisão contratual.

No caso de dependência, no entanto, a jurisprudência tem entendido que o contrato deve ser suspenso e o empregado deve ser encaminhado para tratamento médico. O empregador deve dirigir o empregado à Autarquia Previdenciária.

g) violação de segredo da empresa;

Tal violação rompe a relação de confiança entre empregado e empregador, constituindo, portanto justo motivo para a rescisão contratual.

h) ato de indisciplina ou de insubordinação;

Descumprir as ordens gerais advindas do empregador caracteriza a indisciplina e desobedecer a ordens atribuídas ao cargo traduz-se em ato de insubordinação. Ambas constituem justo motivo para a rescisão contratual.

i) abandono de emprego;

Conforme a Súmula n.º 32 do TST, o prazo de trinta dias é considerado razoável para restar configurado o abandono, todavia, não é aplicável caso a conduta do empregado se evidencie dolosa, com o intuito de impossibilitar a continuidade do contrato.

j) ato lesivo da honra ou da boa fama praticado no serviço contra qualquer pessoa, ou ofensas físicas, nas mesmas condições, salvo em caso de legítima defesa, própria ou de outrem;

Decorre da prática de quaisquer atos lesivos a honra, moral ou integridade física no serviço. Aplica-se ainda que praticado contra terceiro estranho a relação de emprego, todavia o ato de ofensa física admite a legítima defesa.

k) ato lesivo da honra ou da boa fama ou ofensas físicas praticadas contra o empregador e superiores hierárquicos, salvo em caso de legítima defesa, própria ou de outrem;

Obviamente, a prática de quaisquer atos lesivos a honra, moral ou integridade física contra o empregador ou superiores hierárquicos também constituem justo motivo para a rescisão contratual, sendo irrelevante se o ato ocorreu intra ou extra empresa. Nestes casos, também é admitida a legitima defesa.

l) prática constante de jogos de azar.

É exigida a reiteração da conduta. Caso a prática seja eventual e recreativa não configurará justo motivo para a rescisão contratual.

m) perda da habilitação ou dos requisitos estabelecidos em lei para o exercício da profissão, em decorrência de conduta dolosa do empregado.

Caso o empregado concorra para a perda dos requisitos ou de sua habilitação profissional, também constitui justo motivo para rescisão contratual.

Parágrafo único - Constitui igualmente justa causa para dispensa de empregado a prática, devidamente comprovada

em inquérito administrativo, de atos atentatórios contra a segurança nacional.

Os atos atentatórios a segurança nacional constituem justo motivo para a recisão contratual, todavia não basta a comprovação mediante inquérito administrativo. Isto, pois com o advento da CF/88 em seu art. 5º, XXXV determinou-se a vedação de qualquer exclusão ou limitação legal da apreciação do poder judiciário no que diz respeito à lesão ou ameaça a direitos.

Art. 483 - O empregado poderá considerar rescindido o contrato e pleitear a devida indenização quando:

Em decorrência de falta grave do empregador, que torne impossível a continuidade do contrato de trabalho, o empregado pode solicitar que seu contrato de trabalho seja rescindido indiretamente.

Reconhecida a rescisão indireta, o empregado terá direito as verbas rescisórias como se tivesse sido despedido sem justa causa, inclusive, receberá a indenização de 40% sobre o FGTS, isso porque a rescisão teve origem em uma quebra de contrato por parte do empregador.

Existem três tipos de verbas, as verbas trabalhistas, que são as obrigações de ordem pecuniária devidas pelo empregador pela contraprestação do serviço.

As verbas indenizatórias de resilição, que é uma subespécie do gênero verba rescisória e tem por finalidade indenizar o empregado pela despedida sem justa causa ou arbitraria.

E as verbas rescisórias, que são as verbas trabalhistas geradas pelo termino do contrato de trabalho, exemplo: 13º salário integral ou parcial, aviso prévio, férias vencidas e proporcionais.

Diferente do caso em que o empregado pede demissão por interesses pessoais, nesta hipótese ele não terá direito a nenhuma indenização, nem liberação de FGTS.

Insta salientar que no caso de rescisão indireta, a prova é ônus do empregado, cabendo-lhe a demonstração convincente da falta patronal hábil a justificar o rompimento do vínculo empregatício.

Na hipótese de o empregado assinar pedido de demissão e depois ingressar com ação para requerer o reconhecimento do rompimento do vínculo empregatício por rescisão indireta, este terá que comprovar que foi coagido a assinar o seu pedido de demissão, sob pena de ter negado o requerimento de rescisão indireta.

a) forem exigidos serviços superiores às suas forças, defesos por lei, contrários aos bons costumes, ou alheios ao contrato;

A Constituição Federal em seu artigo 1°, inciso III, traz um dos pilares da vivência em sociedade, a dignidade da pessoa humana, assim, em qualquer contrato de trabalho deve-se respeitar os limites físicos e/ou mental do empregado, é vedado pela legislação, exigir serviços proibidos por lei, exemplo, supervisor exigir que empregado emita uma nota fiscal fria, ou qualquer outro ato ofensivo a moral pública. Inclusive, é vedado exigir tarefas diversas dos serviços pelos quais o empregado foi contratado.

No atinente ao limite intelectual, o legislador resguardou o empregado, porém, a exacerbação da exigência de serviços intelectuais acaba por ser de difícil quantificação e avaliação. As exigências superiores neste caso, caracteriza-se pelo grande volume de trabalho, no qual a execução das atividades demandem envolvimento intelectual e dedicação que podem ocasionar um desgaste excessivo.

Exemplo típico de constrangimento moral, são as revistas intimas visuais, que gerem atitudes e comentários constrangedores.

Ressalta-se que, conforme prevê os artigos 198 e 390 da CLT, o emprego de força muscular superior a 60 quilos no caso dos homens e superior a 20 quilos no caso das mulheres, é vedado por lei, caso isso ocorra, evidencia-se fundamento para rescisão indireta.

b) for tratado pelo empregador ou por seus superiores hierárquicos com rigor excessivo;

Em todo contrato de trabalho deve haver cordialidade e respeito entre as partes, punições desnecessárias, perseguições e rigor excessivo por parte do empregador ou superiores hierárquicos, não respeitando o princípio da proporcionalidade, possibilitam rescisão indireta.

Exemplo: Suspender o empregado por 10 dias somente porque chegou atrasado alguns minutos uma única vez.

c) correr perigo manifesto de mal considerável;

Quando durante o contrato de trabalho as atividades exigidas passam a colocar em risco a saúde física ou mental do empregado, o pacto laboral pode ser imediatamente rompido por rescisão indireta.

Um exemplo de manifesto mal considerável, é a falta de segurança no trabalho, que gere acidentes constantes no local de trabalho, exemplo: empregado que trabalha no abastecimento de aeronaves e o empregador não está cumprindo com as normas de segurança relativas ao abastecimento das aeronaves, o que ensejaria um risco de explosão iminente.

Ressalta-se inclusive que a redução dos riscos inerentes ao trabalho por meio de normas de segurança, saúde e higiene é uma imposição constitucional, assim, é um dever das empresas instaura-las e obrigar os empregados a cumprir.

d) não cumprir o empregador as obrigações do contrato;

Descumprir com as obrigações contratuais é considerado falta grave, assim, a ausência de recolhimento ou o recolhimento irregular do FGTS (Fundo de Garantia por Tempo de

Serviço) e não pagamento de salário, ensejam qualificadora para rescisão indireta, por serem cláusulas contratuais imprescindíveis à manutenção, à sobrevivência e à dignidade do trabalhador.

e) praticar o empregador ou seus prepostos, contra ele ou pessoas de sua família, ato lesivo da honra e boa fama;

Um dos atos lesivos mais comuns de agressão a honra é o assédio sexual. A violação a boa fama, normalmente se materializa através da calunia, injuria e difamação, praticados pelo empregador ou seus preposto, em desfavor do empregado ou de indivíduos de sua família, tais agressões podem ocorrer no âmbito da empresa ou fora do local de trabalho.

Outro exemplo é o chefe, que no intuito de apenas manchar a imagem do empregado, espalha na empresa que determinado empregado é ladrão, sem nenhuma prova. Estes são típicos motivos de rescisão indireta que desencadeiam ações indenizatórias por danos de natureza patrimonial e/ou moral.

f) o empregador ou seus prepostos ofenderem-no fisicamente, salvo em caso de legítima defesa, própria ou de outrem;

É totalmente vedado ao empregador ou seus prepostos, ofenderem fisicamente o empregado, exceto em casos de legitima defesa própria ou de outrem.

g) o empregador reduzir o seu trabalho, sendo este por peça ou tarefa, de forma a afetar sensivelmente a importância dos salários.

A legislação também resguarda os que recebem salário variável, considerando que o salário tem natureza alimentar, a legislação veda a redução da jornada de trabalho com fito de reduzir o salário do empregado de modo significativo.

§ 1° - O empregado poderá suspender a prestação dos serviços ou rescindir o contrato, quando tiver de desempenhar obrigações legais, incompatíveis com a continuação do serviço.

Caso o empregador determine que o empregado desempenhe obrigações legais incompatíveis com a continuação do serviço, tipifica-se motivo plausível para fundamentar suspensão ou rescisão indireta do contrato de trabalho.

§ 2° - No caso de morte do empregador constituído em empresa individual, é facultado ao empregado rescindir o contrato de trabalho.

Aos empregados de empresas individuais que o empregador venha a óbito, é facultado o direito de rescindir o contrato de trabalho, mesmo que as atividades empresarias continuem a ser geridas pelos herdeiros do "*de cujus*".

Nesta hipótese o empregado tem direito à férias vencidas e proporcionais, acrescidas do terço constitucional, décimo terceiro salário proporcional, aviso prévio (súmula 44 do TST) e o artigo 20, inciso I da Lei 8036/90 garante ao empregado o direito de poder movimentar a conta vinculada ao FGTS (Fundo de Garantia por Tempo de Serviço).

§ 3° - Nas hipóteses das letras "d" e "g", poderá o empregado pleitear a rescisão de seu contrato de trabalho e o pagamento das respectivas indenizações, permanecendo ou não no serviço até final decisão do processo.

Na hipótese de o empregador não cumprir com as obrigações do contrato e/ou reduzir a carga horário de trabalho, objetivando afetar de modo relevante a importância salarial auferida pelo empregado, está garantido pela legislação o direito à rescisão indireta, sendo facultado ao empregado permanecer ou não no serviço até a finalização do processo, pois a vontade de terminar o vínculo não se confunde com o abandono de emprego, caracterizado pela ausência prolongada e injustificada ao trabalho.

O artigo 483 traz as hipóteses nas quais o empregado pode resilir o contrato de forma indireta e pleitear a devida indenização, porém a simples caracterização não acarreta nenhuma consequência jurídica, sendo necessária a formalização por meio de ação trabalhista e nela deve ser formulado pedido para declarar extinto o vínculo contratual por culpa do empregador.

Insta salientar que caso o empregado deixe transcorrer um relevante lapso temporal entre a ocorrência do fato ensejador da rescisão indireta e o requerimento da correspondente indenização, pode-se entender que ocorreu um perdão tácito ou abandono de emprego, o abandono de emprego inclusive está elencado na súmula n.º 32 do TST.

Art. 484 - Havendo culpa recíproca no ato que determinou a rescisão do contrato de trabalho, o tribunal de trabalho reduzirá a indenização à que seria devida em caso de culpa exclusiva do empregador, por metade.

Quando empregado e empregador descumprem obrigação contratual, prevista na legislação ou em convenção coletiva, desde que a culpa de ambos seja simultânea e tenham a mesma intensidade, configura-se hipótese de culpa reciproca, que é conhecida também como culpa concorrente. Desta forma, a indenização que seria devida ao empregado, é reduzida pela metade.

Com base no artigo 20, inciso I da Lei 8036/90, o empregado poderá movimentar a conta vinculada ao FGTS e terá direito a multa de 20% do FGTS, calculada sobre os depósitos fundiários realizados no período contratual, que deverá ser atualizado monetariamente e acrescido de juros, tal questão está disciplinada no artigo 18, §2° da Lei 8036/90.

Com fulcro na súmula 14 do TST, o empregado receberá 50% do aviso prévio, décimo terceiro salário e das férias proporcionais.

Art. 484-A - O contrato de trabalho poderá ser extinto por acordo entre empregado e empregador, caso em que serão devidas as seguintes verbas trabalhistas:

Criou-se por meio deste dispositivo legal, um estimulo para a demissão voluntária, porém, esqueceu-se que não existe uma paridade entre as partes.

Assim, o proposto neste artigo fere o princípio da irrenunciabilidade de direitos trabalhistas, que consiste na impossibilidade jurídica de o trabalhador privar-se voluntariamente de vantagens, inclusive, insta salientar que não se respeitando este princípio, os direitos dos trabalhadores podem ser facilmente reduzidos.

Noutra vertente, temos o princípio da continuidade da relação de emprego, que visa assegurar o vínculo empregatício e maior permanência do trabalhador em seu emprego, com a inclusão deste dispositivo na CLT, mais uma vez ocorre a “flexibilização do direito do trabalho”, logo, o empregado fica subordinado ao empregador, economicamente e juridicamente, ferindo assim o princípio da dignidade da pessoa humana, que consiste em considerar o trabalhador como ser humano, levando em consideração sua dignidade e necessidade de subsistência.

I - por metade:

a) o aviso prévio, se indenizado; e

b) a indenização sobre o saldo do Fundo de Garantia do Tempo de Serviço, prevista no § 1º do art. 18 da Lei nº 8.036, de 11 de maio de 1990;

Na hipótese do inciso I, os empregados passam a se beneficiar com metade do aviso prévio e metade da indenização adicional sobre o FGTS.

II - na integralidade, as demais verbas trabalhistas.

§ 1° - A extinção do contrato prevista no *caput* deste artigo permite a movimentação da conta vinculada do trabalhador no Fundo de Garantia do Tempo de Serviço na forma do inciso I-A do art. 20 da Lei n° 8.036, de 11 de maio de 1990, limitada até 80% (oitenta por cento) do valor dos depósitos.

Os empregados passam a ter a possibilidade de efetuar o levantamento parcial do FGTS em até 80% (oitenta por cento).

§ 2° - A extinção do contrato por acordo prevista no *caput* deste artigo não autoriza o ingresso no Programa de Seguro-Desemprego.

Considerando que é evidente que o trabalhador não possui poder de barganha para negociar as cláusulas do contrato de trabalho, essa previsão legal constitui flagrante redução as normas protetivas da própria CLT, pois no caso de extinção do contrato por acordo, é vetado o direito de ingresso no Programa de Seguro-Desemprego.

Art. 485 - Quando cessar a atividade da empresa, por morte do empregador, os empregados terão direito, conforme o caso, à indenização a que se referem os art. 477 e 497.

O direito a indenização a que se referem os artigos 477 e 497 é garantido pela legislação, mesmo que ocorra o encerramento da atividade empresarial após a morte do empregador.

Art. 486 - No caso de paralisação temporária ou definitiva do trabalho, motivada por ato de autoridade municipal, estadual ou federal, ou pela promulgação de lei ou resolução que impossibilite a continuação da atividade, prevalecerá o pagamento da indenização, que ficará a cargo do governo responsável.

Na hipótese de interrupção temporária ou definitiva do trabalho, por ato unilateral da autoridade municipal, estadual ou federal, por sanção de lei ou resolução que impossibilite a continuação da atividade, é garantido pela legislação o pagamento da indenização, que será de responsabilidade estatal.

Conforme prevê o artigo 501 da CLT, o *factum principis* ou fato do príncipe é uma espécie de força maior, pois trata-se de acontecimento inevitável, para o qual o empregador não concorreu.

§ 1° - Sempre que o empregador invocar em sua defesa o preceito do presente artigo, o tribunal do trabalho competente notificará a pessoa de direito público apontada como responsável pela paralisação do trabalho, para que, no prazo de 30 (trinta) dias, alegue o que entender devido, passando a figurar no processo como chamada à autoria.

Sempre que o empregador indicar pessoa de direito público como responsável por paralisação do trabalho, esta deverá ser notificada, para que apresente suas alegações no prazo de 30 dias, porém, esta pode requerer dilação probatória para comprovar ausência de responsabilidade.

§ 2° - Sempre que a parte interessada, firmada em documento hábil, invocar defesa baseada na disposição deste artigo e indicar qual o juiz competente, será ouvida a parte contrária, para, dentro de 3 (três) dias, falar sobre essa alegação.

Respeitando o princípio do contraditório e ampla defesa, sempre que apresentada documentação, será ouvida a parte contrária.

§ 3° - Verificada qual a autoridade responsável, a Junta de Conciliação ou Juiz dar-se-á por incompetente, remetendo os autos ao Juiz Privativo da Fazenda, perante o qual correrá o feito nos termos previstos no processo comum.

Parágrafo em desuso, não mais se justifica a remessa dos autos ao Juiz Privativo da Fazenda, atualmente é reconhecida a competência da Justiça do Trabalho.

CAPÍTULO VI
DO AVISO PRÉVIO

Art. 487 - Não havendo prazo estipulado, a parte que, sem justo motivo, quiser rescindir o contrato, deverá avisar a outra da sua resolução, com a antecedência mínima de:

I - oito dias, se o pagamento for efetuado por semana ou tempo inferior;

II - trinta dias aos que perceberem por quinzena ou mês, ou que tenham mais de doze meses de serviço na empresa.

§ 1° - A falta do aviso prévio por parte do empregador dá ao empregado o direito aos salários correspondentes ao prazo do aviso, garantida sempre a integração desse período no seu tempo de serviço.

§ 2° - Falta de aviso por parte do empregado dá ao empregador o direito de descontar os salários correspondentes ao prazo respectivo.

§ 3° - Em se tratando de salário pago na base de tarefa, o cálculo, para os efeitos dos parágrafos anteriores, será feito de acordo com a média dos últimos doze meses de serviço.

§ 4º - É devido o aviso prévio na despedida indireta.

§ 5º - O valor das horas extraordinárias habituais integra o aviso prévio indenizado.

§ 6º - O reajustamento salarial coletivo, determinado no curso do aviso prévio, beneficia o empregado pré-avisado da despedida, mesmo que tenha recebido antecipadamente os salários correspondentes ao período do aviso, que integra seu tempo de serviço para todos os efeitos legais.

O Aviso Prévio tem um caráter preponderante, tendo como único objetivo de conceder prazo ao empregado para arrumar um novo emprego. Não se pode esquecer o caráter social, do condão do Direito do Trabalho, uma vez que o caráter social do Direito do Trabalho está intimamente ligado a isso.

A ideia principal desse Instituto é não deixar o empregado desemparado, posto que o Direito do Trabalho, como já mencionado, é um Direito eminentemente social, o que não significa que os outros ramos do Direito não o são, porém o direito laboral tem um caráter preponderantemente social, visando como seu bem maior os direitos dos empregados, na sua condição de hipossuficiente, uma vez que é um Direito que não envolve riquezas e patrimônios, mas envolve alimentos, gênero de primeira necessidade.

O instituto do Aviso Prévio vem desse sentido, de não desamparar o empregado, ou seja, quando é formalmente dispensado, quando há a ruptura do contrato sem justa causa, o empregador tem a obrigação de avisa-lo com antecedência de 30 dias, porém, sem esquecermos que o efeito contrário também é obrigatório, de o empregado conceder esse aviso ao empregador. A parte que surpreende a outra na ruptura do contrato tem que dar aviso prévio, em razão do Principio da Isonomia.

O inciso I do referido artigo encontra-se revogado pelo artigo 7, inciso XXI da CF, que regulamenta esse Instituto e traz o prazo mínimo de 30 dias para o aviso prévio. Isso se dá devido à hierarquia de normas, ou seja, se há um artigo Constitucional da nossa Carta Maior, estabelecendo um prazo mínimo de 30 dias para tal aviso, por obvio, qualquer norma hierarquicamente inferior, será revogada, ainda que tacitamente.

Há, portanto, dois tipos de aviso prévio: indenizado e trabalhado. O indenizado ocorre quando o empregador desfaz o contrato individual de trabalho e dispensa o empregado para cumprir o aviso prévio em casa, sem que precise ir trabalhar, ou seja, recebe, mas não trabalha. O trabalhado ocorre quando o empregado, via de regra, trabalha durante os 30 dias.

Art. 488 - O horário normal de trabalho do empregado, durante o prazo do aviso, e se a rescisão tiver sido promovida pelo empregador, será reduzido de duas horas diárias, sem prejuízo do salário integral.

Parágrafo único - É facultado ao empregado trabalhar sem a redução das 2 (duas) horas diárias prevista neste artigo, caso em que poderá faltar ao serviço, sem prejuízo do salário integral, por 1 (um) dia, na hipótese do inciso I, e por 7 (sete) dias corridos, na hipótese do inciso II do artigo 487 desta Consolidação.

Para que possa, mesmo trabalhando, ter a oportunidade de buscar novo emprego, o empregado tem o direito de encerrar sua jornada de trabalho diária 2 horas antes, ou de se ausentar do trabalho 7 dias antes do prazo final do aviso prévio, vez que o único objetivo desse instituto é conceder prazo para o empregado se restabelecer no mercado de trabalho. E, mesmo em não trabalhando durante toda a jornada de trabalho, com horário reduzido, o empregado tem direito a receber seu salário integral, sem nenhum tipo de prejuízo.

Art. 489 - Dado o aviso prévio, a rescisão torna-se efetiva depois de expirado o respectivo prazo, mas, se a parte notificante reconsiderar o ato, antes do seu termo, à outra parte é facultado aceitar ou não a reconsideração.

Parágrafo único - Caso seja aceita a reconsideração ou continuando a prestação depois de expirado o prazo, o contrato continuará a vigorar, como se o aviso prévio não tivesse sido dado.

O contrato de trabalho é considerado resolvido depois de cumprido o aviso prévio, quer trabalhado ou indenizado. Durante o curso do aviso prévio, ambas as partes, empregado ou empregador, podem se arrepender a qualquer momento dos termos do acordo e, com anuência da parte contrária, esse aviso pode ser cancelado e o contrato de trabalho seguirá normalmente, como se nunca tivesse sido rompido.

Art. 490 - O empregador que, durante o prazo do aviso prévio dado ao empregado, praticar ato que justifique a rescisão imediata do contrato, sujeita-se ao pagamento da remuneração correspondente ao prazo do referido aviso, sem prejuízo da indenização que for devida.

Ainda no curso do aviso prévio, o empregador que, comprovadamente, praticar algum ato contra o empregado, que possa ensejar a ruptura do contrato laboral, será obrigado a indenizá-lo pelos dias do aviso prévio, ainda que interrompidos, bem como será obrigado a pagar todas as verbas rescisórias, incluindo nesse computo os dias efetivos do aviso prévio, trabalhados ou não.

Art. 491 - O empregado que, durante o prazo do aviso prévio, cometer qualquer das faltas considera-

> das pela lei como justas para a rescisão, perde o direito ao restante do respectivo prazo.

Durante o cumprimento do aviso prévio, o empregado não fica imune a uma dispensa por justa causa. Se este der razão para que tal dispensa ocorra, esta lhe será aplicada, sem nenhum tipo de prejuízo às sansões impostas para este tipo de resolução contratual.

CAPÍTULO VII
DA ESTABILIDADE

Art. 492 - O empregado que contar mais de 10 (dez) anos de serviço na mesma empresa não poderá ser despedido senão por motivo de falta grave ou circunstância de força maior, devidamente comprovadas.

Parágrafo único - Considera-se como de serviço todo o tempo em que o empregado esteja à disposição do empregador.

A estabilidade é a garantia de imobilidade, firmeza, solidez. A dispensa do empregado por parte do empregador no contrato laboral presume-se um direito potestativo, ocasião que cabe ao empregador a liberdade de findar o contrato laboral sem a necessidade da anuência do empregado, salvo se este for assistido por alguma exceção legislativa que, neste caso, somente poderá ser dispensado se houver falta grave comprovada.

A falta grave não necessita de Inquérito judicial para a dispensa do empregado, apenas ato administrativo que comprove a falta grave do empregado conforme rol do artigo 482 da Consolidação das Leis do Trabalho (CLT), aprovada pelo Decreto-Lei n.º 5.452, de 1º de maio de 1943.

Urge frisar que o Fundo de Garantia do Tempo de serviço (FGTS), criado pela Lei n.º 5.107, de 13 de setembro de 1966 flexibilizou a aplicação da Estabilidade por Tempo de Serviço, uma vez que o empregado poderia escolher entre a aplicação do art. 492 da CLT ou o recolhimento previsto pela Lei do FGTS que não garante a estabilidade no emprego.

Entretanto, com a promulgação da Constituição Federal de 1988 (CF/88) o FGTS passou a ser obrigatório em todas as relações de emprego, afastando a aplicação do artigo 492 da CLT.

A Estabilidade por Tempo de Serviço pode ser regido por meio do Regimento Interno da empresa, acordo coletivo ou convenção coletivo, sendo uma garantia trabalhista a mais ao empregado, sem que ocorra incompatibilidade entre as normas.

Art. 493 - Constitui falta grave a prática de qualquer dos fatos a que se refere o art. 482, quando por sua repetição ou natureza representem séria violação dos deveres e obrigações do empregado.

Art. 494 - O empregado acusado de falta grave poderá ser suspenso de suas funções, mas a sua despedida só se tornará efetiva após o inquérito e que se verifique a procedência da acusação.

Parágrafo único - A suspensão, no caso deste artigo, perdurará até a decisão final do processo.

Art. 495 - Reconhecida a inexistência de falta grave praticada pelo empregado, fica o empregador obrigado a readmiti-lo no serviço e a pagar-lhe os salários a que teria direito no período da suspensão.

O empregado com menos de 10 (dez) anos de efetivo serviço tem direito a indenização equivalente a 1 (um) mês de salário por ano, ou fração igual ou superior a 6 (seis) meses nos moldes descritos no artigo 478 da CLT, no entanto, após a CF/88 foi substituído pela aplicação do FGTS.

Este dispositivo pode ser aplicado para as garantias de emprego provisório, quais sejam:

a) Empregada Grávida: estabilidade provisória a contar da confirmação da gravidez até 5 (cinco) meses após o parto, aplicando o entendimento artigo 10, inciso II, alínea", do Ato das Disposições Constitucionais (ADCT) que estabelece que a concepção deve ocorrer durante o contrato de trabalho;

b) Empregado representante da Comissão Interna de Prevenção a Acidentes (CIPA): os artigos 10 e 11, alínea "a" do ADCT garante estabilidade provisória aos empregados eleitos para o cargo de titular de direção da CIPA, a contar do registro da candidatura até 1 (um) ano após o mandato, esta garantia não foi ampliada aos suplentes;

c) Empregado Acidentado: estabilidade provisória resguardada ao empregado que se acidentou e ficou retirado das atividades laborais por atestado médico com mais de 15 (quinze) dias, ocasião que passou a ser assistido pelo auxílio-doença acidentário, razão pela qual tem direito a estabilidade provisória de até 12 (doze) meses após a cessação do auxílio-doença;

d) Empregado Membro da Comissão de Conciliação Prévia (CPP): os empregados que exercem o cargo de titulares e suplentes representantes dos empregados da empresa possuem garantia provisória de emprego, a contar da eleição do empregado até 1 (um) ano após o término do mandato;

e) Membros do Conselho Nacional da Previdência Social: os empregados que exerçam o cargo titulares e suplentes representantes dos empregados possuem estabilidade provisória a contar da nomeação até 1 (um) ano após o mandado;

f) Membros do Conselho Curador do FGTS: os empregados que exercem os cargos de titulares e suplentes dos empregados possuem estabilidade a contar da nomeação até 1 (um) ano após o mandato;

g) Empregados eleitos diretores de sociedades cooperativas: os empregados eleitos diretores possuem estabilidade a contar do registro da candidatura até 1 (um) ano após o término do mandato, esta garantia não alcança os suplentes.

h) Dirigente Sindical: A CF/88 no artigo 8º, inciso VIII, assegura a estabilidade provisória do empregado candidato ao cargo de dirigente sindical a contar do registro de candidatura até 1 (um) ano após o fim do mandato se eleito.

Salvo o dirigente sindical que apenas pode ser dispensado após apuração em Inquérito Judicial, as demais garantias de emprego provisória sobredita podem ser os empregados dispensados por motivo de falta grave, sem necessidade de procedimento judicial.

Art. 496 - Quando a reintegração do empregado estável for desaconselhável, dado o grau de incompatibilidade resultante do dissídio, especialmente quando for o empregador pessoa física, o tribunal do trabalho poderá converter aquela obrigação em indenização devida nos termos do artigo seguinte.

Art. 497 - Extinguindo-se a empresa, sem a ocorrência de motivo de força maior, ao empregado estável despedido é garantida a indenização por rescisão do contrato por prazo indeterminado, paga em dobro.

Art. 498 - Em caso de fechamento do estabelecimento, filial ou agência, ou supressão necessária de atividade, sem ocorrência de motivo de força maior, é assegurado aos empregados estáveis, que ali exerçam suas funções, direito à indenização, na forma do artigo anterior.

No caso de garantia provisória de emprego do Dirigente

Sindical previsto no artigo 8°, inciso VIII, da CF/88 que obriga a necessidade de abertura de Inquérito Judicial em caso de dispensa por falta grave.

O Inquérito Judicial para apuração de falta grave de dirigente sindical deve ser apresentado na Justiça do Trabalhista no prazo de até 30 (trinta) dias, a contar da suspensão do empregado.

O Juízo trabalhista, ao decidir a demanda processual, se entender que é improcedente a dispensa do empregado, este será reintegrado ao emprego, e caso seja incompatível a reintegração, o empregado será indenizado nos moldes do artigo 496 da CLT.

O inquérito para apuração de falta grave é exclusivo para os casos de dirigente sindical, nos demais casos que o empregado possua garantia provisória não existe a necessidade de demanda judicial prévia.

No caso da empregada gestante após comprovação médica do estado gravídico terá direito a reintegração, que poderá ser pleiteada pela empregada durante o período de estabilidade. Caso, não seja possível a reintegração devido o percurso do período de estabilidade a empregada terá direito a indenização referente época que ficou distanciada.

Art. 499 - Não haverá estabilidade no exercício dos cargos de diretoria, gerência ou outros de confiança imediata do empregador, ressalvado o cômputo do tempo de serviço para todos os efeitos legais.

§ 1° - Ao empregado garantido pela estabilidade que deixar de exercer cargo de confiança, é assegurada, salvo no caso de falta grave, a reversão ao cargo efetivo que haja anteriormente ocupado.

§ 2° - Ao empregado despedido sem justa causa, que só

tenha exercido cargo de confiança e que contar mais de 10 (dez) anos de serviço na mesma empresa, é garantida a indenização proporcional ao tempo de serviço nos termos dos arts. 477 e 478.

§ 3º - A despedida que se verificar com o fim de obstar ao empregado a aquisição de estabilidade sujeitará o empregador a pagamento em dobro da indenização prescrita nos arts. 477 e 478.

Art. 500 - O pedido de demissão do empregado estável só será válido quando feito com a assistência do respectivo Sindicato e, se não o houver, perante autoridade local competente do Ministério do Trabalho e Previdência Social ou da Justiça do Trabalho

Súmulas relevantes:

A Súmula n.º 379 do TST refere-se à necessidade de inquérito judicial na despedida de dirigente sindical.

A Súmula n.º 369 do TST garante a estabilidade provisória do dirigente sindical, ainda que a ciência do registro da candidatura pelo empregador ocorra fora do prazo previsto no art. 543, § 5º, da CLT.

A Súmula n.º 371 do TST entende que o aviso prévio indenizado tem efeitos superveniência de auxílio-doença, ou seja, no caso de concessão de auxílio-doença no curso do aviso prévio, somente se concretizam os efeitos da dispensa depois de expirado o benefício previdenciário.

A Súmula n.º 244 do TST pacifica o entendimento que a gestante tem estabilidade provisória, a alegação de desconhecimento do estado gravídico não afasta o pagamento de indenização.

A Súmula n.º 378 do TST explica a estabilidade provisória quanto ao acidente do trabalho.

CAPÍTULO VIII
DA FORÇA MAIOR

Art. 501 - Entende-se como força maior todo acontecimento inevitável, em relação à vontade do empregador, e para a realização do qual este não concorreu, direta ou indiretamente.

§ 1º - A imprevidência do empregador exclui a razão de força maior.

§ 2º - À ocorrência do motivo de força maior que não afetar substancialmente, nem for suscetível de afetar, em tais condições, a situação econômica e financeira da empresa não se aplicam as restrições desta Lei referentes ao disposto neste Capítulo.

A força maior, abarcante ao caso fortuito, adota a mesma linha do Código Civil de 1916 quanto aos seus efeitos, relacionando nessa basilar a força maior como uma fatalidade, um acidente causado pela natureza ou pelo excepcional, sempre em situações imprevisíveis e o caso fortuito é o fato determinado por terceiros, impossibilitando o cumprimento da obrigação, mesmo que se queira e tenha boa vontade em satisfazê-la, sendo considerado assim como inevitabilidade. É de se ressaltar que a imprevisibilidade no contexto trabalhista foi abandonada já que o empregador tem sua responsabilidade como algo balizar, como essência para um contrato de trabalho válido, excluindo a recuperação judicial ou mesmo a falência como força maior, já que é considerado risco do próprio negócio, tendo ainda o empregador que suportar qualquer carga onerosa por eventos que possam causar impactos na ordem financeira e econômica, não podendo impactar na supressão da sua responsabilidade trabalhista.

Art. 502 - Ocorrendo motivo de força maior que determine a extinção da empresa, ou de um dos estabelecimentos em que trabalhe o empregado, é assegurada a este, quando despedido, uma indenização na forma seguinte:

I - sendo estável, nos termos dos arts. 477 e 478;

II - não tendo direito à estabilidade, metade da que seria devida em caso de rescisão sem justa causa;

III - havendo contrato por prazo determinado, aquela a que se refere o art. 479 desta Lei, reduzida igualmente à metade.

Sendo a empresa afetada pela força maior, por ato aleatório e forçoso poderá convencionar sua atual realidade em frente às obrigações com seus colaboradores e se favorecer com pagamentos reduzidos ao que se é obrigado normalmente. O colaborador estável não terá mais essa estabilidade do emprego porém deverá ser indenizado, sendo essa a metade, conforme os arts. 477 e 478 da CLT. Aos colaboradores que não possuem estabilidade, será devida indenização simples, porém em caso de força maior, lhe será dado metade da indenização simples e nos contratados por prazo determinado, a indenização será a do art. 479 da CLT, metade da remuneração que seria devida pelo empregador até o término do contrato e a indenização será de um quarto.

Interessante relembrar, aqui, que na dispensa sem justa causa é devida multa de 40% dos valores depositados na conta vinculada do trabalho no FGTS (Lei n.º 8036/1990).

Em julgados sobre o tema, o Supremo Tribunal Federal já consolidou entendimento de que a transferência de estabelecimento ou sua extinção parcial por motivo que não seja de força maior, não justifica a transferência do empregado estável (STF, Súmula 221).

Art. 503 - É lícita, em caso de força maior ou prejuízos devidamente comprovados, a redução geral dos salários dos empregados da empresa, proporcionalmente aos salários de cada um, não podendo, entretanto, ser superior a 25% (vinte e cinco por cento), respeitado, em qualquer caso, o salário mínimo da região.

Parágrafo único - Cessados os efeitos decorrentes do motivo de força maior, é garantido o restabelecimento dos salários reduzidos.

O presente artigo e seu parágrafo único foram revogados pelo Art. 7º, VI, da Constituição Federal de 1988, já que só é admitido a redução salarial através de negociação coletiva, resultante de um acordo coletivo ou por convenção coletiva de trabalho.

Art. 504 - Comprovada a falsa alegação do motivo de força maior, é garantida a reintegração aos empregados estáveis, e aos não estáveis o complemento da indenização já percebida, assegurado a ambos o pagamento da remuneração atrasada.

O presente fato deverá ser comprovado em sentença declaratória e condenatória, reconstituindo o contrato de trabalho para o colaborador estável, tendo o mesmo direito, a gestante e os membros eleitos da CIPA. É cabível o pagamento da remuneração salarial atrasadas e a garantia do emprego, com o pagamento do salário ou a garantia do emprego, recebimento das verbas rescisórias de forma integral, caso vencido o tempo de estabilidade ou de garantia de emprego.

CAPÍTULO IX
DISPOSIÇÕES ESPECIAIS

Art. 505 - São aplicáveis aos trabalhadores rurais os dispositivos constantes dos Capítulos I, II e VI do presente Título.

O presente artigo foi revogado pelo Art. 7º, *caput*, da Constituição Federal de 1988, já que colocou em igualdade de direitos os trabalhadores urbanos e rurais. De toda sorte, cumpre relembrar o teor do art. 7º, 'b', da Consolidação: "*Os preceitos constantes da presente Consolidação salvo quando for em cada caso, expressamente determinado em contrário, não se aplicam: [...] b) aos trabalhadores rurais, assim considerados aqueles que, exercendo funções diretamente ligadas à agricultura e à pecuária, não sejam empregados em atividades que, pelos métodos de execução dos respectivos trabalhos ou pela finalidade de suas operações, se classifiquem como Industriais ou comerciais*".

Art. 506 - No contrato de trabalho agrícola é lícito o acordo que estabelecer a remuneração in natura, contanto que seja de produtos obtidos pela exploração do negócio e não exceda de 1/3 (um terço) do salário total do empregado.

O presente artigo foi revogado pela Lei do Trabalho Rural (Lei n.º 5.889/1973), que aborda mesma matéria em seu art. 9º.

Art. 507 - As disposições do Capítulo VII do presente Título não serão aplicáveis aos empregados em consultórios ou escritórios de profissionais liberais.

O presente artigo foi revogado pela Lei n.º 6.533/1978.

Art. 507-A - Nos contratos individuais de trabalho cuja remuneração seja superior a duas vezes o limite máximo estabelecido para os benefícios do Regime Geral de Previdência Social, poderá ser pactuada cláusula compromissória de arbitragem, desde que por iniciativa do empregado ou mediante a sua concordância expressa, nos termos previstos na Lei nº 9.307, de 23 de setembro de 1996.

O presente artigo traz a figura expressa da arbitragem para discussão no âmbito trabalhista, porém são irrenunciáveis e intransacionáveis os direitos trabalhistas já que são direitos indisponíveis, independentemente do valor recebido pelo colaborador, a arbitragem só é permitida em direitos patrimoniais disponíveis, demonstrando o legislador desconhecer a Lei 9.307/1996, art. 1º, p. 1º. Com isso deverá esse artigo deverá ser abolido.

Art. 507-B - É facultado a empregados e empregadores, na vigência ou não do contrato de emprego, firmar o termo de quitação anual de obrigações trabalhistas, perante o sindicato dos empregados da categoria.

Parágrafo único - O termo discriminará as obrigações de dar e fazer cumpridas mensalmente e dele constará a quitação anual dada pelo empregado, com eficácia liberatória das parcelas nele especificadas.

Nesse artigo se anseia a quitação ampla, total e absoluta pela comprovação de quitação perante o sindicato (Súmula 330 TST), porém como quitar o que não está quitado? A quitação do que foi pago já está prevista no artigo 477, §2° da CLT (através de recibos), então se tais comprovantes de pagamento bastam para demonstrar quites as obrigações, invalidade a quitação em sindicado. Percebe-se que se buscou a obtenção da eficácia liberatória geral, gerando o enriquecimento sem causa e por isso, esse artigo deverá ser abolido.

Art. 508 – Revogado

Art. 509 – Revogado

Art. 510 - Pela infração das proibições constantes deste Título, será imposta à empresa a multa de valor igual a 1 (um) salário mínimo regional, elevada ao dobro, no caso de reincidência, sem prejuízo das demais cominações legais.

A cominação de multa por infração é executada pelo Poder Executivo, hoje em dia pelo Ministério do Trabalho e Emprego e Ministério da Previdência Social, sem a participação da Justiça do Trabalho, a não ser nas cobranças judiciais.

TÍTULO IV - A
DA REPRESENTAÇÃO DOS EMPREGADOS

Art. 510-A - Nas empresas com mais de duzentos empregados, é assegurada a eleição de uma comissão para representá-los, com a finalidade de promover-lhes o entendimento direto com os empregadores.

§1° - A comissão será composta:

I – nas empresas com mais de duzentos e até três mil empregados, por três membros;

II – nas empresas com mais de três mil e até cinco mil empregados, por cinco membros;

III – nas empresas com mais de cinco mil empregados, por sete membros.

§2° - No caso de a empresa possuir empregados em vários Estados da Federação e no Distrito Federal, será assegurada a eleição de uma comissão de representantes dos empregados por Estado ou no Distrito Federal, na mesma forma estabelecida no §1° deste artigo.

O artigo 510-A da CLT determina a representação dos empregados nas empresas com mais de duzentos empregados, com a missão de estabelecer um canal de comunicação entre empregado e empregador, melhorando o diálogo entre as partes e, por extensão, as relações de trabalho na empresa. Desta forma, empregado e empregador podem tratar de assuntos de seus interesses, independentemente de atuação dos sindicatos que os representam.

A representação de empregados nas empresas com mais de duzentos empregados está prevista no artigo 11 da Constituição Federal de 1988, portanto, trata-se de um direito fundamental que só veio a ser implementado com o art. 510 da CLT, através da Lei 13.467/2017. De acordo com a Constituição, o representante eleito pelos empregados, não é obrigado a possuir vínculo com a organização sindical da categoria. A atribuição do representante consiste em promover o entendimento direto dos empregados com os empregadores. Para o desempenho dessa atividade, faz-se necessária a garantia do emprego do representante, que se estabelece desde o início da candidatura até um ano após o término do mandato. Esta garantia do emprego encontra-se ratificada pelo Brasil através da Convenção 135 da Organização Internacional do Trabalho (OIT) em seu artigo 1°.

O número de membros da comissão de representantes variará de três a sete membros, conforme a quantidade de empregados da empresa. A composição será a seguinte: a) três representantes quando a empresa contar com mais de duzentos e até três mil empregados; b) cinco representantes quando a empresa contar de três mil a cinco mil empregados; c) sete representantes quando a empresa contar de cinco até sete mil empregados.

O §2° orienta que, quando a empresa possuir empregados em diferentes estados da federação ou no Distrito Federal; a formação da comissão de representantes dos empregados será de âmbito estadual ou distrital, nos mesmos moldes do §1°. Seguem alguns exemplos: a) no caso de uma empresa situada no em determinado estado possuir 300 (trezentos) empregados, deverá ser eleita uma comissão de representantes composta por 3 (três) empregados a fim de promover o entendimento direto dos empregados com os empregadores; b) na hipótese de essa mesma empresa possuir filiais espalhadas em três estados brasileiros, deverá ser eleita uma comissão de representantes composta por três empregados em cada estado da federação.

Art. 510-B - A comissão de representantes dos empregados terá as seguintes atribuições:

I – representar os empregados perante a administração da empresa;

II – aprimorar o relacionamento entre a empresa e seus empregados com base nos princípios da boa-fé e do respeito mútuo;

III – promover o diálogo e o entendimento no ambiente de trabalho com o fim de prevenir conflitos;

IV – buscar soluções para os conflitos decorrentes da relação de trabalho, de forma rápida e eficaz, visando à efetiva aplicação das normas legais e contratuais;

V – assegurar tratamento justo e imparcial aos empregados, impedindo qualquer forma de discriminação por motivo de sexo, idade, religião, opinião política ou atuação sindical;

VI – encaminhar reivindicações específicas dos empregados de seu âmbito de representação;

VII – acompanhar o cumprimento das leis trabalhistas, previdenciárias e das convenções coletivas e acordos coletivos de trabalho.

§1° - As decisões da comissão de representantes dos

empregados serão sempre colegiadas, observada a maioria simples.

§2° A comissão organizará sua atuação de forma independente.

O art. 510-B estabelece as atribuições dos membros da comissão de representantes dos empregados. Essas atribuições consistem em: a) representar o empregado perante a empresa; b) aprimorar o relacionamento entre as partes, atuando com respeito e boa fé; c) prevenir o conflito de interesses através de diálogo; d) buscar soluções para conflitos de forma rápida e eficaz, pautando-se nas normas legais e contratuais; e) evitar toda forma de discriminação; f) dar andamento às reivindicações dos empregados no âmbito da sua representação; g) acompanhar o cumprimento das leis trabalhistas e previdenciárias, das convenções e acordos coletivos de trabalho. O §1° estabelece o quorum de maioria simples nas decisões tomadas pela comissão e o §2° assegura a independência da comissão quanto à sua forma de atuação.

Vale ressaltar que este artigo não estabelece horários de dispensa dos representantes para reuniões ou diligências, além de não trazer maiores detalhes sobre a forma de atuação da comissão, de modo que há entendimentos no sentido de que falta regulamentação ao artigo para que possa efetivamente produzir efeitos no mundo jurídico. Entretanto, esse delineamento inicial de atribuições dos representantes propõe os primeiros passos visando melhorias nas relações de trabalho dentro da empresa.

Desta forma, a comissão dos representantes surge como um valioso mecanismo de conciliação de interesses entre as partes (empregado e empregador), tornando a relação de trabalho mais democrática. Ao mesmo tempo, vislumbra-se um grande desafio aos seus representantes, pois, na prática, a representação dos empregados não será uma tarefa fácil. Os representantes, mesmo gozando de estabilidade, regidos pelo contrato de trabalho e pela CLT, também se encontram subordinados ao empregador. O sucesso na missão dos representantes residirá, principalmente, nas hipóteses em que conseguirem conciliar interesses contrapostos de modo imparcial, pautados na legislação pertinente àquela relação trabalhista.

Art. 510-C - A eleição será convocada, com antecedência mínima de trinta dias, contados do término do mandato anterior, por meio de edital que deverá ser fixado na empresa, com ampla publicidade, para inscrição de candidatura.

§1° - Será formada comissão eleitoral, integrada por cinco empregados, não candidatos, para a organização e o acompanhamento do processo eleitoral, vedada a interferência da empresa e do sindicato da categoria.

§2° - Os empregados da empresa poderão candidatar-se, exceto aqueles com contrato de trabalho por prazo determinado, com contrato suspenso ou que estejam em período de aviso prévio, ainda que indenizado.

§3° - Serão eleitos membros da comissão de representantes dos empregados os candidatos mais votados, em votação secreta, vedado o voto por representação.

§4° - A comissão tomará posse no primeiro dia útil seguinte à eleição ou ao término do mandato anterior.

§5° - Se não houver candidatos suficientes, a comissão de representantes dos empregados poderá ser formada com número de membros inferior ao previsto no art. 510-A desta Consolidação;

§6° - Se não houver registro de candidatura, será lavrada ata e convocada nova eleição no prazo de um ano.

O artigo 510-C estabelece os critérios para a eleição dos membros da comissão dos representantes nas empresas com mais de duzentos empregados, para a qual deverá ser dada ampla publicidade na empresa. O prazo para afixação do edital de convocação de candidatos às eleições será de até trinta dias antes do término do mandato anterior. A organização e realização da eleição serão feitas por cinco empregados não candidatos. A empresa e o sindicato da categoria estão impedidos de interferir nas eleições. Empregados com contrato de trabalho por prazo determinado ou com contrato de trabalho suspenso ou em cumprimento de aviso prévio não poderão se candidatar como representantes dos empregados. O voto será secreto e vedado o voto por representação.

Assumirão a condição de titulares e suplentes, os candidatos mais votados para composição da comissão. A posse da comissão eleita pelos empregados ocorrerá no primeiro dia útil seguinte ao dia da eleição e, no caso de haver um mandato em curso, a posse ocorrerá no primeiro dia útil ao término do mandato anterior. Na hipótese de não haver candidatos suficientes, a lei permite que uma comissão em número inferior ao prescrito no art. 510-A, assuma a representação. O §6.° esclarece que, na vacância da representação, será lavrada ata registrando o fato e a nova convocação será realizada no prazo de um ano.

Art. 510-D - O mandato dos membros da comissão de representantes dos empregados será de um ano.

§ 1° - O membro que houver exercido a função de representante dos empregados na comissão não poderá ser candidato nos dois períodos subsequentes.

§ 2° - O mandato de membro de comissão de representantes dos empregados não implica suspensão ou interrupção do contrato de trabalho, devendo o empregado permanecer no exercício de suas funções.

§ 3° - Desde o registro da candidatura até um ano após o fim do mandato, o membro da comissão de representantes dos empregados não poderá sofrer despedida arbitrária, entendendo-se como tal a que não se fundar em motivo disciplinar, técnico, econômico ou financeiro.

§ 4° - Os documentos referentes ao processo eleitoral de-

vem ser emitidos em duas vias, as quais permanecerão sob a guarda dos empregados e da empresa pelo prazo de cinco anos, à disposição para consulta de qualquer trabalhador interessado, do Ministério Público do Trabalho e do Ministério do Trabalho.

O art. 510-D estabelece o prazo de um ano para o exercício do mandato da representação. É vedada a recondução do representante eleito nos dois períodos subsequentes. O exercício da representação é feito sem prejuízo das funções do contrato de trabalho. O representante é um empregado da empresa e, por estar inserido na empresa, consegue perceber a necessidade dos empregados mais detidamente do que qualquer outra pessoa alheia à atividade laboral da empresa. Os representantes eleitos cumprirão suas obrigações inerentes ao trabalho (já que também são empregados) e assumirão a responsabilidade de atuarem como porta-vozes dos empregados.

O §3° prevê apenas a estabilidade relativa aos membros da comissão de representantes dos empregados, caracterizada pela garantia momentânea do emprego contra a dispensa arbitrária, durante o mandato e por mais um ano. Entretanto, autoriza-se a dispensa sem justa causa fundamentada em crise financeira ou econômica, ou, ainda, por motivos técnicos, como a inovação tecnológica.

A documentação referente ao processo eleitoral deve ser emitida em duas vias que ficarão sob a guarda dos empregados e da empresa pelo prazo de cinco anos para consulta de qualquer trabalhador interessado, Ministério Público e Ministério do Trabalho.

A comissão dos representantes dos empregados não substituirá a função do sindicato de defender os direitos e os interesses coletivos ou individuais da categoria. O escopo da comissão representante dos empregados será o de afinar a comunicação entre empregado e empregador na empresa enquanto que o papel dos sindicatos é o de defender direitos e interesses coletivos ou individuais da categoria, seja no âmbito judicial ou administrativo. São enfoques de atuação diferentes e que se complementam.

TÍTULO V
DA ORGANIZAÇÃO SINDICAL

CAPÍTULO I
DA INSTITUIÇÃO SINDICAL

SEÇÃO I
DA ASSOCIAÇÃO EM SINDICATO

Art. 511 - É lícita a associação para fins de estudo, defesa e coordenação dos seus interesses econômicos ou profissionais de todos os que, como empregadores, empregados, agentes ou trabalhadores autônomos ou profissionais liberais exerçam, respectivamente, a mesma atividade ou profissão ou atividades ou profissões similares ou conexas.

§ 1° - A solidariedade de interesses econômicos dos que empreendem atividades idênticas, similares ou conexas,

constitue o vínculo social básico que se denomina categoria econômica.

§ 2° - A similitude de condições de vida oriunda da profissão ou trabalho em comum, em situação de emprego na mesma atividade econômica ou em atividades econômicas similares ou conexas, compõe a expressão social elementar compreendida como categoria profissional.

§ 3° - Categoria profissional diferenciada é a que se forma dos empregados que exerçam profissões ou funções diferenciadas por força de estatuto profissional especial ou em consequência de condições de vida singulares.

§ 4° - Os limites de identidade, similaridade ou conexidade fixam as dimensões dentro das quais a categoria econômica ou profissional é homogênea e a associação é natural.

A evolução do sindicalismo brasileiro foi marcada pelas mudanças substanciais da Constituição Federal de 1988. A associação sindical é livre, coadunando com o artigo 08° da CF/88. A convenção 87 da OIT trata sobre à liberdade sindical e à proteção do direito a constituição de sindicatos; o Brasil não a ratificou, tendo em vista que a referida convenção adota o sistema de pluralidade sindical, sendo que no Brasil adota-se o sistema da unicidade sindical. A associação em sindicato é possível tanto aos empregadores – interesses econômicos, quanto aos empregados – interesses profissionais. A principal atribuição do sindicato no Brasil é ser o mais poderoso instrumento de defesa dos trabalhadores.

O § 1° é próprio para os sindicatos profissionais, tendo em vista a menção à categoria econômica - é constituída de empregadores que desenvolvem atividades similares ou conexas, que geram a solidariedade de interesses econômicos.

O § 2° trata acerca dos sindicatos de trabalhadores e define o conceito de categoria profissional, que advém do exercício do mesmo ofício ou da mesma atividade em um ramo econômico, que gera a similitude de vida, disposta pelo texto legal. Importante salientar que não se deve confundir categoria com profissão, que são conceitos absolutamente distintos.

Categoria profissional diferenciada é aquela cujos membros estão submetidos a estatuto profissional próprio e que exercem funções diferentes. Como são representados por sindicatos próprios, devem estar vinculados a estes.

As atividades similares ou conexas, que podem formar uma categoria econômica ou profissional devem ter limites próprios, formando o sindicato.

Art. 512 - Somente as associações profissionais constituídas para os fins e na forma do artigo anterior e registradas de acordo com o art. 558 poderão ser reconhecidas como Sindicatos e investidas nas prerrogativas definidas nesta Lei.

O sindicato adquire personalidade jurídica após o registro de seus atos constitutivos no cartório competente e seguido do registro e arquivamento deles no Ministério do Trabalho. O STF decidiu na ADI número 1.121 que não ofende o texto da CF/88 a exigência de registro sindical no Ministério do Trabalho e Emprego. A Lei não pode exigir autorização do Estado para a criação de entidades sindicais, não sendo mais exigível a prévia constituição da associação profissional de que trata este artigo, nos moldes do artigo 08° da CF, bem como o princípio da livre associação sindical.

Art. 513 - São prerrogativas dos sindicatos:

a) representar, perante as autoridades administrativas e judiciárias os interesses gerais da respectiva categoria ou profissão liberal ou interesses individuais dos associados re-

lativos á atividade ou profissão exercida;

b) celebrar contratos coletivos de trabalho;

c) eleger ou designar os representantes da respectiva categoria ou profissão liberal;

d) colaborar com o Estado, como órgãos técnicos e consultivos, na estudo e solução dos problemas que se relacionam com a respectiva categoria ou profissão liberal;

e) impor contribuições a todos aqueles que participam das categorias econômicas ou profissionais ou das profissões liberais representadas.

Parágrafo Único - Os sindicatos de empregados terão, outrossim, a prerrogativa de fundar e manter agências de colocação.

As prerrogativas elencadas neste artigo são próprias de entidades sindicais de primeiro grau. As prerrogativas supramencionadas não podem ser utilizadas pelas associações profissionais. A primeira função dos sindicatos é a de representação de suas bases trabalhistas. O sindicato organiza-se para falar e agir em nome de sua categoria. A Constituição Federal enfatiza essa prerrogativa (artigo 8°, III), Essa função representativa abrange diversas dimensões, tais como: a administrativa, a judicial e negocial; além dessas três funções, há duas controvertidas: as funções econômicas e políticas. Os sindicatos tem legitimidade para impetrar mandado de segurança coletivo (artigo 5°, LXX, b, da Constituição Federal de 1988), para impetrar mandado de injunção coletivo (STF, MI 361) e par ajuizar Ação Civil Pública (Lei 7.347/85, art. 5°, V), e ação coletiva (CDC, art. 82, IV) para a defesa de interesses individuais e homogêneos de integrantes da categoria representada.

Convenções e acordos coletivos de trabalho: O sindicato e sujeito obrigatório da convenção coletiva de trabalho, que é um pacto que abrange toda categoria profissional ou econômica. O acordo coletivo de trabalho alcança uma ou várias empresas, ressaltando que o sindicato dos empregados também é sujeito, mas caso se recuse a participar, poderá ser substituído pelos próprios trabalhadores interessados.

Prerrogativa de eleger ou designar seu representante: Conforme a natureza do órgão, os sindicatos elegerão seus representantes, conforme as regras previstas nos seus respectivos estatutos.

A prerrogativa de colaboração é na realidade um dever do sindicato, este tem a obrigação de colaborar com o Estado, como órgão técnico e consultivo (neocorporativismo).

A possibilidade de impor contribuições aos representados é fundamento para a estipulação de contribuição assistencial ou negocial em convenção ou acordo coletivo de trabalho; prevalece o entendimento jurisprudencial de que tais contribuições podem alcançar apenas os associados do sindicato. O regime constitucional anterior não dava aos sindicatos o poder de tributar.

Art. 514 - São deveres dos sindicatos:

a) colaborar com os poderes públicos no desenvolvimento da solidariedade social;

b) manter serviços de assistência judiciária para os associados;

c) promover a conciliação nos dissídios de trabalho.

d) sempre que possível, e de acordo com as suas possibilidades, manter no seu quadro de pessoal, em convênio com entidades assistenciais ou por conta própria, um assistente social com as atribuições específicas de promover a cooperação operacional na empresa e a integração profissional na Classe.

Parágrafo único - Os sindicatos de empregados terão, outrossim, o dever de:

a) promover a fundação de cooperativas de consumo e de crédito;

b) fundar e manter escolas do alfabetização e prevocacionais.

Os deveres do sindicato devem abranger a função de defesa dos representados (CF, art. 8°, III. Há uma preocupação do legislador em conservar o sindicalismo revolucionário. Para garantir o acesso dos seus representantes ao judiciário, os sindicatos devem manter serviços de assistência judiciária, estendendo o benefício aos não associados.

SEÇÃO II
DO RECONHECIMENTO E INVESTIDURA SINDICAL

Art. 515 - As associações profissionais deverão satisfazer os seguintes requisitos para serem reconhecidas como sindicatos:

a) reunião de um terço, no mínimo, de empresas legalmente constituidas, sob a forma individual ou de sociedade, se se tratar de associação de empregadores; ou de um terço dos que integrem a mesma categoria ou exerçam a mesma profissão liberal se se tratar de associação de empregados ou de trabalhadores ou agentes autônomos ou de profissão liberal;

b) duração de 3 (três) anos para o mandato da diretoria;

c) exercício do cargo de presidente por brasileiro nato, e dos demais cargos de administração e representação por brasileiros.

Parágrafo único - O ministro do Trabalho, Indústria, e Comércio poderá, excepcionalmente, reconhecer como sindicato a associação cujo número de associados seja inferior ao terço a que se refere a alínea 'a'.

Trata-se do processo de formação dos sindicatos, bem como dos requisitos básicos que as associações profissionais devem atender para conseguir seu reconhecimento e investiduras sindicais. O primeiro serve para avaliar o grau de representatividade, há controvérsia na doutrina se a referida alínea fere o princípio da liberdade sindical (art. 8, I, CF), ressaltando que o Ministério do Trabalho tem registrado novos sindicatos, sem exigir o mínimo de filiação, entendemos, portanto, que é uma norma tacitamente revogada; a alínea "b" é absolutamente polêmica, por representar uma interferência na organização interna do sindicato, perfilhamos do entendimento de que essa alínea não foi recepcionada pela CF/88, tendo em vista ferir o princípio da liberdade sindical; a alínea "c" perdeu a eficácia com o advento da Constituição de 1988, que não permite a distinção entre brasileiros e estrangeiros (art. 5º,caput, CF). o parágrafo único do artigo sob comento também foi derrogado tacitamente com o advento da CF, tendo em vista o princípio da autonomia sindical.

Art. 516 - Não será reconhecido mais de um Sindicato representativo da mesma categoria econômica ou profissional, ou profissão liberal, em uma dada base territorial.

A unicidade sindical vigora no Brasil desde 1930 - corresponde à previsão normativa obrigatória de existência de um único sindicato representativo dos obreiros, por empresa, profissão ou categoria profissional. A Constituição Federal de 1988 manteve o princípio da unicidade sindical ao vedar a criação de mais uma organização sindical, representativa na mesma categoria numa determinada base territorial (artigo 8º, II CF).

Art. 517 - Os sindicatos poderão ser distritais, municipais, intermunicipais, estaduais e interestaduais. Excepcionalmente, e atendendo às peculiaridades de determinadas categorias ou profissões, o ministro do Trabalho, Indústria e Comércio poderá autorizar o reconhecimento de sindicatos nacionais.

§ 1º - O ministro do Trabalho, Indústria e Comércio, ou-

torgará e delimitará a base territorial do sindicato.

§ 2° - Dentro da base territorial que lhe for determinada é facultado ao sindicato instituir delegacias ou secções para melhor proteção dos associados e da categoria econômica ou profissional ou profissão liberal representada.

Dispositivo não recepcionado pela Constituição Federal de 1988, tendo em vista a previsão Constitucional de que a base territorial de representação não pode ser inferior à área de um município. A derrogação tácita do artigo sob comento é inegável, na medida em que a interferência do Estado na organização sindical é vedada pelo artigo 8°, I, da CF.

Art. 518 - O pedido de reconhecimento será dirigido ao ministro do Trabalho, Indústria e Comércio, instruído com exemplar ou cópia autenticada dos estatutos da associação.

§ 1° Os estatutos deverão conter:

a) a denominação e a sede da associação;

b) a categoria econômica ou profissional ou a profissão liberal cuja representação é requerida;

c) a afirmação de que a associação agirá como órgão de colaboração com os poderes públicos e as demais associações no sentido da solidariedade social e da subordinação dos interesses econômicos ou profissionais ao interesse nacional;

d) as atribuições, o processo eleitoral e das votações, os casos de perda de mandato e de substituição dos administradores;

e) o modo de constituição e administração do patrimônio social e o destino que lhe será dado no caso de dissolução;

f) as condições em que se dissolverá associação.

§ 2º - O processo de reconhecimento será regulado em instruções baixadas pelo ministro do Trabalho, Indústria e Comércio.

Esse artigo perdeu a eficácia com o advento da Constituição Federal de 1988 (STF, ADI 1.121-9). Em consonância com o princípio da liberdade sindical o Ministro do Trabalho (atual Ministério da Economia) baixou a portaria número 3.280 de 7.12.84 (DOU de 12.12.84), revogando o ato anterior e estabelecendo que o estatuto das entidades sindicais deverá, apenas, obedecer às disposições legais pertinentes.

Art. 519 - A investidura sindical será conferida sempre à associação profissional mais representativa, a juízo do Ministro do Trabalho, constituindo elementos para essa apreciação, entre outros:

a) o número de associados;

b) os serviços sociais fundados e mantidos;

c) o valor do patrimônio.

Esse artigo também perdeu a eficácia com o advento da CF/88, por prever a interferência do Ministério do Trabalho e Emprego (atual Ministério da Economia) na aferição de representatividade sindical. O dispositivo prevê ato discricionário incompatível com a autonomia sindical.

Art. 520. Reconhecida como sindicato a associação profissional, ser-lhe-á expedida carta de reconhecimento, assinada pelo ministro do Trabalho, Indústria e Comércio, na qual será especificada a representação econômica ou profissional conferida e mencionada a base territorial outorgada.

Parágrafo único - O reconhecimento investe a associação nas prerrogativas do art. 513 e a obriga aos deveres do art. 514, cujo inadimplemento a sujeitará às sanções desta lei.

Dispositivo não recepcionado pela Constituição Federal de 1988 (STF, ADI 1.121-9), tendo em vista a autonomia sindical.

Art. 521 - São condições para o funcionamento do Sindicato:

a) proibição de qualquer propaganda de doutrinas incompatíveis com as instituições e os interesses da Nação, bem como de candidaturas a cargos eletivos estranhos ao sindicato.

b) proibição de exercício de cargo eletivo cumulativamente com o de emprego remunerado pelo sindicato ou por entidade sindical de grau superior;

c) gratuidade do exercício dos cargos eletivos.

d) proibição de quaisquer atividades não compreendidas nas finalidades mencionadas no art. 511, inclusive as de caráter político-partidário;

e) proibição de cessão gratuita ou remunerada da respectiva sede a entidade de índole político-partidária.

Parágrafo único - Quando, para o exercício de mandato, tiver o associado de sindicato de empregados, de trabalhadores autônomos ou de profissionais liberais de se afastar do seu trabalho, poderá ser-lhe arbitrada pela assembleia geral uma gratificação nunca excedente da importância de sua remuneração na profissão respectiva.

O dispositivo está tacitamente derrogado, pois impõem condições para o funcionamento do sindicato, ferindo ainda os princípios da liberdade de associação (art. 5º, XVII), de reunião (art. 5º, XVI) e de opinião (art. 5º, IX), bem como o princípio da autonomia sindical (art. 8º, I). A remuneração do dirigente sindical, em regra é matéria que deve ser versada no respectivo estatuto, aplicando-se as alíneas “b” e “c” e o parágrafo púnico apenas em caráter suplementar.

SEÇÃO III
DA ADMINISTRAÇÃO DO SINDICATO

Como qualquer pessoa jurídica de direito privado, a exigência de uma estrutura administrativa é de fundamental importância, haja vista a necessidade de adequar suas ações junto aos interesses da instituição. Para os sindicatos essa regra não é diferente. As divisões de tarefas, cumuladas com as atribuições de responsabilidades, culminaram com o desenvolvimento da estrutura administrativa sindical. Sendo assim, a CLT – Consolidação das Leis do Trabalho prevê a organização dos sindicatos em estrutura externa; dividida em Sindicato, Federação e Confederação, e estrutura interna marcada pela criação da administração e sua consequente divisão em órgãos, da unidade sindical. A CLT em seus art. 522 ao art. 528 regulariza a forma de criação e a composição desses órgãos administrativos, bem como suas atuações junto aos sindicatos.

Art. 522 - A administração do sindicato será exercida por uma diretoria constituída no máximo de sete e no mínimo de três membros e de um Conselho Fiscal composto de três membros, eleitos esses órgãos pela Assembleia Geral.

O art. 522 da CLT, ao determinar a forma de organização dos sindicatos em Diretoria, Conselho Fiscal e Assembleia Geral, levantou uma série de conflitos entres os doutrinadores, uma vez que a Constituição da República Federativa do Brasil de 1988, em seu art. 8º, I, garante a não intervenção estatal na forma de sua organização, sendo considerado, inclusive, um princípio da liberdade sindical. Nesse ponto, a título de posicionamento cronológico, é importante mencionar que a CLT data do ano de 1943, enquanto que a Constituição Federal foi promulgada em 1988. Portanto, é pertinente o questionamento quanto à recepção ou não do art. 522 da CLT pela CF/88. Tal inquirição eleva sua importância na medida em que se coloca no âmbito das discussões a estabilidade provisória conferida pelo art. 543, § 3° da norma trabalhista. Entretanto, quanto a este conflito, deve ser levantada a velha máxima de que; "no direito nada é absoluto", sendo possível a intervenção estatal quanto à prática de abusos cometidos em virtude de brechas de leis. Os abusos praticados eram no sentido de que alguns sindicatos estavam elevando o número de dirigentes unicamente para garantir a estabilidade provisória do art. 543, § 3° da CLT, pois adotavam a interpretação errônea de que a limitação de 07 (sete) dirigente, prevista no art. 522 da norma trabalhista, não havia sido recepcionado pela CF/88. No entanto, para por fim a esta celeuma, o TST editou a súmula 369 para confirmar a recepção do art. 522 da CLT e garantir a estabilidade provisória somente ao número máximo de 07 (sete) dirigentes e seus respectivos suplentes.

§ 1° - A diretoria elegerá, dentre os seus membros, o presidente do sindicato.

O princípio da liberdade sindical, prevista no art. 8°, I da CF/88 é garantido quanto a escolha do presidente sindical, pois apesar de o §1° do art. 522 da CLT determinar que à escolha será realizada dentre os membros da diretoria, há o entendimento de que outra forma de escolha poder ser adotada, desde que esteja prevista no estatuto da instituição. Nesse sentido, pode-se adotar o entendimento de que, desde que haja previsão no estatuto, o presidente pode ser escolhido dentre qualquer membro do sindicato.

§ 2° - A competência do Conselho Fiscal é limitada à fiscalização da gestão financeira do sindicato.

O Conselho Fiscal é uns dos órgãos que compões a administração e tem como atribuição exclusiva a fiscalização das contas do Sindicato. Este órgão não possui o poder de direção da instituição. Além disso, seus componentes não possuem a estabilidade provisória conferida aos integrantes da diretoria pelo art. 543, § 3º da CLT.

§ 3º - Constituirão atribuição exclusiva da Diretoria do Sindicato e dos Delegados Sindicais, a que se refere o art. 523, a representação e a defesa dos interesses da entidade perante os poderes públicos e as empresas, salvo mandatário com poderes outorgados por procuração da Diretoria, ou associado investido em representação prevista em lei.

Tal dispositivo confere aos Sindicatos, bem como aos Delgados Sindicais, a representação da categoria frente às empresas e poderes públicos, buscando sempre a defesa de direitos da classe e a garantia dos acordos realizados. Tal atribuição também pode ser exercida através de mandatário com poderes específicos para tanto.

Art. 523 - Os Delegados Sindicais destinados à direção das delegacias ou seções instituídas na forma estabelecida no § 2º do art. 517 serão designados pela diretoria dentre os associados radicados no território da correspondente delegacia.

A figura do Delegado Sindical tem como principal finalidade aproximar o Sindicato da massa de trabalhadores. Na verdade trata-se de uma descentralização da unidade sindical, através de seções ou delegacias, na qual visa à garantia da efetivação dos direitos de seus representados. Quanto a este artigo, há entendimentos de que é uma norma tacitamente revogada, por conta do art. 8º, I da CF/88. No entanto, alguns autores não veem qualquer óbice a sua validade, pois tem como principal objetivo aproximar a entidade sindical de seus associados. Ponto interessante a ser mencionado é que, assim como os membros do Conselho Fiscal, o Delegado Sindical não se beneficia da estabilidade provisória prevista no art. 543, § 3° da CLT, haja vista que trata-se de uma função designada, e não eleita, o excluindo, portanto, da referida estabilidade.

Art. 524 - Serão sempre tomadas por escrutínio secreto, na forma estatutária, as deliberações da Assembleia Geral concernentes aos seguintes assuntos:

a) eleição de associado para representação da respectiva categoria prevista em lei;

b) tomada e aprovação de contas da diretoria;

c) aplicação do patrimônio;

d) julgamento dos atos da Diretoria, relativos a penalidades impostas a associados;

e) pronunciamento sobre relações ou dissídio de trabalho. Neste caso, as deliberações da Assembleia Geral só serão consideradas válidas quando ela tiver sido especialmente convocada para esse fim, de acordo com as disposições dos estatutos da entidade sindical. O quorum para validade da Assembleia será de metade mais um dos associados quites; não obtido esse quorum em primeira convocação, reunir-se-á a Assembleia em segunda convocação com os presentes, considerando-se aprovadas as deliberações que obtiverem 2/3 (dois terços) dos votos.

§ 1° - A eleição para cargos de diretoria e conselho fiscal será realizada por escrutínio secreto, durante 6 (seis) horas contínuas, pelo menos, na sede do Sindicato, na de suas delegacias e seções e nos principais locais de trabalho, onde funcionarão as mesas coletoras designadas pelos Delegados Regionais do Trabalho.

§ 2° - Concomitantemente ao término do prazo estipulado para a votação, instalar-se-á, em Assembleia Eleitoral pública e permanente, na sede do Sindicato, a mesa apuradora, para a qual serão enviadas, imediatamente, pelos presidentes das mesas coletoras, as urnas receptoras e as atas respectivas. Será facultada a designação de mesa apuradora supletiva sempre que as peculiaridades ou conveniências do pleito a exigirem.

§ 3° - A mesa apuradora será presidida por membro do Ministério Público do Trabalho ou pessoa de notória idoneidade, designado pelo Procurador-Geral da Justiça do Trabalho ou Procuradores Regionais.

§ 4° - O pleito só será válido na hipótese de participarem da votação mais de 2/3 (dois terços) dos associados com capacidade para votar. Não obtido esse coeficiente, será realizada nova eleição dentro de 15 (quinze) dias, a qual terá validade se nela tomarem parte mais de 50% (cinquenta por cento) dos referidos associados. Na hipótese de não ter sido alcançado, na segunda votação, o coeficiente exigido, será realizado o terceiro e último pleito, cuja validade dependerá do voto de mais de 40% (quarenta por cento) dos aludidos associados, proclamando o Presidente da mesa apuradora em qualquer dessas hipóteses os eleitos, os quais serão empossados automaticamente na data do término do mandato expirante, não tendo efeito suspensivo os protestos ou recursos oferecidos na conformidade da lei.

§ 5° - Não sendo atingido o coeficiente legal para eleição, o Ministério do Trabalho, Indústria e Comércio declarará a vacância da administração, a partir do término do mandato dos membros em exercício, e designará administrador para o Sindicato, realizando-se novas eleições dentro de 6 (seis) meses.

O art. 524, acompanhado de suas alíneas e parágrafos, impõe aos sindicatos a forma de deliberações das Assembleias

Gerais, assim como também a regulamentação do procedimento eleitoral para a escolha da Diretoria e Conselho Fiscal. No entanto, muitos doutrinadores entendem que todo o artigo ficou comprometido com a promulgação da Carta Magna de 1988, pois, conforme já comentado em linhas anteriores, o art. 8º, I, limita a atuação estatal, vedando sua interferência e intervenção na organização sindical. A Constituição Federal passa a dar mais liberdade aos sindicatos quanto a este tópico, conferindo ao estatuto de cada entidade o seu principal meio de regulamentação. Sendo assim, cada sindicato poderá prescrever suas próprias regras quanto às deliberações das Assembleias Gerais e a forma de realização de suas eleições, desde que todos os procedimentos estejam delineados no estatuto. A revogação tácita desse artigo passa a ser mais clara quando se invoca o princípio da liberdade sindical trazido pela art. 8º, I, da CF/88. Entretanto, tal liberdade não ampara o exercício abusivo desse princípio, podendo os excessos serem podados através do poder judiciário.

Art. 525 - É vedada as pessoas físicas ou jurídicas, estranhas ao Sindicato, qualquer interferência na sua administração ou nos seus serviços.

Parágrafo único - Estão excluídos dessa proibição:

a) os delegados do Ministério do Trabalho, Indústria e Comércio, especialmente designados pelo ministro ou por quem o represente;

b) os que, como empregados, exerçam cargos no Sindicato mediante autorização da Assembleia Geral.

Quanto a este artigo, percebe-se que o *caput* está em conformidade com o princípio da liberdade sindical, pois impede a interferência de qualquer pessoa na administração dos sindicatos. Entretanto, seguindo sua leitura nota-se que o parágrafo único elenca algumas exceções nas alíneas "a" e "b". A alínea "a", aplicando o mesmo entendimento do art. 524, encontra-se tacitamente revogado em virtude do princípio da não intervenção estatal. No entanto, quanto à alínea "b" deve-se fazer uma análise mais cuidadosa, haja vista a possibilidade dessa interferência mediante autorização da Assembleia Geral, órgão máximo do sindicato. Tal alínea faz referência a pessoas físicas contratadas para trabalhar como empregados no interior do sindicato, realizando atividades administrativas, dentre outras, mas sempre após deliberação da Assembleia Geral. Em relação à deliberação, este requisito não é aceito pela doutrina como um procedimento recepcionado pela Constituição Federal de 1988, pois apresenta um conflito com outro princípio constitucional, qual seja; o princípio da liberdade laboral.

Art. 526 - Os empregados do Sindicato serão nomeados pela diretoria respectiva ad referendum, da Assembleia Geral, não podendo recair tal nomeação nos que estiverem nas condições previstas nos itens II, IV, V, VI, VII e VIII do art. 530 e, na hipótese de o nomeador haver sido dirigente sindical, também nas do item I do mesmo artigo.

Parágrafo único - (Revogado);

§ 2° - Aplicam-se ao empregado de entidade sindical os preceitos das leis de proteção do trabalho e de previdência social, inclusive o direito de associação em sindicato.

O art. 526 condiciona a contratação de empregados, para trabalhar no sindicato, à autorização da Assembleia Geral. Tal exigência pode ser considerada uma afronta ao art. 5°, XIII da Constituição Federal de 1988, princípio da liberdade laboral, já lembrado no artigo anterior, motivo pelo qual torna o *caput* do presente artigo revogado tacitamente. Já a regra do § 2° garante à pessoa física, contratada para trabalhar no sindicato, à aplicação da CLT, bem como possibilita o gozo dos mesmos direitos consolidados aos demais trabalhadores da categoria representada.

Art. 527 - Na sede de cada sindicato haverá um livro de registro, autenticado pelo funcionário competente do Ministério do Trabalho, Indústria e Comércio, e do qual deverão constar:

a) tratando-se de sindicato de empregadores; a firma, individual ou coletiva, ou a denominação das empresas e sua sede, o nome, idade, estado civil, nacionalidade e residência dos respectivos sócios ou, em se tratando de sociedade por ações, dos diretores, bem como a indicação desses dados quanto ao sócio ou diretor que representar a empresa no sindicato;

b) tratando-se de sindicato de empregados ou de agentes ou trabalhadores autônomos ou de profissionais liberais, alem do nome, idade, estado civil, nacionalidade, profissão ou função e residência de cada associado, o estabelecimento ou lugar onde exerce a sua profissão ou função, o número e a série da respectiva carteira profissional e o número da inscrição na instituição de previdência a que pertencer.

Dispositivo tacitamente revogado pela Constituição Federal de 1988, por força do art. 8º, I, princípio da não intervenção estatal. A liberdade sindical ganhou importância com a promulgação da Carta Magna. Fato esse que passou a dar mais autonomia aos sindicatos quanto a sua forma de organização.

Art. 528 - Ocorrendo dissídio ou circunstâncias que perturbem o funcionamento de entidade sindical ou motivos relevantes de segurança nacional, o Mi-

> nistro do Trabalho e Previdência Social poderá nela intervir, por intermédio de Delegado ou de Junta Interventora, com atribuições para administrá-la e executar ou propor as medidas necessárias para normalizar-lhe o funcionamento. (Redação dada pelo Decreto-lei n.º 3, de 27/1/1966).

Conforme pode-se concluir da própria leitura do artigo, percebe-se que é uma intervenção direta do Estado, por meio do Ministro do Trabalho e Previdência Social, no funcionamento da entidade sindical. Na atualidade tal interferência é proibida por força do art. 8º, I da CF/88. Motivo que revogou tacitamente o presente artigo. Entretanto, como já relatado, os abusos praticados pelas entidades sindicais podem sofrer interferência estatal mediante fiscalização dos órgãos competes, com o objetivo de buscar adequar a atuação dos sindicatos às finalidades para as quais foram criados, quais sejam; defender os interesses dos trabalhadores, bem como garantir a efetiva aplicação dos direitos trabalhistas.

SEÇÃO IV
DAS ELEIÇÕES SINDICAIS

Art. 529 - São condições para o exercício do direito do voto como para a investidura em cargo de administração ou representação econômica ou profissional:

a) ter o associado mais de seis meses de inscrição no Quadro Social e mais de 2 (dois) anos de exercício da atividade ou da profissão;

b) ser maior de 18 (dezoito) anos;

c) estar no gozo dos direitos sindicais.

Parágrafo único - É obrigatório aos associados o voto nas eleições sindicais.

Para a garantia dos direitos trabalhistas, são essenciais as normas previstas na Consolidação das Leis do Trabalho. Ademais, os trabalhadores podem contar com o amparo dos sindicatos, cujo objetivo principal é a defesa dos direitos e interesses de uma categoria profissional, inclusive em assuntos judiciais ou administrativos.

Consoante o artigo 8º da Constituição Federal, nenhum trabalhador está obrigado a filiar-se ou, ainda, se manter filiado a qualquer sindicato.

À vista disso, a escolha dos representantes sindicais de determinada classe profissional deve ser realizada com muito cuidado. O artigo 529 da CLT, estipula as regras para aqueles que querem votar ou se candidatar a um cargo de representação econômica, cargo administrativo ou profissional.

Assim sendo, tanto para ser associado quanto para candidatar-se a cargos sindicais, o associado deve cumprir com as exigências conforme prevê a CLT, tais como: o associado deve estar trabalhando há mais de 2 (dois) anos em uma atividade profissional relacionada à categoria que objetiva representar, bem como que seja na mesma base territorial; estar associado neste mesmo sindicato há mais de seis meses; ainda, ser maior de dezoito anos; e, não ter qualquer impedimento em relação à categoria que lhe impossibilite candidatar-se ao cargo almejado.

Quanto à exigência que refere-se à idade do candidato ou do eleitor, 18 anos, depreende-se que a idade mínima para o trabalho é de 14 anos; há que presumir-se que aos 18 anos o associado esteja ciente de todas as questões relacionadas ao seu ofício ou atividade e, assim sendo, tenha condições de votar com bom senso e determinação.

Anteriormente, esse limite de idade trazia problemas para o candidato que se elegesse para cargos administrativos no sindicato, uma vez que o Código Civil de 1916 estabelecia a maioridade aos 21 anos. Para desempenhar suas funções teria que praticar atos para os quais o Código Civil impunha a maioridade de 21 anos. Na atualidade, o Código Civil de 203 prevê a maioridade com 18 anos.

Art. 530 - Não podem ser eleitos para cargos administrativos ou de representação econômica ou profissional, nem permanecer no exercício desses cargos:

I - os que não tiverem definitivamente aprovadas as suas contas de exercício em cargos de administração;

II - os que houverem lesado o patrimônio de qualquer entidade sindical;

III - os que não estiverem, desde dois (2) anos antes, pelo menos, no exercício efetivo da atividade ou da profissão

dentro da base territorial do sindicato, ou no desempenho de representação econômica ou profissional;

IV - os que tiverem sido condenados por crime doloso enquanto persistirem os efeitos da pena;

V - os que não estiverem no gozo de seus direitos políticos;

VI – (revogado)

VII - má conduta, devidamente comprovada;

Vedado candidatar-se aos cargos sindicais aqueles condenados pela Justiça Criminal e aqueles que, assumindo cargos sindicais, causaram prejuízo patrimonial ao sindicato; ou, ainda, não tiveram suas contas aprovadas na administração anterior; igualmente, não podem candidatar-se a cargos sindicais, aqueles que não comprovem exercício em atividade ou profissão pelos dois anos anteriores à candidatura.

O impedimento previsto no inciso I somente se dará caso as contas sejam rejeitadas através de ação judicial, por sentença transitada em julgado, não basta que as contas sejam rejeitadas por assembleia geral.

As hipóteses como referidas no inciso V têm que ser aquelas que se referem ao artigo 15 da Constituição Federal. O inciso VII foi derrogado pela Lei 8.865/1994.

Jurisprudência: "*Compete à Justiça Comum Estadual processar e julgar matéria eleitoral sindical. A nova ordem constitucional (art. 8º da CF) afasta a intervenção do Poder Público na organização dos sindicatos que passaram a reger-se pelos seus próprios estatutos*" (STJ, 1ª seção, CC 156, j. 13.6.89, in Rev. LTr 54-1/59).

Art. 531 - Nas eleições para cargos de diretoria e do conselho fiscal serão considerados eleitos os candidatos que obtiverem maioria absoluta de votos em relação ao total dos associados eleitores.

§ 1º - Não concorrendo à primeira convocação maioria

absoluta de eleitores, ou não obtendo nenhum dos candidatos essa maioria, proceder-se-á à nova convocação para dia posterior, sendo então considerados eleitos os candidatos que obtiverem maioria dos eleitores presentes.

§ 2º - Havendo somente uma chapa registrada para as eleições, poderá a assembleia em última convocação ser realizada duas horas após à primeira convocação desde que do edital respectivo conste essa advertência.

§ 3º - Concorrendo mais de uma chapa poderá o Ministério do Trabalho, Indústria e Comércio designar o presidente da sessão eleitoral, desde que o requeiram os associados que encabeçarem as respectivas chapas.

§ 4º - O ministro do Trabalho, Indústria e Comércio expedirá instruções regulando o processo das eleições.

Através das eleições sindicais para cargos de diretoria e do conselho fiscal serão determinados aqueles eleitos que obtiveram maior número de votos entre os eleitores votantes.

O § 1º deste artigo foi revogado pela Lei 2.693/55, ao dar nova redação ao § 4º do artigo 524 da CLT. Este artigo determina que para validade do pleito em 1ª convocação dependerá de 1/3 dos associados com capacidade de votar; não obtendo aquele coeficiente, sem segunda convocação, 50% dos associados; e, em terceira convocação com 40%.

O Ministério do Trabalho, anteriormente, tinha competência para aceitar ou rejeitar as contas da diretoria de entidade sindical. Com a promulgação da Constituição Federal de 1998, o Ministério do Trabalho perdeu essa competência; mais precisamente no artigo 8º de nossa Carta Magna. Por isso, resta o judiciário para julgar as demandas advindas do processo eleitoral sindical.

As demandas advindas do processo eleitoral devem ser julgadas pela Justiça Estadual, em consonância com a Súmula n.º 4 do Superior Tribunal de Justiça.

Art. 532 - As eleições para a renovação da Diretoria e do Conselho Fiscal deverão ser procedidas dentro do prazo máximo de 60 (sessenta) dias e mínimo de 30 (trinta) dias, antes do término do mandato dos dirigentes em exercício.

§ 1° - Não havendo protesto na ata da assembleia eleitoral ou recurso interposto por algum dos candidatos, dentro de 15 dias a contar da data das eleições, a posse da diretoria eleita independerá, da aprovação das, eleições pelo Ministério do Trabalho, Indústria e Comércio.

§ 2° - Competirá, à diretoria em exercício, dentro de 30 dias da realização das eleições e não tendo havido recurso, dar publicidade ao resultado do pleito, fazendo comunicação ao órgão local do Ministério do Trabalho, Indústria e Comércio, da relação dos eleitos, com os dados pessoais de cada um e a designação da função que vai exercer.

§ 3° - Havendo protesto na ata da assembleia eleitoral ou recurso interposto dentro de 15 dias da realização das eleições, competirá a diretoria em exercício encaminhar, devidamente instruído, o processo eleitoral ao órgão local do Ministério do Trabalho, Indústria e Comércio, que o encaminhará para decisão do Ministro de Estado. Nesta hipótese, permanecerão na administração até despacho final do processo a diretoria e o conselho fiscal que se encontrarem em exercício.

§ 4° - Não se verificando as hipóteses previstas no parágrafo anterior, a posse da nova diretoria deverá se verificar dentro de 30 dias subsequentes ao término do mandato da anterior.

§ 5° - Ao assumir o cargo, o eleito prestará, por escrito e solenemente, o compromisso de respeitar, no exercício do mandato, a Constituição, as leis vigentes e os estatutos da entidade.

As eleições realizar-se-ão em, no máximo, 60 dias e, no mínimo, 30 dias anteriores ao término do mandato da diretoria em exercício.

Ressalta-se que os parágrafos 1°, 2°, 3° e 4° tiveram sua redação determinada pelo Decreto Lei n.° 8080/1945, e o parágrafo 5° foi adicionado pelo Decreto Lei n.° 229/1967. No entanto, importante frisar que qualquer interferência do Ministério do Trabalho não pode ocorrer, pois contraria o artigo 8° da Constituição Federal.

Logo, com o advento da Constituição Federal de 1988, o § 3° do artigo em estudo, perdeu eficácia, vez que manda para o Justiça Estadual os protestos surgidos no processo eleitoral.

Isto porque aqueles que desejam protestar sobre o processo eleitoral deverão fazê-lo perante a Justiça Estadual e não mais perante a Ministério do Trabalho (Súmula n.° 4).

Após a Constituição Federal de 1988 descarta-se qualquer interferência do Ministério do Trabalho.

Jurisprudência: "*Sindicatos representativos de atividades econômicas ou profissionais idênticas, ou categoria econômica específica, podem organizar-se em federações*". (Súmula n.° 156 do TFR, em DJU 8.6.84).

SEÇÃO V
DAS ASSOCIAÇÕES SINDICAIS DE GRAU SUPERIOR

Art. 533 - Constituem associações sindicais de grau superior as federações e confederações organizadas nos termos desta Lei.

Uma vez que, a Constituição Federal recepcionou o conhecido Sistema Confederativo (CF, 8°, IV) que dispõe sobre as associações sindicais de grau superior, estabelecendo os níveis da organização sindical, alocando em primeiro grau os sindicatos de categoria (usualmente locais) e, em grau superior, as federações de grupos de categorias e as confederações de ramo de atividade ou setor econômico.

Destaca-se que, embora a relação hierárquica represente uma estrutura piramidal, não existe relação hierárquica entre os níveis organizacionais, sindicatos (primeiro grau), federações (segundo grau) e confederações (terceiro grau), representando uma organização lógica e não de poder.

Do mesmo modo que os sindicatos, as associações de grau superior, para aquisição da personalidade sindical, também estão sujeitas ao registro no Ministério do Trabalho e Emprego, até que a lei disponha de forma diversa (Súmula 677, STF) e ao controle da unicidade.

Embora o sistema confederativo não preveja a formação de organizações complexas como as centrais sindicais ou as confederações gerais, o mesmo não proíbe tais formações, sendo que, tais entidades, existem desde a década de 1980 com a criação da CUT (Central Única dos Trabalhadores) em 28 de agosto de 1983 em São Bernardo do Campo – SP, somente em 2008 elas foram devidamente reconhecidas como associações sindicais por meio da Lei 11.648/2008.

Art. 534 - É facultado aos Sindicatos, quando em número não inferior a 5 (cinco), desde que representem a maioria absoluta de um grupo de atividades ou profissões idênticas, similares ou conexas, organizarem-se em federação.

§ 1° - Se já existir federação no grupo de atividades ou profissões em que deva ser constituída a nova entidade, a criação desta não poderá reduzir a menos de 5 (cinco) o número de Sindicatos que àquela devam continuar filiados.

§ 2° - As federações serão constituídas por Estados, podendo o Ministro do Trabalho, Indústria e Comércio autorizar a constituição de Federações interestaduais ou nacionais.

§ 3° - É permitido a qualquer federação, para o fim de lhes coordenar os interesses, agrupar os Sindicatos de determinado município ou região a ela filiados; mas a união não terá direito de representação das atividades ou profissões agrupadas.

Preliminarmente, é importante destacar que o referido artigo foi alterado pela Lei 3.265/1957, cabendo entendimento de que o mesmo estaria em choque com o que dispõe o artigo 8°, CF, todavia, vale destacar que, permanece válida a exigência da reunião de no mínimo 5 (cinco) sindicatos de um mesmo grupo de atividades ou profissões para que se organizem em federações, sendo que, ocorrendo o desmembramento de uma federação, deve-se manter o mínimo legal exigido de pelo menos cinco sindicatos vinculados para sua manutenção (Súmula 156, TFR).

Porém, vale destacar que, a exigência normativa de que eles devam representar a maioria absoluta não consta na norma que regulamenta o registro das federações no Ministério do Trabalho e Emprego (Portaria MTE N.° 186/2008, posteriormente alterada pela Portaria N.° 2.451/2011).

Merece destaque o §2° do referido artigo, uma vez que o mesmo não foi recepcionado pela Constituição Federal por permitir interferência por parte do Poder Público, por meio do Ministro do Trabalho, na organização sindical. Com base nisso, o Ministério do Trabalho e Emprego reconhece mais de uma federação do mesmo grupo em um único Estado, podendo cada sindicato se filiar a apenas uma delas, sendo entendido que, a base territorial das federações compreende à somatória das áreas de representação dos respectivos sindicatos, não havendo, portanto, coincidência territorial, e consequentemente não haveria ofensa ao princípio da unicidade (Súmula 677, STF).

> Art. 535 - As Confederações organizar-se-ão com o mínimo de 3 (três) federações e terão sede na Capital da República.

§ 1° - As confederações formadas por federações de Sindicatos de empregadores denominar-se-ão: Confederação Nacional da Indústria, Confederação Nacional do Comércio, Confederação Nacional de Transportes Marítimos, Fluviais e Aéreos, Confederação Nacional de Transportes Terrestres, Confederação Nacional de Comunicações e Publicidade, Confederação Nacional das Empresas de Crédito e Confederação Nacional de Educação e Cultura.

§ 2° - As confederações formadas por federações de Sindicatos de empregados terão a denominação de: Confederação Nacional dos Trabalhadores na Indústria, Confederação Nacional dos Trabalhadores no Comércio, Confederação Nacional dos Trabalhadores em Transportes Marítimos, Fluviais e Aéreos, Confederação Nacional dos Trabalhadores em Transportes Terrestres, Confederação Nacional dos Trabalhadores em Comunicações e Publicidade, Confederação Nacional dos Trabalhadores nas Empresas de Crédito e Confederação Nacional dos Trabalhadores em Estabelecimentos de Educação e Cultura.

§ 3° - Denominar-se-á Confederação Nacional das Pro-

fissões Liberais a reunião das respectivas federações.

§ 4º - As associações sindicais de grau superior da Agri--cultura e Pecuária serão organizadas na conformidade do que dispuser a lei que regular a sindicalização dessas atividades ou profissões.

Importante destacar que, o legislador se preocupou com o porte das Confederações, exigindo, em seu *caput*, o mínimo de 3 (três) federações para sua formação, determinando, também, que as sedes de tais confederações devam ser na Capital da República, inclusive, traçando denominações em seus parágrafos primeiro e segundo para cada uma das possíveis confederações.

Vale destacar que, o Plenário do STF, ao apreciar o MS 20.829-5/DF, esclareceu que, a lei não pode obstar o surgimento de entidades sindicais de qualquer grau, senão quando tal ente venha a ferir o princípio da unicidade, princípio este que estabelece que as entidades de grau superior coordenam as entidades a elas filiadas, sendo que, atualmente existam muito mais confederações do que o legislador originário previu.

Art. 536 – Revogado

Art. 537 - O pedido de reconhecimento de uma federação será dirigido ao ministro do Trabalho, Indústria e Comércio, acompanhado de um exemplar dos respectivos estatutos e das cópias autenticadas das atas da assembleia de cada sindicato ou federação que autorizar a filiação.

§ 1º - A organização das federações e confederações obedecerá às exigências contidas nas alíneas 'b' e 'c' do art. 515.

§ 2° - A carta de reconhecimento das federações será expedida pelo ministro do Trabalho, Indústria e Comércio, na qual será especificada a coordenação econômica ou profissional conferida e mencionada a base territorial outorgada.

§ 3° - O reconhecimento das confederações será feito por decreto do Presidente da República.

O presente artigo, embora não tenha sido tacitamente revogado, não foi recepcionado pela Constituição Federal, em sua integralidade, não havendo mais lugar para qualquer interferência, por parte das autoridades governamentais, na organização sindical.

Destaca-se também que, não existe mais o reconhecimento de sindicatos, federações ou confederações por parte do Ministério do Trabalho e Emprego e as confederações não mais necessitam de decreto governamental de reconhecimento, devendo ser observada a Súmula 677, STF.

Art. 538 - A administração das federações e confederações será exercida pelos seguintes órgãos:

a) Diretoria;

b) Conselho de Representantes;

c) Conselho Fiscal.

§ 1° - A Diretoria será constituída no mínimo de 3 (três) membros e de 3 (três) membros se comporá o Conselho Fiscal, os quais serão eleitos pelo Conselho de Representantes com mandato por 3 (três) anos.

§ 2° - Só poderão ser eleitos os integrantes dos grupos das federações ou dos planos das confederações, respecti-vamente.

§ 3° - O Presidente da federação ou confederação será escolhido dentre os seus membros, pela Diretoria.

§ 4º - O Conselho de Representantes será formado pelas delegações dos Sindicatos ou das Federações filiadas, constituída cada delegação de 2 (dois) membros, com mandato por 3 (três) anos, cabendo 1 (um) voto a cada delegação.

§ 5º - A competência do Conselho Fiscal é limitada à fiscalização da gestão financeira.

O presente artigo, embora não tenha sido tacitamente revogado, não foi recepcionado pela Constituição Federal, em sua integralidade, sendo que a atual redação do *caput*, §§2º, 3º e 5º, se devem à Lei 2.693/1955 e os §§1º e 4º tem sua redação definida pela Lei 771/1969.

Mesmo que a Constituição Federal tenha concedido uma amplitude muito grande à liberdade sindical, não se pode conceber que a lei ordinária não possa determinar uma certa ordem e certos limites a qualquer tipo de direito. Ou seja, se cada ente – confederação, federação e sindicato – tivessem plenos poderes para estabelecer seus órgãos diretores, assim como o número de ocupantes para cada espécie de cargos, haveria uma enorme desordem, o que geraria um verdadeiro caos ao sindicalismo, daí a necessidade do legislador indicar tanto para as federações, quanto para as confederações, quais são seus órgãos diretivos e a quantidade de membros para os cargos de diretoria e dos conselhos.

Merece destaque o fato da CLT não dizer que o exercente de cargo na administração de órgão sindical de grau superior deva ser, obrigatoriamente, do seu respectivo Conselho de Representantes, estabelecendo, somente que, cabe a este eleger a diretoria e o conselho fiscal, ou seja, os estatutos sociais desses organismos sindicais podem autorizar a eleição de quem seja apenas integrante do grupo de atividades ou de profissões.

Art. 539 - Para a constituição e administração das Federações serão observadas, no que for aplicável, as disposições das Seções II e III do presente Capítulo.

O presente artigo, embora não tenha sido tacitamente revogado, não foi recepcionado pela Constituição Federal, em sua integralidade, uma vez que o artigo 8°, CF esclarece que, não mais se faz necessária a autorização do Ministério do Trabalho e Emprego para fundação de entidades sindicais de grau superior, ou seja, deve ficar claro que todas as normas que tenham o condão de interferir na vida das confederações, federações e sindicatos, foram derrogadas pela Constituição.

SEÇÃO VI
DOS DIREITOS DOS EXERCENTES DE ATIVIDADES OU PROFISSÕES E DOS SINDICALIZADOS

Art. 540 - A toda empresa ou indivíduo que exerçam respectivamente atividade ou profissão, desde que satisfaçam as exigências desta Lei, assiste o direito de ser admitido no Sindicato da respectiva categoria, salvo o caso de falta de idoneidade, devidamente comprovada, com recurso para o Ministério do Trabalho.

§ 1° - Perderá os direitos de associado o sindicalizado que, por qualquer motivo, deixar o exercício de atividade ou de profissão.

§ 2° - Os associados de Sindicatos de empregados, de agentes ou trabalhadores autônomos e de profissões liberais que forem aposentados, estiverem em desemprego ou falta de trabalho ou tiverem sido convocados para prestação de serviço militar não perderão os respectivos direitos sindicais e ficarão isentos de qualquer contribuição, não podendo, entretanto, exercer cargo de administração sindical ou de representação econômica ou profissional.

A contribuição sindical compulsória, instituída por Getúlio Vargas, constitui uma importante fonte de rendimentos para entidades sindicais. Ao todo, R$ 3,5 bilhões foram destinados a 11.050 entidades, confederações e centrais sindicais em 2016. Num país como os EUA, o total de entidades sindicais não passa de 130 (Fonte: Barreira. Tiago Cabral. O imposto sindical e o poder dos sindicatos no brasil. Tiago Cabral Barreira.

Http://www.gazetadopovo.com.br/rodrigo-constantino/artigos/o-imposto-sindical-e-o-poder-dos-sindicatos-no-brasil/ acessado em 20 de junho de 2017). Os sindicatos são fruto de intensa mobilização coletiva. Foi dessa maneira que os sindicatos fizeram história e trouxeram para o mundo do trabalho muitas das principais conquistas que hoje são benefícios dos trabalhadores, como o vale-refeição, o vale-transporte, o 13º salário, a jornada específica e a Participação nos Lucros e Resultados (PLR), entre tantos outros. A Constituição da República, em seus arts. 5º, XX, e 8º, V, assegura o direito de livre associação e sindicalização. É ofensiva a essa modalidade de liberdade cláusula constante de acordo, convenção coletiva ou sentença normativa estabelecendo contribuição em favor de entidade sindical a título de taxa para custeio do sistema confederativo, assistencial, revigoramento ou fortalecimento sindical e outras da mesma espécie, obrigando trabalhadores não sindicalizados. Sendo nulas as estipulações que inobservem tal restrição, tornam-se passíveis de devolução os valores irregularmente descontados. (TST – Precedente Normativo 119 - Contribuições sindicais. Inobservância de preceitos constitucionais. (positivo). (Nova redação - Res. 82/1998, DJ 20.08.1998). "*A liberdade sindical, como consagrada nas declarações internacionais, inclusive na Convenção 87 da OIT, consubstancia-se na sua criação, sem interferência do Poder Público e no direito individual do trabalhador de ingressar, abster-se ou deixar o sindicato no funcionamento, pela possibilidade de decidir sobre seus estatutos e dirigentes, de existência por não poder ser dissolvido pelo Poder Executivo e pelo poder de os sindicatos congregarem-se em federações nacionais ou internacionais*". (Amauri Mascaro Nascimento, Direito do Trabalho na Constituição de 1988).

Art. 541 - Os que exercerem determinada atividade ou profissão onde não haja Sindicato da respectiva categoria, ou de atividade ou profissão similar ou conexa, poderão filiar-se a Sindicato de profissão idêntica, similar ou conexa, existente na localidade mais próxima.

Parágrafo único - O disposto neste artigo se aplica aos Sindicatos em relação às respectivas federações, na conformidade do Quadro de Atividades e Profissões a que se refere o art. 577.

Solução prática prevista na CLT para os casos de categorias não organizadas em sindicatos. Poderão buscar junto à localidade mais próxima. Aplica-se também a sindicato não organizado em federação da respectiva categoria. A Consolidação das Leis do Trabalho trata aqui de uma situação sem maior relevo prático ou jurídico, apenas autoriza aqueles profissionais sem um sindicato específico na localidade onde residem ou exerçam a profissão a filiarem-se a outra, em localidade diversa (mas próxima). Isto somente se dá em relação às pessoas, não servindo o princípio para enquadrar sindicatos (entidades de primeiro grau) em federações que não as expressamente previstas no art. 577.

Art. 542 - De todo ato lesivo de direitos ou contrário a esta Lei, emanado da Diretoria, do Conselho ou da Assembleia Geral da entidade sindical, poderá qualquer exercente de atividade ou profissão recorrer, dentro de 30 (trinta) dias, para a autoridade competente do Ministério do Trabalho, Indústria e Comércio.

Nas hipóteses de ato lesivo de direitos, ou seja qualquer ato que vá contra não apenas os direitos previstos na CLT como também os da Carta Magna entende-se que hoje o correto seja recorrer à Justiça precavendo-se de futuros problemas. Ao buscar o autoridade do Ministério do Trabalho o tempo pode esgotar-se e causar o *periculun in mora* (perigo da demora). Ao buscar o poder judiciário alcançará uma resposta devida e efetiva, evitando uma morosidade do órgão executivo ou outro perigo alheio ao judiciário.

Art. 543 - O empregado eleito para cargo de administração sindical ou representação profissional, inclusive junto a órgão de deliberação coletiva, não poderá ser impedido do exercício de suas funções, nem transferido para lugar ou mister que lhe dificulte ou torne impossível o desempenho das suas atribuições sindicais.

§ 1° - O empregado perderá o mandato se a transferência for por ele solicitada ou voluntariamente aceita.

§ 2° - Considera-se de licença não remunerada, salvo assentimento da empresa ou cláusula contratual, o tempo em que o empregado se ausentar do trabalho no desempenho das funções a que refere este artigo.

§ 3° - Fica vedada a dispensa do empregado sindicalizado ou associado, a partir do momento do registro de sua candidatura a cargo de direção ou representação de entidade sindical ou de associação profissional, até 1 (um) ano após o final do seu mandato, caso seja eleito, inclusive como suplente, salvo se cometer falta grave devidamente apurada nos termos desta Consolidação.

§ 4° - Considera-se cargo de direção ou de representação sindical aquele cujo exercício ou indicação decorre de eleição prevista em lei.

§ 5° - Para os fins deste artigo, a entidade sindical comunicará por escrito à empresa, dentro de 24 (vinte e quatro) horas, o dia e a hora do registro da candidatura do seu empregado e, em igual prazo, sua eleição e posse, fornecendo, outrossim, a este, comprovante no mesmo sentido. O Ministério do Trabalho fará no mesmo prazo a comunicação no caso da designação referida no final do § 4°.

§ 6° - A empresa que, por qualquer modo, procurar impedir que o empregado se associe a Sindicato, organize associação profissional ou sindical ou exerça os direitos inerentes à condição de sindicalizado fica sujeita à penalidade prevista na letra 'a' do art. 553, sem prejuízo da reparação a que tiver direito o empregado.

Inamovibilidade do dirigente sindical, a partir da estabilidade do sindicalista a proibição de sua remoção para funções incompatíveis com a atuação sindical ou para além dos limites de atuação do sindicato. Atitudes assim podem restringir ou mesmo anular as atividades sindicais. Conexo a análise do art. 543 os textos normativos da Organização Internacional do Trabalho (Convenções ns. 11, 87.98, 135, 141 e 151). Em especial a Convenção 98 que trata do direito de sindicalização e de negociação coletiva.

Já no §1° aquiescendo ou solicitando tais mudanças perderá o respectivo mandato sindical, caso o trabalhador aja desta conforme descrito, independente se ato ou omissão terá renunciado às suas funções sindicais. (TST – Precedente normativo – 91) Acesso de dirigente sindical à empresa (DJ 08.09.1992).

Assegura-se o acesso dos dirigentes sindicais às empresas, nos intervalos destinados a alimentação e descanso, para desempenho de suas funções, vedada a divulgação de matéria político-partidária ou ofensiva. (STF Súm 221 - A transferência de estabelecimento, ou a sua extinção parcial, por motivo que não seja de força maior, não justifica a transferência de empregado estável.(Aprovada na Sessão Plenária de 13.12.1963).

Ver também: TST-Prec. Normativos 83, 86, 91 e Súmulas 369 e 379.

Cabe observar o Art. 55 da Lei n.° 5.764, de 16/12/1971 (Política Nacional de Cooperativismo), determina que os empregados de empresas que sejam eleitos diretores de sociedades cooperativas pelos mesmos criadas, gozarão das garantias asseguradas aos dirigentes sindicais pelo artigo 543 da CLT. O direito pátrio consagrou o princípio da liberdade sindical. Todavia, essa liberdade sindical não se contrapõe ao princípio da razoabilidade. E se ao Poder Judiciário, impõe-se o dever de coibir o empregador que atenta contra o exercício da liberdade sindical, cabe-lhe também, coibir o abuso no sentido contrário. Nada obstante, o sindicato tenha o direito legal de se auto-organizar, não está contudo, autorizado a exercê-lo de maneira contrária à sua finalidade normal e com isso, criar obrigação sem o devido respaldo legal. A obrigação só é possível quando há exercício normal do direito. A criação ilimitada de cargos sindicais a fim de que, de modo oblíquo, estas pessoas adquiram estabilidade, atenta contra o direito e inibe os objetivos e a finalidade de sua própria existência, porque agride a dignidade e a boa fé do empregador.

Segundo Planiol, citado por Orlando Gomes, o uso abusivo de um direito não é possível pela razão irrefutável de que um só e mesmo ato não pode ser, ao mesmo tempo, conforme e contrário ao direito. Assim se a composição fere a regra do art. 522 da CLT, recepcionada pela CF/88 (Precedente: STF, RE 193.345-3 de SC, Rel. Min. Carlos Velloso), deixa-se de conceder ao empregado componente do mesmo, a estabilidade provisória fundada no art. 543 e §§ da CLT. TRT da 17ª Região (Espírito Santo), RO 4840/99, Ac. 26.9.2000, Rel.: Juíza Sônia das Dores Dionísio, in Rev. LTr 65-04/475.

Art. 544 - É livre a associação profissional ou sindical, mas ao empregado sindicalizado é assegurada, em igualdade de condições, preferência:

I - para a admissão nos trabalhos de empresa que explore serviços públicos ou mantenha contrato com os poderes públicos;

II - para ingresso em funções públicas ou assemelhadas, em caso de cessação coletiva de trabalho, por motivo de fechamento de estabelecimento;

III - nas concorrências para aquisição de casa própria, pelo Plano Nacional de Habitação ou por intermédio de quaisquer instituições públicas;

IV - nos loteamentos urbanos ou rurais, promovidos pela União, por seus órgãos de administração direta ou indireta ou sociedades de economia mista;

V - na locação ou compra de imóveis, de propriedade de pessoa de direito público ou sociedade de economia mista, quando sob ação de despejo em tramitação judicial;

VI - na concessão de empréstimos simples concedidos pelas agências financeiras do Governo ou a ele vinculadas;

VII - na aquisição de automóveis, outros veículos e instrumentos relativos ao exercício da profissão, quando financiados pelas autarquias, sociedades de economia mista ou agências financeiras do Governo;

VIII – (revogada)

IX - na concessão de bolsas de estudo para si ou para seus filhos, obedecida a legislação que regule a matéria.

O artigo se mostra incompatível com os artigos 5º e 8º da Constituição Federal já que aponta uma série de preferências aos sindicalizados. O inciso I deixa claro o objetivo do Estado de manter o controle sobre os sindicatos. Vale aqui uma análise a luz da carta magna, pois fica clarividente o ataque aos artigos constitucionais. Compreende-se que ocorreu uma derrogação tácita neste caso. Segundo Sérgio Pinto Martins (Comentários à CLT, 2ª ed., E. Atlas, pág. 561) "O artigo 544 da CLT versa sobre cláusulas de preferência, visando que os empregados acabem por se sindicalizar. Na prática, é letra morta, pois ninguém o observa ou lembra que existe. Deveria o artigo ser revogado, como já foi o inciso VIII. De outro lado, atrita-se contra o artigo 5º da Constituição, pois dá-se preferência a empregados sindicalizados em detrimento a outros, ferindo o princípio da igualdade. Quando o artigo 544 da CLT foi editado, pois está na sua redação original, havia a orientação de Getúlio Vargas de trazer as pessoas para dentro do sindicato, para que o Estado as pudesse dominar. Em troca, estabelecia certas preferências, que são os incisos do comando legal em comentário".

Art. 545. Os empregadores ficam obrigados a descontar da folha de pagamento dos seus empregados, desde que por eles devidamente autorizados, as contribuições devidas ao sindicato, quando por este notificados.

Parágrafo único - O recolhimento à entidade sindical beneficiária do importe descontado deverá ser feito até o décimo dia subsequente ao do desconto, sob pena de juros de mora no valor de 10% (dez por cento) sobre o montante retido, sem prejuízo da multa prevista no art. 553 e das cominações penais relativas à apropriação indébita.

O tema gerou muita discussão na sociedade se a contribuição deveria ser extinta. Infelizmente houve pouco tempo para aprofundar os debates, principalmente sobre como os recursos das contribuições estão sendo utilizados. Compreendo que a pressa em aprovar a "reforma trabalhista" inviabilizou o debate. O texto quanto ao conteúdo não sofreu alteração permanecendo o *status quo*. Importante salientar que quanto ao parágrafo único do artigo 545 este não foi revogado pela Lei n.º 13.467/2017.

A Constituição da República, em seus arts. 5º, XX, e 8º, V, assegura o direito de livre associação e sindicalização. Conforme a Súmula Vinculante 40 STF: A contribuição confederativa de que trata o art. 8º, IV, da Constituição Federal, só é exigível dos filiados ao sindicato respectivo. Um adendo quanto aos tipos de contribuição. 1. Contribuição sindical (ou imposto sindical): a contribuição sindical está prevista na Consolidação das Leis do Trabalho. O valor dessa contribuição é igual à remuneração de um dia de trabalho. 2. Contribuição assistencial: a contribuição assistencial pode estar prevista

no acordo coletivo, e normalmente é cobrada uma vez por ano, quando é definido o reajuste da categoria, na data-base.
3. Contribuição associativa (mensalidade sindical): essa contribuição é exclusiva aos trabalhadores filiados ao sindicato.
4. Contribuição confederativa: prevista no art. 8, IV da CF.

Art. 546 - Às empresas sindicalizadas é assegurada preferência, em igualdade de condições, nas concorrências para exploração de serviços públicos, bem como nas concorrências para fornecimento às repartições federais, estaduais e municipais e às entidades paraestatais.

Ante todo o exposto até o momento, a análise dos princípios constitucionais, os artigos mencionados da Carta Magna de 1988, não há o que se discutir em relação a este artigo, o simples fato de mencionar uma preferência, não pode ser aceita nos dias de hoje. Em face do art. 5° da CF, deve ser assegurada a igualdade de concorrência na exploração de serviços públicos, a luz da cláusula pétrea da igualdade o artigo se torna vazio.

Art. 547 - É exigida a qualidade de sindicalizado para o exercício de qualquer função representativa de categoria econômica ou profissional, em órgão oficial de deliberação coletiva, bem como para o gozo de favores ou isenções tributárias, salvo em se tratando de atividades não econômicas.

Parágrafo único - Antes da posse ou exercício das funções a que alude o artigo anterior ou de concessão dos favores, será indispensável comprovar a sindicalização, ou oferecer prova, mediante certidão negativa da autoridade re-

gional do Ministério do Trabalho, de que não existe Sindicato no local onde o interessado exerce a respectiva atividade ou profissão.

Acerta-se quando se exige sindicalização dos que vão ocupar cargos de representação de uma categoria profissional econômica ou profissional, compreende-se que apenas estes podem de fato contribuir à categoria a qual pertencem, sendo sindicalizados deduz-se que possuem o conhecimento dos problemas da profissão bem como suas reinvindicações. O trabalhador quando filiado torna-se um membro valioso, já que está disposto a contribuir com seu tempo, além é claro da contribuição sindical. As contribuições sindicais classificam-se em quatro espécies: 1) a legal, geral para todos os trabalhadores, fixada por Lei (antes denominada imposto sindical; (CLT, arts. 548, a e 578); b) assistencial, da categoria ou coletiva; c) a de associado ou voluntária, "mensalidade" (CLT, art. 548, b); d) confederativo (CF, art. 8º, IV). (Fonte: CREMONESI, André. Direito do Trabalho. São Paulo: Saraiva, 2011).

SEÇÃO VII
DA GESTÃO FINANCEIRA DO SINDICATO E SUA FISCALIZAÇÃO

Art. 548 - Constituem o patrimônio das associações sindicais:

a) as contribuições devidas aos Sindicatos pelos que participem das categorias econômicas ou profissionais ou das profissões liberais representadas pelas referidas entidades, sob a denominação de imposto sindical, pagas e arrecadadas na forma do Capítulo III deste Título;

b) as contribuições dos associados, na forma estabelecida nos estatutos ou pelas Assembleias Gerais;

c) os bens e valores adquiridos e as rendas produzidas pelos mesmos;

d) as doações e legados;

e) as multas e outras rendas eventuais.

Contribuição sindical (art. 8°, IV, da Constituição c/c arts. 578 a 610 da CLT). É prevista em lei, tem natureza jurídica tributária, sendo, no entanto que com o advento da reforma trabalhista (Lei 13.467/2017) deixou de ser obrigatória, passando a ser de natureza facultativa, ou seja, antes esta vontade não dependia do empregado, pois,seu caráter era obrigatório. No entanto, caso o empregado aceite que a contribuição sindical seja mantida, sua cobrança manterá de acordo com a obrigatoriedade da lei anterior, ou seja, o desconto será destinado a respectiva categoria ou profissão ainda que não sejam filiados ao sindicato, mas desde que aceite que tal desconto seja efetuado. O valor descontado em favor do sindicato representativo é o equivalente a um dia de trabalho, na folha de pagamento, no mês de março de cada ano.

Referente às contribuições dos associados, trata se de outra maneira de auferir rendimentos por parte das entidades sindicais. Contribuições sindicais são aquelas fixadas em estatutos da entidade que provisiona um valor fixo e ou percentagem mensal para que aquele associado usufrua dos benefícios oferecidos pela entidade representativa da categoria. A mudança destes valores cobrados aos membros associados, devem ser feitas em assembleias, não podendo haver deliberação espontânea acerca de possível aumento sob pena de anulabilidade.

Importante ressaltar que, as entidades sindicais, no que tange ao seu patrimônio é formada por duas partes, sendo a primeira pela famosa contribuição sindical que até o momento deixou de ter caráter cogente, ou seja, de forma obrigatória (vide nota abaixo referente à reforma trabalhista); a segunda pela contribuição dos associados, sendo que tal valor depende muito de cada instituição, e é formalizado através do Estatuto da entidade sindical. Tais recursos advindos ou da contribuição obrigatória ou do pagamento de contribuições, são fiscalizados pelo Ministério Público.

Mesmo com a alteração trazida pela Reforma Trabalhista no que tange a obrigatoriedade do imposto sindical, este ainda existe, deixando de ser tão somente cogente conforme legislação anterior.

Como podemos observar o citado artigo acima, existem várias formas de arrecadação por parte das entidades sindicais, além dos bens existentes em nome deste, ao longo de sua existência vários patrimônios se agrupam ou agregam à entidade sindical, o que faz necessário em muitos casos, a fiscalização dos órgãos competentes, quando verificar a possível existência de fraude.

Art. 549 - A receita dos sindicatos, federações e confederações só poderá ter aplicação na forma previs-

ta nos respectivos orçamentos anuais, obedecidas as disposições estabelecidas na lei e nos seus estatutos.

Qualquer que seja a entidade, para se manter é necessário haver receita, assim, as entidades sindicais não poderiam ser diferente. Conforme explicado no tópico acima, as entidades sindicais, possuem várias formas de auferir receitas, mas, não poderá utilizá-las de maneira deliberada, tais receitas, deverá ser aplicadas na forma previamente acordada dos respectivos orçamentos que devem ser tomados através de assembleia convocada para tal fim.

§ 1° - Para alienação, locação ou aquisição de bens imóveis, ficam as entidades sindicais obrigadas a realizar avaliação prévia pela Caixa Econômica Federal ou pele Banco Nacional da Habitação ou, ainda, por qualquer outra organização legalmente habilitada a tal fim.

No intuito de evitar o uso indiscriminados da receita auferida pelo sindicato para se beneficiar a si ou beneficiar a terceiros, o dispositivo em questão torna mais burocráticos a aquisição de bens imóveis, bem como locações ou alienação, sendo assim necessário a exigência de parâmetros mais rigorosos para realização de tais atos.

§ 2° - Os bens imóveis das entidades sindicais não serão alienados sem a prévia autorização das respectivas assembleias gerais, reunidas com a presença da maioria absoluta dos associados com direito a voto ou dos Conselhos de Representantes com a maioria absoluta dos seus membros.

Seguindo o raciocínio do parágrafo acima, outra exigência que se faz necessária é a convocação de assembleia geral para tal fim, assim, o presidente não poderá de livre e espontânea vontade deliberar sobre a alienação dos bens da entidade sindical.

§ 3º - Caso não seja obtido o quórum estabelecido no parágrafo anterior, a matéria poderá ser decidida em nova assembleia geral, reunida com qualquer número de associados com direito a voto, após o transcurso de 10 (dez) dias da primeira convocação.

§ 4º - Nas hipóteses previstas no § 2º e 3º a decisão somente terá validade se adotada pelo mínimo de 2/3 (dois terços) dos presentes, em escrutínio secreto.

§ 5º - Da deliberação da assembleia geral, concernente à alienação de bens imóveis, caberá recurso voluntário, dentro do prazo de 15 (quinze) dias, ao Ministro do Trabalho, com efeito suspensivo.

§ 6º - A venda do imóvel será efetuada pela diretoria da entidade, após a decisão da Assembleia Geral ou do Conselho de Representantes, mediante concorrência pública, com edital publicado no Diário oficial da União e na imprensa diária, com antecedência mínima de 30 (trinta) dias da data de sua realização.

§ 7º - Os recursos destinados ao pagamento total ou parcelado dos bens imóveis adquiridos serão consignados, obrigatoriamente, nos orçamentos anuais das entidades sindicais.

Tal dispositivo não foi recepcionado pela Constituição Federal de 1988, tratando de matéria de ordem estatutária.

A contabilidade das Associações Sindicais deverá ser organizada por profissional competente e habilitado.

Este artigo consagra o estatuto no que tange a procedimentos, pois nele encontra todos os procedimentos que a instituição sindical deve adotar, como por exemplo, respeitar a receita anual é uma lei interna, que junto com as demais, regem os procedimentos legais de um sindicato, pois a receita tem que atender ao pactuado.

O artigo em questão, não trata quanto normas procedimentais, no que tange à aquisição e locação de imóveis, diante de tal lacuna, utiliza se o artigo 524, C desta CLT, ou seja, as deliberações no que tange a aplicação do patrimônio da entidade sindical, serão sempre decididos em assembleia geral, não podendo o presidente deliberar de forma unilateral sobre matéria vinculada a aplicação do patrimônio sindical.

Art. 550 - Os orçamentos das entidades sindicais serão aprovados, em escrutínio secreto, pelas respectivas Assembleias Gerais ou Conselho de Representantes, até 30 (trinta) dias antes do início do exercício financeiro a que se referem, e conterão a discriminação da receita e da despesa, na forma das instruções e modelos expedidos pelo Ministério do Trabalho.

§ 1º - Os orçamentos, após a aprovação prevista no presente artigo, serão publicados, em resumo, no prazo de 30 (trinta) dias, contados da data da realização da respectiva Assembleia Geral ou da reunião do Conselho de Representantes, que os aprovou, observada a seguinte sistemática:

a) no Diário oficial da União - Seção I - Parte II, os orçamentos das confederações, federações e sindicatos de base interestadual ou nacional;

b) no órgão de imprensa oficial do Estado ou Território ou jornal de grande circulação local, os orçamentos das federações estaduais e sindicatos distritais municipais, intermunicipais e estaduais.

§ 2º - As dotações orçamentárias que se apresentarem insuficientes para o atendimento das despesas, ou não incluídas nos orçamentos correntes, poderão ser ajustadas ao fluxo dos gastos, mediante a abertura de créditos adicionais solicitados pela Diretoria da entidade às respectivas Assembleias Gerais ou Conselhos de Representantes, cujos atos concessórios serão publicados até o último dia do exercício

correspondente, obedecida a mesma sistemática prevista no parágrafo anterior.

§ 3° - Os créditos adicionais classificam-se em:

a) suplementares, os destinados a reforçar dotações alocadas no orçamento; e

b) especiais, os destinados a incluir dotações no orçamento, a fim de fazer face às despesas para as quais não se tenha cosignado crédito específico.

§ 4° - A abertura dos créditos adicionais depende da existência de receita para sua compensação, considerando-se, para esse efeito, desde que não comprometidos:

a) o superávit financeiro apurado em balanço do exercício anterior;

b) o excesso de arrecadação, assim entendido o saldo positivo da diferença entre a renda prevista e a realizada, tendo-se em conta, ainda, a tendência do exercício; e

c) a resultante da anulação parcial ou total de dotações alocadas no orçamento ou de créditos adicionais abertos no exercício.

§ 5° - Para efeito orçamentário e contábil sindical, o exercício financeiro coincidirá com o ano civil, a ele pertencendo todas as receitas arrecadadas e as despesas compromissadas.

Existem situações que por mais que haja programação quanto aos gastos da entidade referente ao exercício seguinte, pode sim haver situações excepcionais de aumento das despesas. No entanto, conforme tela o artigo acima, tais despesas extras, devem ser aprovadas em assembleia geral, para a liberação do crédito suplementar, conforme parágrafos 3° e 4ª do artigo 550. Outrossim, para que seja aberto o crédito suplementar, necessário haver receita para tal.

O estatuto social das associações sindicais é que define as regras no que tange ao orçamento anual, cabendo ao conselho fiscal tomar-lhe as contas e verificar o fiel cumprimentos destas, e caso seja necessário quando solicitado apresentar aos órgãos fiscalizadores.

Art. 551. Todas as operações de ordem financeira e patrimonial serão evidenciadas pelos registros contábeis das entidades sindicais, executados sob a responsabilidade de contabilista legalmente habilitado, em conformidade com o plano de contas e as instruções baixadas pelo Ministério do Trabalho.

§ 1° - A escrituração contábil a que se refere este artigo será baseada em documentos de receita e despesa, que ficarão arquivados nos serviços de contabilidade, à disposição dos órgãos responsáveis pelo acompanhamento administrativo e da fiscalização financeira da própria entidade, ou do controle que poderá ser exercido pelos órgãos da União, em face da legislação específica.

§ 2° - Os documentos comprobatórios dos atos de receita e despesa, a que se refere o parágrafo anterior, poderão ser incinerados, após decorridos 5 (cinco) anos da data de quitação das contas pelo órgão competente.

§ 3° - É obrigatório o uso do livro Diário, encadernado, como folhas seguida e tipograficamente numeradas, para a escrituração, pelo método das partidas dobradas, diretamente ou por reprodução, dos atos ou operações que modifiquem ou venham a modificar a situação patrimonial da entidade, o qual conterá, respectivamente, na primeira e na última páginas, os termos de abertura e de encerramento.

§ 4° - A entidade sindical que se utilizar de sistema mecânico ou eletrônico para sua escrituração contábil, poderá substituir o Diário e os livros facultativos ou auxiliares por fichas ou formulários contínuos, cujos lançamentos deverão satisfazer a todos os requisitos e normas de escrituração exigidos com relação aos livros mercantis, inclusive no que respeita a termos de abertura e de encerramento e numeração sequencial e tipográfica.

§ 5° - Na escrituração por processos de fichas ou formulários contínuos, a entidade adotará livro próprio para inscrição do balanço patrimonial e da demonstração do resultado do exercício, o qual conterá os mesmos requisitos exigidos para os livros de escrituração.

§ 6° - Os livros e fichas ou formulários contínuos serão obrigatoriamente submetidos a registro e autenticação das Delegacias Regionais do Trabalho localizadas na base territorial da entidade.

§ 7° - As entidades sindicais manterão registro específico dos bens de qualquer natureza, de sua propriedade, em livros ou fichas próprias, que atenderão às mesmas formalidades exigidas para a livro Diário, inclusive no que se refere ao registro e autenticação da Delegacia Regional do Trabalho local.

§ 8° - As contas dos administradores das entidades sindicais serão aprovadas, em escrutínio secreto, pelas respectivas Assembleias Gerais ou Conselhos de Representantes, com prévio parecer do Conselho Fiscal, cabendo ao Ministro do Trabalho estabelecer prazos e procedimentos para a sua elaboração e destinação.

Importante ressaltar, que qualquer associado poderá requerer à associação a prestação de contas e até mesmo de auditoria contábil, caso seja negado pela entidade sindical, este poderá ingressar judicialmente com ação para o fim citado.

Embora o artigo acima faça referência ao profissional de contabilidade pessoa física, não há óbice para que a entidade sindical possa contratar empresa de contabilidade para tal finalidade.

Os documentos das receitas e despesas em que baseia a escrituração fiscal, deverão ficar arquivados na própria sede da associação sindical para possível fiscalização dos órgãos competente, caso haja necessidade. O tempo de arquivamento deverá ser de 05(cinco) anos, após o decurso deste, poderão ser destruídos.

É mister esclarecer, que a fiscalização por parte do Ministério Público do Trabalho, deverá ser feita com base na receita da entidade sindical.

Art. 552 - Os atos que importem em malversação ou dilapidação do patrimônio das associações ou entidades sindicais ficam equiparados ao crime de peculato julgado e punido na conformidade da legislação penal.

Trata se de crime capitulado no artigo 312 do Código Penal, que trata do Peculato, conforme artigo abaixo telado:

CP Art. 312- Apropriar-se o funcionário público de dinheiro, valor ou qualquer outro bem móvel, público ou particular, de que tem a posse em razão do cargo, ou desviá-lo, em proveito próprio ou alheio: Pena - reclusão, de dois a doze anos, e multa.

Ou seja, os dirigentes sindicais, devem pautar na lisura de seus atos enquanto permanecerem no comando da associação sindical, trabalhando em pró de melhorias da classe e não como forma de se locupletar, através do cargo utilizado.

SEÇÃO VIII
DAS PENALIDADES

Art. 553. As infrações ao disposto neste Capítulo serão punidas, segundo o seu caráter e a sua gravidade, com as seguintes penalidades:

a) multa de Cr$ 100 (cem cruzeiros) e Cr$ 5.000 (cinco mil cruzeiros), dobrada na reincidência;

b) suspensão de diretores por prazo não superior a 30 (trinta) dias;

c) destituição de diretores ou de membros de conselho;

d) fechamento de Sindicato, Federação ou Confederação por prazo nunca superior a 6 (seis) meses;

e) cassação da carta de reconhecimento.

f) multa de 1/30 (um trinta avos) do salário mínimo regional, aplicável ao associado que deixar de cumprir sem causa justificada, o disposto no parágrafo único do artigo 529.

§ 1° - A imposição de penalidades aos administradores não exclui a aplicação das que este artigo prevê para a associação.

A época, quando da criação da Consolidação das Leis do Trabalho, este artigo fora inserido como meio de punição aos dirigentes sindicais que cometessem penalidades à frente da instituição. Importante ressaltar, que, como o Diploma Obreiro fora criado em 1943, o órgão responsável por tal punição, na época, até o dia 04/10/1988 era o Ministério do Trabalho e Emprego, no entanto, a Constituição federal de 1988, em seu artigo 8º, I, revogou tacitamente este dispositivo, proibindo qualquer interferência dos poderes públicos na gestão sindical. Verifica-se, por uma leitura dos arts. 511 e segs., que o Capítulo em questão aborda diversos deveres, obrigações e tarefas às próprias entidades sindicais, bem como aos seus dirigentes e também empregados. Como os entes sindicais foram imaginados pelo legislador da Consolidação para desempenhar funções delegadas dos poderes públicos, tem-se que o aplicador das penalidades previstas no artigo em comento seria o Estado, pelo atual Ministério do Trabalho e Emprego (art. 557 da CLT). Hoje, por força do dispositivo constitucional telado no artigo 8º, I, o Estado, na pessoa do órgão do Ministério do Trabalho e Emprego, não mais pode intervir ou interferir na organização interna daqueles, logo, conclui se que o *caput*, as alíneas, bem os parágrafos deste dispositivo estão derrogados de maneira tácita.

§ 2º - Poderá o Ministro do Trabalho e Previdência Social determinar o afastamento preventivo de cargo ou representação sindicais de seus exercentes, com fundamento em elementos constantes de denúncia formalizada que constituam indício veemente ou início de prova bastante do fato e da autoria denunciados.

Conforme comentários telados no *caput*, este disposto está tacitamente revogado, por força do artigo 8º, I da Constituição Federal de 1988, que proibiu qualquer interferência do poder público na gestão e organização sindical.

Art. 554 - Destituída a administração, na hipótese da alínea *c* do artigo anterior, o Ministro do Trabalho, Indústria e Comércio nomeará um Delegado para dirigir a associação e proceder, dentro do prazo de 90 (noventa) dias, em assembleia geral por ele convocada e presidida, à eleição dos novos diretores e membros do Conselho Fiscal.

O referido artigo faz menção a alínea “c” do artigo 553, que encontra se revogado, conforme exaustivamente debatido, por força do dispositivo constitucional telado no artigo 8°, I, que proíbe qualquer ingerência do Estado na organização sindical.

Art. 555 - A pena de cassação da carta de reconhecimento será imposta à entidade sindical:

Segue o mesmo raciocínio do artigo 553, pois o estado que punia os dirigentes sindicais quando estes cometessem quaisquer penalidades, no entanto, conforme comentário do artigo 553, este poder do Estado de punir os dirigentes sindicais foi revogado tacitamente pelo artigo 8°, I da constituição Federal de 1988.

a) que deixar de satisfazer as condições de constituição e funcionamento estabelecidas nesta Lei;

Derrogada tacitamente, conforme o comentário ao *caput.*

b) que se recusar ao cumprimento de ato do Presidente da República, no uso da faculdade conferida pelo art. 536;

Esta alínea faz menção ao art. 536 da CLT, revogado pelo Decreto-lei n.° 229/67. Também ele está derrogado tacitamente, conforme o comentário ao *caput.*

c) que criar obstáculos à execução da política econômica adotada pelo Governo.

Derrogada tacitamente, conforme o comentário ao *caput.*

Art. 556 - A cassação da carta de reconhecimento da entidade sindical não importará o cancelamento de seu registro, nem, consequentemente, a sua dissolução, que se processará de acordo com as disposições da lei que regulam a dissolução das associações civis.

O estado, criou várias formas de penalizar os dirigentes sindicais, caso estes cometessem penalidades. Uma dessas formas, seria a cassação da carta sindical, a ser realizada pelo Ministério do Trabalho e emprego. Ocorre que, conforme comentários acima, por força do artigo 8°, I da Constituição da República Federativa do Brasil, o estado não pode mais intervir ou interferi na gestão sindical, logo, o referido dispositivo também está revogado.

Parágrafo único - No caso de dissolução, por se achar a associação incursa nas leis que definem crimes contra a personalidade internacional, a estrutura e a segurança do Estado e a ordem política e social, os seus bens, pagas as dívidas decorrentes das suas responsabilidades, serão incorporados ao patrimônio da União e aplicados em obras de assistência social.

A destinação do patrimônio da associação sindical, em caso de dissolução, deve estar prevista no seu estatuto.

Art. 557 - As penalidades de que trata o art. 553 serão impostas:

a) as das alíneas a e b, pelo diretor geral do Departamento Nacional do Trabalho, com recurso para o ministro de Estado;

b) as demais, pelo ministro de Estado.

§ 1° - Quando se trata de associações de grau superior, as penalidades serão impostas pelo ministro de Estado, salvo se a pena for da cassação da carta de reconhecimento de confederação, caso em que a pena será imposta pelo Presidente da República.

§ 2° - Nenhuma pena será imposta sem que seja assegurada defesa ao acusado.

Conforme comentário do artigo 553, que trata das penalidades previstas aos membros de organização sindical que cometerem crimes na condução destes, o responsável pela aplicação integral destas penalidades seria o Estado, através do Ministério do Trabalho e Emprego (atual Ministério da Economia). Como este não mais pode intervir ou interferir na organização interna das entidades sindicais, ante o proibitivo constitucional do art. 8°, I, verifica se que este artigo, também fora derrogado, bem como todas as alíneas e parágrafos abaixo, não tendo qualquer aplicabilidade.

SEÇÃO IX
DISPOSIÇÕES GERAIS

Art. 558 - São obrigadas ao registro todas as associações profissionais constituídas por atividades ou profissões idênticas, similares ou conexas, de acordo com o art. 511 e na conformidade do Quadro de Atividades e Profissões a que alude o Capítulo II deste Título. As associações profissionais registradas nos termos deste artigo poderão representar, perante as autoridades administrativas e judiciárias, os interesses individuais dos associados relativos à sua atividade ou profissão, sendo-lhes também extensivas as prerrogativas contidas na alínea '*d*' e no parágrafo único do art. 513.

Para tecer comentários a este artigo é preciso analisar o artigo 8º, I da CF, este por sua vez, fala em "registro no órgão competente", sendo que os sindicatos são pessoas jurídicas de direito privado qual seria o órgão competente para tal registro? Certo é que de acordo com a natureza jurídica dos sindicatos e de acordo com artigo da lei maior o correto para o registro seria o Cartório de Registro de Pessoas Jurídicas. Porém o STF em já decidiu que o órgão a que se refere o artigo 8 º, I da CF se trata do Ministério do Trabalho e do Emprego (RE 157.940-4/ DF, rel. Min. Maurício Correa, j. 03/11/1997), contudo o órgão tem apenas a função de registrar e dar ciência do fato a quem interessar não podendo se opor a fazer. Frise-se que o registro no Cartório de Registro de Pessoas Jurídicas não se exclui, na prática é feito o registro no referido cartório e após o registro também é feito no MTE. Com este entendimento vê-se claramente a indevida intervenção do Estado na organização sindical.

§ 1° - O registro a que se refere o presente artigo competirá às Delegacias Regionais do Ministério do Trabalho ou às repartições autorizadas em virtude da lei.

Contrariando o artigo 8 °, I da CF o parágrafo em questão ratifica a imprópria intervenção do Estado na organização sindical.

§ 2° - O registro das associações far-se-á mediante requerimento, acompanhado da cópia autêntica dos estatutos e da declaração do número de associados, do patrimônio e dos serviços sociais organizados.

Para registo no MTE é necessário apresentação de cópia e original autenticadas em cartório do estatuto sindical, atas de fundação, eleição e posse da primeira diretoria a finalidade maior deste registro é apurar a unicidade sindical, por este motivo o estatuto sindical deve definir claramente a base territorial do sindicato (art. 8, II, CF).

§ 3° - As alterações dos estatutos das associações profissionais não entrarão em vigor sem aprovação da autoridade que houver concedido o respectivo registro.

Desta vez de forma direta o Estado intervém na organização sindical, e como já falamos anteriormente esta prática é vedada pela Constituição Federal em seu art. (art. 8, II, CF, sendo assim, o dispositivo fica derrogado.

Art. 559 - O Presidente da República, excepcionalmente e mediante proposta do Ministro do Trabalho, fundada em razões de utilidade pública, poderá conceder, por decreto, às associações civis constituídas para a defesa e coordenação de interesses econômicos e profissionais e não obrigadas ao registro previsto no artigo anterior, a prerrogativa da alínea “d”do art. 513 deste Capítulo.

O dispositivo fala em uma das prerrogativas que os sindicatos possuíam, a de colaborar com o Estado exercendo a função de órgão técnico e consultivo a fim de solucionar problemas relativos à categoria, aqui fica claro que na aplicação deste dispositivo os sindicatos exerciam função que caberia ao poder público, frise-se a que este dispositivo é de 1943, com o advento da CF/1988, e do art. art. 8, I, isso não é mais possível.

Art. 560 - Não se reputará transmissão de bens, para efeitos fiscais, a incorporação do patrimônio de uma associação profissional ao da entidade sindical, ou das entidades aludidas entre si.

Neste dispositivo o Estado instituiu uma regra de isenção fiscal na transmissão de bens entre associações profissionais e entidades sindicais. A CF/1988, mais precisamente com o art. 150, VI, “c”, foi além e vedou também a instituição de impostos sobre renda e serviços das entidades sindicais.

Art. 561 - A denominação “sindicato” é privativa das associações profissionais de primeiro grau, reconhecidas na forma desta Lei.

Este dispositivo associado a Lei de Registros Públicos proíbe o registro de qualquer pessoa jurídica com a denominação de “sindicato”, ou seja, somente as associações profissionais de primeiro grau, reconhecidas na forma da lei podem utilizar esta denominação. As entidades profissionais que não cumprem os requisitos exigidos em lei para se denominar sindicato são apenas associações profissionais.

Art. 562 - As expressões "federação" e "confederação", seguidas da designação de uma atividade econômica ou profissional, constituem denominações privativas das entidades sindicais de grau superior.

Da mesma forma como dispositivo anterior regula o uso da denominação "sindicato" para as entidades de primeiro grau, aqui o as "federação" e "confederação", respectivamente entidades de segundo e terceiro grau, só podem se denominar assim se preenchidos os requisitos formais que a lei exige, o art. 533 e seguintes da CLT regulamenta a questão dos requisitos formais.

Art. 563 – Revogado

Art. 564 - Às entidades sindicais, sendo-lhes peculiar e essencial a atribuição representativa e coordenadora das correspondentes categorias ou profissões, é vedado, direta ou indiretamente, o exercício de atividade econômica.

Este dispositivo gera controvérsias, uma vez que, ele não se comunica com o artigo 8° da Constituição Federal de 1988, pois a liberdade sindical conferida pela não intervenção na organização sindical derrogaria o dispositivo em questão. Porém, ao nosso ver o dispositivo não deve ser interpretado de modo taxativo, mas deve ser levado em consideração, pois as entidades sindicais possuem prerrogativas e privilégios que não coadunam com o exercício de atividade econômica com fins lucrativos, a exemplo desses privilégios podemos citar a isenção fiscal que os sindicatos possuem, neste caso o exercício da atividade lucrativa feriria as regras de mercado. Não podemos deixar de citar que essa vedação também ganha força aliada ao fato de que os sindicatos recebiam a contribuição sindical obrigatória e nessa vertente há quem afirme que esta vedação deveria ser apenas no emprego da contribuição sindical obrigatória em operações de especulação financeira, o que não concordamos, principalmente pelo privilégio conferido pelo art. 150, VI, c, da CF/1988 as entidades sindicais. Acreditamos que este dispositivo com o advento da reforma trabalhista receberá outras interpretações, uma vez que a questão da contribuição sindical ainda depende de medida provisória para que seja regulamentada e até o presente momento a matéria permanece no limbo. Entretanto, atualmente, no exercício da atividade sindical os sindicatos podem e devem comercializar seus produtos como camisas, chaveiros, bonés e afins, para promover a atividade sindical, podem ainda também, oferecer à categoria convênios ou atendimentos diretos de serviços médicos, odontológicos, psicológicos e educacionais, toda comercialização deve ser praticada sem o fim de obtenção de lucros.

Art. 565 - As entidades sindicais reconhecidas nos termos desta Lei não poderão filiar-se a organizações internacionais, nem com elas manter relações, sem prévia licença concedida por decreto do Presidente da República.

Também este dispositivo foi redigido antes da Constituição de 1988. O artigo foi derrogado, pois vai de encontro ao art. 8º da Constituição que preceitua a liberdade sindical e a não intervenção do Estado na mesma. No caso deste dispositivo, a intervenção era realizada pelo próprio Presidente da República a partir do momento que conferia a ele a faculdade de conceder licença prévia para que as relações entre organizações internacionais e sindicatos ocorressem.

Art. 566 - Não podem sindicalizar-se os servidores do Estado e os das instituições paraestatais.

O art. 37, VI, da Carta Magna tornou o artigo em questão ineficaz, pois garante aos servidores públicos a liberdade de associação sindical.

Parágrafo único - Excluem-se da proibição constante deste artigo os empregados das sociedades de economia mista, da Caixa Econômica Federal e das fundações criadas ou mantidas pelo Poder Público da União, dos Estados e Municípios.

Novamente a liberdade sindical conferida pelo art. art. 37, VI da CF/1988, torna ineficaz este parágrafo.

Art. 567 – Revogado

Art. 568 – Revogado

Art. 569 – Revogado

CAPÍTULO II
DO ENQUADRAMENTO SINDICAL

Art. 570 - Os sindicatos constituir-se-ão, normalmente, por categorias econômicas ou profissionais, e específicas, na conformidade da discriminação do quadro das atividades e profissões a que se refere o art. 577 ou segundo as subdivisões que, sob proposta da Comissão do Enquadramento Sindical, de que trata o art. 576, forem criadas pelo ministro do Trabalho, Indústria e Comércio.

Inicialmente, é preciso destacar que os artigos concernentes ao enquadramento sindical permaneceram inalterados em face da Lei 13.467/2017. Dito isso, convém expor que o enquadramento sindical e, por óbvio, a representatividade sindical, devem ser compreendidas a partir da atividade preponderante da empresa.

Aliás, por exemplo, discutiu-se perante o Tribunal Regional do Trabalho da 1º Região, por intermédio de sua quarta turma, qual seria o sindicato competente para a propositura de ação de cobrança em face da empregadora. O Egrégio Tribunal entendeu que a legitimidade ativa para a deflagração do citado procedimento judicial seria do sindicato dos auxiliares de administração escolar, SAAE /RJ, haja vista que, com exceção dos professores da ré, que são representados pelo Sindicato dos Professores do Município do Rio De Janeiro/RJ, os demais profissionais, por exercerem as funções de copeiro, serviços gerais, etc., amoldam-se na categoria profissional dos Auxiliares de Administração Escolar, ou seja, são eles representados pelo Sindicato dos Auxiliares de Administração Escolar do Estado do Rio de Janeiro - SAAE/RJ. (TRT1, RO 01003079820165010049, Data de Publicação: 30/03/2017).

Parágrafo único - Quando os exercentes de quaisquer atividades ou profissões se constituírem, seja pelo número reduzido, seja pela natureza mesma dessas atividades ou profissões, seja pelas afinidades existentes entre elas, em condições tais que não se possam sindicalizar eficientemente pelo critério de especificidade de categoria, é-lhes permitido sindicalizar-se pelo critério de categorias similares ou conexas, entendendo-se como tais as que se acham compreendidas nos limites de cada grupo constante do Quadro de Atividades e Profissões.

Em relação ao predito parágrafo único, impõe salientar importante regra a respeito da representatividade sindical: em regra, as entidades sindicais se organizam levando em consideração a atividade preponderante da empresa, contudo, caso não seja possível tal representatividade pelo critério da especificidade, é permitido à filiação pelo critério de categorias similares ou conexas. Dessa forma, sempre tendo em vista as atividades constantes do Quadro de Atividades e Profissões estribado na CLT, será permitida a filiação pelo critério da similaridade ou conexão, enaltecendo os princípios jungidos na Carta de Outubro.

Art. 571. Qualquer das atividades ou profissões concentradas na forma do parágrafo único do artigo anterior poderá dissociar-se do sindicato principal, formando um sindicato específico, desde que o novo sindicato, a juizo da Comissão do Enquadramento Sindical, ofereça possibilidade de vida associativa regular e de ação sindical eficiente.

A redação do indigitado artigo trás consigo uma visão de futuro: se porventura qualquer das atividades ou profissões concentradas na forma do parágrafo único do artigo 570 do Texto Consolidado optarem por dissociar do sindicato principal, ser-lhes-á permitido, desde que seja efetuado um estudo de viabilidade e vida associativa. Ou seja, pela regra jungida no artigo citado, sempre permitido a nova criação de entidade sindical, desde que a nova entidade tenha meios próprios e autônomos para se manter, evitando assim entidades sem força de atuação.

Art 572. Os sindicatos que se constituírem por categorias similares ou conexas, nos termos do parágrafo único do art. 570, adotarão denominação em que fiquem, tanto como possível, explicitamente mencionadas as atividades ou profissões concentradas, de conformidade com o quadro das atividades e profissões, ou se tratar de subdivisões, de acordo com o que determinar a Comissão do Enquadramento Sindical.

Parágrafo único - Ocorrendo a hipótese do artigo anterior, o Sindicato principal terá a denominação alterada, eliminando-se-lhe a designação relativa à atividade ou profissão dissociada.

Trata-se de regra com a finalidade de explicitar com clareza solar quais atividades que o respectivo sindicato representa. Considerando que há a possibilidade de criação de novos sindicatos pelo critério da similaridade ou conexão, desfiliando-se do sindicato principal, caso isso ocorra, tanto o sindicato principal quanto o novo sindicato devem ser transparentes em suas denominações, mantendo-se sempre em vista o critério da boa-fé. Nesse jaez, as novas entidades sindicais devem expressar em suas denominações as reais e únicas atividades as quais representam.

Na mesma banda, os sindicatos principais devem alterar sua denominação a fim de não criar embaraços e confusões com as novas entidades. Em exemplo sobre este artigo, cita-se o seguinte: suponha-se que o sindicato dos operadores de escavação e extração mineral seja um sindicato principal e que a comissão do enquadramento sindical entenda que seria viável, pelo critério da similaridade ou conexão, a nova criação de um sindicato de extração mineral. Desta forma, a entidade principal precisa alterar sua denominação a para a finalidade de retirar a expressão extração mineral, porquanto a nova entidade sindical é quem adotará tal denominação.

Art. 573 - O agrupamento dos Sindicatos em Federações obedecerá às mesmas regras que as estabelecidas neste Capítulo para o agrupamento das atividades e profissões em Sindicatos.

Parágrafo único - As Federações de Sindicatos de profissões liberais poderão ser organizadas independentemente do grupo básico da Confederação, sempre que as respectivas profissões se acharem submetidas, por disposições de lei, a um único regulamento.

Ao prever a regra em comento, o Texto Consolidado visa uma uniformização nacional das entidades representativas, a fim de evitar discricionariedades e até mesmo a criação de entidades que a bem da verdade não tem o intuito de representar os interesses de seus filiados.

Art. 574 - Dentro da mesma base territorial, as empresas Industriais do tipo artesanal poderão constituir entidades sindicais, de primeiro e segundo graus, distintas das associações sindicais das empresas congêneres, de tipo diferente.

Parágrafo único - Compete à Comissão de Enquadramento Sindical definir, de modo genérico, com a aprovação do ministro do Trabalho, Indústria e Comércio, a dimensão e os demais característicos das empresas Industriais de tipo artesanal.

Acredita-se que a regra acima esposada remota a época das corporações de oficio, antecedentes dos sindicatos. Sabe-se que a atividade de tipo artesanal no país, conquanto dada sua importância econômica, não encontra muita valorização em meio a tanta tecnologia e automação no mercado. Sendo assim, quis o legislador estipular regra peculiar àqueles que exercem a atividade de artesanato no Brasil, privilegiando consoante a regra acima aduzida.

Art 575 - O quadro de atividades e profissões será revisto de dois em dois anos, por proposta da Comissão do Enquadramento Sindical, para o fim de ajustá-lo às condições da estrutura econômica e profissional do país.

§ 1° - Antes de proceder à revisão do Quadro, a Comissão deverá solicitar sugestões às entidades sindicais e às associações profissionais.

§ 2° - A proposta de revisão será submetida à aprovação do Ministro do Trabalho, Indústria e Comércio.

Inegavelmente tem-se aqui importante mecanismo de

atualização legislativa e acompanhamento da realidade fática. Desta feita, sabe que a ciência do Direito encontra uma série de óbices quando adota o critério da dogmática jurídica, notadamente a necessidade de revisão de textos legislativos a fim de acompanhar a realidade da população.

Com isso, é louvável a previsão do artigo 575 da CLT, porquanto atribui à Comissão do Enquadramento Sindical o encargo de, a cada dois anos, reunir-se no intuito rever o quadro de atividades e profissões para o fim de ajustá-lo às condições da estrutura econômica e profissional do país.

Nessa linha de intelecção, necessário que a comissão solicite sugestões às entidades sindicais e às associações profissionais, na medida em que são elas as principais interessadas nas alterações do respectivo quadro. Além dessa exigência formal, imperioso que a proposta de revisão seja submetida à aprovação do Ministro do Trabalho, tratando-se de ato discrionário em que o indigitado Ministro tem o dever-poder de analisar as alterações e, caso identificada a necessidade de alteração, proceda na publicação oficial do referido ato.

Art. 576 - A Comissão do Enquadramento Sindical será constituída pelo Diretor-Geral do Departamento Nacional do Trabalho, que a presidirá, e pelos seguintes membros:

I - 2 (dois) representantes do Departamento Nacional do Trabalho;

II - 1 (um) representante do Departamento Nacional de Mão-de-obra;

III - 1 (um) representante do Instituto Nacional de Tecnologia, do Ministério da Indústria e do Comércio;

IV - 1 (um) representante do Instituto Nacional de Colonização e Reforma Agrária, do Ministério da Agricultura;

V - 1 (um) representante do Ministério dos Transportes;

VI - 2 (dois) representantes das categorias econômicas; e

VII - 2 (dois) representantes das categorias profissionais.

§ 1° - Os membros da CES serão designados pelo Ministro do Trabalho e Previdência Social, mediante.

a) indicação dos titulares das Pastas, quanto aos representantes dos outros Ministérios;

b) indicação do respectivo Diretor Geral, quanto ao do DNMO;

c) eleição pelas respectivas Confederações, em conjunto, quanto aos representantes das categorias econômicas e profissionais, de acordo com as instruções que forem expedidas pelo Ministro do Trabalho e Previdência Social.

§ 2° - Cada Membro terá um suplente designado juntamente com o titular.

§ 3° - Será de 3 (três) anos o mandato dos representantes das categorias econômica e profissional.

§ 4° - Os integrantes da Comissão perceberão a gratificação de presença que for estabelecida por decreto executivo.

§ 5° - Em suas faltas ou impedimentos o Diretor-Geral do DNT será substituído na presidência pelo Diretor substituto do Departamento ou pelo representante deste na Comissão, nesta ordem.

§ 6° - Além das atribuições fixadas no presente Capítulo e concernentes ao enquadramento sindical, individual ou coletivo, e à classificação das atividades e profissões, competirá também à CES resolver, com recurso para o Ministro do Trabalho e Previdência Social, tôdas as dúvidas e controvérsias concernentes à organização sindical.

Art. 577 - O Quadro de Atividades e Profissões em vigor fixará o plano básico do enquadramento sindical.

Por fim, nunca é demais lembrar que com o advento da Lei 13.467/2017, conhecida como Reforma Trabalhista, as entidades sindicais foram avultadamente tratadas pela respectiva Lei. Refere-se aqui especialmente a previsão de que as entidades sindicais podem firmar acordos coletivos e convenções coletivos com força de lei, ao passo em que o legislador reformador estipulou ser facultativa a contribuição sindical, comprometendo seriamente o funcionamento das entidades sindicais. Acredita-se que as respectivas alterações merecem uma análise conforme o texto constitucional e, sobretudo com os tratados internacionais que o Brasil seja signatário.

CAPÍTULO III
DA CONTRIBUIÇÃO SINDICAL

SEÇÃO I
DA FIXAÇÃO E DO RECOLHIMENTO DO IMPOSTO SINDICAL

Art. 578 - As contribuições devidas aos Sindicatos pelos participantes das categorias econômicas ou profissionais ou das profissões liberais representadas pelas referidas entidades serão, sob a denominação de "contribuição sindical", pagas, recolhidas e aplicadas na forma estabelecida neste Capítulo, desde que prévia e expressamente autorizadas.

A Contribuição Sindical também é reputada como Imposto Sindical. Tal nomenclatura dá-se devido o instituto encontrar raiz não somente na CLT, mas também no "Título VI – Da Tributação e do Orçamento" inserto na CRFB/88, art. 149. Ocorre que, o simples fato de estar dentro deste capítulo, não torna a Contribuição um Imposto, visto que, o Sistema Tributário, baseia-se em Tributos, que se dividem em impostos, taxas e contribuições. Os impostos são tributos desvinculados, ou seja, não possuem contraprestação específica (Art. 16, CTN), diferentemente das contribuições onde existe uma contraprestação específica. Em uma outra vertente, atribuir-se-ia a denominação "imposto", para que, pudesse haver intervenção estatal sobre as entidades sindicais, o que, pelo Princípio da Liberdade Sindical, seria vetado. Tal debate é complexo e palco de extensos debates nacionais e internacionais. Aqui, no entanto, mantemos a nomenclatura original e reforçamos que só será devida desde que haja prévio e expresso consentimento do trabalhador.

Art. 579 - O desconto da contribuição sindical está condicionado à autorização prévia e expressa dos que participarem de uma determinada categoria econômica ou profissional, ou de uma profissão liberal, em favor do sindicato representativo da mesma categoria ou profissão ou, inexistindo este, na conformidade do disposto no art. 591 desta consolidação.

Não há no texto celetista definição de profissional liberal. Desta maneira, surgiam dificuldades para proceder o Registro Sindical de entidades vinculadas à estas atividades, o que motivou o MTE a emitir Nota Técnica (CGRS/ SRT/ n.° 11/2006), que trata, especificamente, do enquadramento de profissionais liberais e de categorias diferenciadas. Estabelece o instrumento que estas distinguem-se, visto que, a primeira engloba *"os que exercem suas atividades de forma autônoma, ou na qualidade de empregador, habilitados legalmente e com registro nos Conselhos Profissionais"*, já a segunda abrange *"os empregados que exercem suas funções tendo como condições de trabalho aquelas previstas em legislação própria, especial"*. Reforça o artigo a não obrigatoriedade da contribuição e a possibilidade de seu recolhimento, somente, por prévia e expressa autorização. Caso não exista Sindicato correspondente àquela categoria, a Contribuição será devida à Federação, na forma do Art. 591, CLT.

Art. 580 - A contribuição sindical será recolhida, de uma só vez, anualmente e consistirá:

I - Na importância correspondente à remuneração de um dia de trabalho, para os empregados, qualquer que seja a forma da referida remuneração

II - para os agentes ou trabalhadores autônomos e para os profissionais liberais, numa importância correspondente a 30% (trinta por cento) do maior valor-de-referência fixado pelo Poder Executivo, vigente à época em que é devida a contribuição sindical, arredondada para Cr$ 1,00 (um cruzeiro) a fração porventura existente;

III - para os empregadores, numa importância proporcional ao capital social da firma ou empresa, registrado nas respectivas Juntas Comerciais ou órgãos equivalentes, mediante a aplicação de alíquotas, conforme a seguinte tabela progressiva:

Classe de Capital		Alíquota
1.	Até 150 vezes o maior valor-de-referência	0,8%
2.	Acima de 150 até 1.500 vezes o maior valor-de-referência	0,2%
3.	Acima de 1.500 até 150.000 vezes o maior valor-de-referência	0,1%
4.	Acima de 150.000 até 800.000 vezes o maior valor-de-referência	0,02%

§ 1° - A contribuição sindical prevista na tabela constante do item III deste artigo corresponderá à soma da aplicação das alíquotas sobre a porção do capital distribuído em cada classe, observados os respectivos limites.

§ 2° - Para efeito do cálculo de que trata a tabela progressiva inserta no item III deste artigo, considerar-se-á o valor de referência fixado pelo Poder Executivo, vigente à data de competência da contribuição, arredondando-se para Cr$1,00 (um cruzeiro) a fração porventura existente.

§ 3° - É fixada em 60% (sessenta por cento) do maior valor-de-referência, a que alude o parágrafo anterior, a contribuição mínima devida pelos empregadores, independentemente do capital social da firma ou empresa, ficando, do mesmo modo, estabelecido o capital equivalente a 800.000 (oitocentas mil) vezes o maior valor-de-referência, para efeito do cálculo da contribuição máxima, respeitada a Tabela progressiva constante do item III.

§ 4° - Os agentes ou trabalhadores autônomos e os profissionais liberais, organizados em firma ou empresa, com capital social registrado, recolherão a contribuição sindical de acordo com a tabela progressiva a que se refere o item III.

§ 5° - As entidades ou instituições que não estejam obrigadas ao registro de capital social, consideração, como capital, para efeito do cálculo de que trata a tabela progressiva constante do item III deste artigo, o valor resultante da aplicação do percentual de 40% (quarenta por cento) sobre o movimento econômico registrado no exercício imediatamente anterior, do que darão conhecimento à respectiva entidade sindical ou à Delegacia Regional do Trabalho, observados os limites estabelecidos no § 3° deste artigo.

§ 6° - Excluem-se da regra do § 5° as entidades ou

instituições que comprovarem, através de requerimento dirigido ao Ministério do Trabalho, que não exercem atividades econômicas com fins lucrativos.

No inciso I figura a grande massa de trabalhadores, cujo desconto, caso expressamente autorizado, se dará sobre a remuneração (CLT, Art. 457) de um dia de trabalho -salário-base e todos os adicionais - que ocorre no mês de março de cada ano; no inciso II, a figura dos autônomos e liberais, terá como base o valor de referência (R$ 19,0083 – Ano 2017.) indicado pelo Poder Executivo à época do pagamento que se dará no último dia de fevereiro. Caso estes trabalhadores se organizem para exercer sociedade empresária, serão enquadrados na forma de Categoria Econômica, prevista no inciso III, cujo recolhimento ocorre no mês de janeiro. Algumas confederações (CNC e CNI) possuem critérios próprios de elaboração da tabela de classes de capital social para fins de cálculo do valor contribuição sindical patronal.

Art. 581 - Para os fins do item III do artigo anterior, as empresas atribuirão parte do respectivo capital às suas sucursais, filiais ou agências, desde que localizadas fora da base territorial da entidade sindical representativa da atividade econômica do estabelecimento principal, na proporção das correspondentes operações econômicas, fazendo a devida comunicação às Delegacias Regionais do Trabalho, conforme localidade da sede da empresa, sucursais, filiais ou agências.

§ 1° - Quando a empresa realizar diversas atividades econômicas, sem que nenhuma delas seja preponderante, cada uma dessas atividades será incorporada à respectiva categoria econômica, sendo a contribuição sindical devida à entidade sindical representativa da mesma categoria, proce-

dendo-se, em relação às correspondentes sucursais, agências ou filiais, na forma do presente artigo.

§ 2º - Entende-se por atividade preponderante a que caracterizar a unidade de produto, operação ou objetivo final, para cuja obtenção todas as demais atividades convirjam, exclusivamente em regime de conexão funcional.

As empresas deverão comunicar aos escritórios da Superintendência Regional do Trabalho a proporção das operações econômicas e atribuirão parte do respectivo capital à estas, desde que, localizadas fora da base territorial da entidade sindical representativa da atividade econômica do estabelecimento principal. No caso de filiais, sucursais ou agências que pertençam ao mesmo sindicato e estão localizadas na mesma base territorial da matriz, não será aplicado o Princípio da Atribuição de Capital e o recolhimento centralizado será possível. Em princípio, o recolhimento da contribuição sindical ao sindicato deve corresponder à atividade preponderante da empresa. Quando da realização de diversas atividades econômicas, sem que se verifique a preponderância de alguma delas a contribuição será atribuída aos sindicatos correspondentes a cada atividade e o capital social deve ser distribuído proporcionalmente ao faturamento de cada atividade. Cabe à própria empresa a definição da categoria a que pertence (A competência do MTE para efetuar o enquadramento sindical se extinguiu com a Constituição de 1988 (art. 8º, I, CF/88).

Art. 582 - Os empregadores são obrigados a descontar, da folha de pagamento de seus empregados relativa ao mês de março de cada ano, a contribuição sindical dos empregados que autorizaram prévia e expressamente o seu recolhimento aos respectivos sindicatos.

§ 1º - Considera-se um dia de trabalho, para efeito de

determinação da importância a que alude o item I do Art. 580, o equivalente:

a) a uma jornada normal de trabalho, se o pagamento ao empregado for feito por unidade de tempo;

b) a 1/30 (um trinta avos) da quantia percebida no mês anterior, se a remuneração for paga por tarefa, empreitada ou comissão.

§ 2° - Quando o salário for pago em utilidades, ou nos casos em que o empregado receba, habitualmente, gorjetas, a contribuição sindical corresponderá a 1/30 (um trinta avos) da importância que tiver servido de base, no mês de janeiro, para a contribuição do empregado à Previdência Social.

Os empregadores poderão descontar da folha de pagamento relativa ao mês de março de seus empregados, desde que, com a prévia expressa autorização destes, a contribuição sindical. Quando a contratação de empregado ocorrer no mês de março, caberá ao empregador verificar se ele sofreu o desconto da Contribuição Sindical relativa àquele ano, na empresa anterior. Caso ainda não tenha ocorrido, o empregador deverá, se autorizado, efetuar o desconto no mês de março e recolher no mês de abril. Se a contratação se der após o mês de março, deverá constatar se ele contribuiu no emprego anterior e, na hipótese de o empregado já ter tido o valor da contribuição sindical descontado do seu salário, o empregador anotará as informações pertinentes ao desconto no Livro ou Ficha de Registro de Empregados. Caso o empregado não tenha sido descontado pela empresa anterior, caberá ao empregador proceder ao desconto no mês seguinte ao da admissão, sempre que autorizado. A contribuição sindical corresponderá à remuneração de um dia de trabalho, qualquer que seja a forma de remuneração (compreendidos o salário-base e todos os adicionais percebidos). Em caso de faltas injustificadas no período que serve de base para cálculo da Contribuição, estas serão desprezadas e a base será considerada como se o empregado houvesse trabalhado o mês inteiro. Se o empregado exercer atividade profissional em mais de uma empresa, está sujeito, sempre que autorizar, ao recolhimento da contribuição sindical em cada uma delas, ao respectivo sindicato da categoria profissional a que pertencer.

Art. 583 - O recolhimento da contribuição sindical referente aos empregados e trabalhadores avulsos será efetuado no mês de abril de cada ano, e o relativo aos agentes ou trabalhadores autônomos e profissionais liberais realizar-se-á no mês de fevereiro, observada a exigência de autorização prévia e expressa prevista no Art. 579 desta consolidação.

§ 1° - O recolhimento obedecerá ao sistema de guias, de acordo com as instruções expedidas pelo Ministro do Trabalho.

§ 2° - O comprovante de depósito da contribuição sindical será remetido ao respectivo Sindicato; na falta deste, à correspondente entidade sindical de grau superior, e se for o caso, ao Ministério do Trabalho.

Trabalhador Avulso, será aquele que presta serviços de curta duração a vários tomadores - grande exemplo desta fatia, são os trabalhadores Portuários. Profissional liberal tem formação universitária ou técnica e possui liberdade para executar a sua atividade, podendo ser empregado ou trabalhar por conta própria. Profissional autônomo pode ser qualquer pessoa que tenha ou não uma qualificação profissional, mas sempre trabalha por conta própria, tem independência econômica, não tendo vínculo empregatício com ninguém. Caso o profissional liberal venha exercer atividade como empregado e simultaneamente exercer sua profissão como autônomo, poderá efetuar a múltipla contribuição sindical correspondente a cada profissão exercida; quando empregados e no exercício de suas profissões na empresa, poderão optar pelo pagamento da contribuição unicamente às entidades representativas de suas próprias categorias. Caso não exerça sua profissão dentro da empresa poderá contribuir para o mesmo sindicato em que estejam enquadrados os demais empregados. Todos os profissionais listados, obedecerão ao Sistema de Guias próprio do MTE que é o único documento hábil para a quitação dos valores devidos a título de contribuição sindical, composto de duas vias: uma destinada ao Contribuinte, para comprovação da regularidade da arrecadação, e outra, à entidade arrecadadora. O comprovante do depósito será enviado para o respectivo Sindicato, na ausência deste, para a Federação correspondente.

Art. 584 - Servirá de base para o pagamento da contribuição sindical, pelos agentes ou trabalhadores autônomos e profissionais liberais, a lista de contribuintes organizada pelos respectivos sindicatos e, na falta destes, pelas federações ou confederações coordenadoras da categoria.

Em face dos prazos legais para o recolhimento da contribuição sindical, os conselhos de fiscalização de profissões devem encaminhar, até o dia 31 de dezembro de cada ano às confederações representativas das respectivas categorias ou aos bancos oficiais por elas indicados, relação dos profissionais neles registrados, com os dados que possibilitem a identificação dos Contribuintes. Consta, no Art. 599 da CLT (CLT, Art. 599 – "Para os profissionais liberais, a penalidade consistirá na suspensão do exercício profissional, até a necessária quitação, e será aplicada pelos órgãos públicos ou autárquicos disciplinadores das respectivas profissões mediante comunicação das autoridades fiscalizadoras") que é prerrogativa dos conselhos de fiscalização de profissões, a aplicação da penalidade de suspensão do registro profissional aos profissionais liberais inadimplentes com a contribuição sindical obrigatória, porém, relembramos a não mais obrigatoriedade no recolhimento.

Art. 585 - Os profissionais liberais poderão optar pelo pagamento da contribuição sindical unicamente à entidade sindical representativa da respectiva profissão, desde que a exerça, efetivamente, na firma ou empresa e como tal sejam nelas registrados.

Parágrafo único - Na hipótese referida neste artigo, à vista da manifestação do contribuinte e da exibição da prova de quitação da contribuição, dada por sindicato de profissionais liberais, o empregador deixará de efetuar, no salário do contribuinte, o desconto a que se refere o Art. 582.

Requisito essencial para a utilização desta regra trazida, é o efetivo registro como empregado na empresa na função específica permitida pelo grau ou título que o funcionário é portador, e não em outra qualquer. Quanto ao valor a ser recolhido nesta condição, a legislação é omissa. Entretanto, o Ministério do Trabalho, por meio de sua Secretaria de Relações do Trabalho, aprovou as Notas Técnicas SRT/MTE n.º 21/2009 e 201/2009, que preveem que o profissional liberal com vínculo empregatício que efetivamente exerça sua profissão na empresa e que opte pelo recolhimento do tributo à sua respectiva entidade sindical, poderá contribuir para seu sindicato específico, na qualidade de empregado e não como profissional sem vínculo empregatício. Com isso, a contribuição deve ter por base o cálculo previsto no art. 580, da CLT e não o valor previsto para o profissional liberal que exerça suas atividades sem vínculo de emprego (Valor anualmente divulgado pela Confederação Nacional das Profissões Liberais – CNPL). Por outro lado, o profissional liberal empregado que for registrado na empresa em uma função na qual não exerça atividades privativas da sua profissão, deverá remeter sua contribuição sindical para o sindicato em que se enquadram os demais empregados da empresa (categoria preponderante).

Art. 586 - A contribuição sindical será recolhida, nos meses fixados no presente Capítulo, à Caixa Econômica Federal ao Banco do Brasil S. A. ou aos estabelecimentos bancários nacionais integrantes do sistema de arrecadação dos tributos federais, os quais, de acordo com instruções expedidas pelo Conselho Monetário Nacional, repassarão à Caixa Econômica Federal as importâncias arrecadadas.

§ 1° - Integrarão a rede arrecadadora as Caixas Econômicas Estaduais, nas localidades onde inexistam os estabelecimentos previstos no *caput* deste artigo.

§ 2° - Tratando-se de empregador, agentes ou trabalhadores autônomos ou profissionais liberais o recolhimento será efetuado pelos próprios, diretamente ao estabelecimento arrecadador.

§ 3° - A contribuição sindical devida pelos empregados e trabalhadores avulsos será recolhida pelo empregador e pelo sindicato, respectivamente.

A Contribuição Sindical Urbana somente pode ser paga por meio da Guia de Recolhimento de Contribuição Sindical e seu pagamento pode ser feito em qualquer agência da Caixa Econômica Federal, casas lotéricas e nos estabelecimentos bancários. Nas lotéricas, o recolhimento só pode ser efetuado se a guia de arrecadação apresentar o código de barras. As Guias serão registradas na Caixa Econômica Federal por meio da utilização dos Portais da Entidade ou do Contribuinte, ou ainda por transmissão de Arquivo Remessa, quando da emissão por meio de Sistema Próprio (Fonte: https://sindical.caixa.gov.br. Acesso em 25/06/2015).

Art. 587 - Os empregadores que optarem pelo recolhimento da contribuição sindical deverão fazê-lo no mês de janeiro de cada ano, ou, para os que venham a estabelecer-se após o referido mês, na ocasião em que requeiram às repartições o registro ou a licença para o exercício da respectiva atividade.

Para empresas que venham a se estabelecer após o mês de janeiro e optem por recolher a contribuição, este deverá ser efetuado por ocasião do requerimento, junto às repartições competentes, do registro ou da licença para o exercício da respectiva atividade. Observe-se que o valor da Contribuição Sindical das empresas é calculado com base em seu capital social registrado nos órgãos responsáveis, uma vez que inexiste na legislação previsão para pagamento proporcional da Contribuição Sindical Patronal. Não haverá juros e multas para esses casos, somente será devida a contribuição no mês de início das atividades. As filiais constituídas após janeiro não precisarão realizar tal recolhimento, pois a matriz já efetuou o recolhimento sob o total do seu capital social.

Art. 588 - A Caixa Econômica Federal manterá conta corrente intitulada "Depósitos da Arrecadação da Contribuição Sindical", em nome de cada uma das entidades sindicais beneficiadas, cabendo ao Ministério do Trabalho cientificá-la das ocorrências pertinentes à vida administrativa dessas entidades.

§ 1º - Os saques na conta corrente referida no *caput* deste artigo far-se-ão mediante ordem bancária ou cheque com as assinaturas conjuntas do presidente e do tesoureiro da entidade sindical.

§ 2º - A Caixa Econômica Federal remeterá, mensalmente, a cada entidade sindical, um extrato da respectiva conta corrente, e, quando solicitado, aos órgãos do Ministério do Trabalho.

Nos termos da Lei n.º 6.386/1976, a Caixa Econômica Federal deverá abrir uma conta denominada "Depósitos da Arrecadação da Contribuição Sindical" em nome de cada sindicato. A entidade sindical, após obter o arquivamento do seu estatuto social no Ministério do Trabalho e Emprego, receberá um código para a movimentação da referida conta.

Como o estatuto estará arquivado no Ministério do Trabalho e Emprego, este órgão será responsável por informar à entidade bancária todas as ocorrências concernentes à vida administrativa dessas entidades, como por exemplo fusões, extinções e desmembramentos.

No que tange aos recursos transferidos à título de Contribuição Sindical, é importante salientar que, conforme decidiu o Supremo Tribunal Federal, tais contribuições são compulsórias e possuem natureza tributária, constituindo, por conseguinte, receita pública.

Neste diapasão, estarão sujeitas à fiscalização do Tribunal de Contas da União, nos termos do art. 70, parágrafo único e art. 71, I, da Constituição da República Federativa do Brasil. Consignou ainda o Pretório Excelso que a "Autonomia sindical e [a] fiscalização pública – do Tribunal de Contas, das Polícias Federal e estaduais, dos órgãos ambientais – são temas que não se antagonizam, mas antes se complementam. Logo, o direito à autonomia, ainda que de índole constitucional, não chega ao extremo de conferir ao titular a blindagem à fiscalização".

Assim, não há que se falar em violação à autonomia dos sindicatos, prevista no art. 8º, I, da Carta Magna Pátria, estando tais entidades obrigadas a prestar contas ao TCU sobre os valores da contribuição sindical.

Art. 589. Da importância da arrecadação da contribuição sindical serão feitos os seguintes créditos pela Caixa Econômica Federal, na forma das instruções que forem expedidas pelo Ministro do Trabalho:

I - para os empregadores:

a) 5% (cinco por cento) para a confederação correspondente;

b) 15% (quinze por cento) para a federação;

c) 60% (sessenta por cento) para o sindicato respectivo; e

d) 20% (vinte por cento) para a 'Conta Especial Emprego e Salário';

II - para os trabalhadores:

a) 5% (cinco por cento) para a confederação correspondente;

b) 10% (dez por cento) para a central sindical;

c) 15% (quinze por cento) para a federação;

d) 60% (sessenta por cento) para o sindicato respectivo; e

e) 10% (dez por cento) para a 'Conta Especial Emprego e Salário';

III - (revogado);

IV - (revogado).

§ 1º - O sindicato de trabalhadores indicará ao Ministério do Trabalho e Emprego a central sindical a que estiver filiado como beneficiária da respectiva contribuição sindical, para fins de destinação dos créditos previstos neste artigo.

§ 2º - A central sindical a que se refere a alínea 'b' do inciso II do *caput* deste artigo deverá atender aos requisitos de representatividade previstos na legislação específica sobre a matéria.

Por muito tempo, o rateio da importância da arrecadação da contribuição sindical contemplou apenas os sindicatos, as entidades de grau superior (ou seja, as federações e as confederações) e a União. Todavia, a Lei n.º 11.648/2008 ampliou este rol, de modo a contemplar também as centrais sindicais.

Com o advento desta lei, estabeleceu-se que as centrais sindicais representativas passariam a ser financiadas com 10% da parte que cabia ao Ministério do Trabalho e Emprego, da Conta Emprego e Salário, administrada pelo Fundo de Amparo ao Trabalhador, reduzindo, assim, o percentual de 20% destinado àquela conta para 10%.

As centrais sindicais, instituídas no ordenamento jurídico pátrio pela Lei n.º 11.648/2008, são entidades de representação geral dos trabalhadores, constituídas em âmbito nacional. Neste âmbito, são consideradas entidades de cúpula, haja vista se situarem no topo da estrutura sindical, acima dos sindicatos, das federações e das confederações de trabalhadores. Classificam-se, ainda, como entidades intercategoriais, face à possibilidade de filiação espontânea de outras entidades sindicais de categorias profissionais distintas.

Nos termos do seu art. 1º, parágrafo único, "considera-se central sindical, para os efeitos do disposto nesta Lei, a entidade associativa de direito privado composta por organizações sindicais de trabalhadores". Tais entidades possuem como atribuição a coordenação da representação dos trabalhadores e como prerrogativa a participação de negociações em diálogo social de composição tripartite, onde haja interesse dos trabalhadores.

Saliente-se que as centrais sindicais somente poderão perceber o benefício de que trata este artigo se atenderem aos requisitos de representatividades previstos no art. 2º, da Lei n.º 11.648/2008, quais sejam: "I - filiação de, no mínimo, 100 (cem) sindicatos distribuídos nas 5 (cinco) regiões do País; II - filiação em pelo menos 3 (três) regiões do País de, no mínimo, 20 (vinte) sindicatos em cada uma; III - filiação de sindicatos em, no mínimo, 5 (cinco) setores de atividade econômica; e IV - filiação de sindicatos que representem, no mínimo, 7% (sete por cento) do total de empregados sindicalizados em âmbito nacional."

Grande polêmica, contudo, gira em torno desta inovação na repartição do imposto sindical, tendo em vista que as centrais sindicais possuem natureza jurídica de associações de direito privado, não fazendo parte, portanto, do sistema confederativo de representação sindical.

A validade dos dispositivos da Lei n.º 11.648/2008 está, inclusive, sendo discutida no Excelso Supremo Tribunal Federal na Ação Direta de Inconstitucionalidade (ADI) 4067, ajuizada pelo Partido Democratas (DEM), o qual sustenta, em síntese, que os recursos da contribuição sindical têm finalidade específica, "expressamente constitucional", não podendo ser utilizados para o custeio de atividades que extrapolem os limites das categorias profissionais. Alega ainda o partido que as centrais não têm como finalidade primordial a defesa de interesses de uma ou outra categoria.

Atualmente, o julgamento do feito encontra-se suspenso, ante o pedido de vista dos autos pelo Ministro Ayres Britto – com a sua aposentadoria, foram os autos remetidos à Presidência da Corte.

Ressalte-se ainda que, como as centrais sindicais representam apenas os trabalhadores, inexistindo previsão de entidade semelhante que represente os empregadores, as contribuições sindicais patronais não sofreram qualquer alteração no que tange ao seu rateio, permanecendo com a destinação do percentual de 20% do valor arrecadado à Conta Especial de Emprego e Salário.

Art. 590 - Inexistindo confederação, o percentual previsto no art. 589 desta Consolidação caberá à federação representativa do grupo.

§ 1º - (Revogado).

§ 2º - (Revogado).

§ 3º - Não havendo sindicato, nem entidade sindical de grau superior ou central sindical, a contribuição sindical será creditada, integralmente, à "Conta Especial Emprego e Salário".

§ 4º - Não havendo indicação de central sindical, na forma do § 1º do art. 589 desta Consolidação, os percentuais que lhe caberiam serão destinados à "Conta Especial Emprego e Salário".

O *caput* deste artigo aborda a hipótese de não existir confederação, caso no qual o percentual de 5% que lhe caberia (vide art. 589, I, "a" e art. 589, II, "a", da CLT) deverá ser destinado à federação representativa do grupo.

No que tange à inexistência de sindicato, de entidade sindical de grau superior ou de central sindical, hipótese vergastada no parágrafo 3º deste artigo, é de suma importância salientar que, ainda assim, a contribuição sindical será devida por todos os membros da categoria. Todavia, esta obrigatoriedade só surgirá a partir da criação da categoria econômica, profissional, liberal ou autônoma. Neste caso, o valor arrecadado deverá ser creditado, integralmente, à "Conta Especial Emprego e Salário".

Por sua vez, não havendo indicação da central sindical (vide parágrafo 4º), o percentual de 10% que lhe era devido na repartição do imposto sindical será destinado à "Conta Especial Emprego e Salário".

Art. 591 - Inexistindo sindicato, os percentuais previstos na alínea 'c' do inciso I e na alínea 'd' do inciso II do *caput* do art. 589 desta Consolidação serão creditados à federação correspondente à mesma categoria econômica ou profissional.

Parágrafo único - Na hipótese do *caput* deste artigo, os percentuais previstos nas alíneas 'a' e 'b' do inciso I e nas alíneas 'a' e 'c' do inciso II do *caput* do art. 589 desta Consolidação caberão à confederação.

Na conjectura de inexistência de sindicato, o percentual de 60% sobre o montante arrecadado de contribuição sindical que lhe era devido será destinado à federação correspondente. Nesta hipótese, o percentual de 15% que seria devido à federação será repassado à confederação.

SEÇÃO II
DA APLICAÇÃO DA CONTRIBUIÇÃO SINDICAL

Art. 592 - A contribuição sindical, além das despesas vinculadas à sua arrecadação, recolhimento e controle, será aplicada pelos sindicatos, na conformidade dos respectivos estatutos, usando aos seguintes objetivos:

I - Sindicatos de empregadores e de agentes autônomos:

a) assistência técnica e jurídica;

b) assistência médica, dentária, hospitalar e farmacêutica;

c) realização de estudos econômicos e financeiros;

d) agências de colocação;

e) cooperativas;

f) bibliotecas;

g) creches;

h) congressos e conferências;

i) medidas de divulgação comercial e Indústrial no País, e no estrangeiro, bem como em outras tendentes a incentivar e aperfeiçoar a produção nacional.

j) feiras e exposições;

l) prevenção de acidentes do trabalho;

m) finalidades desportivas.

II - Sindicatos de empregados:

a) assistência jurídica;

b) assistência médica, dentária, hospitalar e farmacêutica;

c) assistência à maternidade;

d) agências de colocação;

e) cooperativas;

f) bibliotecas;

g) creches;

h) congressos e conferências;

i) auxílio-funeral;

j) colônias de férias e centros de recreação;

l) prevenção de acidentes do trabalho;

m) finalidades desportivas e sociais;

n) educação e formação profissional.

o) bolsas de estudo.

III - Sindicatos de profissionais liberais:

a) assistência jurídica;

b) assistência médica, dentária, hospitalar e farmacêutica;

c) assistência à maternidade;

d) bolsas de estudo;

e) cooperativas;

f) bibliotecas;

g) creches;

h) congressos e conferências;

i) auxílio-funeral;

j) colônias de férias e centros de recreação;

l) estudos técnicos e científicos;

m) finalidades desportivas e sociais;

n) educação e formação profissional;

o) prêmios por trabalhos técnicos e científicos.

IV - Sindicatos de trabalhadores autônomos:

a) assistência técnica e jurídica;

b) assistência médica, dentária, hospitalar e farmacêutica;

c) assistência à maternidade;

d) bolsas de estudo;

e) cooperativas;

f) bibliotecas;

g) creches;

h) congressos e conferências;

i) auxílio-funeral;

j) colônias de férias e centros de recreação;

l) educação e formação profissional;

m) finalidades desportivas e sociais.

§ 1° - A aplicação prevista neste artigo ficará a critério de cada entidade, que, para tal fim, obedecerá, sempre, às peculiaridades do respectivo grupo ou categoria, facultado ao Ministro do Trabalho permitir a inclusão de novos programas, desde que assegurados os serviços assistenciais fundamentais da entidade.

§ 2º - Os sindicatos poderão destacar, em seus orçamentos anuais, até 20% (vinco por cento) dos recursos da contribuição sindical para o custeio das suas atividades administrativas, independentemente de autorização ministerial.

§ 3º - O uso da contribuição sindical prevista no §2º não poderá exceder do valor total das mensalidades sociais consignadas nos orçamentos dos sindicatos, salvo autorização expressa do Ministro do Trabalho.

O "Imposto Sindical" previsto nesta Seção passou a ser denominado "Contribuição Sindical", por força do Decreto-lei n.º 27, de 14-11-1966. O Decreto-lei n.º 229, de 28-02-1967, ratificou essa denominação.

A Consolidação das Leis Trabalhistas traça, nesta Seção, os fins para a aplicação dos recursos advindos do recolhimento da contribuição sindical, como o investimento em projetos de assistência jurídica, médica, dentária, hospitalar, farmacêutica, bibliotecas, congressos e conferências, bolsas de estudo, cooperativas, auxílio-funeral, dentre outros.

Os objetivos elencados nas alíneas dos incisos I a IV atendem às peculiaridades de cada classe de entidade sindical, a qual deve ser observada na destinação dos recursos, conforme preconiza o § 1º, podendo o Ministério do Trabalho permitir a inclusão de novos programas, desde que assegurados os serviços assistenciais fundamentais da entidade.

De acordo com os parágrafos § 2º e § 3º, o sindicato poderá utilizar até o limite de 20% dos recursos da contribuição sindical para o custeio das suas atividades administrativas, desde que esse valor não exceda o valor total das mensalidades sociais, consignadas nos orçamentos da entidade.

Parte da doutrina questiona a constitucionalidade deste artigo, alegando suposta afronta à autonomia sindical assegurada no art. 8º, I, Constituição da República de 1988, especialmente tendo em vista que muitos dos objetivos aqui elencados são encargos do próprio Estado, estranhos à finalidade constitucional dos sindicatos, tais como a assistência médica, dentária, hospitalar e farmacêutica; a assistência à maternidade; as creches; dentre outros.

Todavia, prevalece o entendimento no sentido da sua constitucionalidade, sendo direito do Estado determinar às os fins da aplicação da contribuição sindical, não havendo que se falar em interferência ou intervenção no sindicato pelo Poder Executivo, haja vista o caráter tributário e, portanto, de receita pública deste recurso.

A aplicação das contribuições sindicais deve, ainda, observar o disposto na Orientação Normativa n.º 1, de 25 de agosto de 2011, do Ministério do Trabalho e Emprego, a qual preconiza que as entidades sindicais devem promover ajustes em seus planos de contas de modo a segregar contabilmente as receitas e as despesas decorrentes da contribuição sindical, com o fito de assegurar a transparência e viabilizar o controle da aplicação de recursos públicos.

Além das limitações consignadas no art. 592 deste Códex Trabalhista, outra importante baliza no emprego dos recursos provenientes da contribuição sindical é encontrada no art. 45, inciso VI, da Lei n.º 8.713/1993, o qual proíbe os partidos e os candidatos de receberem, direta ou indiretamente, doação em dinheiro ou estimável em dinheiro, inclusive através de publicidade de qualquer espécie, procedente de entidades sindicais.

Art. 593 - As percentagens atribuídas às entidades sindicais de grau superior e às centrais sindicais serão aplicadas de conformidade com o que dispuserem os respectivos conselhos de representantes ou estatutos.

Parágrafo único - Os recursos destinados às centrais sindicais deverão ser utilizados no custeio das atividades de representação geral dos trabalhadores decorrentes de suas atribuições legais.

Da leitura deste artigo, torna-se patente o tratamento diferenciado dispensado às entidades de grau superior e às centrais sindicais em detrimento do tratamento rígido conferido aos sindicatos. Àquelas é conferida ampla liberdade na disposição dos recursos, exigindo-se apenas conformidade com o que dispuserem os respectivos conselhos de representantes ou os seus estatutos.

Por fim, no que tange ainda à aplicabilidade dos recursos da contribuição sindical, há que se ponderar que não há qualquer dispositivo consolidado que confira ao Ministério do Trabalho o poder de bloquear as contas de um sindicato. Entretanto, entende-se que, por cautela, o estabelecimento bancário deve exigir uma declaração da autoridade competente deste Ministério que ateste a regularidade da situação do sindicato ou da associação de grau superior.

Art. 594 - O "Fundo Social Sindical" será gerido e aplicado pela Comissão do Imposto Sindical em objetivos que atendam aos interesses gerais da organização sindical nacional ou à assistência social aos trabalhadores.

A expressão "Fundo Social Sindical" já constava da redação originária da CLT (Decreto-Lei n.° 5452/43). A gestão do fundo competia à Comissão do Imposto Sindical (CLT, arts. 594 e 596, 'a' - este revogado pela Lei n.° 4.589, de 11/12/1964). A Comissão do Imposto Sindical, entretanto, foi extinta (Lei n.° 4.589, de 11/12/1964, art. 1°) e o fundo passou a ser uma conta especial chamada "Emprego e Salário" que seria utilizada em 1965 para despesas administrativas (Lei n.° 4.589/1964, art. 18, *caput*) e que, nos anos seguintes, integraria o orçamento do Ministério do Trabalho e Previdência Social (Lei n.° 4.589/1964, art. 18, *caput*). O legislador havia definido que 20% do "Imposto Sindical" (CLT, art. 592) deveria ser destinado à conta especial "Emprego e Salário" (CLT, art. 590, com redação pela Lei n.° 4.589/1964). Atualmente, a destinação de valores à "Conta Especial Emprego e Salário" (CEES) compete à Caixa Econômica Federal e possui regras um pouco mais sofisticadas (CLT, arts. 589, *caput*, I, 'd', II, 'e', e 590, §§3º e 4º). Notícias jornalísticas apontam que a CEES já foi alvo de operações da Polícia Federal por desvio de recursos no ano de 2018 (Operação Registro Espúrio). É possível a interpretação de que os valores do CEES integram o orçamento da União (cf. julgado do TRT-3, 0010283-78.2015.5.03.0186).

SEÇÃO III
DA COMISSÃO DO IMPOSTO SINDICAL

Arts. 595, 596 e 597 - (Revogados)

SEÇÃO IV
DAS PENALIDADES

Art. 598 - Sem prejuízo da ação criminal e das penalidades previstas no art. 553, serão aplicadas multas de Cr$ 10,00 (dez cruzeiros) a Cr$ 10.000,00 (dez mil cruzeiros) pelas infrações deste Capítulo impostas no Distrito Federal pela autoridade competente de 1ª instância do Departamento Nacional do Trabalho e nos Estados e no Território do Acre pelas autoridades regionais do Ministério do Trabalho, Indústria e Comércio.

Parágrafo único - A gradação da multa atenderá à natureza da infração e às condições sociais e econômicas do infrator.

A norma estabelece a aplicação de multas por descumprimento às disposições do capítulo. São mecanismos através de penalidades - com as graduações variáveis - devidas e aplicáveis pelas infrações em casos de atrasos ou não recolhimentos das devidas contribuições. Consoante a Lei n.º 7.855, a 24 de outubro de 1989, conforme artigo 2º, as multas desta Consolidação foram triplicadas e convertidas em BTN.

Art. 599 - Para os profissionais liberais, a penalidade consistirá na suspensão do exercício profissional, até a necessária quitação, e será aplicada pelos órgãos públicos ou autárquicos disciplinadores das respectivas profissões mediante comunicação das autoridades fiscalizadoras.

Temos aqui aplicação de penalidade apenas aos profissionais liberais que não recolhem a contribuição sindical. Vemos que o artigo anterior não se aplica a esta classe, visto que existe uma pena mais específica e mais grave, qual seja: a suspensão do exercício profissional. Os agentes fiscalizadores que se referem o artigo são agentes de Inspeção do Trabalho, ligados ao Ministério do Trabalho. Tal procedimento deve dar ao devedor à oportunidade de defesa ou pagamento da dívida antes de qualquer aplicação de sanção.

Art. 600 - O recolhimento da contribuição sindical efetuado fora do prazo referido neste Capítulo, quando espontâneo, será acrescido da multa de 10% (dez por cento), nos 30 (trinta) primeiros dias, com o adicional de 2% (dois por cento) por mês subsequente de atraso, além de juros de mora de 1 % (um por cento) ao mês e correção monetária, ficando, nesse caso, o infrator, isento de outra penalidade.

§ 1° - O montante das cominações previstas neste artigo reverterá sucessivamente:

a) ao Sindicato respectivo;

b) à Federação respectiva, na ausência de Sindicato;

c) à Confederação respectiva, inexistindo Federação.

§ 2° - Na falta de Sindicato ou entidade de grau superior, o montante a que alude o parágrafo precedente reverterá à conta "Emprego e Salário".

Temos aqui, além da obrigação legal de recolhimento sindical, quando este se fizer em atraso, aplicação de multa, juros e correção, que serão revertidos em favor das entidades. A contribuição sindical é tributo federal, com destinação específica. De consequência, à correção monetária, são aplicáveis as normas legais pertinentes à correção monetária da Dívida Ativa da União. O artigo enumera também a federação e a confederação, mas estas somente serão levadas em consideração de forma sucessiva, e não participativa, ou seja, só na falta do sindicato, é que a federação, ou a confederação que receberam tias valores. O legislador deu um tratamento privilegiado para o devedor que espontaneamente efetuar o recolhimento da contribuição além do prazo marcado, vemos que se retira a aplicação de qualquer outra punição.

SEÇÃO V
DISPOSIÇÕES GERAIS

Art. 601 – Revogado pela Lei 13.467/2017

Art. 602 – Os empregados que não estiverem trabalhando no mês destinado ao desconto da contribuição sindical e que venham a autorizar prévia e expressamente o recolhimento serão descontados no primeiro mês subsequente ao do reinício do trabalho.

Parágrafo único - De igual forma se procederá com os empregados que forem admitidos depois daquela data e que não tenham trabalhado anteriormente nem apresentado a respectiva quitação.

Com a alteração do texto pela Lei n.° 13.467 de 2017, fica clara a necessidade de autorização expressa pelo empregado pelo recolhimento da contribuição sindical. Mesmo que não esteja trabalhando no mês do desconto – não mais obrigatório - ao seu retorno no serviço deverá ser devidamente tributado. Entendemos que tal ausência no mês que deveria ser descontado é devido a suspensão total do contrato de trabalho ou mesmo desemprego. Quando se trata de novo empregado, que não tenha trabalhado nenhum mês no ano em que for admitido, iguala-se aos que não comprovaram o recolhimento e tal ato deverá ser no mês subsequente a contratação. Importante salientar que o empregado que se desliga de uma empresa deve exigir comprovante do pagamento da contribuição sindical daquele ano. Assim evitará que o novo empregador tenha de efetuar, outra vez, o desconto no seu salário, da quantia já recolhidas.

Art. 603 - Os empregadores são obrigados a prestar aos encarregados da fiscalização os esclarecimentos necessários ao desempenho de sua missão e a exibir-lhes, quando exigidos, na parte relativa ao pagamento de empregados, os seus livros, folhas de pagamento e outros documentos comprobatórios desses pagamentos, sob pena da multa cabível.

Conforme artigos, os empregadores - que possuem os documentos de seus empregados - têm obrigação de prestar todos os esclarecimentos aos fiscais, encarregados e representantes das entidades fiscalizadoras. O artigo delimita o campo de fiscalização dos pagamentos, quais sejam: folhas de pagamento e outros documentos comprobatórios desses pagamentos.

Art. 604 - Revogado pela Lei 13.467/2017

Art. 605 - As entidades sindicais são obrigadas a promover a publicação de editais concernentes ao recolhimento do imposto sindical, durante 3 (três) dias, nos jornais de maior circulação local e até 10 (dez) dias da data fixada para depósito bancário.

Trata-se da obrigação legal de publicidade. É necessária a divulgação e publicidade do recolhimento. Tal obrigação é por parte dos sindicatos e empregados. Cabe às entidades sindicais publicar os devidos atos através de edital, no jornal local de maior circulação, com relação à contribuição sindical.

Art. 606 - Às entidades sindicais cabe, em caso de falta de pagamento da contribuição sindical, promover a respectiva cobrança judicial, mediante ação executiva, valendo como título de dívida a certidão expedida pelas autoridades regionais do Ministério do Trabalho e Previdência Social.

§ 1° - O Ministro do Trabalho, Indústria e Comércio baixará as instruções regulando a expedição das certidões a que se refere o presente artigo das quais deverá constar a individualização de contribuinte, a indicação do débito e a designação da entidade a favor da qual será recolhida a importância de imposto, de acordo com o respectivo enquadramento sindical.

§ 2° - Para os fins da cobrança judicial do imposto sindical, são extensivos às entidades sindicais, com exceção do foro especial, os privilégios da Fazenda Pública, para cobrança da dívida ativa.

As entidades sindicais tem o direito de proceder com a ação devida – quando vislumbrarem o não pagamento da contribuição sindical – a fim de cobrar tais valores. A certidão expedida pelas autoridades regionais do Ministério do Trabalho e Emprego vale como título da dívida. Logo, não há a necessidade de se propor a ação cognitiva de cobrança. Quanto a competência, atentar a Emenda Constitucional n.° 45, a competência do Judiciário Trabalhista.

Art. 607 - É considerado como documento essencial ao comparecimento às concorrências públicas ou administrativas e para o fornecimento às repartições paraestatais ou autárquicas a prova da quitação do respectivo imposto sindical e a de recolhimento do imposto sindical, descontado dos respectivos empregados.

Tratava-se de uma obrigação por parte do estado aos empregadores, do recolhimento correto da contribuição sindical. A prova de tal quitação era requisito indispensável para participação nas concorrências públicas. Atualmente, a Lei Federal 8.666/1993 prevê a documentação que deve ser carreada para participação em certames licitatórios.

Art. 608 - As repartições federais, estaduais ou municipais não concederão registro ou licenças para funcionamento ou renovação de atividades aos estabelecimentos de empregadores e aos escritórios ou congêneres dos agentes ou trabalhadores autônomos e profissionais liberais, nem concederão alvarás de licença ou localização, sem que sejam exibidas as provas de quitação do imposto sindical, na forma do artigo anterior.

Parágrafo único - A não observância do disposto neste artigo acarretará, de pleno direito, a nulidade dos atos nele referidos, bem como dos mencionados no artigo 607.

Para se efetivar a cobrança de quantias à titulo de contribuição sindical, houve uma robusta limitação e burocratização para obtenção de registro e licenças de funcionamento de consultórios patronais e demais entidades. Terão assim, somente seus respectivos alvarás depois de devida comprovação de quitação do tributo. Com relação a suscitar o conflito com parágrafo único do art. 170 da Constituição Federal que expressa: “É assegurado a todos o livre exercício de qualquer atividade econômica, independentemente de autorização de órgãos públicos, salvo nos casos previstos em lei”, a mesma não se verifica pelo fato de que a exigência da prova de quitação da contribuição sindical não tem nenhuma semelhança com autorização oficial para o exercício de uma atividade econômica ou profissional e, por fim, porque a questionada exigência está em sintonia com o inciso IV do art. 8º da Constituição Federal, o qual agasalha a norma que obriga todos os empregadores e assalariados a recolher a contribuição sindical. A ausência da prova de quitação da contribuição sindical acarretará, de pleno direito, a nulidade do ato que concedeu o registro ou a licença de funcionamento, bem como das licitações em concorrências públicas.

Art. 609 - O recolhimento da contribuição sindical e todos os lançamentos e movimentos nas contas respectivas são isentos de selos e taxas federais, estaduais ou municipais.

A contribuição sindical, através de seu recolhimento, lançamento e movimentos, dispensa a incidência de qualquer selo ou taxas. Tinha-se em outros tempos, através de selos e demais objetos característicos do Império, a imposição de tributação. Contudo, tais insígnias foram flagrantemente dispensadas e substituídas por outras formas de cobrança, o que o artigo atual só tratou de ratificar a situação.

Art. 610 - As dúvidas no cumprimento deste Capítulo serão resolvidas pelo Diretor-Geral do Departamento Nacional do Trabalho, que expedirá as instruções que se tornarem necessárias à sua execução.

A contribuição sindical possuía a natureza jurídica de tributo, sendo que o Estado regulamentava a sua arrecadação, seu recolhimento e rateio. O texto se deve à Lei n.º 4.589, de 11.12.1964 que deu ao artigo a atual redação. Todavia, após a entrada em vigor da Reforma Trabalhista (Lei n.º 13.467/2017), há necessidade de que o desconto seja prévia e expressamente autorizado pelo empregado (Cf. artigos 578 e 579 e ADI 5.794-DF), razão pela qual tem-se entendido que a contribuição sindical perdeu sua natureza de tributária.

TÍTULO VI

CONVENÇÕES COLETIVAS DE TRABALHO

Art. 611 - Convenção Coletiva de Trabalho é o acordo de caráter normativo, pelo qual dois ou mais Sindicatos representativos de categorias econômicas e profissionais estipulam condições de trabalho aplicáveis, no âmbito das respectivas representações, às relações individuais de trabalho.

Como instrumento da autonomia privada coletiva, a negociação coletiva viabiliza alterações nas condições de trabalho, bem como a efetiva adequação das normas que regulam as relações de trabalho. Ainda, a negociação possibilita a solução dos conflitos pelas próprias partes interessadas e envolve toda a categoria profissional e econômica ou um conjunto de empregados de determinada empresa.

Na esteira do estabelecido no artigo 7°, inciso XXVI, da CF/1988, no ordenamento jurídico brasileiro os contratos coletivos de trabalho são a convenção coletiva e o acordo coletivo.

A convenção coletiva é um instrumento que decorre da negociação entre um ou mais sindicatos profissionais e um ou mais sindicatos patronais da mesma categoria, onde são estabelecidas normas genéricas e abstratas, com eficácia geral para toda a categoria de trabalhadores representada na negociação.

Da mesma forma, o acordo coletivo estabelece normas genéricas e abstratas. Entretanto, é negociado entre o sindicato profissional e uma ou mais empresas diretamente, com aplicação no âmbito das relações individuais de trabalho estabelecidas com as empresas signatárias do instrumento.

No que concerne à natureza jurídica das normas coletivas, em que pese às divergências doutrinárias existentes, a teoria mista, que conjuga os aspectos contratuais e normativos, tem prevalecido sobre as demais. Assim, na linha do defendido por essa teoria, nas normas coletivas é possível identificar a natureza contratual, quando são estabelecidas condições de trabalho e obrigações aos envolvidos na negociação, revelando uma autonomia de vontade coletiva. E, ainda, ao regular a relação jurídica de trabalho, as normas coletivas evidenciam também um caráter normativo e vinculante.

As cláusulas dos instrumentos coletivos, em geral, são classificadas pela doutrina como obrigacionais ou normativas. As cláusulas obrigacionais estipulam direitos e deveres entre as entidades que firmam o instrumento coletivo, com é o caso de multa pela não apresentação de guia de recolhimento de taxa sindical. Não produzem efeitos nos contratos individuais de trabalho. Por outro lado, as cláusulas normativas atingem diretamente os contratos individuais de trabalho, estabelecendo vantagens e desvantagens para empregadores e empregados, mediante concessões recíprocas.

§ 1° - É facultado aos Sindicatos representativos de categorias profissionais celebrar Acordos Coletivos com uma ou mais empresas da correspondente categoria econômica, que estipulem condições de trabalho, aplicáveis no âmbito da empresa ou das acordantes respectivas relações de trabalho.

É uma exigência constitucional prevista no artigo 8°, inciso VI, da CF/1988, a presença do sindicato profissional na negociação coletiva. O acordo coletivo envolve, portanto, o sindicato dos trabalhadores e a empresa ou empresas acordantes.

Dessa maneira, ao contrário da convenção coletiva que vincula toda a categoria, o acordo coletivo somente obriga aqueles que figuraram como partes na negociação coletiva.

Assim, não existe discrepância no tocante ao conteúdo presente na convenção coletiva e no acordo coletivo, pairando as diferenças entre os dois instrumentos sobre a abrangência (convenção coletiva – toda a categoria x acordo coletivo – restrito aos diretamente envolvidos) e os sujeitos do pacto coletivo (convenção coletiva – sindicato profissional e patronal x acordo coletivo – sindicato profissional e empresa ou grupo de empresas).

§ 2º - As Federações e, na falta desta, as Confederações representativas de categorias econômicas ou profissionais poderão celebrar convenções coletivas de trabalho para reger as relações das categorias a elas vinculadas, inorganizadas em Sindicatos, no âmbito de suas representações.

As categorias inorganizadas em sindicatos podem ser representadas pelas entidades de grau superior, como federação ou, ainda, confederação, em face de uma legitimação subsidiária.

É importante esclarecer que as centrais sindicais, não obstante integrarem a estrutura sindical brasileira (Lei n.º 11.648/2008), não podem juridicamente substituir os sindicatos em negociação coletiva, ajuizamento de dissídios coletivos e declaração de greve. A atuação das centrais sindicais é política, visando agrupar sindicatos e incrementar a força de mobilização das categorias.

Art. 611-A - A convenção coletiva e o acordo coletivo de trabalho têm prevalência sobre a lei quando, entre outros, dispuserem sobre:

O presente artigo traz um dos principais temas da denominada reforma trabalhista (Lei n.º 13.467/2017), vez que estabelece em seu *caput* a prevalência do negociado sobre o legislado. Ainda, são relacionados os temas que "entre outros" podem ser objeto de negociação coletiva (incisos I a XV), o que aumenta a segurança jurídica do pactuado coletivamente.

I - pacto quanto à jornada de trabalho, observados os limites constitucionais;

II - banco de horas anual;

III - intervalo intrajornada, respeitado o limite mínimo de trinta minutos para jornadas superiores a seis horas;

IV - adesão ao Programa Seguro-Emprego (PSE), de que trata a Lei no 13.189, de 19 de novembro de 2015;

V - plano de cargos, salários e funções compatíveis com a condição pessoal do empregado, bem como identificação dos cargos que se enquadram como funções de confiança;

VI - regulamento empresarial;

VII - representante dos trabalhadores no local de trabalho;

VIII - teletrabalho, regime de sobreaviso, e trabalho intermitente;

IX - remuneração por produtividade, incluídas as gorjetas percebidas pelo empregado, e remuneração por desempenho individual;

X - modalidade de registro de jornada de trabalho;

XI - troca do dia de feriado;

XII - enquadramento do grau de insalubridade;

XIII – prorrogação da jornada em ambientes insalubres, sem licença prévia das autoridades competentes do Ministério do Trabalho;

XIV - prêmios de incentivo em bens ou serviços, eventualmente concedidos em programas de incentivo;

XV - participação nos lucros ou resultados da empresa;

§ 1º - No exame da convenção coletiva ou do acordo coletivo de trabalho, a Justiça do Trabalho observará o disposto no § 3º do art. 8º desta Consolidação.

A Justiça do Trabalho, quando da análise de convenção coletiva ou acordo coletivo, examinará exclusivamente a conformidade dos elementos essenciais do negócio jurídico, orientada pelo princípio da intervenção mínima na autonomia da vontade coletiva. Dessa forma, o exame, na esteira do previsto no artigo 104 do CCB, estará restrito a verificação de ser o agente capaz, o objeto lícito, a forma prescrita ou não defesa em lei.

§ 2º - A inexistência de expressa indicação de contrapartidas recíprocas em convenção coletiva ou acordo coletivo de trabalho não ensejará sua nulidade por não caracterizar um vício do negócio jurídico.

É excluída como hipótese de vício no negócio jurídico a ausência de indicação expressa de contrapartidas recíprocas no pactuado.

§ 3º - Se for pactuada cláusula que reduza o salário ou a jornada, a convenção coletiva ou o acordo coletivo de trabalho deverão prever a proteção dos empregados contra dispensa imotivada durante o prazo de vigência do instrumento coletivo.

É estabelecida uma proteção contra a dispensa imotivada no período de vigência do instrumento coletivo, caso seja pactuada a redução de salário ou jornada.

§ 4º - Na hipótese de procedência de ação anulatória de cláusula de convenção coletiva ou de acordo coletivo de trabalho, quando houver a cláusula compensatória, esta deverá ser igualmente anulada, sem repetição do indébito.

Com o objetivo de manter o equilíbrio das condições pactuadas, a anulação de uma cláusula gera a anulação da cláusula compensatória correspondente.

§ 5º - Os sindicatos subscritores de convenção coletiva ou de acordo coletivo de trabalho deverão participar, como litisconsortes necessários, em ação individual ou coletiva, que tenha como objeto a anulação de cláusulas desses instrumentos.

A participação dos sindicatos é obrigatória nas ações que busquem a anulação de cláusulas negociadas.

Art. 611-B - Constituem objeto ilícito de convenção coletiva ou de acordo coletivo de trabalho, exclusivamente, a supressão ou a redução dos seguintes direitos:

São considerados como objetos ilícitos, caso sejam inseridos em convenção coletiva ou acordo coletivo, "exclusivamente" a supressão ou a redução dos direitos elencados nos incisos de I a XXX.

I - normas de identificação profissional, inclusive as anotações na Carteira de Trabalho e Previdência Social;

II - seguro-desemprego, em caso de desemprego involuntário;

III - valor dos depósitos mensais e da indenização rescisória do Fundo de Garantia do Tempo de Serviço (FGTS);

IV - salário mínimo;

V - valor nominal do décimo terceiro salário;

VI - remuneração do trabalho noturno superior à do diurno;

VII - proteção do salário na forma da lei, constituindo crime sua retenção dolosa;

VIII - salário-família;

IX - repouso semanal remunerado;

X - remuneração do serviço extraordinário superior, no mínimo, em 50% (cinquenta por cento) à do normal;

XI - número de dias de férias devidas ao empregado;

XII - gozo de férias anuais remuneradas com, pelo menos, um terço a mais do que o salário normal;

XIII - licença-maternidade com a duração mínima de cento e vinte dias;

XIV - licença-paternidade nos termos fixados em lei;

XV - proteção do mercado de trabalho da mulher, mediante incentivos específicos, nos termos da lei;

XVI - aviso prévio proporcional ao tempo de serviço, sendo no mínimo de trinta dias, nos termos da lei;

XVII - normas de saúde, higiene e segurança do trabalho previstas em lei ou em normas regulamentadoras do Ministério do Trabalho;

XVIII - adicional de remuneração para as atividades penosas, insalubres ou perigosas;

XIX - aposentadoria;

XX - seguro contra acidentes de trabalho, a cargo do empregador;

XXI - ação, quanto aos créditos resultantes das relações de trabalho, com prazo prescricional de cinco anos para os trabalhadores urbanos e rurais, até o limite de dois anos após a extinção do contrato de trabalho;

XXII - proibição de qualquer discriminação no tocante a salário e critérios de admissão do trabalhador com deficiência;

XXIII - proibição de trabalho noturno, perigoso ou insalubre a menores de dezoito anos e de qualquer trabalho a menores de dezesseis anos, salvo na condição de aprendiz, a partir de quatorze anos;

XXIV - medidas de proteção legal de crianças e adolescentes;

XXV - igualdade de direitos entre o trabalhador com vínculo empregatício permanente e o trabalhador avulso;

XXVI - liberdade de associação profissional ou sindical do trabalhador, inclusive o direito de não sofrer, sem sua expressa e prévia anuência, qualquer cobrança ou desconto salarial estabelecidos em convenção coletiva ou acordo coletivo de trabalho;

XXVII - direito de greve, competindo aos trabalhadores decidir sobre a oportunidade de exercê-lo e sobre os interesses que devam por meio dele defender;

XXVIII - definição legal sobre os serviços ou atividades essenciais e disposições legais sobre o atendimento das necessidades inadiáveis da comunidade em caso de greve;

XXIX - tributos e outros créditos de terceiros;

XXX - as disposições previstas nos arts. 373-A, 390, 392, 392-A, 394, 394-A, 395, 396 e 400 desta Consolidação.

Parágrafo único - Regras sobre duração do trabalho e intervalos não são consideradas como normas de saúde, higiene e segurança do trabalho para os fins do disposto neste artigo.

O parágrafo único expressamente exclui as regras de duração do trabalho e dos intervalos das normas de saúde, higiene e segurança do trabalho, o que, em tese, elimina os debates e autoriza a inclusão de tais temas na negociação coletiva.

Art. 612 - Os Sindicatos só poderão celebrar Convenções ou Acordos Coletivos de Trabalho, por deliberação de Assembleia Geral especialmente convocada para esse fim, consoante o disposto nos respectivos Estatutos, dependendo a validade da mesma do comparecimento e votação, em primeira convocação, de 2/3 (dois terços) dos associados da entidade, se se tratar de Convenção, e dos interessados, no caso de Acordo, e, em segunda, de 1/3 (um terço) dos mesmos.

Parágrafo único - O "quorum" de comparecimento e votação será de 1/8 (um oitavo) dos associados em segunda convocação, nas entidades sindicais que tenham mais de 5.000 (cinco mil) associados.

O presente dispositivo é alvo de divergência doutrinária, vez que para alguns está em vigor e não representa qualquer interferência do Poder Público na organização sindical. Entretanto, para outros, não foi recepcionado pela Constituição Federal, considerando o princípio da liberdade sindical e da vedação de intervenção do Poder Público (artigo 8º, *caput* e inciso I, da CF/1988).

Com o cancelamento das Orientações Jurisprudenciais 13 e 21 da SDC, do TST, que estabeleciam a necessidade de observância das exigências do artigo em estudo, restou fortalecido o entendimento de que a fixação do quórum da assembleia sindical está sujeita somente ao previsto no estatuto da entidade sindical.

Art. 613 - As Convenções e os Acordos deverão conter obrigatoriamente:

I - Designação dos Sindicatos convenentes ou dos Sindicatos e empresas acordantes;

II - Prazo de vigência;

III - Categorias ou classes de trabalhadores abrangidas pelos respectivos dispositivos;

IV - Condições ajustadas para reger as relações individuais de trabalho durante sua vigência;

V - Normas para a conciliação das divergências surgidas entre os convenentes por motivos da aplicação de seus dispositivos;

VI - Disposições sobre o processo de sua prorrogação e de revisão total ou parcial de seus dispositivos;

VII - Direitos e deveres dos empregados e empresas;

VIII - Penalidades para os Sindicatos convenentes, os empregados e as empresas em caso de violação de seus dispositivos.

Em que pese à liberdade sindical assegurada pela Constituição, necessário se faz algumas condições mínimas para a adequada aplicação das normas coletivas, sendo assim o dispositivo elenca exigências, em rol não exaustivo, a serem observadas em convenções e acordos coletivos.

Parágrafo único - As convenções e os Acordos serão celebrados por escrito, sem emendas nem rasuras, em tantas vias quantos forem os Sindicatos convenentes ou as empresas acordantes, além de uma destinada a registro.

O registro é um requisito formal que visa viabilizar o acesso à consulta do instrumento por qualquer interessado. Atualmente, o depósito e a consulta podem ser realizados por meio eletrônico, via sistema Mediador, do Ministério do Trabalho (Instrução Normativa SRT/MTE 16 de 15.10.2013).

Art. 614 - Os Sindicatos convenentes ou as empresas acordantes promoverão, conjunta ou separadamente, dentro de 8 (oito) dias da assinatura da Convenção ou Acordo, o depósito e uma via do mesmo, para fins de registro e arquivo, no Departamento Nacional do Trabalho, em se tratando de instrumento de caráter nacional ou interestadual, ou nos órgãos regionais do Ministério do Trabalho e Previdência Social, nos demais casos.

Para a efetiva eficácia e exigibilidade das normas coletivas, é imprescindível o registro formal perante o órgão do Ministério do Trabalho para fins de publicidade, arquivo e início de vigência.

O registro da norma coletiva é um ato administrativo vinculado, sendo vedada a recusa do recebimento pelo órgão. Entretanto, é pertinente o exame no que se refere aos aspectos formais de existência da norma, como a correta identificação das entidades, na esteira do Cadastro Nacional de Entidades Sindicais – CNES, a regularidade de representação e a identificação da base territorial correspondente.

Após ser finalizada a negociação e elaborada a versão final da norma coletiva, essa é transmitida eletronicamente, via sistema Mediador, do Ministério do Trabalho, por qualquer das partes signatárias, sendo gerado pelo próprio sistema um requerimento de registro a ser assinado pelos solicitantes e protocolado em unidade do Ministério do Trabalho.

§ 1° - As Convenções e os Acordos entrarão em vigor 3 (três) dias após a data da entrega dos mesmos no órgão referido neste artigo.

O prazo inicial de vigência é de três dias após a data de

entrega no órgão administrativo para arquivamento. A eventual ilegalidade pode ser objeto de controle judicial, mas é essencial a iniciativa por parte do interessado ou do Ministério Público do Trabalho.

§ 2° - Cópias autênticas das Convenções e dos Acordos deverão ser afixados de modo visível, pelos Sindicatos convenentes, nas respectivas sedes e nos estabelecimentos das empresas compreendidas no seu campo de aplicação, dentro de 5 (cinco) dias da data do depósito previsto neste artigo.

A ampla divulgação do previsto na norma coletiva deve ser perseguida pelos sindicatos convenentes, com a divulgação do pactuado na sede das entidades e nas empresas envolvidas na negociação.

§ 3° - Não será permitido estipular duração de convenção coletiva ou acordo coletivo de trabalho superior a dois anos, sendo vedada a ultratividade.

O parágrafo terceiro foi incluído pela reforma trabalhista, sendo vedada a ultratividade das normas coletivas, o que limita a aplicação dessas ao período de vigência do respectivo instrumento, o qual não poderá ser superior a dois anos.

Art. 615 - O processo de prorrogação, revisão, denúncia ou revogação total ou parcial de Convenção ou Acordo ficará subordinado, em qualquer caso, à aprovação de Assembleia Geral dos Sindicatos convenentes ou partes acordantes, com observância do disposto no art. 612.

As convenções e acordos coletivos estão sujeitos à prorrogação, revisão, denúncia ou revogação parcial ou total, devendo ser observadas as condições previstas nos estatutos dos respectivos sindicatos e os requisitos formais para registro de tais medidas junto ao Ministério do Trabalho.

§ 1° - O instrumento de prorrogação, revisão, denúncia ou revogação de Convenção ou Acordo será depositado para fins de registro e arquivamento, na repartição em que o mesmo originariamente foi depositado observado o disposto no art. 614.

Os requisitos exigidos para o registro do instrumento serão, igualmente, necessários para a formalização de qualquer alteração.

§ 2° - As modificações introduzidos em Convenção ou Acordo, por força de revisão ou de revogação parcial de suas cláusulas passarão a vigorar 3 (três) dias após a realização de depósito previsto no § 1°.

Para fins de vigência das modificações introduzidas em convenção ou acordo coletivo, é aplicado o prazo de 3 (três) dias após a realização do registro.

Art. 616 - Os Sindicatos representativos de categorias econômicas ou profissionais e as empresas, inclusive as que não tenham representação sindical, quando provocados, não podem recusar-se à negociação coletiva.

A Constituição Federal estabelece que os sindicatos são os legitimados para a defesa dos direitos e dos interesses coletivos ou individuais das respectivas categorias, na esteira dos artigos 8°, inciso III, da CF/1988 e 513 e 872 da CLT.

As federações e confederações têm legitimação subsidiária e sucessiva para celebração de acordos coletivos de trabalho, na ausência de sindicato na respectiva base territorial, bem como na hipótese de o sindicato, quando provocado, não assumir a negociação coletiva ou a condução da greve e negociação correspondente.

§ 1º - Verificando-se recusa à negociação coletiva, cabe aos Sindicatos ou empresas interessadas dar ciência do fato, conforme o caso, ao Departamento Nacional do Trabalho ou aos órgãos regionais do Ministério do Trabalho e Previdência Social, para convocação compulsória dos Sindicatos ou empresas recalcitrantes.

Na hipótese de recusa à negociação coletiva, os sindicatos ou mesmo as empresas podem solicitar a mediação da Superintendência Regional do Trabalho ou mesmo do Ministério Público do Trabalho.

§ 2º - No caso de persistir a recusa à negociação coletiva, pelo desatendimento às convocações feitas pelo Departamento Nacional do Trabalho ou órgãos regionais do Ministério de Trabalho e Previdência Social, ou se malograr a negociação entabulada, é facultada aos Sindicatos ou empresas interessadas a instauração de dissídio coletivo.

Os sindicatos ou empresas interessadas, uma vez frustradas as tentativas de negociação, têm a faculdade de instaurar o dissídio coletivo.

§ 3º - Havendo convenção, acordo ou sentença normativa em vigor, o dissídio coletivo deverá ser instaurado dentro dos 60 (sessenta) dias anteriores ao respectivo termo final, para que o novo instrumento possa ter vigência no dia imediato a esse termo.

Com o objetivo de preservar a data base da categoria e o início da vigência no dia imediato ao termo final, o dissídio coletivo deverá ser instaurado dentro dos sessenta dias anteriores ao respectivo termo.

§ 4º - Nenhum processo de dissídio coletivo de natureza econômica será admitido sem antes se esgotarem as medidas relativas à formalização da Convenção ou Acordo correspondente.

Quando se tratar de dissídio coletivo econômico, nos termos do artigo 114, § 2º, da CF/1988, é necessário o comum acordo para instauração do dissídio ou a comprovação da recusa em negociar de uma das partes, sob pena de extinção do processo, sem resolução de mérito.

Art. 617 - Os empregados de uma ou mais empresas que decidirem celebrar Acordo Coletivo de Trabalho com as respectivas empresas darão ciência de sua resolução, por escrito, ao Sindicato representativo da categoria profissional, que terá o prazo de 8 (oito) dias para assumir a direção dos entendimentos entre os interessados, devendo igual procedimento ser observado pelas empresas interessadas com relação ao Sindicato da respectiva categoria econômica.

§ 1º - Expirado o prazo de 8 (oito) dias sem que o Sindicato tenha se desincumbido do encargo recebido, poderão os interessados dar conhecimento do fato à Federação a que estiver vinculado o Sindicato e, em falta dessa, à correspondente Confederação, para que, no mesmo prazo, assuma a direção dos entendimentos. Esgotado esse prazo, poderão os interessados prosseguir diretamente na negociação coletiva até final.

§ 2º - Para o fim de deliberar sobre o Acordo, a entidade sindical convocará assembleia geral dos diretamente interessados, sindicalizados ou não, nos termos do art. 612.

O art. 8º da CRFB traz a participação obrigatória dos sindicatos nas negociações coletivas do trabalho. As partes entregaram por escrito ao sindicato representativo da categoria que terá o prazo de 08 dias para dirimir as negociações, caso haja omissão do sindicato, e ultrapassado o prazo poderão participar das negociações subsidiariamente a federação e na falta desta a confederação no mesmo prazo de 08 dias.

Ultrapassado o prazo do sindicato representativo, da federação e da confederação sem manifestação, as partes poderão prosseguir nas negociações até o final.

Após a celebração do acordo coletivo será convocada a assembleia geral para debater os termos do acordo coletivo. Realizada a assembleia dos trabalhadores deve ser registrada na ata a pauta com as questões expressamente requeridas pela parte.

A legitimidade da capacidade processual da entidade sindical se dá no momento do seu registro no órgão respectivo do Ministério do Trabalho.

Art. 618 - As empresas e instituições que não estiverem incluídas no enquadramento sindical a que se refere o art. 577 desta Consolidação poderão celebrar Acordos Coletivos de Trabalho com os Sindicatos representativos dos respectivos empregados, nos termos deste Título.

As empresas que não estejam representadas por sindicatos têm legitimidade para celebrar acordos coletivos com os sindicatos dos trabalhadores, caso não haja sindicato dos trabalhadores poderá celebrar com a federação ou com a confederação caso ausente a federação.

O Sindicato não pode utilizar-se do dissídio coletivo para tentar reconhecer que a categoria ao qual representa é diferenciada, já que enquadramento sindical é uma matéria de interpretação de norma genérica, entendimento da OJ n.º 09 SDC do TST.

Art. 619 - Nenhuma disposição de contrato individual de trabalho que contrarie normas de Convenção ou Acordo Coletivo de Trabalho poderá prevalecer na execução do mesmo, sendo considerada nula de pleno direito.

As relações de trabalho podem ser transacionadas pelas partes interessadas desde que não se sobreponha ás normas de convenção ou acordo coletivo do trabalho, sendo nulas de pleno direito as cláusulas que visem prejuízo ao trabalhador.

Assim, trouxe o legislador á prevalência das normas coletivas em face das normas criadas pela vontade individual das partes, todavia, deve-se levar em consideração o princípio da proteção do trabalhador analisando a norma mais favorável ao trabalhador.

Art. 620 - As condições estabelecidas em acordo coletivo de trabalho sempre prevalecerão sobre as estipuladas em convenção coletiva de trabalho.

As normas do acordo coletivo do trabalho devem prevalecer sobre as normas da convenção coletiva do trabalho, todavia, deve-se analisar o princípio da norma mais favorável ao trabalhador, assim, em caso de conflito de normas deve-se aplicar a norma mais vantajosa ao trabalhador.

A súmula 202 do TST traz a aplicação da norma mais favorável ao trabalhador ao dispor que no caso de gratificação por tempo de serviço outorgada pelo empregador ou previstos por normas coletivas, receberá o trabalhador a que for mais benéfica.

Art. 621 - As Convenções e os Acordos poderão incluir entre suas cláusulas disposição sobre a constituição e funcionamento de comissões mistas de consulta e colaboração, no plano da empresa e sobre participação, nos lucros. Estas disposições mencionarão a forma de constituição, o modo de funcionamento e as atribuições das comissões, assim como o plano de participação, quando for o caso.

A CRFB dispõe no art. 7°, XI, que é direito do trabalhador a participação nos lucros, resultados, sendo estes desvinculados da remuneração. É devido á parcela proporcional aos meses trabalhados da participação nos lucros em caso de rescisão do contrato de trabalho, sendo vedada acordo coletivo ou norma regulamentar que restringi o pagamento ao trabalhador empregado.

Art. 622 - Os empregados e as empresas que celebrarem contratos individuais de trabalho, estabelecendo condições contrárias ao que tiver sido ajustado em Convenção ou Acordo que lhes for aplicável, serão passíveis da multa neles fixada.

Parágrafo único - A multa a ser imposta ao empregado não poderá exceder da metade daquela que, nas mesmas condições seja estipulada para a empresa.

O presente artigo traz a prevalência da convenção ou acordo coletivo sobre a negociação individual das partes, estabelecendo multa caso as partes transigirem de forma contraria ao estipulado na norma coletiva.

As normas que forem criadas em desconformidade com a norma coletiva são nulas de pleno direito além de passível aplicação de multa. A multa aplicada ao empregado não poderá extrapolar a metade da multa a ser aplicada a empresa.

O descumprimento de cláusulas das normas coletivas não da direito ao empregado de ingressar com diversas ações requerendo pagamento de multa em cada uma delas referente ao descumprimento das clausulas ali previstas, esse é o entendimento da súmula 384, I, do TST.

A OJ 54 da SBDI-I dispõe que a cláusula penal que estabelece o valor a multa não poderá trazer valor superior á obrigação principal ainda que o valor da multa seja diária.

Art. 623 - Será nula de pleno direito disposição de Convenção ou Acordo que, direta ou indiretamente, contrarie proibição ou norma disciplinadora da política econômico-financeira do Governo ou concernente à política salarial vigente, não produzindo quaisquer efeitos perante autoridades e repartições públicas, inclusive para fins de revisão de preços e tarifas de mercadorias e serviços.

Parágrafo único - Na hipótese deste artigo, a nulidade será declarada, de ofício ou mediante representação, pelo Ministro do Trabalho e Previdência Social, ou pela Justiça do Trabalho em processo submetido ao seu julgamento.

As cláusulas das convenções ou acordos coletivos do trabalho devem respeitar a CRFB e as leis, assim, será nula de pleno direito cláusulas ou dispositivos que contrariem normas que regem a política econômica financeira do Governo ou a política salarial vigente.

As normas criadas a fim de burlar as normas de ordem pública são nulas de pleno direito, esse é o entendimento do art. 9º da CLT.

A convenção ou acordo coletivo do trabalho deve ser registrado e arquivado no Ministério do Trabalho e Emprego, este registro garante a publicidade e legalidade das normas coletivas, que poderão ser fiscalizadas e impugnadas pelo Ministério Publico do Trabalho.

Art. 624 - A vigência de cláusula de aumento ou reajuste salarial, que implique elevação de tarifas ou de preços sujeitos à fixação por autoridade pública ou repartição governamental, dependerá de prévia audiência dessa autoridade ou repartição e sua expressa declaração no tocante à possibilidade de elevação da tarifa ou do preço e quanto ao valor dessa elevação.

É necessário audiência entre a autoridade ou repartição pública e as empresas permissionárias ou concessionárias de serviços para dirimir questões relativas á vigência de cláusula de aumento ou reajuste salarial ante a possibilidade de impacto de aumento de preços ao consumidor.

Art. 625 - As controvérsias resultantes da aplicação de Convenção ou de Acordo celebrado nos termos deste Título serão dirimidas pela Justiça do Trabalho.

A Justiça do Trabalho é competente para processar e julgar as ações oriundas de litígios da aplicabilidade de Convenção Coletiva ou Acordo Coletivo do Trabalho. Em caso de controvérsias sobre a negociação coletiva ou a arbitragem, as partes poderão ajuizar dissídio coletivo na justiça do trabalho que decidirá a lide pautando-se na proteção ao trabalho, sendo a matéria tratada na CRFB no art. 114, §2º.

TÍTULO VI-A

DAS COMISSÕES DE CONCILIAÇÃO PRÉVIA

Art. 625-A - As empresas e os sindicatos podem instituir Comissões de Conciliação Prévia, de composição paritária, com representantes dos empregados e dos empregadores, com a atribuição de tentar conciliar os conflitos individuais do trabalho.

Parágrafo único - As Comissões referidas no *caput* deste artigo poderão ser constituídas por grupos de empresas ou ter caráter intersindical.

Art. 625-B - A Comissão instituída no âmbito da empresa será composta de, no mínimo, dois e, no máximo, dez membros, e observará as seguintes normas:

I - a metade de seus membros será indicada pelo empregador e a outra metade eleita pelos empregados, em escrutínio secreto, fiscalizado pelo sindicato da categoria profissional;

II - haverá na Comissão tantos suplentes quantos forem os representantes titulares;

III - o mandato dos seus membros, titulares e suplentes, é de um ano, permitida uma recondução.

§ 1° - É vedada a dispensa dos representantes dos empregados membros da Comissão de Conciliação Prévia, titulares e suplentes, até um ano após o final do mandato, salvo se cometerem falta grave, nos termos da lei.

§ 2° - O representante dos empregados desenvolverá seu trabalho normal na empresa, afastando-se de suas atividades apenas quando convocado para atuar como conciliador, sendo computado como tempo de trabalho efetivo o despendido nessa atividade.

Art. 625-C - A Comissão instituída no âmbito do sindicato terá sua constituição e normas de funcionamento definidas em convenção ou acordo coletivo.

Art. 625-D - Qualquer demanda de natureza trabalhista será submetida à Comissão de Conciliação Prévia se, na localidade da prestação de serviços, houver sido instituída a Comissão no âmbito da empresa ou do sindicato da categoria.

§ 1° - A demanda será formulada por escrito ou reduzida a termo por qualquer dos membros da Comissão, sendo entregue cópia datada e assinada pelo membro aos interessados.

§ 2º - Não prosperando a conciliação, será fornecida ao empregado e ao empregador declaração da tentativa conciliatória frustrada com a descrição de seu objeto, firmada pelos membros da Comissão, que deverá ser juntada à eventual reclamação trabalhista.

§ 3º - Em caso de motivo relevante que impossibilite a observância do procedimento previsto no *caput* deste artigo, será a circunstância declarada na petição inicial da ação intentada perante a Justiça do Trabalho.

§ 4º - Caso exista, na mesma localidade e para a mesma categoria, Comissão de empresa e Comissão sindical, o interessado optará por uma delas para submeter a sua demanda, sendo competente aquela que primeiro conhecer do pedido.

Art. 625-E - Aceita a conciliação, será lavrado termo assinado pelo empregado, pelo empregador ou seu preposto e pelos membros da Comissão, fornecendo-se cópia às partes.

Parágrafo único - O termo de conciliação é título executivo extrajudicial e terá eficácia liberatória geral, exceto quanto às parcelas expressamente ressalvadas.

Art. 625-F - As Comissões de Conciliação Prévia têm prazo de dez dias para a realização da sessão de tentativa de conciliação a partir da provocação do interessado.

Parágrafo único - Esgotado o prazo sem a realização da

sessão, será fornecida, no último dia do prazo, a declaração a que se refere o § 2º do art. 625-D.

Art. 625-G- O prazo prescricional será suspenso a partir da provocação da Comissão de Conciliação Prévia, recomeçando a fluir, pelo que lhe resta, a partir da tentativa frustrada de conciliação ou do esgotamento do prazo previsto no art. 625-F.

Art. 625-H - Aplicam-se aos Núcleos Intersindicais de Conciliação Trabalhista em funcionamento ou que vierem a ser criados, no que couber, as disposições previstas neste Título, desde que observados os princípios da paridade e da negociação coletiva na sua constituição.

As Comissões de Conciliação Prévia foram instituídas pela Lei n.º 9.958/2000 no âmbito das *empresas* ou dos *sindicatos*. Conforme disposto no artigo (CLT, art. 625-A), é a forma extrajudicial ou alternativa de solução de conflitos trabalhistas que se utilizam da transação para que empregado e empregador cheguem a um acordo. A instituição e o comparecimento é uma faculdade assegurada e não imposição. O papel do conciliador será o de tentar aproximar as partes, nunca podendo julgar ou impor uma decisão e somente só conflitos individuais do trabalho poderão ser apreciados nestas Comissões. É bom frisar que o Conciliador devera estar capacitado de acordo com o disposto na Resolução 125 do Conselho Nacional de Justiça.

Vale destacar a Súmula n.º 2 do E. TRT-2 sobre o tema: "*COMISSÃO DE CONCILIAÇÃO PRÉVIA. EXTINÇÃO DE PROCESSO. (RA n.º 08/2002 - DJE 12/11/02, 19/11/2002, 10/12/2002 e 13/12/2002) O comparecimento perante a Comissão de Conciliação Prévia é uma faculdade assegurada ao obreiro, objetivando a obtenção de um título executivo extrajudicial, conforme previsto pelo artigo 625-E, parágrafo único da CLT, mas não constitui condição da ação, nem tampouco pressuposto processual na reclamatória trabalhista, diante do comando emergente do artigo 5°, XXXV, da Constituição Federal".*

As Comissões de Conciliação Prévia podem ser instituídas pelas empresas, pelos sindicatos, por grupos de empresas e por mais de um sindicato. A composição deverá ser paritária, com representantes dos empregados e dos empregadores e imparcial, buscando a melhor solução para ambas as partes.

A Comissão será composta no mínimo por 2 representantes e no máximo por 10 representantes, em mesmo número para representantes de empregados e dos empregadores, sendo, portanto, sempre paritária (cada representante terá um suplente). Os representantes dos empregadores serão livremente indicados por estes, sem necessidade de eleição ou procedimento especial. Os representantes dos empregados serão eleitos por voto secreto. A empresa organizará as eleições, de acordo com a previsão estatutária e notificará o sindicato por meio idôneo para este fiscalizar o pleito não podendo interferir nos atos preparatórios, nas regras eleitorais e na posse dos eleitos. A fiscalização deverá garantir que todos os empregados sem qualquer distinção tenham direito de voto, além de garantir a lisura do processo eleitoral, não permitindo que a eleição se faça por votação aberta ou por simples escolha. Ocorrendo conflitos ou desrespeito a probidade na eleição, deve-se levar ao conhecimento da Justiça do Trabalho, que será competente para resolver o conflito e/ou fraude. O §1° do art.625-B dita que é vedada à dispensa dos membros das Comissões de Conciliação Prévia, até 1 ano após o fim do mandato, salvo se cometer falta grave

Ao receber a postulação trabalhista para conciliação, segue-se à sessão de tentativa conciliatória no *prazo máximo de 10 dias* (CLT, art. 625-F). Esgotado esse prazo ou não se alcançando a composição do litígio, deverá ser fornecida as partes *declaração de conciliação infrutífera*, documento necessário para o ingresso na Justiça do Trabalho, nas localidades onde houver comissão instituída para a categoria (CLT, art. 625-D).

Obtida a conciliação, o termo firmado entre as partes tem *eficácia liberatória geral,* exceto quanto às parcelas expressamente ressalvadas, ou seja, pode o empregado ressalvar pontos concretos sobre os quais pretende postular em juízo seu direito e vale como *título executivo extrajudicial* podendo ser executado diretamente na Justiça do Trabalho, sem a necessidade de prévio processo de reconhecimento dos direitos nele inseridos (CLT, art. 625-E, parágrafo único).

TÍTULO VII
DO PROCESSO DE MULTAS ADMINISTRATIVAS

CAPÍTULO I
DA FISCALIZAÇÃO, DA AUTUAÇÃO E DA IMPOSIÇÃO DE MULTAS

Art. 626 - Incumbe às autoridades competentes do Ministério do Trabalho, Indústria e Comércio, ou àquelas que exerçam funções delegadas, a fiscalização do fiel cumprimento das normas de proteção ao trabalho.

A inspeção do trabalho no Brasil é de competência exclusiva da União (CRFB, art. 21, XXIV). O legislador constituinte optou por evitar a descentralização deste poder entre os entes da federação, possivelmente preocupado com o risco de criação de múltiplas culturas de fiscalização das relações de trabalho, caso fosse adotado outro método.

Parágrafo único - Os fiscais dos Institutos de Seguro Social e das entidades paraestatais em geral, dependentes do Ministério do Trabalho, Indústria e Comércio, serão competentes para a fiscalização a que se refere o presente artigo, na forma das instruções que forem expedidas pelo Ministro do Trabalho, Indústria e Comércio.

A fiscalização trabalhista é executada por servidores públicos federais cujos cargos já tiveram várias denominações e especialidades, tais como, Inspetor do Trabalho, Agente de Inspeção do Trabalho, Fiscal do Trabalho, Engenheiro, Médico do Trabalho, Assistente Social e, a atual, unificada, de Auditor fiscal do Trabalho. É de competência do auditor-fiscal do trabalho ou às autoridades que exerçam funções delegadas, a fiscalização do fiel cumprimento das normas de proteção ao trabalho, sendo assim, a atuação na forma de fiscalização é exercida, exclusivamente, por agentes do Poder Público, aos quais cabe verificar o fiel cumprimento da legislação trabalhista.

Art. 627 - A fim de promover a instrução dos responsáveis no cumprimento das leis de proteção do trabalho, a fiscalização deverá observar o critério de dupla visita nos seguintes casos:

a) quando ocorrer promulgação ou expedição de novas leis, regulamentos ou instruções ministeriais, sendo que, com relação exclusivamente a esses atos, será feita apenas a instrução dos responsáveis;

b) em se realizando a primeira inspeção dos estabelecimentos ou dos locais de trabalho, recentemente inaugurados ou empreendidos.

O critério de dupla visita (*caput*), é aplicado no ramo do direito do trabalho administrativo em decorrência do "Princípio do tratamento favorecido", vez que, destina-se as empresas de pequeno porte (CRFB, artigo 170, IX). Este tratamento converge com a ideia de justiça, de que a verdadeira igualdade consiste em tratar de forma desigual os desiguais (Princípio da Isonomia), e, inclusive, com a intenção de estimular as empresas de pequeno porte e, consequentemente, manter os postos de trabalho por elas gerados.

Quando se tratar de Microempresa e empresa de pequeno porte, na forma da lei específica, o critério de dupla visita é aplicado, no direito do trabalho administrativo, como decorrência do princípio do tratamento favorecido para as empresas de pequeno porte (CRFB, art. 170, IX).

Art. 627-A - Poderá ser instaurado procedimento especial para a ação fiscal, objetivando a orientação sobre o cumprimento das leis de proteção ao trabalho, bem como a prevenção e o saneamento de infrações à legislação mediante Termo de Compromisso, na forma a ser disciplinada no Regulamento da Inspeção do Trabalho.

O procedimento especial a que se refere o artigo 627, vem regulamentado no *caput* do art. 28 do Regulamento da Inspeção do Trabalho. No âmbito da inspeção do trabalho, é com base nesse procedimento especial, que ficam legitimadas as transações ocorridas, visando assim a adequação da ordem jurídica. Isso é denominado como o exercício do poder de polícia administrativa da mesma forma que a lavratura de um auto de infração ou termo de interdição.

O artigo 627-A tem por fundamento jurídico a Medida Provisória n.º 2.164-41 de 27.08.2001, cuja vigência se converteu em definitiva quando da Emenda Constitucional n.º 32/2001, artigo 2º.

Art. 628 - Salvo o disposto nos arts. 627 e 627-A, a toda verificação em que o Auditor-Fiscal do Trabalho concluir pela existência de violação de preceito legal deve corresponder, sob pena de responsabilidade administrativa, a lavratura de auto de infração.

§ 1° - Ficam as empresas obrigadas a possuir o livro intitulado "Inspeção do Trabalho", cujo modelo será aprovado por portaria ministerial.

§ 2° - Nesse livro, registrará o agente da inspeção sua vista ao estabelecimento, declarando a data e a hora do início e término da mesma, bem como o resultado da inspeção, nele consignando, se for o caso, todas as irregularidades verificadas e as exigências feitas, com os respectivos prazos para seu atendimento, e, ainda, de modo legível, os elementos de sua identificação funcional.

§ 3° - Comprovada a má-fé do agente da inspeção, quanto à omissão ou lançamento de qualquer elemento no livro, responderá ele por falta grave no cumprimento do dever, ficando passível, desde logo, da pena de suspensão até 30 (trinta) dias, instaurando-se, obrigatoriamente, em caso de reincidência, inquérito administrativo.

§ 4° - A lavratura de autos contra empresas fictícias e de endereços inexistentes, assim como a apresentação de falsos relatórios, constituem falta grave, punível na forma do § 3°.

Os artigos 627 e 627-A versam sobre hipóteses em que autos de infração não devem ser lavrados, ainda que constatadas irregularidades trabalhistas: irregularidade diante de legislação recente, ilegalidades em estabelecimento recém-inaugurados, ilícitos constatados em procedimentos especiais para a ação fiscal (PEF; IN do MTb n.° 133/2017, art. 1°) e desvios sanados por meio de termo de compromisso (IN do MTb n.° 133/2017, art. 7°).

O artigo em comento, com *caput* com redação dada pela

MP n.º 2.164-41/2001, fomenta a atuação dos auditores fiscais do trabalho sob o viés sancionatório. Caso situações ilícitas sejam constadas, deve ser lavrado auto de infração e a irregularidade deve ser registrada em livro próprio da empresa ("Inspeção do Trabalho"; Portaria do MTb n.º 3.158/1971), sob pena de responsabilidade administrativa do fiscal pela inércia. O legislador procura assegurar que os auditores hajam de modo idôneo, procura desincentivar complacência com irregularidades ou aceite de subornos e procura punir auditores que simulam fiscalizações.

A Convenção da OIT n.º 81/1947 (Decreto n.º 95.461/1987), art. 6º, prevê que aqueles que inspecionam o cumprimento de leis trabalhistas em nome do Estado devem ter condições de trabalho estáveis, incólumes de influências externas e com manutenção de seus cargos independentemente de mudanças de governo. A legislação internacional reconhece que os auditores fiscais do trabalho devem ter autonomia reforçada para executarem sua importante missão, sem se sujeitarem a pressões de qualquer gênero. Devem zelar pelo respeito à legislação trabalhista sem serem intimidados, sem terem receios de represálias e sem sofrerem ameaças.

Art. 628-A. Fica instituído o Domicílio Eletrônico Trabalhista, regulamentado pelo Ministério do Trabalho e Previdência, destinado a:

I - cientificar o empregador de quaisquer atos administrativos, ações fiscais, intimações e avisos em geral; e

II - receber, por parte do empregador, documentação eletrônica exigida no curso das ações fiscais ou apresentação de defesa e recurso no âmbito de processos administrativos.

§ 1º As comunicações eletrônicas realizadas pelo Domicílio Eletrônico Trabalhista dispensam a sua publicação no Diário Oficial da União e o envio por via postal e são consi-

deradas pessoais para todos os efeitos legais.

§ 2° A ciência por meio do sistema de comunicação eletrônica, com utilização de certificação digital ou de código de acesso, possuirá os requisitos de validade.

O Domicílio Eletrônico Trabalhista é regulamentado pelo Ministério do Trabalho e destinado a facilitar a comunicação entre este e empregadores (CLT, art. 628-A, incluído pela Lei n° 14.261/2021). Por meio do domicílio eletrônico trabalhista são enviados avisos e recebidos documentos, defesas e recursos administrativos (CLT, art. 628-A, I e II). Comunicações realizadas pelo Domicílio Eletrônico Trabalhista dispensam publicação do DOU e o envio de mensagens postais (CLT, art. 628-A, §1°). O pleno uso do sistema depende de certificação digital (CLT, art. 628-A, §1°). A digitalização e informatização de procedimentos correm no sentido de redução de custos, celeridade e efetividade na ação fiscal (CRFB, art. 37, caput). Não surpreende que o conceito seja contemporâneo ao de Livro de Inspeção do Trabalho Eletrônico - eLIT (Decreto n° 10.854/2021, art. 11).

Art. 629 - O auto de infração será lavrado em duplicata, nos termos dos modelos e instruções expedidos, sendo uma via entregue ao infrator, contra recibo, ou ao mesmo enviada, dentro de 10 (dez) dias da lavratura, sob pena de responsabilidade, em registro postal, com franquia e recibo de volta.

§ 1° - O auto não terá o seu valor probante condicionado a assinatura do infrator ou de testemunhas, e será lavrado no local da inspeção, salvo havendo motivo justificado que será declarado no próprio auto, quando então deverá ser lavrado no prazo de 24 (vinte e quatro) horas, sob pena de responsabilidade.

§ 2º - Lavrado o auto de infração, não poderá ele ser inutilizado, nem sustado o curso do respectivo processo, devendo o agente da inspeção apresentá-lo à autoridade competente, mesmo se incidir em erro.

§ 3º - O infrator terá, para apresentar defesa, o prazo de 10 (dez) dias contados do recebimento do auto.

§ 4º - O auto de infração será registrado com a indicação sumária de seus elementos característicos, em livro próprio que deverá existir em cada órgão fiscalizador, de modo a assegurar o controle do seu processamento.

Após constatada a infração à legislação trabalhista, será então lavrado o respectivo auto de infração, num prazo de até 24 horas, e caso descumprindo, poderá o servidor ser responsabilizado por qualquer problema decorrente de alguma nulidade, que venha causar problemas a terceiros. Também disciplina a lei trabalhista que o Auto de Infração deverá ser lavrado no local da inspeção, porém, só poderá ser lavrado fora do local, se houver motivo justificado que será declarado no próprio Auto de Infração.

Conforme prevê o § 1º, a lavratura do Auto não tem valor probante condicionado à assinatura do infrator ou de testemunhas, uma vez que os atos praticados pelo auditor do trabalho são revestidos de presunção de legalidade e possuem fé pública.

Ainda que, após a lavratura do Auto de Infração, mesmo que contenha erro, este não poderá ser inutilizado, nem ocorrerá qualquer sustação no curso do respectivo processo, devendo o agente da inspeção apresenta-lo à autoridade competente, mesmo se contiver erro, para apreciação.

No que tange ao § 3º do referido artigo, após verificada a infração dentro do parâmetro das normas trabalhistas e lavrado o respectivo auto de infração, o infrator terá o prazo de 10 dias (contados do recebimento da notificação), para apresentar a sua defesa no referido processo administrativo, seguindo os prazos dos processos judiciais (CLT, art. 775).

Para fins de controle do seu processamento, dispõe o § 4º, que o auto de infração será registrado com a indicação sumária de seus elementos característicos, em livro próprio que deverá existir em cada órgão fiscalizador.

Art. 630 - Nenhum agente da inspeção poderá exercer as atribuições do seu cargo sem exibir a carteira de identidade fiscal, devidamente autenticada fornecida pela autoridade competente.

§ 1º - É proibida a outorga de identidade fiscal a quem não esteja autorizado, em razão do cargo ou função, a exercer ou praticar, no âmbito da legislação trabalhista, atos de fiscalização.

§ 2º - A credencial a que se refere este artigo deverá ser devolvida para inutilização, sob as penas da lei, em casos de provimento em outro cargo público, exoneração ou demissão, bem como nos de licenciamento por prazo superior a 60 (sessenta) dias e de suspensão do exercício do cargo.

§ 3º - O agente da inspeção terá livre acesso a todas as dependências dos estabelecimentos sujeitos ao regime da legislação, sendo as empresas, por seus dirigentes ou prepostos, obrigadas a prestar-lhes os esclarecimentos necessários ao desempenho de suas atribuições legais e a exigir-lhes, quando exigidos, quaisquer documentos que digam respeito ao fiel cumprimento das normas de proteção ao trabalho.

§ 4º - Os documentos sujeitos à inspeção deverão permanecer, sob as penas da lei nos locais de trabalho, somente se admitindo, por exceção, a critério da autoridade competente, sejam os mesmos apresentados em dia e hora previamente fixados pelo agente da inspeção.

§ 5º - No território do exercício de sua função, o agente da inspeção gozará de passe livre nas empresas de transportes, públicas ou privadas, mediante a apresentação da carteira de identidade fiscal.

§ 6º - A inobservância do disposto nos § 3º, 4º e 5º configurará resistência ou embaraço à fiscalização e justificará a lavratura do respectivo auto de infração, cominada a multa de valor igual a (1/2) salário mínimo regional até 5 (cinco) vezes esse salário, levando-se em conta, além das circunstâncias atenuantes ou agravantes, a situação econômico-financeira do infrator e os meios a seu alcance para cumprir a lei.

§ 7º - Para o efeito do disposto no § 5º, a autoridade competente divulgará em janeiro e julho, de cada ano, a relação dos agentes da inspeção titulares da carteira de identidade fiscal.

§ 8º - As autoridades policiais, quando solicitadas, deverão prestar aos agentes da inspeção a assistência de que necessitarem para o fiel cumprimento de suas atribuições legais.

Os agentes, a que se refere o artigo 630 da CLT, são os auditores do trabalho, que se submetem também a limites gerais específicos para a sua atuação. Os limites gerais são comuns aos dos agentes públicos ("Princípio da legalidade, impessoalidade, moralidade, publicidade e eficiência"). Os limites específicos, por sua vez, estão previstos no Regulamento da Inspeção do trabalho - RIT (Decreto n.º 4552/02, que se encontra em consonância com a Convenção n.º 81 da OIT.).

Apesar do Auditor possuir livre acesso para inspecionar o local de trabalho, este submete-se a limites, sendo dentro do horário de funcionamento do estabelecimento, devendo levar em conta regras de segurança do estabelecimento, como identificação, entre outros procedimentos de rotina das empresas. O agente tem por obrigação se identificar, exceto se a identificação venha prejudicar a sua atividade (Artigo 12 do RIT). Em caso de obstrução, o agente pode solicitar reforço policial para efetuar a referida irregularidade (Artigo 18, XVI do RIT). Para exigir documentos, deverá apresentar previamente suas credenciais (Artigo 12, § único do RIT).

O § 3º do artigo 630, impõe ao empregador a obrigação de prestar aos auditores fiscais todos os esclarecimentos necessários ao desemprenho de suas atribuições legais, bem como, de lhe exibir, quando exigidos, quaisquer documentos que digam respeito ao fiel cumprimento das normas de proteção ao trabalho.

Art. 631 - Qualquer funcionário público federal, estadual ou municipal, ou representante legal de associação sindical, poderá comunicar à autoridade competente do Ministério do Trabalho, Indústria e Comércio as infrações que verificar.

Parágrafo único - De posse dessa comunicação, a autoridade competente procederá desde logo às necessárias diligências, lavrando os autos de que haja mister.

De acordo com as instruções normativas expedidas pelo Ministério do Trabalho e Emprego, as fiscalizações classificam-se em: fiscalização dirigida (quando corre um planejamento, iniciando-se com a visita de um auditor no local), indireta, imediata (quando o auditor constatar flagrante e irregularidade, que é utilizada quando há evidente perigo ao trabalhador ou nos casos em que existir um risco flagrante, ali, no ato da inspeção, Por denúncia (através de denúncia feita por funcionário público, juiz, membro do MPT, pelo sindicato da categoria ou pelo trabalhador) ou através de plantões (art. 477, §1, art. 37 da CLT).

Art. 632 - Poderá o autuado requerer a audiência de testemunhas e as diligências que lhe parecerem necessárias à elucidação do processo, cabendo, porém, à autoridade, julgar da necessidade de tais provas.

Caso seja necessária instrução do processo administrativo, poderá o autuado requerer audiência e ouvir testemunhas e realização de diligencias que lhe parecerem necessárias (Princípio da Ampla defesa), cabendo, porém, a autoridade, julgar da necessidade de tais provas.

Art. 633 – Revogado

Art. 634. Na falta de disposição especial, a imposição das multas incumbe às autoridades regionais competentes em matéria de trabalho, na forma estabelecida por este Título.

Parágrafo único - A aplicação da multa não eximirá o infrator da responsabilidade em que incorrer por infra-ção das leis penais.

§ 1º - A aplicação da multa não eximirá o infrator da responsabilidade em que incorrer por infração das leis penais.

§ 2º - Os valores das multas administrativas expressos em moeda corrente serão reajustados anualmente pela Taxa Referencial (TR) divulgada pelo Banco Central do Brasil, ou pelo índice que vier a substituí-lo.

De acordo com a Lei 13.467/2017 (Reforma Trabalhista), que acrescentou os Parágrafos § 1º e § 2º, a real mudança vem sendo para salutar para garantir a manutenção do valor real das multas administrativas e, consequentemente, tentar tornar a fiscalização do trabalho mais eficaz. Prevê uma atualização monetária dos valores de multas administrativas sobre a atual inexistência de critérios para correção das multas (vide art. 47 da CLT).

Salvo quando as multas possam ser impostas por outras autoridades que não a regional (situação especial), a competência é - como regra geral - dessa autoridade. Mas o ponto mais importante do artigo se refere à possibilidade da infração às normas de proteção ao trabalho se constituírem, cumulativamente, com infração prevista no Código Penal. Não se trata de aplicação do princípio *non bis in idem*, pois a infração pode ter repercussões em mais de um campo jurídico. Uma mesma situação pode gerar a imposição de multa, assim como provocar reflexos no contrato de trabalho ("despedida indireta", por exemplo) e, ainda na esfera penal.

CAPÍTULO II
DOS RECURSOS

Recurso pode ser entendido como toda petição ou apelo dirigido à autoridade pública que, para que se reexamine e se desfaçam as consequências ou efeitos desfavoráveis ao seu recorrente, perante a mesma autoridade ou autoridade superior.

A Consolidação das Leis Trabalhistas traz a possibilidade de recurso em face de processo administrativo ensejado por ato de fiscalização, contudo ressaltamos que a CLT prevê tal possibilidade apenas em face de uma autoridade superior, os chamados Secretários do Ministério do Trabalho. Ressaltamos que a CLT não traz a hipótese de recurso ao próprio Ministro do Trabalho.

Entendemos ser legítimo um apelo do interessado ao Ministro do Trabalho e Emprego para que, respeitado o disposto no art. 638, avoque o processo, a fim de apreciar alguma questão de grande relevância ligada à fiscalização estabelecida pela CLT.

É *mister* ressaltar a possibilidade de revisão por meio do Poder Judiciário, por força da garantia constitucional do direito de ação, sendo assim, ao interessado é garantido o devido processo legal, com todos os recursos e meios a eles pertinentes, conforme art. 5º, LV da Constituição Federal.

É da competência da Justiça do Trabalho processar e julgar as ações relativas às penalidades administrativas impostas aos empregadores pelos órgãos de fiscalização das relações de trabalho, conforme art. 114, VII da Constituição Federal.

Art. 635 - De toda decisão que impuser multa por infração das leis e disposições reguladoras do trabalho, e não havendo forma especial de processo caberá recurso para o Diretor-Geral Departamento ou Serviço do Ministério do Trabalho e Previdência Social, que for competente na matéria.

Parágrafo único - As decisões serão sempre fundamentadas.

É passível de nulidade a decisão que não for devidamente fundamentada. Tem de indicar as razões por que a infração se caracterizou como violadora de determinado dispositivo da Consolidação.

Art. 636 - Os recursos devem ser interpostos no prazo de 10 (dez) dias, contados do recebimento da notificação, perante autoridade que houver imposto a multa, a qual, depois de os informar encaminhá-los-á à autoridade de instância superior.

§ 1º - O recurso só terá seguimento se o interessado o instruir com a prova do depósito da multa.

O art. 636, §1º aduz que os recursos só terão seguimento se for instruído com comprovante de depósito de multa, contudo, tal exigência foi por muito tempo questionada quanto à sua constitucionalidade, uma vez que, dificulta ou mesmo impedia o empregador pudesse recorrer, apesar de flagrante a injustiça ou ilegalidade do auto, lesionando o art. 5°, XXXVI, da Constituição. É entendimento consolidado nos tribunais superiores – STF, TST e STJ – a inconstitucionalidade da exigência de depósito prévio de dinheiro ou bens para admissibilidade de recurso administrativo, face sua incompatibilidade com inciso LV do art. 5° da CF (TST, Súmula 424).

§ 2° - A notificação somente será realizada por meio de edital, publicada no órgão oficial, quando o infrator estiver em lugar incerto e não sabido.

§ 3° - A notificação de que trata este artigo fixará igualmente o prazo de 10 (dez) dias para que o infrator recolha o valor da multa, sob pena de cobrança executiva.

A multa por infração à legislação trabalhista deve ser aplicada de acordo com os ditames legais, e fixada em montante compatível com a natureza e as circunstâncias da conduta. A notificação será sempre pessoal, admitindo-se somente notificação por edital quando não se souber informações sobre o paradeiro do infrator.

§ 4° - As guias de depósito eu recolhimento serão emitidas em 3 (três) vias e o recolhimento da multa deverá preceder-se dentro de 5 (cinco) dias às repartições federais competentes, que escriturarão a receita a crédito do Ministério do Trabalho e Previdência Social.

§ 5° - A segunda via da guia do recolhimento será devolvida pelo infrator à repartição que a emitiu, até o sexto dia depois de sua expedição, para a averbação no processo.

§ 6° - A multa será reduzida de 50% (cinquenta por cento) se o infrator, renunciando ao recurso a recolher ao Tesouro Nacional dentro do prazo de 10 (dez) dias contados do recebimento da notificação ou da publicação do edital.

§ 7° - Para a expedição da guia, no caso do § 6°, deverá o infrator juntar a notificação com a prova da data do seu

recebimento, ou a folha do órgão oficial que publicou o edital.

O suposto infrator terá a benesse da minoração da multa em 50% em caso de renunciar ao direito de recorrer, efetuando assim o recolhimento do valor da multa que lhe foi aplicada, ao Tesouro Nacional, no prazo de 10 dias contados do recebimento da notificação ou da publicação do edital, no caso de se encontrar em local incerto ou não sabido.

> Art. 637 - De todas as decisões que proferirem em processos de infração das leis de proteção ao trabalho e que impliquem arquivamento destes, observado o disposto no parágrafo único do art. 635, deverão as autoridades prolatoras recorrer de ofício para a autoridade competente de instância superior.

> Art. 638 - Ao Ministro do Trabalho, Indústria e Comércio é facultado avocar ao seu exame e decisão, dentro de 90 (noventa) dias do despacho final do assunto, ou no curso do processo, as questões referentes à fiscalização dos preceitos estabelecidos nesta Consolidação.

No curso do processo é lícito ao Ministro do Trabalho (atual Ministério da Economia) avocá-lo para apreciar questões referentes à fiscalização do trabalho. Essa avocação é ainda admitida até 90 dias depois da decisão final, que pode ser do Secretário competente, ou da autoridade regional, se a decisão não for atacada por meio de interposição de recurso.

CAPÍTULO III

DO DEPÓSITO, DA INSCRIÇÃO E DA COBRANÇA

Art. 639 - Não sendo provido o recurso, o depósito se converterá em pagamento.

Art. 640 - É facultado às Delegacias Regionais do Trabalho, na conformidade de instruções expedidas pelo Ministro de Estado, promover a cobrança amigável das multas antes encaminhamento dos processos à cobrança executiva.

Não sendo sanada a multa imposta na inspeção do Trabalho, poderá o Ministério do Trabalho e Emprego (atual Ministério da Economia) promover a cobrança de forma amigável, antes de encaminhar a execução da dívida.

Art. 641 - Não comparecendo o infrator, ou não depositando a importância da multa ou penalidade, far-se-á a competente inscrição em livro especial, existente nas repartições das quais se tiver originado a multa ou penalidade, ou de onde tenha provindo a reclamação que a determinou, sendo extraída cópia autentica dessa inscrição e enviada às autoridades competentes para a respectiva cobrança judicial, valendo tal instrumento como título de dívida líquida e certa.

Caso não paga a multa imposta pela inspeção do trabalho, poderá o Ministério do Trabalho e Emprego proceder a inscrição do respectivo valor na dívida ativa da União, para cobrança judicial, nos termos do art. 131 da Constituição Federal, em processo regido pela Lei das Execuções Fiscais (Lei n.º 6.830/1980).

Art. 642 - A cobrança judicial das multas impostas pelas autoridades administrativas do trabalho obedecerá ao disposto na legislação aplicável à cobrança da dívida ativa da União, sendo promovida, no Distrito Federal e nas capitais dos Estados em que funcionarem Tribunais Regionais do Trabalho, pela Procuradoria da Justiça do Trabalho, e nas demais localidades, pelo Ministério Público Estadual e do Território do Acre, nos termos do Decreto-Lei n.º 960, de 17 de dezembro de 1938.

Parágrafo único - No Estado de São Paulo a cobrança continuará a cargo da Procuradoria do Departamento Estadual do Trabalho, na forma do convênio em vigor.

Ressaltamos que a legitimidade para promover a referida cobrança não é do Ministério do Trabalho e Emprego (atual Ministério da Economia), e sim, da Procuradoria da Fazenda Nacional e, nos termos do art. 114, VII, da CF, a Justiça do Trabalho tem competência para julgar todas as ações das referidas cobranças.

TÍTULO VII - A

DA PROVA DE INEXISTÊNCIA DE DÉBITOS TRABALHISTAS

Art. 642-A - É instituída a Certidão Negativa de Débitos Trabalhistas (CNDT), expedida gratuita e eletronicamente, para comprovar a inexistência de débitos inadimplidos perante a Justiça do Trabalho.

A Certidão Negativa de Débitos Trabalhistas (CNDT) é o documento que permite a pessoas físicas ou jurídicas obter uma declaração com a finalidade de atestar se estão inadimplentes perante a Justiça do Trabalho.

A CNDT é bastante utilizada por empresas que possuem interesse em se habilitar em processo de licitação pública, uma vez que a Lei n.º 8.666 de 1993 (Lei das Licitações) exige a apresentação da CNDT como requisito de comprovação de regularidade trabalhista. Inclusive a Lei n.º 12.440 de 2011, que instituiu a CNDT, foi a responsável por acrescentar o inciso IV no art. 27 da Lei das Licitações, incluindo um novo elemento à antiga regularidade fiscal, passando a exigir além desta, também a regularidade trabalhista. Foi acrescentado também o inciso V do art. 29, onde passou a exigir a prova de inexistência de débitos inadimplidos perante a Justiça do Trabalho.

A exigência da quitação para participação em licitação ocorrerá apenas para os casos em que haja sentença condenatória, e não sentença meramente declaratória, e transitada em julgado, ou seja, que não exista mais a possibilidade de recursos.

A CNDT é expedida pelo Tribunal Superior do Trabalho (TST) por intermédio do Banco Nacional de Devedores Trabalhistas (BNDT). É possível obtê-la gratuitamente por meio dos endereços eletrônicos relacionados com a Justiça do Trabalho, a saber, o do TST, o do Conselho Superior da Justiça do Trabalho e o dos TRTs.

§ 1º - O interessado não obterá a certidão quando em seu nome constar:

A certidão somente sairá Positiva, se houverem inadimplências de cumprimento das decisões judiciais.

I - o inadimplemento de obrigações estabelecidas em sentença condenatória transitada em julgado proferida pela Justiça do Trabalho ou em acordos judiciais trabalhistas, inclusive no concernente aos recolhimentos previdenciários, a honorários, a custas, a emolumentos ou a recolhimentos determinados em lei; ou

No caso de acordo judicial entre as partes, também será exigido o pagamento, conforme preceitua o art. 831, da CLT em comento, onde informa que esse acordo tem validade de decisão irrecorrível, além das verbas principais, também são exigidas a quitação de qualquer pendência oriunda da condenação ou acordo firmado, como recolhimentos previdenciários, honorários, custas, e emolumentos. Conforme definido na Resolução n.º 1.470 de 2011 em seu Art. 1, §4º, ao devedor é dado um prazo improrrogável de 30 dias, a contar da sua inclusão no BNDT, para que cumpra a obrigação ou regularize a sua situação, daí ele poderá emitir a certidão como sendo, negativa, positiva ou positiva com efeito de negativa, como previsto no §2º do artigo em comento.

II - o inadimplemento de obrigações decorrentes de execução de acordos firmados perante o Ministério Público do Trabalho ou Comissão de Conciliação Prévia.

O acordo de Ajuste de Conduta celebrado por uma empresa com o Ministério Público do Trabalho e o Acordo de Conciliação obtido com a realização de um acordo perante uma Comissão de Conciliação Prévia, estabelecida nas empresas ou nos sindicatos, são títulos executivos extrajudiciais, de acordo com o art. 625-E, parágrafo único e o art. 876, ambos da CLT. Sendo assim é possível que sejam diretamente executados na Justiça do Trabalho, sem discussão em fase de conhecimento. Os acordos que forem objetos de execução perante a Justiça do Trabalho devem ser totalmente adimplidos e as obrigações de fazer ou não fazer devem ser cumpridas para que seja possível a obtenção da CNDT.

§ 2º - Verificada a existência de débitos garantidos por penhora suficiente ou com exigibilidade suspensa, será expedida Certidão Positiva de Débitos Trabalhistas em nome do interessado com os mesmos efeitos da CNDT.

O dispositivo em comento autoriza a expedição de certidão positiva, porém com efeito de negativa, nas decisões transitadas em julgado, nos casos em que não exista a comprovação de quitação da dívida, quando o devedor for intimado para cumprir a obrigação em execução definitiva e vier a oferecer bens em penhora que suportem o valor da execução total, ou seja, incluindo custas, emolumentos, honorários e demais cobranças nos autos, também é autorizada a expedição no caso de exigibilidade suspensa de débitos, por exemplo, quando houver um acordo para parcelamento de débitos previdenciários.

§ 3º - A CNDT certificará a empresa em relação a todos os seus estabelecimentos, agências e filiais.

Para que a Empresa emita a CNDT, é preciso proceder com a quitação de todos os débitos perante a Justiça do Trabalho, independente de qual seja o seu estabelecimento, agência ou filial que estiver em litígio.

§ 4º - O prazo de validade da CNDT é de 180 (cento e oitenta) dias, contado da data de sua emissão.

A certidão, em quaisquer de suas modalidades, negativa, positiva e positiva com efeitos de negativa, é válida por 180 dias, contados da data de sua expedição. A observância deste prazo é de suma importância para que a empresa que tenha interesse em participar de licitação pública, além de não perder o prazo, também não venha a ignorar novos débitos.

TÍTULO VIII
DA JUSTIÇA DO TRABALHO

CAPÍTULO I
INTRODUÇÃO

Art. 643 - Os dissídios, oriundos das relações entre empregados e empregadores bem como de trabalhadores avulsos e seus tomadores de serviços, em atividades reguladas na legislação social, serão dirimidos pela Justiça do Trabalho, de acordo com o presente Título e na forma estabelecida pelo processo judiciário do trabalho.

§ 1° - As questões concernentes à Previdência Social serão decididas pelos órgãos e autoridades previstos no Capítulo V deste Título e na legislação sobre seguro social.

§ 2° - As questões referentes a acidentes do trabalho continuam sujeitas a justiça ordinária, na forma do Decreto n.° 24.637, de 10 de julho de 1934, e legislação *subsequente*.

§ 3° - A Justiça do Trabalho é competente, ainda, para processar e julgar as ações entre trabalhadores portuários e

os operadores portuários ou o Órgão Gestor de Mão-de-Obra - OGMO decorrentes da relação de trabalho.

Caput com a redação dada pela Lei 7.494, de 17.6.1986, tendo, que observar o artigo 114 da CRFB.

O artigo 643 argui que, a competência da Justiça do Trabalho que atribui o exercício da jurisdição ao Poder Judiciário, por meios de seus órgãos (tribunais e juízes) e as justiças Federais Especiais, quais sejam, a do Trabalho, a Militar e a Eleitoral.

A Justiça do Trabalho está regulada em lei própria e só submete-se as outras leis, quando na CLT não existe lei definida para regular determinada situação, sendo assim o Código de Processo Civil subsidiário a Código de Leis Trabalhistas e à qual não se aplicam as disposições desta Constituição relativas à competência, ao recrutamento e às prerrogativas da Justiça Comum. A Justiça do trabalho entre outros órgãos do Poder Judiciário definiu como sua competência conciliar e julgar os dissidios individuais e coletivos entre empregados e empregadores, e, as demais contraversias oriundas de relações do trabalho regidas por legislação especial, ressalvando, porém, que os dissídios relativos a acidentes do trabalho seriam competencia da Justiça Ordinária.

Por força da Emenda Constitucional n.45/2004 a Justiça do Trabalho passou a ter como competência o julgamento dos conflitos de interesses decorrentes da relação de trabalho subordinado (relação de emprego) e de relação de trabalho não subordinado (relação de trabalho). A relação de trabalho e a relação de emprego têm em comum o trabalho humano prestado pessoalmente em favor de outrem, mas a relação de emprego somente estará configurada quando o trabalho for prestado de forma subordinada.

A CLT afastou da Justiça do Trabalho a competência para a solução de conflitos concernentes à previdência social.

Quanto ao §2 do referido artigo há Súmula Vinculante de n.º 22 que diz: "*A Justiça do Trabalho é competente para processar e julgar as ações de indenização por danos morais e patrimoniais decorrentes de acidente de trabalho propostas por empregado contra empregador, inclusive aquelas que ainda não possuíam sentença de mérito em primeiro grau quando da promulgação da Emenda Constitucional n.º 45/04."*

Art. 644 - São órgãos da Justiça do Trabalho:

a) o Tribunal Superior do Trabalho;

b) os Tribunais Regionais do Trabalho;

c) as Juntas de Conciliação e Julgamento ou os Juízos de Direito.

O artigo tem redação dada pelo Decreto-lei 9.797, de 9.9.1946 que integrou à Justiça do Trabalho ao Poder Judiciário e organizou a carreira do juiz do trabalho. A Emenda Constitucional n.º 24, extinguiu a representação classista nos órgãos da Justiça do Trabalho e substituiu as juntas de conciliação de julgamento pelas Varas do Trabalho. O Art. 111 da CF deixa claro quais são os órgãos da Justiça do Trabalho.

Art. 645 - O serviço da Justiça do Trabalho é relevante e obrigatório, ninguém dele podendo eximir-se, salvo motivo justificado.

Os serviços prestados pelos representantes dos empregados e empregadores nos órgãos da Justiça do Trabalho eram de grande relevância e obrigatórios e ninguém poderia eximir-se, salvo motivo justificado. Com a extinção da representação classista na Justiça do Trabalho, este artigo perdeu a razão de ser.

Art. 646. Os órgãos da Justiça do Trabalho funcionarão perfeitamente coordenados, em regime de mútua colaboração, sob a orientação do Presidente do Tribunal Superior do Trabalho.

Não existe hierarquia entre os órgãos que compõem a Justiça do Trabalho, embora exista necessidade de cooperação entre eles, em favor do melhor desenvolvimento de suas atividades. A previsão de coordenação, sob a orientação do presidente do TST presente neste artigo, decorre do fato de a CLT ter entrado em vigor quando a Justiça do Trabalho integrava o Poder Executivo.

CAPÍTULO II
DAS JUNTAS DE CONCILIAÇÃO E JULGAMENTO

SEÇÃO I
DA COMPOSIÇÃO E FUNCIONAMENTO

Art. 647 - Cada Junta de Conciliação e Julgamento terá a seguinte composição:

a) um juiz do trabalho, que será seu presidente;

b) dois vogais, sendo um representante dos empregadores e outro dos empregados.

Parágrafo único - Haverá um suplente para cada vogal.

Este artigo perdeu eficácia com a EC n.º 24/99 que substituiu as Juntas de Conciliação e Julgamento por Varas do Trabalho e extinguiu os vogais e juízes classistas em todos os órgãos da Justiça do Trabalho, dando lugar às Varas do Trabalho onde seu titular é um Juiz do Trabalho, com bacharelado Direito e obrigatoriamente concursado.

Art. 648 - São incompatíveis entre si, para os trabalhos da mesma Junta, os parentes consanguíneos e afins até o terceiro grau civil.

Parágrafo único - A incompatibilidade resolve-se a favor do primeiro vogal designado ou empossado, ou por sorteio, se a designação ou posse for da mesma data.

Este artigo perdeu eficácia com a EC n.º 24/99 que substituiu as Juntas de Conciliação e Julgamento por Varas do Trabalho e extinguiu os vogais e juízes classistas.

Art. 649 - As Juntas poderão conciliar, instruir ou julgar com qualquer número, sendo, porém, indispensável a presença do presidente, cujo voto prevalecerá em caso de empate.

§ 1° - No julgamento de embargos deverão estar presentes todos os membros da Junta.

§ 2° - Na execução e na liquidação das decisões funciona apenas o presidente.

Este artigo perdeu eficácia com a EC n.º 24/99 que substituiu as Juntas de Conciliação e Julgamento por Varas do Trabalho e extinguiu os vogais e juízes classistas, dando lugar às Varas do Trabalho onde seu titular é um Juiz do Trabalho, com bacharelado Direito e obrigatoriamente concursado.

SEÇÃO II
DA JURISDIÇÃO E COMPETÊNCIA DAS JUNTAS

Art. 650 - A jurisdição de cada Junta de Conciliação e Julgamento abrange todo o território da Comarca em que tem sede, só podendo ser estendida ou restringida por lei federal.

Parágrafo único - As leis locais de Organização Judiciária não influirão sobre a competência de Juntas de Conciliação e Julgamento já criadas, até que lei federal assim determine.

O artigo 650 da CLT define que o território de atuação de cada Vara do Trabalho e sua jurisdição abrange ordinariamente todo o território da Comarca em que estiver sediada. Somente através de Lei Federal é permitido estender ou restringir a jurisdição de uma Vara do Trabalho.

Art. 651 - A competência das Juntas de Conciliação e Julgamento é determinada pela localidade onde o empregado, reclamante ou reclamado, prestar serviços ao empregador, ainda que tenha sido contratado noutro local ou no estrangeiro.

§ 1° - Quando for parte no dissídio agente ou viajante comercial, a competência será da Junta da localidade em que a empresa tenha agência ou filial e a esta o empregado esteja subordinado e, na falta, será competente a Junta da localização em que o empregado tenha domicílio ou a localidade mais próxima.

§ 2º - A competência das Juntas de Conciliação e Julgamento, estabelecida neste artigo, estende-se aos dissídios ocorridos em agência ou filial no estrangeiro, desde que o empregado seja brasileiro e não haja convenção internacional dispondo em contrário.

§ 3º - Em se tratando de empregador que promova realização de atividades fora do lugar do contrato de trabalho, é assegurado ao empregado apresentar reclamação no foro da celebração do contrato ou no da prestação dos respectivos serviços.

Aludi o artigo 651 que a competência da Vara do Trabalho é em razão do lugar ("*ratione loci*"). Como regra, é competente para processar e julgar dissídios "*ratione loci*" a Vara do Trabalho do local da prestação do serviço, ainda que sua contratação tenha ocorrido em local distinto, mesmo no estrangeiro.

Esta solução tem por finalidade facilitar o acesso do trabalhador à Justiça do Trabalho e com isso a defesa de seus direitos. Para esta regra foram estabelecidas 3 exceções: sendo parte do dissídio agente ou viajante comercial, pois a competência será do local onde a empresa tenha agência ou filial, na falta de vinculação do trabalhador, será a Vara da localidade em que tenha domicilio ou localidade mais próxima de seu domicilio.

O §2º faz alusão ao dissídio ocorrido em agencia ou filial fora do Brasil, envolvendo trabalhador brasileiro. A aplicação deste parágrafo pressupõe que o trabalhador em questão seja nato ou naturalizado e que a empresa tenha agência, filial ou sucursal no Brasil e que o trabalhador tenha sido contratado no Brasil para laborar no exterior. Justifica-se o artigo, pois exigir que o trabalhador se deslocasse ao estrangeiro para ajuizar a sua ação é dificultar o acesso à justiça, devido os elevados custos com este deslocamento, mas dependendo da natureza da atividade exercida pelo empregador ou tomador de serviços ao trabalhador é facultativo o foro da contratação ou da prestação dos serviços para ajuizamento da ação, desde que dessa natureza resulte a realização de atividade fora do local da contratação.

Art. 652 - Compete às Varas do Trabalho:

a) conciliar e julgar:

I - Os dissídios em que se pretenda o reconhecimento da estabilidade de empregado;

II - os dissídios concernentes a remuneração, férias e indenizações por motivo de rescisão do contrato individual de trabalho;

III - os dissídios resultantes de contratos de empreitadas em que o empreiteiro seja operário ou artífice;

IV - os demais dissídios concernentes ao contrato individual de trabalho.

V - as ações entre trabalhadores portuários e os operadores portuários ou o Órgão Gestor de Mão-de-Obra - OGMO decorrentes da relação de trabalho;

b) processar e julgar os inquéritos para apuração de falta grave;

c) julgar os embargos opostos às suas próprias decisões;

d) impor multas e demais penalidades relativas aos atos de sua competência.

e) (revogada)

f) decidir quanto à homologação de acordo extrajudicial em matéria de competência da Justiça do trabalho.

Parágrafo único - Terão preferência para julgamento os dissídios sobre pagamento de salário e aqueles que derivarem da falência do empregador, podendo o presidente da Junta, a pedido do interessado, constituir processo em separado, sempre que a reclamação também versar sobre outros assuntos.

O artigo em epígrafe trata da competência material "*ratione materiae*" das Varas do trabalho, ou seja, as demandas trabalhistas devem ser ajuizadas nas Varas do Trabalho, que são competentes para processar e julgar as ações decorrentes de relação de trabalho distintas de relação de emprego, também as lides conexas às relações de trabalho. A reforma trabalhista com base na Lei 13.467 de 13 de Julho de 2017, incluiu a letra "f" no inciso IV do artigo 652 da CLT. Antes o empregador não tinha liberdade para realizar acordos de forma direta com os empregados e vice versa, mas com o advento da reforma no Código de Leis Trabalhista, empregador e empregado poderão realizar acordos (CLT, art. 855-B).

Art. 653 - Compete, ainda, às Juntas de Conciliação e Julgamento:

a) requisitar às autoridades competentes a realização das diligências necessárias ao esclarecimento dos feitos sob sua apreciação, representando contra aquelas que não atenderem a tais requisições;

b) realizar as diligências e praticar os atos processuais ordenados pelos Tribunais Regionais do Trabalho ou pelo Tribunal Superior do Trabalho;

c) julgar as suspeições arguidas contra os seus membros;

d) julgar as exceções de incompetência que lhes forem opostas;

e) expedir precatórias e cumprir as que lhes forem deprecadas;

f) exercer, em geral, no interesse da Justiça do Trabalho, quaisquer outras atribuições que decorram da sua jurisdição.

As Juntas de Conciliação foram extintas pela EC 24/1999 e, agora, são denominadas Varas do Trabalho. Compete as

Varas do Trabalho requisitar às autoridades competentes a realização das diligências que se fizerem necessárias para satisfatório e bom andamento ao julgamento das lides que estejam sob sua apreciação, realizar diligências e praticar atos processuais ordenados pelo TRT ou TST.

SEÇÃO III
DOS PRESIDENTES DAS JUNTAS

Art. 654 - O ingresso na magistratura do trabalho far-se-á para o cargo de juiz do trabalho substituto. As nomeações subsequentes por promoção alternadamente, por antiguidade e merecimento.

O candidato que passa no concurso para magistratura trabalhista assume o cargo, inicialmente, como juiz do trabalho substituto. Deve-se respeitar o art. 37, II, CF/88 que prevê a realização de concurso público de provas ou de provas e títulos para ocupar cargo ou emprego público; combinado com o art. 93, I, da CF, que trata dessa investidura: "*ingresso na carreira, cujo cargo inicial será o de juiz substituto, mediante concurso público de provas e títulos, com a participação da Ordem dos Advogados do Brasil, em todas as fases, exigindo-se do bacharel em direito, no mínimo, três anos de atividade jurídica e obedecendo-se, nas nomeações, a ordem de classificação*". Ademais, o *caput* estabelece que Lei Complementar, de iniciativa do STF disporá sobre o Estatuto da Magistratura, representado na LC 35/79. A comprovação da chamada "atividade jurídica" é regulada aos candidatos à carreira da magistratura através da Resolução n.º 75 (12/05/2009) do CNJ. Essa norma é responsável, ademais, por regulamentar trâmites para investidura nessa carreira, ressaltando-se que ela foi posteriormente modificada, em alguns dos seus dispositivos, pela Resolução n.º 118 (03/08/2010) e pela Resolução n.º 208 (10/11/2015). Salienta-se que o TST, pela Resolução Administrativa 1.849 (27/09/2016), posteriormente alterada para a Resolução Administrativa 1.861 (28/11/2016), regulamentou e tornou obrigatório o Concurso Unificado para Ingresso na Carreira da Magistratura do Trabalho. Pela nova regulamentação, o concurso será realizado em seis etapas: prova objetiva seletiva (eliminatória e classificatória), prova escrita discursiva (eliminatória e classificatória), prova prática (eliminatória e classificatória, com a elaboração de uma sentença trabalhista), sindicância da vida pregressa, investigação social e exame de sanidade física e mental (eliminatórios), prova oral (eliminatória e classificatória) e avaliação de títulos (classificatória).

§ 1º - Nas 7ª e 8ª Regiões da Justiça do Trabalho, nas localidades fora das respectivas sedes, haverá suplentes de juiz do trabalho presidente de Junta, sem direito a acesso nomeados pelo Presidente da República, dentre brasileiros, bacharéis em direito, de reconhecida idoneidade moral, especializados em direito do trabalho, pelo período de 2 (dois) anos, podendo ser reconduzidos.

A Lei 7.221/84 derrogou esse parágrafo, pois estipulou regramento diferente para o juiz suplente e sua extinção após vacância. A EC n.º 24/99 alterou esse dispositivo, pois criou as Varas do Trabalho, as quais substituíram as Juntas de Conciliação e Julgamento.

§ 2º - Os suplentes de juiz do trabalho receberão, quando em exercício, vencimentos iguais aos dos juízes que substituírem.

A Lei 7.221/1984 derrogou esse parágrafo, pois estipulou mandamento diferente para o juiz suplente, com o desaparecimento de sua figura após vacância.

§ 3º - Os juízes substitutos serão nomeados após aprovação em concurso público de provas e títulos realizado perante o Tribunal Regional do Trabalho da Região, válido por 2 (dois) anos e prorrogável, a critério do mesmo órgão, por igual período, uma só vez, e organizado de acordo com as instruções expedidas pelo Tribunal Superior do Trabalho.

Com a edição da Resolução Administrativa 1.861/16, do TST, o concurso para ingresso na carreira da magistratura trabalhista agora é realizado por um Concurso Nacional Unificado. Respeitada a previsão constitucional, art. 37, III e IV, sobre o prazo de validade do concurso de 2 anos, com possibilidade de uma prorrogação por mais 2 anos, e sobre a ordem de convocação dos aprovados.

§ 4° - Os candidatos inscritos só serão admitidos ao concurso após apreciação prévia, pelo Tribunal Regional do Trabalho da respectiva Região, dos seguintes requisitos:

a) idade maior de 25 (vinte e cinco) anos e menor de 45 (quarenta e cinco) anos;

A idade mínima estipulada nesse artigo não foi recepcionada pelo art. 7°, XXX, da CF, nem está compatível com o artigo 27, do Estatuto do Idoso. Além disso, a Súmula 683, do STF aduz "*O limite de idade para a inscrição em concurso público só se legitima em face do art. 7°, XXX, da Constituição, quando possa ser justificado pela natureza das atribuições do cargo a ser preenchido*". Quanto à idade máxima, ela somente é exigida para requisito de escolha do quinto constitucional, não cabendo como exigência para ingresso na magistratura (MS n.° 13.659, do STJ). Entretanto, existe a previsão de aposentadoria compulsória aos 75 anos (Lei Complementar n.° 152/2015), impedindo o ingresso de candidato com idade igual ou superior a essa.

b) idoneidade para o exercício das funções.

Para o exercício dessa importante função, é necessário preencher o requisito da idoneidade moral, averiguada no momento do ingresso à carreira, com sindicância da vida pregressa e investigação social.

§ 5° - O preenchimento dos cargos do presidente de Junta, vagos ou criadas por lei, será feito dentro de cada Região:

a) pela remoção de outro presidente, prevalecendo a antiguidade no cargo, caso haja mais de um pedido, desde que a remoção tenha sido requerida, dentro de quinze dias, contados da abertura da vaga, ao Presidente do Tribunal Regional, a quem caberá expedir o respectivo ato.

b) pela promoção de substituto, cuja aceitação será facultativa, obedecido o critério alternado de antiguidade e merecimento.

Vale ressaltar a substituição das Juntas de Conciliação e Julgamento pelas Varas do Trabalho (EC n.º 24/99). A Constituição, em seu art. 93, II, traz o regramento para promoção entre entrâncias diferentes, conforme critérios de antiguidade e merecimento. O direito de remoção a pedido do juiz do trabalho substituto entre TRT´s diversos é regulamentada, também, pelas Resoluções 21/06 e 171/16, do CSJT. As Resoluções 32/2007 e 97/2009, ambas do CNJ, trazem, ainda, outras regras para as remoções e permutas.

§ 6º - Os juízes do trabalho, presidentes de Junta, juizes substitutos e suplentes de juiz tomarão posse perante o presidente do Tribunal da respectiva Região. Nos Estados que, não forem sede de Tribunal Regional do Trabalho, a posse dar-se-á perante o presidente do Tribunal de Justiça, que remeterá o têrmo ao presidente do Tribunal Regional da jurisdição do empossado. Nos Territórios a posse dar-se-á perante o presidente do Tribunal Regional do Trabalho da respectiva Região.

Cada TRT, segundo seu regimento interno, terá liberdade para dar posse aos juízes do trabalho, substitutos e titulares, conforme dispuser a respeito desse ato.

Art. 655 - Os Presidentes e os Presidentes substitutos tomarão posse do cargo perante o presidente do Tribunal Regional da respectiva jurisdição.

§ 1º - Nos Estados em que não houver sede de Tribunais a posse dar-se-á perante o presidente do Tribunal de Apelação, que remeterá o respectivo termo ao presidente do Tribunal

Regional da Jurisdição do empossado.

§ 2° - Nos Territórios a posse dar-se-á perante a Juiz de Direito da capital, que procederá na forma prevista no § 1°.

Revogado pelo Decreto-Lei n.° 229, de 28/02/1967, pois este possui a mesma regra do §6°, do art. 654, da CLT.

Art. 656 - O Juiz do Trabalho Substituto, sempre que não estiver substituindo o Juiz-Presidente de Junta, poderá ser designado para atuar nas Juntas de Conciliação e Julgamento.

§ 1° - Para o fim mencionado no *caput* deste artigo, o território da Região poderá ser dividido em zonas, compreendendo a jurisdição de uma ou mais Juntas, a juízo do Tribunal Regional do Trabalho respectivo.

O regimento interno de cada TRT disporá sobre o modo como serão designados os juízes do trabalho substitutos. Cabendo o respeito ao disposto na Resolução 63/2010 do CSJT, alterada em 27.11.2015, que estipula a existência de 1.500 processos numa Vara do Trabalho para se ter um juiz titular ou substituto.

§ 2° - A designação referida no *caput* deste artigo será de atribuição do Juiz-Presidente do Tribunal Regional do Trabalho ou, não havendo disposição regimental específica, de quem este indicar.

Imprescindível respeitar o regimento interno de cada TRT.

§ 3° - Os Juízes do Trabalho Substitutos, quando designados ou estiverem substituindo os Juízes Presidentes de Juntas, perceberão os vencimentos destes.

A figura das Juntas de Conciliação e Julgamento foi substituída pela Vara do Trabalho (EC 24/99).

§ 4º - O Juiz-Presidente do Tribunal Regional do Trabalho ou, não havendo disposição regimental específica, que este indicar, fará a lotação e a movimentação dos Juízes Substitutos entre as diferentes zonas da Região na hipótese de terem sido criadas na forma do § 1º deste artigo.

Imprescindível respeitar o regimento interno de cada TRT.

Art. 657 - Os Presidentes de Junta e os Presidentes Substitutos perceberão os vencimentos fixados em lei.

Esse dispositivo é complementado pela Resolução 63/2010, do CSJT, a qual "*institui a padronização da estrutura organizacional e de pessoal dos órgãos da Justiça do Trabalho de primeiro e segundo graus*". Reiterando que a EC 24/99 retirou a existência do juiz classista e, consequentemente, o órgão colegiado no primeiro grau.

Art. 658 - São deveres precípuos dos Presidentes das Juntas, além dos que decorram do exercício de sua função:

a) manter perfeita conduta pública e privada;

b) abster-se de atender a solicitações ou recomendações relativamente aos feitos que hajam sido ou tenham de ser submetidos à sua apreciação;

c) residir dentro dos limites de sua jurisdição, não podendo ausentar-se sem licença do Presidente do Tribunal Regional;

d) despachar e praticar todos os atos decorrentes de suas funções, dentro dos prazos estabelecidos, sujeitando-

se ao desconto correspondente a 1 (um) dia de vencimento para cada dia de retardamento.

Faz-se necessário, primeiramente, a leitura e interpretação desse artigo com os dos artigos 35 e 36, da Lei Orgânica da Magistratura (LC n.º 35/79), os quais tratam dos deveres e vedações do magistrado. A sua conduta deve ser pautada pela idoneidade moral, condizente com a seriedade que o cargo lhe exige. A CF/88, ademais, trouxe em seu artigo 95, § único, as vedações ao juiz em sua função pública. Ele deve residir na respectiva comarca onde atua, salvo autorização do tribunal a qual é vinculado (art. 93, VII, da CF/88 c/c Resolução 37/2007). Por fim, a alínea "d" desse artigo deve ser interpretada junto ao princípio da irredutibilidade de subsídio dos juízes (art. 95, III, da CF/88).

Art. 659 - Competem privativamente aos Presidentes das Juntas, além das que lhes forem conferidas neste Título e das decorrentes de seu cargo, as seguintes atribuições:

I - presidir às audiências das Juntas;

Os presidentes das antigas Juntas de Conciliação e Julgamento eram os juízes concursados. Atualmente, a competência para presidir às audiências da Vara do Trabalho é do juiz titular ou substituto.

II - executar as suas próprias decisões, as proferidas pela Junta e aquelas cuja execução lhes for deprecada;

Após a EC 24/99, a competência para executar a decisão é do mesmo juízo que a proferiu, ratificando o princípio da "*perpetuatio jurisdictionis*" e coadunando com os artigos 877 e 877-A, da CLT.

III - dar posse aos vogais nomeados para a Junta, ao Secretário e aos demais funcionários da Secretaria;

Após a EC 24/99, em regra, a posse do chefe de secretaria e dos demais funcionários é realizada pelo juiz titular da respectiva Vara.

IV - convocar os suplentes dos vogais, no impedimento destes;

Perdeu a eficácia com a EC 24/99.

V - representar ao Presidente do Tribunal Regional da respectiva jurisdição, no caso de falta de qualquer vogal a 3 (três) reuniões consecutivas, sem motivo justificado, para os fins do art. 727;

Perdeu a eficácia com a EC 24/99.

VI - despachar os recursos interpostos pelas partes, fundamentando a decisão recorrida antes da remessa ao Tribunal Regional, ou submetendo-os à decisão da Junta, no caso do art. 894;

Melhor estudo sobre os recursos será feito pelo art. 893 e seguintes.

VII - assinar as folhas de pagamento dos membros e funcionários da Junta;

Essa contraprestação será paga pelo setor do TRT responsável.

VIII - apresentar ao Presidente do Tribunal Regional, até 15 de fevereiro de cada ano, o relatório dos trabalhos do ano anterior;

O regimento interno de cada Regional, combinado com as Resoluções 4/2005 e 76/2009, regulamentam o monitoramento da produção laboral das Varas.

IX - conceder medida liminar, até decisão final do processo, em reclamações trabalhistas que visem a tornar sem efeito transferência disciplinada pelos parágrafos do artigo 469 desta Consolidação.

Inciso em harmonia à previsão do art. 297, do CPC/2015.

X - conceder medida liminar, até decisão final do processo, em reclamações trabalhistas que visem reintegrar no emprego dirigente sindical afastado, suspenso ou dispensado pelo empregador.

Inciso em harmonia à previsão do art. 297, do CPC/2015. A CLT traz, em seus dispositivos (arts. 494, 543, 652, 853, 854 e 855), uma melhor explicação sobre a estabilidade do dirigente sindical e o Inquérito para apuração de falta grave.

Anteriormente à EC/99, na composição da Junta de Conciliação e Julgamento existia a figura de dois Juízes Classistas e um Juiz Togado, constituindo um órgão colegiado em primeiro grau. Depois da EC 24/99, foram extintas essas Juntas, surgindo, em substituição, as Varas do Trabalho, retirando, ademais, a figura do juiz classista. Desse modo, a Seção IV foi tacitamente derrogada pela EC 24/99.

SEÇÃO IV
DOS VOGAIS DAS JUNTAS

Art. 660 - Os vogais das Juntas são designados pelo Presidente do Tribunal Regional da respectiva jurisdição.

Art. 661 - Para o exercício da função de vogal da Junta ou suplente deste são exigidos os seguintes requisitos:

a) ser brasileiro;

b) ter reconhecida idoneidade moral;

c) ser maior de 25 (vinte e cinco) anos e ter menos de 70 (setenta) anos;

d) estar no gozo dos direitos civis e políticos;

e) estar quite com o serviço militar;

f) contar mais de 2 (dois) anos de efetivo exercício na profissão e ser sindicalizado.

Esse requisito era necessário porque um juiz classista representava os empregados e o outro os empregadores, sendo recomendados por seus respectivos sindicatos.

Art. 662. A escolha dos vogais das Juntas e seus suplentes far-se-á dentre os nomes constantes das listas que, para esse efeito, forem encaminhadas pelas associações sindicais de primeiro grau ao presidente do Tribunal Regional.

§ 1° - Para esse fim, cada Sindicato de empregadores e de empregados, com base territorial extensiva à área de jurisdição da Junta, no todo ou em parte, procederá, na ocasião determinada pelo Presidente do Tribunal Regional, à escolha de 3 (três) nomes que comporão a lista, aplicando-se à eleição o disposto no art. 524 e seus §§ 1° a 3°.

§ 2° - Recebidas as listas pelo presidente do Tribunal Regional, designará este, dentro de cinco dias, os nomes dos vogais e dos respectivos suplentes, expedindo para cada um deles um título, mediante a apresentação do qual será empossado.

§ 3° - Dentro de quinze dias, contados da data da posse, pode ser contestada a investidura do vogal ou do suplente, por qualquer interessado, sem efeito suspensivo, por meio de representação escrita, dirigida ao presidente do Tribunal Regional.

§ 4° - Recebida a contestação, o Presidente do Tribunal designará imediatamente relator, o qual, se houver necessidade de ouvir testemunhas ou de proceder a quaisquer diligências, providenciará para que tudo se realize com a maior brevidade, submetendo, por fim, a contestação ao parecer do Tribunal, na primeira sessão.

§ 5° - Se o Tribunal julgar procedente a contestação, o Presidente providenciará a designação de novo vogal ou suplente.

§ 6° - Em falta de indicação pelos Sindicatos, de nomes para representantes das respectivas categorias profissionais e econômicas nas Juntas de Conciliação e Julgamento, ou nas localidades onde não existirem Sindicatos, serão esses representantes livremente designados pelo Presidente do Tribunal Regional do Trabalho, observados os requisitos exigidos para o exercício da função.

O artigo aborda os passos para escolha dos antigos juízes classistas e seus suplentes, além de sua impugnação. Vide Súmula 167 do TST (cancelada).

Art. 663 - A investidura dos vogais das Juntas e seus suplentes é de 3 (três) anos, podendo, entretanto, ser dispensado, a pedido, aquele que tiver servido, sem interrupção, durante metade desse período.

Os classistas que ainda estavam dentro do período de 3 anos, quando entrou em vigor a EC 24/99, puderam permanecer na função até o fim dos seus mandatos.

§ 1° - Na hipótese da dispensa do vogal a que alude este artigo, assim como nos casos de impedimento, morte ou renúncia, sua substituição far-se-á pelo suplente, mediante convocação do Presidente da Junta.

§ 2° - Na falta do suplente, por impedimento, morte ou renúncia serão designados novo vogal e o respectivo suplente, dentre os nomes constantes das listas a que se refere o art. 662, servindo os designados até o fim do período.

Art. 664 - Os vogais das Juntas e seus suplentes tomam posse perante o Presidente da Junta em que têm de funcionar.

Quem escolhia o juiz vogal era o Presidente do TRT, entretanto, sua posse era na presença do juiz presidente da Junta.

Art. 665 - Enquanto durar sua investidura, gozam os vogais das Juntas e seus suplentes das prerrogativas asseguradas aos jurados.

Eles possuíam um regime jurídico próprio, previsto em lei, diferente dos juízes de carreira.

Art. 666 - Por audiência a que comparecerem, até o máximo de 20 (vinte) por mês, os vogais das Juntas e seus suplentes perceberão a gratificação fixada em lei.

Vide art. 5°, da Lei 9.655/1998.

Art. 667 - São prerrogativas dos vogais das Juntas, além das referidas no art. 665:

a) tomar parte nas reuniões do Tribunal a que pertençam;

b) aconselhar às partes a conciliação;

c) votar no julgamento dos feitos e nas matérias de ordem interna do Tribunal, submetidas às suas deliberações;

d) pedir vista dos processos pelo prazo de 24 (vinte e quatro) horas;

e) formular, por intermédio do Presidente, aos litigantes, testemunhas e peritos, as perguntas que quiserem fazer, para esclarecimento do caso.

O artigo está na CLT desde a sua origem (Decreto-Lei n.° 5.452/1943) e faz referência aos antigos '(juízes) vogais' que compunham as 'Juntas de Conciliação e Julgamento' (CLT, arts. 647 e 660). Desde 1999, todavia, o primeiro grau de jurisdição trabalhista é constituído de varas do trabalho (EC n.° 24/1999; CRFB, art. 111, III) presididas por um juiz singular (EC n.° 24/1999; CRFB, art. 116). A Lei Orgânica da Magistratura Nacional (LC n.° 35/1979, LOMAN) atualmente dispõe sobre garantias e prerrogativas de magistrados.

CAPÍTULO III
DOS JUÍZOS DE DIREITO

Art. 668 - Nas localidades não compreendidas na jurisdição das Juntas de Conciliação e Julgamento, os Juízos de Direito são os órgãos de administração da Justiça do Trabalho, com a jurisdição que lhes for determinada pela lei de organização judiciária local.

Em regra, a competência para julgamento das lides trabalhistas é dos juízes do trabalho. Porém, quando existir uma localidade não abrangida pela jurisdição das Varas do Trabalho, a competência para resolução dessa lide é dada aos juízes estaduais (artigo 112 da CF/88 c/c artigo 14, §1°, da Lei Orgânica da Magistratura). Tal autorização é deveras importante para a efetiva prestação jurisdicional pelo Estado brasileiro, que possui municípios que se distanciam por muitos quilômetros. A falta de recursos financeiros é outro fator que dificulta a criação de Varas do Trabalho em todos os municípios brasileiros. É necessário aduzir que, caso seja criada uma Vara do Trabalho na localidade, é cessada a competência do juiz de direito para matéria trabalhista (Súmula 10, STJ). Vale ressaltar que os recursos interpostos contra decisões do juiz de direito serão encaminhados para o TRT com competência naquela base territorial. A Súmula 180, do STJ prevê que o TRT com competência naquela região é o responsável por resolver o conflito de competência entre o Juiz do Trabalho e esse Juiz de Direito com investidura trabalhista. A Resolução 63/2010 (alterada em 27/11/2015, na 9ª Sessão Ordinária do CSJT) estabelece o número de 600 processos para poder criar uma Vara do Trabalho na localidade.

Art. 669 - A competência dos Juízos de Direito, quando investidos na administração da Justiça do Trabalho, é a mesma das Juntas de Conciliação e Julgamento, na forma da Seção II do Capítulo II.

Nas regiões não contidas na jurisdição de Varas do Trabalho, o Juiz de Direito poderá desempenhar a competência trabalhista. Vale ressaltar, conforme aduz a Súmula 10 do STJ, que, a partir do momento em que for criada uma vara do trabalho nessa região, encerra-se a competência do Juiz de Direito para as causas de matéria trabalhista.

§ 1° - Nas localidades onde houver mais de um Juízo de Direito a competência é determinada, entre os Juízes do Cível, por distribuição ou pela divisão judiciária local, na conformidade da lei de organização respectiva.

§ 2° - Quando o critério de competência da lei de organização judiciária for diverso do previsto no parágrafo anterior, será competente o Juiz do Cível mais antigo.

Havendo mais de um juízo de direito na região não contemplada por Vara Trabalhista, a competência será fixada pela distribuição ou pela divisão judiciária local.

CAPÍTULO IV
DOS TRIBUNAIS REGIONAIS DO TRABALHO

SEÇÃO I
DA COMPOSIÇÃO E DO FUNCIONAMENTO

Art. 670 - Os Tribunais Regionais das 1ª e 2ª Regiões compor-se-ão de onze juízes togados, vitalícios, e de seis juízes classistas, temporários; os da 3ª e 4ª Regiões, de oito juízes togados, vitalícios, e de quatro classistas, temporários; os da 5ª e 6ª Regiões, de sete juízes togados, vitalícios e de dois classistas, temporários; os da 7ª e 8ª Regiões, de seis juízes togados, vitalícios, e de dois classistas, temporários, todos nomeados pelo Presidente da República.

§ 1° - Há um primeiro suplente e um segundo suplente para o presidente e um suplente para cada vogal.

§ 2° - Nos Tribunais Regionais constituídos de seis

ou mais juízes togados, e menos de onze, um dêles será escolhido dentre advogados, um dentre membros do Ministério Público da União junto à Justiça do Trabalho e os demais dentre juízes do Trabalho Presidente de Junta da respectiva Região, na forma prevista no parágrafo anterior.

§ 3° - (VETADO)

§ 4° - Os juízes classistas referidos neste artigo representarão, paritariamente, empregadores e empregados.

§ 5° - Haverá um suplente para cada Juiz classista.

§ 6° - Os Tribunais Regionais, no respectivo regimento interno, disporão sôbre a substituição de seus juízes, observados, na convocação de juízes inferiores, os critérios de livre escolha e antiguidade, alternadamente.

§ 7° - Dentre os seus juízes togados, os Tribunais Regionais elegerão os respectivos Presidente e Vice-Presidente, assim como os Presidentes de Turmas, onde as houver.

§ 8° - Os Tribunais Regionais da 1ª e 2ª Regiões dividir-se-ão em Turmas, facultada essa divisão aos constituídos de pelo menos, doze juízes. Cada turma se comporá de três juízes togados e dois classistas, um representante dos empregados e outro dos empregadores.

A Constituição Federal da República Federativa do Brasil, em seu art. 115, define a composição mínima dos Tribunais Regionais do Trabalho, compondo-se de, no mínimo, sete juízes, recrutados, quando possível, na respectiva região, e nomeados pelo Presidente da República dentre brasileiros com mais de trinta e menos de sessenta e cinco anos. Entretanto, no art. 670 do Decreto-Lei N.° ° 5.452, de 1° de maio de 1943, há a composição pormenorizada de cada TRT, porém desatualizada, tendo em vista que atualmente há 24 Tribunais Regionais do Trabalho no Brasil, possuindo composições que vão de 8 a 94 desembargadores. Todos são nomeados por ato vinculado do Presidente da República (art. 115 da CF), escolhidos entre juízes do trabalho, alternadamente, por antiguidade e merecimento (SCHIAVI, Mauro - Manual de direito processual do trabalho – 10. Ed. de acordo com Novo CPC. – São Paulo: LTr, 2016).

Vale lembrar que a Emenda Constitucional n.º 24/99 retirou a figura dos juízes classistas, devendo, portanto, ser desconsiderada quando da leitura do presente artigo. (MACHADO, Costa; Zainaghi, Domingos Sávio - CLT interpretada: artigo por artigo, parágrafo por parágrafo - 8. cd. - Barueri, SP: Manole, 2017).

Art. 671 - Para os trabalhos dos Tribunais Regionais existe a mesma incompatibilidade prevista no art. 648, sendo idêntica a forma de sua resolução.

O artigo em comento elenca as hipóteses de incompatibilidade existentes no segundo grau de jurisdição, em conformidade com o ocorrido entre os juízes classistas, tais como elencados no art. 648 da CLT: "*os parentes consanguíneos e afins até o terceiro grau civil*". No entanto, a EC n.º 24/99 retirou a figura dos juízes classistas, retirando validade da norma em apreço. Nesse sentido, o art. 128 da Lei Orgânica da Magistratura Nacional corrobora com a afirmação de revogação o artigo supra, estatuindo, em contrapartida, que nos tribunais não podem ter assento na mesma Turma, Câmara ou Seção, cônjuges e parentes, consanguíneos ou afins em linha reta ou colateral, até o terceiro grau civil (GARCIA, Gustavo Filipe Barbosa - Curso de direito processual do – 6ª ed. rev., atual. e ampl. – Rio de Janeiro: Forense, 2017).

Art. 672 - Os Tribunais Regionais, em sua composição plena, deliberarão com a presença, além do Presidente, da metade e mais um, do número de seus juízes, dos quais, no mínimo, um representante dos empregados e outro dos empregadores.

§ 1º - As Turmas somente poderão deliberar presentes, pelo menos, três dos seus juízes, entre eles os dois classistas. Para a integração desse quorum, poderá o Presidente de uma Turma convocar juízes de outra, da classe a que pertencer o ausente ou impedido.

§ 2º - Nos Tribunais Regionais, as decisões tomar-se-ão pelo voto da maioria dos juízes presentes, ressalvada, no Tribunal Pleno, a hipótese de declaração de inconstitucionalidade de lei ou ato do poder público (artigo 111 da Constituição).

§ 3º - O Presidente do Tribunal Regional, excetuada a hipótese de declaração de inconstitucionalidade de lei ou ato do poder público, somente terá voto de desempate. Nas sessões administrativas, o Presidente votará como os demais juízes, cabendo-lhe, ainda, o voto de qualidade.

§ 4º - No julgamento de recursos contra decisão ou despacho do Presidente, do Vice-Presidente ou de Relator, ocorrendo empate, prevalecerá a decisão ou despacho recorrido.

Estabelece o art. 97 da Constituição Federal de 1988: "*Somente pelo voto da maioria absoluta de seus membros ou dos membros do respectivo órgão especial poderão os tribunais declarar a inconstitucionalidade de lei ou ato normativo do Poder Público*". Tal preceito altera, em parte, o § 2º do artigo em estudo. Isso porque neste se fala em maioria simples, enquanto que na Constituição Federal, em maioria absoluta, ou seja, metade mais um.

No § 1º do artigo em análise, sob pena de anular-se o decisório da Turma, ela só poderá deliberar presentes, pelo menos, três dos seus membros. O presidente do Tribunal Regional tem, além de voto de desempate, o de qualidade, nas sessões administrativas.

Acarreta a nulidade do acórdão quando ficar provada a irrregular participação de um juiz. As normas legais referentes à competência dão embasamento a essa assertiva (SARAIVA, Renato; MANFREDINI, Aryanna - Curso de direito processual do trabalho – 11. ed. rev., e atual. – Rio de Janeiro:

Forense; São Paulo: MÉTODO, 2014).

Art. 673 - A ordem das sessões dos Tribunais Regionais será estabelecida no respectivo Regimento Interno.

A norma em destaque assevera que todos os Tribunas Regionais do Trabalho possuem Regimento Interno próprio. Regimento Interno conceitua-se como um ato administrativo de índole normativa, aplicável a órgãos colegiados, o qual complementam algumas disposições da lei adjetiva, facilitando sua execução pelo colegiado. Assevera-se que o Regimento de um Tribunal não pode ir contra norma processual e, portanto, norma legal (LEITE, Carlos Henrique Berreza. Curso de direito processual do trabalho – 14. ed. de acordo com o novo CPC – Lei n.º 13.105, de 16/3/2015. – São Paulo: Saraiva, 2016).

SEÇÃO II
DA JURISDIÇÃO E COMPETÊNCIA

Art. 674 - Para efeito da jurisdição dos Tribunais Regionais, o território nacional é dividido nas oito regiões seguintes:

1ª Região - Estados da Guanabara, Rio de Janeiro e Espírito Santo;

2ª Região - Estados de São Paulo, Paraná e Mato Grosso;

3ª Região - Estados de Minas Gerais e Goiás e Distrito Federal;

4ª Região - Estados do Rio Grande do Sul e Santa Catarina;

5ª Região - Estados da Bahia e Sergipe;

6ª Região - Estados de Alagoas, Pernambuco, Paraíba e Rio Grande do Norte;

7ª Região - Estados do Ceará, Piauí e Maranhão;

8ª Região - Estados do Amazonas, Pará, Acre e Territórios Federais do Amapá, Rondônia e Roraima.

Parágrafo único - Os tribunais têm sede nas cidades: Rio de Janeiro (1ª Região), São Paulo (2ª Região), Belo Horizonte (3ª Região), Porto Alegre (4ª Região), Salvador (5ª Região), Recife (6ª Região), Fortaleza (7ª Região) e Belém (8ª Região).

Consoante o art. 112 da Constituição Federal, cada Estado deverá possuir, pelo menos, um Tribunal Regional do Trabalho.

Art. 675 – Revogado

Art. 676 - O número de regiões, a jurisdição e a categoria dos Tribunais Regionais, estabelecidos nos artigos anteriores, somente podem ser alterados pelo Presidente da República.

A caducidade do dispositivo é indiscutível. O número de Regiões, a jurisdição e a categoria dos Tribunais só podem ser fixados por lei. Essa a determinação da Lei Maior (art. 96, II c/c. 112 da CF).

Art. 677 - A competência dos Tribunais Regionais determina-se pela forma indicada no art. 651 e seus parágrafos e, nos casos de dissídio coletivo, pelo local onde este ocorrer.

Depreende-se do dispositivo em epígrafe que a competência territorial dos Tribunais Regionais obedece às prescrições do art. 651, e seus parágrafos, desta Consolidação. De conseguinte, nos dissídios individuais, essa competência é determinada pelo local em que o serviço é prestado, sendo indiferente que o empregado haja sido contratado em outro local, ou mesmo no estrangeiro. É competente o Tribunal Regional para julgar os recursos interpostos contra sentenças prolatadas por Varas do Trabalho que se encontrem sob a sua jurisdição.

No que tange aos dissídios coletivos, se as partes, neles envolvidas, abrangerem área superior à da jurisdição do Tribunal Regional, a competência para conhecê-los e julgá-los passa a ser do Tribunal Superior do Trabalho.

Art. 678 - Aos Tribunais Regionais, quando divididos em Turmas, compete:

I - ao Tribunal Pleno, especialmente:

a) processar, conciliar e julgar originariamente os dissídios coletivos;

b) processar e julgar originariamente:

1) as revisões de sentenças normativas;

2) a extensão das decisões proferidas em dissídios coletivos;

3) os mandados de segurança;

4) as impugnações à investidura de vogais e seus suplentes nas Juntas de Conciliação e Julgamento;

c) processar e julgar em última instância:

1) os recursos das multas impostas pelas Turmas;

2) as ações rescisórias das decisões das Juntas de Conciliação e Julgamento, dos juízes de direito investidos na jurisdição trabalhista, das Turmas e de seus próprios acórdãos;

3) os conflitos de jurisdição entre as suas Turmas, os juízes de direito investidos na jurisdição trabalhista, as Juntas de Conciliação e Julgamento, ou entre aquêles e estas;

d) julgar em única ou última instâncias:

1) os processos e os recursos de natureza administrativa atinentes aos seus serviços auxiliares e respectivos servidores;

2) as reclamações contra atos administrativos de seu presidente ou de qualquer de seus membros, assim como dos juízes de primeira instância e de seus funcionários.

II - às Turmas:

a) julgar os recursos ordinários previstos no art. 895, alínea "a" ;

b) julgar os agravos de petição e de instrumento, êstes de decisões denegatórias de recursos de sua alçada;

c) impor multas e demais penalidades relativas e atos

de sua competência jurisdicional, e julgar os recursos interpostos das decisões das Juntas dos juízes de direito que as impuserem.

Parágrafo único - Das decisões das Turmas não caberá recurso para o Tribunal Pleno, exceto no caso do item I, alínea "c", inciso 1, deste artigo.

Como decorrência da divisão de alguns Tribunais Regionais em Turmas e com a preocupação de dar maior celeridade aos processos, o artigo em epígrafe dá competência às Turmas para julgar os recursos oferecidos contra sentenças de primeira instância, sem que o Plenário do Tribunal precise tomar conhecimento deles.

Compete ao Pleno do Tribunal Regional julgar, originariamente, os dissídios coletivos ajuizados nos termos do art. 856 e segs., desta CLT. Tribunais Regionais com grande número de juízes podem dividir-se em grupos de turmas (v. Lei n.º 7.701, de 21 de dezembro de 1988, art. 6º). Das decisões do Grupo de Turmas sobre dissídios coletivos cabe recurso ordinário para o TST (art. 7º da lei citada).

Consoante os arts. 873, 874 e 875, desta Consolidação, as sentenças proferidas em processos de dissídios coletivos são suscetíveis de revisão, depois de decorrido um ano de sua vigência. Compete aos Tribunais Regionais processar e julgar essas revisões.

Nos arts. 868 a 871, da CLT, é regulada a extensão das decisões proferidas em processos de dissídios coletivos e essa extensão é de competência originária dos Tribunais Regionais.

Cabe ao Pleno dos Tribunais Regionais julgar mandados de segurança. Não se incluem na incidência do mandado de segurança atos de que caiba recurso administrativo, independentemente de caução, com efeito suspensivo e os despachos ou decisões judiciais que admitem recurso ou correição. Da decisão do Tribunal Regional sobre mandado de segurança, cabe recurso ordinário ao Tribunal Superior do Trabalho.

O Tribunal Regional, em sessão plenária, é competente para julgar ações rescisórias de sentenças das Varas do Trabalho, de Juízes de Direito investidos da jurisdição trabalhista, das Turmas e dos seus próprios acórdãos.

Das decisões das Turmas não caberá recurso para o Tribunal Pleno Regional, exceto no caso do n.º 1 da alínea "c" do inc. I, deste artigo (multas impostas pelas Turmas).

Art. 679 - Aos Tribunais Regionais não divididos em Turmas, compete o julgamento das matérias a que se refere o artigo anterior, exceto a de que trata o inciso I da alínea c do Item I, como os conflitos de jurisdição entre Turmas.

Este artigo bem poderia ser simples parágrafo do artigo anterior. Em verdade, já é tempo de se modernizar a CLT, não só quanto à essência, mas, também, quanto à forma.

Art. 680 - Compete, ainda, aos Tribunais Regionais, ou suas Turmas:

a) determinar às Juntas e aos juízes de direito a realização dos atos processuais e diligências necessárias ao julgamento dos feitos sob sua apreciação;

b) fiscalizar o comprimento de suas próprias decisões;

c) declarar a nulidade dos atos praticados com infração de suas decisões;

d) julgar as suspeições arguidas contra seus membros;

e) julgar as exceções de incompetência que lhes forem opostas;

f) requisitar às autoridades competentes as diligências necessárias ao esclarecimento dos feitos sob apreciação, representando contra aquelas que não atenderem a tais requisições;

g) exercer, em geral, no interêsse da Justiça do Trabalho, as demais atribuições que decorram de sua Jurisdição.

A declaração de nulidade dos atos praticados que violem suas decisões não pode ser feita de ofício, pois a lei não previu a hipótese. É imprescindível a postulação da parte.

SEÇÃO III
DOS PRESIDENTES DOS TRIBUNAIS REGIONAIS

Art. 681 - Os presidentes e vice-presidentes dos Tribunais Regionais do Trabalho tomarão posse perante os respectivos Tribunais.

Art. 682 - Competem privativamente aos Presidentes dos Tribunais Regionais, além das que forem conferidas neste e no título e das decorrentes do seu cargo, as seguintes atribuições:

I - (revogado)

II - designar os vogais das Juntas e seus suplentes;

III - dar posse aos Presidentes de Juntas e Presidentes Substitutos, aos vogais e suplentes e funcionários do próprio Tribunal e conceder férias e licenças aos mesmos e aos vogais e suplentes das Juntas;

IV - presidir às sessões do Tribunal;

V - presidir às audiências de conciliação nos dissídios coletivos;

VI - executar suas próprias decisões e as proferidas pelo Tribunal;

VII - convocar suplentes dos vogais do Tribunal, nos impedimentos destes;

VIII - representar ao Presidente do Tribunal Superior

do Trabalho contra os Presidentes e os vogais, nos casos previstos no art. 727 e seu parágrafo único;

IX - despachar os recursos interpostos pelas partes;

X - requisitar às autoridades competentes, nos casos de dissídio coletivo, a força necessária, sempre que houver ameaça de perturbação da ordem;

XI - exercer correição, pelo menos uma vez por ano, sobre as Juntas, ou parcialmente sempre que se fizer necessário, e solicitá-la, quando julgar conveniente, ao Presidente do Tribunal de Apelação relativamente aos Juízes de Direito investidos na administração da Justiça do Trabalho;

XII - distribuir os feitos, designando os vogais que os devem relatar;

XIII - designar, dentre os funcionários do Tribunal e das Juntas existentes em uma mesma localidade, o que deve exercer a função de distribuidor;

XIV - assinar as folhas de pagamento dos vogais e servidores do Tribunal.

§ 1º - Na falta ou impedimento do Presidente da Junta e do substituto da mesma localidade, é facultado ao Presidente do Tribunal Regional designar substituto de outra localidade, observada a ordem de antiguidade entre os substitutos desimpedidos.

§ 2º - Na falta ou impedimento do Juiz classista da Junta e do respectivo suplente, é facultado ao Presidente do Tribunal Regional designar suplente de outra Junta, respeitada a categoria profissional ou econômica do representante e a ordem de antiguidade dos suplentes desimpedidos.

§ 3º - Na falta ou impedimento de qualquer Juiz representante classista e seu respectivo suplente, é facultado ao Presidente do Tribunal Regional designar um dos Juízes classistas de Junta de Conciliação e Julgamento para

funcionar nas sessões do Tribunal, respeitada a categoria profissional ou econômica do representante.

A maioria das disposições deste artigo, sobre a competência privativa do presidente do Tribunal Regional, dispensa quaisquer comentários. Registremos, aqui, a superfluidade ou a desnecessidade de itens como presidir as sessões do Tribunal, executar suas próprias decisões etc.

Compete ao presidente exercer correição, pelo menos uma vez por ano, sobre as Varas, ou parcialmente sempre que se fizer necessário. A correição de que se trata aqui é a geral ou ordinária, conceituada como ato ou efeito de ato pelo qual o corregedor inspeciona cartórios dos ofícios de Justiça.

Compete, privativamente, ao presidente do Tribunal Regional do Trabalho despachar os recursos.

Art. 683 - Na falta ou impedimento dos Presidentes dos Tribunais Regionais, e como auxiliares destes, sempre que necessário, funcionarão seus substitutos.

§ 1° - Nos casos de férias, por 30 (trinta) dias, licença, morte ou renúncia, a convocação competirá diretamente ao Presidente do Tribunal Superior do Trabalho.

§ 2° - Nos demais casos, mediante convocação do próprio Presidente do Tribunal ou comunicação do secretário deste, o Presidente Substituto assumirá imediatamente o exercício, ciente o Presidente do Tribunal Superior do Trabalho.

Cada Tribunal Regional do Trabalho possui uma Presidência. Os Presidentes dos Tribunais Regionais do Trabalho possuem inúmeras competências (CLT, art. 682), dentre as quais despachar Recursos de Revista. Nas hipóteses de falta, impedimento (CPC, art. 144), férias por mais de trinta dias, licença, morte ou renúncia dos Presidentes, atuarão os seus substitutos, para que a importante função não fique paralisada. Em situações não contempladas pelo presente artigo, a convocação do Presidente substituto deve ser informada ao presidente do C. TST. Importante relembrar, ainda, que o Regimento Interno de cada TRT pode trazer regras específicas ou mais detalhadas quanto à substituição da Presidência.

SEÇÃO IV
DOS JUÍZES REPRESENTANTES CLASSISTAS DOS TRIBUNAIS REGIONAIS

Art. 684 - Os Juízes representantes classistas dos Tribunais Regionais são designados pelo Presidente da República.

Parágrafo único - Aos Juízes representantes classistas dos empregados e dos empregadores, nos Tribunais Regionais, aplicam-se as disposições do art. 661.

Art. 685 - A escolha dos vogais e suplentes dos Tribunais Regionais, representantes dos empregadores e empregados, é feita dentre os nomes constantes das listas para esse fim encaminhadas ao Presidente do Tribunal Superior do Trabalho pelas associações sindicais de grau superior com sede nas respectivas Regiões.

§ 1° - Para o efeito deste artigo, o Conselho de Representantes de cada associação sindical de grau superior, na ocasião determinada pelo Presidente do Tribunal Superior do Trabalho, organizará, por maioria de votos, uma lista de 3 (três) nomes.

§ 2° - O Presidente do Tribunal Superior do Trabalho submeterá os nomes constantes das listas ao Presidente da República, por intermédio do Ministro da Justiça e Negócios Interiores.

Art. 686 - (Suprimido pelo Decreto-Lei n.° 9.797, de 9.9.1946)

Art. 687 - Os vogais dos Tribunais Regionais tomam posse perante o respectivo Presidente.

Art. 688 - Aos juízes representantes classistas dos Tribunais Regionais aplicam-se as disposições do art. 663, sendo a nova escolha feita dentre os nomes constantes das listas a que se refere o art. 685, ou na forma indicada no art. 686 e, bem assim, as dos arts. 665 e 667.

Art. 689 - Por sessão a que comparecerem, até o máximo de quinze por mês, perceberão os Juízes representantes classistas e suplentes dos Tribunais Regionais a gratificação fixada em lei.

Parágrafo único – Os Juízes representantes classistas que retiverem processos além dos prazos estabelecidos no Regimento Interno dos Tribunais Regionais sofrerão automaticamente, na gratificação mensal a que teriam direito, desconto equivalente a 1/30 (um trinta avos) por processo retido.

A Emenda Constitucional n.° 24, de 9 de dezembro de 1999, extinguiu a representação classista. Arts. 684 a 689 perderam eficácia com a EC 24/99, mas para informação, leitura e estudo, trazemos tais artigos.

CAPÍTULO V
DO TRIBUNAL SUPERIOR DO TRABALHO

SEÇÃO I
DISPOSIÇÕES PRELIMINARES

Art. 690 - O Tribunal Superior do Trabalho, com sede na Capital da República e jurisdição em todo o Território Nacional, é a instância suprema da Justiça do Trabalho.

Parágrafo único - O Tribunal funciona na plenitude de sua composição ou dividido em turmas, com observância da paridade de representação de empregados e empregadores.

O Tribunal Superior do Trabalho (TST) é a maior instância da Justiça do Trabalho, encontra-se na Capital da República e tem jurisdição em todo o Brasil, ou seja, toda e qualquer pessoa que seja empregado e/ou empregador deve ter acesso ao Tribunal Superior, dentro de sua competência funcional, em qualquer local do território nacional.

Art. 691 – Revogado

Art. 692 – Revogado

SEÇÃO II
DA COMPOSIÇÃO E FUNCIONAMENTO DO TRIBUNAL SUPERIOR DO TRABALHO

Art. 693 - O Tribunal Superior do Trabalho compõe-se de dezessete juízes com a denominação de Ministros, sendo:

a) onze togados e vitalícios, nomeados pelo Presidente da República, depois de aprovada a escolha pelo Senado Federal, dentre brasileiros natos, maiores de trinta e cinco anos, de notável saber jurídico e reputação ilibada;

b) seis classistas, com mandato de três anos em representação paritária dos empregadores e dos empregados nomeados pelo Presidente da República de conformidade com o disposto nos §§ 2º e 3º deste artigo.

§ 1º - Dentre os juízes togados do Tribunal Superior do Trabalho, alheios aos interesses profissionais, serão eleitos o presidente, o vice-presidente e o corregedor, além dos presidentes das turmas na forma estabelecida em seu regimento interno.

§ 2º - Para nomeação trienal dos juízes classistas, o Presidente do Tribunal Superior do Trabalho publicará edital, com antecedência mínima de 15 (quinze) dias, convocando as associações sindicais de grau superior, para que cada uma, mediante maioria de votos do respectivo Conselho de Representantes, organize uma lista de 3 (três) nomes, que será encaminhada, por intermédio daquele Tribunal, ao Ministro da Justiça dentro do prazo que for fixado no edital.

§ 3º - Na lista de que trata o parágrafo anterior figurarão somente brasileiros natos, de reconhecida idoneidade,

maiores de 25 anos, quites com o serviço militar, que estejam no gozo de seus direitos civis e políticos e contém mais de dois anos de efetivo exercício da profissão ou se encontrem no desempenho de representação profissional prevista em lei.

§ 4º - VETADO

Este artigo foi alterado pelo art. 111-A da CF, que foi inserido na Constituição Federal através da Emenda Constitucional n.º 92, de 2016. O TST será composto por vinte e sete (27) ministros, que tenham entre 35 e 65 anos, de notável saber jurídico e reputação ilibada serão nomeados pelo Presidente da República, essa indicação terá que ser aprovada pelo Senado Federal, onde todos eles serão vitalícios desde a posse (vide artigo 95, inciso I da Constituição Federal e Lei Orgânica n.º 35 que discursa sobre a Magistratura Nacional).

Art. 694 - Os juízes togados escolher-se-ão: sete, dentre magistrados da Justiça do Trabalho, dois, dentre advogados no efetivo exercício da profissão, e dois, dentre membros do Ministério Público da União junto à Justiça do Trabalho.

Este artigo foi derrogado pela Emenda Constitucional n.º 92 de 2016, a regra de preenchimento dessas vagas será de acordo com os incisos I e II do artigo 111-A da CF, cujos incisos foram reaproveitados da Emenda Constitucional n.º 45, de 2004. Dentre os vinte e sete ministros integrantes do Tribunal serão escolhidos o Presidente, o Vice-Presidente e o Corregedor do Tribunal, que deverão seguir as regras da CLT, das Leis Especiais e do Regimento Interno do Tribunal.

Art. 695 – Revogado

Art. 696 - Importará em renúncia o não comparecimento do membro do Tribunal, sem motivo justificado, a mais de três sessões ordinárias consecutivas.

§ 1° - Ocorrendo a hipótese prevista neste artigo, o Presidente do Tribunal comunicará, imediatamente, o fato ao Ministro da Justiça, a fim de que seja feita a substituição do Juiz renunciante, sem prejuízo das sanções cabíveis.

§ 2° - Para os efeitos do parágrafo anterior, a designação do substituto será feita dentre os nomes constantes das listas de que trata o § 2° do artigo 693.

Art. 697 - Em caso de licença superior a trinta dias, ou de vacância, enquanto não for preenchido o cargo, os Ministros do Tribunal poderão ser substituídos mediante convocação de Juízes, de igual categoria, de qualquer dos Tribunais Regionais do Trabalho, na forma que dispuser o Regimento do Tribunal Superior do Trabalho.

O artigo 13 do Regimento Interno do Tribunal Superior do Trabalho (Resolução Administrativa n.° 1.937/2017 – Publicado no Diário da Justiça do Trabalho no dia 24.11.2017) dispõe como deverá ser requerida a licença pelo Ministro que precisar desta. O artigo 17 do Regimento Interno do TST, por sua vez, diz como será disposto em caso de ausência temporária de qualquer Ministro do Tribunal Superior do Trabalho.

Art. 698 – Revogado

Art. 699 - O Tribunal Superior do Trabalho não poderá deliberar, na plenitude de sua composição senão com a presença de pelo menos nove de seus juízes, além do Presidente.

Parágrafo único - As turmas do Tribunal, compostas de 5 (cinco) juízes, só poderão deliberar com a presença de pelo menos, três de seus membros, além do respectivo presidente, cabendo também a este funcionar como relator ou revisor nos feitos que lhe forem distribuídos conforme estabelecer o regimento interno.

A lei n.º 7.701, de 21 de dezembro de 1988, que revogou o artigo 699 da CLT determina que o TST seja dividido por Turmas de Julgamento, diz ainda que o Regimento Interno do Tribunal que versará sobre a composição e o número de integrantes destas Turmas, o artigo 5º desta lei nos informa quais são as competências das referidas Turmas que são elas: a) julgar os recursos de revista interpostos de decisões dos Tribunais Regionais do Trabalho, nos casos previstos em lei; b) julgar, em última instância, os agravos de instrumento dos despachos de Presidente de Tribunal Regional que denegarem seguimento a recurso de revista, explicitando em que efeito a revista deve ser processada, caso providos; c) julgar, em última instância, os agravos regimentais; e d) julgar os embargos de declaração opostos aos seus acórdãos diz também que em cada sessão de julgamento especializada essa mesma lei trouxe essa inovação para a Justiça do Trabalho, artigo 1º "*O Tribunal Superior do Trabalho, nos processos de sua competência, será dividido em turmas e seções especializadas para a conciliação e julgamento de dissídios coletivos de natureza econômica ou jurídica e de dissídios individuais, respeitada a paridade da representação classista*", deverão estar presentes o Presidente, Vice-Presidente e o Corregedor, se este último não estiver em função corregedora (vide artigo 1º da lei citada).

Art. 700 - O Tribunal reunir-se-á em dias previamente fixados pelo Presidente, o qual poderá, sempre que for necessário, convocar sessões extraordinárias.

As sessões ordinárias do Tribunal deverão ser marcadas pelo Presidente do mesmo em dias já estipulados, podendo também, se necessário, haver sessões extraordinárias que serão em período de férias, tendo que ser marcadas com no mínimo 48 horas de antecedência pelo Presidente do Tribunal ou seu substituto, cujas sessões serão para julgamento de dissídio coletivo, mandado de segurança e ação declaratória alusiva a greve e que requeiram apreciação urgente, conforme descrito no rol do artigo 21 do Regimento Interno do Tribunal Superior do Trabalho (Resolução Administrativa n.º 1.937/2017 – Publicado no Diário da Justiça do Trabalho no dia 24.11.2017).

Art. 701 - As sessões do Tribunal serão públicas e começarão às 14 (quatorze) horas, terminando às dezessete horas, mas poderão ser prorrogadas pelo Presidente em caso de manifesta necessidade.

§ 1º - As sessões extraordinárias do Tribunal só se realizarão quando forem comunicadas aos seus membros com vinte e quatro horas, no mínimo, de antecedência.

§ 2º - Nas sessões do Tribunal, os debates poderão tornar-se secretos, desde que, por motivo de interesse público, assim resolver a maioria de seus membros.

Este artigo diz respeito ao Princípio da Publicidade que tem como fundamento base o artigo 37 da Constituição Federal de 1988, porém há também outros artigos espalhados por todo o nosso ordenamento jurídico, que versam sobre tal princípio, usando os que estão presentes no artigo 5º da Constituição Federal, artigo este que integra o capítulo que fala dos direitos e deveres individuais e coletivos como exemplo: o inciso LX diz que "*a lei só poderá restringir a publicidade dos atos processuais quando a defesa da intimidade ou o interesse social o exigirem*"; tem-se também o inciso XIV que diz "é assegurado a todos o acesso à informação e resguardado o sigilo da fonte, quando necessário ao exercício profissional"; e como último exemplo o inciso XXXIII que diz "*todos têm direito a receber dos órgãos públicos informações de seu interesse particular, ou de interesse coletivo ou geral, que serão prestadas no prazo da lei, sob pena de responsabilidade, ressalvadas aquelas cujo sigilo seja imprescindível à segurança da sociedade e do Estado*". Esses são apenas alguns exemplos do quanto o conjunto de leis brasileiras resguardam e prezam pelo referido princípio.

SEÇÃO III
DA COMPETÊNCIA DO TRIBUNAL PLENO

Art. 702 - Ao Tribunal Pleno compete:

I – em única instância:

a) decidir sobre matéria constitucional, quando arguido, para invalidar lei ou ato do poder público;

b) conciliar e julgar os dissídios coletivos que excedam a jurisdição dos Tribunais Regionais do Trabalho, bem como estender ou rever suas próprias decisões normativas, nos casos previstos em lei;

c) homologar os acordos celebrados em dissídios de que trata a alínea anterior;

d) julgar os agravos dos despachos do presidente, nos casos previstos em lei;

e) julgar as suspeições arguidas contra o presidente e demais juízes do Tribunal, nos feitos pendentes de sua decisão;

f) estabelecer ou alterar súmulas e outros enunciados de jurisprudência uniforme, pelo voto de pelo menos dois terços de seus membros, caso a mesma matéria já tenha sido decidida de forma idêntica por unanimidade em, no mínimo, dois terços das turmas em pelo menos dez sessões diferentes em cada uma delas, podendo, ainda, por maioria de dois terços de seus membros, restringir os efeitos daquela declaração ou decidir que ela só tenha eficácia a partir de sua publicação no Diário Oficial;

g) aprovar tabelas de custas emolumentos, nos termos da lei;

h) elaborar o Regimento Interno do Tribunal e exercer as atribuições administrativas previstas em lei, ou decorrentes da Constituição Federal.

II – em última instância:

a) julgar os recursos ordinários das decisões proferidas pelos Tribunais Regionais em processos de sua competência originária;

b) julgar os embargos opostos às decisões de que tratam as alíneas "b" e "c" do inciso I deste artigo;

c) julgar embargos das decisões das Turmas, quando estas divirjam entre si ou de decisão proferida pelo próprio Tribunal Pleno, ou que forem contrárias à letra de lei federal;

d) julgar os agravos de despachos denegatórios dos presidentes de turmas, em matéria de embargos na forma estabelecida no regimento interno;

e) julgar os embargos de declaração opostos aos seus acórdãos.

§ 1º - Quando adotada pela maioria de dois terços dos juízes do Tribunal Pleno, a decisão proferida nos embargos de que trata o inciso II, alínea "c", deste artigo, terá força de prejulgado, nos termos dos §§ 2º e 3º do art. 902.

§ 2º - É da competência de cada uma das turmas do Tribunal:

a) julgar, em única instância, os conflitos de jurisdição entre Tribunais Regionais do Trabalho e os que se suscitarem entre juízes de direito ou juntas de conciliação e julgamento de regiões diferentes;

b) julgar, em última instância, os recursos de revista interpostos de decisões dos Tribunais Regionais e das Juntas de Conciliação e julgamento ou juízes de direito, nos casos previstos em lei;

c) julgar os agravos de instrumento dos despachos que denegarem a interposição de recursos ordinários ou de revista;

d) julgar os embargos de declaração opostos aos seus acórdãos;

e) julgar as habilitações incidentes e arguições de falsidade, suspeição e outras nos casos pendentes de sua decisão.

§ 3° - As sessões de julgamento sobre estabelecimento ou alteração de súmulas e outros enunciados de jurisprudência deverão ser públicas, divulgadas com, no mínimo, trinta dias de antecedência, e deverão possibilitar a sustentação oral pelo Procurador-Geral do Trabalho, pelo Conselho Federal da Ordem dos Advogados do Brasil, pelo Advogado-Geral da União e por confederações sindicais ou entidades de classe de âmbito nacional.

§ 4° - O estabelecimento ou a alteração de súmulas e outros enunciados de jurisprudência pelos Tribunais Regionais do Trabalho deverão observar o disposto na alínea f do inciso I e no § 3° deste artigo, com rol equivalente de legitimados para sustentação oral, observada a abrangência de sua circunscrição judiciária.

O Tribunal tem diversas competências que estão elencadas neste artigo, no inciso I estão aqueles que serão analisadas em única instância, ou seja, aquelas, que não será necessário passar por outro Tribunal de instância inferior ao Tribunal Superior do Trabalho, que são as Varas do Trabalho e o Tribunais Regionais do Trabalho. Além disso, temos também o inciso II desse mesmo artigo, que diz que será competência do Tribunal Superior do Trabalho em última instância, ou seja, nesses casos a ação proposta (lide) só será possível chegar ao Tribunal Pleno se houver passado anteriormente pelo julgamento de instâncias inferior, quais sejam elas: Varas do Trabalho e Tribunal Regional do Trabalho de sua região originária.

O Superior Tribunal de Justiça (STJ) decidiu em sua Súmula n.º 236 que “não compete ao Superior Tribunal de Justiça dirimir conflitos de competência entre juízes trabalhistas vinculados a Tribunais Regionais do Trabalho diversos.”, teve como referência a Lei 7.701, 1988, com precedentes - CC 2.354-ES (2ª S, 08/04/1992 – DJ 19/10/1992) - CC 2.645-MG (2ª S, 24/06/1992 – DJ 17/08/1992) - CC 4.352-PE (2ª S, 31/03/1993 – DJ 26/04/1993) - CC 6.963-RJ (2ª S, 09/02/1994 – DJ 14/03/1994) - CC 18.109-SP (2ª S, 11/03/1998 – DJ 20/04/1998) - CC 20.804-SP (2ª S, 26/11/1997 – DJ 09/02/1998) - CC 23.257-RJ (2ª S, 25/11/1998 – DJ 19/04/1999), foi julgamento da Segunda Seção em 22/03/2000, e foi publicada no Diário da Justiça de 14/04/2000.

Atenção à alínea f que inclusive foi acrescida nesse artigo pela Lei 13.467, de 13 de julho de 2017, que é popularmente como Reforma Trabalhista, acrescida a alínea f que versa sobre o novo procedimento elaboração e alteração de súmula pelo Tribunal Superior do Trabalho (TST), que inclusive o artigo 169 do Regimento Interno do Tribunal Superior do Trabalho (Resolução Administrativa n.º 1.937/2017 – Publicado no Diário da Justiça do Trabalho no dia 24/11/2017) diz que além dos artigos 702, I, f, 896-B e 896-C da CLT e no que couber, os artigos 926 ao 928, 947, 976 a 987 e 1.036 a 1.041 do Código de Processo Civil.

Deve-se atentar ao procedimento do artigo 177 do Regimento Interno do Tribunal Superior do Trabalho (Resolução Administrativa n.º 1.937/2017 – Publicado no Diário da Justiça do Trabalho no dia 24/11/2017) sobre projeto de edição de súmula.

O artigo 75 do Regimento Interno do Tribunal Superior do Trabalho (Resolução Administrativa n.º 1.937/2017 – Publicado no Diário da Justiça do Trabalho no dia 24/11/2017) que diz algumas outras competências do Tribunal Pleno.

SEÇÃO IV
DA COMPETÊNCIA DA CÂMARA DE JUSTIÇA DO TRABALHO

Arts. 703 a 705 – Revogados

SEÇÃO V
DA COMPETÊNCIA DA CÂMARA DE PREVIDÊNCIA SOCIAL

Art. 706 – Revogado

SEÇÃO VI
DAS ATRIBUIÇÕES DO PRESIDENTE DO TRIBUNAL SUPERIOR DO TRABALHO

Art. 707 - Compete ao Presidente do Tribunal:

a) presidir às sessões do Tribunal, fixando os dias para a realização das sessões ordinárias e convocando as extraordinárias;

b) superintender todos os serviços do Tribunal;

c) expedir instruções e adotar as providências necessárias para o bom funcionamento do Tribunal e dos demais órgãos da Justiça do Trabalho;

d) fazer cumprir as decisões originárias do Tribunal, determinando aos Tribunais Regionais e aos demais órgãos da Justiça do Trabalho a realização dos atos processuais e das diligências necessárias;

e) submeter ao Tribunal os processos em que tenha de deliberar e designar, na forma do Regimento Interno, os respectivos relatores;

f) despachar os recursos interpostos pelas partes e os demais papéis em que deva deliberar;

g) determinar as alterações que se fizerem necessárias na lotação do pessoal da Justiça do Trabalho, fazendo remoções ex officio de servidores entre os Tribunais Regionais, Juntas de Conciliação e Julgamento e outros órgãos, bem como conceder as requeridas que julgar convenientes ao serviço, respeitada a lotação de cada órgão;

h) conceder licenças e férias aos servidores do Tribunal, bem como impor-lhes as penas disciplinares que excederem da alçada das demais autoridades;

i) dar posse e conceder licença aos membros do Tribunal, bem como conceder licenças e férias aos Presidentes dos Tribunais Regionais;

j) apresentar ao Ministro do Trabalho, até 31 de março de cada ano, o relatório das atividades do Tribunal e dos demais órgãos da Justiça do Trabalho.

Parágrafo único - O Presidente terá um Secretário por ele designado dentre os funcionários lotados no Tribunal, e será auxiliado por servidores designados nas mesmas condições.

Neste artigo, temos o rol de competências do Presidente do Tribunal, não podendo deixar de observar o artigo 41 do Regimento Interno do Tribunal Superior do Trabalho (Resolução Administrativa n.º 1.937/2017 – Publicado no Diário da

Justiça do Trabalho no dia 24.11.2017) que diz algumas outras atribuições deste Presidente.

SEÇÃO VII
DAS ATRIBUIÇÕES DO VICE-PRESIDENTE

Art. 708 - Compete ao Vice-Presidente do Tribunal:

a) substituir o Presidente e o Corregedor em suas faltas e impedimentos;

b) (revogada)

Parágrafo único - Na ausência do Presidente e do Vice-Presidente, será o Tribunal presidido pelo Juiz togado mais antigo, ou pelo mais idoso quando igual a antiguidade.

Neste artigo, temos o rol de competências do Vice-Presidente do Tribunal, não podendo deixar de observar os artigos 42 e 43 do Regimento Interno do Tribunal Superior do Trabalho (Resolução Administrativa n.° 1.937/2017 – Publicado no Diário da Justiça do Trabalho no dia 24.11.2017) que diz algumas outras atribuições deste Vice-Presidente.

SEÇÃO VIII
DAS ATRIBUIÇÕES DO CORREGEDOR

Art. 709 - Compete ao Corregedor, eleito dentre os Ministros togados do Tribunal Superior do Trabalho:

I – exercer funções de inspeção e correição permanente com relação aos Tribunais Regionais e seus Presidentes;

II – decidir reclamações contra os atos atentatórios da boa ordem processual praticados pelos Tribunais Regionais e seus Presidentes, quando inexistir recurso específico;

III – (revogado)

§ 1° - Das decisões proferidas pelo Corregedor, nos casos do artigo, caberá o agravo regimental, para o Tribunal Pleno.

§ 2° - O Corregedor não integrará as Turmas do Tribunal, mas participará, com voto, das sessões do Tribunal Pleno, quando não se encontrar em correição ou em férias, embora não relate nem revise processos, cabendo-lhe, outrossim, votar em incidente de inconstitucionalidade, nos processos administrativos e nos feitos em que estiver vinculado por visto anterior à sua posse na Corregedoria.

Neste artigo, temos o rol de competências do Corregedor do Tribunal, não podendo deixar de observar o artigo 45 do Regimento Interno do Tribunal Superior do Trabalho (Resolução Administrativa n.° 1.937/2017 – Publicado no Diário da Justiça do Trabalho no dia 24.11.2017), além dessas disposições que são do Regimento Interno do Tribunal Superior do Trabalho, tem-se ainda o Regimento Interno da própria Corregedoria, em seu artigo 1°, que diz algumas outras atribuições deste mesmo Corregedor.

CAPÍTULO VI
DOS SERVIÇOS AUXILIARES DA JUSTIÇA DO TRABALHO

SEÇÃO I
DA SECRETARIA DAS JUNTAS DE CONCILIAÇÃO E JULGAMENTO

Art. 710 - Cada Junta terá 1 (uma) secretaria, sob a direção de funcionário que o Presidente designar, para exercer a função de secretário, e que receberá, além dos vencimentos correspondentes ao seu padrão, a gratificação de função fixada em lei.

Criadas por Getúlio Vargas em 1932, as juntas de conciliação e julgamento, tinham como função, pacificar os conflitos trabalhistas, aplicando assim a legislação trabalhista brasileira, dando origem à CLT de 1943. Essas juntas tinham competência para resolver dissídios individuais trabalhista. As mesmas foram extintas com a promulgação da EC n.º 24 de 9 de dezembro de 1999, extinguindo a representação classista, transformando as juntas de conciliação e julgamento em varas de trabalho, determinando assim que a jurisdição seja exercida por um juiz singular, conforme artigo 116 da Constituição Federal. Para que seja desenvolvido um trabalho eficiente, a Vara conta com funcionários que ocupam os cargos de analistas judiciários e técnicos judiciários, que são subordinados ao diretor da Vara.

Art. 711 - Compete à secretaria das Juntas:

Além das atividades taxadas nesse inciso, poderá o juiz titular a seu critério, atribuir à Secretaria outras atividades.

a) o recebimento, a autuação, o andamento, a guarda e a conservação dos processos e outros papéis que lhe forem encaminhados.

Atualmente o processo judicial eletrônico regulamentado pela Resolução CSJT n.° 136/2014, com base nas diretrizes contidas na Lei n.° 11.419/2006 definiu significativamente as atribuições das secretarias das Varas, sendo esta responsável pela parte administrativas.

b) a manutenção do protocolo de entrada e saída dos processos e demais papéis.

Para melhor atender seus jurisdicionados, modernizou-se a Justiça do Trabalho, o processo judicial eletrônico já é uma realidade, as secretarias das Varas estão informatizadas.

c) o registro das decisões.

O sistema informatizado facilita o acompanhamento dos atos processuais

d) a informação, às partes interessadas e seus procuradores, do andamento dos respectivos processos, cuja consulta lhes facilitará.

No que se refere aos processos judiciais eletrônicos, foi previsto no art. 10 da Resolução CSJT n.° 136/2014 que: "os órgãos da Justiça do Trabalho manterão instalados equipamentos à disposição das partes, advogados e interessados para consulta aos autos digitais, digitalização e envio das peças processuais e documentos em meio eletrônico".

e) a abertura de vista dos processos às partes, na própria secretaria.

Na própria secretaria, poderá o diretor ou auxiliar dar vistas às partes os processos físicos, não havendo necessidade de se fazer carga do processo.

f) a contagem das custas devidas pelas partes, nos respectivos processos.

A CLT, em seus arts. 789 a 790-B, trata das custas processuais no processo de execução, cautelar e conhecimento.

g) o fornecimento de certidões sobre o que constar dos livros ou do arquivamento da secretaria.

Serão obtidos por meios informatizados as certidões quando requeridas pelos procuradores ou partes.

h) a realização das penhoras e demais diligências processuais.

Os mandados de penhora serão cumpridos pelo oficial de justiça avaliador, cabendo à secretaria das varas a expedição dos mandados.

i) o desempenho dos demais trabalhos que lhe forem cometidos pelo Presidente da Junta, para melhor execução dos serviços que lhe estão afetos.

Cabe a supervisão dos trabalhos nas secretarias, ao juiz titular ou seu substituto, obedecendo a lei n.9.421/96 que disciplina as carreira do Poder Judiciário Federal.

Art. 712 - Compete especialmente aos secretários das Juntas de Conciliação e Julgamento:

a) superintender os trabalhos da secretaria, velando pela boa ordem do serviço.

Para que sejam atendidas os interesses e necessidades dos jurisdicionados, o diretor da secretária da Vara fiscalizará a movimentação processual.

b) cumprir e fazer cumprir as ordens emanadas do Presidente e das autoridades superiores.

Deve o diretor da secretaria cumprir ordens do juiz titular quanto à movimentação dos processos.

c) submeter a despacho e assinatura do Presidente o expediente e os papéis que devam ser por ele despachados e assinados.

De acordo com o art. 152, VI, do CPC/2015, os atos meramente ordinatórios podem ser praticados pelo diretor sem necessidade de submissão ao juiz, devendo este, contudo, editar ato destinado a regulamentar tal atribuição (§ I° do art. 152 do CPC/2015).

d) abrir a correspondência oficial dirigida à Junta e ao seu Presidente, a cuja deliberação será submetida.

O diretor de secretaria deverá abrir as correspondências dirigidas à Vara e submetê-las à apreciação do juiz quando necessário.

e) tomar por termo as reclamações verbais nos casos de dissídios individuais.

O art. 853 da CLT preceitua que; no inquérito para apuração de falta grave do empregado estável, a reclamação deverá ser apresentada pelo empregador por escrito, já nos dissídios coletivos, a instância será instaurada mediante representação escrita ao presidente do tribunal (art. 856 da CLT).

f) promover o rápido andamento dos processos, especialmente na fase de execução, e a pronta realização dos atos e diligências deprecadas pelas autoridades superiores.

Esta regra nos remete aos três princípios gerais do processo: impulso oficial, celeridade processual e efetividade da jurisdição. Observe-se que não apenas o juiz tem o dever de observar tais princípios, mas todos os órgãos do Poder Judiciário.

g) secretariar as audiências da Junta, lavrando as respectivas atas.

É delegado essa função ao secretário de audiência, este receberá gratificação de função.

h) subscrever as certidões e os termos processuais.

Sendo o diretor responsável pela secretaria, deverá assinar as certidões e termos processuais, dando autenticidade aos atos praticados.

i) dar aos litigantes ciência das reclamações e demais atos processuais de que devam ter conhecimento, assinando as respectivas notificações.

Esta regra obedece aos princípios do contraditório, da ampla defesa e da publicidade dos atos processuais.

j) executar os demais trabalhos que lhe forem atribuídos pelo Presidente da Junta.

Ao diretor de secretaria compete executar todos os trabalhos determinados pelo juiz, atendendo os interesses dos jurisdicionados.

Parágrafo único - Os serventuários que, sem motivo justificado, não realizarem os atos, dentro dos prazos fixados, serão descontados em seus vencimentos, em tantos dias quantos os do excesso.

SEÇÃO II
DOS DISTRIBUIDORES

Art. 713 - Nas localidades em que existir mais de uma Junta de Conciliação e Julgamento haverá um distribuidor.

Onde houver mais de uma Vara, para que seja preservado o princípio do juiz natural, se fará necessária a distribuição dos serviços, assim evitando que o juiz seja escolhido pelas partes.

Art. 714 - Compete ao distribuidor:

a) a distribuição, pela ordem rigorosa de entrada, e sucessivamente a cada Junta, dos feitos que, para esse fim, lhe forem apresentados pelos interessados.

Com a implantação do processo judicial eletrônico (PJE) foram reduzidas drasticamente as atribuições do distribuidor, já que a distribuição dos feitos passou a ser feita eletronicamente, e, em breve, tal figura certamente deixará de existir.

b) o fornecimento, aos interessados, do recibo correspondente a cada feito distribuído.

Atualmente, em decorrência da adoção do processo judicial eletrônico, o sistema emite automaticamente um recibo de protocolo, disponível permanentemente para guarda do peticionante (art. 26 da Resolução CSJT n.° 136/2014).

c) a manutenção de 2 (dois) fichários dos feitos distribuídos, sendo um organizado pelos nomes dos reclamantes e o outro dos reclamados, ambos por ordem alfabética.

Com a entrada do processo judicial eletrônico, o sistema de fichário está superado, ficando assim, sem nenhum efeito prático este dispositivo.

d) o fornecimento a qualquer pessoa que o solicite, verbalmente ou por certidão, de informações sobre os feitos distribuídos.

Como estabelece o art. 189, §§ 1º e 2º, do CPC/2015, há necessidade de que a pessoa a qual pretende obter as informações demonstre seu interesse jurídico, e que estas informações não estejam sobre segredo de justiça. Na maioria dos Tribunais Regionais do Trabalho, esta certidão é fornecida eletronicamente.

e) a baixa na distribuição dos feitos, quando isto lhe for determinado pelos Presidentes das Juntas, formando, com as fichas correspondentes, fichários à parte, cujos dados poderão ser consultados pelos interessados, mas não serão mencionados em certidões.

Atualmente não é necessária a determinação do juiz que o distribuidor proceda à respectiva baixa ao fim do processo. Atualmente este procedimento é informatizado.

Art. 715 - Os distribuidores são designados pelo Presidente do Tribunal Regional, dentre os funcionários das Juntas e do Tribunal Regional, existentes na mesma localidade, e ao mesmo Presidente diretamente subordinados.

Como já foi dito nos arts. 713 e 714, com o processo judicial eletrônico, a figura do distribuidor se tornou praticamente dispensável.

SEÇÃO III
DO CARTÓRIO DOS JUÍZOS DE DIREITO

Art. 716 - Os cartórios dos Juízos de Direito, investidos na administração da Justiça do Trabalho, têm, para esse fim, as mesmas atribuições e obrigações conferidas na Seção I às secretarias das Juntas de Conciliação e Julgamento.

Não havendo Vara do trabalho em uma determinada localidade, os cartórios exerceram as mesmas funções que são conferidas às secretarias das Varas.

Parágrafo único - Nos Juízos em que houver mais de um cartório, far-se-á entre eles a distribuição alternada e sucessiva das reclamações.

Para evitar o excesso de serviço do juiz, aplicar-se-á o princípio da paridade. A competência poderá ser fixada de acordo com a divisão judiciária local (art. 669, §§ 1° e 2°, da CLT).

Art. 717 - Aos escrivães dos Juízos de Direito, investidos na administração da Justiça do Trabalho, competem especialmente as atribuições e obrigações dos chefes de secretaria das Juntas; e aos demais funcionários dos cartórios, as que couberem nas respectivas funções, dentre as que competem às secretarias das Juntas, enumeradas no art. 711.

Terão as mesmas atribuições os escrivães e demais funcionários dos cartórios.

SEÇÃO IV
DAS SECRETARIAS DOS TRIBUNAIS REGIONAIS

Art. 718 - Cada Tribunal Regional tem 1 (uma) secretaria, sob a direção do funcionário designado para exercer a função de secretário, com a gratificação de função fixada em lei.

Atualmente, o secretário é denominado diretor-geral e exerce cargo em comissão, a redação deste artigo foi dada pelo Decreto-lei n.º 8.737/1946, combinado com o Decreto-lei n.º 9.797/1946.

Art. 719 - Competem à secretaria dos Tribunais, além das atribuições estabelecidas no art. 711, para a secretaria das Juntas, mais as seguintes:

Como é previsto no art. 711 da CLT, as secretarias do Tribunal e as secretarias das varas terão as mesmas atribuições e responsabilidades.

a) a conclusão dos processos ao Presidente e sua remessa, depois de despachados, aos respectivos relatores.

Os processos serão submetidos à apreciação do presidente para despachos e, após, são enviados ao relator para julgamento.

b) a organização e a manutenção de um fichário de jurisprudência do Tribunal, para consulta dos interessados.

Alguns tribunais contam com um setor de jurisprudência, fornecendo subsídios para os juízes e a quem se possa interessar.

Parágrafo único - No regimento interno dos Tribunais Regionais serão estabelecidas as demais atribuições, o funcionamento e a ordem dos trabalhos de suas secretarias.

Para organizar e facilitar os trabalhos das secretarias, o regimento interno poderá estabelecer outras atribuições constantes do estatuto celetista.

Art. 720 - Competem aos secretários dos Tribunais Regionais as mesmas atribuições conferidas no art. 712 aos chefes de secretaria das Juntas, além das que lhes forem fixadas no regimento interno dos Conselhos.

Terão as mesmas atribuições do diretor de secretaria das Varas os diretores de secretarias de Tribunais.

SEÇÃO V
DOS OFICIAIS DE DILIGÊNCIA

Art. 721 - Incumbe aos Oficiais de Justiça e Oficiais de Justiça Avaliadores da Justiça do Trabalho a realização dos atos decorrentes da execução dos julgados das Juntas de Conciliação e Julgamento e dos Tribunais Regionais do Trabalho, que lhes forem cometidos pelos respectivos Presidentes.

Cabe ao oficial citar, penhorar e avaliar os bens. As notificações, citações e intimações serão realizadas via postal. Podendo em alguns casos o oficial de justiça notificar ou intimar as partes e as testemunhas. Se determinado pelo juiz da Vara, poderá o oficial atuar na condução coercitiva de testemunhas.

§ 1° - Para efeito de distribuição dos referidos atos, cada Oficial de Justiça ou Oficial de Justiça Avaliador funcionará perante uma Junta de Conciliação e Julgamento, salvo quando da existência, nos Tribunais Regionais do Trabalho, de órgão específico, destinado à distribuição de mandados Judiciais.

Nas oportunidades em que se torna necessária a execução de decisão dos tribunais, os oficiais de justiça são requisitados nas Varas para cumpri-la.

§ 2° - Nas localidades onde houver mais de uma Junta, respeitado o disposto no parágrafo anterior, a atribuição para o cumprimento do ato deprecado ao Oficial de Justiça ou Oficial de Justiça Avaliador será transferida a outro Oficial, sempre que, após o decurso de 9 (nove) dias, sem razões que o justifiquem, não tiver sido cumprido o ato, sujeitando-se o serventuário às penalidades da lei.

O serventuário faltosos estarão sujeito as sanções administrativas quando não cumprirem os atos no decurso de 9 (nove dias).

§ 3º - No caso de avaliação, terá o Oficial de Justiça Avaliador, para cumprimento do ato, o prazo previsto no art. 888.

A exemplo do prazo previsto no dispositivo anterior, os dez dias, contados da penhora, para que se proceda a avaliação do bem (art. 888) é espécie de prazo impróprio. Na prática, entretanto, a avaliação do bem já é feita pelo oficial de justiça avaliador concomitantemente ao ato de penhora.

§ 4º - É facultado aos Presidentes dos Tribunais Regionais do Trabalho cometer a qualquer Oficial de Justiça ou Oficial de Justiça Avaliador a realização dos atos de execução das decisões desses Tribunais.

Em rigor, as decisões proferidas na Justiça do Trabalho são executadas no primeiro grau. Contudo, nas hipóteses de ações de competência originária dos tribunais, poderão ocorrer situações que ensejem a execução das decisões neles proferidas. Nesses casos, a execução poderá ser promovida por qualquer interessado ou ex officio (art. 878, *caput*, da CLT), bem como pelo Ministério Público do Trabalho (art. 878, parágrafo único, da CLT). A competência, por sua vez, será do presidente do tribunal. São justamente de tais hipóteses que cuida o parágrafo em apreço. Como nos tribunais não existe quadro próprio de oficiais de justiça, poderão cometer a qualquer oficial vinculado às Varas ou à Central de Mandados a realização dos atos de execução. Ressalte-se, por derradeiro, que, no dispositivo em epígrafe, acabou sendo expresso menos do que se deveria. Isso porque o TST - e não somente os tribunais regionais - poderá promover a execução de suas decisões e, assim, valer-se da realização de atos pelos oficiais de justiça.

§ 5° - Na falta ou impedimento do Oficial de Justiça ou Oficial de Justiça Avaliador, o Presidente da Junta poderá atribuir a realização do ato a qualquer serventuário.

A regra em comento consagra a possibilidade de nomeação de qualquer funcionário da Vara como oficial de justiça *ad hoc* para a prática de quaisquer atos inerentes à função de oficial.

CAPÍTULO VII
DAS PENALIDADES

SEÇÃO I
DO "LOCK-OUT" E DA GREVE

Art. 722 - Os empregadores que, individual ou coletivamente, suspenderem os trabalhos dos seus estabelecimentos, sem prévia autorização do Tribunal competente, ou que violarem, ou se recusarem a cumprir decisão proferida em dissídio coletivo, incorrerão nas seguintes penalidades:

a) multa de cinco mil cruzeiros a cinquenta mil cruzeiros;

b) perda do cargo de representação profissional em cujo desempenho estiverem;

c) suspensão, pelo prazo de 2 (dois) a 5 (cinco) anos, do direito de serem eleitos para cargos de representação profissional.

§ 1º - Se o empregador for pessoa jurídica, as penas

previstas nas alíneas "b" e "c" incidirão sobre os administradores responsáveis.

§ 2° - Se o empregador for concessionário de serviço público, as penas serão aplicadas em dobro. Nesse caso, se o concessionário for pessoa jurídica o Presidente do Tribunal que houver proferido a decisão poderá, sem prejuízo do cumprimento desta e da aplicação das penalidades cabíveis, ordenar o afastamento dos administradores responsáveis, sob pena de ser cassada a concessão.

§ 3° - Sem prejuízo das sanções cominadas neste artigo, os empregadores ficarão obrigados a pagar os salários devidos aos seus empregados, durante o tempo de suspensão do trabalho.

O LOCKOUT é um instituto jurídico em desuso no Brasil e no exterior que viabiliza o empregador de se utilizar da greve como meio de pressão contra o poder público, em contrapartida aos atos que julgam ser prejudiciais as empresas.

Exercício de greve é permitido através da Constituição Federal através do art. 9, não esclarecendo sobre a atividade do lockout. Entretanto, tal instituto tem seu uso vedado quando o objetivo do mesmo seja frustrar negociação coletiva ou dificultar o atendimento de reivindicações dos respectivos empregados, garantida a percepção de salários integrais, no caso de paralisação das atividades por parte dos empregadores, nos termos da Lei n.° 7.783/1989.

Ressalte-se que a lei que criou tal instituto fora criado antes da vigência da atual constituição federal e leis ordinárias que preconizam novos termos a Greve. Vedada, porém, a greve em serviços essenciais e inadiáveis a sociedade (OJ n.38 SDC, TST), obrigando assim o empregador a organizar-se para evitar a total paralisação daquelas, sob as penas da lei.

No entanto, por fim, não deve o judiciário escusar-se de atender aos apelos do empregador nas tratativas da relação de trabalho existente.

A abusividade da greve não gera efeitos, devendo o empregado arcar com os riscos de sua atividade, não sendo passível de recebimento de salários, como forma de vantagem, (OJ SDC 10, TST), após declarada pela competente Justiça do Trabalho (Sum. 189, TST).

Interessante a leitura dos seguintes enunciados do TST sobre o tema: Súmula 189; OJ SDC 10; OJ SDC 11; OJ SDC 38; e Prec. Normativo 29.

Art. 723 – Revogado

Art. 724 – Revogado

Art. 725 – Revogado

SEÇÃO II
DAS PENALIDADES CONTRA OS MEMBROS DA JUSTIÇA DO TRABALHO

Art. 726 - Aquele que recusar o exercício da função de vogal de Junta de Conciliação e Julgamento ou de Tribunal Regional, sem motivo justificado, incorrerá nas seguintes penas:

a) sendo representante de empregadores, multa de Cr$ 100,00 (cem cruzeiros) a Cr$ 1.000,00 (mil cruzeiros) e suspensão do direito de representação profissional por 2 (dois) a 5 (cinco) anos;

b) sendo representante de empregados, multa de Cr$ 100,00 (cem cruzeiros) e suspensão do direito de representação profissional por 2 (dois) a 5 (cinco) anos. (Vide Leis n.º 6.986, de 1982 e 6.205, de 1975).

Art. 727 - Os vogais das Juntas de Conciliação e Julgamento, ou dos Tribunais Regionais, que faltarem a 3 (três) reuniões ou sessões consecutivas, sem motivo justificado, perderão o cargo, além de incorrerem nas penas do artigo anterior.

Parágrafo único - Se a falta for de presidente, incorrerá ele na pena de perda do cargo, além da perda dos vencimentos correspondentes aos dias em que tiver faltado às audiências ou sessões consecutivas.

Art. 728 - Aos presidentes, membros, juízes, vogais, e funcionários auxiliares da Justiça do Trabalho, aplica-se o disposto no Título XI do Código Penal.

A EC n.º 24, de 1999 (DOU 10.12.1999) extinguiu a representação classista em todos os Tribunais Trabalhistas. Os artigos 727, 727 e 728 perderam, nesta toada, eficácia.

SEÇÃO III
DE OUTRAS PENALIDADES

Art. 729 - O empregador que deixar de cumprir decisão passada em julgado sobre a readmissão ou reintegração de empregado, além do pagamento dos salários deste, incorrerá na multa de Cr$ 10,00 (dez cruzeiros) a Cr$ 50,00 (cinquenta cruzeiros) por dia, até que seja cumprida a decisão.

§ 1° - O empregador que impedir ou tentar impedir que empregado seu sirva como vogal em Tribunal de Trabalho, ou que perante este preste depoimento, incorrerá na multa de Cr$ 500,00 (quinhentos cruzeiros) a Cr$ 5.000,00 (cinco mil cruzeiros).

§ 2° - Na mesma pena do parágrafo anterior incorrerá o empregador que dispensar seu empregado pelo fato de haver servido como vogal ou prestado depoimento como testemunha, sem prejuízo da indenização que a lei estabeleça.

A EC n.° 24, de 1999 (DOU 10.12.1999) extinguiu a representação classista em todos os Tribunais Trabalhistas, ficando revogados os §§1° e 2°, em função da nomenclatura e uso dos "vogais", em decorrência da perda do objeto.

A Portaria n.° 290, de 11.04.1997, c/c art. 47 da CLT, traz novo cálculo do valor das multas aplicadas pelos artigos.

A aplicação da multa do art. 729 é simples meio de coação, para determinar a segurança jurídica dos julgados, e a determinação da lei e da ordem judicial, obrigando os empregadores a fazer ou não fazer o que se deve, sob pena de obrigar o juiz a tomar providências no desempenho de suas atividades inerentes a Justiça por meio do principio da inafastabilidade da jurisdição, aplicando multa como as astreintes, no caso da obrigação de readmissão ou reintegração de assalariado (Em consonância com os julgamentos descritos: (1) TRT-5, AP 666003619975050101, BA, 0066600-36.1997.5.05.0101, Relator: Valtércio de Oliveira, 4ª. Turma, Data de Publicação DJ 04/10/2007; (2) TST, AIRR: 2593003020045010481, Relator Delaíde Miranda Arantes, Data de Julgamento 17/08/2016, 2ª Turma, Data de Publicação DEJT 26/08/2016.

Art. 730 - Aqueles que se recusarem a depor como testemunhas, sem motivo justificado, incorrerão na multa de Cr$ 50,00 (cinquenta cruzeiros) a Cr$ 500,00 (quinhentos cruzeiros).

Portanto, o artigo em comento é literal ao relatar a medida sancionatória decorrente da excusa ao comparecimento injustificado em audiência, complementando o entendimento do art. 825, CLT.

Na prática, a busca incessante do advogado e da parte em trazer uma testemunha coercitivamente ao processo imputa-lhe risco a idoneidade de seu depoimento ao processo, acarretando prejuízos ante a suspeita ou impedimento de sua presença.

Ademais, as decisões tem observado ainda o cumprimento na regularidade da notificação das testemunhas que devam ser intimadas, não reconhecendo os juízes, o cerceamento de defesa, quando do indeferimento à redesignação da data de audiência, por ausência da testemunha citada.

Para o Colendo TST em julgamento de seus Recursos de Revista, opera-se a preclusão para o advogado de defesa que não arrola suas testemunhas no momento da audiência em que o juízo determina a indicação do rol, e, sem justificativa. Para aqueles, a legislação contida no art. 825 da CLT é claro ao mencionar o comparecimento das testemunhas independente de intimação. Deste modo, não caberia a defesa alegações de cerceamento de defesa, pois em audiência houve o momento oportuno para a apresentação das testemunhas da parte. (TST - RR: 42524120135120031, Relator: Alberto Luiz Bresciani de Fontan Pereira, Data de Julgamento: 11/03/2015, 3ª Turma, Data de Publicação: DEJT 13/03/2015).

Caso as testemunhas faltem à audiência em prosseguimento, serão conduzidas coercitivamente, mas poderão sofrer, se não houver justificativa razoável para a ausência, a sanção de que trata o art. 730 da CLT.

Na prática, com o advento do CPC em 2015, o art. 455 determina que cabe a parte se responsabilizar pelo comparecimento das testemunhas, sob pena de abrir mão destas, em consonância com o artigo 15 do CPC que determina a aplicação supletiva e subsidiária das normas processuais do novo códex aos processos trabalhistas. Nesse sentido, o TST não se pronunciou sobre isso por meio da IN n.º 39/2016. Por outro lado, O TRT da 10ª Região, por sua vez, editou o Enunciado 23, consagrando a compatibilidade do artigo 455 do CPC ao processo do trabalho, tratando assim da matéria como a “desnaturação do processo do trabalho”.

Segundo o Enunciado n.º 23 do respectivo TRT da 10 Região, cabe ao advogado da parte informar ou intimar a testemunha por ele arrolada sobre o momento e local da audiência de seu cliente, não havendo necessidade de intimação pelo juízo, nos procedimentos especiais e rito ordinário. Tal entendimento tem sido seguido pela maioria dos juízes de outros Tribunais do Brasil, tendo em vista o princípio da celeridade e economia processual.

Art. 731 - Aquele que, tendo apresentado ao distribuidor reclamação verbal, não se apresentar, no prazo estabelecido no parágrafo único do art. 786, à Junta ou Juízo para fazê-lo tomar por termo, incorrerá na pena de perda, pelo prazo de 6 (seis) meses, do direito de reclamar perante a Justiça do Trabalho.

Eis o artigo 731 da CLT que dispõe sobre o instituto da perempção, ou perda do direito de pleitear direitos perante a justiça especializada em face da inércia do reclamante ao se ausentar perante o órgão quanto a reclamação.

De fato, por meio da jurisdição voluntária, através do princípio do jus postulandi, o cidadão pode realizar reclamação perante a Justiça do Trabalho junto aos servidores competentes, na forma verbal, sendo-lhe imputado o prazo de 5 dias para comparecimento ao órgão para redução a termo, porém, ausente ao ato que lhe for determinado, falta-lhe motivação na livre condução do processo.

Assim, não havendo continuidade na iniciativa do reclamante, consequente é a perda do direito de ação de forma temporária, como medida sancionatória, pelo prazo de 6 meses, por acrescentar serviços inutilizados ao judiciário, essenciais ao direito à justiça pela coletividade.

Dessa forma, a legislação visa resguardar os princípios fundamentais da celeridade e razoável duração do processo (Art. 5.º, LXXVIII da CF/88) quando lhes permite livre acesso ao judiciário, e vedando abuso no direito de ação, não constituindo afronta ao principio da inafastabilidade da jurisdição, (Art. 5º, XXXV da CF/88).

Art. 732 - Na mesma pena do artigo anterior incorrerá o reclamante que, por 2 (duas) vezes seguidas, der causa ao arquivamento de que trata o art. 844.

Tal qual a previsão do art. 731 do texto consolidado, ainda sobre o instituto da perempção, ou perda temporária do direito de ação contra o reclamado, há a possibilidade do reclamante ajuizar duas demandas trabalhistas seguidas e der causa ao arquivamento, seja por ausência ou desistência à audiência.

Ou seja, somente após seis meses do trânsito em julgado da sentença de arquivamento da segunda reclamação é que será possível ajuizar nova reclamação. Por fim, necessário relembrar que a Súmula 268/TST dispõe que, ainda que arquivada a ação, há interrupção do prazo de prescrição em relação aos pedidos idênticos.

A pena do artigo em questão não se aplica ao empregador ou no processo de execução, aplicando-se diante da ausência do reclamante a audiência de instrução do art. 843, CLT quando houver Reclamatórias Plúrimas ou Ações de Cumprimento, quando os empregados poderão fazer-se representar pelo Sindicato da categoria, ou no caso do parágrafo único do art. 844, CLT, quando houver comprovação de motivo relevante para se ausentar a audiência de instrução, que em face do principio do livre convencimento do juiz, possa importar em redesignação da audiência para nova data.

Art. 733 - As infrações de disposições deste Título, para as quais não haja penalidades cominadas, serão punidas com a multa de Cr$ 50,00 (cinquenta cruzeiros) a Cr$ 5.000,00 (cinco mil cruzeiros), elevada ao dobro na reincidência.

A Lei n.º 7.855/1989 alterou os valores aplicados pelas multas, triplicando-os, salvo multas administrativas decorrentes de violação da normatização trabalhista, conforme previsão no Cap. V, Título II da CLT, conforme dispõe artigo 2.

CAPÍTULO VIII
DISPOSIÇÕES GERAIS

Art. 734 - O ministro do Trabalho, Indústria e Comércio, poderá rever, ex-officio, dentro do prazo de 30 (trinta) dias, contados de sua publicação no órgão oficial, ou mediante representação apresentada dentro de igual prazo:

a) as decisões da Câmara da Previdência Social, quando proferidas pelo voto de desempate, ou que violarem disposições expressas de direito ou modificarem jurisprudência até então observada;

b) as decisões do presidente do Tribunal Nacional do Trabalho em matéria de previdência social.

Parágrafo único - O ministro do Trabalho, Indústria e Comércio, poderá avocar ao seu conhecimento os assuntos de natureza administrativa referentes às instituições de previdência social, sempre que houver interesse público.

O artigo foi tacitamente derrogado pelo Decreto-lei n.º 72/66, pois unificou os Institutos de Aposentadoria e Pensões e criou o Instituto Nacional de Previdência Social. Assim, toda a matéria relativa a Previdência Social de competência da União, criou autonomia própria para administrar e distribuir as atividades e atribuições respectiva a matéria, por meio de um sistema geral, criando órgãos de orientação, controle e execução, conforme Art. 6 e parágrafos. Deste modo, nos termos do art. 45 do Dec. Lei 72/66, ficam revogadas todas as disposições em contrário.

Art. 735 - As repartições públicas e as associações sindicais são obrigadas a fornecer aos Juízes e Tribunais do Trabalho e à Procuradoria da Justiça do Trabalho as informações e os dados necessários à instrução e ao julgamento dos feitos submetidos à sua apreciação.

Em face da ordem judicial impõe-se aos funcionários públicos prestar informações, ainda que sigilosas. Tal prerrogativa, decorrente do principio inquisitório, visa a garantia da satisfação do direito e escorreita aplicação da lei. A Administração Pública responde, e aciona regressivamente o responsável, em caso de culpa/dolo, conforme a legislação aplicável.

Parágrafo único - A recusa de informações ou dados a que se refere este artigo, por parte de funcionários públicos, importa na aplicação das penalidades previstas pelo Estatuto dos Funcionários Públicos por desobediência.

Compete ao Estatuto cabível impor penalidades, dentre elas: multa, na forma dos arts. 730 e 731 do CPC satisfeita através de precatório requisitório ou RPV; penal, art. 330, CP, e administrativamente por meio de desconto nos vencimentos, conforme o prejuízo causado.

TÍTULO IX
DO MINISTÉRIO PÚBLICO DO TRABALHO

CAPÍTULO I
DISPOSIÇÕES GERAIS

A promulgação da Constituição Federal de 1988 acarretou dinamismo na atuação administrativa, organizacional e funcional do Ministério Público, fatores que ensejaram a redação da Lei Complementar n.º 75 de 20/05/1993, a qual estatui sobre tema.

Assim, quanto à análise dos artigos da Consolidação das Leis do Trabalho, serão utilizados como parâmetro os diplomas legais acima mencionados, bem como dispositivos correlatos. Vejamos:

Art. 736 - O Ministério Público do Trabalho é constituído por agentes diretos do Poder Executivo, tendo por função zelar pela exata observância da Constituição Federal, das leis e demais atos emanados dos poderes públicos, na esfera de suas atribuições.

Conforme inteligência do art. 127 da nossa Carta Maior,

o artigo supramencionado não foi recepcionado pela CF/88, tendo em vista que, o Ministério Público, na pessoa de seu presentante, atua com autonomia funcional e financeira (art. 127, § 1°, da CF, e art. 22 da LC n.° 75/93) em nome da sociedade, da lei, da justiça e da sua consciência jurídica, sendo, portanto agente político do Estado na defesa dos interesses fundamentais.

Incumbe ao Ministério Público do Trabalho a defesa dos normativos constitucionais e infraconstitucionais que versam sobre as liberdades individuais e coletivas dos trabalhadores e os que lhes assegurem a efetivação dos direitos sociais, da cidadania, da dignidade da pessoa humana, dos valores sociais do trabalho e da livre-iniciativa, com observância à legislação ambiental e o repúdio às condições discriminatórias. (arts. 1° e 170 da CF).

Ao tomar ciência de transgressões legais, o Ministério Público do Trabalho deverá, como fiscal da lei, instaurar procedimento investigatório, acompanhar e atuar na produção de provas e realizar procedimentos coercitivos para o cumprimento dos ditames, via instauração de inquérito civil, mediante Termos de Ajustamento de Conduta (TAC) dotado de força executiva de título judicial, bem como ser cientificado pessoalmente das decisões proferidas pela Justiça do Trabalho, nas causas em que o órgão tenha intervido ou emitido parecer escrito.

Parágrafo único - Para o exercício de suas funções, o Ministério Público do Trabalho reger-se-á pelo que estatui esta Consolidação e, na falta de disposição expressa, pelas normas que regem o Ministério Público Federal.

A CF/88 alterou e expandiu as funções e atribuições do Ministério Público do Trabalho, de forma que sua estrutura organizacional, basicamente se rege pela LC 75/93 – Lei Orgânica do Ministério Público da União, especificamente aludido no Título II, Capítulo II desta lei.

O art. 83 da Lei supracitada aduz quanto à competência do Ministério Público do Trabalho, no exercício de suas atribuições, com vistas à peculiaridade prevista na Súmula n.º 407 e OJs n.º 130, 237, 338, 350 da SDI-I, do TST.

Art. 737 - O Ministério Público do Trabalho compõe-se da Procuradoria da Justiça do Trabalho e da Procuradoria da Previdência Social aquela funcionando como órgão de coordenação entre a Justiça do Trabalho e o Ministério do Trabalho, Indústria e Comércio, ambas diretamente subordinadas ao Ministro de Estado.

O artigo supracitado não encontra guarida na CF/88, uma vez que esta ampliou as atribuições e a condição autônoma do Ministério Público do Trabalho na defesa da ordem jurídica trabalhista e dos interesses fundamentais que regem as relações de trabalho, por conseguinte, não há que se falar em coordenação entre a Justiça do Trabalho e o atual Ministério do Trabalho e Previdência Social.

Ressalta-se que as novas funções institucionais do Ministério Público do Trabalho estão elencadas no art. 129 da atual Constituição Federal, as quais remetem à atuação administrativa e judicial que são compatíveis com sua finalidade.

Art. 738 - Os procuradores, além dos vencimentos fixados na tabela constante do Decreto-lei n.º 2.874, de 16 de dezembro de 1940, continuarão a perceber a percentagem de 8%, por motivo de cobrança da dívida ativa da União ou de multas impostas pelas autoridades administrativas e judiciárias do trabalho e da previdência social.

Este dispositivo foi tacitamente derrogado pelo art. 196

da EC n.º 1/69. Atualmente, os membros do Ministério Público recebem subsídios, que são irredutíveis, fixados na forma do art. 39, § 4º, da CF/88.

Parágrafo único - Essa percentagem será calculada sobre as somas efetivamente arrecadadas e rateada de acordo com as instruções expedidas pelos respectivos procuradores gerais.

Dispositivo igualmente incompatível com o disposto no art. 39, § 4º, da CF.

Art. 739 - Não estão sujeitos a ponto os procuradores-gerais e os procuradores.

Por serem agentes políticos do Estado, os membros do Ministério Público exercem suas atribuições com liberdade de horário, contudo, sujeitam-se às orientações, meramente de suporte administrativo, a cargo do procurador-geral do trabalho, na Procuradoria-Geral, e dos procuradores-chefes, nas Procuradorias Regionais, na forma da LC n.º 75/93.

CAPÍTULO II
DA PROCURADORIA DA JUSTIÇA DO TRABALHO

SEÇÃO I
DA ORGANIZAÇÃO

Art. 740 - A Procuradoria da Justiça do Trabalho compreende:

Como a Procuradoria está inserta no Ministério Público do Trabalho que, por sua vez, atua como *custus legis* de forma independente, não há que se falar na vinculação daquela a qualquer dos Poderes. De tal forma, a correta nomenclatura a ser utilizada compreende tão somente "Procuradoria do Trabalho".

a) 1 (uma) Procuradoria-Geral, que funcionará junto ao Tribunal Superior do Trabalho;

Composta pelo(a) Procurador(a)-Geral (chefe do Ministério Público do Trabalho) e Subprocuradores-Gerais, a Procuradoria supracitada atua no Tribunal Superior do Trabalho quanto às atribuições que incumbe ao Ministério Público, podendo participar das sessões no Tribunal, emitir pareceres e ajuizar ações originárias que lhe compete.

b) 8 (oito) Procuradorias Regionais, que funcionarão junto aos Tribunais Regionais do Trabalho.

As procuradorias regionais estão alocadas nas sedes dos respectivos TRTs, atualmente em 24 unidades, algumas responsáveis por 02 unidades federativas, o que dificulta sua atuação territorial. Em razão disso, foram criadas as Procuradorias do Trabalho nos Municípios (PTMs) que visam o suporte e abrangência da fiscalização.

Os procuradores regionais e os procuradores do trabalho atuam nas respectivas Procuradorias coordenados por um procurador-chefe designado pelo procurador-geral do trabalho entre os procuradores regionais lotados na respectiva regional (art. n.° 88 da LC 75/93). Caso não haja interesse de procurador regional do trabalho na chefia, poderá ser nomeado procurador do trabalho para o cargo (art. n.° 91, IV, LC 75/93).

Compete ao procurador-chefe, por delegação do procurador-geral do trabalho, dentre outros atos, praticar atos de gestão administrativa, financeira e pessoal (art. n.° 91, XXI, LC 75/93) e coordenar as atividades do Ministério Público do Trabalho na respectiva região de atuação.

Os procuradores do trabalho atuam como órgão agente e *custus legis*, em regra, na primeira instância junto aos TRTs, nos litígios trabalhistas que envolvem interesses de menores e de incapazes (art. n.° 112 LC 75/93), de índios, da criança e do adolescente, do meio ambiente do trabalho e outros direitos e interesses que envolvam o âmbito trabalhista.

Art. 741 - As Procuradorias Regionais são subordinadas diretamente ao procurador-geral.

Em razão de os membros do Ministério Público do Trabalho, por consequência, seus procuradores desempenharem suas atividades de forma independente e autônoma, nos termos do art. 127, § 1°, da CF/88, a subordinação de que trata este artigo se refere apenas às atividades administrativas desempenhadas pela procuradoria.

Art. 742 - A Procuradoria-Geral é constituída de 1 (um) procurador-geral e de procuradores.

Conforme se extrai do art. 88 da LC n.° 75/93, a Procuradoria-Geral do Trabalho é constituída de um procurador-geral ao qual compete exercer as funções atribuídas ao Ministério Público do Trabalho junto ao Plenário do Tribunal Superior do Trabalho, propondo as ações cabíveis e manifestando-se nos processos de sua competência (art. n.° 90 LC 75/93) e dos subprocuradores-gerais do trabalho, que são designados para oficiar junto ao TST e nos ofícios da Câmara de Coordenação e Revisão (art. n.° 107 LC 75/93).

Parágrafo único - As Procuradorias Regionais compõem-se de 1 (um) procurador regional, auxiliado, quando necessário, por procuradores adjuntos.

Nos termos do art. n.° 91, VI, LC 75/95 é atribuição do Procurador-Geral do Trabalho designar o Chefe da Procuradoria Regional do Trabalho dentre os Procuradores Regionais do Trabalho lotados na respectiva Procuradoria Regional, podendo exercer atribuições daquele, oficiando junto aos TRT's (art. n.° 110 LC 75/93) e, mediante autorização do Conselho Superior, em órgãos jurisdicionais diferentes (parágrafo único do art. n.° 112 LC 75/93).

Art. 743 - Haverá, nas Procuradorias Regionais,

substitutos de procurador adjunto ou, quando não houver este cargo, de procurador regional, designados previamente por decreto do Presidente da República, sem ônus para os cofres públicos.

Artigo não recepcionado pela CF/88, uma vez que o Ministério Público tem como princípios institucionais a unidade, a indivisibilidade e a independência funcional. Portanto, seus membros podem substituir uns aos outros nos impedimentos, sempre que for necessário, desde que sejam obedecidos os critérios legais objetivos para não ferir os tais princípios, a inamovibilidade de seus membros e o direito da pessoa ser processada e/ou sentenciada por autoridade competente (art. 127, § 1º; art. 128, § 5º, I, b; e art. 5º, LIII, da CF/88).

§ 1º - O substituto tomará posse perante o respectivo procurador regional, que será a autoridade competente para convocá-lo.

É atribuição do Procurador-Geral do Trabalho dar posse aos membros do Ministério Público do Trabalho (art. n.º 91, XIII da LC 75/93), que serão designados conforme a classificação obtida em concurso público, para atuar nas Procuradorias Gerais do Trabalho.

§ 2º - O procurador regional será substituído em suas faltas e impedimentos pelo procurador adjunto, quando houver, e, havendo mais de um, pelo que for por ele designado.

Tendo em vista que o cargo de procurador adjunto não mais existe, este parágrafo não foi recepcionado pela CF/88 e pela LC n.º 75/93. Dessa forma, as substituições dos membros do MPT devem obedecer aos comentários aludidos no *caput* deste artigo.

§ 3º - O procurador adjunto será substituído, em suas faltas e impedimentos, pelo respectivo procurador substituto.

Não recepcionado pela CF/88.

§ 4º - Será dispensado, automaticamente, o substituto que não atender à convocação, salvo motivo de doença, devidamente comprovada.

Não recepcionado pela CF/88.

§ 5º - Nenhum direito ou vantagem terá o substituto além do vencimento do cargo do substituído e somente durante o seu impedimento legal.

Não recepcionado pela CF/88.

Art. 744 - A nomeação do procurador-geral deverá recair em bacharel em ciências jurídicas e sociais, que tenha exercido, por 5 (cinco) ou mais anos, cargo de magistratura ou de Ministério Público, ou a advocacia.

O Procurador-Geral do Trabalho é órgão do Ministério Público do Trabalho (art. n.º 85, I da LC 75/93) e será nomeado pelo Procurador-Geral da República, dentre integrantes da instituição, com mais de trinta e cinco anos de idade e de cinco anos na carreira, integrante de lista tríplice escolhida mediante voto plurinominal, facultativo e secreto, pelo Colégio de Procuradores, para um mandato de dois anos, permitida uma recondução, observado o mesmo processo. Caso não haja número suficiente de candidatos com mais de cinco anos na carreira, poderá concorrer à lista tríplice quem contar mais de dois anos na carreira (art. n.º 88 da LC 75/93).

Compete ao Procurador-Geral do Trabalho exercer as funções atribuídas ao Ministério Público do Trabalho junto ao Plenário do Tribunal Superior do Trabalho, propondo as ações cabíveis e manifestando-se nos processos de sua competência (art. n.º 90 LC 75/93).

A exoneração do Procurador-Geral do Trabalho, antes do

término do mandato, será proposta ao Procurador-Geral da República pelo Conselho Superior, mediante deliberação obtida com base em voto secreto de dois terços de seus integrantes (parágrafo único do art. n.º 88 da LC 75/93).

Art. 745. Para a nomeação dos demais procuradores, atender-se-á aos mesmos requisitos estabelecidos no artigo anterior, reduzido a 2 (dois) anos, no mínimo, o tempo de exercício.

Artigo dissonante da legislação que expõe sobre o Ministério Público do Trabalho, uma vez que a LC 75/93 versa que carreira ministerial trabalhista será constituída pelos cargos de subprocurador-geral do trabalho, procurador regional do trabalho e procurador do trabalho (art. n.º 86), iniciando-se como procurador do trabalho (parágrafo único do mesmo artigo), mediante aprovação em concurso público de provas e títulos (art. 127, § 2º, e 129, § 3º, da CF).

A escalada aos cargos de procurador regional e subprocurador ocorre mediante promoção alternada por antiguidade e merecimento, nos termos dos arts. 129, § 4º, c/c o art. 93, II da CF/88.

SEÇÃO II
DA COMPETÊNCIA DA PROCURADORIA-GERAL

Competência, segundo lição do Ilustre Professor José Afonso da Silva é: "*faculdade juridicamente atribuída a uma entidade, órgão ou agente do Poder Público para emitir decisões. Competências são as diversas modalidades de poder de que se servem os órgãos ou entidades estatais para realizar suas funções.*" (Curso de Direito Constitucional Positivo, 9ª ed., Malheiros, p. 419).

Novamente observa-se que a legislação vigente sobre o MPT é a sua LOMPU (LC75/93), dispondo sobre as competências e atribuições de seus membros. Em razão de sua nova formatação, em órgão independente dos demais Poderes, tais competências e atribuições foram redistribuídas, obedecendo não mais o disposto na CLT, mas sim ao disposto na LC 75/93. Também, em razão de não mais pertencer ao Poder Executivo, algumas de suas competências e atribuições foram suprimidas. Como regra geral de atribuições e competências do MPT como um todo, encontram-se os arts. 83 e 84 da LOMPU. Em artigos seguintes, há previsões específicas em relação a cada um dos graus da carreira, quais sejam: PGT (arts. 87 ao 92), Subprocuradores-Gerais do Trabalho (arts. 107 ao 109), PRT's (arts. 110 e 111) e, finalmente, Procuradores do Trabalho (arts. 112 e 113).

Art. 746 - Compete à Procuradoria-Geral da Justiça do Trabalho:

a) oficiar, por escrito, em todos os processos e questões de trabalho de competência do Tribunal Superior do Trabalho;

b) funcionar nas sessões do mesmo Tribunal, opinando verbalmente sobre a matéria em debate e solicitando as requisições e diligências que julgar convenientes, sendo-lhe assegurado o direito de vista do processo em julgamento sempre que for suscitada questão nova, não examinada no parecer exarado;

c) requerer prorrogação das sessões do Tribunal, quando essa medida for necessária para que se ultime o julgamento;

d) exarar, por intermédio do procurador-geral, o seu "ciente" nos acórdãos do Tribunal;

e) proceder às diligências e inquéritos solicitados pelo Tribunal;

f) recorrer das decisões do Tribunal, nos casos previstos em lei;

g) promover, perante o Juízo competente, a cobrança executiva das multas impostas pelas autoridades administrativas e judiciárias do trabalho;

h) representar às autoridades competentes contra os que não cumprirem as decisões do Tribunal;

i) Prestar às autoridades do Ministério do Trabalho, Indústria e Comércio as informações que lhe forem solicitadas sobre os dissídios submetidos à apreciação do Tribunal e encaminhar aos órgãos competentes cópia autenticada das decisões que por eles devam ser atendidas ou cumpridas;

j) requisitar, de quaisquer autoridades, inquéritos, exames periciais, diligências, certidões e esclarecimentos que se tornem necessários no desempenho de suas atribuições;

l) defender a jurisdição dos órgãos da Justiça do Trabalho;

m) suscitar conflitos de jurisdição.

Este artigo previa competências que, atualmente, ora pertencem ao PGT e Subprocuradores (ilustrativamente alíneas "a" e "b") , ora pertencem à instituição MPT (ilustrativamente alínea "j") , ora foram suprimidas em razão da adequação do Ministério Público como órgão independente e autônomo dos demais e agente essencial à administração da justiça (ilustrativamente alínea "i").

Como funções típicas do Ministério Público, tem-se atuação como fiscal da lei e como agente promotor das ações de sua competência. Desta feita, incumbe ao órgão, a requisição de diligências e providências que entender necessárias dentro do devido processo legal, para o regular exercício de suas atividades. Nestes termos encontram-se as alíneas "b", "c", "f", "h", "j", "m" todas agora em conformidade com o previsto em sua Lei Orgânica atual (LC75/93), mormente em seus artigos 83 e 84.

Como exemplo de restrição em razão do novo status do MP, temos a alínea "a", "e".

Pela redação original, até a edição da Lei 5.584/1970 (art.5º), a função de emitir pareceres e oficiar em todos as questões trabalhistas (alínea "a"), foi substituída pela intervenção do Parquet quando entender existente interesse público que justifique sua atuação, seja por sua iniciativa ou acolhendo solicitação do juiz. Note-se que a palavra final para a atuação ou não do MPT, será dada pelo próprio órgão, mesmo nos casos indicados pela autoridade judiciária, pois poderá ou não acolher a solicitação. Assim, no tocante ao TST, seja o PGT (exercendo suas funções junto ao plenário do Tribunal), sejam os Subprocuradores (oficiando perante o Tribunal), suas atuações se darão nos moldes da LOMPU (art. 83; art. 90 e art. 107). Atua o MPU mormente na defesa da ordem jurídica, do regime democrático, do interesse público, em especial, no tocante ao MPT, na defesa dos interesses sociais e individuais indisponíveis.

Quanto à disposição de proceder às diligências e inquéritos solicitados pelo Tribunal (alínea "e"), resta também esvaziada em função da já mencionada independência do MPT, que, conforme prevê sua Lei Orgânica, irá atuar nos feitos que entenda necessária sua intervenção.

Já como função suprimida, tem-se a alínea "i", em razão da já mencionada independência institucional do Ministério Público.

SEÇÃO III
DA COMPETÊNCIA DAS PROCURADORIAS REGIONAIS

Art. 747 - Compete às Procuradorias Regionais exercer, dentro da jurisdição do Tribunal Regional respectivo, as atribuições indicadas na Seção anterior.

Importante a leitura do art. 110 da LOMPU: "*Os Procuradores Regionais do Trabalho serão designados para oficiar junto aos Tribunais Regionais do Trabalho*". O Procurador Regional do Trabalho, como nível intermediário da carreira, exercerá as funções competentes ao MPT no âmbito do 2° grau de jurisdição trabalhista, qual seja, os TRT's.

SEÇÃO IV
DAS ATRIBUIÇÕES DO PROCURADOR-GERAL

Art. 748 - Como chefe da Procuradoria-Geral da Justiça do Trabalho, incumbe ao procurador-geral:

a) dirigir os serviços da Procuradoria-Geral, orientar e fiscalizar as Procuradorias Regionais, expedindo as necessárias instruções;

b) funcionar nas sessões do Tribunal Superior do Trabalho, pessoalmente ou por intermédio do procurador que designar;

c) exarar o seu "ciente" nos acórdãos do Tribunal;

d) designar o procurador que o substitua nas faltas e impedimentos e o chefe da secretaria da Procuradoria;

e) apresentar, até o dia 31 de Março, ao Ministro do Trabalho, Indústria e Comércio, relatório dos trabalhos da Procuradoria-Geral no ano anterior, com as observações e sugestões que julgar convenientes;

f) conceder férias aos procuradores e demais funcionários que sirvam na Procuradoria e impor-lhes penas disciplinares, observada, quanto aos procuradores, a legislação em vigor para o Ministério Público Federal;

g) funcionar em Juízo, em primeira instância, ou designar os procuradores que o devam fazer;

h) admitir e dispensar o pessoal extranumerário da secretaria e prorrogar o expediente remunerado dos funcionários e extranumerários.

Como características de órgão independente, o MP também exerce, além de suas funções institucionais, funções de natureza executivo-administrativa. Tal característica é observada nesta seção, na qual o PGT exerce não apenas suas funções institucionais (como representante de um órgão essencial à função jurisdicional do Estado, incumbindo da defesa da ordem jurídica, do regime democrático e dos interesses sociais e individuais indisponíveis), como também, funções de direção e administração da instituição, praticando atos de gestão administrativa, financeira e de pessoal, por ser o chefe do Ministério Público do Trabalho.

Como chefe da instituição, tem entre suas funções administrativas as de designar o chefe das Procuradorias Regionais; propor ao PGR, ouvido o CSMPT, a criação e extinção de cargos da carreira e dos ofícios em que devam ser exercidas suas funções; coordenar as atividades do MPT, elaborando relatório; elaborar proposta orçamentária da instituição, apresentá-la ao CSMPT para aprovação, encaminhando-a ao PGR (chefe do MPU). Note-se que não mais prestará contas ao Ministério do Trabalho, Indústria e Comércio, pois não mais submetido a ele. Como órgão independente, o MPU (do qual o MPT é ramo) elabora sua própria proposta orçamentária e elabora relatório de suas atividades de forma interna. Quanto à fiscalização de seus gastos, submete-se o MPU (como um todo) ao TCU, a exemplo do que ocorre com qualquer outro dos Poderes e instituições públicas.

Já como função típica, exercerá as funções atribuídas ao MPT junto ao Plenário do TST.

SEÇÃO V
DAS ATRIBUIÇÕES DOS PROCURADORES

Art. 749 - Incumbe aos procuradores com exercício na Procuradoria-Geral:

a) funcionar, por designação do procurador-geral, nas sessões do Tribunal Superior do Trabalho;

b) desempenhar os demais encargos que lhes forem atribuídos pelo procurador-geral.

Parágrafo único - Aos procuradores é facultado, nos processos em que oficiarem, requerer ao procurador-geral as diligências e investigações necessárias.

Pertinente a leitura do artigo 112 da LOMPU: "*Os Procuradores do Trabalho serão designados para funcionar junto aos Tribunais Regionais do Trabalho e, na forma das leis processuais, nos litígios trabalhistas que envolvam, especialmente, interesses de menores e incapazes*". Aqui , com relação ao cargo de Procurador do Trabalho (nível inicial da carreira), cabe a observação feita na Seção I ("oficiar X funcionar"). Já quanto à presente Seção V, verifica-se que a atribuição de oficiar perante o Tribunal Superior do Trabalho cabe agora aos Subprocuradores-Gerais do Trabalho, conforme dispõe o art. 107 da LOMPU.

SEÇÃO VI
DAS ATRIBUIÇÕES DOS PROCURADORES REGIONAIS

Art. 750 - Incumbe aos procuradores regionais:

a) dirigir os serviços da respectiva Procuradoria;

b) funcionar nas sessões do Tribunal Regional, pessoalmente ou por intermédio do procurador adjunto que designar;

c) apresentar, semestralmente, ao procurador-geral, um relatório das atividades da respectiva Procuradoria, bem como dados e informações sobre a administração da Justiça do Trabalho na respectiva região;

d) requerer e acompanhar perante as autoridades administrativas ou judiciárias as diligências necessárias à execução das medidas e providências ordenadas pelo procurador-geral;

e) prestar ao procurador-geral as informações necessárias sobre os feitos em andamento e consultá-lo nos casos de dúvidas;

f) funcionar em juízo, na sede do respectivo Tribunal Regional;

g) exarar o seu "ciente" nos acórdãos do Tribunal;

h) designar o procurador que o substitua nas faltas e impedimentos e o secretário da Procuradoria.

Art. 751 - Incumbe aos procuradores adjuntos das Procuradorias Regionais:

a) funcionar por designação do procurador regional, nas sessões do Tribunal Regional;

b) desempenhar os demais encargos que lhes forem atribuídos pelo procurador regional.

Relevante mencionar o artigo 110 da LOMPU: "*Os Procuradores Regionais do Trabalho serão designados para oficiar junto aos Tribunais Regionais do Trabalho*". Conforme determina a Lei Orgânica, as Procuradorias Regionais são compostas pelos Procuradores Regionais do Trabalho (nível intermediário da carreira). Dentre eles é escolhido um Procurador Regional chefe, designado pelo PGT. A função de direção executiva-administrativa caberá a este Procurador Chefe, cabendo aos demais Procuradores Regionais o exercício das funções institucionais do MPT perante o 2º grau de jurisdição trabalhista, cabendo ao Procurador Regional chefe, a atuação perante o plenário do TRT. Ressaltando-se, por conseguinte, a não mais existência da figura dos procuradores adjuntos, conforme nova previsão constitucional referente ao MP e Lei Orgânica do MPU.

SEÇÃO VII
DA SECRETARIA

Art. 752 - A secretaria da Procuradoria-Geral funcionará sob a direção de um chefe designado pelo procurador-geral e terá o pessoal designado pelo Ministro do Trabalho, Indústria e Comércio.

Art. 753 - Compete à secretaria:

a) receber, registrar e encaminhar os processos ou papéis entrados;

b) classificar e arquivar os pareceres e outros papéis;

c) prestar informações sobre os processos ou papéis sujeitos à apreciação da Procuradoria;

d) executar o expediente da Procuradoria;

e) providenciar sobre o suprimento do material necessário;

f) desempenhar os demais trabalhos que lhes forem cometidos pelo procurador-geral, para melhor execução dos serviços a seu cargo.

Art. 754 - Nas Procuradorias Regionais, os trabalhos a que se refere o artigo anterior serão executados pelos funcionários para esse fim designados.

Embora não mais constando na lei como parte estrutural do MPT, é parte importante no desempenho da atividade ministerial, tal qual ocorre no Poder Judiciário. Como funções básicas da Secretaria da Procuradoria Geral do MPT, atua na coordenação, orientação e supervisão das atividades relativas ao registro, análise, distribuição e acompanhamento dos feitos judiciais encaminhados à Procuradoria, bem como a coleta, processamento e divulgação de dados estatísticos. Auxilia os Subprocuradores-Gerais quanto ao levantamento e preparo do material necessário ao acompanhamento dos julgamentos. Atua no controle sobre os processos, examinando e classificando os processos por assunto; dentre outros.

Seguindo o disposto na Procuradoria-Geral, as Procuradorias Regionais também contam com suas respectivas secretarias, com as funções análogas dentro de suas áreas de competência.

CAPÍTULO III

DA PROCURADORIA DE PREVIDÊNCIA SOCIAL

SEÇÃO I

DA ORGANIZAÇÃO

Art. 755 - A Procuradoria de Previdência Social compõe-se de um procurador geral e de procuradores.

Art. 756 - Para a nomeação do procurador geral e dos demais procuradores atender-se-á ao disposto nos arts. 744 e 745.

Os artigos 755 à 762 da CLT, estão tacitamente revogados após publicados os decretos 72/66, decreto 3.048/99, decreto 34/91 e 4.688/03, que estabeleceram uma nova estrutura para o INSS.

Assim, as procuradorias e secretarias da previdência passaram a pertencer ao poder executivo e não do judiciário.

SEÇÃO II
DA COMPETÊNCIA DA PROCURADORIA

Art. 757 - Compete à Procuradoria da Previdência Social:

a) oficiar, por escrito, nos processos que tenham de ser sujeitos à decisão do Conselho Superior de Previdência Social;

b) oficiar, por escrito, nos pedidos de revisão das decisões do mesmo Conselho;

c) funcionar nas sessões do mesmo Conselho, opinando verbalmente sobre a matéria em debate e solicitando as requisições e diligências que julgar convenientes, sendo-lhe assegurado o direito de vista do processo em julgamento, sempre que for suscitada questão nova, não examinada no parecer exarado;

d) opinar, quando solicitada, nos processos sujeitos à deliberação do Ministro de Estado, do Conselho Técnico do Departamento Nacional de Previdência Social ou do Diretor do mesmo Departamento, em que houver matéria jurídica a exminar;

e) funcionar, em primeira instância, nas ações propostas contra a União, no Distrito Federal, para anulação de atos e decisões do Conselho Superior de Previdência Social ou do Departamento Nacional de Previdência Social, bem como do Ministro do Trabalho, Indústria e Comércio, em matéria de previdência social;

f) fornecer ao Ministério Público as informações por este solicitadas em virtude de ações propostas nos Estados e Territórios para execução ou anulação de atos e decisões dos órgãos ou da autoridade a que se refere a alínea anterior;

g) promover em juízo, no Distrito Federal, qualquer procedimento necessário ao cumprimento das decisões do Conselho Superior de Previdência Social e do Departamento Nacional de Previdência Social, bem como do Ministro do Trabalho, Indústria e Comércio, em matéria de previdência social;

h) recorrer das decisões dos órgãos e autoridades competentes em matéria de previdência social e requerer revisão das decisões do Conselho Superior de Previdência Social, que lhe pareçam contrárias à lei.

O decreto 34, de 8 de fevereiro de 1991, disciplinou a Estrutura Regimental do Instituto Nacional do Seguro Social – INSS. Referido decreto dispõe que o INSS é autarquia federal, com sede em Brasília, vinculado ao ministério do trabalho e previdência social, e que tem por finalidade promover e fiscalizar as arrecadações das contribuições sociais, conceder e manter os benefícios e serviços previdenciários e gerir os recursos do Fundo de Previdência e Assistência Social (FPAS), entre outras funções.

O art. 6º do decreto 34/91, menciona sobre a competência da Procuradoria Geral da Previdência, sendo este, um órgão que vai auxiliar a autarquia prestando orientação jurídica, elaboração de atos normativos, representando o INSS de forma administrativa perante o poder judiciário, promover a cobrança da dívida ativa do INSS, através do Núcleo Executivo da Procuradoria Geral no Distrito Federal e das Procuradorias Regionais.

Com base no art. 14, do mesmo decreto, "*A nomeação para o exercício dos cargos em comissão do Grupo de Direção e Assessoramento Superiores – DAS, deverá recair exclusivamente em titulares de cargos efetivos do INSS*", observado que existe uma exceção em relação aqueles "*de competência do Presidente da República*". São eles, os cargos de Chefe de Gabinete, Procurador Geral, Auditor Chefe, Assessor, Coordenador Geral e Coordenador de Superintendência, que serão de livre nomeação. A redação mencionada foi dada pelo Decreto-lei n.º 8.737, de 19/01/1946.

SEÇÃO III
DAS ATRIBUIÇÕES DO PROCURADOR-GERAL

Art. 758 - Como chefe da Procuradoria da Previdência Social, incumbe ao Procurador-Geral:

a) dirigir os serviços da Procuradoria, expedindo as necessárias instruções;

b) funcionar nas sessões do Conselho Superior de Previdência Social, pessoalmente ou por intermédio do procurador que designar;

c) designar o procurador que o substitua nas faltas e impedimentos e o chefe da Secretaria da Procuradoria;

d) conceder férias aos procuradores e demais funcionários lotados na Procuradoria e impor-lhes penas disciplinares, observada, quanto aos procuradores, a legislação em vigor para o Ministério Público Federal;

e) funcionar em juízo, em primeira instância, ou designar os procuradores que devam fazê-lo;

f) admitir e dispensar o pessoal extranumerário da Secretária e prorrogar o expediente renumerado dos funcionários e extranumerários;

g) apresentar, até 31 de março de cada ano, ao Ministro do Trabalho, Indústria e Comércio, o relatório dos trabalhos da Procuradoria no ano anterior, com as observações e sugestões que julgar convenientes.

Dispõe o artigo 13 do decreto 34/91 "*Ao Chefe de Gabinete, aos Diretores, ao Procurador Geral, aos Superintendentes e demais chefes incumbe planejar, coordenar, dirigir e orientar a execução das atividades afetas às respectivas unidades e exercer outras atribuições que lhes forem conferidas.".* Outrossim, o art. 14 esclarece que *"a nomeação para o exercício dos cargos em comissão do Grupo de Direção e Assessoramento Superiores – DAS deverá recair exclusivamente em titulares de cargos efetivos do INSS, com exceção daqueles de competência do Presidente da República, bem assim os de Chefe de Gabinete, de Procurador Geral, de Auditor Chefe, de Assessor, de Coordenador Geral e de Coordenador de Superintendência, que serão de livre nomeação".*

SEÇÃO IV
DAS ATRIBUIÇÕES DOS PROCURADORES

Art. 759 - Aos procuradores e demais funcionários incumbem desempenhar os encargos que lhes forem cometidos pelo procurador geral.

Parágrafo único - Aos procuradores é facultado, nos processos em que oficiarem, requerer ao procurador geral as diligências e investigações necessárias.

Cabe destacar o Decreto 72/66 que dispõe em seu art.17 que o conselho de recursos da previdência social - CRPS "*será assessorado por procuradores do INPS, legalmente requisitados e em número fixado pelo Ministro de Estado, com a atribuição de opinar nos recursos, sempre que houver matéria jurídica relevante a apreciar, e de dar assistência às sessões das Turmas e do Conselho Pleno*".

Cabe destacar que o art. 131 da CF/88, estabelece que a Advocacia Geral da União - AGU representará a União. Deve-se entender que a AGU também representa as autarquias federais nas ações judiciais e extrajudiciais.

SEÇÃO V
DA SECRETARIA

Art. 760 - A Procuradoria da Previdência Social terá uma Secretaria dirigida por um chefe designado pelo Procurador Geral.

Art. 761 - A Secretaria terá o pessoal designado pelo Ministro do Trabalho, Indústria e Comércio.

Art. 762 - À Secretaria da Procuradoria de Previdência Social compete executar serviços idênticos aos referidos no art. 753.

O art. 762 da CLT dispõe que a secretaria da Previdência compete executar as funções idênticas a Procuradoria do Trabalho, redirecionando a leitura para o art. 753 da CLT.

Contudo, observado o regimento interno do Conselho de Recursos da Previdência Social, pela Portaria n.° 548, de 13 de setembro de 2011, em seu art. 2°, O CRPS foi dividido em duas estruturas, sendo as seguintes:

Inciso I – Órgãos Colegiados, responsáveis pela analise e julgamento de recursos das decisões proferidas pelas câmaras de julgamento, juntas de julgamento dos requerimentos solicitados pelos contribuintes pela via administrativa ao INSS.

Ainda, Órgãos Administrativos, divididos em 4 (quatro departamentos). O primeiro a Presidência; composta pelo Serviço de Secretaria do Gabinete da Presidência, que auxiliam a Presidência do INSS; Seção de Apoio Administrativo do Gabinete; Serviço de Apoio aos Órgãos Colegiados; Assessoria do Gabinete. O segundo pela Coordenação de Gestão Técnica;

seguida do departamento de Seção de Apoio Administrativo. O terceiro departamento refere-se a Divisão de Assuntos Jurídicos; composto na Seção de Apoio Administrativo. Quarto departamento divisão de Assuntos Administrativos; estabelecida na seguinte ordem: Seção de Protocolo; Seção de Informática; Seção de Administração e Suprimento; e Seção de Apoio ao Servidor; Seção de Documentação.

O decreto 72/66 em seu art. 6° estabeleceu que o sistema geral da previdência social, é destinado a ministrar aos segurados e seus dependentes as prestações estabelecidas nesta lei. O parágrafo único dispõe que "*O Conselho de Recursos da Previdência Social, as Juntas de Recursos da Previdência Social e a Coordenação dos Serviços Atuariais são órgãos integrantes da Secretaria da Previdência Social do Ministério do Trabalho e Previdência Social*".

Por sua vez, o artigo 15 do Decreto 72/66 menciona que "*ao Conselho Pleno compete, ressalvado o poder de avocatória do Ministro de Estado, julgar, em última e definitiva instância, os recursos das decisões das Turmas que infringirem disposição de lei, de regulamento, de prejulgado, de orientação reiterada da instância ministerial, de normas expedidas pelas Secretarias da Previdência Social e de Assistência Médico Social, no exercício de sua competência legal, ou que divergirem de decisão da mesma ou de outra Turma do Conselho*".

TÍTULO X
DO PROCESSO JUDICIÁRIO DO TRABALHO

CAPÍTULO I
DISPOSIÇÕES PRELIMINARES

Art. 763 - O processo da Justiça do Trabalho, no que concerne aos dissídios individuais e coletivos e à aplicação de penalidades, reger-se-á, em todo o território nacional, pelas normas estabelecidas neste Título.

Consoante o disposto na Constituição Federal de 1988, compete privativamente à União legislar sobre processo, poderá intervir nas causas em que figurarem como autoras ou rés as autarquias, as fundações, as sociedades de economia mista e as empresas públicas federais. Na execução, tendo essas entidades como executadas, há de, portanto, observar-se a sistemática prevista no Código do Processo Civil.

Art. 764 - Os dissídios individuais ou coletivos submetidos à apreciação da Justiça do Trabalho serão sempre sujeitos à conciliação.

§ 1º - Para os efeitos deste artigo, os juízes e Tribunais do Trabalho empregarão sempre os seus bons ofícios e persuasão no sentido de uma solução conciliatória dos conflitos.

§ 2º - Não havendo acordo, o juízo conciliatório converter-se-á obrigatoriamente em arbitral, proferindo decisão na forma prescrita neste Título.

§ 3º - É lícito às partes celebrar acordo que ponha termo ao processo, ainda mesmo depois de encerrado o juízo conciliatório.

Aplicável ao processo do trabalho a homologação, pelo juiz, de conciliação ou de transação, ainda que verse matéria não posta em juízo. A sentença homologatória equivale ao acordo que, no art. 876 da CLT, é considerado título executivo.

Art. 765 - Os Juízos e Tribunais do Trabalho terão ampla liberdade na direção do processo e velarão pelo andamento rápido das causas, podendo determinar qualquer diligência necessária ao esclarecimento delas.

O impulso inicial do processo é dado pela parte, que apresenta uma pretensão resistida pelo reclamado. Depois disso, ambas as partes não ficam inertes, pois lhes compete requerer tudo o que julgarem necessário em defesa de suas alegações.

Art. 766 - Nos dissídios sobre estipulação de salários, serão estabelecidas condições que, assegurando justos salários aos trabalhadores, permitam também justa retribuição às empresas interessadas.

Refere-se o dispositivo às ações de dissídio coletivo de

natureza econômica, que permitem aos Tribunais do Trabalho rever os salários ajustados entre patrões e empregados, caberá observar os seguintes postulados constitucionais e legais: preservação do poder aquisitivo do trabalho (art. 7°, IV, da Constituição); assegurar justo salário aos trabalhadores; e assegurar justa retribuição às empresas.

Art. 767 - A compensação, ou retenção, só poderá ser arguida como matéria de defesa.

Consoante o Código Civil, se duas pessoas forem, ao mesmo tempo, credor e devedor uma da outra, as duas obrigações extinguem-se, até onde se compensarem - dívidas líquidas, vencidas, de coisas fungíveis - qual deverá ser alegada em contestação à pretensão deduzida na reclamatória pelo Reclamante.

Pela retenção, o credor quer garantir-se do pagamento de seu crédito, quando existir, ou do cumprimento de uma obrigação, tendo o empregador o direito de reter o salário.

Ademais, a dedução caracteriza-se quando o empregado ingressa com a demanda com o intuito de pleitear verba trabalhista já paga pelo empregador, devendo, nessa hipótese, o magistrado reconhecer ex officio, tendo em vista o princípio da vedação do enriquecimento ilícito.

Art. 768 - Terá preferência em todas as fases processuais o dissídio cuja decisão tiver de ser executada perante o Juízo da falência.

Decorre desse dispositivo que a sentença condenatória da empresa, tornada líquida, converte se num título executivo judicial que autoriza a habilitação do crédito no processo falimentar. Esse crédito — se referente a salários e indenizações, prefere a quaisquer outros, inclusive aos de natureza tributária.

Art. 769 - Nos casos omissos, o direito processual comum será fonte subsidiária do direito processual do trabalho, exceto naquilo em que for incompatível com as normas deste Título.

Em se tratando de processo de execução, a subsidiariedade, primeiramente, é da Lei de Execução Fiscal e, posteriormente, do Código de Processo Civil, é mister a prevalência da norma trabalhista sobre a norma adjetiva comum pressupõe que a primeira é mais favorável ao trabalhador.

Destaca-se que o Pleno do Tribunal Superior do Trabalho aprovou, em 15/03/2016, a Instrução Normativa 39/2016, que dispõe sobre as normas do novo Código de Processo Civil (NCPC), Lei 13.105/15, aplicáveis e inaplicáveis ao processo do trabalho. Isso porque, deixar que um código novo, com tantas inovações, pudesse gerar uma série de discussões, com recursos apontando eventuais nulidades, para que só posteriormente viéssemos a definir jurisprudencialmente quais delas seriam aplicáveis.

A Instrução Normativa 39/2016 relaciona, em seu art. 2º, 15 dispositivos do novo código que não são aplicáveis, por omissão ou por incompatibilidade, ao processo do trabalho, como por exemplo: art. 219 (contagem de prazos em dias úteis); art. 334 (audiência de conciliação ou de mediação); art. 335 (prazo para contestação); art. 362, III (adiamento da audiência em razão de atraso injustificado superior a 30 minutos); art. 373, §§ 3º e 4º (distribuição diversa do ônus da prova por convenção das partes); art. 1070 (prazo para interposição de agravo).

Por outro lado, apenas a título exemplificativo, são os artigos do Novo CPC que terão aplicação subsidiária no processo trabalhista, em face de omissão e compatibilidade, nos termos do art. 3º da Instrução Normativa 39/2016: art. 76, §§

1º e 2º (saneamento de incapacidade processual ou de irregularidade de representação); art. 138 e parágrafos (amicus curiae); art. 292, (valor pretendido na ação indenizatória, inclusive a fundada em dano moral); art. 292, § 3º (correção de ofício do valor da causa); arts. 294 a 311 (tutela provisória); art. 373, §§ 1º e 2º (distribuição dinâmica do ônus da prova); arts. 497 a 501 (tutela específica); arts. 789 a 796 (responsabilidade patrimonial); art. 833, incisos e parágrafos (bens impenhoráveis); art. 835, incisos e §§ 1º e 2º (ordem preferencial de penhora); art. 854 e parágrafos (BacenJUD); art. 916 e parágrafos (parcelamento do crédito exequendo); arts. 966 a 975 (ação rescisória); arts. 988 a 993 (reclamação).

CAPÍTULO II
DO PROCESSO EM GERAL

SEÇÃO I
DOS ATOS, TERMOS E PRAZOS PROCESSUAIS

Art. 770 - Os atos processuais serão públicos salvo quando o contrário determinar o interesse social, e realizar-se-ão nos dias úteis das 6 (seis) às 20 (vinte) horas.

Parágrafo único - A penhora poderá realizar-se em domingo ou dia feriado, mediante autorização expressa do juiz ou presidente.

A segurança da Justiça depende, em boa medida, da publicidade dos atos processuais. O ato público, à vista de qualquer pessoa, permite uma fiscalização eficaz. A publicidade dos trabalhos judiciais protege-os contra ataques à autoridade moral dos julgamentos. Ademais correrá em segredo de justiça, os atos processuais, quando houver interesse social a preservar.

Art. 771 - Os atos e termos processuais poderão ser escritos a tinta, datilografados ou a carimbo.

Os atos processuais são os acontecimentos voluntários que ocorrem no processo e dependem de manifestação dos sujeitos do processo. Já o termo é a reprodução gráfica dos atos processuais, que podem ser manifestados conforme este dispositivo, todavia, devido aos avanços que a sociedade passou, muitos ditames acabam sendo apenas resquícios, devendo ser adaptados à realidade atual.

Art. 772 - Os atos e termos processuais, que devam ser assinados pelas partes interessadas, quando estas, por motivo justificado, não possam fazê-lo, serão firmados a rogo, na presença de 2 (duas) testemunhas, sempre que não houver procurador legalmente constituído.

Embora os auxiliares da Justiça, na realização dos atos processuais, tenham fé pública, diz o artigo sob comentário que, em existindo motivo justificado, se a parte não puder assinar os atos e termos processuais, serão eles firmados a rogo, na presença de duas testemunhas. Esta formalidade é dispensável se a parte tiver procurador legalmente constituído.

Art. 773 - Os termos relativos ao movimento dos processos constarão de simples notas, datadas e rubricadas pelos secretários ou escrivães.

Aplicam-se ao processo trabalhista as disposições contidas no Código de Processo Civil (dos atos do escrivão ou do chefe de secretaria). Ao receber a petição inicial, o escrivão a autuará, mencionando a Vara do Trabalho, a natureza do feito, o número de seu registro, os nomes das partes e a data do seu início.

Vale frisar que atualmente, o processo é eletrônico, isto é, poderá ser consultado o andamento processual virtualmente.

Art. 774 - Salvo disposição em contrário, os prazos previstos neste Título contam-se, conforme o caso, a partir da data em que for feita pessoalmente, ou recebida a notificação, daquela em que for publicado o edital no jornal oficial ou no que publicar o expediente da Justiça do Trabalho, ou, ainda, daquela em que for afixado o edital na sede da Junta, Juízo ou Tribunal.

Parágrafo único - Tratando-se de notificação postal, no caso de não ser encontrado o destinatário ou no de recusa de recebimento, o Correio ficará obrigado, sob pena de responsabilidade do servidor, a devolvê-la, no prazo de 48 (quarenta e oito) horas, ao Tribunal de origem.

Salvo disposição em contrário, computar-se-ão os prazos a partir da ciência/conhecimento pela parte de certa movimentação processual, recebimento da notificação, publicação do edital.

Art. 775 - Os prazos estabelecidos neste Título serão contados em dias úteis, com exclusão do dia do começo e inclusão do dia do vencimento.

§ 1° - Os prazos podem ser prorrogados, pelo tempo estritamente necessário, nas seguintes hipóteses:

I - quando o juízo entender necessário;

II - em virtude de força maior, devidamente comprovada.

§ 2º - Ao juízo incumbe dilatar os prazos processuais e alterar a ordem de produção dos meios de prova, adequando-os às necessidades do conflito de modo a conferir maior efetividade à tutela do direito.

Salvo disposição em contrário, computar-se-ão os prazos, excluindo o dia do começo e incluindo o dia do vencimento, não havendo preceito legal nem assinação pelo juiz, será de 5 (cinco) dias o prazo para a prática de ato processual a cargo da parte, com base no Código de Processo Civil.

Quanto aos processos eletrônicos, devemos relembrar dos dizeres da Lei 11.419/2006 (Lei de Informatização do Processo Judicial):

"Art. 3º Consideram-se realizados os atos processuais por meio eletrônico no dia e hora do seu envio ao sistema do Poder Judiciário, do que deverá ser fornecido protocolo eletrônico.

Parágrafo único - Quando a petição eletrônica for enviada para atender prazo processual, serão consideradas tempestivas as transmitidas até as 24 (vinte e quatro) horas do seu último dia."

Art. 4º - [...].

§ 3º - Considera-se como data da publicação o primeiro dia útil seguinte ao da disponibilização da informação no Diário da Justiça eletrônico.

§ 4º - Os prazos processuais terão início no primeiro dia útil que seguir ao considerado como data da publicação."

Desta feita, no caso dos processos eletrônicos, considera-se data de publicação o primeiro dia útil subsequente ao da disponibilização da informação no Diário da Justiça. A contagem inicia no primeiro dia útil subsequente.

Art. 775-A - Suspende-se o curso do prazo processual nos dias compreendidos entre 20 de dezembro e 20 de janeiro, inclusive.

§ 1° - Ressalvadas as férias individuais e os feriados instituídos por lei, os juízes, os membros do Ministério Público, da Defensoria Pública e da Advocacia Pública e os auxiliares da Justiça exercerão suas atribuições durante o período previsto no *caput* deste artigo.

§ 2° - Durante a suspensão do prazo, não se realizarão audiências nem sessões de julgamento.

O artigo em comento trata-se do recesso forense, ou seja, a suspensão dos prazos judiciais.

Art. 776 - O vencimento dos prazos será certificado nos processos pelos escrivães secretários.

Notificação, no processo do trabalho, corresponde à citação do processo comum. É o ato pelo processo do trabalho qual se chama a Juízo o Reclamado ou o interessado, a fim de se defender, intimação é o ato pelo qual se dá ciência a alguém dos atos ou termos do processo, para que faça ou deixe de fazer alguma coisa, Código de Processo Civil.

Art. 777 - Os requerimentos e documentos apresentados, os atos e termos processuais, as petições ou razões de recursos e quaisquer outros papéis referentes aos feitos formarão os autos dos processos, os quais ficarão sob a responsabilidade dos escrivães ou secretários.

Os autos do processo são compostos de atos e termos processuais de requerimentos e documentos apresentados pelas partes, razões de recursos e quaisquer outros documentos úteis ao deslinde do litígio. Para anexá-los aos autos, devem os escrivães ou secretários lavrar termos de juntada e, conforme a sua natureza, abrir conclusão ao juiz. Independem de despacho do juiz os atos meramente ordinários, como a juntada e vista obrigatória, conforme Código de Processo Civil.

Art. 778 - Os autos dos processos da Justiça do Trabalho não poderão sair dos cartórios ou secretarias, salvo se solicitados por advogado regularmente constituído por qualquer das partes, ou quando tiverem de ser remetidos aos órgãos competentes, em caso de recurso ou requisição.

Reza o inciso XV do art. 7° do Estatuto da OAB (Lei n.° 8.906, de 4.7.94) ter o advogado direito à vista dos processos judiciais ou administrativos de qualquer natureza, em Cartório ou na repartição competente, ou retirá-los pelos prazos legais.

Diante do processo eletrônico a carga dos autos, encontra-se gradativamente em desuso.

Art. 779 - As partes, ou seus procuradores, poderão consultar, com ampla liberdade, os processos nos cartórios ou secretarias.

Diante do processo eletrônico a consulta física dos autos nos cartórios ou secretarias, encontra-se gradativamente em desuso, isto é, poderá ser consultado o andamento processual virtualmente.

Art. 780 - Os documentos juntos aos autos poderão ser desentranhados somente depois de findo o processo, ficando traslado.

O desentranhamento de documentos dos autos e restituição às partes somente poderá ser feito ao fim do processo.

Não obstante ser essa a regra geral o documento exibido pela parte poderá ser livremente desentranhado a pedido da mesma, salvo se tratar de documento: comum; que beneficia o seu adversário; impugnado sob a alegação de falsidade, neste caso o desentranhamento estará condicionado à concordância de quem o impugnou, Código de Processo Civil.

A obrigatoriedade de permanecer traslado, encontra-se em desuso.

Art. 781 - As partes poderão requerer certidões dos processos em curso ou arquivados, as quais serão lavradas pelos escrivães ou chefes de secretaria.

Parágrafo único - As certidões dos processos que correrem em segredo de justiça dependerão de despacho do juiz ou presidente.

Ao juiz incumbe despachar ao que cerne aos pedidos de certidões dos processos, que correm em segredo de justiça.

Art. 782 - São isentos de selo as reclamações, representações, requerimentos, atos e processos relativos à Justiça do Trabalho.

O referido artigo está em desuso, haja vista, que o selo nos atos judiciais fora abolido.

SEÇÃO II
DA DISTRIBUIÇÃO

Art. 783 - A distribuição das reclamações será feita entre as Juntas de Conciliação e Julgamento, ou os Juízes de Direito do Cível, nos casos previstos no artigo 669, § 1°, pela ordem rigorosa de sua apresentação ao distribuidor, quando o houver.

A distribuição se faz pela ordem de entrada das iniciais e não pela natureza da reclamatória. Na localidade em que há mais de um Juiz de Direito e não há Varas do Trabalho a competência é determinada entre os Juízes do Cível por distribuição ou pela divisão judiciária local. O pedido de distribuição por dependência é formulado diretamente ao Juiz do Trabalho à qual está submetida a primeira reclamação, após os autos são remetidos ao distribuidor, para que formalize a distribuição.

Art. 784 - As reclamações serão registradas em livro próprio, rubricado em todas as folhas pela autoridade a que estiver subordinado o distribuidor.

A distribuição será registrada em livro próprio e dá-se o comprovante a parte ou ao seu procurador, evitando que as parte escolham o juízo de sua preferência mediante fraude.

A Lei 11.419/2006 trata do Processo Judicial Eletrônico. No PJe, a distribuição eletrônica é feita automaticamente pelo sistema, em seguida, o sistema emitirá o comprovante da distribuição contendo o número do processo e o juízo para o qual tenha sido distribuído.

O sistema do PJe permite que as petições sejam redigidas dentro do próprio sistema ou o conteúdo pode ser anexado no formado PDF, a visualização integral dos autos só é possível por advogados.

Para visualizar processos em que o advogado não figure como procurador, o mesmo deve demonstrar o interesse, para fins de registro, conforme previsão do § 1° do art. 3° da Resolução n.° 121/2010 do CNJ, sendo que tais acessos serão registrados pelo sistema e disponibilizados no painel dos Advogados e Procuradores daqueles processos (http://www.tst.jus.br/web/pje/tst/faq , disponível em 22/10/2020, às 20:17).

Qualquer pessoa pode acessar as movimentações processuais, exceto os processos em segredo de justiça, ou seja, o andamento dos processos e algumas peças de atos processuais (decisões, sentenças, votos e acórdãos), conforme prevê o art. 2° da Resolução n.° 121/2010 do CNJ.

Há possibilidade de que a pessoa leiga postule seus direitos na sem advogado perante a Justiça do Trabalho (*jus postulandi*). Neste caso, um servidor público realiza a coleta dos fatos e documentação e elabora a petição inicial, bem como elabora os cálculos para dar valor à causa (CLT, art. 840 §2°).

Art. 785 - O distribuidor fornecerá ao interessado um recibo, do qual constarão, essencialmente, o nome do reclamante e do reclamado, a data da distribuição, o objeto da reclamação e a junta ou juízo a que coube a distribuição.

A partir da distribuição ocorre a suspensão da prescrição, sendo tal fato documentado pelo recibo fornecido pelo distribuidor.

Art. 786 - A reclamação verbal será distribuída antes de sua redução a termo.

Parágrafo único - Distribuída a reclamação verbal, o reclamante deverá, salvo motivo de força maior, apresentar-se no prazo de cinco dias, ao cartório ou à secretaria, para reduzi-la a termo, sob a pena estabelecida no artigo 731.

Após a apresentação das reclamações verbais ao distribuidor, o empregado tem o prazo de cinco dias para se apresentar perante a Vara do Trabalho ou o Juízo, sob pena de perder o direito de reclamar na Justiça do Trabalho durante seis meses. O recibo fornecido pelo distribuidor à parte produz importantes efeitos jurídicos, como, por exemplo, a prova da interrupção da prescrição.

O *jus postulandi* é instituto que permite que empregados e empregadores acompanhem o processo advogado (art. 791 da CLT).

Todavia, o entendimento é que o *jus postulandi* poderá ser utilizado somente nas Varas do Trabalho e nos Tribunais Regionais do Trabalho (Súmula 425 do Tribunal Superior do Trabalho.

O acesso à documentos de autos eletrônicos se dá através do certificado digital, sendo necessário que as partes façam o prévio cadastramento para visualização das peças processuais com pagamento de taxas e anuidades para a habilitação e manutenção do seu cadastro junto ao banco de dados.

Destarte, não bastasse a necessidade das partes terem o domínio de informática, e necessário ainda adquirir computadores com navegação da internet e conhecimento prévio das normas internas de funcionamento do sistema PJE, acarretando dificuldades para o usuário. Ressalta-se que a maioria são trabalhadores hipossuficientes, com baixo grau de escolaridade.

Art. 787 - A reclamação escrita deverá ser formulada em duas vias e desde logo acompanhada dos documentos em que se fundar.

A regra do art. 787, acima transcrito, corresponde à do CPC/2015, art. 320: "*A petição inicial será instruída com os documentos indispensáveis à propositura da ação*"

Art. 788 - Feita a distribuição, a reclamação será remetida pelo distribuidor à Junta ou Juízo competente, acompanhada do bilhete de distribuição.

O recibo fornecido pelo distribuidor identifica a Vara que foi distribuída a reclamação, bem como os nomes das partes e a data da distribuição.

SEÇÃO III
DAS CUSTAS E EMOLUMENTOS

Art. 789 - Nos dissídios individuais e nos dissídios coletivos do trabalho, nas ações e procedimentos de competência da Justiça do Trabalho, bem como nas demandas propostas perante a Justiça Estadual, no exercício da jurisdição trabalhista, as custas relativas ao processo de conhecimento incidirão à base de 2% (dois por cento), observado o mínimo de R$ 10,64 (dez reais e sessenta e quatro centavos) e o máximo de quatro vezes o limite máximo dos benefícios do Regime Geral de Previdência Social, e serão calculadas:

I – quando houver acordo ou condenação, sobre o respectivo valor;

II – quando houver extinção do processo, sem julgamento do mérito, ou julgado totalmente improcedente o pedido, sobre o valor da causa;

III – no caso de procedência do pedido formulado em ação declaratória e em ação constitutiva, sobre o valor da causa;

IV – quando o valor for indeterminado, sobre o que o juiz fixar.

§ 1° - As custas serão pagas pelo vencido, após o trânsito em julgado da decisão. No caso de recurso, as custas serão pagas e comprovado o recolhimento dentro do prazo recursal.

§ 2° - Não sendo líquida a condenação, o juízo arbitrar-lhe-á o valor e fixará o montante das custas processuais.

§ 3º - Sempre que houver acordo, se de outra forma não for convencionado, o pagamento das custas caberá em partes iguais aos litigantes.

§ 4º - Nos dissídios coletivos, as partes vencidas responderão solidariamente pelo pagamento das custas, calculadas sobre o valor arbitrado na decisão, ou pelo Presidente do Tribunal.

A CLT disciplina no art.789 e seguintes as custas processuais e emolumentos.

As custas, que tem natureza jurídica de taxa (art. 145, II, CF/88; art. 77, CTN), pois são valores recolhidos para o poder público em razão da prestação jurisdicional (serviço público específico), estão previstas no art.789, *caput*, CLT, que sofreu alteração pela Lei n.º 13.467/17, para prever, diferentemente da disposição anterior, um limite máximo para pagamento.

Neste formato, as custas processuais passaram a ter um teto, fixado no patamar de quatro vezes o limite máximo dos benefícios do Regime Geral de Previdência Social (RGPS) – uma mudança que está em consonância com a súmula 667 do STF e com a orientação de que as custas judiciais têm natureza tributária (são taxas remuneratórias) e devem, portanto, guardar proporção entre o serviço público específico divisível exercido pelo Estado e o valor exigido, nos termos da ADI 948/GO e da ADI 2655/MT.

Especificamente no inquérito judicial para apuração de falta grave (arts. 853 a 855 da CLT), sendo o processo julgado extinto sem apreciação do mérito, as custas devem ser calculadas sobre o valor da causa. Entretanto, na hipótese de procedência do pedido, incide o art. 789, III, CLT, por se tratar de ação constitutiva negativa.

Em relação ao pagamento, as custas serão pagas pelo vencido, após o trânsito em julgado da decisão, ou seja, ao final, diferentemente do Processo Civil, devendo ser recolhidas em guias denominadas Guia de Recolhimento da União – GRU.

No caso de recurso, serão pagas e comprovado seu recolhimento dentro do prazo recursal, devendo ser observadas as súmulas 25, 36, 53, 86 e 170, orientações jurisprudenciais 33, 140 e 158 da SBDI-1 e orientações jurisprudenciais 88 e 91 da SBDI-2, todas do Colendo TST, que, dentre outras previsões, determinam que "o prazo para pagamento das custas, no caso de recurso, é contado da intimação do cálculo (Súmula 53, TST).

Referente ao pagamento das custas, a lei não deixa dúvidas quanto a responsabilidade ser da parte vencida, ainda que a parte vencedora não tenha a procedência de todos os pedidos. Assim, não há que se falar em sucumbência recíproca – entendimento que não se aplica para as relações de trabalho lato sensu, em razão da inexistência de vínculo de emprego (IN 27/2005, TST).

Além disto, para o TST, se a parte vencedora na primeira instância for vencida na segunda instância, ela fica obrigada, independentemente de intimação, a pagar as custas fixadas na sentença originária, das quais ficara isenta a parte então vencida (Súmula 25, I, TST).

Outrossim, "*no caso de inversão do ônus da sucumbência em segundo grau, sem acréscimo ou atualização do valor das custas e se estas já foram devidamente recolhidas, descabe um novo pagamento pela parte vencida, ao recorrer. Deverá ao final, se sucumbente, reembolsar a quantia*" (Súmula 25, II, TST).

Ademais, "*não caracteriza deserção a hipótese em que, acrescido o valor da condenação, não houve fixação ou cálculo do valor devido a título de custas e tampouco intimação da parte para o preparo do recurso, devendo ser as custas pagas ao final*" (Súmula 25, III, TST).

Ainda, para o TST, "*o reembolso das custas à parte vencedora faz-se necessário mesmo na hipótese em que a parte vencida for pessoa isenta do seu pagamento*" (Súmula 25, IV, TST).

Por fim, segundo a jurisprudência do TST, "*nas ações plúrimas, as custas incidem sobre o respectivo valor global*" (Súmula 36, TST).

Art. 789-A - No processo de execução são devidas custas, sempre de responsabilidade do executado e pagas ao final, de conformidade com a seguinte tabela:

I – autos de arrematação, de adjudicação e de remição: 5% (cinco por cento) sobre o respectivo valor, até o máximo de R$ 1.915,38 (um mil, novecentos e quinze reais e trinta e oito centavos);

II – atos dos oficiais de justiça, por diligência certificada:

a) em zona urbana: R$ 11,06 (onze reais e seis centavos);

b) em zona rural: R$ 22,13 (vinte e dois reais e treze centavos);

III – agravo de instrumento: R$ 44,26 (quarenta e quatro reais e vinte e seis centavos);

IV – agravo de petição: R$ 44,26 (quarenta e quatro reais e vinte e seis centavos);

V – embargos à execução, embargos de terceiro e embargos à arrematação: R$ 44,26 (quarenta e quatro reais e vinte e seis centavos);

VI – recurso de revista: R$ 55,35 (cinquenta e cinco reais e trinta e cinco centavos);

VII – impugnação à sentença de liquidação: R$ 55,35 (cinquenta e cinco reais e trinta e cinco centavos);

VIII – despesa de armazenagem em depósito judicial – por dia: 0,1% (um décimo por cento) do valor da avaliação;

IX – cálculos de liquidação realizados pelo contador do juízo – sobre o valor liquidado: 0,5% (cinco décimos por cento) até o limite de R$ 638,46 (seiscentos e trinta e oito reais e quarenta e seis centavos).

As custas, na fase de execução, também são pagas ao final pelo (s) executado (s) e têm os seus valores fixados neste artigo.

Art. 789-B - Os emolumentos serão suportados pelo Requerente, nos valores fixados na seguinte tabela:

I – autenticação de traslado de peças mediante cópia reprográfica apresentada pelas partes – por folha: R$ 0,55 (cinquenta e cinco centavos de real);

II – fotocópia de peças – por folha: R$ 0,28 (vinte e oito centavos de real);

III – autenticação de peças – por folha: R$ 0,55 (cinquenta e cinco centavos de real);

IV – cartas de sentença, de adjudicação, de remição e de arrematação – por folha: R$ 0,55 (cinquenta e cinco centavos de real);

V – certidões – por folha: R$ 5,53 (cinco reais e cinquenta e três centavos).

Os emolumentos, espécie de taxa, são pagos por serviços prestados e constituem ressarcimentos das despesas efetuadas pelos órgãos da Justiça pelo fornecimento de traslados, fotocópia de peças, cartas de sentença, autenticação e certidões.

O referido artigo estabelece valores fixos para cada serviço prestado.

Art. 790 - Nas Varas do Trabalho, nos Juízos de Direito, nos Tribunais e no Tribunal Superior do Trabalho, a forma de pagamento das custas e emolumentos obedecerá às instruções que serão expedidas pelo Tribunal Superior do Trabalho.

§ 1° - Tratando-se de empregado que não tenha obtido o benefício da justiça gratuita, ou isenção de custas, o sindicato que houver intervindo no processo responderá solidariamente pelo pagamento das custas devidas.

§ 2° - No caso de não-pagamento das custas, far-se-á execução da respectiva importância, segundo o procedimento estabelecido no Capítulo V deste Título.

§ 3° - É facultado aos juízes, órgãos julgadores e presidentes dos tribunais do trabalho de qualquer instância conceder, a requerimento ou de ofício, o benefício da justiça gratuita, inclusive quanto a traslados e instrumentos, àqueles que perceberem salário igual ou inferior a 40% (quarenta por cento) do limite máximo dos benefícios do Regime Geral de Previdência Social.

§ 4° - O benefício da justiça gratuita será concedido à parte que comprovar insuficiência de recursos para o pagamento das custas do processo.

O referido artigo, além de prever que o pagamento das custas e emolumentos obedecerá às instruções que serão expedidas pelo TST, foca no tema "justiça gratuita", cujos critérios definidores sobre a concessão estão delineados nos artigos 790 e 790-A, CLT.

Sobre a justiça gratuita, a lei deixa claro que o empregado só será beneficiário se receber um salário igual ou inferior a 40% (quarenta por cento) do valor considerado teto do Regime Geral da Previdência Social, precisando comprovar, e não apenas declarar, que não possui condições de pagar as custas processuais.

Vale lembrar que a Lei n.° 13.467/17 também incluiu o §4° ao art.790, dispondo que o benefício da justiça gratuita poderá ser concedido a qualquer das partes. Isto é, com esta nova regra, o empregador poderá ser beneficiário da justiça gratuita, seja ele pessoa física ou jurídica, devendo apenas comprovar a insuficiência de recursos para o pagamento das custas.

Para o Colendo TST, o benefício da justiça gratuita pode ser requerido em qualquer tempo ou grau de jurisdição, desde que, na fase recursal, seja o requerimento formulado no prazo alusivo ao recurso, sendo que, indeferido o requerimento de justiça gratuita formulado na fase recursal, consoante art. 99, § 7°, do CPC, cumpre ao relator fixar prazo para que o recorrente efetue o preparo (Orientação Jurisprudencial 269 da SDI-I do TST).

Art. 790-A - São isentos do pagamento de custas, além dos beneficiários de justiça gratuita:

I – a União, os Estados, o Distrito Federal, os Municípios e respectivas autarquias e fundações públicas federais, estaduais ou municipais que não explorem atividade econômica;

II – o Ministério Público do Trabalho.

Parágrafo único - A isenção prevista neste artigo não alcança as entidades fiscalizadoras do exercício profissional, nem exime as pessoas jurídicas referidas no inciso I da obrigação de reembolsar as despesas judiciais realizadas pela parte vencedora.

Além dos entes públicos expostos nos incisos I e II, consoante jurisprudência do TST, não ocorre deserção de recurso da massa falida por falta de pagamento de custas ou de depósito do valor da condenação, não se estendendo este privilegio à empresa em liquidação extrajudicial (Súmula 86, TST).

O referido Tribunal também entende que “a Administração dos Portos de Paranaguá e Antonina - APPA, vinculada à

Administração Pública indireta, não é isenta do recolhimento do depósito recursal e do pagamento das custas processuais (Orientação jurisprudência 13 da SDI1 do Colendo TST).

Ainda, a jurisprudência do TST também prevê que a isenção tributária concedida pelo art. 15 da Lei n.º 5.604, de 02.09.1970, ao Hospital de Clínicas de Porto Alegre compreende as custas processuais (Orientação jurisprudência transitória 74 da SDI1 do Colendo TST).

Art. 790-B - A responsabilidade pelo pagamento dos honorários periciais é da parte sucumbente na pretensão objeto da perícia, ainda que beneficiária da justiça gratuita.

§ 1º - Ao fixar o valor dos honorários periciais, o juízo deverá respeitar o limite máximo estabelecido pelo Conselho Superior da Justiça do Trabalho.

§ 2º - O juízo poderá deferir parcelamento dos honorários periciais.

§ 3º - O juízo não poderá exigir adiantamento de valores para realização de perícias.

§ 4º - Somente no caso em que o beneficiário da justiça gratuita não tenha obtido em juízo créditos capazes de suportar a despesa referida no *caput*, ainda que em outro processo, a União responderá pelo encargo.

A Lei n.º 13.467/2017 alterou o *caput* do artigo para prever que mesmo a parte sendo beneficiária da justiça gratuita, deverá pagar os honorários periciais se sucumbente na pretensão objeto da perícia, limitado os honorários, nos termos do §1º, ao limite máximo estabelecido pelo Conselho Superior da Justiça do Trabalho (CSJT), sendo possível o seu parcelamento (§2º).

Sobre o tema honorários periciais, a jurisprudência do TST é no sentido de que a indicação do perito assistente é faculdade da parte, a qual deve responder pelos respectivos honorários, mesmo que se consagre vencedora no objeto da perícia (Súmula 341, TST).

Outrossim, segundo o TST, é ilegal a exigência de depósito prévio para custeio dos honorários periciais (Orientação jurisprudência 98 da SDI2, TST), entendimento que se coaduna com o previsto o § 3º.

Por fim, para o TST, a União é responsável pelo pagamento dos honorários de perito quando a parte sucumbente no objeto da perícia for beneficiária da assistência judiciária gratuita (Súmula 457, TST). Contudo, esta súmula deve ser interpretada em consonância com o § 4º que condiciona o pagamento pela União somente no caso em que o beneficiário da justiça gratuita não ter obtido em juízo créditos capazes de suportar a despesa referida no caput, ainda que em outro processo.

O *caput* e o § 4º do artigo 790-B foram declarados inconstitucionais pelo STF no julgamento da ADI nº 5.766 em 20/10/2021.

SEÇÃO IV
DAS PARTES E DOS PROCURADORES

Artigo 791 - Os empregados e os empregadores poderão reclamar pessoalmente perante a Justiça do Trabalho e acompanhar as suas reclamações até o final.

§ 1° - Nos dissídios individuais os empregados e empregadores poderão fazer-se representar por intermédio do sindicato, advogado, solicitador ou provisionado, inscrito na Ordem dos Advogados do Brasil.

§2° - Nos dissídios coletivos é facultada aos interessados a assistência por advogado.

§3° - A constituição de procurador com poderes para o foro em geral poderá ser efetivada mediante simples registro em ata de audiência, a requerimento verbal do advogado interessado, com anuência da parte representada.

A Justiça do Trabalho rege-se pelo Princípio do *Jus Postulandi,* significa dizer que, tanto empregado quanto empregador podem postular em juízo sem a necessidade de advogado. No entanto, esse direito de reclamar sem a presença de procurador, vem sendo entendido que não é absoluta, pois estaria restrita somente as Varas do Trabalho (1° grau) e aos Tribunais Regionais do Trabalho (2° grau) e, quando necessário for impetrar recurso ao Tribunal Superior do Trabalho (3° grau), será necessário que se faça por meio de advogado. O argumento que se usa nesse caso é que, no TST não se analisam fatos e provas, somente questões técnicas e de direito, portanto, necessitando de um profissional da área. Esse entendimento já foi pacificado com a confecção da Súmula 425 do TST.

A bem da verdade, o que se vê na prática é um *jus postulandi* quase inexistente, pois aqueles que postulam em causa própria podem sofrer desvantagens na qualidade de sua reclamação ou defesa, principalmente se a outra parte está representada por advogado.

Ademais, a constituição de advogado na Justiça do Trabalho não necessita de grandes formalidades, podendo tal registro acontecer até mesmo em audiência, por requerimento do advogado, devendo a parte interessada demonstrar a aceitação, ficando este ato consignado em ata.

Art. 791-A - Ao advogado, ainda que atue em causa própria, serão devidos honorários de sucumbência, fixados entre o mínimo de 5% (cinco por cento) e o máximo de 15% (quinze por cento) sobre o valor que resultar da liquidação da sentença, do proveito econômico obtido ou, não sendo possível mensurá-lo, sobre o valor atualizado da causa.

§ 1° - Os honorários são devidos também nas ações contra a Fazenda Pública e nas ações em que a parte estiver assistida ou substituída pelo sindicato de sua categoria.

§ 2° - Ao fixar os honorários, o juízo observará:

I - o grau de zelo do profissional;

II - o lugar de prestação do serviço;

III - a natureza e a importância da causa;

IV - o trabalho realizado pelo advogado e o tempo exigido para o seu serviço.

§ 3° - Na hipótese de procedência parcial, o juízo arbitrará honorários de sucumbência recíproca, vedada a compensação entre os honorários.

§ 4° - Vencido o beneficiário da justiça gratuita, desde

que não tenha obtido em juízo, ainda que em outro processo, créditos capazes de suportar a despesa, as obrigações decorrentes de sua sucumbência ficarão sob condição suspensiva de exigibilidade e somente poderão ser executadas se, nos dois anos subsequentes ao trânsito em julgado da decisão que as certificou, o credor demonstrar que deixou de existir a situação de insuficiência de recursos que justificou a concessão de gratuidade, extinguindo-se, passado esse prazo, tais obrigações do beneficiário.

§ 5º - São devidos honorários de sucumbência na reconvenção.

Agora a CLT traz previsão expressa quanto aos honorários de sucumbência na esfera da justiça do trabalho, o que antes tão somente tinha previsão para os advogados que atuassem para o sindicato da categoria a que representasse o reclamante. O que era um anseio dos advogados militantes da área, mas que não atuavam perante nenhum sindicato.

O percentual também é previsto neste artigo, ficando a cargo do juiz da causa estipular, mas dentro dos limites estabelecidos na lei, analisando no caso concreto os requisitos constantes nos incisos deste artigo.

Uma questão relevante desse artigo e que teve origem na esfera cível com o advindo do Código de Processo Civil de 2015, é a possibilidade de, nos casos do sucumbido for beneficiário da justiça gratuita e não puder arcar com os custos dos honorários por nenhuma outra forma, o crédito advindo da sucumbência ficará suspenso pelo prazo de 02 (dois) anos e nesse intervalo poderá ser executado, caso se comprove que não mais existe a situação que gerou a concessão da justiça gratuita.

O § 4º do artigo 791-A foi declarado inconstitucional pelo STF no julgamento da ADI nº 5.766 em 20/10/2021.

Artigo 792 – Revogado

Artigo 793 - A reclamação trabalhista do menor de 18 (dezoito) anos será feita por seus representantes legais e, na falta destes, pela Procuradoria da Justiça do Trabalho, pelo sindicato, pelo Ministério Público estadual ou curador nomeado em juízo.

Deve-se interpretar esse artigo entendendo que se refere aos menores de 18 (dezoito) anos e maiores de 16 (dezesseis), ou seja, relativamente capaz, pois para o absolutamente incapaz, o trabalho é proibido, salvo na condição de aprendiz, acima dos 14 (quatorze) anos. Na hipótese de propositura de ação trabalhista pelos menores de idade e havendo a representação legal regular, geralmente por mãe ou pai, não é imprescindível que haja manifestação do Ministério Público do Trabalho, mesmo existindo entendimento em sentido contrário, apesar de importante, não é essencial.

Portanto, só quando inexista a representação legal é que o menor deverá ser representado pela Procuradoria da Justiça do Trabalho, sindicato, pelo Ministério Público estadual ou curador nomeado pelo juiz. Inexistindo qualquer dos personagens citados acima, é comum na prática trabalhista a representação feita por um parente próximo, a ser nomeado pelo juiz da causa.

SEÇÃO IV-A
DA RESPONSABILIDADE POR DANO PROCESSUAL

Art. 793-A - Responde por perdas e danos aquele que litigar de má-fé como reclamante, reclamado ou interveniente.

A litigância de má fé também é novidade na esfera trabalhista, apesar que muitos advogados já requeriam a aplicação de tal instituto se socorrendo do artigo 79 do Código de Processo Civil de 2015, que tem aplicação subsidiária na Justiça do Trabalho. Agora com previsão expressa, a aplicação deve se tornar mais corriqueira e dessa forma, evitar pretensões judiciais descabidas.

Art. 793-B - Considera-se litigante de má-fé aquele que:

I - deduzir pretensão ou defesa contra texto expresso de lei ou fato incontroverso;

II - alterar a verdade dos fatos;

III - usar do processo para conseguir objetivo ilegal;

IV - opuser resistência injustificada ao andamento do processo;

V - proceder de modo temerário em qualquer incidente ou ato do processo;

VI - provocar incidente manifestamente infundado;

VII - interpuser recurso com intuito manifestamente protelatório.

Um dos conceitos mais claros deste instituto vem da doutrinadora Rosa Maria Andrade Nery e Nelson Nery Junior, quando afirmam que a litigância de má-fé se caracteriza quando a parte ou interveniente agem de forma maldosa, com dolo ou culpa, causando dano processual à parte contrária. É o *improbus litigator*, que se utiliza de procedimentos escusos com o objetivo de vencer ou que, sabendo ser difícil ou impossível vencer, prolonga deliberadamente o andamento do processo procrastinando o feito.

Portanto a previsão de aplicação de multa por litigância de má-fé se apresenta como uma forma de evitar que as partes ou intervenientes de um processo usem de artifícios ardios apenas com intenções protelatórias ou com intuito de prejudicar algo ou alguém. O interesse que se busca é a boa-fé, o processo sadio, a apuração real dos fatos de maneira clara e justa.

Art. 793-C - De ofício ou a requerimento, o juízo condenará o litigante de má-fé a pagar multa, que deverá ser superior a 1% (um por cento) e inferior a 10% (dez por cento) do valor corrigido da causa, a indenizar a parte contrária pelos prejuízos que esta sofreu e a arcar com os honorários advocatícios e com todas as despesas que efetuou.

§ 1° - Quando forem dois ou mais os litigantes de má-fé, o juízo condenará cada um na proporção de seu respectivo interesse na causa ou solidariamente aqueles que se coligaram para lesar a parte contrária.

§ 2° - Quando o valor da causa for irrisório ou inestimável, a multa poderá ser fixada em até duas vezes o limite máximo dos benefícios do Regime Geral de Previdência Social.

§ 3° - O valor da indenização será fixado pelo juízo ou, caso não seja possível mensurá-lo, liquidado por arbitramento ou pelo procedimento comum, nos próprios autos.

A sanção de multa aplicável quando configurada a litigância de má fé, poderá ser feita *ex officio* ou a requerimento das partes, sendo o valor estipulado por lei dentro dos limites de 1% (um por cento) a 10% (dez por cento) do valor da causa, ou nos casos em que não se possa mensurar, será feito por arbitramento ou procedimento comum, o que se levará em conta a extensão do dano causado.

Este valor tem caráter indenizatório a ser revestido à parte contrária, podendo também o valor arbitrado ser dividido quando houver mais de um litigante de má-fé, sendo pago na proporção do dano que causarem ou ainda, solidariamente quando comprovado que se uniram para prejudicar a parte adversa.

Art. 793-D - Aplica-se a multa prevista no art. 793-C desta Consolidação à testemunha que intencionalmente alterar a verdade dos fatos ou omitir fatos essenciais ao julgamento da causa.

Parágrafo único - A execução da multa prevista neste artigo dar-se-á nos mesmos autos.

A multa prevista por litigância de má-fé se estende também as testemunhas que dolosamente prestar depoimento falso ou omitir verdades essenciais para o deslinde do processo, sem prejuízo ainda das sanções que também poderá sofrer na esfera criminal pelo cometimento do crime de falso testemunho, previsto no artigo 342 do Código Penal.

Vale ressaltar que a multa por litigância de má-fé não é aplicável aos advogados, salvo se comprovado que agiu em conjunto com um dos litigantes de má-fé com o mesmo intuito deste.

SEÇÃO V
DAS NULIDADES

Artigo 794 - Nos processos sujeitos a apreciação da Justiça do Trabalho só haverá nulidade quando resultar dos atos inquinados prejuízo às partes litigantes.

Entende-se por nulidade todos os atos processuais que são praticados em desarmonia com o que a lei descreve, tornando-o, ineficaz. Na justiça do Trabalho, as nulidades só serão declaradas, caso traga algum prejuízo efetivo para uma ou ambas as partes. Dessa forma, se evita arguições de nulidades apenas com pretensões protelatórias, muito comuns na esfera cível e penal. Pois seria irrazoável que não fosse assim, já que na Justiça do Trabalho se preza pela celeridade processual, garantida pelo Princípio da duração razoável do processo, trazido à Constituição Federal pela EC 45/2004, em seu Artigo 5°, LXXVIII.

Artigo 795 - As nulidades não serão declaradas senão mediante provocação das partes, as quais deverão argui-las à primeira vez em que tiverem de falar em audiência ou nos autos.

§1° - Deverá, entretanto, ser declarada *ex officio* a nulidade fundada em incompetência de foro. Nesse caso, serão considerados nulos os atos decisórios.

§2° - O juiz ou Tribunal que se julgar incompetente determinará, na mesma ocasião, que se faça remessa do processo, com urgência, à autoridade competente, fundamentando sua decisão.

As nulidades deverão ser declaradas somente por provocação das partes, exceto as que devem ser declaradas de ofício pelo juiz, sendo que tais nulidades serão arguidas na primeira oportunidade a que a parte venha se manifestar, sendo nos autos do processo ou até mesmo em audiência, uma vez que no processo do trabalho, as decisãoes interlocutórias não serão passiveis de recurso. Não sendo suscitada pela parte, ocorre a preclusão, não podendo ser questionada em momento posterior, pois entende-se que se a parte não suscitou nenhuma irregularidade, é porque, embora de maneira silenciosa, houve concordância.

Quanto as nulidades *ex officio*, também chamadas de nulidades absolutas, fundadas em incompetência material ou pessoal. Exemplo claro é quando uma das partes é amiga ou inimiga do magistrado, dessa forma o juiz se torna incompetente para julgar tal caso, uma vez que a imparcialidade do juiz se torna altamente comprometida. O juiz ou Tribunal que se declarar incompetente, por qualquer uma das razões mencionadas, deverá imediatamente, remeter os autos para a autoridade que achar competente, mediante fundamentação. Caso a nulidade não seja declarada de ofício, deverá a parte argui-la na primeira oportunidade.

Artigo 796 - A nulidade não será pronunciada:

a) Quando for possível suprir-se a falta ou repetir-se o ato;

b) Quando arguida por quem tiver lhe dado causa.

Nenhuma nulidade será declarada se for possível suprir a irregularidade atacada, pois deve-se observar o princípio da utilização dos atos processuais. Se o ato atacado como nulo puder ser reparado ou sanado pelo Tribunal recursal, não tem qualquer razão para torna-lo ineficaz.

Artigo 797 - O juiz ou Tribunal que pronunciar a nulidade declarará os atos a que ela se estende.

Na esfera processual trabalhista adota-se o princípio da instrumentalidade, ou seja, o ato só será declarado nulo se sua finalidade não for atingida, com exceção das nulidades absolutas, pois essas são de interessa público e, portanto, não se convalidam. Pois aqui fere direito e interesse não tão somente da parte, mas de interesse do Estado. Vale dizer, que a jurisprudência acerca desse tema vem mitigando a declaração de ofício e aplicando somente nos casos de incompetência em razão da pessoa e da matéria.

Desta forma, ao pronunciar uma nulidade, o juiz ou Tribunal declarará a quais atos a nulidade prejudicou e quais são suas consequências, não se perdendo todo o processo. Caso o juiz ou Tribunal assim não o faça, qualquer das partes poderá interpor embargos de declaração para o magistrado se manifestar. Ainda assim, não havendo nenhuma manifestação, aplica-se o que dispõe o Artigo 281 do CPC c/c o Artigo 798 da CLT entendendo que somente serão nulos os atos posteriores que dele derivem.

Artigo 798 - A nulidade do ato não prejudicará senão os posteriores que dele dependam ou sejam consequência.

Todos os atos anteriores à nulidade ou que sejam independentes não serão afetados, entendimento adotado com base nos princípios da economia processual e utilidade dos atos. Não teria qualquer sentido se houve uma nulidade na audiência que se prejudique todos os procedimentos anteriores a ela, até mesmo a citação, se neste ponto não houve qualquer prejuízo e tenha atingido sua finalidade.

SEÇÃO VI
DAS EXCEÇÕES

"A Justiça do Trabalho não deveria nem existir." Essa frase, recentemente, foi pronunciada em alto e bom tom por um Presidente da Câmara dos Deputados. Não é de hoje que o papel da Justiça do Trabalho é colocada em xeque. Tudo isso ocorre pela deturpação do princípio protecionista que norteia a Justiça do Trabalho.

O princípio protecionista ou da proteção não traduz ou mancomuna com a parcialidade ou iniquidade. Pelo contrário, embora apontem inúmeros adjetivos para desqualificar a Justiça Trabalhista, a proteção ao empregado tem, apenas, o propósito de igualar as partes, ou seja, o operário (hipossuficiente) em relação ao empregador, que ocupa posição privilegiada, financeiramente, e de não-subordinado.

Ao contrário do que se induz, na Justiça do Trabalho, o processo obedece todas as regras constitucionais e legais, principalmente, no que se refere a ampla defesa e contraditório da parte adversa.

Assim, depois de ajuizada a reclamação trabalhista pelo empregado, é facultado ao reclamado o direito de resposta. No processo do trabalho, assim como ocorre na Justiça do Comum, o réu poderá contestar, reconvir ou utilizar-se das exceções processuais.

Para evitar a crendice de que a Justiça do Trabalho tem um sobejo paternalista, as partes têm instrumentos para afastar qualquer desconfiança que possa censurar a atividade jurisdicional de seus órgãos.

Destarte, dos instrumentos citados para proteção do reclamado, um merece atenção, já que não é exclusivo da defesa, são as chamadas exceções de suspeição, impedimento e incompetência.

Portanto, qualquer das partes poderá apresentar exceção de suspeição ou de impedimento se a oposição for relacionado a pessoa do juiz. E se a finalidade é atacar o órgão jurisdicional, caberá exceção de incompetência.

As exceções de suspeição, impedimento e de incompetência devem ser propostas em peças separadas da defesa. As demais exceções, devem ser alegadas como preliminar no próprio corpo da contestação, como, litispendência, coisa julgada, prescrição, decadência, compensação e retenção, por exemplo.

Art. 799 - Nas causas da jurisdição da Justiça do Trabalho, somente podem ser opostas, com suspensão do feito, as exceções de suspeição ou incompetência.

§ 1° - As demais exceções serão alegadas como matéria de defesa.

§ 2° - Das decisões sobre exceções de suspeição e incompetência, salvo, quanto a estas, se terminativas do feito, não caberá recurso, podendo, no entanto, as partes alegá-las novamente no recurso que couber da decisão final.

Como visto, as exceções de suspeição, impedimento e de incompetência devem ser alegadas em petições separadas, porque no processo do trabalho essas exceções são previstas como incidentes processuais que, além de suspender o curso do processo, controvertem a imparcialidade do juiz (suspeição ou impedimento) e do juízo (incompetência). Observemos que essa última tem natureza objetiva e as primeiras têm caráter subjetivo.

As outras exceções deverão ser suscitadas na própria contestação ou reconvenção (Ver casos no art. 144 do NCPC).

Vale citar que o artigo 893, §1°, dessa obra, consagra o

princípio da irrecorribilidade imediata das decisões interlocutórias. O dispositivo prevê que *"os incidentes do processo são resolvidos pelo próprio Juízo ou Tribunal, admitindo-se a apreciação do merecimento das decisões interlocutórias somente em recursos da decisão definitiva"*.

Para reforçar a adotação da irrecorribilidade imediata das decisões interlocutórias no processo do trabalho, a Súmula n.º 214 do TST aponta as exceções à regra, ou seja, os casos em que será cabível, de plano, a interposição de recurso. Assim, quando as decisões interlocutórias de Tribunal Regional do Trabalho é contrária à Súmula ou Orientação Jurisprudencial do Tribunal Superior do Trabalho; ou suscetível de impugnação mediante recurso para o mesmo Tribunal, ou ainda, que acolhe exceção de incompetência territorial, com a remessa dos autos para Tribunal Regional distinto daquele a que se vincula o juízo excepcionado, consoante o disposto no art. 799, § 2º, da CLT.

Como visto, de regra, não caberá recurso dos julgamentos dessas exceções. Porém, se essas decisões põem fim ao processo sem resolução do mérito, as partes poderão apontá-las em grau de recurso.

Art. 800 - Apresentada exceção de incompetência territorial no prazo de cinco dias a contar da notificação, antes da audiência e em peça que sinalize a existência desta exceção, seguir-se-á o procedimento estabelecido neste artigo.

§ 1º - Protocolada a petição, será suspenso o processo e não se realizará a audiência a que se refere o art. 843 desta Consolidação até que se decida a exceção.

§ 2º - Os autos serão imediatamente conclusos ao juiz, que intimará o reclamante e, se existentes, os litisconsortes,

para manifestação no prazo comum de cinco dias.

§ 3° - Se entender necessária a produção de prova oral, o juízo designará audiência, garantindo o direito de o excipiente e de suas testemunhas serem ouvidos, por carta precatória, no juízo que este houver indicado como competente.

§ 4° - Decidida a exceção de incompetência territorial, o processo retomará seu curso, com a designação de audiência, a apresentação de defesa e a instrução processual perante o juízo competente.

No dia 13 de julho de 2017, a Reforma Trabalhista (Lei n.º 13.467/2017) foi sancionada pelo presidente Michel Temer. Dentre os pontos trazidos no corpo das novas leis trabalhistas está o artigo 800 da CLT, que versa sobre protocolos de exceção de incompetência territorial. A justificativa para tal mudança foi evitar ônus para o réu com o deslocamento ao juízo territorialmente incompetente.

Antes da entrada em vigor da Lei 13.467/2017 em 11.11.2017, o art. 800 da CLT não expressava se a exceção de incompetência era a relativa nem especificava se era em razão do lugar. Vejamos que a nova redação, define, não somente qual incompetência se trata, mais discorre o seu processamento.

Assim, depois de protocolizada a petição, os autos serão suspensos e, imediatamente, conclusos ao juiz, que deverá intimar o reclamante e os litisconsortes para no prazo de 05 dias se manifestarem a respeito da exceção.

Entendendo ser necessária prova oral, o juiz designará audiência para oitiva do excipiente e de suas testemunhas, por carta precatória, no juízo apontado como competente.

Decidida a exceção de incompetência territorial, será designada audiência para apresentação da defesa e instrução processual no juízo competente.

O prazo para interposição da exceção de incompetência territorial será de 05 (cinco) dias, a partir da notificação, que deverá ser antes da audiência e em peça que sinalize a existência da exceção.

Art. 801 - O juiz, presidente ou vogal, é obrigado a dar-se por suspeito, e pode ser recusado, por algum dos seguintes motivos, em relação à pessoa dos litigantes:

a) inimizade pessoal;

b) amizade íntima;

c) parentesco por consanguinidade ou afinidade até o terceiro grau civil;

d) interesse particular na causa.

Parágrafo único - Se o recusante houver praticado algum ato pelo qual haja consentido na pessoa do juiz, não mais poderá alegar exceção de suspeição, salvo sobrevindo novo motivo. A suspeição não será também admitida, se do processo constar que o recusante deixou de alegá-la anteriormente, quando já a conhecia, ou que, depois de conhecida, aceitou o juiz recusado ou, finalmente, se procurou de propósito o motivo de que ela se originou.

O artigo 801 só menciona os casos de suspeição, porém já é unânime o entendimento que é cabível nas hipóteses de impedimento, também. Desse modo, além das situações de suspeição previstas no art. 801 é, plenamente, cabível nos casos arrolados no art. 144, do NCPC.

Cabe ressalvar, que o rol é meramente taxativo, pois as hipóteses elencadas não exaurem os casos que pode tornar o juiz suspeito ou impedido.

Art. 802 - Apresentada a exceção de suspeição, o juiz ou Tribunal designará audiência dentro de 48 (quarenta e oito) horas, para instrução e julgamento da exceção.

§ 1° - Nas Juntas de Conciliação e Julgamento e nos Tribunais Regionais, julgada procedente a exceção de suspeição, será logo convocado para a mesma audiência ou sessão, ou para a seguinte, o suplente do membro suspeito, o qual continuará a funcionar no feito até decisão final. Proceder-se-á da mesma maneira quando algum dos membros se declarar suspeito.

§ 2° - Se se tratar de suspeição de Juiz de Direito, será este substituído na forma da organização judiciária local.

Antes de invadirmos a seara do art. 802, cabe mencionar que EC n.° 24/99 ao extinguir os juízes classistas gerou uma falha no procedimento do julgamento das exceções de suspeição e impedimento, já que, anteriormente, as Juntas de Conciliação e Julgamento eram compostas por três juízes (um presidente e dois classistas), sendo um suspeito um juiz, os outros julgavam a exceção.

Portanto, extinto os juízes classistas e presente apenas um juiz, a exceção seria fusionada em uma única pessoa, isto é, o próprio suspeito ou impedido decidiria o incidente.

Para sanar essa imprecisão, a Corregedoria Geral de Justiça do Trabalho determinou a aplicação dos artigos 312 a 314 do antigo CPC (artigo 146 do NCPC), legitimando assim, o Tribunal Regional do Trabalho para julgar as exceções de impedimento e suspeição.

O processamento da exceção se dará de duas formas: uma, se o juiz reconhecer sua suspeição ou impedimento, os autos serão remetidos para outro magistrado; outra, se o juiz recusar a exceção, o processo subirá para o Tribunal, que terá ate 48 (quarenta e oito) horas para marcar audiência de instrução e julgamento.

SEÇÃO VII
DOS CONFLITOS DE JURISDIÇÃO

Consideramos conflito de jurisdição o fato de dois ou mais juízes tornarem-se competente para receber, processar e julgar a mesma demanda proposta pela parte reclamante. O conflito ocorre em regra, por questões de território, regularidade formal do processo, prevenção e demais princípios de proteção ao empregado, sendo necessária a aplicação das regras de competência previstas na Consolidação das Leis Trabalhistas para solucionar esses conflitos.

Hoje, após a emenda constitucional 45/2004, compete à Justiça do Trabalho processar e julgar as ações oriundas da relação de trabalho.

Em relação à competência abrange "ações oriundas da relação de trabalho", "ações sobre representação sindical, entre sindicatos e trabalhadores, e entre sindicatos e empregadores" "ações de indenização por dano moral", e outras ações previstas no artigo 114 da Constituição Federal. É necessário a analise da lide, que basicamente é o conflito de interesses, depois a analise pelo estado juiz, que toma para si o poder de receber, processar e julgar os conflitos, aplicando as leis ao caso concreto por meio dos atos realizados nos processos.

Existem critérios para se determinar a competência – quais sejam: a matéria (no caso a trabalhista), qualidade das partes (legitimidade ativa e passiva), função (jurisdição – dizer o direito) e local.

Art. 803 - Os conflitos de jurisdição podem ocorrer entre:

Os juízes exercem jurisdição, mais com certas limitações devido à competência. Cada magistrado é competente para julgar determinadas causas, classificadas em relação à matéria, valor, ou qualidade das pessoas -; e a função territorial. O rol apresentado abaixo é exemplificativo.

a) Juntas de Conciliação e Julgamento e Juízes de Direito investidos na administração da Justiça do Trabalho;

A alínea "a" do artigo 803, fala das juntas de conciliação e julgamento, criadas para amenizar conflitos trabalhistas. No lugar de lermos "Juntas de Conciliação e Julgamento", devemos ler "Vara do Trabalho". Compete ao TRT dirimir o conflito de competência, visto tratar-se de juízes de direito investidos na administração da justiça do trabalho, sendo o tribunal hierarquicamente superior o competente para solucioná-lo.

b) Tribunais Regionais do Trabalho;

O art. 102, inciso I, da CF, afirma que o STF é competente para resolver os conflitos de competência entre o STJ e quaisquer tribunais, entre tribunais superiores, e entre estes e qualquer outro, logo, interpretamos que quando se tratar de juízes que não são investidos da jurisdição trabalhista, o julgador é o TJ.

Agora, são os TRT's que resolvem conflitos entre seus membros e juízes estaduais investidos da jurisdição trabalhista. Já o TST resolve conflitos de competência apenas de seus membros.

c) Juízos e Tribunais do Trabalho e órgãos da Justiça Ordinária;

Quem deve decidir sobre o conflito é o STJ.

d) Câmaras do Tribunal Superior do Trabalho.

A doutrina entende que se encontra revogada a alínea "d" pelo do Decreto Lei 8.737/1946. Analisamos como um conflito interno de competência da justiça do trabalho.

Art. 804 - Dar-se-á conflito de jurisdição:

Interpreta-se como conflito de jurisdição, o conflito entre justiças diferentes.

a) quando ambas as autoridades se considerarem competentes;

b) quando ambas as autoridades se considerarem incompetentes.

Quando ambas as autoridades se considerarem competentes, existe um conflito positivo de competência. Quando se considerarem incompetentes, existe um conflito negativo de competência. Se o juiz declare-se incompetente, é proferida decisão interlocutória com natureza terminativa. Quem decide o conflito de competência, é um órgão hierarquicamente superior.

Art. 805 - Os conflitos de jurisdição podem ser suscitados:

a) pelos Juízes e Tribunais do Trabalho;

Os juízes do trabalho, provavelmente na audiência inicial, declaram-se incompetentes para julgar os processos e remetem os autos àqueles que têm competência, de forma simples.

b) pelo procurador-geral e pelos procuradores regionais da Justiça do Trabalho;

O MPT na pessoa dos procuradores poderá suscitar o conflito de jurisdição, quando se fizer necessário, já que atua como fiscal da lei, além de poder enquadrar-se no artigo 805, alínea "c", como parte interessada quando figurar em um dos pólos.

c) pela parte interessada, ou o seu representante.

Qualquer uma das partes interessadas, podem suscitar o conflito de jurisdição, já que possuem legitimidade, mas é necessário observar o que menciona o artigo 806 da CLT, alínea “c” que não permite a parte, suscitar o conflito de jurisdição quando por ela é oposto a exceção de incompetência.

Art. 806 - É vedado à parte interessada suscitar conflitos de jurisdição quando já houver oposto na causa exceção de incompetência.

Esse artigo tem como objetivo fazer com que as partes escolham a melhor forma para a apreciação da guerrilha pelo poder judiciário, sendo vedado suscitar conflito de jurisdição quando já houver a exceção de incompetência, o objetivo é evitar duas decisões sobre o mesmo caso.

Art. 807 - No ato de suscitar o conflito deverá a parte interessada produzir a prova de existência dele.

Será necessária a juntada de documentos que comprovem as alegações.

Art. 808 - Os conflitos de jurisdição de que trata o art. 803 serão resolvidos:

Em relação ao artigo 808 da CLT, cumpre mencionar a necessidade da leitura complementar dos artigos 102, 105 e art. 114 da Constituição Federal e a Emenda Constitucional 45 de 2004, visto a revogação de parte do artigo mencionado.

a) pelos Tribunais Regionais, os suscitados entre Juntas e entre Juízos de Direito, ou entre uma e outras, nas respectivas regiões;

É de competência do STJ julgar conflitos de jurisdição entre Tribunais Regionais do Trabalho e Juízes de Direito no exercício normal de sua jurisdição, com base no artigo 105, I, d, da Constituição Federal. Agora, se o mencionado juiz de direito estiver investido da jurisdição trabalhista, competirá ao Tribunal Regional do Trabalho daquela localidade, julgar o conflito jurisdicional, visto o respeito pela hierarquia dos Tribunais Superiores.

b) pela Câmara de Justiça do Trabalho, os suscitados entre Tribunais Regionais, ou entre Juntas e Juízos de Direito sujeitos à jurisdição de Tribunais Regionais diferentes;

A competência para julgar esse tipo de conflito é do TST.

c) pelo Conselho Pleno, os suscitados entre as Câmaras de Justiça do Trabalho e de Previdência Social;

A nossa própria Constituição Federal revoga alguns artigos da CLT e o artigo 808 esta neste rol. A alínea "c" foi revogada pelo Decreto Lei 9.797, de 1946, vale a leitura e pela própria CF.

A justiça do trabalho tem competência para atuar em matérias previdenciárias, mas a competência se limita às contribuições mensais ou anuais que devem ser feitas na vigência do contrato de trabalho, as demais matérias são discutidas na justiça federal ou estadual, conforme artigo 144, VIII, da Constituição Federal e Súmula 368, I, do TST.

Analisando o regimento interno de cada tribunal, é que verificaremos a competência para julgar seus próprios conflitos, já que a nossa legislação admite que os tribunais regulamentem sobre essa matéria de forma hierárquica nos seus regimentos internos.

d) pelo Supremo Tribunal Federal, os suscitados entre as autoridades da Justiça do Trabalho e as da Justiça Ordinária.

A competência para julgar juízes de tribunais diversos é do STJ e não do STF, esse seria o nosso entendimento, mesmo o STF sendo hierarquicamente superior ao STJ. Nesse sentido, a alínea "d" encontra-se, a nosso ver, tacitamente revogada com base no artigo 105, I, desse enunciado normativo.

Art. 809 - Nos conflitos de jurisdição entre as Juntas e os Juízos de Direito observar-se-á o seguinte:

Em vez de lermos "juntas" devemos ler "varas do trabalho".

I - o juiz ou presidente mandará extrair dos autos as provas do conflito e, com a sua informação, remeterá o processo assim formado, no mais breve prazo possível, ao Presidente do Tribunal Regional competente;

Quando suscita conflito de jurisdição precisa fazer prova das alegações e remetê-las para o julgador, que às receberá junto aos documentos necessários para o julgamento. Os autos principais permanecem em primeiro grau, onde, após a julgamento do conflito, serão processados e julgados. O julgador poderá pedir mais provas e esclarecimentos antes de proferir sua decisão. Após o recebimento do conflito, é feita a intimação do MPT, que falará nos autos por meio de manifestações e pareceres. Ato contínuo, os autos são encaminhados a primeira sessão de julgamento, observando a ordem de apreciação.

II - no Tribunal Regional, logo que der entrada o processo, o presidente determinará a distribuição do feito, podendo o relator ordenar imediatamente às Juntas e aos Juízos, nos casos de conflito positivo, que sobrestejam o andamento dos respectivos processos, e solicitar, ao mesmo tempo, quaisquer informações que julgue convenientes. Seguidamente, será ouvida a Procuradoria, após o que o relator submeterá o feito a julgamento na primeira sessão;

Ao invés de lermos "Juntas", devemos ler "Vara" do Trabalho.

III - proferida a decisão, será a mesma comunicada, imediatamente, às autoridades em conflito, prosseguindo no foro julgado competente.

O julgador decidirá sobre o conflito de competência, podendo manter um dos juízes ou até mesmo, remeter os autos para um terceiro magistrado.

Art. 810 - Aos conflitos de jurisdição entre os Tribunais Regionais aplicar-se-ão as normas estabelecidas no artigo anterior.

Independentemente de ser na primeira ou segunda instância à analise e tramitação do conflito de competência será a mesma (vide comentários anteriores).

Art. 811 - Nos conflitos suscitados na Justiça do Trabalho entre as autoridades desta e os órgãos da Justiça Ordinária, o processo do conflito, formado de acordo com o inciso I do art. 809, será remetido diretamente o presidente do Supremo Tribunal Federal.

O competente para resolver esse conflito seria o STJ daquela região, envolvendo juízes de direito não investidos da jurisdição trabalhista e juízes do trabalho. Quando se trata de juízes do trabalho e juízes de direito investidos pela jurisdição trabalhista, o TRT, é o responsável para julgar o conflito de jurisdição.

Art. 812 - A ordem processual dos conflitos de jurisdição entre as Câmaras do Tribunal Superior do Trabalho será a estabelecida no seu regimento interno.

Por serem componentes internos da justiça do trabalho cada tribunal elege, por meio de seu regimento, a forma de processamento do conflito de competência.

SEÇÃO VIII
DAS AUDIÊNCIAS

Art. 813 - As audiências dos órgãos da Justiça do Trabalho serão públicas e realizar-se-ão na sede do Juízo ou Tribunal em dias úteis previamente fixados, entre 8 (oito) e 18 (dezoito) horas, não podendo ultrapassar 5 (cinco) horas seguidas, salvo quando houver matéria urgente.

As audiências são sessões solenes realizadas com a finalidade de instruir o processo para alcançar a uma solução terminativa da demanda, seja por conciliação - com homologação de um acordo - ou julgamento - com ou sem resolução de mérito.

Devem ser públicas, pois há interesse público, permitindo a qualquer pessoa o acesso aos autos e às audiências.

Entretanto, nas ações que versem sobre proteção ao direito de imagem, privacidade e intimidade - protegidos pela CF em seus art's. 5o, LX, e 93, IX, sejam em ações de qualquer natureza, (cível, criminal, direito do trabalho) deverá ser protegido. Por exemplo, ações que versem sobre direitos e/ou interesse de menores, assédio sexual, que haja quebra de sigilo bancário, etc., poderá, de ofício ou a requerimento das partes, ser atribuído o segredo de justiça, na forma do art. 770 da CLT e art. 189 do CPC/2015. Nestes casos somente as partes intimamente ligadas ao processo e seus patronos poderão ter acesso aos autos e participarem das audiências.

As sessões devem ter duração máxima de 5 horas seguidas, podendo ultrapassar somente em casos urgentes e se sua interrupção trouxer prejuízos às partes. Na prática duram entre 20 e 40 minutos, a depender do rito processual – ordinário, sumário, sumaríssimo – do tipo de audiência que está acontecendo - una, instrução, conciliação ou julgamento

- e das provas a serem produzidas em audiência - depoimento pessoal, oitiva de testemunhas, prova documental, prova pericial e inspeções judiciais – portanto, se for necessário dar continuidade na instrução deverá ser realizada nova audiência para seu prosseguimento.

O correto é que as partes já saiam intimadas para a próxima audiência, porém, na prática, nem sempre é possível devido a demanda jurisdicional e agenda de cada juízo, e nesta impossibilidade, as partes serão novamente intimadas com nova data.

O procedimento de continuar a instrução em outra audiência é bastante comum, nem sempre porque a audiência ultrapassou 5 horas de realização, mas normalmente devido ao pedido de prova pericial, faltas de testemunhas ou qualquer outra impossibilidade corriqueira, queda de energia, sistemas, etc..

Caso haja pedido de prova pericial, tenta-se a conciliação nessa primeira audiência e restando infrutífera se aguarda a realização da perícia e a juntada do laudo aos autos para agendar nova audiência, então na próxima audiência continuará a instrução para analisar o laudo, colher o depoimento pessoal e testemunhal, e então o Juízo deixar o processo em estado para julgamento.

Se o Juízo verificar que a ordem não trará prejuízos as partes ou ao processo, nada impede que os depoimentos sejam colhidos antes do laudo pericial. A parte que requerer a perícia poderá também desistir deste tipo de prova na primeira audiência, para que se realize toda a instrução e torne o processo menos moroso.

Os atos processuais devem ser realizados em dias úteis das 6:00 às 20:00 horas, segundo art.770 CLT, mas as audiências devem ser realizadas entre 8:00 e 18:00 horas, conforme artigo em comento.

Há que se falar ainda da notória relevância da pandemia do COVID-19, repercutindo em todas as áreas de trabalho e na vida de todas as pessoas do mundo. Desta forma, reconhecida pelos órgãos de saúde do Brasil, com início em fevereiro de 2020, trouxe a necessidade de suspensão de audiências e atos processuais, o que a princípio parecia algo momentâneo, acabou por se estender sem qualquer perspectiva de melhora ou retorno efetivo das atividades presenciais. Assim, considerando a importância de retorno das atividades do poder judiciário, que também é essencial ao funcionamento da sociedade, tornou-se necessário a regulamentação de audiências virtuais. Possibilitando meios alternativos para cumprimentos de atos, audiências e principalmente o acesso à justiça. As audiências virtuais ocorrem nos mesmos termos já determinados pela CLT, porém com algumas peculiaridades através das diversas resoluções do CNJ (Conselho Nacional de Justiça) – em especiais as Resoluções 185/2013, 313, 314, 318, 341 e 354/2020 - que na Justiça do Trabalho é regulamentada pelo CSJT (Conselho Superior da Justiça do Trabalho), e ainda disposições e orientações de cada Juízo, conforme a demanda do caso concreto.

Sem esquecermos que com o surgimento de novos fatos e a realidade social nasce a necessidade de novas portarias, resoluções, orientações, regulamentações e legislações especificas, contemporâneas às necessidades.

§ 1° - Em casos especiais, poderá ser designado outro local para a realização das audiências, mediante edital afixado na sede do Juízo ou Tribunal, com a antecedência mínima de 24 (vinte e quatro) horas.

Preferencialmente as audiências devem ocorrer na sede do Juízo ou Tribunal, mas podem ser designadas em local diverso, a exemplo temos as conciliações, que podem ocorrer em outro local que não seja o próprio Juízo, podendo ser presidida por mediadores e conciliadores capacitados pela Justiça do Trabalho.

Mas o § 1° refere-se a casos especiais, ou seja, casos em que houver necessidade de deslocamento das audiências em pauta para outro local. O Juiz possui investidura para realização da audiência em qualquer local, basta estar acompanhado de seus assistentes e secretários e comunicar as partes, seja por intimação - se a mudança ocorrer em tempo hábil para tal - seja por edital fixado na sede do Juízo ou Tribunal com 24 horas de antecedência.

Como podemos observar, o próprio parágrafo em comento, antes mesmo da pandemia, já concedia investidura ao juízo para realização de audiências em local diverso do Tribunal.

A regulamentação das audiências de forma virtual foi extremamente necessária durante a pandemia, a fim de evitar aglomerações, circulação e contato entre pessoas e paralisação dos processos. Ao que tudo indica, a exceção se tornará a regra, sendo usual mesmo após o término dos efeitos da pandemia, posto que demonstrou uma ferramenta essencial para diminuição de tempo, deslocamento, custos e consequentemente aumentando também a celeridade, produtividade, disposição e carga de trabalho.

Então, para as audiências virtuais as partes serão intimadas, não somente com data e hora da realização da audiência, mas com indicação da plataforma para videoconferência (Zoom, Webex, Teams) – a Justiça do Trabalho já definiu o Zoom como plataforma oficial – a intimação conterá ainda link para acesso, ID da reunião e senha, além de outras orientações do entendimento de cada juízo observando o caso concreto.

As orientações mais comuns são de que as partes devem possuir acesso através de celular, tablet ou computador com microfone, câmera, e internet estável; Devem estar munidas de documentos para identificação; Que os participantes não devem se aglomerar no mesmo local ou utilizarem mascarás caso as partes e patronos estejam no mesmo local para a realização da audiência; Que as testemunhas não podem estar no mesmo local e presenciando a realização da audiência sob pena de contaminação de seus depoimentos; E devem as partes comprovar a comunicação, convite e orientações de participação da audiência às testemunhas. Podendo incluir outras orientações/determinações que resguardem as partes, processo e atos.

§ 2º - Sempre que for necessário, poderão ser convocadas audiências extraordinárias, observado o prazo do parágrafo anterior.

Assim como no §1º, é necessário que se respeite o prazo de 24 horas de antecedência também para a convocação de audiências extraordinárias.

Via de regra, as audiências devem ser da modalidade uma (conciliação, instrução e julgamento, na mesma sessão, segundo art. 849 CLT), mas devido à grande demanda, alguns juízos precisam fracioná-las em até três audiências, ou mais, realizando em dias diferentes a conciliação, instrução e julgamento. Essa divisão não retira o caráter ordinário destas, pois são aquelas já previstas dentro de seu procedimento. Observar-se-á ainda, o prazo mínimo de 5 dias entre o recebimento da notificação inicial e a data da audiência conforme art. 841 CLT, possibilitando assim a apresentação de defesa e programação das partes e patronos para participação em audiência.

As audiências extraordinárias, são as audiências necessárias além das ordinárias previstas pelo procedimento. A exemplo quando o Julgador precisa de algum esclarecimento a respeito de algum ponto controvertido, convocando outra audiência, além das que já ocorreriam de praxe, antes de julgar a demanda ou muitas vezes para a ratificação de acordo já protocolado nos autos, em que o juízo pretende ratificar os seus termos, verificar a concordância das partes e homologar o acordo.

Art. 814 - Às audiências deverão estar presentes, comparecendo com a necessária antecedência os escrivães ou secretários.

Os escrivães e secretários são essenciais para o decorrer

da audiência, estes fazem toda a assistência ao Juízo. Dentre suas tarefas estabelecidas pelo art. 712 CLT, há a necessidade de que os secretários e escrivães confeccionem as respectivas atas de audiências reduzindo todo o ocorrido em sua realização a termo, além de toda organização da pauta, inclusive na realização de audiências virtuais, cumprindo as mesmas funções.

Art. 815 - À hora marcada, o juiz ou presidente declarará aberta a audiência, sendo feita pelo secretário ou escrivão a chamada das partes, testemunhas e demais pessoas que devam comparecer.

Na hora agendada para a audiência presencial se apregoam as partes, ato em que consiste chamar as partes para dar início e declarar aberta a audiência.

Participam da audiência o Juiz, que presidirá a audiência, os escrivães e secretários que o darão assistência com as tarefas secundárias de organização, e as partes, que consiste em autor e réu – reclamante e reclamado, na justiça do trabalho - e seus patronos.

Conforme prescreve o art. 844 da CLT, na ausência do reclamante o processo será arquivado, enquanto que a ausência do reclamado importa na revelia, sendo considerados verdadeiros os fatos alegados pelo reclamante.

Ao entrar na sala de audiência o reclamante se senta à esquerda do Juiz, ao lado esquerdo de seu patrono, que sentará na primeira cadeira mais próximo ao Juiz, enquanto que o reclamado, normalmente representado por seu preposto, senta-se a direita do Juiz, também ao lado de seu patrono, à direita deste.

As partes são qualificadas e há a primeira tentativa de conciliação, que, se rejeitada, o juiz do trabalho deverá então receber a defesa - que abrange três espécies: exceções, contestação, reconvenção - o réu poderá se utilizar de todas elas, se necessário.

Após, se dá início aos depoimentos das partes, iniciando pelo reclamante, sendo o reclamado retirado da sala. O juiz fará suas perguntas e abre para perguntas ao advogado opositor. Todas as perguntas são direcionadas ao Juiz, que por sua vez, ao deferi-las – já que pode também as indeferir - fará o questionamento ao depoente.

Com o fim do depoimento do reclamante, retornará a reclamada a sala para de depor, repetindo este processo de oitiva, entretanto poderá permanecer na sala a parte que já foi ouvida, posto que não prejudicará o depoimento já colhido.

Aquele que estiver depondo, senta-se sempre à frente do secretário ou escrivão, para que possa ouvi-lo melhor e reduzir a termo sua declaração.

As testemunhas devem permanecer ao lado de fora da sala de audiência até que sejam chamadas, da mesma forma o depoimento de uma testemunha não poderá ser ouvido pelas demais que ainda irão depor, para que seu depoimento não seja contaminado ou contraditado por falta de isenção em seu testemunho, na forma do art. 829 CLT. Assim, não podem assistir integralmente a audiência, e nem sair da sala após depoimento, para que não tenham contato com os próximos depoentes, segundo art. 824 CLT. Durante o depoimento das testemunhas, ambos os advogados terão oportunidade de fazer perguntas, sempre através do Juiz.

Não havendo mais provas a serem produzidas, declara-se encerrada a instrução.

Nos levando ao momento das razões finais, que será apresentada em prazo máximo de 10 minutos em audiência para cada parte - art. 850 CLT – podendo o advogado fazê-la de forma remissivas (quando se reitera os termos iniciais ou contestatório, remetendo-a aqueles mesmos fundamentos) e não havendo impedimento ainda para que seja concedido prazo para apresentação das razões finais escritas, quando o advogado fará uma nova peça no tempo determinado resumindo o processo e apontando suas melhores provas.

Na sequência haverá nova tentativa de conciliação, que restando infrutífera, julga-se de imediato ou designa-se audiência de julgamento. Nas audiências designadas apenas para julgamento não é necessário o comparecimento das partes.

Nesta mesma ordem cronológica também ocorre nas audiências virtuais, sendo que, na data e hora agendada para a realização todas as partes (incluindo testemunhas, terceiros, etc) já devem estar presentes acessando ao link informado pelo juízo na intimação, logadas na plataforma com ID e senha da reunião, e permanecer aguardando até que todos os presentes sejam devidamente identificados. Aqueles que não podem acompanhar a audiência (como testemunhas), são colocados em espera, sem acesso simultâneo à reunião virtual, até que chegue o momento de colher seus depoimentos. O que também ocorre com o reclamado na ocasião de oitiva do reclamante. Havendo qualquer impossibilidade técnica, ou falta de testemunha convidada (de forma comprovada), ou outros fatores, a audiência virtual poderá ser redesignada.

Parágrafo único - Se, até 15 (quinze) minutos após a hora marcada, o juiz ou presidente não houver comparecido, os presentes poderão retirar-se, devendo o ocorrido constar do livro de registro das audiências.

Conforme a OJ n.º 245 da SBDI-1 do TST, não existe previsão legal de tolerância ao atraso das partes no horário da audiência. A tolerância tratada no parágrafo único se refere ao atraso do magistrado ao local da realização da audiência, que não estando presente na hora marcada para a sessão deverá ser aguardado pelas partes por até 15 minutos. Se transcorrido o prazo, as partes podem comparecer à secretaria e constar no registro de audiência a ausência do magistrado, podendo assim retirar-se do local, assegurados de que não haverá nenhuma penalidade como arquivamento ou revelia.

O que não se aplica quando o Juiz está no local conduzindo outras audiências que se alongam e atrasam toda pauta. Importante ressaltar que as audiências virtuais também podem atrasar, serem canceladas, remarcadas ou divididas em diversas etapas, de modo que o atraso prolongado, havendo comprovação pelos participantes na impossibilidade de permanecer aguardando a realização do ato, deve ser comprovado nos autos solicitando sua redesignação.

Art. 816 - O juiz ou presidente manterá a ordem nas audiências, podendo mandar retirar do recinto os assistentes que a perturbarem.

As audiências são públicas como já bem dito, portanto, qualquer pessoa poderá assisti-las durante sua realização sem que haja oposição, desde que não haja segredo de justiça, e que não sejam testemunhas. Entretanto aqueles que causarem tumultos, sejam espectadores ou participantes poderá ser retirado do recinto, no último caso deverá constar no termo de audiência o ocorrido. Da mesma maneira, as audiências de modo virtual também estão sujeitas à ordem, sendo que o juízo poderá silenciar e colocar a qualquer momento as partes em modo de espera, retirando-os da reunião se necessário.

Art. 817 - O registro das audiências será feito em livro próprio, constando de cada registro os processos apreciados e a respectiva solução, bem como as ocorrências eventuais.

Tudo que ocorrer durante a audiência presencial ou virtual deverá ser reduzido a termo. Antigamente havia a necessidade de impressão do termo e assinatura pelos participantes da audiência. Atualmente, com a implementação do

PJe, a maior parte dos Juízos e Tribunais contam com sistema que permite a visualização pelo patrono enquanto o secretario confecciona o termo, isso ocorre inclusive nas audiências virtuais, em que as partes na reunião virtual têm acesso simultâneo à confecção da ata de audiência pelos escrivães e secretários. Assim, podendo ser lido em tempo real pelas partes e opor protesto a qualquer momento em que houver discordância em seu preenchimento. Após sua confecção, a ata ou termo de audiência é assinada digitalmente pelo Juiz, ficando disponível no sistema eletrônico do Tribunal.

O novo CPC nos trouxe o art. 196 que estabelece que o CNJ e supletivamente os tribunais regulamentarão a prática e a comunicação oficial de atos processuais por meio eletrônico, assim como a resolução 185/2013 do CNJ.

Parágrafo único - Do registro das audiências poderão ser fornecidas certidões às pessoas que o requererem.

Levando-se em conta que com os autos digitais tudo fica disponível via sistema, os próprios interessados podem ter acesso quando necessário. Não mais tão usual, mas ainda possível, a certidão ainda é instrumento que permite aos interessados - sejam partes ou terceiros - que obtenham certidão do registro de audiências na secretaria do Juízo ou disponibilizadas pelo site do respectivo Tribunal, do que for público ou descaracterizado de sigilo ou restrito.

SEÇÃO IX
DAS PROVAS

Art. 818 - O ônus da prova incumbe:

I - ao reclamante, quanto ao fato constitutivo de seu direito;

II - ao reclamado, quanto à existência de fato impeditivo, modificativo ou extintivo do direito do reclamante.

§ 1º - Nos casos previstos em lei ou diante de peculiaridades da causa relacionadas à impossibilidade ou à excessiva dificuldade de cumprir o encargo nos termos deste artigo ou à maior facilidade de obtenção da prova do fato contrário, poderá o juízo atribuir o ônus da prova de modo diverso, desde que o faça por decisão fundamentada, caso em que deverá dar à parte a oportunidade de se desincumbir do ônus que lhe foi atribuído.

§ 2º - A decisão referida no § 1º deste artigo deverá ser proferida antes da abertura da instrução e, a requerimento da parte, implicará o adiamento da audiência e possibilitará provar os fatos por qualquer meio em direito admitido.

§ 3º - A decisão referida no § 1º deste artigo não pode gerar situação em que a desincumbência do encargo pela parte seja impossível ou excessivamente difícil.

As provas são os meios pelos quais se levam a dar conhecimento de determinados fatos, visando a formação da convicção. A cada litigante incumbe o ônus de comprovar os fatos alegados, em regra, na sua primeira manifestação no processo. O art. 818 trata especificamente desta atribuição, estabelecendo uma ligação inexorável com o art. 373 do NCPC. O novo texto, além de atribuir a cada parte seu ônus de provar, ainda disserta acerca do chamado "ônus dinâmico da prova", no qual o juiz, a depender das peculiaridades do caso ou da lei, pode atribuir o ônus a pessoa diversa. No entanto, esta decisão deve ser fundamentada, antes do início da instrução, possibilitando à parte que se desincumba adequadamente, podendo até adiar o feito. O texto ainda proíbe a distribuição do ônus, para os casos de se realizar provas impossíveis ou excessivamente difíceis.

Art. 819 - O depoimento das partes e testemunhas que não souberem falar a língua nacional será feito por meio de intérprete nomeado pelo juiz ou presidente.

§ 1º - Proceder-se-á da forma indicada neste artigo, quando se tratar de surdo-mudo, ou de mudo que não saiba escrever.

§ 2º - As despesas decorrentes do disposto neste artigo correrão por conta da parte sucumbente, salvo se beneficiária de justiça gratuita.

O depoimento é um meio de prova pelo qual se faz a oitiva das partes, de ofício pelo juízo ou a requerimento da parte adversa, e das suas testemunhas, com o objetivo de se esclarecer fatos que estão sendo aventados no processo. O art. 819 e seus parágrafos contemplam a obrigação de se nomear um intérprete, nomeado pelo juiz da causa, nas situações em que a partes ou a testemunha desconheçam o idioma nacional, sejam surdas-mudas, e aquelas que com deficiência física na fala, não saibam escrever. O parágrafo segundo impõe que as despesas desta nomeação serão arcadas pela parte sucumbente no objeto desta prova, excetuando-se àqueles beneficiários da gratuidade da justiça.

Art. 820 - As partes e testemunhas serão inquiridas pelo juiz ou presidente, podendo ser reinquiridas, por seu intermédio, a requerimento dos vogais, das partes, seus representantes ou advogados.

O interrogatório das partes ocorre a cargo do juiz que preside a audiência, podendo este de ofício requerê-lo, sendo também admitido às partes que requeiram o depoimento uma da outra. Mesmo que requerido pelas partes é o juiz quem conduz e direciona dos depoimentos, fazendo suas próprias indagações ou repassando as perguntas das partes, sempre objetivando o esclarecimento e a formação de seu convencimento do acerca dos fatos que compõem a lide. Ainda que essencial ao processo, o depoimento da parte ou da testemunha pode ser indeferido pelo magistrado, em decisão devidamente fundamentada.

Todo e qualquer depoimento é documentado, seja por digitação, taquigrafia, estenopatia ou outro meio capaz de gravar o ato.

Art. 821 - Cada uma das partes não poderá indicar mais de 3 (três) testemunhas, salvo quando se tratar de inquérito, caso em que esse número poderá ser elevado a 6 (seis).

O testemunho consiste na prova produzida por meio do depoimento de pessoa distinta às partes do processo, ou seja, daquelas que não integrem o processo e dele não tem ligação, visto que a prova testemunhal deve ser o mais imparcial possível. O depoimento da testemunha é dirigido pelo juiz que preside a audiência, cabendo às partes e seus advogados inquerirem a testemunha, com perguntas que são direcionadas ao magistrado.

Conforme dispõe o dispositivo legal, a cada parte é admitido indicar até 3 (três) testemunhas no processo, para comprovar os fatos por ela alegados. Essas testemunham precisam ser, necessariamente, pessoa físicas, sendo defeso que elas tenham quaisquer dos atributos elencados nos parágrafos 1°, 2° e 3° do art. 477 do NCPC, quais sejam as testemunhas incapazes, impedidas ou suspeitas. Todavia, os parágrafos 4° e 5° do mesmo artigo dispõem hipóteses nas quais o juiz pode admitir o depoimento das testemunhas incapazes, impedidas ou suspeitas, ocasião na qual serão ouvidas independentemente de prestar compromisso.

Nos casos de apuração de inquérito judicial para apuração de falta grave, a lei dispõe que poderão ser indicadas até no máximo 6 (seis) testemunhas, e, por oportuno, nas ações que tramitam no procedimento sumaríssimo, são permitidas até no máximo 2 (duas) testemunhas à cada parte (§ 2° do Art. 852-H da CLT).

Art. 822 - As testemunhas não poderão sofrer qualquer desconto pelas faltas ao serviço, ocasionadas pelo seu comparecimento para depor, quando devidamente arroladas ou convocadas.

Art. 823 - Se a testemunha for funcionário civil ou militar, e tiver de depor em hora de serviço, será requisitada ao chefe da repartição para comparecer à audiência marcada.

Estes artigos privilegiam o serviço público a qual estão prestando as testemunhas, no momento que são levadas a juízo para esclarecimento e busca da verdade. Em virtude disso, o Estado deve prover os meios necessários para garantir que os indivíduos que se apresentam a prestar o *múnus* público não sofram qualquer prejuízo em suas obrigações e deveres habituais.

Neste interim, o art. 822 disserta que as testemunhas não sofrerão nenhum desconto pelas horas que estiverem efetivamente à disposição da Justiça, por exemplo, quando comparecerem em audiências, mesmo que seus testemunhos não sejam tomados.

Por sua vez, o art. 823 da norma trabalhista prevê que o servidos público, seja civil ou militar, deverá ser requisitado através de seu superior. Isto se dá também por o servidor estar dispondo de seu tempo para prestação de serviço público diverso, mas, todavia, também igualmente essencial.

Art. 824 - O juiz ou presidente providenciará para que o depoimento de uma testemunha não seja ouvido pelas demais que tenham de depor no processo.

Evitando que o depoimento de uma testemunha interfira no de outra, este dispositivo legal veda que as testemunhas acompanhem a oitiva das demais. Nesses casos, deve o magistrado tomar todas as providências cabíveis para que as testemunhas prestem seus depoimentos separadamente.

Art. 825 - As testemunhas comparecerão a audiência independentemente de notificação ou intimação.

Parágrafo único - As que não comparecerem serão intimadas, ex officio ou a requerimento da parte, ficando sujeitas a condução coercitiva, além das penalidades do art. 730, caso, sem motivo justificado, não atendam à intimação.

A CLT expressamente não exige apresentação prévia de rol de testemunhas, presumindo-se que comparecerão a convite das partes, independentemente de intimação. Isto é corolário do princípio processual trabalhista da concentração dos atos processuais, segundo o qual vaticina que todos os atos procedimentais (instrução, julgamento) devem ser realizados em uma única sessão. Daí porque os depoimentos, partes e suas testemunhas, devem ser tomadas na mesma audiência, sob pena de se ocasionar eventual nulidade.

Porém, como prevê o artigo em comento, não comparecendo a testemunha previamente convidada, assim, tão somente, se permite o adiamento do feito e a intimação da testemunha, de oficio ou a requerimento das partes; em se repetindo a ausência, após devidamente intimada, a testemunha poderá ser conduzida coercitivamente para prestar seu testemunho.

Este ponto em especial, a da possibilidade de adiamento do feito por ausência de testemunhas, tem sido bastante controvertido, pois, muitas das vezes, o juiz impõe condições que não encontram respaldo expresso na lei, podendo trazer algum prejuízo processual à parte. É muito comum a exigência de apresentação de rol prévio para que se requeira o adiamento da audiência. Este ponto ainda não encontrou uma solução na jurisprudência.

Art. 826 - É facultado a cada uma das partes apresentar um perito ou técnico.

Há determinados fatos que necessitam de conhecimento técnico ou científico para que sua comprovação ou não seja realizda no processo. Em tais casos, deverá ser designado um perito, nomeado pelo próprio juízo, que, a partir de então, passará a ser considerado um auxiliar da justiça, como assevera o art. 156 do NCPC.

Nesta esteira, o dispositivo comentado teve seu conteúdo revogado tacitamente pelo art. 3º e seu parágrafo único da lei 5.584/1970, uma vez que cabe apenas ao juiz nomear o perito para elaboração da prova técnica, cabendo às partes, eventualmente, indicarem seus assistentes para acompanharem a perícia.

Art. 827 - O juiz ou presidente poderá arguir os peritos compromissados ou os técnicos, e rubricará, para ser junto ao processo, o laudo que os primeiros tiverem apresentado.

Assim como as testemunhas, o perito de confiança e designado pelo juiz também tem o dever de prestar compromisso no processo, recaindo sobre ele os mesmo impedimentos e suspeições, podendo eles serem alvo de exceção de suspeição ou impedimento. Isto se dá, da mesma forma que das testemunhas, em decorrência do serviço público que é prestado pelo *expert* para o Poder Judiciário. Vale lembrar a ressalva de que os assistentes técnicos das partes não prestam compromisso e, portanto, não recai sobre eles as mesmas causas de impedimento e suspeição.

Art. 828 - Toda testemunha, antes de prestar o compromisso legal, será qualificada, indicando o nome, nacionalidade, profissão, idade, residência, e, quando empregada, o tempo de serviço prestado ao empregador, ficando sujeita, em caso de falsidade, às leis penais.

Parágrafo único - Os depoimentos das testemunhas serão resumidos, por ocasião da audiência, pelo secretário da Junta ou funcionário para esse fim designado, devendo a súmula ser assinada pelo Presidente do Tribunal e pelos depoentes.

O já abordado compromisso legal que a testemunha prestará no processo vem acompanhado de sua qualificação, na qual o juízo relatará integralmente seu nome, nacionalidade, profissão, idade, domicilio e demais informações que sejam importantes para o depoimento. Estas informações também estão sujeitas ao compromisso prestado, e, uma vez que caracterizada qualquer falsidade ou mentira, a testemunha estará sujeita à apuração de eventual crime de falsidade.

A identificação da testemunha é importante, pois tão logo o ato é realizado, a parte adversa tem a oportunidade de contradita-la, alegando quaisquer umas das causas de impedimento e suspeição do art. 447 do NCPC. O momento para apresentar a contradição inicia-se assim que a testemunha for qualificada e termina assim que presta o compromisso de falar a verdade no processo.

Por sua vez, o parágrafo único do art. 828 disserta que os depoimentos das testemunhas serão sempre tomados a termo pelo servidor auxiliar do juiz presidente da audiência, documento no qual tem a obrigação de descrever fielmente todos o quanto deposto e acontecimentos do ato. No fim, a ata da audiência deverá ser assinada pelo juiz e depoentes.

Art. 829 - A testemunha que for parente até o terceiro grau civil, amigo íntimo ou inimigo de qualquer das partes, não prestará compromisso, e seu depoimento valerá como simples informação.

São vedados os depoimentos de testemunhas incapazes, impedidas ou suspeitas. Todavia, a despeito do permissivo do parágrafo único do art. 228 do Código Civil, também a CLT traz no artigo em comento a possibilidade do juiz realizar a oitiva de testemunha que não poderia prestar depoimento por uma dessas causas, cabendo ao próprio juízo atribuir a valoração da prova de acordo com o contexto processual e seu convencimento.

Isto pode acontecer naquelas situações em que apenas a testemunha impedida ou suspeita conheça a verdade dos fatos, razão pela qual o magistrado poderá ouvi-la na condição de informante. Em tais circunstâncias, o juiz não determinará que o depoente preste compromisso.

Vale destacar que é utilizada uma interpretação sistêmica do art. 829 da CLT conjuntamente com o §5° do art. 447 do NCPC, uma extensão, permitindo o depoimento de informante também aos demais parentes de linha reta, colaterais ou por afinidade, tutores, representantes de pessoa jurídicas e etc.

Art. 830 - O documento em cópia oferecido para prova poderá ser declarado autêntico pelo próprio advogado, sob sua responsabilidade pessoal.

Parágrafo único - Impugnada a autenticidade da cópia, a parte que a produziu será intimada para apresentar cópias devidamente autenticadas ou o original, cabendo ao serventuário competente proceder à conferência e certificar a conformidade entre esses documentos.

Todo e qualquer documento pode ser juntado tão logo surja a primeira oportunidade do autor (petição inicial) e réu (contestação) se manifestarem no processo, ressalvadas as exceções do parágrafo único do art. 435 do CPC.

Neste ponto, o art. 830 da CLT exigia que todos os documentos fossem declarados verdadeiros e autênticos pelo advogado que os juntar, sob sua responsabilidade pessoal. Porém, esta regra foi flexibilizada pela OJ 36 da SBDI-1 do TST, no qual atribuiu uma presunção relativa de veracidade do documento juntado, podendo esta, no entanto, ser elidida quando houver impugnação ao seu conteúdo, na forma dos §§ 1° e 2° do art. 425 do NCPC.

SEÇÃO X
DA DECISÃO E SUA EFICÁCIA

Desde a promulgação da Constituição de 1988, vemos que o trabalhador tem tido mais acesso a informações acerca dos seus direitos, por este motivo, vemos nos últimos anos um número maior de ações trabalhistas propostas nos Tribunais do Trabalho.

Ao ingressar com uma reclamação trabalhista, na maioria das vezes há acordo entre as partes, caso este seja infrutífero, será prolatada sentença pelo magistrado.

Esta Seção da CLT traz a forma como uma decisão deve ser proferida, tratando dos efeitos e da sua eficácia na esfera trabalhista. Traz ainda, as fases e momentos oportunos de uma conciliação, e caso esta ocorra, os efeitos que ela produz.

Outra instrução repassada nesta seção está relacionada a decisão propriamente dita, ou seja, como ela deve ser apreciada, fundamentada e concluída; apresenta formas de como proceder no caso de erro material na prolação da sentença; trata da publicação e intimação das partes na sentença e versa sobre a forma de como proceder no cumprimento de um acordo ou decisão.

Por fim, traz casos em que o trânsito em julgado não impedirá a impugnação pelas partes, através de Ação Rescisória, devendo sua execução ocorrer nos próprios autos da ação que lhe deu origem.

Art. 831 - A decisão será proferida depois de rejeitada pelas partes a proposta de conciliação.

Parágrafo único - No caso de conciliação, o termo que for lavrado valerá como decisão irrecorrível, salvo para a

Previdência Social quanto às contribuições que lhe forem devidas.

O artigo 846, *caput* da CLT, informa que aberta a audiência será proposta conciliação. Dessa forma, vemos que a solução de um conflito pode se dar com uma simples conciliação, que pode ser obtida no início ou no final da audiência (Art. 850, CLT), pondo fim a lide. Tal decisão torna-se irrecorrível depois de lavrado o termo, ou seja, não poderá a homologação ser impugnada mediante recurso. Exceto, por ação rescisória (Súmula 259 do TST). Contudo, não havendo concordância entre as partes quanto a resolução do caso, esta ficará a cargo do magistrado que proferirá uma decisão.

Art. 832 - Da decisão deverão constar o nome das partes, o resumo do pedido e da defesa, a apreciação das provas, os fundamentos da decisão e a respectiva conclusão.

§ 1° - Quando a decisão concluir pela procedência do pedido, determinará o prazo e as condições para o seu cumprimento.

§ 2° - A decisão mencionará sempre as custas que devam ser pagas pela parte vencida.

§ 3° - As decisões cognitivas ou homologatórias deverão sempre indicar a natureza jurídica das parcelas constantes da condenação ou do acordo homologado, inclusive o limite de responsabilidade de cada parte pelo recolhimento da contribuição previdenciária, se for o caso.

§ 4° - A União será intimada das decisões homologatórias de acordos que contenham parcela indenizatória, na forma do art. 20 da Lei n.° 11.033 de 21 de dezembro de 2004, facultada a interposição de recurso relativo aos tributos que lhe forem devidos.

§ 5º - Intimada da sentença, a União poderá interpor recurso relativo à discriminação de que trata o § 3º deste artigo.

§ 6º - O acordo celebrado após o trânsito em julgado da sentença ou após a elaboração dos cálculos de liquidação de sentença não prejudicará os créditos da União.

§ 7º - O Ministro de Estado da Fazenda poderá, mediante ato fundamentado, dispensara manifestação da União nas decisões homologatórias de acordos em que o montante da parcela indenizatória envolvida ocasionar perda de escala decorrente da atuação do órgão jurídico.

A Sentença é uma resposta do Poder Judiciário aos pedidos que são postulados pelas partes. E engloba: Relatório, Fundamentação e Conclusão. Quando o pedido for procedente, deverá este ser líquido, ou seja, a condenação deve relatar quantia certa e determinada, devendo ser citada as custas que deverão ser pagas pela parte vencida.

Segundo o § 3 do artigo citado, as decisões poderão ser cognitivas ou homologatórias. Na primeira o juiz forma juízo de valor para decidir conforme os pressupostos autorizadores do julgamento de mérito e também sobre as pretensões apresentadas no processo, sempre direcionado pela valoração e análise das provas e alegações produzidas pela parte. Já na segunda ocorre quando as partes acordam entre si e levam ao juiz para a homologação. Contudo, independentemente de ser uma ou outra, estas devem discriminar a natureza jurídica das parcelas, seja no acordo ou na condenação. Devendo ainda constar, se for o caso, a responsabilidade da parte pelo recolhimento das contribuições previdenciárias.

Pela redação dada ao §4 do art. 832, a União só será intimada da sentença homologatória de acordo de parcelas indenizatórias. Portanto, se o acordo contiver apenas parcelas de natureza salarial, a União não será intimada, pois não terá interesse em recorrer, em razão de que a contribuição previdenciária incidirá sobre a total. No que concerne às parcelas indenizatórias, poderá interpor recurso ordinário, uma vez que a questão não está na execução. Existe uma exceção, se o acordo for homologado na fase de execução, sendo o recurso cabível o agravo de petição (art. 897, § 8º, da CLT).

A União ao ser intimada da sentença não concordar com o acordo firmado, poderá interpor recurso. Podendo o acordo ser celebrado em qualquer tempo do processo, ou seja, independe se a conciliação foi realizada antes ou depois do trânsito em julgado, ou até mesmo na fase de execução, não podendo se falar de prejuízo dos créditos da União. (art. 764, § 3º, da CLT).

Por fim, depois da análise do caso concreto, há a possibilidade fundamentada da dispensa de manifestação dos procuradores da União nas decisões homologatórias de acordos em que o montante da parcela indenizatória envolvida ocasionar perda de escala decorrente da atuação do órgão jurídico.

Art. 833 - Existindo na decisão evidentes erros ou enganos de escrita, de datilografia ou de cálculo, poderão os mesmos, antes da execução, ser corrigidos, *ex officio*, ou a requerimento dos interessados ou da Procuradoria da Justiça do Trabalho.

As sentenças são rodeadas de vários critérios para sua prolação. De acordo com o art. 833, o erro material poderá ser corrigido de ofício pelo julgador ou por requerimento de qualquer das partes ou da Procuradoria da Justiça do Trabalho. Isso quer dizer que, a correção não poderá ser quanto ao conteúdo do julgado, pois nesse caso, não se trataria de erro material, sendo necessário a interposição de recurso. O erro material trata-se da digitação, cálculo ou grafia. Assim também versa o artigo 463, I do CPC, onde diz que: “publicada a sentença, o juiz poderá alterá-la para lhe corrigir de ofício ou a requerimento da parte, inexatidões materiais, ou lhe retificar erros de cálculos”

Art. 834 - Salvo nos casos previstos nesta Consolidação, a publicação das decisões e sua notificação aos litigantes, ou a seus patronos, consideram-se realizadas nas próprias audiências em que forem as mesmas proferidas

A regra é que a sentença será proferida nas audiências (art 849 e 852 da CLT), no entanto, haverá hipóteses de ser proferida posteriormente.

No Âmbito da Justiça do trabalho, como é estabelecido como regra a audiência una, as vezes ocorre da sentença ser prolatada na própria audiência. Nesse caso as partes já sairiam intimadas da decisão. Contudo, quando ocorrer de constar da ata de audiência a data do julgamento e que a intimação será realizada na forma da Súmula 197 do TST, não haverá publicação da sentença. Nesse caso, as partes foram intimadas da data do julgamento e cientificadas que a intimação da sentença se fará no dia em que o processo for julgado, por consequência na data que constou em ata de audiência como a data do julgamento. Isso ocorre independente da parte ter ou não tomado conhecimento da sentença. Portanto o prazo do recurso começa a fluir desde então, e se o recurso não seguir esse prazo, será considerado intempestivo.

A Súmula 30 do TST, informa que: "Quando não juntada a ata ao processo em 48 horas, contadas da audiência de julgamento (CLT, art. 851, § 2º), o prazo para recurso será contado da data em que a parte receber a intimação da sentença".

Art. 835 - O cumprimento do acordo ou da decisão far-se-á no prazo e condições estabelecidas.

O art. 832, § 1º também trata do assunto referente neste artigo, o mesmo informa que a decisão que concluir pela procedência do pedido, determinará o prazo e as condições para o seu cumprimento. Portanto, havendo acordo ou a sentença determinar a procedência do pedido, deve haver a estipulação do prazo e as condições para o cumprimento do mesmo. E se o devedor não cumprir com sua obrigação, constituirá mora. (Art. 394 do CC).

Art. 836 - É vedado aos órgãos da Justiça do Trabalho conhecer de questões já decididas, excetuados os casos expressamente previstos neste Título e a ação rescisória, que será admitida na forma do disposto no Capítulo IV do Título IX da Lei n.º 5.869, de 11 de janeiro de 1973 – Código de Processo Civil, sujeita ao depósito prévio de 20% (vinte por cento) do valor da causa, salvo prova de miserabilidade jurídica do autor.

Parágrafo único - A execução da decisão proferida em ação rescisória far-se-á nos próprios autos da ação que lhe deu origem, e será instruída com o acórdão da rescisória e a respectiva certidão de trânsito em julgado.

A coisa julgada é mencionada no art. 5º, XXXVI da Constituição Federal. Havendo a coisa julgada, não admite-se a interposição de recurso, tornando-se irrecorrível. No entanto, o art. 836, *caput*, diz que existirá casos em que o trânsito em julgado não impedirá a impugnação pelas partes. A ação rescisória é uma dessas ações excetuadas, que tem como objetivo desfazer os efeitos de sentença já transitada em julgado, tendo em vista vício existente que a torne anulável.

Nos termos do art. 504 do CPC, aplicado subsidiariamente ao processo do trabalho. Não fazem coisa julgada "os motivos, ainda que importantes para determinar o alcance da parte dispositiva da sentença" e "a verdade dos fatos, estabelecida como fundamento da sentença". Dessa forma, somente o dispositivo, ou seja, a decisão faz coisa julgada.

As hipóteses de cabimento da ação rescisória são elencadas no art. 966 do CPC, sendo taxativas. Com relação ao prazo, esta poderá ser proposta em até dois anos, contados da decisão de trânsito em julgado. Não podendo ser revista, extinguindo-se o direito a rescisão da ação. Segundo a Súmula 100 do TST, o prazo de decadência, na ação rescisória, conta-se do dia imediatamente subsequente ao trânsito em julgado da última decisão proferida na causa, seja de mérito ou não. Contudo, importante frisar que para interposição dessa ação, a mesma se sujeita ao depósito prévio de 20% (vinte por cento) do valor da causa, salvo prova de miserabilidade jurídica do autor.

A Súmula 192 do TST diz que a ação que visa rescindir a decisão de mérito é do Tribunal Regional do Trabalho, no entanto, será de competência do TST no caso de se tratar de acórdão rescindendo que julga o mérito do recurso de Embargos ou de revista.

Se a sentença impugnada for julgada procedente, em algumas vezes volta ao estado anterior, dependendo do caso, ou ainda, pode ocorrer de uma nova decisão ser prolatada, com um novo julgamento da causa.

Mesmo proposta a ação rescisória, nada impede o início da execução em discussão, ou suspenção da execução que já foi iniciada. No entanto, poderá ser aplicada a Súmula 405 do TST, ou seja, em face do que dispõe a MP 1.984-22/00 e reedições e o artigo 273, § 7º, do CPC, é cabível o pedido liminar formulado na petição inicial de ação rescisória ou na fase recursal, visando a suspender a execução da decisão rescindenda.

Por fim, o parágrafo único do art. 836, diz que a decisão proferida em face da ação rescisória será executada nos próprios autos da ação que lhe deu origem, devendo ser instruída com o acórdão da rescisória e a respectiva certidão de trânsito em julgado.

CAPÍTULO III
DOS DISSÍDIOS INDIVIDUAIS

A EC n.º 24, de 09/12/1999, alterou a denominação das Juntas de Conciliação e Julgamento, como órgãos da Justiça do Trabalho, pelas denominações Juízes do Trabalho e Varas do Trabalho e extinguiu a representação classista na Justiça do Trabalho, as quais foram posteriormente preservadas pela EC n.º 45, de 08/12/2004.

SEÇÃO I
DA FORMA DE RECLAMAÇÃO E DA NOTIFICAÇÃO

Art. 837 - Nas localidades em que houver apenas 1 (uma) Junta de Conciliação e Julgamento, ou 1 (um) escrivão do cível, a reclamação será apresentada diretamente à secretaria da Junta, ou ao cartório do Juízo.

As reclamações trabalhistas deverão ser apresentadas diretamente à secretaria da Vara do Trabalho, quando existir apenas uma Vara do Trabalho, ou ao cartório do juízo de direito, quando somente existir um escrivão do cível, sendo que nestes casos, não há necessidade de distribuidor, devendo apenas obedecer a ordem rigorosa de registro, quando da sua apresentação.

Art. 838 - Nas localidades em que houver mais de 1 (uma) Junta ou mais de 1 (um) Juízo, ou escrivão do cível, a reclamação será, preliminarmente, sujeita a distribuição, na forma do disposto no Capítulo II, Seção II, deste Título.

Existindo mais de uma Vara do Trabalho ou mais de um Juízo, ou escrivão do cível, a distribuição das reclamações trabalhistas será, preliminarmente, sujeita a distribuição, conforme disposição contida nos artigos 783 a 788, da CLT, a fim de evitar possíveis favorecimentos durante a distribuição.

Art. 839 - A reclamação poderá ser apresentada:

a) pelos empregados e empregadores, pessoalmente, ou por seus representantes, e pelos sindicatos de classe;

b) por intermédio das Procuradorias Regionais da Justiça do Trabalho.

Na Justiça do Trabalho vigora o instituto do *jus postulandi,* permitindo que a reclamação trabalhista possa ser apresentada pessoalmente pelas partes (empregador ou empregado), sem a necessidade de advogados, bem como por seus representantes, pelos sindicatos de classe ou pelo Ministério Público do Trabalho.

Art. 840 - A reclamação poderá ser escrita ou verbal.

§ 1° - Sendo escrita, a reclamação deverá conter a designação do juízo, a qualificação das partes, a breve exposição dos fatos de que resulte o dissídio, o pedido, que deverá ser certo, determinado e com indicação de seu valor, a data e a assinatura do reclamante ou de seu representante.

§ 2° - Se verbal, a reclamação será reduzida a termo, em duas vias datadas e assinadas pelo escrivão ou secretário, observado, no que couber, o disposto no § 1.° deste artigo.

§ 3° - Os pedidos que não atendam ao disposto no § 1.° deste artigo serão julgados extintos sem resolução do mérito.

O processo do trabalho, assentado no princípio da simplificação, busca oferecer mecanismos céleres de acesso à Justiça do Trabalho, possibilitando que a reclamação seja verbal ou escrita.

A Lei n.° 13.467/2017 alterou os §§ 1° e 2°, bem como acrescentou o § 3°.

No § 1°, substitui-se o termo "Presidente da Junta, ou do juiz de direito" por "juízo", com o intuito de nivelar a hierarquia entre juízes e advogados decorrente do princípio da cooperação, que agora rege o processo civil, além de incluir como requisitos o valor da causa e a determinação do pedido. Assim, a reclamação escrita deverá conter os requisitos expressos no presente parágrafo.

Quanto à forma verbal, prevista no § 2°, a reclamação trabalhista será reduzida a termo, em 02 (duas) vias, as quais serão datadas e assinadas pelo escrivão ou secretário, que a protocolará e a registrará, devendo obedecer, no que couber, aos requisitos da petição escrita.

Novidade da reforma trabalhista, os pedidos serão julgados extintos sem resolução do mérito se não atender o disposto previsto no § 1° deste artigo.

Art. 841. Recebida e protocolada a reclamação, o escrivão ou chefe de secretaria, dentro de 48 (quarenta e oito) horas, remeterá a segunda via da petição, ou do termo, ao reclamado, notificando-o ao mesmo tempo, para comparecer à audiência de julgamento, que será a primeira desimpedida, depois de 5 (cinco) dias.

§ 1º - A notificação será feita em registro postal com franquia. Se o reclamado criar embaraços ao seu recebimento ou não for encontrado, far-se-á a notificação por edital, inserto no jornal oficial ou no que publicar o expediente forense, ou, na falta, afixado na sede da Junta ou Juízo.

§ 2º - O reclamante será notificado no ato da apresentação da reclamação ou na forma do parágrafo anterior.

§ 3º - Oferecida a contestação, ainda que eletronicamente, o reclamante não poderá, sem o consentimento do reclamado, desistir da ação.

O dispositivo legal trata da citação inicial do reclamado, dando-lhe ciência de que contra ele foi proposta uma reclamação trabalhista e que, querendo, possa se defender. A expedição da citação (ou notificação) ocorre, sem prévio despacho do juiz, depois de 48 horas de ajuizada a reclamação, constando, também, para comparecer à audiência de julgamento, que será a primeira desimpedida depois de 05 (cinco) dias.

O registro postal com franquia foi extinto, sendo atualmente utilizado a notificação postal com Aviso de Recebimento (AR) e presume-se realizada quando tenha sido regularmente postada no endereço do reclamado, a quem caberá o ônus da prova de irregularidade da citação, conforme Súmula n.º 16 do TST.

Havendo dificuldade na citação, a mesma será feita por edital, inserto no jornal oficial ou no que publicar o expediente forense, ou, na falta, afixado na sede da Vara.

No momento da apresentação da reclamação trabalhista, o reclamante já poderá ser notificado da audiência de julgamento. Na impossibilidade, será notificado por meio de notificação postal.

A Lei n.º 13.467/2017 acrescentou o § 3º, dispondo que oferecida a contestação, ainda que eletronicamente, o reclamante não poderá, sem o consentimento do reclamado, desistir da ação, adaptando-se as normas processuais civis (art. 485, § 4º, do CPC). No processo do trabalho, a contestação física é apresentada em audiência (arts 844 e 847 da CLT), mas com a adoção do sistema Judicial Eletrônico (PJe), a apresentação da defesa deve ocorrer antes da audiência, devendo permanecer sob sigilo, aguardando seu "desbloqueio" pelo juiz na audiência, caso as partes compareçam.

> Art. 842 - Sendo várias as reclamações e havendo identidade de matéria, poderão ser acumuladas num só processo, se se tratar de empregados da mesma empresa ou estabelecimento.

A acumulação subjetiva de ações, litisconsórcio ativo ou reclamação plúrima, só é lícita se o réu for o mesmo e houver "identidade de matéria". Sobre as custas das ações plúrimas, traz a Súmula n.º 36, do TST: "*Nas ações plúrimas, as custas incidem sobre o respectivo valor global*".

SEÇÃO II
DA AUDIÊNCIA DE JULGAMENTO

Art. 843 - Na audiência de julgamento deverão estar presentes o reclamante e o reclamado, independentemente do comparecimento de seus representantes, salvo nos casos de Reclamatórias Plúrimas ou Ações de Cumprimento, quando os empregados poderão fazer-se representar pelo Sindicato de sua categoria.

§ 1° - É facultado ao empregador fazer-se substituir pelo gerente, ou qualquer outro preposto que tenha conhecimento do fato, e cujas declarações obrigarão o proponente.

§ 2° - Se por doença ou qualquer outro motivo poderoso, devidamente comprovado, não for possível ao empregado comparecer pessoalmente, poderá fazer-se representar por outro empregado que pertença à mesma profissão, ou pelo seu sindicato.

§ 3° - O preposto a que se refere o § 1.° deste artigo não precisa ser empregado da parte reclamada.

O dispositivo legal exige a presença pessoal das partes na audiência, independentemente do comparecimento de seus representantes, visando atender ao princípio da oralidade. Tratando-se de reclamações plúrimas (litisconsórcio ativo) ou ação de cumprimento (ação que tem por objeto o cumprimento de sentença normativa), os trabalhadores poderão ser representados pelo sindicato da respectiva categoria profissional.

A lei excepciona a exigência da presença física do empregador na audiência, podendo o empregador fazer-se representar pelo gerente, ou por qualquer outro preposto que tenha conhecimento do fato, cujas declarações obrigarão o proponente. Inovação da Lei n.º 13.467/2017, qualquer pessoa que tenha conhecimento do fato pode ser preposto e não somente o empregado da parte reclamada, conforme dispunha a Súmula 377 do TST, impactada pela reforma trabalhista.

Há uma exceção legal, quando o reclamante não comparece à audiência por algum motivo, que sendo justificado, terá que fazer prova. Neste caso, poderá ser representado por outro empregado da mesma categoria profissional ou pelo seu sindicato.

Art. 844 - O não comparecimento do reclamante à audiência importa o arquivamento da reclamação, e o não comparecimento do reclamado importa revelia, além de confissão quanto à matéria de fato.

§ 1º - Ocorrendo motivo relevante, poderá o juiz suspender o julgamento, designando nova audiência.

§ 2º - Na hipótese de ausência do reclamante, este será condenado ao pagamento das custas calculadas na forma do art. 789 desta Consolidação, ainda que beneficiário da justiça gratuita, salvo se comprovar, no prazo de quinze dias, que a ausência ocorreu por motivo legalmente justificável.

§ 3º - O pagamento das custas a que se refere o § 2º é condição para a propositura de nova demanda.

§ 4º - A revelia não produz o efeito mencionado no *caput* deste artigo se:

I - havendo pluralidade de reclamados, algum deles contestar a ação;

II - o litígio versar sobre direitos indisponíveis;

III - a petição inicial não estiver acompanhada de instrumento que a lei considere indispensável à prova do ato;

IV - as alegações de fato formuladas pelo reclamante forem inverossímeis ou estiverem em contradição com prova constante dos autos.

§ 5° - Ainda que ausente o reclamado, presente o advogado na audiência, serão aceitos a contestação e os documentos eventualmente apresentados.

O artigo analisa as consequências da ausência do reclamante e do reclamado na audiência. Se ausente o reclamante, ocorrerá o arquivamento do processo. Observe a Súmula n.° 9, do TST: *"A ausência do reclamante, quando adiada a instrução após contestada a ação em audiência, não importa arquivamento do processo"*. Caso ausente o reclamado, importará em revelia, além de confissão quanto à matéria de fato.

A Lei n.° 13.467/2017 renumerou o parágrafo único para § 1° e alterou seu conteúdo, bem como acrescentou os §§ 2° a 5°.

O § 1° manteve a essência do dispositivo antigo, apenas ocorrendo a alteração da expressão "presidente" por "juiz".

A inclusão dos §§ 2° e 3° dispõe sobre o pagamento de custas, no caso de ausência do reclamante à audiência, salvo se comprovar os motivos da ausência, no prazo legal. Ainda que o empregado, parte hipossuficiente e geralmente desempregado, seja beneficiário da justiça gratuita, seria condenado ao pagamento das custas, em caso de ausência.

O procurador-geral da República, Rodrigo Janot, ajuizou no Supremo Tribunal Federal a Ação Direta de Inconstitucionalidade (ADI) n.° 5766, com pedido de liminar, para, entre outras, suspender a eficácia da expressão "ainda que beneficiário da justiça gratuita," contido no § 2°, do art. 844 da CLT, a qual ainda não foi julgada. Por outro lado, alguns Tribunais Regionais, por meio do Pleno, estão declarando a inconstitucionalidade do dispositivo, a exemplo do Tribunal Regional do Trabalho da 3ª Região, o qual editou a Súmula 72, com fundamentação na violação direta e frontal a diversos princípios constitucionais.

A introdução do § 4º, sobre o tema da "revelia" é uma reprodução do art. 345, do CPC e o § 5º dispõe que se o advogado comparecer à audiência, portando a defesa e documentos, mesmo ausente o reclamado, os mesmos serão aceitos, sendo mantida a confissão.

Art. 845 - O reclamante e o reclamado comparecerão à audiência acompanhados das suas testemunhas, apresentando, nessa ocasião, as demais provas.

Vigora no processo do trabalho a concentração dos atos processuais e nesse sentido, o reclamante e o reclamado comparecerão a audiência acompanhado de suas testemunhas, não havendo a necessidade de intimação das mesmas, e também deverão apresentar as demais provas para instrução do processo.

Art. 846 - Aberta a audiência, o juiz ou presidente proporá a conciliação.

§ 1º - Se houver acordo lavrar-se-á termo, assinado pelo presidente e pelos litigantes, consignando-se o prazo e demais condições para seu cumprimento.

§ 2º - Entre as condições a que se refere o parágrafo anterior, poderá ser estabelecida a de ficar a parte que não cumprir o acordo obrigada a satisfazer integralmente o pedido ou pagar uma indenização convencionada, sem prejuízo do cumprimento do acordo.

No início da audiência, o juiz já deve propor as partes a busca de uma solução consensual para o conflito, através da conciliação, sendo uma técnica rápida e eficaz de extinção do processo. Havendo acordo, deverá ser lavrado termo assinado pelo juiz e pelas partes, de modo a consignar-se o prazo e as demais condições de cumprimento.

No acordo, além das condições pactuadas, pode-se estabelecer a de ficar a parte que não cumprir o acordo, obrigada a satisfazer integralmente o pedido ou pagar uma indenização convencionada, sem prejuízo do cumprimento do acordo.

Art. 847 - Não havendo acordo, o reclamado terá vinte minutos para aduzir sua defesa, após a leitura da reclamação, quando esta não for dispensada por ambas as partes.

Parágrafo único - A parte poderá apresentar defesa escrita pelo sistema de processo judicial eletrônico até a audiência.

Não se alcançando o acordo e face aos princípios da oralidade e da concentração dos atos processuais, o reclamado deverá apresentar sua defesa em audiência, verbalmente, no prazo de 20 minutos, após a leitura da reclamação, podendo esta ser dispensada.

A reforma trabalhista permitiu que a parte apresente defesa escrita pelo sistema de processo judicial eletrônico até a audiência, sendo que ante da reforma, a Resolução n.º 185/17 do CSJT já permitia tal prática até a realização da proposta conciliatória infrutífera, facultando a apresentação de defesa oral (art. 22).

Art. 848 - Terminada a defesa, seguir-se-á a instrução do processo, podendo o presidente, ex officio ou a requerimento de qualquer juiz temporário, interrogar os litigantes.

§ 1º - Findo o interrogatório, poderá qualquer dos litigantes retirar-se, prosseguindo a instrução com o seu representante.

§ 2° - Serão, a seguir, ouvidas as testemunhas, os peritos e os técnicos, se houver.

Após a apresentação da defesa, segue-se a instrução processual, podendo o juiz ouvir os litigantes, a seu juízo, quando não há requerimento das partes nesse sentido. Todavia, havendo requerimento, deve o juiz ouvir o sujeito da relação jurídica processual, a fim de evitar cerceamento de defesa.

Terminado o interrogatório, as partes podem, se quiser, retirar-se e prossegue-se a instrução com os seus representantes, sendo em seguida ouvida as testemunhas, os peritos e os técnicos, se houver.

Art. 849 - A audiência de julgamento será contínua; mas, se não for possível, por motivo de força maior, concluí-la no mesmo dia, o juiz ou presidente marcará a sua continuação para a primeira desimpedida, independentemente de nova notificação.

O processo do trabalho prestigia o princípio da concentração dos atos processuais, dispondo que a audiência é considerada una, devendo ser contínua e concluída no mesmo dia. Caso não seja possível concluí-la, no mesmo dia, o juiz designará sua continuação para a primeira desimpedida, independentemente de notificação.

Art. 850 - Terminada a instrução, poderão as partes aduzir razões finais, em prazo não excedente de 10 (dez) minutos para cada uma. Em seguida, o juiz ou presidente renovará a proposta de conciliação, e não se realizando esta, será proferida a decisão.

Parágrafo único - O Presidente da Junta, após propor a solução do dissídio, tomará os votos dos vogais e, havendo

divergência entre estes, poderá desempatar ou proferir decisão que melhor atenda ao cumprimento da lei e ao justo equilíbrio entre os votos divergentes e ao interesse social.

Encerrada a instrução, as partes poderão aduzir razões finais, no prazo de 10 minutos, para cada uma e após, o juiz renovará a proposta de conciliação aos litigantes, a qual, se não for aceita pelos mesmos, então o juiz proferirá decisão.

O parágrafo único do artigo em tela perdeu eficácia com a Emenda Constitucional n.º 24/99, que extingui a representação classista, sendo que os juízes do trabalho passaram a atuar monocraticamente nas Varas do Trabalho.

Art. 851 - Os trâmites de instrução e julgamento da reclamação serão resumidos em ata, de que constará, na íntegra, a decisão.

§ 1º - Nos processos de exclusiva alçada das Juntas, será dispensável, a juízo do presidente, o resumo dos depoimentos, devendo constar da ata a conclusão do Tribunal quanto à matéria de fato.

§ 2º - A ata será, pelo presidente ou juiz, junta ao processo, devidamente assinada, no prazo improrrogável de 48 (quarenta e oito) horas, contado da audiência de julgamento, e assinada pelos vogais presentes à mesma audiência.

Em que pese o princípio da oralidade ser predominante, os tramites da instrução e o julgamento da reclamação serão reduzidos em ata, devendo constar, na íntegra, a decisão.

O § 1º do artigo em tela encontra fundamento no art. 2º, § 3º, da Lei n.º 5.584/70, que dispõe: “quando o valor fixado para a causa não exceder em duas vezes o salário mínimo vigente na sede do juízo, será dispensável o resumo dos depoimentos, devendo constar da ata a conclusão da Junta quanto à matéria de fato”.

O dispositivo contido no § 2º do artigo em comento dispõe sobre a juntada da ata no processo, podendo ocorrer até 48 horas, após a audiência. Não sendo juntada, no prazo citado, as partes deverão ser intimadas da sentença, como se observa da Súmula n.º 30, do TST: "*quando não juntada a ata ao processo em 48 horas, contadas da audiência de julgamento (art. 851, § 2º, da CLT), o prazo para recurso será contado da data em que a parte receber a intimação da sentença*".

Art. 852. Da decisão serão os litigantes notificados, pessoalmente, ou por seu representante, na própria audiência. No caso de revelia, a notificação far-se-á pela forma estabelecida no § 1.º do art. 841.

As partes são intimadas pessoalmente ou por seus representantes na própria audiência em que a sentença é proferida, conforme se observa do texto legal. Contudo, no caso de revelia, exige-se notificação postal. Nesse sentido, tem-se a Súmula 197, do TST, dispondo que "o prazo para recurso da parte que, intimada, não comparecer à audiência em prosseguimento para a prolação da sentença conta-se de sua publicação".

SEÇÃO II-A
DO PROCEDIMENTO SUMARÍSSIMO

O procedimento sumaríssimo foi incurso na Justiça do Trabalho através da Lei n.º 9.957 de 2000, que incluiu os artigos 852-A a 852-I na CLT, os quais serão comentados de forma individual abaixo.

Art. 852-A - Os dissídios individuais cujo valor não exceda a quarenta vezes o salário mínimo vigente na data do ajuizamento da reclamação ficam submetidos ao procedimento sumaríssimo.

O principal intuito com a adoção do novo procedimento foi atender a um dos princípios do direito do trabalho, o princípio da celeridade processual. Dessa forma, ficou estipulado que esse novo procedimento se aplica somente aos dissídios individuais em que o valor da causa seja entre 2 e que 40 salários mínimos na data da propositura da ação.

Parágrafo único - Estão excluídas do procedimento sumaríssimo as demandas em que é parte a Administração Pública direta, autárquica e fundacional.

O procedimento também não é aplicável nos casos em que União, Estados, Municípios, bem como suas autarquias e fundações que não explorem atividade econômica (não se aplicando tal previsão às empresas públicas e sociedades de economia mista que exploram atividade econômica). Tal previsão se dá devido à prevalência do interesse público em relação ao interesse particular, bem como a fim de viabilizar os prazos diferenciados para apresentação de defesa e recursos por esses entes.

Além de previsão expressa da inaplicabilidade aos dissídios coletivos, o procedimento sumaríssimo não é aplicável às ações civis públicas, aos inquéritos para apuração de falta grave e nem às ações de competência dos tribunais.

Art. 852-B - Nas reclamações enquadradas no procedimento sumaríssimo:

I - o pedido deverá ser certo ou determinado e indicará o valor correspondente;

Mais uma vez, para atender à celeridade processual, fez-se necessário estabelecer algumas alterações no procedimento sumaríssimo em comparação com o procedimento comum. Dessa forma, o legislador determinou certas vedações processuais.

Nesse sentido, diversamente do que ocorre no procedimento ordinário, no procedimento sumário não possível a apresentação de pedidos genéricos, sendo obrigatório ainda que todos sejam liquidados, sob pena de arquivamento. Tal exigência se faz necessária para que seja possível apurar se efetivamente o valor dos pedidos pleiteados, e consequentemente o valor da causa, está no intervalo de 2 a 40 salários mínimos. Caso haja indicação do rito sumaríssimo, contudo o valor da causa seja maior do que teto, o juiz pode determinar a conversão dos autos para o rito ordinário.

II - não se fará citação por edital, incumbindo ao autor a correta indicação do nome e endereço do reclamado;

A citação por edital, e o tempo extra que essa ocasiona, vai contra a celeridade processual. Dessa forma, o procedimento sumaríssimo e a citação por edital são institutos incompatíveis. A fim de não obstruir o livre acesso ao judiciário, a jurisprudência tem se pacificado no sentido de que, caso a citação por edital seja imprescindível para o deslinde do processo, o juízo pode determinar de ofício a conversão do rito sumaríssimo para o ordinário.

III - a apreciação da reclamação deverá ocorrer no prazo máximo de quinze dias do seu ajuizamento, podendo constar de pauta especial, se necessário, de acordo com o movimento judiciário da Junta de Conciliação e Julgamento.

O prazo limite para o julgamento dos autos previsto nesse inciso trata-se de um prazo teórico e foi estabelecido com o objetivo de efetivar a celeridade imputada ao rito sumaríssimo. Todavia, na prática forense, esse prazo tende a ser bem mais suntuoso, ainda mais tendo em vista que essa dilação não causa qualquer tipo de nulidade.

§ 1° O não atendimento, pelo reclamante, do disposto nos incisos I e II deste artigo importará no arquivamento da reclamação e condenação ao pagamento de custas sobre o valor da causa.

Referido parágrafo reitera de forma clara e expressa a necessidade de atendimento aos requisitos processuais mencionados para que seja permitido que os autos tramitem pelo procedimento sumaríssimo. Entretanto, há uma discussão doutrinária no que tange ao fato de que excesso de formalismo exigido, como os do rito sumaríssimo, poderiam afetar o exercício *jus postulandi* na justiça Laboral.

§ 2° As partes e advogados comunicarão ao juízo as mudanças de endereço ocorridas no curso do processo, reputando-se eficazes as intimações enviadas ao local anteriormente indicado, na ausência de comunicação.

Tal previsão faz alusão ao quanto previsto no artigo 106, I e II do CPC no que tange a determinação de que incumbe às partes informarem ao juízo acerca de mudança no endereço indicado previamente nos autos, uma vez que, diante da não comunicação, as intimações enviadas ao endereço informado preliminarmente serão tidas como efetivas.

> Art. 852-C - As demandas sujeitas a rito sumaríssimo serão instruídas e julgadas em audiência única, sob a direção de juiz presidente ou substituto, que poderá ser convocado para atuar simultaneamente com o titular.

O que se verifica é que este dispositivo reiterou a regra geral do processo do trabalho de que todos os atos sejam concentrados em uma audiência, de forma que seu fracionamento deverá ocorre em regime de exceção, nos moldes do artigo 849 da CLT.

> Art. 852-D - O juiz dirigirá o processo com liberdade para determinar as provas a serem produzidas, considerado o ônus probatório de cada litigante, podendo limitar ou excluir as que considerar excessivas, impertinentes ou protelatórias, bem como para apreciá-las e dar especial valor às regras de experiência comum ou técnica.

Assim como o é no procedimento ordinário, as provas são produzidas para o Juiz, o qual tem total autonomia definir qual o conjunto probatório que deve ser acostado aos autos, incumbindo a ele ainda estimar o valor e idoneidade de cada uma das que lhes são apresentadas, corroborando assim o quanto previsto no artigo 769 da CLT.

> Art. 852-E - Aberta a sessão, o juiz esclarecerá as partes presentes sobre as vantagens da conciliação e usará os meios adequados de persuasão para a solução conciliatória do litígio, em qualquer fase da audiência.

Antes de dar início à audiência, o Magistrado deve questionar acerca do interesse na realização de composição entre as partes. Ainda, reiterando o artigo 764, § 1º, incumbe ao juiz expor os benefícios de uma solução amigável para deslinde em qualquer momento da audiência.

Art. 852-F - Na ata de audiência serão registrados resumidamente os atos essenciais, as afirmações fundamentais das partes e as informações úteis à solução da causa trazidas pela prova testemunhal.

Fica dispensada a transcrição do depoimento das partes e testemunhas, nos moldes da Lei 5.584/70, artigo 2, § 3º, de forma que a ata de audiência deve ficar limitada às informações (que o juízo entende que são) mais importantes para a solução do feito.

Art. 852-G - Serão decididos, de plano, todos os incidentes e exceções que possam interferir no prosseguimento da audiência e do processo. As demais questões serão decididas na sentença.

Tendo em vista que o prazo para apresentação de defesa na justiça do trabalho é na audiência inicial, quando falamos em rito sumaríssimo, via de regra, todas as exceções e incidentes (Art. 301, CPC/2015) devem ser apresentados e decididos nesse primeiro momento. Tal regra só não se aplicada em caso de (i) arguição que dependa de perícia, como por exemplo no incidente de falsidade; (ii) apresentação exceção de incompetência, quando é necessária a concessão de prazo de 24 horas para a parte contrária se manifestar, conforme preceituam os artigos 799 e 800 da CLT; e (iii) arguição de exceção de suspeição, situação na qual o juiz ou Tribunal designará audiência para instrução e julgamento da exceção em 48 horas, consoante dispõe o artigo 802 da CLT.

Art. 852-H - Todas as provas serão produzidas na audiência de instrução e julgamento, ainda que não requeridas previamente.

Na justiça do trabalho há o princípio da primazia da realidade, o qual, resumidamente determina que a verdade real (realidade dos fatos) se sobressai à verdade formal. Nesse sentindo, todo o conjunto probatório dos autos deve ser produzido na audiência, mesmo em não havendo requerimento prévio nesse sentido.

§ 1° - Sobre os documentos apresentados por uma das partes manifestar-se-á imediatamente a parte contrária, sem interrupção da audiência, salvo absoluta impossibilidade, a critério do juiz.

O direito constitucional do contraditório deve ser exercido durante a audiência, incumbindo às partes manifestar-se acerca dos documentos apresentados pela parte contrária na própria solenidade, em atendimento, além da celeridade, ao princípio da oralidade, exceto quando não for possível fazer toda a instrução processual em ato único. Dessa forma, cabe ao magistrado decidir, diante da complexidade de cada caso e usando de bom senso, quando será necessário concessão de prazo para manifestação fora da audiência.

§ 2° - As testemunhas, até o máximo de duas para cada parte, comparecerão à audiência de instrução e julgamento independentemente de intimação.

No rito sumaríssimo incumbe às partes trazem as testemunhas a fim de prestarem depoimento em audiência, independente de intimação, sendo a quantidade de testemunhas limitada a duas por parte.

§ 3° - Só será deferida intimação de testemunha que, comprovadamente convidada, deixar de comparecer. Não comparecendo a testemunha intimada, o juiz poderá deter-

minar sua imediata condução coercitiva.

Nos moldes do parágrafo 2º acima, as partes devem providenciar o comparecimento de suas testemunhas na audiência, de forma que, só será determinada a intimação pelo juízo caso a parte comprove que fez o convite, ou seja, ateste de forma cabal que a testemunha foi previamente convidada a comparecer na solenidade. Em havendo ausência da testemunha mesmo após intimação pelo juízo, fica facultado ao juiz determinar o comparecimento de forma coercitiva.

§ 4º - Somente quando a prova do fato o exigir, ou for legalmente imposta, será deferida prova técnica, incumbindo ao juiz, desde logo, fixar o prazo, o objeto da perícia e nomear perito.

Apenas em havendo pedido que dependa da realização de perícia (doença laboral, insalubridade, periculosidade) o juiz irá determinar a produção de prova técnica, designando já na audiência inicial a modalidade, data e local da realização da diligência pericial, bem como nomeará o *expert* adequado para realização do feito.

§ 5º - (vetado)

§ 6º - As partes serão intimadas a manifestar-se sobre o laudo, no prazo comum de cinco dias.

No rito sumaríssimo há determinação de prazo comum e não sucessivo para manifestação acerca do laudo pericial. O advento do processo digital auxilia o cumprimento dessa determinação na prática.

§ 7º - Interrompida a audiência, o seu prosseguimento e a solução do processo dar-se-ão no prazo máximo de trinta dias, salvo motivo relevante justificado nos autos pelo juiz da causa.

Referido dispositivo mais uma vez ilustra a tentativa de

aplicação efetiva do princípio da celeridade processual no rito sumaríssimo, ao ponto que a própria legislação específica determina prazo máximo de 30 dias para a ocorrência de nova audiência.

Art. 852-I - A sentença mencionará os elementos de convicção do juízo, com resumo dos fatos relevantes ocorridos em audiência, dispensado o relatório.

Assim como a transcrição dos depoimentos é dispensada na ata de audiência, no rito sumaríssimo é prescindível a apresentação do relatório quando da prolação da sentença. Importante ressaltar que só a dispensa quanto ao relatório, de forma que se faz obrigatória a apresentação dos elementos de convicção e dos fatos, nos moldes do artigo 832 da CLT.

§ 1° - O juízo adotará em cada caso a decisão que reputar mais justa e equânime, atendendo aos fins sociais da lei e as exigências do bem comum.

Nesse ponto, além de haver determinação de que o juiz deverá prolatar decisões de maneira que entender mais justa e ponderada, é replicado o artigo 5° da LINDB, que determina que ao aplicar a lei, o julgador deve atender aos fins sociais e às exigências do bem comum.

§ 2° - (vetado)

§ 3° - As partes serão intimadas da sentença na própria audiência em que prolatada.

A sentença pode ser prolatada na própria UNA, ou nos moldes da Súmula 197, quando é designada uma data para prolação da sentença, sendo desnecessária a presença das partes. Em qualquer dos casos, o prazo para eventual interposição de recurso ordinário se inicia no dia útil subsequente, sem a necessidade de intimação posterior, uma vez que as partes já saem intimadas.

SEÇÃO III
DO INQUÉRITO PARA APURAÇÃO DE FALTA GRAVE

Art. 853 - Para a instauração do inquérito para apuração de falta grave contra empregado garantido com estabilidade, o empregador apresentará reclamação por escrito à Junta ou Juízo de Direito, dentro de 30 (trinta) dias, contados da data da suspensão do empregado.

O inquérito para apuração de falta grave é uma ação, através da qual o empregador procederá a rescisão do contrato de trabalho entre as partes por tratar-se de empregado estável, uma vez que esta estabilidade impossibilita o empregador de demiti-lo sem justa causa.

As estabilidades em que é necessário o inquérito são: o dirigente sindical (543 da CLT e súmula 369 do TST), Membro da CCP (Comissão de Conciliação Prévia – artigo 625, b § 1° da CLT), Codefat, INSS (Membro do Conselho Curador da Previdência Social, artigo 3° § 7° Lei 8.213/91), Membro da CIPA (Comissão Interna de Prevenção de Acidentes), gestantes, diretor de cooperativas e acidentados. (aqui é com exceções do acidentado e da gestante – o empregador paga e dispensa).

O empregador ajuizará reclamação por escrito perante a Justiça do Trabalho, no prazo de 30 (trinta) dias a contar da suspensão do empregado e este prazo é decadencial, para tanto devemos observar as Súmula 62 do TST ("*O prazo de decadência do direito do empregador de ajuizar inquérito em face do empregado que incorre em abandono de emprego é contado a partir do momento em que o empregado pretendeu seu retorno ao serviço.*") e 403 do STF ("É de decadência o prazo de trinta dias para instauração do inquérito judicial, a contar da suspensão, por falta grave, de empregado estável.")

Art. 854 - O processo do inquérito perante a Junta ou Juízo obedecerá às normas estabelecidas no presente Capítulo, observadas as disposições desta Seção.

Na audiência deverão estar presentes o empregado e a empresa. Se o requerente não comparece o processo é arquivado. Se o requerido não comparece será decretada sua revelia e aplicada a pena de confissão quanto a matéria de fato.

Os meios de prova admitidos são os mesmos de uma ação trabalhista normal, alterando somente o número de testemunhas. No inquérito, cada parte pode ouvir até 6 testemunhas.

Art. 855 - Se tiver havido prévio reconhecimento da estabilidade do empregado, o julgamento do inquérito pela Junta ou Juízo não prejudicará a execução para pagamento dos salários devidos ao empregado, até a data da instauração do mesmo inquérito.

Caso seja comprovada a existência de falta grave, sendo julgada procedente a ação de inquérito, será efetivada a dispensa por justa causa. O empregado terá direito ao pagamento das verbas rescisórias (saldo de salários, FGTS sobre o saldo de salários e férias proporcionais acrescidas do terço constitucional), que serão calculadas a partir do trânsito em julgado da sentença, caso não tenha havido a suspensão do empregado, ou da data da suspensão do obreiro, se for este o caso. (No período de suspensão não haverá contagem como tempo de serviço e também não são devidos salários Suspensão do contrato de trabalho).

E caso ocorra a inexistência de falta grave, ou seja, a ação seja julgada improcedente, não ocorrerá a dispensa. Se o empregado não estiver suspenso, este continuará trabalhando normalmente e caso tenha sido suspenso, ele deverá ser reintegrado, com todas as verbas trabalhistas garantidas pelo período de suspensão.

SEÇÃO IV
DO INCIDENTE DE DESCONSIDERAÇÃO DA PERSONALIDADE JURÍDICA

Art. 855-A. Aplica-se ao processo do trabalho o incidente de desconsideração da personalidade jurídica previsto nos arts. 133 a 137 da Lei nº 13.105, de 16 de março de 2015 - Código de Processo Civil.

§ 1º Da decisão interlocutória que acolher ou rejeitar o incidente:

I - na fase de cognição, não cabe recurso de imediato, na forma do § 1º do art. 893 desta Consolidação;

II - na fase de execução, cabe agravo de petição, independentemente de garantia do juízo;

III - cabe agravo interno se proferida pelo relator em incidente instaurado originariamente no tribunal.

§ 2º A instauração do incidente suspenderá o processo, sem prejuízo de concessão da tutela de urgência de natureza cautelar de que trata o art. 301 da Lei nº 13.105, de 16 de março de 2015 (Código de Processo Civil)

Trata-se de novo mecanismo incluído pela Lei n.º 13.467, de 2017. Pelo fato de a CLT ter sido omissa quanto ao incidente de desconsideração da personalidade jurídica, costumava-se aplicar, com base no art. 8º da CLT, o previsto no art. 28 do Código de Defesa do Consumidor por analogia, o qual basicamente prevê que a mera insuficiência financeira da empresa poderá ensejar a execução direta dos sócios. É evidente que tal manobra gerou muita controvérsia.

Em sendo assim, com a inclusão do art. 855-A, pode-se dizer que um dos inúmeros pontos de debate foi solucionado. Isso porque, a CLT passou a expressamente abarcar a possibilidade de se atingir os patrimônios dos sócios, dentro do processo do trabalho, desde que fossem observados os preceitos estabelecidos nos arts. 133 a 137 do NCPC.

Outra controvérsia solucionada com a inovação deste artigo foi em relação a desnecessidade de ajuizar uma ação autônoma contra o sócio ou a sociedade que não tivesse sido incluído na petição inicial. Isso se diz porque foi possibilitado que no mesmo processo, estando ele em qualquer rito, procedimento ou fase processual, fosse instaurado o incidente com o fim de constrir os bens dos sócios da sociedade inadimplente, sendo inclusive, comunicado imediatamente ao distribuidor, por determinação do art. 134, §1° do NCPC.

Além do artigo em comento ter legalizado o incidente de desconsideração da personalidade jurídica, também prevê em seus parágrafos a sistemática recursal a ser adotada em caso de acolhimento ou rejeição para a inclusão do patrimônio de sócios em uma possível execução.

Neste contexto, importante mencionar que, assim como já ocorre no processo do trabalho, caso a decisão interlocutória que determine a desconsideração da personalidade jurídica seja proferida na fase de conhecimento, ela somente será atacável por meio de recurso ordinário, eis que não cabe recurso de imediato. Por outro lado, caso a decisão interlocutória venha a ser proferida na fase de execução, poderá ser interposto agravo de petição, independentemente da garantia do juízo. Da mesma forma, caberá agravo interno se proferida pelo relator em incidente instaurado originariamente no tribunal.

Passadas as considerações inicias, apesar de entender-se como favorável tal modelo, haja vista que garante segurança aos litigantes e a terceiros, há na doutrina posição contrária, no sentido de que prejudica o empregado, que reduz a sua chance de vir a receber seus haveres trabalhistas, eis que a única garantia do trabalhador é o patrimônio do sócio.

De qualquer forma, entende-se que o razoável é que a legislação trabalhista, bem como a processual civil não permitam a desconsideração da personalidade jurídica sem que antes sejam esgotados todos os meios para se executar o devedor principal, comprovando-se inclusive a má-gestão.

CAPÍTULO III - A

DO PROCESSO DE JURISDIÇÃO VOLUNTÁRIA PARA HOMOLOGAÇÃO DE ACORDO EXTRAJUDICIAL

Art. 855-B - O processo de homologação de acordo extrajudicial terá início por petição conjunta, sendo obrigatória a representação das partes por advogado.

§ 1º - As partes não poderão ser representadas por advogado comum.

§ 2º - Faculta-se ao trabalhador ser assistido pelo advogado do sindicato de sua categoria.

Art. 855-C - O disposto neste Capítulo não prejudica o prazo estabelecido no § 6º do art. 477 desta Consolidação e não afasta a aplicação da multa prevista no § 8º art. 477 desta Consolidação.

Art. 855-D - No prazo de quinze dias a contar da distribuição da petição, o juiz analisará o acordo, designará audiência se entender necessário e proferirá sentença.

Art. 855-E - A petição de homologação de acordo extrajudicial suspende o prazo prescricional da ação quanto aos direitos nela especificados.

Parágrafo único - O prazo prescricional voltará a fluir no dia útil seguinte ao do trânsito em julgado da decisão que negar a homologação do acordo.

Da mesma forma, os artigos 855-B a 855-E, trataram-se de inovação trazida pela Lei n.° 13.467, de 2017. Tal novidade passou a admitir no processo do trabalho o processo de jurisdição voluntária para homologação de acordo extrajudicial. Significa dizer que as Varas do Trabalho passam a recepcionar processos de jurisdição voluntária para homologação de acordo extrajudicial.

Com a revogação parcial do artigo 477 da CLT, o qual extinguiu a obrigatoriedade da homologação sindical, concedeu-se as Varas do Trabalho a competência para decidir quanto à homologação do acordo extrajudicial, criando-se, inclusive, uma expectativa de com a inovação colocar fim as inúmeras lides simuladas que eram distribuídas.

Assim, o art. 855-B prevê que o processo de homologação de acordo extrajudicial terá início com a distribuição de petição conjunta das partes, sendo obrigatória a representação de cada uma delas por advogados distintos, podendo o trabalhador ser assistido por advogado do sindicato de sua categoria.

Importante ressaltar que a norma previu a exigência de advogados distintos para as partes, como já mencionado, justamente para dificultar a distribuição de lides simuladas.

Contudo, em razão do poder de persuasão que o empregador exerce sobre o empregado, não é difícil imaginar que é possível, com essa medida, que se tenha passado a legalizar as famosas "casadinhas".

Vale dizer que, apesar da extinção da obrigatoriedade da homologação sindical, o artigo 855-C da CLT prevê que, ainda que tenha sido distribuído o acordo extrajudicial para homologação, o empregador deverá observar os prazos previstos no artigo 477, sob pena de aplicação da multa lá prevista.

A fim de estimular a realização dos acordos extrajudiciais, o legislador determinou por meio do artigo 855-D da CLT, que contados da distribuição da petição, o juiz terá quinze dias para analisar o acordo e designar audiência, caso entenda necessário, e proferir sentença.

Por fim, pelo fato da petição de homologação de acordo extrajudicial suspender o prazo prescricional da ação quanto aos direitos nela especificados, nos termos do artigo 855-E da CLT, o prazo prescricional somente voltará a fluir no dia útil seguinte ao do trânsito em julgado da decisão que negar a homologação do acordo.

CAPÍTULO IV

DOS DISSÍDIOS COLETIVOS

SEÇÃO I
DA INSTAURAÇÃO DA INSTÂNCIA

Referida seção trata do procedimento de instauração do dissídio coletivo. O dissídio coletivo pode ser conceituado, nas palavras de Sergio Pinto Martins, como "*o processo que vai dirimir os conflitos coletivos do trabalho, por meio do pronunciamento do Poder Judiciário, criando ou modificando condições de trabalho para certa categoria ou interpretando determinada norma jurídica.*" (2011, pág. 685).

O dissídio coletivo é o modo de resolução dos conflitos coletivos. Trata-se do processo destinado à resolução do conflito gerado pela impossibilidade da negociação coletiva entre as partes envolvidas.

Os dissídios coletivos são marcados pela indeterminação dos beneficiários da norma coletiva. Desse modo, a sentença normativa ou o acordo terá eficácia *erga omnes*, atingindo todos que pertençam ou venham a pertencer a categoria econômica ou profissional envolvida.

O objetivo do dissídio coletivo, por sua vez, é a interpretação de norma coletiva existente, ou, ainda, a criação, extinção ou modificação de norma coletiva.

Os dissídios podem ser classificados em dissídios de natureza jurídica ou econômica. Os dissídios de natureza jurídica visam a interpretação da norma coletiva. Já os dissídios de natureza econômica têm por objetivo a criação, extinção ou modificação das normas coletivas.

O julgamento do dissídio coletivo dá origem à chamada sentença normativa. Trata-se de decisão que dispõe sobre condições de trabalho, direitos e obrigações.

REFERÊNCIAS BIBLIOGRÁFICAS

MELO, Raimundo Simão. In: CLT interpretada: artigo por artigo, parágrafo por parágrafo/Costa Machado, organizador; Domingos Sávio Zainaghi, coordenador. - 8. cd. - Barueri, SP: Manole, 2017. MARTINS, Sergio Pinto. Direito processual do trabalho: doutrina e prática forense: modelos de petições, recursos, sentenças e outros / Sergio Pinto Martins. – 32. ed. – São Paulo: Atlas, 2010).

Art. 856 - A instância será instaurada mediante representação escrita ao Presidente do Tribunal. Poderá ser também instaurada por iniciativa do presidente, ou, ainda, a requerimento da Procuradoria da Justiça do Trabalho, sempre que ocorrer suspensão do trabalho.

A competência originária para processar o dissídio coletivo é do Tribunal Regional do Trabalho, por meio de Seção Especializada ou do Pleno, a depender da divisão ou não em turmas. No caso de dissídio envolvendo sindicato com base territorial superior à da jurisdição do Tribunal Regional, a competência para a apreciação do dissídio coletivo será do Tribunal Superior do Trabalho.

O dissídio coletivo de natureza econômica poderá ser instaurado nas hipóteses em que "*recusando-se qualquer das partes à negociação coletiva ou à arbitragem, é facultado às mesmas, de comum acordo, ajuizar dissídio coletivo de natureza econômica, podendo a Justiça do Trabalho decidir o conflito, respeitadas as disposições mínimas legais de proteção ao trabalho, bem como as convencionadas anteriormente*" (Art. 114, § 2°, Constituição Federal).

O comum acordo é considerado pressuposto de validade do dissídio coletivo, sob pena de extinção do feito sem resolução do mérito. A exigência do comum acordo, porém, é discutível sob o enfoque constitucional. Nesse sentido, a exigência de comum acordo poderia ocasionar um entrave ao acesso à justiça, violando o princípio da inafastabilidade da jurisdição.

A necessidade de comum acordo encontra-se pendente de apreciação pelo Supremo Tribunal Federal. Para o Tribunal Superior do Trabalho, contudo, o requisito é válido.

Conforme se verifica do artigo 114, §2°, da Constituição Federal, somente os dissídios de natureza econômica exigem o comum acordo. Dessa feita, os dissídios de natureza jurídica ou de greve não exigem o comum acordo das partes para o ajuizamento do dissídio coletivo.

Art. 857 - A representação para instaurar a instância em dissídio coletivo constitui prerrogativa das associações sindicais, excluídas as hipóteses aludidas no art. 856, quando ocorrer suspensão do trabalho.

A legitimidade clássica para o ajuizamento do dissídio coletivo é da entidade sindical. A norma, porém, traz exceções em caso de greve.

Nesse diapasão, no caso de greve, caso não exista sindicato da categoria, a legitimidade para o ajuizamento do dissídio coletivo poderá ser de comissão eleita por trabalhadores para representá-los. Do mesmo modo, o Ministério Público do trabalho é parte legítima para a instauração de dissídio coletivo em caso de greve em atividade essencial.

Com relação à instauração de ofício do dissídio individual pelo Presidente do Tribunal, Raimundo Simão de Melo advoga pela sua impossibilidade. Para o autor, nos casos de greve, a instauração de ofício "*não mais se sustenta, no nosso ordenamento jurídico, por vedação e incompatibilidade com o disposto no art. 8º, I, da CF, que vedou a interferência do Estado, no caso, o Estado-Juiz, que age de forma excepcional, criando direitos, na organização sindical, que seria afrontada com esse tipo de atuação*" (2017, pág. 819).

Parágrafo único - Quando não houver sindicato representativo da categoria econômica ou profissional, poderá a representação ser instaurada pelas federações correspondentes e, na falta destas, pelas confederações respectivas, no âmbito de sua representação.

A legitimidade ativa para o ajuizamento do dissídio coletivo é sucessiva. Em uma primeira aproximação, a legitimidade atividade é dos sindicatos. No caso de inexistir o sindicato da categoria econômica ou profissional, o dissídio poderá ser instaurado pela federação correspondente. Inexistindo federação, o dissídio poderá ser instaurado pela respectiva confederação (Martins, 2011, p. 697).

No caso de o dissídio interessar somente aos empregados de determinada empresa, ou não havendo sindicato representativo da categoria econômica, a própria empresa poderá instaurar o dissídio coletivo. As centrais sindicais não possuem legitimidade para o ajuizamento do dissídio coletivo.

Art. 858 - A representação será apresentada em tantas vias quantos forem os reclamados e deverá conter:

a) designação e qualificação dos reclamantes e dos reclamados e a natureza do estabelecimento ou do serviço;

A representação para a instauração do dissídio coletivo deverá conter a qualificação das partes e ser apresentada, e, como dispõe Raimundo Simão de Melo (2017, p.858), "em tantas vias forem as entidades suscitadas."

b) os motivos do dissídio e as bases da conciliação.

É obrigatória a comprovação das tentativas de negociação coletiva, como, por exemplo, atas, registros e correspondências. Deverá ser comprovado, ainda, o *quórum* de aprovação da assembleia de deliberação para instauração do dissídio.

Art. 859 - A representação dos sindicatos para instauração da instância fica subordinada à aprovação de assembleia, da qual participem os associados interessados na solução do dissídio coletivo, em primeira convocação, por maioria de 2/3 (dois terços) dos mesmos, ou, em segunda convocação, por 2/3 (dois terços) dos presentes.

O ajuizamento do dissídio coletivo pela entidade sindical é subordinado à autorização pela assembleia de deliberação. Deverão ser convocados todos os pertencentes à categoria profissional ou econômica da respectiva base territorial, independentemente de associação ao sindicato, uma vez que a sentença normativa terá eficácia *erga omnes.*

Com relação ao *quórum* de aprovação, a regra contida no artigo 859 não foi recepcionada pela Constituição de 1988, uma vez que é vedada a interferência estatal na organização sindical (MELO, 2017, pág. 859). Assim, o quórum de aprovação da assembleia deverá obedecer ao dispostos nos estatutos de cada entidade sindical.

Diferente é a hipótese do dissídio coletivo decorrente de greve. Nesse caso, a Lei 7.783/1989 prevê a observância do quórum estatutário. No caso do ajuizamento do dissídio coletivo pelo Ministério Público do Trabalho, não é necessária a autorização de assembleia.

SEÇÃO II
DA CONCILIAÇÃO E DO JULGAMENTO

Referida seção trata do procedimento de conciliação e julgamento do dissídio coletivo.

Art. 860 - Recebida e protocolada a representação, e estando na devida forma, o Presidente do Tribunal designará a audiência de conciliação, dentro do prazo de 10 (dez) dias, determinando a notificação dos dissidentes, com observância do disposto no art. 841.

Após a análise dos requisitos da representação, o Presidente do Tribunal designará audiência de conciliação no prazo de dez dias, determinando a notificação dos suscitados para comparecer à audiência, que deverá ser realizada no prazo mínimo de cinco dias.

Parágrafo único - Quando a instância for instaurada *ex officio*, a audiência deverá ser realizada dentro do prazo mais breve possível, após o reconhecimento do dissídio.

No caso de instauração de dissídio pelo Ministério Público do Trabalho – uma vez que, segundo Raimundo Simão de Melo (2017, p. 826), a hipótese de instauração de ofício pelo Presidente do Tribunal não foi recepcionada pela Constituição de 1988 – a audiência deverá ser realizada o mais breve possível, especialmente pela natureza do dissídio envolve o interesse coletivo. No caso de dissídio decorrente de greve, a orientação é pela maior urgência para a realização da audiência.

Art. 861 - É facultado ao empregador fazer-se representar na audiência pelo gerente, ou por qualquer outro preposto que tenha conhecimento do dissídio, e por cujas declarações será sempre responsável.

Assim como nos dissídios individuais, as empresas serão representadas por seus sócios, diretores ou prepostos que tenham conhecimento dos motivos do dissídio instaurado, devidamente constituídos por carta de preposição apresentada nos autos. As suas declarações, desse modo, vincularão os representados.

Ressalte-se que no caso do dissídio coletivo, como dispõe Raimundo Simão de Melo, não há a aplicação dos efeitos da revelia, pois "*o seu objeto é a criação ou modificação de direitos, ou ainda a interpretação de normas jurídicas.*" (2017, p. 827).

Art. 862 - Na audiência designada, comparecendo ambas as partes ou seus representantes, o Presidente do Tribunal as convidará para se pronunciarem sobre as bases da conciliação. Caso não sejam aceitas as bases propostas, o Presidente submeterá aos interessados a solução que lhe pareça capaz de resolver o dissídio.

A melhor solução para o dissídio coletivo é, assim como nos dissídios individuais, a conciliação. Para tanto, o Presidente do Tribunal demonstrará as bases para a solução do conflito. Somente em última hipótese deverá o Presidente do Tribunal julgar o litígio, estabelecendo a solução mais adequada ao caso.

Art. 863 - Havendo acordo, o Presidente o submeterá à homologação do Tribunal na primeira sessão.

No caso de celebração de acordo, e após ouvido o Ministério Público do Trabalho, o relator do dissídio, a ser designado, submeterá a negociação à homologação pelo órgão competente, conforme regimento interno do Tribunal. O acordo poderá ser totalmente homologado, homologado parcialmente ou rejeitado.

Art. 864 - Não havendo acordo, ou não comparecendo ambas as partes ou uma delas, o presidente submeterá o processo a julgamento, depois de realizadas as diligências que entender necessárias e ouvida a Procuradoria.

Caso não seja celebrado o acordo, ou no caso de não comparecimento de uma ou de todas as partes, o dissídio será submetido à julgamento. Após a análise da defesa apresentada pelo suscitado, ou, ainda, de eventuais exceções, será proferida a sentença normativa.

Art. 865 - Sempre que, no decorrer do dissídio, houver ameaça de perturbação da ordem, o presidente requisitará à autoridade competente as providências que se tornarem necessárias.

Na hipótese de ameaça à ordem, o Presidente do Tribunal poderá requisitar à autoridade competente a adoção das medidas necessárias para a pacificação do conflito. Como dispõe Raimundo Simão de Melo, a hipótese supramencionada ocorre mais frequentemente no caso de dissídio de greve. A Lei 7.783/1989 determina que nos serviços ou atividades essenciais, a prestação de serviços não poderá ser totalmente paralisada. No caso de paralisação total, o Poder Público assegurará a prestação desses serviços (2017, pág. 830).

Art. 866 - Quando o dissídio ocorrer fora da sede do Tribunal, poderá o presidente, se julgar conveniente, delegar à autoridade local as atribuições de que tratam os arts. 860 e 862. Nesse caso, não havendo conciliação, a autoridade delegada encaminhará o processo ao Tribunal, fazendo exposição circunstanciada dos fatos e indicando a solução que lhe parecer conveniente.

Como já mencionado, a competência para processar e julgar o dissídio coletivo é dos Tribunais, considerando-se a extensão territorial do conflito. Desse modo, em regra, as Varas do Trabalho não possuem competência para o procedimento.

Contudo, conforme dispõe o artigo 866, o Presidente do Tribunal poderá delegar à primeira instância a conciliação e instrução do dissídio coletivo. Caso seja celebrado acordo, este será submetido à homologação pelo Tribunal. Caso não seja celebrado acordo, o julgamento também será procedido pelo Tribunal.

Art. 867 - Da decisão do Tribunal serão notificadas as partes, ou seus representantes, em registrado postal, com franquia, fazendo-se, outrossim, a sua publicação no jornal oficial, para ciência dos demais interessados.

A notificação da sentença normativa tem por objetivo dar conhecimento às partes que, caso se interessem, poderão interpor Recurso Ordinário para o TST.

A sentença normativa poderá ser objeto de ação de cumprimento, no prazo dos vinte dias subsequentes ao julgamento, salvo se for concedido efeito suspensivo ao acórdão. (MELO, 2017, pág. 832).

Parágrafo único - A sentença normativa vigorará:

a) a partir da data de sua publicação, quando ajuizado o

dissídio após o prazo do art. 616, § 3°, ou, quando não existir acordo, convenção ou sentença normativa em vigor, da data do ajuizamento;

A sentença normativa terá sua eficácia a partir da data da publicação se o dissídio coletivo foi ajuizado após os 60 dias anteriores ao termo final do instrumento coletivo, ou, ainda, no caso de inexistência de instrumento normativo em vigor.

b) a partir do dia imediato ao termo final de vigência do acordo, convenção ou sentença normativa, quando ajuizado o dissídio no prazo do art. 616, § 3°.

Caso o dissídio coletivo tenha sido ajuizado dentro do prazo de 60 dias, a sentença normativa entrará em vigor imediatamente após o término da vigência do instrumento coletivo anterior.

SEÇÃO III
DA EXTENSÃO DAS DECISÕES

Art. 868 - Em caso de dissídio coletivo que tenha por motivo novas condições de trabalho e no qual figure como parte apenas uma fração de empregados de uma empresa, poderá o Tribunal competente, na própria decisão, estender tais condições de trabalho, se julgar justo e conveniente, aos demais empregados da empresa que forem da mesma profissão dos dissidentes.

Há dois tipos de dissídios coletivos: os de natureza econômica e os de natureza jurídica. Naquele as sentenças normativas serão constitutivas, tendo por objetivo criar e constituir novas condições de trabalho. Já nestes as sentenças normativas serão declaratórias, apenas tendo por finalidade interpretar as normas já existentes.

Portanto, a extensão da sentença normativa que trata esse artigo é aplicável apenas aos dissídios de natureza econômica no qual tenha como parte tão-somente uma parcela dos empregados de uma empresa.

Diante disso, o juiz de oficio pode estender as condições de trabalho estabelecidas na sentença aos demais empregados da mesma empresa e, até, a todos os empregados da respectiva categoria profissional, como veremos mais adiante.

O *caput* desse artigo tem como fundamento o princípio da igualdade, ao estabelecer o mesmo tratamento a todos os empregados que estejam na mesma situação.

Parágrafo único - O Tribunal fixará a data em que a decisão deve entrar em execução, bem como o prazo de sua vigência, o qual não poderá ser superior a 4 (quatro) anos.

Segundo o Precedente Normativo 120 da SDC do TST as sentenças normativas vigorarão desde seu termo inicial até que outra sentença normativa ou negociação coletiva de trabalho superveniente produza sua revogação, expressa ou tacitamente, respeitando o prazo máximo de 4 anos de vigência.

Todavia, devido ao dinamismo do Direito do Trabalho e visando incentivar as negociações coletivas os tribunais vêm estipulando um prazo de 1 ano para as sentenças normativas, almejam, com isso, que na próxima data-base os sindicatos participem de novas tratativas negociais.

Art. 869 - A decisão sobre novas condições de trabalho poderá também ser estendida a todos os empregados da mesma categoria profissional compreendida na jurisdição do Tribunal:

a) por solicitação de 1 (um) ou mais empregadores, ou de qualquer sindicato destes;

b) por solicitação de 1 (um) ou mais sindicatos de empregados;

c) ex officio, pelo Tribunal que houver proferido a decisão;

d) por solicitação da Procuradoria da Justiça do Trabalho.

Como vimos no artigo anterior é possível a extensão da sentença normativa à toda categoria profissional compreendida na jurisdição do tribunal que proferiu a sentença normativa.

Essa extensão pode ser feita *ex officio* pelo Tribunal que proferiu a decisão ou ser requerida por 1 ou mais empregados, pelos sindicatos envolvidos ou pelo MPT.

Os tribunais não têm mais competência para instaurar dissídio coletivo, mas uma vez instaurado e proferida a decisão normativa poderão, se entenderem justo e conveniente, propor de ofício a extensão de sua decisão, abrangendo assim todos os empregados de uma mesma categoria profissional abarcada na sua jurisdição. Trata-se do juízo de equidade conferido ao tribunal (art. 868 da CLT).

Art. 870 - Para que a decisão possa ser estendida, na forma do artigo anterior, torna-se preciso que 3/4 (três quartos) dos empregadores e 3/4 (três quartos) dos empregados, ou os respectivos sindicatos, concordem com a extensão da decisão.

A decisão normativa só poderá ser estendida caso haja a anuência de ¾ dos empregados e ¾ dos empregadores o que praticamente inviabiliza a extensão.

Diante disso, o que comumente ocorre é a extensão de ofício ou a requerimento do MPT ou, ainda, o ajuizamento de um novo dissídio coletivo com o objetivo de aplicar a decisão normativa, que se pretendia estender, como parâmetro para uniformizar o tratamento às categorias envolvidas.

§ 1° - O Tribunal competente marcará prazo, não inferior a 30 (trinta) nem superior a 60 (sessenta) dias, a fim de que se manifestem os interessados.

§ 2° - Ouvidos os interessados e a Procuradoria da Justiça do Trabalho, será o processo submetido ao julgamento do Tribunal.

Mesmo que haja concordância entre o sindicato patronal e dos empregados quanto a extensão da decisão normativa é necessário o parecer do MPT sobre a legalidade ou ilegalidade da cláusula que se pretende estender à toda categoria profissional.

O parecer do MPT não vincula o Tribunal, mas caso adote posicionamento divergente, o MPT poderá recorrer da sentença.

Art. 871 - Sempre que o Tribunal estender a decisão, marcará a data em que a extensão deva entrar em vigor.

A vigência das decisões de extensão segue os mesmos parâmetros estabelecidos para a vigência da sentença normativa estabelecida no artigo 867, parágrafo único, *a* e *b* da CLT.

SEÇÃO IV
DO CUMPRIMENTO DAS DECISÕES

Art. 872 - Celebrado o acordo, ou transitada em julgado a decisão, seguir-se-á o seu cumprimento, sob as penas estabelecidas neste Título.

Parágrafo único - Quando os empregadores deixarem de satisfazer o pagamento de salários, na conformidade da decisão proferida, poderão os empregados ou seus sindicatos, independentes de outorga de poderes de seus associados, juntando certidão de tal decisão, apresentar reclamação à Junta ou Juízo competente, observado o processo previsto no Capítulo II deste Título, sendo vedado, porém, questionar sobre a matéria de fato e de direito já apreciada na decisão.

Como traz Carlos Henrique Bezerra Leite: "*ação de cumprimento é uma ação de conhecimento, de natureza condenatória, que visa a obrigar o empregador ou empregadores a satisfazer os direitos abstratos criados por sentença normativa, convenção coletiva ou acordo coletivo de trabalho.*" (Curso de direito processual do trabalho / Carlos Henrique Bezerra Leite. – 14. ed. de acordo com o novo CPC – Lei n.º 13.105, de 16-3-2015. – São Paulo : Saraiva, 2016. Página 1747.).

A sentença normativa pode ser objeto de ação individual de cumprimento, simples ou plúrima, proposta diretamente pelos trabalhadores, ou ação coletiva de cumprimento, proposta pelo sindicato profissional em nome próprio, em defesa dos interesses individuais homogêneos dos integrantes de sua categoria profissional.

A OJ 188, SDI-I do TST afirma que: "Falta interesse de agir para ação individual, singular ou plúrima, quando o direito já foi reconhecido através de decisão normativa, cabendo, no caso, ação de cumprimento.". Para Bezerra Leite tal posicionamento jurisprudencial ofende o art. 5°, XXXV da CF/88, pois obstaculiza o acesso à Justiça quando extingue o processo sem resolução de mérito pôr o trabalhador propor uma reclamação trabalhista ao invés de uma ação de cumprimento.

Para que a ação de cumprimento seja proposta não é preciso o trânsito em julgado da sentença normativa (Súmula 246 do TST).

Diante disso, caso a ação de cumprimento seja proposta antes do trânsito em julgado e, posteriormente, a decisão normativa vier a ser alterada em grau recursal no qual se determine a extinção do processo sem resolução de mérito, a OJ 277 da SDI-I do TST disciplina que eventual execução promovida na ação de cumprimento será extinta, visto que o título executivo ao qual se apoiou deixou de existir.

O prazo prescricional para a propositura da referida ação começa a fluir a partir do trânsito em julgado da decisão normativa (Súmula 350 do TST).

SEÇÃO V
DA REVISÃO

Art. 873 - Decorrido mais de 1 (um) ano de sua vigência, caberá revisão das decisões que fixarem condições de trabalho, quando se tiverem modificado as circunstâncias que as ditaram, de modo que tais condições se hajam tornado injustas ou inaplicáveis.

Com base na teoria da imprevisão, cláusula *rebus sic stantibus*, o tribunal poderá revogar, revisar, a qualquer tempo, coisa julgada coletiva decorrente de sentença normativa, devido ser uma relação jurídica continuada.

O objetivo da ação de revisão é o reequilíbrio entre as partes, evitando ônus insuportável para uma delas, enriquecimento ilícito e injustificado.

Art. 874 - A revisão poderá ser promovida por iniciativa do Tribunal prolator, da Procuradoria da Justiça do Trabalho, das associações sindicais ou de empregador ou empregadores interessados no cumprimento da decisão.

Parágrafo único - Quando a revisão for promovida por iniciativa do Tribunal prolator ou da Procuradoria, as associações sindicais e o empregador ou empregadores interessados serão ouvidos no prazo de 30 (trinta) dias. Quando promovida por uma das partes interessadas, serão as outras ouvidas também por igual prazo.

O tribunal não poderá instaurar de ofício ação revisional, pois a CF/88 em seu art. 8º, I veda a interferência estatal na organização sindical.

O MPT poderá, para parte da doutrina, solicitar a revisão, visto que a CF/88 no art. 127 estipula como uma de suas funções a defesa do interesse público (defesa da ordem jurídica, do regime democrático e dos interesses indisponíveis da sociedade). Já para outros doutrinadores não teria legitimidade, pois sendo o dissidio revisional uma espécie de dissídio econômico, somente as partes interessadas poderiam interpô-lo.

Quando a revisão for pleiteada por sindicatos, patronais ou empregados, debate-se a necessidade ou não de comum acordo (art. 114, §2°, CF/88). Para alguns autores o dispositivo apenas disciplinou o dissídio de natureza econômica original, não abarcando, portanto, o revisional. Já para outros autores o dissídio coletivo revisional, como já dito, é uma espécie de dissídio econômica, sendo, portanto, necessário o comum acordo para sua interposição.

Art. 875 - A revisão será julgada pelo Tribunal que tiver proferido a decisão, depois de ouvida a Procuradoria da Justiça do Trabalho.

A sentença normativa em ação revisional tem efeito *ex nunc*, passando a vigorar a partir da data do ajuizamento da ação. Tal ação será julgada pelo tribunal que proferiu a decisão revisanda, sendo obrigatório a oitiva do Ministério Público do Trabalho, que atuará como fiscal da lei.

Esse artigo tem eficácia não apenas no tocante à revisão de sentenças normativas, podendo ser utilizado para revisão dos demais instrumentos extrajudiciais, tais como: acordos, convenções e contratos coletivos de trabalho, ressalvadas somente as matérias estranhas ao conteúdo do poder normativo da Justiça do Trabalho – participação nos lucros e resultados, banco de horas, compensação ou redução da jornada de trabalho etc.

(CLT interpretada: artigo por artigo, parágrafo por parágrafo/Costa Machado, organizador; Domingos Sávio Zainaghi, coordenador. - 8. cd. - Barueri, SP: Manole, 2017.; Curso de direito processual do trabalho / Renato Saraiva e Aryanna Manfredini. – 11. ed. rev., e atual. – Rio de Janeiro : Forense ; São Paulo : MÉTODO, 2014. ; Curso de direito processual do trabalho / Gustavo Filipe Barbosa Garcia. – 6ª ed. rev., atual. e ampl. – Rio de Janeiro: Forense, 2017.; Curso de direito processual do trabalho / Carlos Henrique Bezerra Leite. – 14. ed. de acordo com o novo CPC – Lei n.º 13.105, de 16-3-2015. – São Paulo : Saraiva, 2016.; Manual de direito processual do trabalho/Mauro Schiavi – 10. Ed. de acordo com Novo CPC. – São Paulo: LTr, 2016.)

CAPÍTULO V
DA EXECUÇÃO

SEÇÃO I
DAS DISPOSIÇÕES PRELIMINARES

Art. 876 - As decisões passadas em julgado ou das quais não tenha havido recurso com efeito suspensivo; os acordos, quando não cumpridos; os termos de ajuste de conduta firmados perante o Ministério Público do Trabalho e os termos de conciliação firmados perante as Comissões de Conciliação Prévia serão executados pela forma estabelecida neste Capítulo.

No âmbito da justiça do trabalho, são executados os títulos executivos judiciais explicitados na forma do "*caput*"deste artigo, são eles: a) O termo de ajustamento de conduta firmado perante o Ministério Público do Trabalho; b) Os termos de conciliação firmados perante as Comissões de Conciliação prévia; c) As multas emanadas pelos órgãos encarregados da fiscalização trabalhista.

Cabe ressaltar aqui que a Instrução Normativa n.° 39 do TST, editada quando do advento do CPC/2015 o qual é aplicado de forma supletiva, indica outros títulos executivos extrajudiciais, inclusive na esfera trabalhista: O cheque, e a nota promissória, ambos emitidos em reconhecimento de dívida exclusivamente de natureza trabalhista.

Por sua vez, o mencionado *caput* do artigo em comento, aduz sobre as sentenças transitadas em julgado, as quais são objeto de execução trabalhista definitiva, de modo que os valores ali executados podem ser entregues ao exequente, mas as decisões não transitadas em julgado, poderão ser objeto de execução provisória, nos termos do artigo 520 do CPC de 2015.

Ainda no referido artigo, temos os acordos não cumpridos, os quais já firmados e homologados em juízo, que possuem força de sentença transitada em julgado, constituindo-se em título executivo judicial, por força do artigo 831 da CLT.

Parágrafo único - A Justiça do Trabalho executará, de ofício, as contribuições sociais previstas na alínea 'a' do inciso I e no inciso II do *caput* do art. 195 da Constituição Federal, e seus acréscimos legais, relativas ao objeto da condenação constante das sentenças que proferir e dos acordos que homologar.

Trata-se da possibilidade para executar "*ex officio*" as contribuições sociais decorrentes das sentenças proferidas, e dos acordos homologados em juízo. Sendo assim, os magistrados promoverão a execução trabalhista das contribuições previdenciárias independentemente de requerimento dos interessados. A presente alteração regulamenta o entendimento sumulado previsto no inciso I da súmula n.º 368 do TST, na qual restou delimitada a competência da justiça do trabalho quanto à execução das contribuições previdenciárias, a qual limitar-se-á somente às sentenças condenatórias em pecúnia ali proferidas, e aos valores que forem objeto de acordos homologados, e que integrem o salário de contribuição do trabalhador.

Art. 877 - É competente para a execução das decisões o Juiz ou Presidente do Tribunal que tiver conciliado ou julgado originariamente o dissídio.

O presente artigo, define a competência para executar a sentença ou acordo homologado como sendo o juízo que a houver conciliado ou julgado de forma originária. Na justiça do trabalho a execução não é considerada como processo autônomo, mas como prosseguimento da ação de conhecimento, com vistas à celeridade processual. Vale ressaltar que o artigo não se refere ao princípio da identidade física do juiz, mas sim do prosseguimento da execução no mesmo juízo aonde tramitou a ação de conhecimento.

Art. 877-A - É competente para a execução de título executivo extrajudicial o juiz que teria competência para o processo de conhecimento relativo à matéria.

Aplica-se ao processo de execução de título extrajudicial, a mesma regra para definição da competência originária em processo de conhecimento, ou seja, em relação a matéria a ser discutida. Atualmente os títulos executivos extrajudiciais exequíveis na justiça do trabalho são: os termos de ajustamento de conduta firmados perante o Ministério Público do Trabalho, os termos de transação obtidos junto às Comissões de Conciliação Prévia, multas administrativas fixadas pelas Superintendências Regionais do Trabalho. Estas últimas tem sido aceitas pela jurisprudência majoritária a qual se fundamenta na EC n.º 45 de 2004. Verifica-se também a possibilidade de homologação do acordo extrajudicial celebrado pelas partes nos termos do artigo 855-B da CLT.

Art. 878. A execução será promovida pelas partes, permitida a execução de ofício pelo juiz ou pelo Presidente do Tribunal apenas nos casos em que as partes não estiverem representadas por advogado.

Via de regra, a execução, no processo do trabalho, é promovida pelas partes, mas caso estas não estejam devidamente representadas por advogado, o que se admite no processo do trabalho ante ao "jus postulandi", a execução poderá iniciar-se e prosseguir através de impulso oficial do magistrado de primeiro grau, ou do Presidente do Tribunal Regional do Trabalho em que trâmita o processo trabalhista. Além da possibilidade de promover a execução "ex officio" que o referido artigo prevê ao magistrado, cabe também a aplicação do rol previsto no § 1° do artigo 778 do CPC/2015, porém de forma sucessiva ao exequente originário, que independe de seu consenso (§ 2° do artigo 778 do CPC/2015), conforme entendimento doutrinário corrente.

Art. 878-A - Faculta-se ao devedor o pagamento imediato da parte que entender devida à Previdência Social, sem prejuízo da cobrança de eventuais diferenças encontradas na execução ex officio.

O artigo prevê a possibilidade na qual o devedor adianta-se ao fazer o pagamento da cota cabível ao INSS, antes da execução, ou em caso de execução em trâmite, a parte devedora não haver sido intimada para realizar o pagamento, fazendo a ressalva que mesmo adiantando-se à execução, a mesma não fica isenta das diferenças posteriormente apuradas pelo INSS, as quais serão exigidas em execução iniciada pelo magistrado.

Art. 879 - Sendo ilíquida a sentença exequenda, ordenar-se-á, previamente, a sua liquidação, que poderá ser feita por cálculo, por arbitramento ou por artigos.

A sentença que delimita os valores da condenação de forma objetiva, a serem pagos pela parte sucumbente, em moeda corrente é chamada de sentença líquida. Por esta razão torna-se célere o trâmite da execução em caso de sentença líquida, pois basta que a parte exequente apresente o cálculo devidamente atualizado, com os encargos previstos em lei, como juros e correção monetária, para que prossiga a execução que visa satisfazer a pretensão do exequente em relação ao cumprimento da sentença que tem a seu favor.

Referido dispositivo prevê a liquidação por cálculos, por artigos (Vide CPC/2015 – liquidação por procedimento comum) bem como por arbitramento. A primeira conceituação é exposta pelo dispositivo suplementar, ou seja, o CPC/2015 que prevê que a liquidação por cálculos se dá quando a fixação do valor da condenação depende apenas de operações aritméticas, a serem acompanhadas de memória de cálculo devidamente discriminada (Art. 509, § 2º do CPC/2015), na qual a parte exequente demonstra matematicamente como atingiu a quantia que pretende executar. Por sua vez, a liquidação por arbitramento (Art. 509 do CPC/2015) se dá quando há expressa previsão em sentença ou convenção das partes nesse sentido, podendo o juiz, neste último caso, indeferir o pedido caso entenda que a execução deva prosseguir mediante apresentação de cálculos. Ocorrendo essa espécie de liquidação (Quando a sentença é ilíquida, ou sem valor previamente delimitado em sentença), o juiz irá nomear um perito técnico que irá proceder com a elaboração dos cálculos e fixação dos valores.

Finalmente, encontramos no inciso II do artigo 509 do CPC/2015 a liquidação pelo procedimento comum (liquidação por artigos), a qual será utilizada nas hipóteses em que houver a necessidade de produção de novas alegações e apresentação de novos fatos, sendo assim o exequente apresenta em forma de petição, os artigos que justificam o seu pleito executório, possibilitando a apresentação de provas testemunhais, novos documentos ainda não apresentados, e demais provas pertinentes, abrindo-e prazo para a parte exequenda contestar os artigos referidos, e caso não o faça incidirá em revelia.

§ 1° - Na liquidação, não se poderá modificar, ou inovar, a sentença liquidanda, nem discutir matéria pertinente à causa principal.

Referido parágrafo visa garantir a impossibilidade das partes modificarem ou inovarem no que concerne a matéria da sentença proferida no processo de conhecimento. Tal medida proíbe a modificação do teor relativo à sentença liquidanda, caso contrário incorreria, inevitavelmente em instabilidade nas relações jurídicas.

§ 1°-A - A liquidação abrangerá, também, o cálculo das contribuições previdenciárias devidas.

Este parágrafo visa garantir o recolhimento das contribuições previdenciárias devidas, incluindo-as obrigatoriamente no cálculo de liquidação, aplicando-se, neste caso a previsão relativa especificamente no artigo 879, § 4° da CLT.

§ 1°-B - As partes deverão ser previamente intimadas para a apresentação do cálculo de liquidação, inclusive da contribuição previdenciária incidente.

As partes são responsáveis pela apresentação dos cálculos de liquidação das quantias que entenderem devidas, demonstrando assim a existência, ou não dos valores a serem liquidados, sem deixar de incluir as respectivas contribuições previdênciárias devidas ao INSS. A imputação desta responsabilidade às partes, vai de encontro direto ao artigo 142 do CTN, o qual imputa como competência exclusiva da autarquia calcular o total devido do tributo. Em momento após a apresentação dos cálculos pelas partes, o INSS deverá ser regularmente intimado a se manifestar sobre contribuições sociais ali previstas.

§ 2° - Elaborada a conta e tornada líquida, o Juiz deverá abrir às partes prazo comum de oito dias para impugnação fundamentada com a indicação dos itens e valores objeto da discordância, sob pena de preclusão.

Na nova redação do § 2° artigo 879, o juiz deve conceder o prazo comum de oito dias para as partes manifestarem-se, devendo as partes impugnarem de maneira específica cada erro encontrado nos cálculos da outra parte. A não observância do aludido prazo incorrerá na preclusão em relação a matéria dos cálculos.

§ 3° - Elaborada a conta pela parte ou pelos órgãos auxiliares da Justiça do Trabalho, o juiz procederá à intimação da União para manifestação, no prazo de 10 (dez) dias, sob pena de preclusão.

Diferente da antiga redação aonde a intimaçao seria para o INSS, agora a intimação será dirigida para a União, a qual irá se pronunciar sobre as contribuições sociais e em relação ao imposto de renda retido na fonte, sendo que a intimação deverá ser dirigida à Procuradoria Geral da República, nos termos do art. 16, §3° da Lei 11.457/2007.

§ 4° - A atualização do crédito devido à Previdência Social observará os critérios estabelecidos na legislação previdenciária.

Apesar da área trabalhista e previdenciária estarem intimamente ligadas, a atualização dos créditos sociais devidos ao INSS seguirão os ditâmes da legislação previdenciária.

§ 5° - O Ministro de Estado da Fazenda poderá, mediante ato fundamentado, dispensar a manifestação da União quando o valor total das verbas que integram o salário de contribuição, na forma do art. 28 da Lei n.° 8.212, de 24 de julho de 1991, ocasionar perda de escala decorrente da atuação do órgão jurídico.

Visando evitar manifestações sobre quantias irrisórias a união poderá isentar a manifestação de seus procuradores em demandas judiciais que possam vir a causar dispêndio desnecessário de trabalho em relação aos serviços prestados e a vantagem que seria auferida ao erário.

§ 6° - Tratando-se de cálculos de liquidação complexos, o juiz poderá nomear perito para a elaboração e fixará, depois da conclusão do trabalho, o valor dos respectivos honorários com observância, entre outros, dos critérios de razoabilidade e proporcionalidade.

Nas demandas com cálculos de liquidação complexos, que exigem conhecimento técnico elevado é facultado ao juíz a nomeação do "expert" para confecção desses calcúlos, o qual terá seus honorários fixados pelo juiz observando critérios de razoabilidade, proporcionalidade, tempo gasto, dedicação e grau de zêlo ali aplicados.

§ 7° - A atualização dos créditos decorrentes de condenação judicial será feita pela Taxa Referencial (TR), divulgada pelo Banco Central do Brasil, conforme a Lei no 8.177, de 1° de março de 1991.

Referido parágrafo veio consolidar a TR como indíce oficial para atualização dos créditos decorentes de condenação judicial trabalhista, colocando fim a discussão sobre a aplicabilidade do IPCA-E ou da TR.

SEÇÃO II
DO MANDADO E DA PENHORA

Art. 880 - Requerida a execução, o juiz ou presidente do tribunal mandará expedir mandado de citação do executado, a fim de que cumpra a decisão ou o acordo no prazo, pelo modo e sob as cominações estabelecidas ou, quando se tratar de pagamento em dinheiro, inclusive de contribuições sociais devidas à União, para que o faça em 48 (quarenta e oito) horas ou garanta a execução, sob pena de penhora.

§ 1° - O mandado de citação deverá conter a decisão exequenda ou o termo de acordo não cumprido.

§ 2° - A citação será feita pelos oficiais de diligência.

§ 3° - Se o executado, procurado por 2 (duas) vezes no espaço de 48 (quarenta e oito) horas, não for encontrado, far-se-á citação por edital, publicado no jornal oficial ou, na falta deste, afixado na sede da Junta ou Juízo, durante 5 (cinco) dias.

Homologados os cálculos, o juízo expedirá mandado de citação para que o executado faça o pagamento em 48 horas ou garanta a execução, sob pena de penhora.

Relembre-se, no entanto, que esse dispositivo não se aplica à Fazenda Pública, que, em razão da indisponibilidade do erário, deverá ser intimada para oposição de embargos em 30 dias, na forma do artigo 535 do Código de Processo Civil. Se o Poder Público houver sido condenado subsidiariamente – caso de terceirização, por exemplo – primeiramente a empresa, primeira reclamada, será citada na forma do artigo 880 e, caso não sejam encontrados valores ou bens, a Fazenda Pública será intimada para embargar a execução.

Art. 881 - No caso de pagamento da importância reclamada, será este feito perante o escrivão ou secretário, lavrando-se termo de quitação, em 2 (duas) vias, assinadas pelo exequente, pelo executado e pelo mesmo escrivão ou secretário, entregando-se a segunda via ao executado e juntando-se a outra ao processo.

Parágrafo único - Não estando presente o exequente, será depositada a importância, mediante guia, em estabelecimento oficial de crédito ou, em falta deste, em estabelecimento bancário idôneo.

Este artigo trata do pagamento do valor da dívida pelo devedor. Relembre-se que é possível ao devedor utilizar-se do parcelamento trazido pelo artigo 916 do Código de Processo Civil.

Art. 882. O executado que não pagar a importância reclamada poderá garantir a execução mediante depósito da quantia correspondente, atualizada e acrescida das despesas processuais, apresentação de seguro-garantia judicial ou nomeação de bens à penhora, observada a ordem preferencial estabelecida no art. 835 da Lei n° 13.105, de 16 de março de 2015 - Código de Processo Civil.

Houve reforma deste dispositivo pela Lei da Reforma Trabalhista (Lei Federal n.° 13.467/2017), possibilitando ao executado a garantia da execução através de seguro.

Art. 883 - Não pagando o executado, nem garantindo a execução, seguir-se-á penhora dos bens, tantos quantos bastem ao pagamento da importância da condenação, acrescida de custas e juros de mora, sendo estes, em qualquer caso, devidos a partir da data em que for ajuizada a reclamação inicial.

Quando não há pagamento, o juízo penhora os bens necessários para o pagamento da dívida, caso em que será observada a ordem preferencial do art. 835 do CPC, já tendo inclusive o TST decidido, em sua súmula 417, I, que "não fere direito líquido e certo do impetrante o ato judicial que determina penhora em dinheiro do executado para garantir crédito exequendo, pois é prioritária e obedece à gradação prevista no art. 835 do CPC de 2015". Neste sentido, o Poder Judiciário Trabalhista celebrou um convênio com o Banco Central e instituições financeira que possibilita o bloqueio "online" das contas do executado, o chamado "sistema Bacenjud".

Art. 883-A - A decisão judicial transitada em julgado somente poderá ser levada a protesto, gerar inscrição do nome do executado em órgãos de proteção ao crédito ou no Banco Nacional de Devedores Trabalhistas (BNDT), nos termos da lei, depois de transcorrido o prazo de quarenta e cinco dias a contar da citação do executado, se não houver garantia do juízo.

A Resolução Administrativa n.º 147/2011 do Tribunal Superior do Trabalho dispõe a respeito da inclusão do devedor no BNDT e da expedição da Certidão Negativa de Débitos trabalhistas, a qual comprova a inexistência de débito inadimplidos perante a Justiça do Trabalho.

O novo artigo, inserido pela Reforma Trabalhista, proíbe que antes de transcorridos 45 dias da citação do executado – e desde que a decisão tenha transitado em julgado, isso é, não cabe em execução provisória -seu nome seja incluído no BNDT.

SEÇÃO III
DOS EMBARGOS À EXECUÇÃO E DA SUA IMPUGNAÇÃO

Art. 884 - Garantida a execução ou penhorados os bens, terá o executado cinco dias para apresentar embargos, cabendo igual prazo ao exequente para impugnação.

O prazo para o devedor oferecer o seu contraditório quanto embargos do devedor sempre foi de cinco dias para o embargante privado. Para a fazenda pública o prazo é de 30 dias, a qual será intimada na pessoa de seu representante judicial, por carga, remessa ou meio eletrônico, para, querendo, dentro deste prazo e nos próprios autos, impugnar a execução. O termo inicial para a contagem do prazo para oferecimento dos embargos à execução é a data da intimação da penhora, e caso haja litisconsórcio passivo, após serem todos os executados intimados. Será contado a partir da ciência do executado, o processo tende a desenrolar-se com mais facilidade, eis que a parte interessada em defender deverá agir imediatamente, sob pena de ver sua oportunidade de defesa preclusa. Nos embargos só serão válidas se versarem sobre causas supervenientes à sentença. Pode, porém, o executado alegar a nulidade da sentença, por falta ou nulidade da citação, se a ação tiver corrido à sua revelia.

O prazo para oposição de embargos à execução começa a fluir da intimação da penhora. Havendo vários devedores, a intimação deverá ser feita a cada um dos executados. Após garantida a execução pelo executado em cindo dias, o exequente toma ciência dos cálculos homologados em seguida, intimado a apresentar sua impugnação pelo mesmo prazo, sendo de cinco dias.

Após diversos entendimentos divergentes, inclusive entre o Supremo Tribunal Federal e o pleno do Tribunal Superior do Trabalho, atualmente existe entendimento majoritário, tanto doutrinário quanto jurisprudencial, pela aplicação do prazo de 30 (trinta) dias para a interposição de embargos à execução pela fazenda pública.

O prazo para embargos na execução que se processa contra a Administração Pública é doutrinariamente entendido como de 30 dias. Entende-se, por sua vez, ser de 30 dias o prazo para impugnação aos embargos à execução fiscal (Lei n.º 6.830/1980, art. 17).

§ 1º - A matéria de defesa será restrita às alegações de cumprimento da decisão ou do acordo, quitação ou prescrição da dívida.

Em sede de embargos à execução a matéria de defesa será restrita as alegações de cumprimento da decisão ou do acordo, quitação ou, inclusive, da própria prescrição do crédito trabalhista. O posicionamento dos tribunais trabalhistas sobre o tema está se direcionando pela aplicação da prescrição intercorrente na execução trabalhista. O Tribunal Regional do Trabalho da 2ª Região, em São Paulo e o Tribunal Superior do Trabalho recente reconheceram a ocorrência da prescrição intercorrente na execução do crédito trabalhista frente a inércia do credor que deixou paralisada a execução por mais de cinco anos. Os empregadores e também os sócios de pessoas jurídicas com execuções trabalhistas em curso contra si devem ficar atentos a este posicionamento e fazer valer a prescrição intercorrente quando for o caso, estimulando a segurança jurídica. A prescrição intercorrente não pode ser afastada do âmbito do processo trabalhista, deve ser observada, de maneira estrita, nos casos em que não há mais expectativa de sucesso no processo executivo, aliado ao fato de inércia da parte exequente em situações que cabe a ela impulsionar o feito. Por mais que o crédito do trabalhador possua caráter alimentar, tal razão, por si só, não afasta a necessária ponderação com a razoável duração dos processos. Ainda que maciçamente tal prescrição atingirá os créditos em processos executivos individuais, consoante demonstrado, caso seja fadado ao fracasso, o processo deve ter seu desfecho com a decretação da prescrição intercorrente.

§ 2° - Se na defesa tiverem sido arroladas testemunhas, poderá o juiz ou o presidente do Tribunal, caso julgue necessários seus depoimentos, marcar audiência para a produção das provas, a qual deverá realizar-se dentro de cinco dias.

Os embargos à execução é uma ação do embargante contra o embargado, se os embargos não forem indeferidos na liminar, abrirá vistas para a parte contrária para que apresente seus argumentos, respeitando a ampla defesa e o contraditório. Permitindo assim ainda todos os meios legais admitidos, como prova testemunhal, pericial. Caso o juiz julgue necessário e respeitando o número de testemunhas previsto para o processo de conhecimento, irá designar audiência para produção de provas com intuito de obter os depoimentos das testemunhas arroladas, no prazo de cinco dias.

§ 3° - Somente nos embargos à penhora poderá o executado impugnar a sentença de liquidação, cabendo ao exequente igual direito e no mesmo prazo.

O prazo do exequente se inicia com a ciência da sentença de liquidação dentro de cinco dias para a executada opor embargos à execução com início da garantia do juízo. Começa a fluir no momento em que toma ciência inequívoca da garantia da execução, da penhora, ou do pagamento, cabendo prazo igual ao exequente para impugnar a sentença de liquidação. O juiz, na mesma sentença, julga os embargos do devedor e a impugnação do credor. O levantamento pelo exequente, autorizado pelo juiz, do depósito em dinheiro do montante da execução, não prejudica o seu direito de impugnar a liquidação, desde que o faça dentro do prazo. Sendo que se o exequente, intimado dos cálculos, antes de decisão homologatória e de qualquer procedimento de constrição sobre os bens do executado, alertado sobre a cominação da preclusão, deixa transcorrer o prazo de 10 dias sem se pronunciar, perderá o direito de impugnar devido a preclusão do direito. Os embargos, no Processo do Trabalho, podem ser rejeitados quando apresentados fora do prazo legal (CLT, art. 884/CLT), quando a matéria de defesa exceder as alegações de cumprimento da decisão ou do acordo, quitação ou prescrição da dívida (CLT, art. 884, parágrafo 2o.).

§ 4° - Julgar-se-ão na mesma sentença os embargos e as impugnações à liquidação apresentadas pelos credores trabalhista e previdenciário.

No § 4° do artigo 884 da CLT os embargos da executada e as impugnações do credor trabalhista e previdenciário serão julgados e apresentados em uma única sentença. Será analisado tanto a impugnação à sentença de liquidação quanto aos embargos à execução, de modo que será decidido até mesmo as controvérsias que envolve a contribuição do INSS. Este artigo supra tem redação dada pela Lei n.° 10.035, de 25.10.2000 que assegura ao INSS o direito de impugnar a sentença homologatória dos cálculos de liquidação da sentença em que figurem créditos previdenciários. O prazo para embargos tem início após a citação. De acordo com o artigo 918 do NCPC, aplicável subsidiariamente ao processo do trabalho, o juiz poderá rejeitar os embargos à execução quando forem apresentados fora do prazo, a petição inicial for indeferida por inépcia e quando forem manifestamente protelatórios. Foi óbvio a intenção do legislador de unificar o prazo das partes para as impugnações dos credores e para agravarem de petição a decisão que julgar os embargos do devedor, de forma que também em um só acórdão sejam julgados os recursos das partes e de terceiros, prestigiando o princípio da unicidade dos atos processuais, da celeridade e da economia processual, evitando assim que os autos subam ao Tribunal a cada decisão proferida no Juízo a quo.

§ 5º - Considera-se inexigível o título judicial fundado em lei ou ato normativo declarados inconstitucionais pelo Supremo Tribunal Federal ou em aplicação ou interpretação tidas por incompatíveis com a Constituição Federal.

A inexigibilidade do título judicial fundado em lei ou ato normativo declarado inconstitucional pelo STF ou em aplicação ou interpretação tidas por incompatíveis com a CF só terá lugar se o acórdão do STF com efeito *erga ommes* tiver transitado em julgado da sentença que se pretende executar. Se o Supremo Tribunal Federal proferir decisão para o caso concreto, a inexigibilidade do título terá efeito após o Senado Federal despachar resolução interrompendo temporariamente a execução da lei ou do ato normativo em todo território nacional e se tal proferimento tiver ocorrido antes do trânsito em julgado da sentença exequenda. A executividade de um título judicial decorre do trânsito em julgado da sentença, a qual só se desconstitui mediante ação rescisória.

§ 6º - A exigência da garantia ou penhora não se aplica às entidades filantrópicas e/ou àqueles que compõem ou compuseram a diretoria dessas instituições.

As entidades filantrópicas, pessoas jurídicas que prestam serviços à sociedade em prol aos mais desprovidos, e que não possui a finalidade de obtenção de lucro e nem remunera seus dirigentes e também os seus membros que fazem ou fizeram parte de uma diretoria compondo ou dirigindo essas instituições, presididos por um diretor ou presidente, poderão propor embargos à execução em juízo sendo excluídos do oferecimento de garantia ou de bens à penhora em causas trabalhistas. Diminui assim as possibilidades de efetividade da execução, em prejuízo do reclamante, privilegiando as entidades filantrópicas.

SEÇÃO IV
DO JULGAMENTO E DOS TRÂMITES FINAIS DA EXECUÇÃO

Art. 885 - Não tendo sido arroladas testemunhas na defesa, o juiz ou presidente, conclusos os autos, proferirá sua decisão, dentro de 5 (cinco) dias, julgando subsistente ou insubsistente a penhora.

Nesta fase, normalmente não são apresentadas testemunhas e quando isso ocorre os autos deverão ir conclusos ao juiz para proferir decisão, quando a matéria dos embargos à execução ou da impugnação a sentença de liquidação versar exclusivamente sobre matéria de direito, documental ou pericial. Neste momento, o juiz irá proferir a decisão, julgando subsistente ou insubsistente a garantia do juízo.

Art. 886 - Se tiverem sido arroladas testemunhas, finda a sua inquirição em audiência, o escrivão ou secretário fará, dentro de 48 (quarenta e oito) horas, conclusos os autos ao juiz ou presidente, que proferirá sua decisão, na forma prevista no artigo anterior.

§ 1° Proferida a decisão, serão da mesma notificadas as partes interessadas, em registrado postal, com franquia.

§ 2° Julgada subsistente a penhora, o juiz ou presidente mandará proceder logo à avaliação dos bens penhorados.

Em caso de ser apresentado rol de testemunhas, será designada uma audiência de instrução para oitiva das mesmas, a qual deverá ser realizada no prazo de 5 (cinco) dias, conforme preceitua o artigo 884, § 2°, da Consolidação das Leis do

Trabalho. Findando a inquirição dos depoimentos, os autos serão conclusos para prolação da sentença, conforme citado no artigo anterior.

Após ser proferida a decisão, o juiz determinará a intimação das partes, intimação esta que poderá ser feita por meio postal ou pelo Diário Oficial, abrindo-se assim, o prazo de 8 (oito) dias para interposição do Agravo de Instrumento.

Proferida a decisão, e sendo julgada subsistente a penhora, será feita a avaliação dos bens por oficiais de justiça avaliadores, conforme determina os artigos 721 da Consolidação das Leis do Trabalho.

Art. 887 - A avaliação dos bens penhorados em virtude da execução de decisão condenatória, será feita por avaliador escolhido de comum acordo pelas partes, que perceberá as custas arbitradas pelo juiz, ou presidente do tribunal trabalhista, de conformidade com a tabela a ser expedida pelo Tribunal Superior do Trabalho.

§ 1° Não acordando as partes quanto à designação de avaliador, dentro de cinco dias após o despacho que o determinou a avaliação, será o avaliador designado livremente pelo juiz ou presidente do tribunal.

§ 2° Os servidores da Justiça do Trabalho não poderão ser escolhidos ou designados para servir de avaliador.

O artigo em comento e seus parágrafos foram tacitamente revogados pelo art. 3° da Lei n.° 5.584/1970, o qual instituiu a substituição da figura do avaliador pelo oficial de justiça avaliador, cujas funções estão descritas no art. 721 da CLT, sendo uma das funções, a avaliação dos bens.

Art. 888 - Concluída a avaliação, dentro de 10 (dez) dias, contados da data da nomeação do avaliador, seguir-se-á a arrematação que será anunciada por edital afixado na sede do Juízo ou Tribunal e publicado no jornal local, se houver, com a antecedência de 20 (vinte) dias.

§ 1° - A arrematação far-se-á em dia, hora e lugar anunciados e os bens serão vendidos pelo maior lance, tendo o exequente preferência para a adjudicação.

§ 2° - O arrematante deverá garantir o lance com o sinal correspondente a 20% (vinte por cento) do seu valor.

§ 3° - Não havendo licitante, e não requerendo o exequente a adjudicação dos bens penhorados, poderão os mesmos ser vendidos por leiloeiro nomeado pelo juiz ou presidente.

§ 4° - Se o arrematante, ou seu fiador, não pagar dentro de 24 (vinte e quatro) horas o preço da arrematação, perderá, em benefício da execução, o sinal de que trata o § 2° deste artigo, voltando à praça os bens executados.

Após ser realizada a avaliação dos bens pelo Oficial de Justiça avaliador, realizar-se-á a alienação dos bens, a qual serve para dar efetiva prestação jurisdicional ao exequente, sendo necessário para tanto, a publicidade do ato mediante edital fixado na sede do Juízo e em jornal local com grande circulação, e com antecedência mínima de 20 (vinte) dias, ressalte-se que em caso de descumprimento de tais requisitos, poderá ocorrer a nulidade dessa fase processual. Importante mencionar que no edital deverá constar a data, horário e local da hasta pública, com todas as informações essenciais acerca do bem a ser alienado.

Na justiça do trabalho a primeira tentativa para alienar os bens é chamada de praça, onde os bens são propostos para alienação através de hasta publica, e o lance nesta fase não poderá ser inferior a avaliação proposta. Não sendo arrematado o bem, passará para a segunda praça, a qual é chamada de leilão, onde poderá ser arrematado por valor menor ao da avaliação, desde que não seja considerado pelo juiz como preço vil (art. 891 do CPC).

Outrossim, conforme preceitua o § 1° do dispositivo em referência, o exequente poderá adjudicar o bem antes da assinatura do auto de arrematação, sendo esta uma forma de satisfação do crédito do exequente, onde o mesmo incorpora o bem ao seu patrimônio, levando-se em conta o valor da avaliação do bem.

Importante mencionar, que há possibilidade do executado remir a dívida, satisfazendo na integralidade o crédito do exequente, conforme prevê o artigo 13 da Lei 5.584/1970, onde o executado poderá ter o bem de volta ao seu patrimônio, desde que essa remição seja feita no prazo de 24 horas anteriores a assinatura do auto de arrematação.

Sendo arrematado o bem, o § 2° prevê a obrigatoriedade pelo arrematante, de um depósito no importe de 20% (vinte por cento) do valor da arrematação, como forma de garantia de que o valor integral será devidamente quitado no prazo de 24 (vinte e quatro) horas.

Caso o bem não seja adjudicado pelo exequente e nem ocorrer a remição pelo executado, o mesmo irá para a primeira praça, o qual não é feito por leiloeiro oficial, e poderá ser alienado por qualquer lance, mas dependendo do bem, poderá o juiz requerer a presença de leiloeiro oficial.

Por fim, caso o valor da arrematação não seja totalmente quitado no prazo de 24 (vinte e quatro) horas, o sinal de 20% (vinte por cento) depositado pelo arrematante será integralizado a execução, sendo este perdido pelo mesmo, utilizando-se este valor para quitar parte do crédito do exequente, sendo assim, designada nova praça, estando o arrematante e seu fiador proibidos de participarem com novos lances.

Art. 889. Aos trâmites e incidentes do processo da execução são aplicáveis, naquilo em que não contravierem ao presente Título, os preceitos que regem o processo dos executivos fiscais para a cobrança judicial da dívida ativa da Fazenda Pública Federal.

A fase de execução está prevista na CLT nos artigos 876 a 892, e por não ser um número de artigos significativo, é possível a existência de lacunas, e deste modo, o artigo em comento autoriza em caso de omissão, a aplicação da Lei 5.584/1970, e se mesmo com a aplicação da referida lei, a omissão persistir pode-se recorrer a aplicação da Lei 6.830/80, a qual prevê o trâmite para execuções fiscais para cobrança judicial da dívida ativa da Fazenda Pública Federal, sendo esta Lei, fonte subsidiária das leis trabalhistas.

E mesmo assim, não sendo sanada a omissão, a própria Lei 6.830/80 aponta o Código de Processo Civil como fonte subsidiária, conforme estabelece seu art. 1°, em que "*A execução judicial para cobrança da Dívida Ativa da União, dos Estados, do Distrito Federal, dos Municípios e respectivas autarquias será regida por esta Lei e, subsidiariamente, pelo Código de Processo Civil*", estando também o Código de Processo Civil autorizado como fonte subsidiária das leis trabalhistas no art. 769 da CLT.

Art. 889-A - Os recolhimentos das importâncias devidas, referentes às contribuições sociais, serão efetuados nas agências locais da Caixa Econômica Federal ou do Banco do Brasil S.A., por intermédio de documento de arrecadação da Previdência Social, dele se fazendo constar o número do processo.

§ 1° Concedido parcelamento pela Secretaria da Receita Federal do Brasil, o devedor juntará aos autos a comprovação do ajuste, ficando a execução da contribuição

social correspondente suspensa até a quitação de todas as parcelas.

§ 2° As Varas do Trabalho encaminharão mensalmente à Secretaria da Receita Federal do Brasil informações sobre os recolhimentos efetivados nos autos, salvo se outro prazo for estabelecido em regulamento.

Os recolhimentos a título previdenciário devem ser realizados as agências autorizadas pela Justiça do Trabalho (Caixa Econômica Federal e Banco do Brasil) por guia própria, com número completo dos autos.

No caso de parcelamento da dívida perante a Receita Federal do Brasil, a execução dos débitos previdenciários e fiscais em trâmite na justiça do trabalho será suspensa até a quitação do débito, mediante a comprovação do deferimento do parcelamento, retornando o prosseguimento da execução em caso de descumprimento.

Por fim, as Varas do Trabalho são responsáveis pelo encaminhamento mensal das cópias das guias devidamente quitadas a Receita Federal do Brasil.

SEÇÃO V
DA EXECUÇÃO POR PRESTAÇÕES SUCESSIVAS

Art. 890 - A execução para pagamento de prestações sucessivas farse-á com observância das normas constantes desta Seção, sem prejuízo das demais estabelecidas neste Capítulo.

O referido artigo estabelece a possibilidade de execução por prestações sucessivas, podendo ser prestações por prazo determinando ou indeterminado.

Art. 891 - Nas prestações sucessivas por tempo determinado, a execução pelo não-pagamento de uma prestação compreenderá as que lhe sucederem.

Este artigo trata das prestações sucessivas por tempo determinado, trazendo como consequência em caso de não pagamento de uma das prestações, o vencimento antecipado das parcelas subsequentes, com a aplicação da cláusula penal acordada, neste caso, pode utilizar como exemplo os acordos homologados em juízo com diversas parcelas.

Art. 892 - Tratando-se de prestações sucessivas por tempo indeterminado, a execução compreenderá inicialmente as prestações devidas até a data do ingresso na execução.

No caso das execuções por prestações sucessivas por prazo indeterminado, serão consideradas as parcelas vencidas até o inicio da execução, considerando inclusive as prestações vencidas quando da publicação da sentença, sendo que as prestações vincendas deverão ser incluídas uma a uma no curso da execução de acordo com o prazo para adimplemento das mesmas.

CAPÍTULO VI
DOS RECURSOS

Art. 893 - Das decisões são admitidas os seguinte recursos:

O erro é algo normal da natureza humana, o que muitas vezes acarreta julgamentos injustos, motivo esse, que nos leva questionarmos as decisões que contrariam as nossas vontades. De origem latina a palavra recurso, significa regressar, recuar, voltar atrás, pedir ajuda. Na ótica jurídica, recurso é a ferramenta processual previsto no ordenamento jurídico, disponível a parte vencida, do terceiro interessado e do Ministério Público, possibilitando o reexame buscando a reforma ou a modificação de uma decisão, na mesma demanda, quer pelo mesmo órgão que proferiu, quer por órgão hierarquicamente superior. A natureza jurídica do recurso é direito subjetivo processual, sendo resultado do direito de ação. É admitido a interposição de recurso adesivo, conforme a súmula 283 do TST (art. 997, § 2º, CPC/2015), nas hipóteses de recurso ordinário, recurso de revista, recurso de embargos e agravo de petição, conforme dispõe a Súmula 283 do TST. Em regra, no processo do trabalho, os recursos são dotados apenas do efeito devolutivo, não possuindo assim efeito suspensivo, desse modo permite ao credor a execução provisória, conforme o art. 899 da CLT.

I - embargos;

O recurso de embargos é a suplica técnica interposta contra as decisões prolatadas pelo TST em dissídio coletivo (art. 894,1, 'a' da CLT) ou contra decisões de turmas divergentes entre si ou decisões proferidas pela Seção de Dissídios Individuais, também contra decisões contrárias à súmula ou orientação jurisprudencial do TST ou súmula vinculante do STF (art. 894, II, da CLT).

II - recurso ordinário;

O recurso ordinário é o tratamento jurídico contra decisões terminativas ou definitivas proferidas em primeira instância, incluindo as ações de competência originária dos TRTs (art. 895 da CLT).

III - recurso de revista;

O recurso de revista é a medida cabível contra as decisões proferidas pelos TRTs, com intuito de uniformizar a jurisprudência (art. 896 da CLT).

IV - agravo.

No processo trabalhista existem dois tipos de agravo: de petição, admitido contra as decisões proferidas em fase de execução (art. 897, 'a', da CLT), e o de instrumento, utilizado contra despachos que indeferem seguimento a recursos (art. 897, b, da CLT).

§ 1° - Os incidentes do processo são resolvidos pelo próprio Juízo ou Tribunal, admitindo-se a apreciação do merecimento das decisões interlocutórias somente em recursos da decisão definitiva.

No processo trabalhista não se admite recurso contra decisão interlocutória, exceto nas hipóteses de decisões de TRT que contrariam a súmula ou OJ do TST, propensos de impugnação por recurso para o mesmo tribunal ou que acolhem exceção de incompetência territorial, com a remessa dos autos para o Tribunal Regional diferente daquele a que está vinculado o juízo excepcionado (art. 799, § 2º, da CLT), conforme entendimento consolidado na Súmula 214 do TST.

§ 2º - A interposição de recurso para o Supremo Tribunal Federal não prejudicará a execução do julgado.

O legislador concedeu ao recurso extraordinário (art. 102, III, da CF) o efeito exclusivamente devolutivo, igualando todos os recursos trabalhistas (art. 899 da CLT). Assim, possibilitando a execução provisória do julgado, inclusive nas hipóteses de recurso extraordinário ao STF (Súmula 505 do STF).

Art. 894 - No Tribunal Superior do Trabalho cabem embargos, no prazo de 8 (oito) dias:

O recurso de embargos ao TST é uma espécie de recurso interno, uma vez que nasce e morre no mesmo Tribunal. Trata-se de recurso técnico, de feição extraordinária, admitido contra decisões diferentes proferidas pelo TST em dissídio coletivo ou contra decisões de turmas divergentes entre si ou decisões proferidas pela Seção de Dissídios Individuais, também contra decisões contrárias à súmula ou orientação jurisprudencial do TST ou súmula vinculante do STF (redação dada pela Lei 13.015/2014). Por isso, é um recurso cabível contra decisões proferidas pelo próprio TST, com objetivo de uniformizar a jurisprudência do referido Tribunal. Não se aplica ao recurso de embargos o art. 899 da CLT, por se tratar de caráter extraordinário, devendo, assim, ser fundamentado. Importante frisar que a decisão capaz de ensejar recurso de embargos será sempre colegiada, conforme OJ 378 da SDI-1 do TST. É necessário o pagamento de custas processuais e depósito recursal, até o limite da condenação. O prazo é de 8 (oito) dias. Com o cancelamento da Súmula 434 do Col. TST (Resolução 198/2015), bem como o art. 218, § 4º, do CPC/2015, o ato processual praticado antes do termo inicial passou a ser considerado tempestivo. Por se tratar de apelo técnico, não é permitido revisão de fatos e provas, somente matéria de direito (Súmula 126 do TST). Destacamos que para a interposição do recurso é indispensável que a parte esteja representada por advogado, conforme Súmula 425 do TST. A admissibilidade do recurso é feita pelo Ministro Presidente do TST e, depois, pela Seção de Dissídios Coletivos (tratando-se de embargos infringentes) ou Individuais (tratando-se de embargos de divergência) com a análise do mérito.

I - de decisão não unânime de julgamento que:

O referido inciso analisa os chamados embargos infringentes. Este só será admitido contra decisões não unânimes.

a) conciliar, julgar ou homologar conciliação em dissídios coletivos que excedam a competência territorial dos Tribunais Regionais do Trabalho e estender ou rever as sentenças normativas do Tribunal Superior do Trabalho, nos casos previstos em lei.

Com a finalidade de acelerar os processos trabalhistas, o legislador minimizou as possibilidades de cabimento dos embargos infringentes, perante a Seção de Dissídios Coletivos, limitando-o apenas contra decisões não unânimes, que conciliem, julguem ou homologuem conciliação em dissídios coletivos que excedam a competência territorial dos TRTs, como também aquelas que estenderem ou revirem as sentenças normativas do próprio TST, nos casos determinados em lei.

II - das decisões das Turmas que divergirem entre si ou das decisões proferidas pela Seção de Dissídios Individuais, ou contrárias a súmula ou orientação jurisprudencial do Tribunal Superior do Trabalho ou súmula vinculante do Supremo Tribunal Federal.

O dispositivo trata dos embargos de divergência, opostos ante a Seção de Dissídios Individuais, com objetivo de uniformizar a jurisprudência do TST. São hipóteses de cabimento às decisões de Turmas que divergirem entre si, ou decisões prolatadas pela SDI, ou ainda, decisões contrárias à súmula ou orientação jurisprudencial do TST e, também, contrárias à súmula vinculante do STF. Da nova redação dada pela lei 13.015/2014 ao inciso em análise destacam-se dois pontos. Primeiro: a supressão da interposição do recurso no caso de a decisão recorrida estar em concordância com orientação jurisprudencial do STF. Com isso, caso a decisão recorrida esteja em consonância com orientação jurisprudencial do STF, não será admitido a interposição do recurso de embargos ao TST. Segundo, refere-se a alteração legislativa que incluiu a hipótese de utilização do recurso de embargos contra decisão contrária à sumula vinculante do STF. Não será admito o recurso de embargos divergentes quando a decisão recorrida estiver em harmonia com súmula ou OJ do TST. Igualmente, não será admitido o referido recurso quando se trata de decisão divergente da mesma Turma do TST (OJ 95 da SDI-1 do TST). A comprovação da divergência deve atender à Súmula 337 do TST. Conforme a Súmula 458 do TST é cabível o recurso de embargos divergentes também no rito sumaríssimo.

Parágrafo único - (revogado)

§ 2° - A divergência apta a ensejar os embargos deve ser atual, não se considerando tal a ultrapassada por súmula do Tribunal Superior do Trabalho ou do Supremo Tribunal Federal, ou superada por iterativa e notória jurisprudência do Tribunal Superior do Trabalho.

O referido parágrafo é réplica, de certa forma, do conteúdo da Súmula 333 do TST (sobre o recurso de revista), ajustando-o ao recurso de embargos. Outra novidade legislativa é a inserção de súmula (vinculante ou não) do STF como fato impeditivo para configuração da atualidade de divergência jurisprudencial, fato que, na prática, já era adotado pelos Tribunais. Destacam-se, também, as Súmulas 296 (especificidade de divergência jurisprudencial) e 337 (comprovação de divergência jurisprudencial), ambas do TST, pois guardam relação com a redação do parágrafo em apreciação.

§ 3º - O Ministro Relator denegará seguimento aos embargos:

Outra novidade legislativa é o comando imperativo, trazida pela Lei 13.015/2014, para que o ministro relator do recurso de embargos ao TST denegue seguimento ao apelo, nas hipóteses discriminadas nos incisos I e II, a seguir mencionados. Logo, não cabe ao ministro relator escolher admitir ou não o recurso caso este se enquadre em uma das hipóteses dos incisos I e II, pois o verbo "denegar" fora utilizado pelo legislador com caráter imperativo, obrigando, o ministro relator denegar seguimento ao apelo.

I - se a decisão recorrida estiver em consonância com súmula da jurisprudência do Tribunal Superior do Trabalho ou do Supremo Tribunal Federal, ou com iterativa, notória e atual jurisprudência do Tribunal Superior do Trabalho, cumprindo-lhe indicá-la;

Será denegado pelo ministro relator o seguimento ao recurso de embargos quando a decisão recorrida estiver de acordo com súmula ou orientação jurisprudencial do TST ou do STF. Igualmente, será denegado andamento ao recurso de embargos quando a decisão recorrida se encontrar em consonância com iterativa, notória e atual jurisprudência do TST, devendo o ministro relator indicá-la. O referido inciso reproduz, de certa maneira, o mesmo conteúdo da Súmula 333 do TST (referente ao recurso de revista), adequando-a ao recurso de embargos.

II - nas hipóteses de intempestividade, deserção, irregularidade de representação ou de ausência de qualquer outro pressuposto extrínseco de admissibilidade.

Caberá o ministro relator denegar andamento ao recurso de embargos nos casos em que o apelo não preencher os pressupostos de admissibilidade. Para exercer sua faculdade de recorrer a parte devera observar os pressupostos de ordem objetiva e subjetiva. Pressupostos de ordem objetiva: a previsão legal (só será adminitida a interposição de recurso que esteja previsto em lei); o cabimento (o recurso apresentado deverá ser adequado à decisão impugnada); a tempestividade (o recurso deve ser interposto no prazo da lei); o preparo (trata-se do recolhimento das custas processuais - pagas pela parte vencida, e do depósito recursal); e regularidade de representação (o recurso de embargos deve ser interposto por advogado devidamente constituído nos autos). Pressupostos de ordem subjetiva: a legitimidade (possuem legitimidade para recorrer às partes na relação processual, o terceiro interessado e o Ministério Público; o sindicato também possui legitimidade para recorrer nos casos em que atua em nome próprio ou como substituto processual); a capacidade (só poderá recorrer quem tem capacidade de estar em juízo); e o interesse (demonstrado pela situação jurídica desfavorável decorrente da decisão proferida).

§ 4º - Da decisão denegatória dos embargos caberá agravo, no prazo de 8 (oito) dias.

Sendo denegado seguimento ao recurso de embargos, poderá a parte questionar a decisão do ministro relator por meio do recurso de agravo, no prazo de oito dias, conforme Regimento Interno do TST. Destacamos que, nos termos do art. 93, IX, da CR, toda decisão deverá ser fundamentada, sob pena de nulidade, inclusive a decisão que denega seguimento ao recurso.

Art. 895 - Cabe recurso ordinário para a instância superior:

O Recurso Ordinário equivale à Apelação no Processo Civil. O *caput* garante o princípio do duplo grau de jurisdição, consagrado no Pacto de São José da Costa Rica em seu art. 8º, item 2, h, o qual equivale a Emenda Constitucional por força do art. 5º, § 3º da Constituição Federal, vez que foi promulgado por meio do decreto n.º 678/92. Diz o dispositivo do referido tratado que durante o processo, toda pessoa tem direito de recorrer da sentença para juiz ou Tribunal superior.

Tem efeito devolutivo, vez que toda a matéria de direito e de fato é passível de apreciação pelo Tribunal *ad quem*. Aplica-se ao Recurso Ordinário a teoria da causa madura, importada do art. 1013, §§ 3º e 4º do NCPC, segundo a qual não havendo mais necessidade de dilação probatória, o TRT competente pode decidir o mérito nas hipóteses previstas no art. 1013, § 3º do NCPC.

I - Das decisões definitivas ou terminativas das Varas e Juízos, no prazo de 8 (oito) dias;

Cabe Recurso Ordinário das decisões com ou sem julgamento de mérito em primeiro grau, nos termos dos arts. 487 e 485 do NCPC, respectivamente, e deverá ser interposto no prazo de oito dias, havendo interposição perante o juízo *a quo*, que pode ser uma Vara do Trabalho ou uma Vara Comum, nos termos do art. 112 da Constituição Federal, e as razões devem ser endereçadas ao Tribunal Regional do Trabalho competente.

II - Das decisões definitivas ou terminativas dos Tribunais Regionais, em processos de sua competência originária, no prazo de 8 (oito) dias, quer nos dissídios individuais, quer nos dissídios coletivos.

Cabe Recurso Ordinário das decisões com ou sem julgamento de mérito prolatadas pelos Tribunais Regionais em processos de competência originária, tanto nos dissídios individuais quanto coletivos. O prazo para sua interposição é de oito dias, com interposição perante o TRT e razões endereçadas ao TST.

§ 1º - Nas reclamações sujeitas ao procedimento sumaríssimo, o recurso ordinário:

Pelo fato das Reclamações Trabalhistas sujeitas ao rito sumaríssimo terem como finalidade uma maior celeridade e informalidade, o Recurso Ordinário em tal procedimento terá certas peculiaridades no mesmo sentido.

I – VETADO

O referido inciso foi vetado por limitar de maneira severa o duplo grau de jurisdição, conforme a mensagem n.º 75/2000.

II - Será imediatamente distribuído, uma vez recebido no Tribunal, devendo o relator liberá-lo no prazo máximo de dez dias, e a Secretaria do Tribunal ou Turma colocá-lo imediatamente em pauta para julgamento, sem revisor;

Diante da necessidade de celeridade no referido rito, O Recurso deve ter distribuição imediata assim que recebido no segundo grau, sendo liberado em no máximo dez dias, de modo que a Secretaria coloca em pauta para julgamento sem revisor exatamente por conta da celeridade.

III - Terá parecer oral do representante do Ministério Público presente à sessão de julgamento, se este entender necessário o parecer, com registro na certidão;

Mais uma vez, a figura da celeridade se faz presente pelo parecer oral por parte do Ministério Público, caso seja necessário.

IV - Terá acórdão consistente unicamente na certidão de julgamento, com a indicação suficiente do processo e parte dispositiva, e das razões de decidir do voto prevalente. Se a sentença for confirmada pelos próprios fundamentos, a certidão de julgamento, registrando tal circunstância, servirá de acórdão.

Assim como a sentença em rito ordinário, o acórdão também é simplificado, sendo mais informal em relação ao acórdão nos demais ritos. Basta os dados essenciais para sua identificação e a fundamentação do voto vencedor. Na hipótese de confirmação de sentença, uma certidão de julgamento registrando tal fato servirá como acórdão.

§ 2º - Os Tribunais Regionais, divididos em Turmas, poderão designar Turma para o julgamento dos recursos

ordinários interpostos das sentenças prolatadas nas demandas sujeitas ao procedimento sumaríssimo.

Com a finalidade de cumprir com a celeridade inerente ao rito sumaríssimo, os TRTs podem designar uma Turma em específico para julgar os Recursos Ordinários nesses casos, evitando, assim, que o disposto no § 1°, II do presente dispositivo legal não seja cumprido.

Art. 896 - Cabe Recurso de Revista para Turma do Tribunal Superior do Trabalho das decisões proferidas em grau de recurso ordinário, em dissídio individual, pelos Tribunais Regionais do Trabalho, quando:

O Recurso de Revista é um recurso de natureza extraordinária, vez que tem como objetivo a apreciação de matéria de direito, única e exclusivamente. É cabível apenas das decisões de Recurso Ordinário em sede de dissídios individuais.

a) derem ao mesmo dispositivo de lei federal interpretação diversa da que lhe houver dado outro Tribunal Regional do Trabalho, no seu Pleno ou Turma, ou a Seção de Dissídios Individuais do Tribunal Superior do Trabalho, ou contrariarem súmula de jurisprudência uniforme dessa Corte ou súmula vinculante do Supremo Tribunal Federal;

Cabe Recurso de Revista quando TRTs distintos, por suas Turmas ou seu Pleno, assim como a Seção de Dissídios Individuais do TST, tratando de um mesmo dispositivo de Lei Federal, derem interpretação diversa a este ou decidirem contra súmulas ou OJs do TST, ou, ainda, em discrepância com súmula vinculante do STF. Interpretações divergentes de um mesmo dispositivo legal devem ser uniformizadas para trazer segurança jurídica aos jurisdicionados.

b) derem ao mesmo dispositivo de lei estadual, Conven-

ção Coletiva de Trabalho, Acordo Coletivo, sentença normativa ou regulamento empresarial de observância obrigatória em área territorial que exceda a jurisdição do Tribunal Regional prolator da decisão recorrida, interpretação divergente, na forma da alínea a;

É cabível Recurso de Revista quando os Tribunais e a SDI da alínea *a)* quando houver interpretação divergente de lei estadual, CCT, ACT, sentença normativa ou regulamente empresarial de observância obrigatória em área territorial maior que a jurisdição do TRT que prolata a decisão combatida, mais uma vez, com o intuito de gerar segurança jurídica aos jurisdicionados. Nessa hipótese, ainda, a OJ n.º 147 da SDI-I do TST prevê que a admissibilidade do recurso está sujeita à comprovação pela parte de que o dispositivo normativo em questão exorbita o âmbito do Tribunal regional que prolata o acórdão recorrido.

c) proferidas com violação literal de disposição de lei federal ou afronta direta e literal à Constituição Federal.

Na hipótese da presente alínea, o Recurso de Revista cabe quando o ponto central não for a interpretação, mas sim a violação literal a lei federal ou a violação direta e literal a dispositivo da Constituição Federal. A distinção entre tal alínea e as demais se faz necessária pois nas outras alíneas, a questão é hermenêutica, da exegese feita pelo julgador em relação a uma determinada matéria. Aqui, o ponto central consiste em trespassar o dispositivo legal. SCHIAVI (2016) ensina que "*A expressão "lei federal" não deve ser interpretada de forma restritiva, como sendo apenas o instrumento normativo de competência da União, elaborado pelo poder legislativo que estabelece uma regra d e conduta, mas todo ato normativo de natureza federal, elaborado por órgão que detenha competência para tal finalidade. Desse modo, a expressão "lei federal" abrange as espécies normativas previstas no art. 59 da Constituição Federal, desde que se referiam à matéria de competência da Justiça do Trabalho*". (SCHIAVI, Mauro. "Manual de Direito Processual do Trabalho de acordo com o novo CPC". 10ª edição. São Paulo. LTr. 2016. p. 949) NASCIMEN-

TO (2007) adverte: "*A afronta direta e literal à Constituição Federal é aquela que está em total oposição ao sentido da letra e do espírito do texto da Lei Magna.*" (NASCIMENTO, Amauri Mascaro. "Curso de direito processual do trabalho". 22ª edição. São Paulo. Saraiva. 2007. p. 617).

§ 1º - O recurso de revista, dotado de efeito apenas devolutivo, será interposto perante o Presidente do Tribunal Regional do Trabalho, que, por decisão fundamentada, poderá recebê-lo ou denegá-lo.

Por se tratar de recurso com efeito meramente devolutivo, é incabível o reexame de fatos e provas, nos termos da Súmula 126 do TST. Sua interposição ocorrerá perante o Presidente do TRT que, por decisão fundamentada, pode recebê-lo ou denegá-lo.

§ 1º-A - Sob pena de não conhecimento, é ônus da parte:

I - indicar o trecho da decisão recorrida que consubstancia o prequestionamento da controvérsia objeto do recurso de revista;

O prequestionamento é um dos pressupostos específicos de admissibilidade do Recurso de Revista e ocorre quando a tese jurídica debatida nos autos é expressamente levantada, apreciada e rejeitada, através da qual a parte vencida busca a reapreciação em grau recursal; o trecho prequestionado deve estar explicitamente indicado nas razões do recurso. A súmula 297 do TST admite a oposição de embargos declaratórios para tal finalidade. Ainda, seu inciso III prevê o prequestionamento ficto ou tácito, segundo o qual opostos os embargos com finalidade prequestionatória, se considera a matéria prequestionada.

Excepcionalmente, o prequestionamento será dispensado nos termos da OJ 119 da SDI-I do TST, quando a violação à lei ou Constituição surgir no próprio acordo regional, e nos termos da OJ 118 da SDI-I do TST, quando na decisão regional houver tese explícita sobre a matéria, porém sem referência expressa do dispositivo legal.

II - indicar, de forma explícita e fundamentada, contrariedade a dispositivo de lei, súmula ou orientação jurisprudencial do Tribunal Superior do Trabalho que conflite com a decisão regional;

O recorrente deve expressar e fundamentar onde há a divergência entre o dispositivo legal, sumular ou jurisprudencial e a decisão proferida, expondo aos julgadores onde se encontra a incompatibilidade entre a exegese do dispositivo feita em julgamento e a devida interpretação.

III - expor as razões do pedido de reforma, impugnando todos os fundamentos jurídicos da decisão recorrida, inclusive mediante demonstração analítica de cada dispositivo de lei, da Constituição Federal, de súmula ou orientação jurisprudencial cuja contrariedade aponte.

Não basta o recorrente destrinchar sobre a interpretação dada à lei aplicada, deve fundamentar o motivo pelo qual o ponto de vista do julgador não se aplica ao caso ou qual a razão da afronta à lei de maneira detalhada para preencher o quesito do cotejo analítico; deve claramente passar por todos os pontos controversos no acórdão com o condão de convencer os julgadores do Recurso de Revista a reformar a decisão, sob pena de preclusão caso não o faça; afinal, o Tribunal só poderá apreciar a matéria que lhe for devolvida.

IV – transcrever na peça recursal, no caso de suscitar preliminar de nulidade de julgado por negativa de prestação jurisdicional, o trecho dos embargos declaratórios em que foi pedido o pronunciamento do tribunal sobre a questão veiculada no recurso ordinário e o trecho da decisão regional que rejeitou os embargos quanto ao pedido, para cotejo e verificação, de plano, da ocorrência da omissão.

A negativa de prestação jurisdicional ocorre quando há violação aos artigos 832/CLT; 93, IX/CF e/ou 489/NCPC. Nessas hipóteses, é imprescindível a transcrição do trecho dos

Embargos Declaratórios que aponta tal omissão em sede de Recurso Ordinário e o trecho do Acórdão que rejeita os embargos no tocante ao pedido com a finalidade de que o TST analise se, de fato, há ou não a omissão. A transcrição tem como finalidade tornar o julgamento mais célere.

§ 2° - Das decisões proferidas pelos Tribunais Regionais do Trabalho ou por suas Turmas, em execução de sentença, inclusive em processo incidente de embargos de terceiro, não caberá Recurso de Revista, salvo na hipótese de ofensa direta e literal de norma da Constituição Federal.

Ressalte-se que o Recurso de Revista não será cabível em caso de acórdão prolatado em sede de agravo de petição (execução de sentença), inclusive em processo incidente de embargos de terceiro, exceto quando houver ofensa direta e literal da norma Constitucional. A súmula n.° 266 do TST dita que a admissibilidade do recurso depende da demonstração inequívoca da violência direta à Constituição.

§ 3° - Revogado

§ 4° - Revogado

§ 5° - Revogado

§ 6° - Revogado

§ 7° A divergência apta a ensejar o recurso de revista deve ser atual, não se considerando como tal a ultrapassada por súmula do Tribunal Superior do Trabalho ou do Supremo Tribunal Federal, ou superada por iterativa e notória jurisprudência do Tribunal Superior do Trabalho.

A divergência que enseja o Recurso de Revista deve ser atual, de modo que a matéria combatida não deve ter entendimento majoritário firmado sobre a questão, seja através de jurisprudência do TST ou súmulas do TST ou STF.

§ 8º - Quando o recurso fundar-se em dissenso de julgados, incumbe ao recorrente o ônus de produzir prova da divergência jurisprudencial, mediante certidão, cópia ou citação do repositório de jurisprudência, oficial ou credenciado, inclusive em mídia eletrônica, em que houver sido publicada a decisão divergente, ou ainda pela reprodução de julgado disponível na internet, com indicação da respectiva fonte, mencionando, em qualquer caso, as circunstâncias que identifiquem ou assemelhem os casos confrontados.

Tal previsão legal tem como condão facilitar e acelerar o julgamento do recurso fundado em dissenso de julgados, vez que havendo referência à origem do dissenso e a menção das circunstâncias que identifiquem ou assemelhem os casos em confronto fazem parte da fundamentação das razões de recurso.

§ 9º - Nas causas sujeitas ao procedimento sumaríssimo, somente será admitido recurso de revista por contrariedade a súmula de jurisprudência uniforme do Tribunal Superior do Trabalho ou a súmula vinculante do Supremo Tribunal Federal e por violação direta da Constituição Federal.

A ressalva feita no *caput*, alínea *c)* em relação à violação da Constituição Federal faz-se valer aqui; O presente dispositivo é um misto das alíneas *a)* e *c)* do *caput*, pois o Recurso de Revista em sede de rito sumaríssimo só é possível por contrariedade a súmula ou OJ do TST e súmula vinculante do STF, além da violação literal e direta à Constituição Federal.

§ 10 - Cabe recurso de revista por violação a lei federal, por divergência jurisprudencial e por ofensa à Constituição Federal nas execuções fiscais e nas controvérsias da fase de execução que envolvam a Certidão Negativa de Débitos Trabalhistas (CNDT), criada pela Lei no 12.440, de 7 de julho de 2011.

Nas execuções fiscais e discussões envolvendo Certidão Negativa de Débito Trabalhista, cabe o Recurso de Revista quando houver violação à lei federal, por divergência jurisprudencial e ofensa à Constituição Federal, cabendo aqui as ressalvas já feitas sobre interpretação e violação.

§ 11 - Quando o recurso tempestivo contiver defeito formal que não se repute grave, o Tribunal Superior do Trabalho poderá desconsiderar o vício ou mandar saná-lo, julgando o mérito.

Caso o recurso tempestivo contenha defeito formal que não seja considerado grave (logo, não pode ser pertinente aos próprios pressupostos recursais; deve ser formal), é possível que o TST o desconsidere ou mande saná-lo, julgando o mérito, devido à primazia dos princípios da duração razoável do processo, da instrumentalidade e do aproveitamento dos atos processuais praticados.

§ 12 - Da decisão denegatória caberá agravo, no prazo de 8 (oito) dias.

O agravo é o recurso próprio para a hipótese de trancamento de qualquer recurso trabalhista, cuja interposição deverá ser feita no prazo de oito dias, como quase todos os recursos trabalhistas.

§ 13 - Dada a relevância da matéria, por iniciativa de um dos membros da Seção Especializada em Dissídios Individuais do Tribunal Superior do Trabalho, aprovada pela maioria dos integrantes da Seção, o julgamento a que se refere o § 3° poderá ser afeto ao Tribunal Pleno.

Caso algum dos Ministros integrantes da SDI/TST julgue pertinente diante da relevância da matéria e a maioria dos Ministros da SDI aprove, o incidente de uniformização de jurisprudência poderá ser julgado pelo Tribunal pleno do TST; se assimila à ideia de transcendência, pois a matéria precisa ter pertinência para que chegue a ser julgada pelo Pleno.

§ 14 - O relator do recurso de revista poderá denegar-lhe seguimento, em decisão monocrática, nas hipóteses de intempestividade, deserção, irregularidade de representação ou de ausência de qualquer outro pressuposto extrínseco ou intrínseco de admissibilidade.

A decisão monocrática pode barrar o seguimento do Recurso nas hipóteses de não preenchimento dos pressupostos recursais extrínsecos e intrínsecos. Não há necessidade de dispender tempo de vários julgadores quando verificado de plano que o recurso não está de acordo às preliminares, bastando o crivo do relator.

Art. 896-A - O Tribunal Superior do Trabalho, no recurso de revista, examinará previamente se a causa oferece transcendência com relação aos reflexos gerais de natureza econômica, política, social ou jurídica.

Temos aqui a questão da transcendência, outro pressuposto específico de admissibilidade, cuja palavra remete ao sublime, àquilo que atinge um patamar superior, de modo que funcionaria como um filtro para o recurso de revista, nas palavras de Schiavi (Op. Cit. p. 957). MIESSA (2017) diz que "a causa não pode produzir reflexos apenas para as partes, mas ultrapassar (transcender) aquela relação processual. Aproxima-se da repercussão geral exigida no recurso extraordinário para o STF".(MIESSA, Élisson anual dos Recursos Trabalhistas. Teoria e Prática. 2ª edição revista, atualizada e ampliada. Salvador. Editora Juspodivm. 2017. p. 363)

§ 1° - São indicadores de transcendência, entre outros:

Trata-se de rol exemplificativo.

I – Econômica, o elevado valor da causa;

O legislador não estabelece um *quantum*, se concluindo que apenas os processos de rito ordinário se adequam ao inciso.

II – Política, o desrespeito da instância recorrida à jurisprudência sumulada do Tribunal Superior do Trabalho ou do Supremo Tribunal Federal;

Automaticamente se adequa à transcendência política o Recurso de Revista com fulcro no art. 896, fim da alínea a) da CLT.

III – Social, a postulação, por reclamante-recorrente, de direito social constitucionalmente assegurado;

Automaticamente se adequa à transcendência social o Recurso de Revista com fulcro no art. 896, c) da CLT, principalmente quanto aos direitos previstos nos arts. 5° a 11/CF.

IV – Jurídica, a existência de questão nova em torno da interpretação da legislação trabalhista;

Com o advento da reforma trabalhista, a transcendência jurídica tem como condão direcionar a interpretação dos novos artigos, criando precedentes e segurança jurídica.

§ 2° - Poderá o relator, monocraticamente, denegar seguimento ao recurso de revista que não demonstrar transcendência, cabendo agravo desta decisão para o colegiado.

Assim como o § 14 do artigo anterior, temos aqui o impedimento do seguimento do Recurso nas hipóteses de não preenchimento de um dos pressupostos recursais específicos do Recurso de Revista. Não há necessidade de dispender tempo de vários julgadores quando verificado de plano que o recurso não tem transcendência, bastando o crivo do relator. Garantida a via recursal de tal decisão via agravo para eventual destrancamento de recurso.

§ 3° - Em relação ao recurso que o relator considerou não ter transcendência, o recorrente poderá realizar sustentação oral sobre a questão da transcendência, durante cinco minutos em sessão.

Assim como em sede de Recurso Ordinário, é possível a

sustentação oral para convencimento dos julgadores do recurso, com base no princípio da oralidade.

§ 4° - Mantido o voto do relator quanto à não transcendência do recurso, será lavrado acórdão com fundamentação sucinta, que constituirá decisão irrecorrível no âmbito do Tribunal.

O agravo é recurso próprio para destrancamento de recurso principal; se a decisão foi revista, diante do princípio da unirrecorribilidade das decisões, não há que se falar em segundo agravo. Presente também o princípio do livre convencimento motivado do juiz.

§ 5° - É irrecorrível a decisão monocrática do relator que, em agravo de instrumento de recurso de revista, considerar ausente a transcendência da matéria.

O princípio da unirrecorribilidade das decisões faz com que, decidida novamente a questão da não-existência da transcendência, a via recursal seja esgotada com a decisão em sede de agravo.

§ 6° - O juízo de admissibilidade do recurso de revista exercido pela Presidência dos Tribunais Regionais do Trabalho limita-se à análise dos pressupostos intrínsecos e extrínsecos do apelo, não abrangendo o critério de transcendência das questões nele veiculadas.

Cabe ao Tribunal *a quo* verificar apenas os pressupostos inerentes a quaisquer recursos, como de costume. A transcendência, pressuposto específico do recurso de revista, por sua natureza exclusiva, deve ser analisada pelo Tribunal competente para o julgamento do recurso, tendo em vista que sua qualificação é ampla e beira uma análise meritória apesar da súmula 126/TST, nos termos do art. 896-A, §1°/CLT.

Art. 896-B - Aplicam-se ao recurso de revista, no que couber, as normas da Lei nº 5.869, de 11 de janeiro de 1973 (Código de Processo Civil), relativas ao julgamento dos recursos extraordinário e especial repetitivos.

O Recurso de Revista é classificado como uma espécie de recurso extraordinário na seara processual laboral, da mesma forma que o Recurso Extraordinário e Recurso Especial na seara processual civil. O Novo Código de Processo Civil prevê, em seu art. 15, que o mesmo será aplicado supletiva e subsidiariamente aos processos trabalhistas; a mesma previsão se encontra no art. 769 da CLT. Assim sendo, aplicam-se ao dispositivo em tela os arts. 1036 a 1041 do NCPC por analogia em relação aos recursos repetitivos (aqueles com teses idênticas; equivalência entre objeto e fundamento jurídico).

Art. 896-C. Quando houver multiplicidade de recursos de revista fundados em idêntica questão de direito, a questão poderá ser afetada à Seção Especializada em Dissídios Individuais ou ao Tribunal Pleno, por decisão da maioria simples de seus membros, mediante requerimento de um dos Ministros que compõem a Seção Especializada, considerando a relevância da matéria ou a existência de entendimentos divergentes entre os Ministros dessa Seção ou das Turmas do Tribunal.

Encontramos na primeira parte do *caput* do artigo a definição de recursos repetitivos; ainda, conforme a importância da matéria tratada ou da divergência de entendimentos dentro do TST os recursos repetitivos serão julgados ou pelo Tribunal Pleno, ou pela Seção Especializada em Dissídios Individuais a depender do caso concreto.

§ 1º - O Presidente da Turma ou da Seção Especializada,

por indicação dos relatores, afetará um ou mais recursos representativos da controvérsia para julgamento pela Seção Especializada em Dissídios Individuais ou pelo Tribunal Pleno, sob o rito dos recursos repetitivos.

Ao contrário do previsto no art. 1.036, §1° do NCPC que exige dois ou mais recursos representativos, a legislação processual trabalhista exige o mínimo de um recurso afetado.

§ 2° - O Presidente da Turma ou da Seção Especializada que afetar processo para julgamento sob o rito dos recursos repetitivos deverá expedir comunicação aos demais Presidentes de Turma ou de Seção Especializada, que poderão afetar outros processos sobre a questão para julgamento conjunto, a fim de conferir ao órgão julgador visão global da questão.

Tendo em vista que o principal objetivo do julgamento dos recursos repetitivos é a uniformização da jurisprudência como um todo, faz-se necessário que o colegiado que julga a questão possa trazer outros processos que se encontram em outras turmas para ajudar na formação da convicção e entendimento do Tribunal sobre determinada matéria.

§ 3° - O Presidente do Tribunal Superior do Trabalho oficiará os Presidentes dos Tribunais Regionais do Trabalho para que suspendam os recursos interpostos em casos idênticos aos afetados como recursos repeti-tivos, até o pronunciamento definitivo do Tribunal Supe-rior do Trabalho.

Tendo em vista que os recursos repetitivos têm como objeto a unificação jurisprudencial sobre determinado tema, até o seu julgamento os demais processos em andamento nos TRTs devem por bem ser suspensos visando a segurança jurídica e pacificação da matéria.

§ 4° - Caberá ao Presidente do Tribunal de origem admitir um ou mais recursos representativos da controvérsia, os

quais serão encaminhados ao Tribunal Superior do Trabalho, ficando suspensos os demais recursos de revista até o pronunciamento definitivo do Tribunal Superior do Trabalho.

Com o condão de evitar o abarrotamento do Tribunal Superior do Trabalho com recursos idênticos, quando houver vários recursos que versem sobre a mesma questão, cabe ao Presidente do TRT admitir pelo menos um Recurso, em consonância com o disposto no art. 896-C, § 1° da CLT, para o início do incidente de julgamento dos Recursos Repetitivos, suspendendo os demais até a pacificação da matéria.

§ 5° - O relator no Tribunal Superior do Trabalho poderá determinar a suspensão dos recursos de revista ou de embargos que tenham como objeto controvérsia idêntica à do recurso afetado como repetitivo.

O presente parágrafo aumenta a abrangência do julgamento dos recursos repetitivos: em vez de tratar única e exclusivamente de Recursos de Revistas, o legislador escolheu por ampliar a suspensão também dos embargos que tratem da referida divergência com o intuito de pacificar a questão e trazer segurança jurídica.

§ 6° - O recurso repetitivo será distribuído a um dos Ministros membros da Seção Especializada ou do Tribunal Pleno e a um Ministro revisor.

O presente parágrafo define como será feita a distribuição do recurso, a depender se este será julgado pelo Tribunal Pleno ou pela Seção Especializada, e define a necessidade de um revisor além do relator para prolação da decisão.

§ 7° - O relator poderá solicitar, aos Tribunais Regionais do Trabalho, informações a respeito da controvérsia, a serem prestadas no prazo de 15 (quinze) dias.

Tendo em vista a complexidade da matéria exigida para que a mesma seja objeto do Recurso Repetitivo, o relator pode requerer dos tribunais inferiores as informações que julgar necessárias para ter melhor embasamento na decisão a ser tomada; o prazo de 15 (quinze) dias é razoável, haja vista não atrapalhar o andamento do julgamento e, ao mesmo tempo, ser suficiente para elaboração de um parecer completo e bem fundamentado por parte do Tribunal *ad quem*.

§ 8º - O relator poderá admitir manifestação de pessoa, órgão ou entidade com interesse na controvérsia, inclusive como assistente simples, na forma da Lei n.º 5.869, de 11 de janeiro de 1973 (Código de Processo Civil).

Como o Recurso de Revista tem a transcendência como um de seus pressupostos, o recurso admitido (assim como os demais repetitivos) trata de matéria relevante ao direito do trabalho; assim sendo, plenamente admissível a manifestação de terceiros ao processo, desde que pertinente, para auxiliar na decisão da controvérsia. Aplica-se subsidiariamente, entretanto, o CPC/15 e não mais o CPC/73.

§ 9º - Recebidas as informações e, se for o caso, após cumprido o disposto no § 7º deste artigo, terá vista o Ministério Público pelo prazo de 15 (quinze) dias.

Na hipótese de repasse de informações pelos Tribunais Regionais, o Ministério Público, na função de fiscal da lei, deverá no mesmo prazo manifestar-se sobre a manifestação dos TRTs.

§ 10 - Transcorrido o prazo para o Ministério Público e remetida cópia do relatório aos demais Ministros, o processo será incluído em pauta na Seção Especializada ou no Tribunal Pleno, devendo ser julgado com preferência sobre os demais feitos.

A preferência para julgamento se dá por conta não só da complexidade e reflexos inerentes à matéria discutida, mas também levando em conta o número de recursos com julgamento suspenso por conta do incidente de demandas repetitivas, cuja demora vai contra o princípio da celeridade processual.

§ 11 - Publicado o acórdão do Tribunal Superior do Trabalho, os recursos de revista sobrestados na origem:

I - terão seguimento denegado na hipótese de o acórdão recorrido coincidir com a orientação a respeito da matéria no Tribunal Superior do Trabalho; ou

II - serão novamente examinados pelo Tribunal de origem na hipótese de o acórdão recorrido divergir da orientação do Tribunal Superior do Trabalho a respeito da matéria.

O seguimento dos Recursos de Revistas interpostos nos TRTs dependerá do entendimento firmado pelo TST.

Na primeira hipótese, caso o acórdão combatido esteja de acordo com o que foi decidido pelo Tribunal Superior, não há motivos para que este tenha seguimento ao TST, haja vista a perda do objeto por deixar de se enquadrar nas hipóteses de cabimento previstas pelo art. 896/CLT.

No segundo cenário, o acórdão em desacordo com a jurisprudência emitida pelo TST deve ter seu seguimento reanalisado no TRT de origem.

A referida diferenciação serve como uma medida de economia e celeridade processual, já que os recursos que perdem seu objeto tem o seu seguimento negado de plano.

§ 12 - Na hipótese prevista no inciso II do § 11 deste artigo, mantida a decisão divergente pelo Tribunal de origem, far-se-á o exame de admissibilidade do recurso de revista.

Caso o acórdão no tribunal de origem continue em desconformidade com a jurisprudência emanada pelo TST, o exame de admissibilidade do referido recurso deve ser feito; caso os demais pressupostos intrínsecos e extrínsecos estejam presentes, o recurso deverá seguir ao TST.

§ 13 - Caso a questão afetada e julgada sob o rito dos recursos repetitivos também contenha questão constitucional, a decisão proferida pelo Tribunal Pleno não obstará o conhecimento de eventuais recursos extraordinários sobre a questão constitucional.

Assim como ocorre entre Recursos Extraordinários e Recursos Especiais, temos na seara laboral exceção ao princípio da unirrecorribilidade vez que o Recurso de Revista e o Recurso Extraordinário podem ser interpostos concomitantemente, cabendo o primeiro na hipótese de violação à lei infraconstitucional (no caso do Recurso de Revista, a legislação trabalhista) e o segundo na hipótese de violação constitucional.

§ 14- Aos recursos extraordinários interpostos perante o Tribunal Superior do Trabalho será aplicado o procedimento previsto no art. 543-B da Lei n.° 5.869, de 11 de janeiro de 1973 (Código de Processo Civil), cabendo ao Presidente do Tribunal Superior do Trabalho selecionar um ou mais recursos representativos da controvérsia e encaminhá-los ao Supremo Tribunal Federal, sobrestando os demais até o pronunciamento definitivo da Corte, na forma do § 1° do art. 543-B da Lei n° 5.869, de 11 de janeiro de 1973 (Código de Processo Civil).

Assim como os Presidentes de TRT devem selecionar recursos representativos de controvérsia em relação aos Recursos de Revista Repetitivos, Cabe ao Presidente do TST selecionar recursos representativos ao STF na hipótese de Recursos Extraordinários oriundos de discussões relativas às questões trabalhistas, nos moldes do art. 1.036 do NCPC, que trata sobre recursos extraordinários e especiais repetitivos.

§ 15 - O Presidente do Tribunal Superior do Trabalho poderá oficiar os Tribunais Regionais do Trabalho e os Presidentes das Turmas e da Seção Especializada do Tribunal para que suspendam os processos idênticos aos

selecionados como recursos representativos da controvérsia e encaminhados ao Supremo Tribunal Federal, até o seu pronunciamento definitivo.

Assim como o que ocorre em julgamento de Recursos de Revista repetitivos, o Presidente do TST poderá determinar a suspensão dos demais processos com objeto idêntico ao da demanda objeto do Recurso Extraordinário Repetitivo que se encontram no TST, visando segurança jurídica e uniformidade jurisprudencial.

§ 16 - A decisão firmada em recurso repetitivo não será aplicada aos casos em que se demonstrar que a situação de fato ou de direito é distinta das presentes no processo julgado sob o rito dos recursos repetitivos.

Tendo em vista que os Recursos Repetitivos devem ter total identidade em seu objeto, caso se configure a não-equivalência entre o objeto do Recurso Repetitivo e de outro recurso, este último não deverá ser alvo da aplicação do entendimento configurado no julgamento do Recurso Repetitivo.

§ 17 - Caberá revisão da decisão firmada em julgamento de recursos repetitivos quando se alterar a situação econômica, social ou jurídica, caso em que será respeitada a segurança jurídica das relações firmadas sob a égide da decisão anterior, podendo o Tribunal Superior do Trabalho modular os efeitos da decisão que a tenha alterado.

Conforme os quesitos de transcendência do Recurso de Revista são alterados na dinâmica e evolução da sociedade, a decisão do recurso repetitivo poderá ser alterada com efeitos *ex nunc*, de modo a não retroagir para garantia da segurança jurídica. O TST pode, ainda, modular os efeitos da modificação dessa decisão conforme julgar melhor, buscando manter o necessário equilíbrio nas relações laborais.

Art. 897 - Cabe agravo, no prazo de 8 (oito) dias:

Inicialmente cumpre mencionar que no rito processual trabalhista existem duas espécies de Agravo, conforme se verifica das disposições das alíneas "a" e "b" deste artigo. O prazo para interposição deste recurso é de oito dias, com excessão do Ministério Público do Trabalho e da Fazenda Pública que possuem prazo em dobro. O prazo para interposição do recurso de Agravo de Petição ou Agravo de Instrumento devem ser contados a partir do primeiro dia útil da intimação da decisão a ser recorrida como orientam os enunciados das Súmulas 1 e 262, I, do TST.

Segundo a súmula 1 do C. TST, na hipótese de intimações feitas na sexta-feira, os prazos judiciais começaram a ser contados na segunda-feira próxima, salvo ausência de expediente – situação em que a contagem deve começar logo no dia seguinte.

Na linha da súmula 262, I, do TST, por sua vez, notificações recebidas aos sábados ensejam consideração do prazo como recebido no primeiro dia útil subsequente e início da contagem do prazo no seguinte.

a) de petição, das decisões do Juiz ou Presidente, nas execuções;

O Agravo de Petição é recurso de rol taxativo, ou seja, somente admitido nos processos de execução ou em fase de execução. Isto é, cabe Agravo de Petição contra decisão que julga os Embargos à Execução, Embargos de Terceiro, Embargos à Arrematação, Embargos à Adjudicação, Impugnação do Credor. Nesse sentido, tanto a doutrina quanto a jurisprudência são pacíficos em não admitir interpretação extensiva para as hipóteses de cabimento do referido recurso. No entanto, apesar da limitação para interposição, o TST tem admitido interposição Agravo de Petição contra decisões interlocutórias proferidas em liquidação de sentença.

O recurso será interposto perante o juízo *a quo*, que poderá exercer o juízo de retratação, isto é, poderá reformar a decisão que ensejou a interposição do recurso.

Não havendo modificação da decisão e recebido o recurso de agravo, em qualquer de suas modalidades, será conferido à parte *ad versa* prazo para apresentar contrarrazões, no prazo de oito dias, em estrita observância aos princípios constitucionais da ampla defesa e do contraditório.

O recurso deverá ser preparado na hipótese de a execução não estar integralmente garantida (TST, Súmula 128, II).

b) de instrumento, dos despachos que denegarem a interposição de recursos.

Assim como o Agravo de Petição, o Agravo de Instrumento é cabível somente contra um determinado tipo de decisão interlocutória, qual seja, as decisões que denegam a interposição de recursos. Pela análise deste dispositivo depreendemos que o recuso de Agravo de Instrumento na seara trabalhista não tem por finalidade o exame do mérito da decisão atacada, mas viabilizar a admissão de outro recurso. Isto é, o agravo de instrumento tem por finalidade destrancar o andamento processual, demonstrando que todos requisitos de admissibilidade e processamento do recurso denegado foram observados.

O recurso de Agravo de Instrumento será interposto perante o juízo que proferiu a decisão denegatório do recebimento do recurso. Assim como no recurso de agravo de petição o juízo que proferiu a decisão recorrida poderá exercer o juízo de retração, modificando a decisão, acarretando. Não sendo modificada a decisão e a parte *ad versa* será intimada para apresentar contrarrazões (em atenção ao contraditório e ampla defesa), remetendo-se os autos para instância imediatamente superior para processamento e julgamento.

O preparo do recurso de Agravo de Instrumento deverá será nos termos da Lei n.º 12.275/2010, a qual prevê que o depósito recursal será de 50% (cinquenta por cento) do valor depositado no recurso inadmitido, o qual se pretende o destrancamento, tendo como limite o valor da condenação imposta.

§ 1º - O agravo de petição só será recebido quando o agravante delimitar, justificadamente, as matérias e os valores impugnados, permitida a execução imediata da parte remanescente até o final, nos próprios autos ou por carta de sentença.

Este parágrafo apresenta aos operadores do direito os requisitos de admissibilidade do recurso de Agravo de Petição. Além deste recurso somente ser admitido em procedimento de execução, também deve observar os requisitos ora exigidos pela legislação, sob pena do recurso não ser recebido.

São requisitos para admissibilidade do Agravo de Petição que o agravante delimite de forma clara e justificada quais as matérias e os valores que são objeto do recurso, de forma que seja viabilizada a execução de forma imediata dos valores que não foram impugnados através da interposição do recurso.

§ 2º - O agravo de instrumento interposto contra o despacho que não receber agravo de petição não suspende a execução da sentença.

Pela leitura deste dispositivo verificamos ser admissível a interposição de Agravo de Instrumento contra despacho denegatório do recebimento do Agravo de Petição, no entanto, o recurso de Agravo de Instrumento não possui o condão de suspender o procedimento de execução da sentença.

Em que pese a expressa disposição o sentido de o Agravo de Instrumento ser recebido somente no efeito devolutivo, parte da jurisprudência admite a concessão de feito suspensivo se houver o manejo de ação cautelar para essa finalidade.

§ 3º - Na hipótese da alínea ‘a’ deste artigo, o agravo será julgado pelo próprio tribunal, presidido pela autoridade recorrida, salvo se se tratar de decisão de Juiz do Trabalho de 1ª Instância ou de Juiz de Direito, quando o julgamento competirá a uma das Turmas do Tribunal Regional a que

estiver subordinado o prolator da sentença, observado o disposto no art. 679, a quem este remeterá as peças necessárias para o exame da matéria controvertida, em autos apartados, ou nos próprios autos, se tiver sido determinada a extração de carta de sentença.

O presente dispositivo legal nos apresenta a competência para processamento e julgamento do recurso de Agravo de Petição. A regra geral é de que o recurso deve ser julgado pelo próprio Tribunal, salvo quando a decisão recorrida for proferida juiz do trabalho de primeira instância ou por juiz de direito (em competência delegada) ocasiões em que o Agravo de Petição será processado e julgado pelo TRT a que o magistrado estiver hierarquicamente subordinado.

Para o processamento e julgamento do aludido recurso se formará instrumento apartado com as peças necessárias para o julgamento do recurso, determinado a remessa dos autos ao Tribunal competente, salvo quando tiver sido extraída Carta de Sentença, hipótese em que não se formará instrumento, mas os próprios autos serão remetidos ao Tribunal para processamento e julgamento do recurso.

§ 4º - Na hipótese da alínea 'b' deste artigo, o agravo será julgado pelo Tribunal que seria competente para conhecer o recurso cuja interposição foi denegada.

Quanto a previsão contida neste parágrafo pode haver dúvida quanto perante a que órgão o recurso de Agravo de Instrumento deve ser interposto - se perante o juízo *a quo* ou se perante o juízo *ad quem*. No entanto, realizando interpretação sistemática do dispositivo em comento, entendemos que o recurso de Agravo de Instrumento deve ser interposto perante o juízo *a quo* para análise do exercício de retratação, após a negativa, havendo manutenção da decisão recorrida os autos devem ser t ao Tribunal competente para o julgamento do recurso que se pretende o destrancamento.

§ 5º - Sob pena de não conhecimento, as partes promoverão a formação do instrumento do agravo de modo a possibilitar, caso provido, o imediato julgamento do recurso denegado, instruindo a petição de interposição:

Este dispositivo atribui as partes, em especial a parte agravante, o dever de instruir o recurso de Agravo de Instrumento com todas as peças necessárias para o processamento e julgamento do recurso cujo recebimento foi denegado e para qual se pretende o destrancamento, sob pena do recurso de Agravo de Instrumento não ser conhecido. Essa exigência tem por finalidade dar efetividade aos princípios da celeridade e economia processual.

As peças que devem instruir o recurso de Agravo de Instrumento se dividem em peças obrigatórias e peças facultativas, como se verifica da redação dos incisos I e II deste parágrafo.

I - obrigatoriamente, com cópias da decisão agravada, da certidão da respectiva intimação, das procurações outorgadas aos advogados do agravante e do agravado, da petição inicial, da contestação, da decisão originária, do depósito recursal referente ao recurso que se pretende destrancar, da comprovação do recolhimento das custas e do depósito recursal a que se refere o § 7º do art. 899 desta Consolidação;

A exigência de tais peças se justifica porque se o agravo for provido a Turma deliberará sobre o julgamento do recurso principal, designando, se for o caso, relator e revisor. Cumpre reiterar que nos termos do § 7º do art. 899 da CLT o depósito recursal, quando da interposição do Agravo de Instrumento será de 50% do valor do recurso ao qual se pretende destrancar.

II - facultativamente, com outras peças que o agravante reputar úteis ao deslinde da matéria de mérito controvertida.

As peças facultativas são aquelas que o agravante entende relevante para o convencimento do Tribunal para o acolhimento da sua pretensão, de forma que se não forem apresentadas não acarretará qualquer prejuízo à admissibilidade do Agravo de Instrumento.

§ 6º - O agravado será intimado para oferecer resposta ao agravo e ao recurso principal, instruindo-a com as peças que considerar necessárias ao julgamento de ambos os recursos.

Este dispositivo também possui a finalidade de promover a efetividade aos princípios da celeridade e economia processual, pois o agravado será simultaneamente intimado para oferecer resposta (apresentar contrarrazões) ao Agravo de Instrumento e ao recurso que se pretende o destrancamento.

§ 7º - Provido o agravo, a Turma deliberará sobre o julgamento do recurso principal, observando-se, se for o caso, daí em diante o procedimento relativo a esse recurso.

Porquanto se o recurso de Agravo for provido, uma vez que as partes apresentaram todas as teses relacionadas ao recurso, ora destrancado, o Tribunal terá condições de imediatamente promover o processamento do recurso destrancado, designando relator para o recurso principal.

§ 8º - Quando o agravo de petição versar apenas sobre as contribuições sociais, o juiz da execução determinará a extração de cópias das peças necessárias, que serão autuadas em apartado, conforme dispõe o § 3º, parte final, e remetidas à instância superior para apreciação, após contraminuta.

O presente parágrafo prevê o desmembramento do processo de execução quando o recurso de Agravo de Petição discutir apenas quanto as contribuições sociais, prevendo que o magistrado , após a apresentação da contraminuta por parte do agravado, promova a formação de instrumento processual apartado para remessa ao Tribunal competente para o processamento e julgamento do recurso de Agravo de Petição, permitindo, desta forma, que o processo de execução tenha regular prosseguimento.

Art. 897-A Caberão embargos de declaração da sentença ou acórdão, no prazo de cinco dias, devendo seu julgamento ocorrer na primeira audiência ou sessão subsequente a sua apresentação, registrado na certidão, admitido efeito modificativo da decisão nos casos de omissão e contradição no julgado e manifesto equívoco no exame dos pressupostos extrínsecos do recurso.

O prazo para embargos, diversamente do cível, se conta em dias corridos. O efeito modificativo dos embargos há que ser expressamente requerido quando da sua interposição. Os pressupostos extrínsecos referem-se a recorribilidade do ato, adequação, representação, tempestividade, regularidade formal e preparo. Vide: Orientações Jurisprudenciais OJ-SDI1-142 e OJ-SDI1-336; Súmulas 184, 213, 278, 337, 421, 433 e 458 do TST.

§ 1° - Os erros materiais poderão ser corrigidos de ofício ou a requerimento de qualquer das partes.

O erro material não prescinde de qualquer formalidade, bastando petição apontando a ocorrência do erro e sua correção àquele que proferiu a decisão com erro material.

Por cautela, se a decisão que evidencia erro material se mostra passível de embargos de declaração, se mostra prudente que o operador do direito faça pedido alternativo (e observando os requisitos e formalidades legais) no sentido de que, caso o pedido não seja o mesmo recebido como correção de erro material, seja recebido como embargos de declaração.

§ 2° - Eventual efeito modificativo dos embargos de declaração somente poderá ocorrer em virtude da correção de vício na decisão embargada e desde que ouvida a parte contrária, no prazo de 5 (cinco) dias.

No caso de interposição de embargos com pedido de efeito modificativo, recomendável que na peça de interposição o advogado do agravante já requeira a intimação do embargado para manifestação no referido prazo.

§ 3º - Os embargos de declaração interrompem o prazo para interposição de outros recursos, por qualquer das partes, salvo quando intempestivos, irregular a representação da parte ou ausente a sua assinatura.

Considerando que os Embargos de Declaração podem não ser conhecidos, caso em que o prazo não é interrompido, se mostra prudente que, dentro do prazo de 8 dias, o advogado interponha, conjuntamente, Recurso Ordinário e, no caso de provimento dos Embargos, somente se faça o Recurso Ordinário complementar, ratificando aquele interposto e acrescentando a matéria dos Embargos, se necessário.

Se advogado da reclamada, se mostra prudente que, caso não se opte pela interposição conjunta de Recurso Ordinário, proceda-se ao recolhimento do Depósito Recursal e custas processuais necessárias à interposição do Recurso Ordinário e proceda a juntada aos autos no mesmo prazo ou juntamente com os embargos de declaração, a fim de que não se alegue que os embargos são procrastinatórios.

Caso não observe, o não conhecimento dos embargos operará a preclusão e, consequentemente, o trânsito em julgado da decisão / sentença. Da decisão que não receber o Recurso Ordinário cabe Agravo de Instrumento (art. 897, "b", da CLT), o qual será protocolado nos mesmos autos, nos termos do Ato Regulamentar GP/VPJ/CR n.º 01/2011 e legislação pertinente, sendo desnecessário o fornecimento de peças para formação de instrumento, devendo ser requerido o processamento do Agravo de Instrumento nos próprios autos.

Art. 898 - Das decisões proferidas em dissídio coletivo que afete empresa de serviço público, ou, em qualquer caso, das proferidas em revisão, poderão recorrer, além dos interessados, o Presidente do Tribunal e a Procuradoria da Justiça do Trabalho.

Nos termos do art. 996 do CPC, aplicável subsidiariamente ao processo do trabalho as partes, possuem legitimidade para recorrer, o terceiro prejudicado e o Ministério Público, quer como parte, quer como fiscal da ordem jurídica.

Assim, o art. 898 da CLT atribui legitimidade ao Presidente do Tribunal e à Procuradoria da Justiça do Trabalho para recorrer contra as decisões proferidas em dissídio coletivo que afetam empresa de serviço público ou, em qualquer caso, contra as proferidas em processo de revisão de sentenças normativas, como se fosse uma espécie de remessa obrigatória no dissídio coletivo. Além disso, o 8° da Lei n.° 5.584/70 atribui legitimidade à União para recorrer contra decisões proferidas em sede de dissídio coletivo.

Observamos ser possível questionar a legitimidade recursal do Presidente do Tribunal e da União, haja vista que a legislação atribui ao Ministério Público do Trabalho a obrigatoriedade de atuação nos processos de Dissídio Coletivo como fiscal da lei e em defesa do interesse público, podendo recurso, caso este se faça necessário.

Art. 899 - Os recursos serão interpostos por simples petição e terão efeito meramente devolutivo, salvo as exceções previstas neste Título, permitida a execução provisória até a penhora.

O Juiz do Trabalho não necessita declarar que recebe o recurso em efeito devolutivo. É admissível, entretanto, a obtenção de efeito suspensivo ao recurso ordinário mediante requerimento dirigido ao tribunal, ao relator ou ao presidente ou ao vice-presidente do tribunal recorrido, por aplicação subsidiária ao processo do trabalho do artigo 1.029, § 5°, do CPC de 2015. No caso de deferimento de tutela provisória concedida ou indeferida antes da sentença, cabe mandado de segurança. Caso deferida em Sentença, se mostra atacável via Recurso Ordinário.

Em sendo recebido somente no efeito devolutivo, possível a execução provisória da Sentença (art. 876, CLT), a qual é disciplinada pelo CPC (artigos 520 e seguintes), de aplicação subsidiária às lides trabalhistas.

Vide: OJ-SDI2-113. Súmulas 279 e 414 do TST. Artigo 14 da Lei n.° 10192/2001

§ 1° - Sendo a condenação de valor até 10 (dez) vezes o salário-mínimo regional, nos dissídios individuais, só será admitido o recurso inclusive o extraordinário, mediante prévio depósito da respectiva importância. Transitada em julgado a decisão recorrida, ordenar-se-á o levantamento imediato da importância de depósito, em favor da parte vencedora, por simples despacho do juiz.

§ 2° - Tratando-se de condenação de valor indeterminado, o depósito corresponderá ao que for arbitrado, para efeito de custas, pela Junta ou Juízo de Direito, até o limite de 10 (dez) vezes o salário-mínimo da região.

O Depósito Recursal, anteriormente, tinha por obrigação ser efetuado através de Guia GFIP em valores fixados através de valores informados no site do TST (www.tst.jus.br/valores-vigentes); as Custas Processuais deverão ser recolhidas através de Guia GRU-Judicial, observando-se as Instruções Normativas e Atos do TST. A não observância correta dos valores e códigos das guias implicarão na deserção do Recurso Ordinário interposto.

Com a vigência da Lei 13.467, de 13 de julho de 2017, o Depósito Recursal será efetuado através de Depósito Judicial, conforme expressamente referido no § 4° deste artigo, abaixo comentado.

Vide: Depósito Recursal IN 18/99 e 26 do TST; Súmula 426, TST. Custas Processuais: IN 20 do TST; Ato Conjunto n.° 21/2010 TST.CSJT.GP.SG e § 4° do artigo 899 da CLT.

Quanto a exigência do depósito recursal, existem doutrinadores que defendem sua inconstitucionalidade, bem como outros que entendem pela flexibilização do depósito recursal em se tratando de microempresas e empresas de pequeno porte. Sobre o assunto, relevante o texto doutrinário inserido no portal e-gov, de autoria da Advogada e docente, especialista em Direito e Processo do Trabalho pela Universidade Católica do Salvador, Dra. Maria Fernanda Tapioca Bastos, que pode ser consultado através do seguinte endereço eletrônico (http://www.egov.ufsc.br:8080/portal/conteudo/possibilidades-de-flexibiliza%C3%A7%C3%A3o-do-dep%C3%B3sito-recursal-como-meio-de-promover-tratamento-jur%C3%AD).

Atualmente, o parágrafo 9º deste artigo veio a minimizar o problema, reduzindo pela metade o valor do depósito recursal em se tratando de entidades sem fins lucrativos, empregadores domésticos, microempreendedores individuais, microempresas e empresas de pequeno porte.

§ 3º - Revogado

§ 4º - O depósito recursal será feito em conta vinculada ao juízo e corrigido com os mesmos índices da poupança.

Mudança que se mostra positiva, haja vista que facilitará a realização do depósito recursal pois antes se tratava de forma específica, através de Guia GFIP, com observância do contido na Instrução Normativa n.º 26 do TST.

Agora, apenas acessando o site da Caixa Econômica Federal ou do Banco do Brasil S/A será possível ser efetuado o depósito recursal sem maiores complicações, evitando-se eventual deserção por preenchimento errôneo de Guia específica.

Visa atender a intenção contida no dispositivo legal, qual seja, a garantida do Juízo, sem impor maiores complicações à parte que tem a obrigação de efetuar o depósito recursal.

Importante observar a redução ou isenção do valor do depósito recursal em casos específicos, bem como a possibilidade de substituição do depósito recursal por outras formas de garantir o Juízo, como a fiança bancária ou o seguro garantia judicial, tratados respectivamente nos §§ 9°, 10° e 11° deste artigo.

§ 5° - Revogado

§ 6° - Quando o valor da condenação, ou o arbitrado para fins de custas, exceder o limite de 10 (dez) vezes o salário-mínimo da região, o depósito para fins de recursos será limitado a este valor.

Atualmente, observa-se o salário mínimo pelo seu piso nacional.

§ 7° - No ato de interposição do agravo de instrumento, o depósito recursal corresponderá a 50% (cinquenta por cento) do valor do depósito do recurso ao qual se pretende destrancar.

Os valores são reajustados anualmente e se encontram fixados pelo TST e estão informados através do site http://www.tst.jus.br/valores-vigentes.

§ 8° - Quando o agravo de instrumento tem a finalidade de destrancar recurso de revista que se insurge contra decisão que contraria a jurisprudência uniforme do Tribunal Superior do Trabalho, consubstanciada nas suas súmulas ou em orientação jurisprudencial, não haverá obrigatoriedade de se efetuar o depósito referido no § 7° deste artigo.

É possível requerer a gratuidade em se tratando de reclamada pessoa física. Ver Acórdão proferido no processo 0010648-37.2014.5.15.0024.

Vide: Súmula 170 do TST; Artigo 5°, LXXIV, da Constituição

Federal; Artigo 2º da Lei 1.060/1950; Artigo 790, §3º, da CLT; Artigo 1º da Lei n.º 7.115/1983 e artigos 98 e 99 do CPC/15).

§ 9º - O valor do depósito recursal será reduzido pela metade para entidades sem fins lucrativos, empregadores domésticos, microempreendedores individuais, microempresas e empresas de pequeno porte.

Alteração inserida e que visa garantir àqueles que, em tese, possuem menor capacidade financeira, de terem acesso a Justiça de forma plena.

Apenas para exemplificar, se o microempreendedor individual, para ser enquadrado, inscrito e mantido como tal, não pode possuir faturamento de até R$ 5.000,00 mensais, como poderia ele suportar o pagamento de depósito recursal de quase o dobro do valor de seu faturamento bruto mensal?

Seria o caso de se considerar que a legislação anterior estaria tolhendo-o do acesso pleno à Justiça, isso sem quaisquer considerações acerca da gratuidade acima referida.

§ 10 - São isentos do depósito recursal os beneficiários da justiça gratuita, as entidades filantrópicas e as empresas em recuperação judicial.

Esta alteração observou as várias e reincidentes decisões no sentido de que seria possível o deferimento da gratuidade à parte reclamada com isenção da efetivação do depósito recursal.

Nada impede, porém, que a parte reclamante, de forma diligente, requerida a execução provisória ou promova a averbação de Certidão de Objeto e Pé, por exemplo, na matrícula de imóvel ou prontuário de veículo ou, mesmo, a habilitação provisória em caso de empresa em recuperação judicial, visando garantir o recebimento dos haveres que, a final, possam ser deferidos, o que em nada feriria a gratuidade deferida nos autos.

§ 11 - O depósito recursal poderá ser substituído por fiança bancária ou seguro garantia judicial.

Medida salutar e que visa garantir o pleno Acesso a Justiça sem descapitalizar a empresa em momento no qual, às vezes, se possui o estoque mas não os ativos financeiros pois a venda do produto ainda não se efetivou.

O Juízo ficaria garantido e possibilitaria a exequibilidade da Sentença.

Questiono-me ainda sobre a possibilidade de se garantir o Juízo com bem imóvel ou bem móvel de fácil revenda e em valor maior que o do depósito recursal pois, neste caso, o Juízo e a exequibilidade estariam da mesma forma garantidos. Entendo por oportuno lançar esta questão pois plenamente possível que a empresa, momentaneamente, não possua a possibilidade de contratar seguro ou fiança bancária pelos mais variados motivos mas possui capital imobilizado e de fácil alienação, o que serviria da mesma forma para atingir o fim colimado na legislação.

Art. 900 - Interposto o recurso, será notificado o recorrido para oferecer as suas razões, em prazo igual ao que tiver tido o recorrente.

No mesmo prazo de 8 dias, o recorrido poderá interpor Recurso Adesivo, o qual ficará vinculado ao Recurso interposto. Caso haja desistência do Recurso interposto ou este não seja conhecido, o Recurso Adesivo igualmente não poderá ser conhecido. Nos termos da Súmula 283 do TST, na seara trabalhista o Recurso Adesivo é cabível nas hipóteses de Recurso Ordinário, Agravo de Petição, Recurso de Revista e Embargos.

Vide: Súmulas 99, 158, 201, 283, 393, 405; OJ-SDI1 – 334; OJ-SDI2 – 3, 69, 90, 100,113, 148, 156 *(Recurso Ordinário)*; Súmula 283 *(Recurso Adesivo)*; Súmulas 22, 102, 126, 184, 192, 218, 221, 226, 283, 333, 337, 353, 413, 433, 442, 459 do TST; OJ-SDI1-111, 146, 147, 217, 217, 257, 260, 282, 287, 334, 336, 374; OJ-SCI1T –

3, 17, 18, 32, 78, 79; OJ-SDI2 – 152 *(Recurso de Revista)*; Súmula 23, 126, 184, 283, 296, 297, 333, 337, 353, 433, 458, OJ-SDI1 – 95, 120, 147, 219, 294, 335, 336, 378, 405; OJ-SCI1T – 78, 79 *(Recurso de Embargos)*; Súmulas 184, 278, 297, 385 e 421, OJ-SDI1T-17, OJ-SDI1 – 142 e 192 *(Embargos Declaratórios)*; Súmula 419, OJ-SDI1T – 53; OJ-SDI2 – 54 *(Embargos de Terceiro)*.

Art. 901 - Sem prejuízo dos prazos previstos neste Capítulo, terão as partes vistas dos autos em cartório ou na secretaria.

Parágrafo único - Salvo quando estiver correndo prazo comum, aos procuradores das partes será permitido ter vista dos autos fora do cartório ou secretaria.

Referida disposição somente tem aplicabilidade em se tratando de processos físicos. Considerando que atualmente, na Justiça do Trabalho, os processos tramitam de forma digital através da plataforma PJe-T, a mesma perdeu o sentido, caindo em desuso.

Vide: TST. Resolução Administrativa n.º 1589, de 4 de Fevereiro de 2013. No caso de indisponibilidade, Vide Resolução n.º 136, do CSJT e Lei 11419/2006.

Art. 902 - Revogado

CAPÍTULO VII

DA APLICAÇÃO DAS PENALIDADES

Art. 903. As penalidades estabelecidas no título anterior serão aplicadas pelo juiz, ou tribunal que tiver de conhecer da desobediência, violação recusa, falta, ou coação, *ex-officio*, ou mediante, representação de qualquer interessado ou da Procuradoria da Justiça do Trabalho.

Tem-se neste dispositivo um erro de remissão ao Título IX. Referido Título diz respeito à atuação do Ministério Público do Trabalho e não há naquele título qualquer cominação de pena.

Em verdade, o art. 903 trata das penalidades previstas no Título VIII -'Da Justiça do Trabalho', em especial, das disposições contidas no Capitulo VII.

A redação vigente foi dada pelo Decreto Lei n.° 8.373, de 1946. O texto anterior determinava: "*Art. 903. As penalidades estabelecidas no título VIII serão aplicadas pelo Juiz, ou tribunal, que tiver de conhecer da desobediência, violação, recusa, falta, ou coação, ex-officio, ou mediante representação de qualquer interessado ou da Procuradoria da Justiça do Trabalho.*" O simples cotejo entre as duas redações é capaz de demonstrar que a redação dada pelo Decreto Lei n.º 8.373 de 1946, na prática, nada alterou, ao passo que a única modificação realizada foi a substituição da expressão "no título VIII", pela expressão "no título anterior", em evidente erro técnico do legislador, que deveria ter mantido a redação primária. Desse modo, o artigo em comento deve ser interpretado tendo como objeto as penalidades positivadas no Capítulo VII – 'Das Penalidades', art. 722 a 733.

Art. 904 - As sanções em que incorrerem as autoridades da Justiça do Trabalho serão aplicadas pela autoridade ou Tribunal imediatamente superior, conforme o caso, ex officio, ou mediante representação de qualquer interessado ou da Procuradoria.

Parágrafo único - Tratando de membro do Tribunal Superior do Trabalho será competente para a imposição de execuções o Conselho Federal.

A redação do art. 904 continha, originalmente, dois parágrafos. O § 2º, revogado pelo Decreto Lei 229 de 1967, estabelecia: "§ 2º Enquanto não estiver organizado e funcionando o Conselho Federal, o processo será encaminhado à Presidência da República.". Com a revogação do § 2º, o §1º transformou-se em parágrafo único, mantendo a mesma redação.

O *caput* do artigo prevê que as sanções imputadas às autoridades da Justiça do Trabalho serão fixadas pela autoridade hierarquicamente superior, de modo que, as penalidades imputadas aos juízes de primeiro grau deverão ser estabelecidas pelos Tribunais Regionais do Trabalho aos quais estiverem vinculados. Dessas decisões cabe recurso ordinário ao Tribunal Superior do Trabalho.

Já as penalidades imputadas aos Desembargadores, que atuam no 2º grau, serão fixadas pelo Tribunal Superior do Trabalho.

Há de se ressaltar que o artigo versa exclusivamente sobre penalidades administrativas, com caráter disciplinar. A competência para julgar crimes comuns e crimes de responsabilidade foi estabelecida pela Constituição Federal. Será responsabilidade do Supremo Tribunal Federal, quando envolver os juízes de primeiro grau (art. 108, I, a, da CF) e do Superior Tribunal de Justiça, quando for réu membro do Tribunal Regional (art. 105, I, da CF).

Com relação aos Ministros do TST, de que trata o parágrafo único, estes serão julgados pelo Supremo Tribunal Federal, conforme redação do artigo 102, I, c da Constituição Federal, pelo que se pode afirmar que o parágrafo único do artigo 904 foi tacitamente derrogado.

Art. 905 - Tomando conhecimento do fato imputado, o Juiz, ou Tribunal competente, mandará notificar o acusado, para apresentar, no prazo de 15 (quinze) dias, defesa por escrito.

§ 1° - É facultado ao acusado, dentro do prazo estabelecido neste artigo, requerer a produção de testemunhas, até ao máximo de 5 (cinco). Nesse caso, será marcada audiência para a inquirição.

§ 2° - Findo o prazo de defesa, o processo será imediatamente concluso para julgamento, que deverá ser proferido no prazo de 10 (dez) dias.

O *caput* do art. 905 e seus respectivos parágrafos foram integralmente revogados pela Lei Complementar n.° 35, de 14 de março de 1979. A LC n.° 35/79, denominada Lei Orgânica da Magistratura Nacional, prevê as penalidades que poderão ser imputadas aos Magistrados, bem como a forma de seu processamento e o órgão responsável pela apuração. As penas podem variar desde a mera advertência até a aposentadoria compulsória. (Art. 40 e seguintes da LC n.° 35/79). Os prazos para a apresentação de defesa, produção de provas, conclusão e arquivamento do procedimento administrativo disciplinar (PAD), também restaram definidos na Lei Complementar n.º 35/79.

Art. 906 - Da imposição das penalidades a que se refere este Capítulo, caberá recurso ordinário para o Tribunal Superior, no prazo de 10 (dez) dias, salvo se a imposição resultar de dissídio coletivo, caso em que o prazo será de 20 (vinte) dias.

Em que pese a revogação do art. 905, pela Lei Complementar 35/79, subsiste a possibilidade de recurso ordinário ao Tribunal Superior. Contudo, diante da unicidade dos prazos recursais trabalhistas, introduzida pelo art. 6ª, da Lei n.º 5.584/70, os prazos descritos no artigo em comento não mais subsistem, devendo-se observar o prazo de 8 (oito) dias para interpor ou contra-arrazoar qualquer recurso, independentemente da origem da imposição.

Art. 907 - Sempre que o infrator incorrer em pena criminal far-se-á remessa das peças necessárias à autoridade competente.

A Justiça Trabalhista processará e julgará as infrações administrativas previstas no Título VIII da CLT. Uma vez constatada a existência de ilícito envolvendo a esfera penal, os juízes ou tribunais da Justiça do Trabalho deverão remeter as cópias e documentos necessários ao oferecimento da denúncia ao Ministério Público, afim de que o ilícito seja processado e julgado na Justiça Comum. A redação do presente artigo se coaduna com a previsão contida no art. 40 do Código de Processo Penal.

Art. 908 - A cobrança das multas estabelecidas neste Título será feita mediante executivo fiscal, perante o Juiz competente para a cobrança de dívida ativa da Fazenda Pública Federal.

Assim como o art. 903 desta Consolidação, o artigo em comento refere-se ao Título VIII, Capitulo VII – 'Penalidades'. Conforme se verifica na redação do artigo 908, a Justiça do Trabalho é competente para aplicar as multas de que tratam os artigos 722 e seguintes (ressalvadas as alterações trazidas pela EC 24/99), mas não para cobrá-las.

As multas em questão têm natureza administrativa e, por isso, não revertem ao trabalhador, o que afasta a competência da Justiça do Trabalho para a execução dos valores apurados.

A Emenda Constitucional n.° 45/2004 ampliou a competência da Justiça do Trabalho por meio da redação do art. 114, da Constituição Federal de 1988, atribuindo-lhe, no inciso VII, competência para processar e julgar créditos decorrentes das penalidades administrativas aplicadas pelos órgãos de fiscalização da Justiça do Trabalho, mas ainda assim, não lhe conferiu competência para a execução das multas administrativas, ao passo que competência da Justiça Especializada, quanto à cobrança das multas previstas no Título VIII, Capitulo VII, da CLT, se exaure com a individualização e quantificação do crédito.

De mesmo modo, de acordo com a Lei n.° 6.830/80, apenas a Fazenda Pública pode executar a dívida fiscal decorrente da imputação de tais penalidades, visto ser a União credora de tais valores.

Parágrafo único - A cobrança das multas será promovida, no Distrito Federal e nos Estados em que funcionarem os Tribunais Regionais pela Procuradoria da Justiça do Trabalho, e, nos demais Estados, de acordo com o disposto no Decreto-Lei n.° 60, de 17 de dezembro de 1938.

O parágrafo único deste artigo foi revogado pela Lei n.° 6.830/80.

Atualmente, o Distrito Federal e todos os estados da federação possuem Tribunais Regionais do Trabalho (são 24 no total, sendo que o TRT 10 contempla o Distrito Federal e o estado do Tocantins e o TRT 11 os estados do Amazonas e Roraima), contudo, a Lei de Execuções Fiscais, Lei n.° 6.830, datada de 1980, estabelece o procedimento para cobrança das multas administrativas de que trata o *caput* do art. 910 e deixa claro que a competência para processar e julgar a execução da Dívida Ativa da Fazenda Pública exclui a de qualquer outro Juízo, inclusive o da falência, da concordata, da liquidação, da insolvência ou do inventário (Art. 5°).

Não há de se falar, portanto, em cobrança pela Procuradoria da Justiça do Trabalho.

O Decreto Lei n.° 960, de 17 de dezembro de 1938, permanece vigente e trata da cobrança judicial da dívida ativa da Fazenda Pública, em todo o território nacional.

REFERÊNCIAS BIBLIOGRÁFICAS

CLT interpretada: artigo por artigo, parágrafo por parágrafo/Costa Machado, organizador; Domingos Sávio Zainaghi, coordenador. - 8. cd. - Barueri, SP: Manole, 2017.

CLT: comentada / Eduardo Gabriel Saad. — 49. ed. atual., rev. e ampl. por José Eduardo Duarte Saad, Ana Maria Saad Castello Branco. — São Paulo : LTr, 2016.

MARTINS, Sergio Pinto. Direito Processual do Trabalho. 37ª ed. São Paulo: Atlas. 2016.

MARTINS, Sergio Pinto. Comentários à CLT. 19ªed. São Paulo: Atlas. 2016.

CAPÍTULO VIII

DISPOSIÇÕES FINAIS

Art. 909 - A ordem dos processos no Tribunal Superior do Trabalho será regulada em seu regimento interno.

O legislador celetista determinou que a ordem dos processos que tramitam no Tribunal Superior do Trabalho será estabelecida pelo regimento interno do próprio Tribunal.

Na mesma linha, o art. 96, I, a da Constituição Federal de 1988 esclarece que é de competência privativa dos Tribunais a elaboração de seus regimentos internos.

No âmbito do TST, o regimento interno é disciplinado pela Resolução Administrativa n.º 1937 de 20 de novembro de 2017.

O Capítulo II da Resolução Administrativa n.º 1937/2017 trata da distribuição dos processos naquele Superior Tribunal. Os art. 102 a 117 estabelecem o sistema de distribuição dos feitos na Corte, que, em regra, é realizada por classe, observada a competência e composição dos órgãos judicantes, em ordem cronológica do seu ingresso, concorrendo ao sorteio todos os Ministros, excetuados os membros da direção.

Art. 910 - Para os efeitos deste Título, equiparam-se aos serviços públicos os de utilidade pública, bem como os que forem prestados em armazéns de gêneros alimentícios, açougues, padarias, leiterias, farmácias, hospitais, minas, empresas de transportes e comunicações, bancos e estabelecimentos que interessem à segurança nacional.

É cediço que em nenhuma hipótese os meios adotados por empregados e empregadores no exercício de seus direitos individuais poderão violar ou constranger os direitos e garantias fundamentais da sociedade.

Pretendia o legislador celetista, ao editar o art. 910 da CLT, preservar a continuidade dos serviços e atividades tidos como essenciais e que, se paralisados, poderiam colocar em risco a vida, a segurança ou a saúde da população. Embora o artigo não tenha sido revogado e tampouco seja incompatível com a Lei 7.783/89, os serviços e atividade essenciais restaram compilados no rol do art. 10 da Lei de Greve.

Segundo a disposição do art. 10 da Lei de Greve (Lei n.° 7.783/89), consideram-se serviços ou atividades essenciais: tratamento e abastecimento de água; produção e distribuição de energia elétrica, gás e combustíveis; assistência médica e hospitalar; distribuição e comercialização de medicamentos e alimentos; serviços funerários; transporte coletivo; captação e tratamento de esgoto e lixo; telecomunicações; guarda, uso e controle de substâncias radioativas, equipamentos e materiais nucleares; processamento de dados ligados a serviços essenciais; controle de tráfego aéreo e navegação aérea; a compensação bancária; as atividades médico-periciais relacionadas com o regime geral de previdência social e a assistência social; as atividades médico-periciais relacionadas com a caracterização do impedimento físico, mental, intelectual ou sensorial da pessoa com deficiência, por meio da integração de equipes multiprofissionais e interdisciplinares, para fins de reconhecimento de direitos previstos em lei, em especial na Lei n.° 13.146, de 6 de julho de 2015 (Estatuto da

Pessoa com Deficiência); e outras prestações médico-periciais da carreira de Perito Médico Federal indispensáveis ao atendimento das necessidades inadiáveis da comunidade.

DISPOSIÇÕES FINAIS E TRANSITÓRIAS

Art. 911 - Esta Consolidação entrará em vigor em 10 de novembro de 1943.

A CLT foi promulgada na data de 01 de maio do ano de 1943, no entanto a vigência de fato teve início no dia de 10 de novembro do ano de 1943. O período da promulgação até a vigência é conhecido como *vacatio legis*, que nada mais é do que o intervalo existente entre a data de publicação de uma lei e o início de sua vigência.

Art. 912 - Os dispositivos de caráter imperativo terão aplicação imediata às relações iniciadas, mas não consumadas, antes da vigência desta Consolidação.

O Dispositivo deixa claro que a aplicação da lei acontecerá de forma imediata para as relações em curso, mesmo que iniciadas antes da vigência da lei, no entanto, as relações já extintas não alcançarão os efeitos após o período da *vacatio legis*.

Art. 913 - O Ministro do Trabalho, Indústria e Comércio expedirá instruções, quadros, tabelas e modelos que se tornarem necessários à execução desta Consolidação.

O Ministro do Trabalho, Indústria e Comércio da época expediu a Portaria n.° 3.214/78 visando estabelecer orientações no que tange a segurança e medicina do trabalho, com a finalidade de proteger o trabalhador e para melhor esclarecimento de todos utilizou-se de quadros, tabelas e modelos objetivando o cumprimento das normas estabelecidas na Consolidação.

Parágrafo único - O Tribunal Superior do Trabalho adaptará o seu regimento interno e o dos Tribunais Regionais do Trabalho às normas contidas nesta Consolidação.

O respectivo artigo não possui mais validade, uma vez que o artigo 96, inciso I da Constituição da República Federativa do Brasil o revogou, uma vez que estabeleceu aos Tribunais a competência privativa para elaborarem os regimentos internos, desde que em conformidade com o ordenamento jurídico.

Art. 914 - Continuarão em vigor os quadros, tabelas e modelos, aprovados em virtude de dispositivos não alterados pela presente Consolidação.

Todos as informações preexistentes contidas em quadros, tabelas e modelos que são necessárias para a execução das normas trabalhistas e que não foram que não foram alteradas pela presente Consolidação permanecem em vigência.

Art. 915 - Não serão prejudicados os recursos interpostos com apoio em dispositivos alterados ou cujo prazo para interposição esteja em curso à data da vigência desta Consolidação.

Os recursos interpostos antes da vigência da Consolidação continuam sob os efeitos da legislação anterior, sem nenhum prejuízo, ou seja, até que o processo em curso se finalize a legislação anterior continua a viger normalmente.

Art. 916 - Os prazos de prescrição fixados pela presente Consolidação começarão a correr da data da vigência desta, quando menores do que os previstos pela legislação anterior.

Caso a legislação anterior possuísse prazo maior em relação a prescrição quando comparada com a Consolidação, o prazo prescricional estipulado na CLT só passaria a valer após a vigência. É a aplicação da norma mais favorável ao trabalhador. Os prazos prescricionais encontram-se previstos no artigo 11 da CLT e no artigo 7º, inciso XXIX na Constituição da República.

Art. 917. O Ministro do Trabalho, Indústria e Comércio marcará prazo para adaptação dos atuais estabelecimentos às exigências contidas no capítulo "De Higiene e Segurança do Trabalho". Compete ainda àquela autoridade fixar os prazos dentro dos quais, em cada Estado, entrará em vigor a obrigatoriedade do uso da Carteira Profissional, para os atuais empregados.

O Ministro do Trabalho, Indústria e Comércio ficou responsável para determinar um prazo para que os estabelecimentos se adequassem às exigências ora estabelecidas no que tange a Higiene e Segurança do Trabalho. Atualmente, é denominado como "Da Segurança e da Medicina do Trabalho", devido a alteração no Capítulo V, que ocorreu na redação pela Lei n.º 6.514/77.

Parágrafo único - O Ministro do Trabalho, Indústria e Comércio fixará, para cada Estado e quando julgar conveniente, o início da vigência de parte ou de todos os dispositivos contidos no Capítulo "Da Segurança e da Medicina do Trabalho".

Objetivando a normatização em conformidade com o Capítulo "Da Segurança e da Medicina do Trabalho" foi designado ao Ministro do Trabalho, Indústria e Comércio para que estabelecesse um prazo determinado para os Estados da Federação de forma individual ou em conjunta, de acordo com a conveniência e necessidade de cada ente, devido a extensão territorial do país ser considerada continental.

Art. 918 - Enquanto não for expedida a Lei Orgânica da Previdência Social, competirá ao presidente do Tribunal Superior do Trabalho julgar os recursos interpostos com apoio no art. 1° , alínea "c", do Decreto-lei n.° 3.710, de 14 de outubro de 1941, cabendo recurso de suas decisões nos termos do disposto no art. 734, alínea "b", desta Consolidação.

Artigo abolido de maneira tácita pela Lei n.° 3.807/60 denominada como Lei Orgânica da Previdência Social.

Parágrafo único - Ao diretor do Departamento de Previdência Social incumbirá presidir as eleições para a constituição dos Conselhos Fiscais dos Institutos e Caixas de Aposentadoria e Pensões e julgar, com recurso para a instância superior, os recursos sobre matéria técnico-administrativa dessas instituições.

Artigo abolido de maneira tácita pela Lei n.° 3.807/60 denominada como Lei Orgânica da Previdência Social.

Art. 919 - Ao empregado bancário, admitido até a data da vigência da presente Lei, fica assegurado o direito à aquisição da estabilidade nos termos do art. 15 do Decreto n.° 24.615, de 9 de julho de 1934.

A legislação anterior a CLT, previa a estabilidade ao empregado bancário após o período de dois anos de serviços prestados. Entretanto, após a vigência da CLT, essa estabilidade passou a ser adquirida após o período de dez anos de serviços prestados, vale ressaltar que os contratos em curso quando houve início da vigência da CLT não foram prejudicados na aquisição da estabilidade.

Art. 920 - Enquanto não forem constituídas as confederações, ou, na falta destas, a representação de classes, econômicas ou profissionais, que derivar da indicação desses órgãos ou dos respectivos presidentes, será suprida por equivalente designação ou eleição realizada pelas correspondentes federações.

O artigo possibilitou a criação das confederações sindicais durante o período de transição de uma legislação para outra, uma vez que a CLT estabeleceu modelos para as organizações sindicais no artigo 511 e seguintes. Vale lembrar que durante esse período de transição haviam regras que deveriam ser respeitadas até a criação das respectivas confederações sindicais.

Art. 921 - As empresas que não estiverem incluídas no enquadramento sindical em que trata o art. 577 poderão firmar contratos coletivos de trabalho com os sindicatos representativos da respectiva categoria profissional.

O artigo mencionado demonstra que o legislador possibilitou às empresas firmarem a celebração de contratos coletivos de trabalho diretamente com os sindicatos, que possuem a representatividade de toda a categoria profissional. Hodiernamente, esses contratos são conhecidos como acordos e convenções coletivas de trabalho, que encontram previsão legal nos artigos 611 ao 625 da CLT.

Art. 922 - O disposto no art. 301 regerá somente as relações de empregos iniciadas depois da vigência desta Consolidação.

O efeito do dispositivo acima deixa claro que a aplicabilidade do artigo 301 da CLT abrange apenas ao sexo masculino que esteja compreendido entre as idades de 21 (vinte e um) e 50 (cinquenta) anos, que trabalham exclusivamente no subsolo, cuja transferência para a superfície está assegurada nos termos do artigo 300 da CLT.

QUEM SOMOS

As Editoras LETRAS JURÍDICAS e LETRAS DO PENSAMENTO, com 22 anos no mercado ***Editorial e Livreiro*** do país, são especializadas em publicações jurídicas e literatura de interesse geral, destinadas aos acadêmicos, aos profissionais da área do Direito e ao público em geral. Nossas publicações são atualizadas e abordam temas atuais, polêmicos e do cotidiano, sobre as mais diversas áreas do conhecimento.

As Editoras LETRAS JURÍDICAS e LETRAS DO PENSAMENTO recebem e analisam, mediante supervisão de seu Conselho Editorial: **artigos, dissertações, monografias e teses jurídicas** de profissionais dos Cursos de: ***Graduação, de Pós-Graduação, de Mestrado e de Doutorado, na área do Direito e na área técnica universitária, além de obras na área de literatura e de interesse geral.***

Na qualidade de ***Editora Jurídica e de Interesse Geral***, mantemos uma relação em nível nacional com os principais ***Distribuidores e Livreiros do país***, para divulgarmos e para distribuirmos as nossas publicações em todo o território nacional. Temos ainda relacionamento direto com as principais ***Instituições de Ensino, Bibliotecas, Órgãos Públicos, Cursos Especializados de Direito*** e todo o segmento do mercado.

Participações em Feiras **Nacionais e Internacionais.**

NOVIDADE!!! O Autor (a) da LJ/LP terá uma página exclusiva para inserir sua biografia, fotos, vídeos e artigos de sua área e artigos em geral, para interagir com o leitor e ganhar maior visibilidade no mercado.

Na qualidade de editora prestadora de serviços, oferecemos os seguintes serviços editoriais:

✓ Análise e avaliação de originais para publicação; ✓ Redação, Revisão, Edição e Preparação de Texto; ✓ Assessoria Técnica Editorial; ✓ Cadastro do ISBN – CBL e SNEL; ✓ Ficha catalográfica – CBL e SNEL; ✓ Design e montagem da Arte de capa; ✓ Digitação e Diagramação de textos; ✓ Direitos Autorais: Consultoria e Contratos; ✓ Elaboração de sumáriosde índices e de índice remissivo; ✓ Fotografia: Escaneamento de material fotográfico;	✓ Fotografia: Escaneamento de material fotográfico; ✓ Gráficas – Pré-Impressão, Projetos e Orçamentos; ✓ Ilustração: projeto e arte final; ✓ Áudio Books; ✓ Livros Digitais, formatos E-book e Epub; ✓ Organização de Lançamentos, eventos, palestras e workshops; ✓ Pesquisa Editorial CBL e SNEL. ✓ Peças Publicitárias - Banners, Cartazes, Convite de Lançamento, Folhetos, Marcadores de Página e peças em geral de divulgação e publicidade.

Nesse período a ***Editora*** exerceu todas as atividades ligadas ao setor **Editorial/Livreiro** do país. É o marco inicial da profissionalização e de sua missão, visando exclusivamente ao cliente como fim maior de seus objetivos e resultados.

"NOSSAS MARCAS MOSTRAM AS LETRAS DO FUTURO"

O EDITOR

A Editora reproduz com exclusividadetodas as publicações anunciadas para empresas, entidades e/ou órgãos públicos. Entre em contato para maiores informações.

Nossos sites: www.letrasjuridicas.com.br e www.letrasdopensamento.com.br
E-mails: comercial@letrasjuridicas.com.br e comercial@letrasdopensamento.com.br
Telefone/fax: (11) 3107-6501 – 99352-5354